Ludwig Schlesingen

Die Nationalitäts-Verhätlnisse Böhmens

Ludwig Schlesingen

Die Nationalitäts-Verhätlnisse Böhmens

ISBN/EAN: 9783742816955

Hergestellt in Europa, USA, Kanada, Australien, Japan

Cover: Foto ©Lupo / pixelio.de

Manufactured and distributed by brebook publishing software
(www.brebook.com)

Ludwig Schlesingen

Die Nationalitäts-Verhätlnisse Böhmens

FORSCHUNGEN

ZUR DEUTSCHEN

LANDES- UND VOLKSKUNDE

IM AUFTRAGE DER

CENTRALKOMMISSION FÜR WISSENSCHAFTLICHE
LANDESKUNDE VON DEUTSCHLAND

HERAUSGEGEBEN VON

Dr. R. LEHMANN,
PROFESSOR DER ERDKUNDE AN DER AKADEMIE ZU MÜNSTER i. W.

UND

Dr. A. KIRCHHOFF,
PROFESSOR DER ERDKUNDE AN DER UNIVERSITÄT ZU HALLE.

———

ZWEITER BAND.
MIT ZWEI KARTEN, EINER TAFEL MIT PROFILEN UND SECHS PROFILEN IM TEXT.

——— ✦ ———

STUTTGART.
VERLAG VON J. ENGELHORN.
1888.

Inhalt.

DIE

NATIONALITÄTS-VERHÄLTNISSE

BÖHMENS

VON

Dr. LUDWIG SCHLESINGER
(PRAG.)

———◄►———

STUTTGART.
VERLAG VON J. ENGELHORN.
1886.

Inhalt.

I.

Bei der in Oesterreich am 31. Dezember 1880 durchgeführten Volkszählung gelangte die in den Fragebogen aufgeworfene Rubrik „Umgangssprache" in den gemischtsprachigen Ländern zumeist in der Weise zur Ausfüllung, dass das nicht ganz fassbare und deswegen auch vielfach bekämpfte Kriterium der „Umgangssprache" als nicht entscheidend, vielmehr fast immer die nationale Abstammung in erster Linie als massgebend bei den Eintragungen angesehen wurde. Die somit zum Ausdruck gekommene, streng genommen zwar nicht beabsichtigte Nationalitätenstatistik kann im ganzen und grossen als ziemlich verlässlich angesehen werden, wenn auch in einzelnen Fällen die durch lokale nationale Beeinflussungen gewonnenen Resultate den thatsächlichen Verhältnissen nicht immer entsprechen.

In Böhmen wurde eine anwesende Bevölkerung von 5 560 810 Seelen gezählt, wovon einheimische 5 527 263 Seelen. Von den Einheimischen wurden durch die Rubrik Umgangssprache gefunden:

$$
\begin{array}{l}
2\,051\,486 \text{ Deutsche,} \\
3\,472\,940 \text{ Tschechen,} \\
2\,837 \text{ andere,}
\end{array}
$$

oder in Prozentsätzen: 37,11 % Deutsche,
62,83 % Tschechen
0,05 % andere.

Die beiden Volksstämme Böhmens leben jeder für sich in kompakten Massen beisammen, und es ist ein ethnographischer Irrtum, wenn man glaubt, dass es im Lande ein grosses Territorium gäbe, innerhalb dessen Deutsche und Tschechen untereinander gemischt gelagert wären. Im Gegenteil, die Sprachgrenze lässt sich durch das ganze Land mit scharfer Genauigkeit ziehen, und es kann zwar neben den beiden grossen rein nationalen Gebieten noch von einzelnen Sprachzungen, Sprachinseln und gemischten Ortschaften, jedoch nicht von einer gemischten Zone die Rede sein. Das Gesagte wird sich im allgemeinen aus wenigen Ziffern ergeben. Fasst man nämlich den Begriff der

Mischung mit möglichster Feinheit, und nimmt man als eine gemischte Ortschaft schon diejenige an, in welcher mindestens der zehnte Teil der Gesamtbewohnerschaft der anderen Nationalität angehört, während man alle anderen Ortschaften, in welchen der Anteil der anderen Nationalität unter das Zehntel der Gesamtkopfzahl fällt, als rein nationale gelten lässt, so erhält man in Böhmen folgendes Bild geringfügiger Mischung:

Von den 13184 Ortschaften, welche das Land zählt, ergeben sich

als rein deutsch 4304,
„ „ tschechisch 8473,
„ gemischt . . . . 407.

Dass aber bei dieser Aufstellung nicht etwa durch eine fehlerhafte Konstruktion rein nationaler Ortschaften eine Preisgebung nennenswerter Bruchteile der einen oder der andern Nationalität stattgefunden hat, möge daraus erhellen, dass in den als deutsch angenommenen Ortschaften neben 1820049 Deutschen nur rund 24000 Tschechen, und in den als tschechisch angenommenen Ortschaften neben 3141200 Tschechen, nur 20000 Deutsche zerstreut leben. Da nun jene 4304 deutschen und 8473 tschechischen Ortschaften in geschlossenen Gebieten bei einander liegen und in ersteren 1,3% Tschechen, in letzteren nur 0,7% Deutsche versprengt sich vorfinden, so bleibt die Thatsache von den zwei geschlossenen Sprachgebieten trotz aller gegenteiligen Deklamationen unzweifelhaft aufrecht. Diese Perzentualziffern verdeutlichen übrigens die weitere bekannte Thatsache, dass das Vordringen tschechischen Volkstums in das deutsche Gebiet ein verhältnismässig grösseres ist als umgekehrt, eine Erscheinung, auf welche wir noch zurückkommen werden.

Die verhältnismässig kleine Anzahl von 407 national gemischten Ortschaften lässt sich, je nachdem in denselben die deutsche oder tschechische Bevölkerung in der Majorität sich befindet, in gemischt deutsche und gemischt tschechische scheiden.

Gemischt deutsche Ortschaften gibt es . 299,
gemischt tschechische „ . . „ . 108.

In den gemischt deutschen Ortschaften wohnen 159299 Deutsche und 47445 Tschechen.

In den gemischt tschechischen Ortschaften wohnen 62605 Deutsche und 256546 Tschechen.

Aus diesen Ziffern geht wiederum hervor, dass weit mehr deutsche Ortschaften durch tschechische Einwanderung sich zu gemischten umgestalteten als umgekehrt, dass aber auch in den deutsch gemischten Ortschaften das tschechische Mischungsverhältnis grösser ist als das deutsche Mischungsperzent in den tschechisch gemischten Ortschaften. Denn auf 100 rein deutsche Ortschaften kommen im Lande etwas weniger als 7 gemischt deutsche, auf je 100 rein tschechische Ortschaften aber nur etwas über 1 gemischt tschechische Ortschaft. In den 299 gemischt deutschen Ortschaften aber ergibt sich im Durchschnitte das Prozent der tschechischen Mischung mit gegen 23%, in den 108 gemischt tschechischen Ortschaften aber das deutsche Mischungsperzent mit nur 19%. Das verhältnismässig stärkere Eindringen tschechischer

Bevölkerung in das deutsche Sprachgebiet findet seine ausreichende
Erklärung nicht lediglich durch das Gesetz, dass der grössere Körper
den kleineren mehr beeinflusst als der kleinere den grösseren. Denn
abgesehen von der Qualität der beiden Körper darf in unserem Falle
nicht vergessen werden, dass deren gegenseitige Einwirkung nicht isoliert
vor sich geht, sondern dass die an Böhmen angrenzenden Länder,
welche mit Ausnahme von Mähren durchweg von deutschen Stämmen
bewohnt werden, die Expansivkraft des kleineren Körpers immerhin erhöhen. Entscheidend ist vielmehr der nachgewiesene stärkere Bevölke-
rungsnachwuchs der Tschechen einerseits, andererseits die leichtere Be-
weglichkeit der ackerbautreibenden tschechischen Bevölkerung in einigen
sterileren Bezirken des Flachlandes gegenüber der geringen Wanderlust
der allerdings nicht minder armen, mit Fabriks- und Hausindustrie be-
schäftigten deutschen Gebirgsbewohner. — Nimmt doch der tschechische
Stamm in viel grösserem Masse als der deutschböhmische auch an der
allgemeinen Auswanderung, insbesondere nach Wien und Amerika, teil.
Hierdurch erklärt sich zunächst die Erscheinung, dass in den meisten
fast rein deutschen Städten sich tschechische Handwerksgesellen und
Handarbeiter sowie weibliche Dienstboten vorfinden, während diese
Klasse der arbeitenden Bevölkerung deutscher Zunge nirgendwo im
tschechischen Sprachgebiete vertreten ist. Dazu kommt noch, dass die
robustere Natur des tschechischen Arbeiters sowie dessen primitive
Genügsamkeit ihn zu gewissen Arbeitsverrichtungen ganz besonders
eignet. Vor einem Vierteljahrhundert begegnete man in den deutschen
Bezirken Aussig, Karbitz, Teplitz, Dux, Bilin, Brüx, Görkau und
Kommotau nur sporadisch einem tschechischen Landsmanne. Noch die
Ficker'sche Sprachenkarte vom Jahre 1864 weist in diesen Bezirken eine
deutsche Bevölkerung von über 99 % aus. Die erste nennenswerte
Einwanderung tschechischer Elemente brachte der Eisenbahnbau. Den
tschechischen Eisenbahnarbeitern, von welchen viele sesshaft blieben,
folgte mit dem Aufblühen des Bergbaues in dem Teplitz-Kommotauer
Braunkohlenbecken die Invasion tschechischer Bergleute. Der Versuch,
deutsche Grubenarbeiter aus dem Erzgebirge heranzuziehen, scheiterte
hauptsächlich an der physischen Untauglichkeit der an die harte Arbeit
nicht gewöhnten Gebirgsbewohner. Nach der Zählung vom Jahre 1880
ergaben sich von der gesamten einheimischen Bevölkerung:

im Bezirke Karbitz	. . . 1,6 % Tschechen
„ „ Görkau	. . . 1,8 % „
„ „ Aussig	. . . 1,9 % „
„ „ Kommotau	. . 2,8 % „
„ „ Teplitz	. . . 5,2 % „
„ „ Bilin	. . . . 7 % „
„ „ Brüx	. . . . 10 % „
„ „ Dux	. . . . 17 % „

und da sich naturgemäss die tschechische Bergarbeiterschaft auf
kleinen Territorien in möglichster Nähe der Gruben sesshaft machte,
wurden bis vor kurzem rein deutsche Ortschaften in gemischte umge-
setzt. So zählt dermalen nach der von uns festgehaltenen Begriffs-
bestimmung:

der Bezirk Karbitz	. . 2 gemischt deutsche Ortschaften
" " Görkau	. . 8 " " "
" " Aussig	. . 1 " " "
" " Kommotau	. 1 " " "
" " Teplitz	. . 7 " " "
" " Bilin	. . 13 " " "
" " Brüx	. . 11 " " "
" " Dux	. . 9 " " "

Ja im Bezirke Brüx hat sich durch die grosse Ansammlung tschechischer Grubenarbeiter an einem einzelnen Punkte mitten im deutschen Sprachgebiet die Seltsamkeit eines tschechisch gemischten Dorfes herausgebildet. Das eine halbe Stunde von Brüx gelegene Dorf Tschausch, welches vor 25 Jahren nicht einen tschechischen Bewohner hatte, wies nämlich im Jahre 1880 1794 einheimische Bewohner aus; darunter befanden sich . . . . . . 1027 Tschechen und . . . . 767 Deutsche.

Aehnliche nationale Verhältnisse wie in den genannten am Fusse des Erzgebirges liegenden Bezirken hat der Kohlenbergbau in dem im westlichen Böhmen befindlichen deutschen Gerichtsbezirke Staab hervorgerufen. In demselben befanden sich allerdings einige kleinere ältere Ansätze tschechischer Bevölkerung, und die Nähe der Sprachgrenze begünstigte die tschechische Zuwanderung. Doch während noch Ficker die deutsche Bevölkerung auf 88—99 % anschlug, resultierte aus der Zählung von 1880 der Perzentsatz der tschechischen Bevölkerung auf 23 %. Und dermalen bestehen in diesem Bezirke nicht bloss 8 gemischt deutsche Ortschaften, sondern es verwandelten sich infolge der Niederlassung tschechischer Arbeiterkolonien die fast ganz deutschen Ortschaften Nürschan (1647 D., 2608 Tsch.), Lihn (476 D., 584 Tsch.), Honositz (177 D., 269 Tsch.) und Neudorf (115 D., 235 Tsch.) der Kopfzahl nach in gemischt tschechische Orte. Dasselbe Schicksal teilt übrigens auch das in der Nähe von Pilsen gelegene, seit jeher deutsche Dorf Littitz, in welchem 1880 704 Deutsche und 921 Tschechen gezählt wurden.

Noch andere Umstände beförderten in neuester Zeit das Eindringen tschechischer Elemente in das deutsche Sprachgebiet. Der andauernde und nicht leicht zu behebende Mangel an deutschen Priestern brachte es mit sich, dass völlig deutsche Kirchsprengel mit tschechischen Pfarrern und Kaplänen versehen wurden, und dass die zahlreichen, ehedem von Deutschen begründeten und bevölkerten Klöster sich fast ausschliesslich nur mit tschechischen Mönchen und Nonnen anfüllten. Die slavisierende Wirkung des gegenwärtigen Regierungssystems aber begünstigt in hervorragender Weise die Bestellung tschechischer Beamten in deutschen Bezirken, bei den Gerichten, Verwaltungsbehörden, Eisenbahnen, im Post- und Telegraphendienst. Der mit den Tschechen politisch verbündete reichbegüterte Feudaladel des Landes sendet mit Vorliebe auf seine in deutschen Distrikten liegenden Güter tschechische Verwaltungsbeamte und Oekonomiebedienstete. Dazu kommt noch die ausserordentlich rührige Agitation der tschechischen Parteileitung, die es als ihre Hauptaufgabe erblickt, die Sprachgrenze zu gunsten der

Tschechen zu verrücken und das geschlossene deutsche Sprachgebiet mit möglichst viel tschechischen Elementen zu durchsetzen. Ein engmaschiges Netz tschechischer Lokalvereine und ein ganzes Heer von Agitatoren auf dem Lande erhält seine strammen Weisungen von Prag aus, und die hier bestehenden Centralvereine disziplinieren die nationale Arbeit in zielbewusster Weise. So gelang es unter anderm, eine Anzahl älterer deutscher Schulen an der Sprachgrenze in tschechische umzuwandeln und neue tschechische Schulen und Kindergärten mitten im deutschen Sprachgebiete zu begründen. So erreichte man ferner mit Zuthun der Regierung die Tschechisierung der Pilsener, Budweiser und Prager Handelskammern, anderer nationaler Errungenschaften nicht zu gedenken.

Während die tschechischen Bestrebungen an der Sprachgrenze und innerhalb des deutschen Sprachgebietes immerhin mancherlei Erfolge aufweisen können, haben sich die alten Reste deutscher Bevölkerung im tschechischen Gebiete und in den gemischten Orten wesentlich verringert, wenn sie nicht gänzlich geschwunden sind. Die grosse Zahl der Ultraquisten [1]), die gewohnheitsmässig immer mit der Macht gehen, hat sich ins tschechische Lager geschlagen, und viele der versprengten, isoliert innerhalb der tschechischen Bevölkerung lebenden Deutschen erlagen dem auf sie ausgeübten Drucke und bekennen sich wenigstens äusserlich als Tschechen.

Tschechisch gemischte Städte mit über ein Zehntel deutscher Einwohner sind folgende:

Prag	125 742	Tschechen,	32 657	Deutsche
Karolinenthal .	14 147	„	2 827	„
Smichow . . .	20 621	„	2 982	„
Weinberge . .	12 868	„	1 672	„
Pilsen. . . .	31 600	„	6 827	„
Neuhaus . . .	7 718	„	976	„
Königgrätz . .	6 216	„	761	„
Königinhof . .	5 878	„	909	„
Josefstadt . .	3 485	„	1 454	„
Trebnitz . . .	1 066	„	383	„
Manetin . . .	986	„	400	„
Nürschan . .	2 608	„	1 647	„

Diesen gegenüber stehen folgende deutsch gemischte Städte mit über ein Zehntel tschechischer Bevölkerung:

Budweis . . .	11 829	Deutsche,	11 812	Tschechen
Böhmisch-Aicha .	1 473	„	1 054	„
Braunau . . .	2 707	„	339	„
Brüx	8 943	„	1 026	„
Rudolfstadt . .	670	„	479	„
Dux	4 872	„	2 285	„
Seestadel . . .	1 180	„	143	„
Hohenelbe . . .	3 303	„	445	„
Krummau . . .	5 969	„	1 658	„

---

[1]) Von Jugend an beider Sprachen mächtige.

Leitmeritz . . .	9263	Deutsche,	1417	Tschechen,
Theresienstadt .	4827	„	1873	„
Lobositz . . .	3687	„	522	„
Postelberg. . .	2779	„	457	„
Prachalitz . . .	3261	„	1080	„
Dobran . . .	2579	„	345	„
Stecken . . .	1116	„	507	„
Tannwald . . .	1929	„	310	„
Bodenbach . .	1700	„	681	„
Trautenau . . .	7895	„	1522	„
Liboch . . .	612	„	255	„
Winterberg . .	2985	„	658	„

Man sieht, dass die Zahl der deutsch gemischten Städte die grössere ist, und wer nur um 20 Jahre zurückzudenken in der Lage ist, wird die Thatsache konstatieren können, dass in den Städten insbesondere die deutschen Minoritäten im steten Fallen, die tschechischen Minoritäten aber im fortwährenden Steigen begriffen sind. Wollte man aber erst um 40 Jahre zurückgehen, so würde gefunden werden, dass in der Mehrzahl der obengenannten tschechisch gemischten und in vielen heute rein tschechischen Städten das Deutschtum die Oberhand besessen, wenn auch nicht immer der Kopfzahl, so aber dem Einfluss in der Verwaltung, in der Gesellschaft, dem Wohlstande und der Bildung nach. Die als Reste übrig gebliebenen deutschen Minoritäten unterscheiden sich aber deswegen wesentlich von den tschechischen Minoritäten in deutschen Städten — und dies gilt auch von den meisten übrigen nichtstädtischen gemischten Ortschaften — durch das Alter der Ansässigkeit und durch die Qualität der betreffenden Volksschichten. Während die deutschen Minoritäten auf eine lange, mitunter für die lokale Geschichte ausschlaggebende Vergangenheit hinweisen können, bildeten sich die tschechischen Minoritäten und manchmal auch Majoritäten zumeist erst durch allerjüngste Einwanderung. Die alten sesshaften deutschen Minderheiten aber bestehen in ihrem Kerne aus intelligenten und steuerzahlenden Klassen, während hingegen die neuesten tschechischen Zuwächse in deutschen Ortschaften, abgesehen etwa von Beamten und Priestern, der fluktuierenden niederen Arbeiterbevölkerung angehören. Deswegen verfügen die deutschen Minderheiten noch immer über einen grösseren lokalen Einfluss als die tschechischen, der sich hie und da noch auch in den Gemeindevertretungen Geltung verschafft (Smichow, Pilsen). Geradezu drastisch sind in dieser Beziehung die Verhältnisse in Nürschan, Tschausch, Neudorf, Littitz u. a., in welchen Ortschaften trotz der grossen Majoritäten der Tschechen der Kopfzahl nach die Gemeindeverwaltung und alle von Steuerträgern zu besorgenden Funktionen in den Händen der deutschen Minoritäten sich befinden. Dem gegenüber kommt es allerdings namentlich an der Sprachgrenze vor, dass deutsche Majoritäten aus der Gemeindeverwaltung von tschechischen Minderheiten verdrängt werden. Ich verweise auf die jüngsten Wahlen in Hloscha, Bez. Jechnitz (176 D., 7 Tsch.), und Horschan, Bez. Laun (128 D., 86 Tsch.).

Die Nationalitätenverhältnisse der Hauptstadt Prag erheischen einige besondere Worte der Aufklärung. Wenn auch mitten im tschechischen Sprachgebiete liegend, besitzt diese Stadt doch seit jeher einen national gemischten Charakter, wobei es nicht im mindesten bestritten werden kann, dass das slavische Element der Kopfzahl nach zu jeder Zeit das Uebergewicht hatte. Dagegen ragten zu allen Zeiten die Deutschen Prags durch Bildung und Wohlstand hervor, und sie verstanden es durch Jahrhunderte hindurch, der Stadt ein deutsches Gepräge zu verleihen, das diese auch heute noch nicht verleugnen kann. Erst durch die Begründung der deutschen Niederlassung bei St. Peter um Porschitsch im 11. Jahrhunderte organisierte sich ein städtisches Gemeindewesen, und von dieser Zeit bis zu den Hussitenkriegen leiteten deutsche Patriziergeschlechter die Zügel der kommunalen Herrschaft. Von den Hussitenkriegen bis zum Dreissigjährigen Kriege schwand die Macht und der Einfluss der Deutschen. Nach dem Dreissigjährigen Kriege aber gewannen die Deutschen wieder allmählich die Oberhand und behaupteten dieselbe bis zum Jahre 1848. Von da ab, insbesondere aber seit dem Beginne der konstitutionellen Aera in Oesterreich herrschen die Tschechen ausschliesslich in der Gemeindevertretung. Wenn nun Ficker nach seiner Berechnung vom Jahre 1860 noch ein Drittteil der ortszuständigen Bevölkerung fand, welches nicht bloss deutsch redete, sondern auch der deutschen Nationalität vollständig angehörte, nach der Zählung vom Jahre 1880 aber der Anteil der Deutschen auf 20,6 % herabgesunken sein soll, so bedarf diese letztere Ziffer einer dringlichen Korrektur. Es sind zwar nicht alle Fälle bekannt geworden, in welchen bei der von den städtischen Organen geleiteten Zählung Schwachmütigkeit, Furcht oder Berechnung zur freiwilligen oder unfreiwilligen nationalen Verleugnung eines Bruchteils der deutschen Bevölkerung geführt hat: thatsächlich fand eine solche bewusste oder unbewusste Preisgebung deutscher Elemente statt, wenn sie sich auch ziffermässig nicht feststellen lässt. Dass die sogenannten Utraquisten alle den Tschechen zu gute geschrieben wurden, braucht wohl nicht erst gesagt zu werden. Ueber die Stärke und den Machtkreis des Deutschtums in Prag stehen aber noch andere Zahlen zur Verfügung. Prag zerfällt in einen deutschen und einen tschechischen Schulbezirk, die räumlich voneinander selbstverständlich nicht abgegrenzt werden können. Den Eltern steht es frei, durch die Wahl einer deutschen oder tschechischen Schule für ihre Kinder, d. i. für den einen oder den anderen Schulbezirk zu optieren. Für das Schuljahr 1880/81 sind nun für den deutschen Schulbezirk 7980, für den tschechischen 10562 im volksschulpflichtigen Alter stehende Kinder konskribiert worden. Selbstverständlich werden wir aus diesen Zahlen, nach welchen sich 40 % für deutsche Schulen und 60 % für tschechische Schulen konskribierte Kinder ergaben, einen sichern Rückschluss auf das Verhältnis der Nationalitäten zu einander nicht ziehen können. Denn in jenen 40 % befinden sich auch die Kinder von Utraquisten und Tschechen, von denen es wenigstens im Jahre 1880/81 noch manche wagten, ihre Kinder in deutsche Schulen zu entsenden, wenn sie auch bei der Volkszählung sich zur tschechischen Umgangssprache bekannten. Aber seit dem Jahre 1880 haben sich die beiden Nationalitäten voneinander

immer schärfer wie Oel vom Wasser geschieden, und es dürfte heute mit
aller Bestimmtheit festzuhalten sein, dass die deutschen Schulen nur
von deutschen, höchstens noch von einem oder dem andern kühnen
Utraquisten, die tschechischen Schulen aber nur von Tschechen und der
Ueberzahl der Utraquisten aufgesucht werden.
Wenn daher im Jahre 1884 7451 deutsche und 12059 tschechische volksschulpflichtige Kinder konskribiert worden sind, so dürfte
man nahezu an der Grenze der nationalen Purifikation angelangt sein
und die sich ergebenden Perzentsätze von 36 % deutschen und 64 %
tschechischen Kindern im Jahre 1884 dürften eine schon annäherungs-
weise richtigere Basis für die Abschätzung der beiden Nationalitäten
bilden, wobei wiederholt betont werden möge, dass die Masse der Utraquisten heute mit den Tschechen zählt. Mindestens aber dürften die
letztgenannten Ziffern vollständig geeignet sein, das Ergebnis der Volkszählung vom Jahre 1880 mit 20,6 % Deutschen auf das grellste zu
beleuchten.
Ein anderer Schlüssel zur Korrektur der Zählungsresultate von
1880 in Prag lässt sich aus den Stimmenverhältnissen bei den in den
letzten Jahren vorgenommenen politischen Wahlen ausfindig machen,
da sich in Böhmen dermalen die politischen Parteien vollständig mit
den Nationalitäten decken. Am lehrreichsten bleibt in dieser Beziehung
die am 3. Juni 1885 vollzogene Wahl der Abgeordneten für den Reichsrat. Nach der Wahlordnung ist die Stadt in drei territorial abgegrenzte
Wahlkörper eingeteilt, von denen jeder einen Abgeordneten zu entsenden
hat. Die zerstreut in den drei Wahlkörpern ihr Wahlrecht ausübenden
Deutschen hatten von vornherein mit einem wirklichen Wahlsiege in
keiner Gruppe gerechnet. Ihnen handelte es sich gegenüber der in den
letzten Jahren beobachteten Wahlenthaltung lediglich darum, einmal
selbst wieder eine Prüfung der eigenen Stärke vorzunehmen, zugleich
aber auch der in Schwung gebrachten Phrase vom „slavischen Prag"
mit Thatsachen zu begegnen. Deswegen stellten sie in allen drei Wahlkörpern einen und denselben Kandidaten — ihren besten Mann, Dr. Franz
Schmeykal — auf. Das Resultat der Wahlen, welche auch von seiten
der Tschechen als eine Art Kraftprobe aufgefasst wurden, weshalb sie
ihren letzten verfügbaren Mann ins Feld führten, war nun folgendes:

auf Dr. Schmeykal fielen zusammen .   1803 Stimmen,
„ die tschechischen Kandidaten . . 5663 „
zersplittert waren . . . .   19 „

Somit ergaben sich 24 % deutsche und 75,6 % tschechische Wähler.
An diesen 24 % deutschen Wählern kann nun in keiner Weise
gemäkelt werden. Im Gegenteil. Die widrigen politischen Verhältnisse,
unter welchen die Deutschen zur Wahl schritten, bewogen gar manchen
Zaghaften unter ihnen, sich der Wahl zu enthalten, wenn nicht gar,
eingeschüchtert durch den herrschenden Terrorismus oder unter dem
Drucke geschäftlicher Beziehungen, ins gegnerische Lager überzugehen.
Dabei darf nicht vergessen werden, dass der mächtige Apparat, über
welchen die Stadtverwaltung einerseits und die Regierung andererseits
verfügte, in ganz natürlicher Weise den Erfolg der Wahlen berührte.
Wie schwer bei dergleichen Wahlen in Prag der Regierungseinfluss ins

Gewicht fällt, geht vergleichsweise aus dem Ausgang der unter für die
Deutschen günstigen Verhältnissen vorgenommenen Reichsratswahl vom
Jahre 1879 hervor. Bei derselben erhielten die deutschen Kandidaten
zusammen 1661, die tschechischen zusammen 2442 Stimmen — also
40 % deutsche und 60 % tschechische Wähler. Die geringere Ziffer
der Gesamtwähler in diesem Jahr gegen 1885 erklärt sich aus dem
Umstande, dass 1885 die sogenannten Fünfguldenmänner bereits das
Wahlrecht besassen.

II.

Böhmen zählt nebst den zwei autonomen, mit eigenen Städte-
ordnungen bewidmeten Kommunen Prag und Reichenberg 216 Gerichtsbezirke, welche die Basis für die Gerichtssprengel und politischen
Verwaltungsgebiete sowie für die autonomen Vertretungen höherer
Kategorie (Bezirksvertretungen) und für die Wahlbezirke in den Landtag und Reichsrat bilden. Bei dem Bestande der zwei grossen geschlossenen Sprachgebiete ergab es sich von selbst, dass die überwiegende Mehrzahl der Gerichtsbezirke eine natürliche nationale Abgrenzung
erlangte. Nur an der Berührungslinie der beiden Sprachgebiete wurden
deutsche und tschechische Ortschaften zu Bezirken vereinigt, welche
man gewöhnlich gemischte Bezirke nennt. Unter denselben sind
jedoch keineswegs Territorien zu verstehen, in welchen die beiden
Nationalitäten bunt durcheinander gewürfelt wären und welche zusammengenommen eine Art national gemischter Zone bilden würden.
Im Gegenteil, die gerade durch diese gemischten Bezirke laufende Sprachgrenze lässt sich mit aller Schärfe ziehen, und das neuestens lebhaft
erörterte Problem der Bildung rein nationaler Bezirke im ganzen Lande
ist topographisch unschwer lösbar.
    Nimmt man als einen deutschen Bezirk jenen an, in welchem
sich nur deutsche oder nebst diesen noch gemischt deutsche Ortschaften,
dagegen keine tschechischen oder gemischt tschechischen befinden, so
erhalten wir folgende 70 deutsche Bezirke:
    Arnau, Asch, Auscha, Aussig, Bensen, Bilin, Böhm.-
Kamnitz, Böhm.-Leipa, Braunau, Buchau, Dauba, Duppau,
Dux, Eger, Elbogen, Falkenau, Friedland, Gabel, Gablonz,
Görkau, Graslitz, Haida, Hainspach, Hartmanitz [1]), Hohenelbe,
Hohenfurt, Hostau, Jechnitz, Joachimsthal, Kaaden, Karbitz,
Karlsbad, Katharinaberg, Königswart, Kommotau, Kratzau,

---

[1]) Die zur deutschen Gemeinde Unterkörnsalz (461 D., 68 Tsch.) gehörige
Rotte Patecek mit 8 D. und 29 Tsch. ist wohl unmaassgeblich.

Luditz, Marschendorf, Neubistritz, Neudeck, Neuern, Niemes, Oberplan, Petschau, Pfraumberg, Plan, Platten, Podersam, Pressnitz, Reichenberg, Rochlitz, Ronsperg, Rumburg, Saaz, Schatzlar, Schluckenau, Sebastiansberg, Stecken, Tachau, Tepl, Teplitz, Tetschen, Trautenau, Tuschkau, Wallern, Warnsdorf, Wegstädtel, Weseritz, Wildstein, Zwickau.

Diesen 70 deutschen Bezirken reihen sich zunächst 5 Bezirke mit vereinzelten gemischt tchechischen Ortschaften, aber ohne eine einzige rein tschechische Ortschaft an. Der deutsche Charakter dieser Bezirke ist unbestreitbar. Es sind dies:

Brüx mit der gemischt tschechischen Gemeinde Tschausch, in welcher alle Steuerzahler deutsch sind;

Staab mit den oben angeführten 5 Ortschaften Nürschan etc., von welchen dasselbe wie von Tschausch gilt;

Mies mit den 5 gemischt tschechischen Ortschaften Sittna, Swina, Sobislau, Wranowa und Wittau, welche zusammen 327 deutsche und 549 tschechische Einwohner haben;

Gratzen mit Julienhain (231 D., 379 Tsch.), das mit dem ganz deutschen Böhmdorf (371 D., 0 Tsch.) eine Ortsgemeinde bildet und für sich eine deutsche Schule, aber keine tschechische hat;

Grulich mit der Ortschaft Studeney (63 D., 222 Tsch.), deren Ausscheidung aus dem Bezirke Grulich bevorsteht.

Weitere 4 an sich ganz deutsche Bezirke mit vereinzelten tschechischen und gemischt tschechischen Ortschaften lassen sich durch ganz leicht durchführbare Ausscheidungen, die auch teilweise im Zuge sind, ganz rein gestalten; es sind dies:

Kalsching mit 3 tschechischen Ortschaften (1443 Tsch.);

Postelberg . 2 . . (673 .) und 1 gem. tschechischen (71 Tsch., 14 D.);

Rokitnitz mit 2 tschechischen Ortschaften (469 Tsch.);

Tannwald , 1 , . (167 .) und 1 gem. tschechischen (327 Tsch., 270 D.).

Somit ergeben sich bei ganz minimalen Aenderungen 79 deutsche Bezirke.

Tschechische Gerichtsbezirke, in welchen sich nur tschechische oder gemischt tschechische Ortschaften, aber keine deutschen oder gemischt deutschen befinden, gibt es 100, und zwar:

Adlerkosteletz, Bechin, Beneschau, Beraun, Blatna, Blowitz, Böhm.-Brod, Böhm.-Skalitz, Brandeis, Breznitz, Chlumetz, Chotieborsch, Chrudim, Dobrisch, Eichel, Eisenbrod [1]), Eule, Frauenberg, Habern, Hlinsko, Hochstadt, Hohenmauth, Holitz, Horaschdiowitz, Horschitz, Horschowitz, Humpoletz, Jitschin, Jungbunzlau, Jungwoschitz, Kamenitz a. d. L., Karolinenthal, Kaurschim, Kladno, Kohljanowitz, Kolin, Königgrätz, Königl. Weinberge, Königsaal, Königstädtel, Kralowitz, Kuttenberg, Ledetsch, Liban, Libochowitz, Lischau, Lomnitz, (Semil) Lomnitz, (Wittingau) Melnik, Miro-

---

[1]) Die gem. deutsche Rotte Pintschei (20 D., 10 Tsch.) ist nicht massgebend.

witz, Moldautheln, Mühlhausen, Münchengrätz, Nachod, Nassaberg, Nechanitz, Nepomuk, Neubenatek, Neubidschow, Neustraschitz, Neweklau, Nimburg, Pardubitz, Patzau, Pilgram ¹), Pisek, Planitz, Podiebrad, Polna, Polschatek, Prelautsch, Prestitz, Pribram, Pürglitz, Raudnitz, Reichenau, Rokitzan, Ritschan, Schlan, Schwarz-Kosteletz, Sedletz, Seltschan, Semil, Skutsch, Smichow, Sobieslau, Sobotka, Strakonitz, Tabor, Tschaslau, Unhoscht, Unterkralowitz, Welwarn, Weseli, Wittingau, Wlaschim, Wodnian, Wolin, Wotitz, Zbirow.

Diesen 100 tschechischen Bezirken schliessen sich zunächst 6 weitere an, in welchen sich vereinzelte gemischt deutsche Ortschaften, aber keine rein deutschen vorfinden, und zwar:

Laun mit 2 gem. deutschen Ortschaften: Horschan (128 D., 86 Tsch.), Rannay (223 D., 155 Tsch.);

Opotschno mit 1 gem. deutschen Ortschaft: Michowy (104 D., 26 Tsch.);

Senftenberg mit 1 gem. deutschen Ortschaft: Cihak (123 D., 17 Tsch.);

Starkenbach mit 1 gem. deutschen Ortschaft: Kuttendorf (1109 D., 172 Tsch.);

Pilsen, bei welchem wir das obengenannte notorisch deutsche Dorf Litlitz trotz der infolge der tschechischen Arbeiterkolonie überwiegenden tschechischen Kopfzahl in Berücksichtigung bringen müssen (Littitz strebt übrigens die Ausscheidung an);

Turnau mit der Rotte Radonowitz (18 D., 2 Tsch.) und dem umstrittenen Dorfe Böschitz (94 D., 129 Tsch.).

Leichtere nationale Arrondierungen liessen sich ferner bei folgenden überwiegend tschechischen Bezirken herstellen, in welchen sich auch vereinzelte deutsche Ortschaften befinden:

Böhm.-Aicha mit 2 deutschen Ortschaften (47 D.) und 1 gem. d. O. (1473 D., 1054 Tsch.);

Klattau mit 3 deutschen Ortschaften (303 D.), 4 gemischt d. O. (246 D., 97 Tsch.);

Netolitz mit 2 deutschen Ortschaften (401 D.), 2 gemischt d. O. (267 D., 77 Tsch.);

Neupaka mit 2 deutschen Ortschaften (1868 D.), 3 gem. d. O. (1069 D., 237 Tsch.);

Pribislau ²) mit 1 deutschen Ortschaft (272 D).

Rakonitz mit 1 deutschen Ortschaft (163 D.), 1 gem. d. O. (444 D., 133 Tsch.);

Schweinitz mit 5 deutschen Ortschaften (1074 D.), 2 gem. d. O. (153 D., 39 Tsch.).

Ausser den durch verhältnismässig geringfügige Bereinigungen somit sich darstellenden 79 deutschen und 113 tschechischen Gerichtsbezirken erübrigen noch 24 gemischte Bezirke im engeren Sinne. d. h. solche, in welchen die nationalen Minderheiten durch be-

---

¹) Der Weiler Vöstenhof (21 D., 8 Tsch.) wurde nicht in Anschlag gebracht.
²) Die Sprachinsel Libinsdorf hat keinen deutschen Anschluss.

trächtlichere Ziffern, sowohl der Kopfzahl als den Ortschaften nach, zum Ausdruck gelangen. Es sind dies folgende 11 gemischt deutsche Bezirke, in welchen das deutsche Element überwiegt, und 13 gemischt tschechische Bezirke, in denen die Tschechen die Oberhand besitzen.

Gemischt deutsche Bezirke.

Gerichtsbezirke	Zahl der Ortschaften	Deutsche Ortschaften		Tschech. Ortschaften		Gemischt deutsche Ortschaften			Gem. tschechische Ortschaften			Zerstreute	
		Zahl	Einwohner	Zahl	Einwohner	Zahl	Deutsche	Tschechen	Zahl	Deutsche	Tschechen	Deutsche	Tschechen
Bergreichenstein	70	42	8427	20	6316	5	471	80	4	162	508	44	201
Bischofteinitz	65	31	5284	22	6609	8	3583	574	4	810	1471	168	54
Kaplitz	121	103	17304	8	1396	6	610	134	4	105	257	30	320
Königinhof	61	32	10572	10	3373	15	4488	1131	4	950	5954	36	303
Krummau	138	69	8167	58	11728	8	6507	1813	3	76	177	180	149
Landskron	40	22	20311	14	9075	3	1302	252	1	11	90	237	650
Leitmeritz	100	87	19448	9	3579	4	1488	3523	—			98	152
Lobositz	64	41	8218	8	2119	11	5720	1282	4	486	1516	75	09
Politz	61	32	14822	28	12084	—			1	46	239	267	309
Prachatitz	85	40	7838	39	10828	4	3322	1099	2	51	326	58	97
Winterberg	85	52	13555	31	8042	1	2985	658	1	84	756	135	147

Gemischt tschechische Bezirke.

Gerichtsbezirke	Zahl der Ortschaften	Deutsche Ortschaften		Tschech. Ortschaften		Gemischt deutsche Ortschaften			Gem. tschechische Ortschaften			Zerstreute	
		Zahl	Einwohner	Zahl	Einwohner	Zahl	Deutsche	Tschechen	Zahl	Deutsche	Tschechen	Deutsche	Tschechen
Budweis	80	9	2242	46	10077	20	15181	13461	5	209	567	142	105
Deutschbrod	75	4	632	64	22200	8	1441	457	1	52	82	281	47
Jaromiersch	92	9	2020	46	20325	4	444	110	3	1479	3575	242	84
Leitomischel	104	28	14711	25	36832	1	286	78	—			280	78
Mauletin	64	25	5075	32	7562	5	754	244	2	876	1178	124	84
Neugedein	47	11	2900	54	18836	1	89	34	1	195	309	210	158
Neuhaus	73	25	9809	43	19122	4	747	286	1	970	7718	88	232
Neustadt an der Mettau	60	16	5644	42	16940	1	292	64	1	45	388	180	215
Politschka	61	2	7771	43	22859	5	1060	292	—			118	206
Schüttenhofen	99	10	2164	78	22370	4	515	171	7	100	564	349	1
Taus	51	19	5605	28	18086	1	52	24	3	256	1006	352	80
Weiswasser	34	0	2146	23	8614	4	752	151	1	12	51	272	98
Wildenschwert	43	8	4134	37	23038	2	890	204	1	64	99	109	204

Sowohl die deutschen wie die tschechischen Teile der einzelnen gemischten Bezirke bilden für sich geschlossene nationale Gebiete, zwischen welchen die genaueste Linie der Sprachgrenze mit Leichtigkeit gezogen werden kann. Selbstverständlich sind die deutsch gemischten Ortschaften zum deutschen Teile, die tschechisch gemischten zum tschechischen zu schlagen. An langen Strecken der Grenzlinie findet ein Uebergang durch gemischte Ortschaften gar nicht statt, sondern rein deutsche und rein tschechische Ortschaften stossen mit ihren Fluren unmittelbar aneinander. Sowohl die deutschen als die tschechischen Abteilungen sämtlicher gemischten Bezirke haben ihr entsprechendes nationales Hinterland, mit einziger Ausnahme des deutschen Teiles des Budweiser Bezirkes, welcher ringsum von tschechischem Territorium eingeschlossen wird. Der deutsche Anteil des Budweiser Bezirkes, der sich um die Stadt Budweis lagert, bildet eine Sprachinsel. Dagegen haben die öfter als Sprachinseln bezeichneten, an der Ostgrenze Böhmens liegenden deutschen Sprachzungen von Neuhaus-Neubistritz, Stecken-Deutschbrod, Landskron, Rokitnitz-Grulich im angrenzenden Niederösterreich und den deutschen Teilen von Mähren und Schlesien unmittelbaren nationalen Anschluss.

Ausser den eben genannten Sprachzungen und den wenigen deutschen Enklaven, auf welche wir noch zurückkommen werden, bildet das deutsche Sprachgebiet Böhmens ein zusammenhängendes geschlossenes Ganze, welches von der südlichen, westlichen und nördlichen Landesgrenze ausgreifend mehr oder weniger in das Innere des Landes eindringt. Seine natürliche nationale Anlehnung hat dieses deutsch-böhmische, an keinem Punkte unterbrochene Gürtelland an dem benachbarten Oberösterreich, Bayern, Sachsen und Preussisch-Schlesien. Das gesamte tschechische Sprachgebiet bildet eine einheitliche kompakte Masse im Innern des Landes, welche im Süden, Westen und Norden vom deutschen Gürtel umsäumt wird und die Landesgrenze nur im Osten erreicht. Hier korrespondiert das tschechisch-böhmische Territorium an einzelnen von den deutschen Sprachzungen unterbrochenen Strecken mit den tschechischen Dörfern von Glatz und mit tschechischen Teilen Mährens.

III.

Wie sich in allen gemischten Bezirken die einzelnen deutschen und tschechischen Teile immer an das entsprechende nationale Hauptgebiet anlehnen, wird sich aus der Verfolgung der Sprachgrenze selbst ergeben, deren Lauf wir im nachstehenden bezirksweise darzustellen versuchen wollen.

Im äussersten Südosten des Landes beginnt die nationale Scheidelinie zwischen dem an Ober- und Niederösterreich anstossenden deutschen Bezirk Gratzen und dem tschechischen Bezirk Wittingau; der tschechisch gemischte Ort Julienhain im Gratzener Bezirk gliedert sich an den Wittingauer Bezirk an. Die Sprachgrenze tritt alsdann in den tschechischen Bezirk Schweinitz, umsäumt die in diesem Bezirk befindlichen, an Gratzen und Deutsch-Kaplitz anstossenden deutschen und deutsch gemischten Orte und springt in den Kaplitzer Bezirk über. Die im Norden dieses Bezirks liegenden tschechischen und tschechisch gemischten Orte grenzen an Schweinitz und den tschechischen Teil von Krummau. Nach Nordwesten nunmehr weiter verlaufend, teilt die Sprachgrenze den gemischten Bezirk Krummau in eine nordöstliche tschechische und südwestliche deutsche Hälfte, scheidet die erstere vom deutschen Bezirk Kalsching und schliesst, in letzteren eintretend, dessen 3 tschechische Orte an

Tschechisch-Krummau an. In einem nach Nordosten ausbiegenden quadratischen Vorsprung zurückkehrend zur Kalschieger Grenze, berührt die Völkerscheide den Budweiser und Netolitzer Bezirk und lässt den westlichen Teil des ersteren [1] und den südöstlichen des letzteren [2] als deutsch im Südwesten angelehnt an den Kalschinger Bezirk. Von der Kalsching-Netolitzer Grenze an durchkreuzt wieder, in nordöstlicher Richtung sich hinziehend, die Scheidelinie den gemischten Prachatitzer Bezirk. Derselbe wird in eine südlich liegende deutsche Abteilung, welche von den deutschen Bezirken Kalsching und Wallern und dem deutschen Teil von Winterberg umschlossen wird, und eine nördliche tschechische Abteilung zerlegt. Letztere, aus zwei Abschnitten bestehend, findet nationalen Zusammenschluss durch den Netolitzer Bezirk und lehnt sich weiter an die tschechischen Bezirke Wodnian und Wolin und den tschechischen Teil von Winterberg an.

Wie der Prachatitzer gliedert sich auch der westlich angrenzende gemischte Bezirk Winterberg, nach welchem die Sprachgrenze übersetzt, in einen nördlichen tschechischen und den weit grössern südlichen deutschen Teil. Ersterer gravitiert hauptsächlich nach Wolin und sodann zu den tschechischen Teilen von Prachatitz und Bergreichenstein. Letzterer reicht im Süden bis an die bayerische Grenze, westlich Deutsch-Bergreichenstein, östlich Wallern und Deutsch-Prachatitz berührend. Mit ihrem Eintritt in den gemischten Bergreichensteiner Bezirk aus dem Winterberger nimmt die Grenzlinie eine nordwestliche Richtung an und schneidet von dem grossenteils deutschen Bergreichensteiner Bezirk im Osten ein tschechisches Stück ab, welches von Wolin, Strakonitz und Tsch.-Schüttenhofen begrenzt wird. Der deutsche gleichfalls bis an die bayerische Grenze ausgreifende Teil von Bergreichenstein hat im Südosten Deutsch-Winterberg und im Nordwesten den ganz deutschen Bezirk Hartmanitz zu Nachbarn. Den Bergreichensteiner Bezirk verlassend, schneidet in einem kleinen Halbbogen die Trennungslinie aus dem gem. Bezirk Schüttenhofen ein deutsches Segment aus, welches von Hartmanitz und Deutsch-Bergreichenstein umschlossen wird. Der überwiegend grosse tschechische Teil von Schüttenhofen schliesst mit Tsch.-Bergreichenstein, Strakonitz, Horaschdiowitz, Planitz und Klattau national zusammen. Die Grenze zwischen den Bezirken Schüttenhofen und Hartmanitz, sowie zwischen Hartmanitz und Klattau einerseits und Neuern und Klattau andererseits markiert zugleich die nationale Grenze. Die wenigen deutschen und deutsch gemischten Orte Klattaus haben in Neuern und Hartmanitz deutsche Anlehnung. Die deutschen Böhmerwaldbezirke Hartmanitz und Neuern besitzen in Bayern deutsches Hinterland, der Bezirk Klattau wird umspannt von Tschechisch-Schüttenhofen, Planitz, Nepomuk, Preslitz und Tschechisch-Neugedein.

Sobald die Sprachgrenze in den gemischten Bezirk Neugedein einsetzt, strebt sie, in diesem und dem gemischten Tauser Bezirke verlaufend, mit starker Neigung gegen Westen der bayerischen Landesgrenze zu, ohne dieselbe jedoch ganz zu erreichen. Sie lässt den deutschen

[1] Roschowitz, Stritschitz etc.
[2] Bowitz, Bollowitz, Ober- und Unter-Groschum.

Antheil von Neugedein, der mit Neuern zusammenhängt, im Süden und klammert in einem Dreiviertelbogen aus dem Tauser Bezirk einen schmalen Streifen deutschen Landes an der bayerischen Grenze aus, welcher im Süden Deutsch-Neugedein, im Norden Ronsperg berührt. Tschechisch-Neugedein findet seine nationale Anlehnung an Klattau, Prestitz, Tschechisch-Taus und Tschechisch-Bischofteinitz, während der tschechische Teil von Taus mit Tschechisch-Neugedein und Tschechisch-Bischofteinitz zusammenhängt. Der nach Osten rückläufige Bogen im Tauser Bezirk berührt die Bezirksgrenzen von Ronsperg und Bischofteinitz, in welchen letzteren die nationale Scheidelinie mit einer scharfen Wendung gegen Nordosten eintritt und denselben in eine westliche deutsche und eine östliche tschechische Hälfte zerlegt. Deutsch-Bischofteinitz arrondiert national mit den deutschen Bezirken Ronsperg, Hostau, Pfraumberg und Mies, während Tschechisch-Bischofteinitz eine nach Norden vorspringende, zwischen Deutsch-Bischofteinitz und den deutschen Bezirk Staab eindringende tschechische Zunge bildet, welche ihren Ausgang von Tschechisch-Taus, Tschechisch-Neugedein und Prestitz nimmt.

An der Grenze von Tschechisch-Bischofteinitz und Staab, nahe an der Grenze des Mieser Bezirkes, umsäumt die nationale Trennungslinie in einer rückläufigen, anfangs nach Südosten gerichteten Kurve den Staaber Bezirk, diesen von Tschechisch-Bischofteinitz, Prestitz, Blowitz und Pilsen abgrenzend. Gegen Pilsen zu springt die deutsche Zunge von Littitz vor. Staab hat deutsche Fühlung mit den Bezirken Mies und Tuschkau, Pilsen tschechische mit Blowitz, Rokytzan, Kralowitz und Tschechisch-Manietin. Wie den Mieser, so scheidet die Sprachgrenze auch den mit Mies, Weseritz und Deutsch-Manietin zusammenhängenden Tuschkauer Bezirk im Osten vom Pilsener und teilt alsdann, die Richtung nordwärts beibehaltend, den gemischten Bezirk Manietin in zwei nationale Abschnitte, von welchen der deutsche an Jechnitz, Luditz, Tepl, Weseritz und Tuschkau, der tschechische an Pilsen und Kralowitz national anschliesst. Noch im Manietiner Bezirk nimmt die Grenzlinie die Richtung nach Osten an, und in dieser verharrend, deckt sie sich mit den Bezirksgrenzen von Jechnitz und Kralowitz einerseits und, nach Norden einlenkend, von Jechnitz und Rakonitz andererseits. Jechnitz besitzt in den Bezirken Deutsch-Manietin, Luditz und Podersam deutsches Hinterland, Rakonitz tschechisches in den Bezirken Kralowitz, Pürglitz, Neustraschitz und Laun. Die zwei noch im Rakonitzer Bezirk liegenden deutschen Orte (Wetzlau und Swojetin) liegen im Winkel zwischen den deutschen Bezirken Jechnitz, Podersam und Saaz. In der Fortsetzung der nordöstlichen Richtung trennt die nationale Grenze die beiden Bezirke Saaz und Postelberg vom Bezirk Laun. Die im Postelberger Bezirk liegende, aus drei Orten bestehende tschechische Gemeinde Imling ragt in den Launer Bezirk hinein. Das deutsch gemischte Rannay im Launer Bezirk schliesst an den Biliner Bezirk an, das deutsch gemischte Horschan aber bildet eine kleine Sprachinsel. Die nationale Anlehnung der zusammenhängenden Bezirke Saaz und Postelberg ist durch die Bezirke Podersam, Kaaden, Kommotau, Brüx und Bilin gegeben, während der Bezirk Laun in den Bezirken Rakonitz, Neustraschitz, Schlan und Libochowitz tschechische Umsäumung besitzt.

Nach Osten sich wendend, scheidet die Sprachgrenze die Bezirke
Bilin und Laun und lässt, in den Bezirk Lobositz eindringend, den
tschechischen Teil desselben im Süden liegen, wo dieser sich an den
Bezirk Libochowitz anschliesst. Die zusammenhängenden Bezirke Bilin
und Deutsch-Lobositz werden von Postelberg, Brüx, Dux, Teplitz, Aussig
und Deutsch-Leitmeritz umschlossen, Libochowitz von Laun, Schlan,
Welwarn und Raudnitz. Aus dem Lobositzer Bezirk tritt die Grenze
in den Leitmeritzer, dessen gemischt tschechische Orte ausklammernd
und an Tschechisch-Lobositz und Raudnitz anschliessend, dann aber in
südöstlicher Richtung die Bezirksgrenze zwischen Leitmeritz und Raudnitz einerseits und Wegstädtl und Raudnitz andererseits verfolgend.
Der deutsche Teil von Leitmeritz wird umgeben von den Bezirken
Deutsch-Lobositz, Aussig, Auscha und Wegstädtl; Wegstädtl selbst von
Leitmeritz, Auscha und Dauba. Dagegen findet Raudnitz nationalen Anschluss an Libochowitz und Welwarn. Von der Ecke, wo die drei Bezirke Raudnitz, Wegstädtl und Melnik zusammenstossen, verändert die
nationale Scheidelinie ihre Richtung wieder nach Nordosten und hält
die Bezirksgrenzen von Wegstädtl und Melnik, wie von Dauba und
Melnik genau ein. Dann verfolgt sie eine lange Strecke die Bezirks-
grenze von Dauba und Weisswasser, dringt mit östlicher Wendung ins
Innere des letzteren und löst den nördlichen deutschen Streifen dieses
Bezirkes ab, ihn an Dauba und Niemes anschmiegend. Die deutsche
Umsäumung des Bezirkes Dauba besteht in den Bezirken Wegstädtl,
Auscha, Böhmisch-Leipa, Niemes und Deutsch-Weisswasser, die des Bezirkes Niemes in Deutsch-Weisswasser, Dauba, Böhmisch-Leipa, Haida
und Gabel. Die zusammenhängenden Bezirke Melnik und Tschechisch-
Weisswasser aber grenzen an die tschechischen Bezirke Welwarn, Karolinenthal, Brandeis, Benatek, Jungbunzlau und Münchengrätz. Die Sprachgrenze verläuft weiter in nordöstlicher Richtung zwischen Deutsch-
Weisswasser und Münchengrätz, zwischen Niemes und Böhmisch-Aicha
und zwischen Gabel und Böhmisch-Aicha, genau die Bezirksgrenze ein-
haltend. Nur die beiden kleinen deutschen Orte Drausendorf und Kries-
dorf scheiden aus Böhmisch-Aicha aus, während die Stadt Böhmisch-
Aicha als gemischt deutsche Insel sich darstellt. Der im Norden bis
an die sächsische Landesgrenze reichende Bezirk Gabel besitzt in Niemes,
Böhmisch-Leipa, Haida, Zwickau und Kratzau deutsche Umgebung,
Böhmisch-Aicha aber in Münchengrätz und Turnau tschechischen Anschluss.

An dem Punkte, wo die Bezirke Gabel, Kratzau, Reichenberg und
Böhmisch-Aicha zusammentreffen, hat das tschechische Sprachgebiet die
vorgeschobenste Position im Norden erreicht. Die nationale Grenze
wendet sich nun wieder in mancherlei Krümmungen, doch der Haupt-
richtung nach gegen Südosten, die deutschen Bezirke Reichenberg,
Gablonz, Tannwald, Rochlitz und Hohenelbe von den tschechischen
Bezirken Böhmisch-Aicha, Turnau, Eisenbrod, Hochstadt, Starkenbach
und Neupaka absondernd. Nur folgende kleine Abweichungen der
Sprachgrenze von den Bezirksgrenzen finden statt: ein tschechischer und
ein tschechisch gemischter Ort im Tannwalder Bezirk neigen national
zum Eisenbroder Bezirk. Das grosse deutsch gemischte Dorf Hütten-

dorf im Starkenbacher Bezirk steht im Zusammenhang mit Hohenelbe, und selbst die Rotten Radonowitz (deutsch) mit dem umstrittenen Bösching im Turnauer Bezirk und Pintschei (deutsch gemischt) im Eisenbroder Bezirk haben beide deutschen Anschluss an den Gablonzer Bezirk. Die oben genannten zusammenhängenden deutschen Bezirke stehen teils direkt, teils durch den Friedländer Bezirk mit dem benachbarten Schlesien in Zusammenhang, während die angrenzenden tschechischen Bezirke Münchengrätz, Sobotka, Lomnitz, Semil, Gitschin und Horschitz nationales Hinterland besitzen. Die Sprachgrenze verläuft nun zwischen den Bezirken Arnau und Neupaka einerseits und Arnau und Horschitz andererseits. Nur greift sie von Arnau aus in einer nach Westen sich erstreckenden deutschen Zunge in den Bezirk Neupaka hinüber, welche heute aus zwei deutschen und drei deutsch gemischten Orten besteht. Von der Arnau-Horschitzer Bezirksscheide dringt die Sprachgrenze in die gemischten Bezirke Königinhof und Jaromiersch ein, die zusammenhängenden deutschen Teile dieser Bezirke in einem südlichen Ausbug umfassend und an Arnau und Trautenau anschliessend.

Im rückläufigen Weg vom deutschen Vorsprung Königinhof-Jaromiersch scheidet die Sprachgrenze in nördlicher Richtung denselben vom Bezirk Böhmisch-Skalitz, sowie den Bezirk Trautenau vom Bezirk Eipel. In zwei weiteren Krümmungen nach Osten strebend bewegt sie sich an der Grenze zwischen Eipel und Deutsch-Politz zwischen Deutsch-Politz und Nachod, teilt den gemischten Bezirk Politz in eine nordwestliche deutsche und südöstliche tschechische Hälfte und endigt in der Abscheidung von Tschechisch-Politz und Braunau an der tschechischen Landesgrenze. — Arnau schliesst sich national an Hohenelbe, Marschendorf, Trautenau, Deutsch-Königinhof und Deutsch-Neupaka an, Trautenau an Deutsch-Königinhof. Arnau, Marschendorf und Preussisch-Schlesien, Deutsch-Politz an Trautenau, Preussisch-Schlesien und Braunau, während Braunau von Preussisch-Schlesien und Deutsch-Politz umsäumt wird. Die letzterwähnten tschechischen Bezirke und Bezirksteile aber hängen mit Gitschin, Neubidschow, Nechanitz, Königgrätz, Opotschno, Neustadt a. d. Mettau, Böhm.-Skalitz und Nachod zusammen.

IV.

Während das deutsche Sprachgebiet Böhmens in ununterbrochenem Zusammenhange die Landesgrenzen im Süden, Westen und Norden berührt, dringt an dieselben das tschechische Sprachgebiet nur im Osten vor, und zwar nicht in langgedehnter fortlaufender Linie, sondern in fünf voneinander getrennten kürzeren Strecken. Die Unterbrechung erfolgt durch die vier oben erwähnten deutschen Sprachzungen an der

Ostgrenze des Landes. Die Bezirke Tschechisch-Politz, Nachod und Tschechisch-Neustadt grenzen mit der Grafschaft Glatz, der tschechische Teil des gemischten Landskroner Bezirks dringt in schmaler Zunge bis zur mährischen Grenze vor; dieselbe erreicht ferner die Gruppe Tschechisch-Politschka, Hlinsko, Pribislau und Polna, und der Komplex Pilgram, Potschatek, Tschech.-Neuhaus (nördlicher Anteil), Tschechisch-Neuhaus (südlicher Anteil) und Wittingau grenzen an Niederösterreich.

Zwischen den genannten tschechischen Grenzbezirken liegen folgende deutsche Gebietskomplexe, welche in Böhmen national isoliert sind, dagegen ausserhalb der Landesgrenzen deutschen Anschluss besitzen.

1) Die Bezirke G r u l i c h , R o k i t n i t z und D e u t s c h - N e u s t a d t hängen mit Preussisch-Schlesien und Deutsch-Mähren zusammen, in Böhmen aber werden sie von Tschechisch-Neustadt, Opotschno, Reichenau, Senftenberg und Tschechisch-Landskron umschlungen. Das tschechische Rehberg mit Wochoz im Bezirk Rokitnitz lehnt sich an Reichenau an, und seine Ausscheidung ist im Zuge. Studeney, eine gemischt tschechische Ortsgemeinde im Grulicher Bezirk, strebt die Zuteilung zum anstossenden Senftenberger Bezirk an. Die im Bezirk Opotschno liegende Ortsgemeinde Lom, aus dem gemischt deutschen Michowy und dem gemischt tschechischen Lom bestehend, grenzt an Deutsch-Neustadt und Rokitnitz, und die deutsche Ortsgemeinde Cihak im Bezirk Senftenberg lehnt sich an Grulich an. Nach Ausscheidung von Rehberg, Wochoz und Studeney und Einbeziehung von Michowy und Cihak besteht die Sprachzunge aus 89 deutschen und 12 gemischt deutschen Ortschaften mit 38 456 Bewohnern. Dabei sind zwar die wenigen Tschechen in den deutschen Orten, nicht aber die 680 Tschechen in den 12 gemischt deutschen gerechnet.

2) Die deutschen Teile der gemischten Bezirke Landskron, Wildenschwert, Leitomischel und Politschka bilden den böhmischen Anteil der von Mähren ausgreifenden deutschen S p r a c h i n s e l der S c h ö n - h e n g s t l e r ; die tschechische Umsäumung in Böhmen erfolgt durch die tschechischen Teile der Bezirke Landskron, Wildenschwert, Leitomischel und Politschka. Die Sprachzunge zählt 65 deutsche und 11 gemischt deutsche Ortschaften mit 51 065 Bewohnern, wozu in den 11 gemischt deutschen Orten 831 Tschechen kommen.

3) Der deutsche Bezirk Stecken und der deutsche Teil von Deutschbrod ergeben sich als Fortsetzung der d e u t s c h e n S p r a c h i n s e l v o n I g l a u in Mähren. Dieselbe wird in Böhmen von den Bezirken Polna, Pribislau, Tschechisch-Deutschbrod, Humpoletz und Pilgram umschlossen. Diese kleinste von den östlichen deutschen Sprachzungen ist am stärksten mit tschechischen Elementen durchsetzt. Denn sie besitzt nur 17 deutsche und 28 gemischt deutsche Ortschaften mit 11 482 Bewohnern und 2521 Tschechen in den gemischt deutschen Ortschaften.

4) Der deutsche Bezirk N e u b i s t r i t z und D e u t s c h - N e u h a u s greifen von Niederösterreich in langgestreckter, bis gegen die Bezirke Kamenitz und Wessely vordringender Zunge nach Böhmen ein, eingeengt durch die beiden Abschnitte des tschechischen Anteils von Neuhaus. Die Zunge hat sich ziemlich rein deutsch erhalten, denn sie besteht aus 65 deutschen und nur 5 gemischt deutschen Ortschaften

mit 25 500 Bewohnern, wozu nur 399 Tschechen in den gemischt
deutschen Ortschaften kommen.

Es erübrigt noch, die eigentlichen Sprachinseln innerhalb des
Landes zu erwähnen.

1) Als älteste und wichtigste deutsche Sprachinsel Böhmens, welche
bis jetzt trotz der denkbar ungünstigsten Verhältnisse dem Tschechi-
sierungsprozesse siegreichen Widerstand entgegengesetzt hat, stellt sich
die deutsche Bevölkerung Prags und seiner Vororte dar. In Prag,
in dessen Gemeindeverband neuestens Wyschehrad und Holleschowitz
einbezogen wurde, Karolinenthal, Weinberge, Zizkow und Smichow sind
nach der für das Deutschtum unter misslichen Umständen vorgenommenen Volkszählung 41 652 Deutsche gezählt worden. Es ist dies
keine fluktuierende, sondern eine altansässige, zumeist den wohlhabenden
und gebildeten Ständen angehörige Bevölkerung. Als Mittelpunkt für
den deutschen Teil des Landes verfügt Deutsch-Prag immer noch
über eine gewisse Vertretung in den obersten Verwaltungs-, Gerichts-
und Militärbehörden. Es besitzt zwei deutsche Hochschulen (die älteste
deutsche Universität und ein Polytechnikum), zahlreiche deutsche Mittel-,
Volks- und Bürgerschulen, eine deutsche Handelsakademie, ein deutsches Mädchenlyceum u. s. w. Das eine grosse deutsche Theater reicht
für die Bedürfnisse nicht aus, und es wurde soeben zur Errichtung eines
zweiten der Grundstein gelegt. In der Grossindustrie und im Handel
sind die Deutschen in Prag ausschlaggebend. Gegen 100 deutsche
Vereine konzentrieren die wissenschaftlichen, künstlerischen, gewerblichen, sozialen und politischen Interessen, die überdies durch eine
tüchtige Tages- und Fachpresse vertreten werden.

2) Die deutsche Sprachinsel von Budweis, in ihrem Bestande bis
ins 13. Jahrhundert zurückreichend, umfasst die Stadt Budweis und 22
teils deutsche, teils deutsch gemischte Ortschaften, welche um Budweis
herumliegen und zuzüglich Budweis eine deutsche Bevölkerung von
16 702 Köpfen ausweisen. Die vor Jahrzehnten noch viel grössere
deutsche Oase ist nach und nach abgebröckelt und kämpft heute mit
der drohendsten Gefahr der allmählichen Slavisierung. In der Stadt
Budweis halten sich der Kopfzahl nach Deutsche und Tschechen die
Wage (11 829 Deutsche und 11 812 Tschechen). Noch besitzen die
Deutschen die grössere Macht und den grösseren Wohlstand und haben
die Gemeindeverwaltung in der Hand; es wird aber der angestrengtesten
Rührigkeit bedürfen, dieses Uebergewicht auch für die Zukunft zu behaupten.

3) Die 6827 Köpfe zählende deutsche Bevölkerung von Pilsen,
welche durch ihre Steuerkraft und Bildung hervorragt und durch ihren
Machteinfluss sich eine Anzahl von Stimmen in der Gemeindevertretung
zu sichern versteht. In Pilsen bestehen zwei deutsche Mittelschulen, eine
deutsche Gewerbe-, fünf Volksschulen, eine deutsche höhere Töchterschule,
ein selbständiges deutsches Theater, zahlreiche deutsche Vereine u. s. w.
Streng genommen hat die deutsche Insel von Pilsen nationale direkte
Fühlung mit der deutschen Zunge von Littitz.

4) Die deutsche Insel der Stadt Böhmisch-Aicha im Bezirk
gleiches Namens zählt (mit Katharinsfeld und Schlossbezirk) 1712

Deutsche gegen 1385 Tschechen. Böhmisch-Aicha ist die einzige Stadt mitten im tschechischen Sprachgebiete, in welcher sich die herrschende Stellung des Deutschtums bis heute erhalten hat. Die Stadt besitzt eine dreiklassige deutsche Knabenbürgerschule, eine fünfklassige Volksschule, einen deutschen Kindergarten und eine deutsche gewerbliche Fortbildungsschule.

5) Eine kleine deutsche Sprachinsel bildet die Ortschaft Horschan im Launer Bezirk, in welcher nach der Zählung von 1880 128 Deutsche und 86 Tschechen wohnten. Sie ist ringsum von tschechischen Ortschaften umgeben und von der nächsten deutschen Ortsgemeinde Imling durch die tschechischen Ortsgemeinden Tauchowitz und Praschin getrennt. Die Ortschaft bildet für sich eine eigene Ortsgemeinde und besitzt eine einklassige deutsche Schule mit 43 Schülern (1884). Bei den letzten Gemeindewahlen 1885 ging den Deutschen durch eigene Saumsal die bisher immer behauptete Majorität in der Gemeindevertretung verloren und entbrennt augenblicklich der Kampf um die dermalen noch deutsche Schule im Orte.

6) Libinsdorf[1]), dieses im Bezirke Pribislau nahe der mährischen Grenze liegende Dorf, welches weit ab von jeglichem deutschen Gebiete im Jahre 1798 auf emphyteutisierten (d. h. vererbpachteten) Gründen des Meierhofes Karlshof von deutschen Ansiedlern aus der Gegend von Böhmisch-Kamnitz gegründet wurde, hat sich trotz seiner völligen nationalen Isoliertheit bis zum heutigen Tage rein deutsch erhalten. Es zählte 1880 272 Deutsche und 9 Tschechen. Die wackeren Kolonisten haben in ihr Dorf nicht bloss Liebe zu ihrer neuen Ansiedlung, sondern auch eine zähe Anhänglichkeit an ihre Muttersprache mitgebracht und bis heute bewahrt. Bis zum Jahre 1873 erhielten sie eine deutsche Privatschule, die in diesem Jahre in die öffentliche Verwaltung übernommen wurde und 1884 von 60 Kindern besucht wurde.

7) Die in den Jahren 1778—1781 neugegründete Kolonie deutscher Ansiedler auf der ehemaligen Kameralherrschaft Pardubitz ist nahezu tschechisiert worden. In den 12 Dörfern der jetzt fast ganz aufgesaugten Sprachinsel (Neuhradischt, Weska, Hanb, Streitdorf, Gunstdorf, Spojil, Kleindorf [Pardubitzer Bezirk], Maidorf, Teichdorf, Trauerdorf. Sehndorf und Dreidorf [Holitzer Bezirk]) wurden 1880 1760 Tschechen und 107 Deutsche gezählt. Letztere verteilen sich auf Weska mit 67 Deutschen (71 Tschechen), Gunstdorf mit 8 Deutschen (79 Tschechen), Trauerdorf mit 11 Deutschen (54 Tschechen) und Sehndorf mit 21 Deutschen (101 Tschechen). Nur Weska und Sehndorf haben grossenteils deutsches Gepräge bewahrt, und zwar durch zähes Festhalten am deutschen Schulunterricht. Weska besitzt seit 1823 eine deutsche Schule, welche heute öffentlich ist und 51 Kinder zählt (1884). In Sehndorf, wo seit 1825 deutsche Privatlehrer wirkten, wurde 1881 vom deutschen Schulverein eine Schule begründet, welche von 44 Kindern besucht wird. Wie vorsichtig übrigens die Resultate der Volkszählung in manchen Fällen aufzunehmen sind, zeigt das Beispiel von Sehndorf.

---

[1]) Libin, der damalige Kreishauptmann von Tschaslau, ist als eigentlicher Gründer und Namensgeber anzusehen.

Nach verlässlichen privaten Mitteilungen sind in diesem Dorfe 36 deutsche, 10 tschechische und 2 utraquistische Familien, und wird die deutsche Schule von 44 Kindern besucht. Nach der Volkszählung aber gäbe es nur 21 deutsche Seelen daselbst.

6) Im Bezirke N e u p a k a bilden die Dörfer Borowitz, Stupna, Nedarsch Widsch und Stickau eine deutsche Sprachzunge mit 2937 deutschen Einwohnern (264 Tschechen), welche mit den Fluren von Stickau bis nahe an den Bezirksvorort Neupaka reicht. Die ehemals zu dieser Zunge gehörigen Ortschaften Ratkin und Bilai sind der Slavisierung anheimgefallen und wurden neuestens in denselben an Stelle der deutschen tschechische Schulen errichtet. Das gleiche Schicksal der Tschechisierung ereilte längst die im Südwesten von Neupaka liegende ehemalige deutsche Sprachinsel von A u s l a u f, S t a w, B r d o und W ü s t-P r o s c h w i t z, in welchen Dörfern vor wenig Jahrzehnten noch die deutsche Sprache die herrschende war, während nach der Zählung von 1880 kein einziger Bewohner dieser Dörfer die deutsche Umgangs-sprache bekannte.

Wie rasch übrigens kleinere deutsche Sprachinseln oder deutsche an der Sprachgrenze liegende Ortschaften in Ermangelung deutscher Schulen und durch Zuteilung zu tschechischen Schulen entnationalisiert wurden, mögen noch folgende Beispiele, die durchaus nicht erschöpfend sind, zeigen:

1) Das Dorf K o w a n s k o im Bezirke Nimburg auf der alten Kameralherrschaft Podiebrad wurde analog den deutschen Pardubitzer Dörfern durch deutsche Ansiedler 1785—1790 auf den ausgetrock-neten und emphyteutisierten Gründen eines Teiches errichtet. Noch im Jahre 1860 waren die Bewohner deutsch und wehrten sich gegen die beabsichtigte Tschechisierung ihrer alten deutschen Schule. Durch eine Ministerialentscheidung wurde die Wahrung der deutschen Unterrichts-sprache auch zugesichert. Nichtsdestoweniger finden wir 1870 die Schule tschechisch. Mit der Schule wurde das Dorf tschechisch; 1880 zählte man 326 Einwohner, von welchen kein einziger mehr sich als deutsch bekannte.

2) Im tschechischen Gerichtsbezirke Breznitz befinden sich die Dörfer A l t- und N e u - N e p o m u k, die auch unter dem Namen Deutsch-Nepomuk und Neudorf ehedem eine völlig isolierte deutsche Insel bildeten. Deutsch-Nepomuk wurde im Jahre 1727 durch den Erzbischof von Prag, Graf Ferdinand Kuenburg, auf Waldboden seiner Herrschaft Rozmital durch Ansiedler aus Bayern gegründet und bevölkert. Im Jahre 1793 konnte die ursprünglich aus 20 Familien bestehende Kolonie 9 Familien aus ihrer Mitte zur Gründung des Dorfes Neu-Nepomuk (Neudorf, Zalany) auf Stadt Rozmitaler Gründen entsenden. Im Jahre 1864 besassen die beiden Dörfer noch eine deutsche Schule und die deutsche Sprache war noch die herrschende, wenn auch, wie ein Besucher der Ortschaften in diesem Jahre erzählt, das „Baye-rische" der Nepomuker, die sich ihrer Abstammung aus dem „Reiche" noch rühmten, einen stark tschechischen Accent angenommen hatte. Seither ist die Schule tschechisch geworden, sie ist heute zweiklassig und zählt 149 Kinder. Bei der Zählung von 1880 fanden sich in Alt-

Nepomuk 313 Tschechen und 5 Deutsche, in Neu-Nepomuk 396 Tschechen und kein Deutscher.

3) Rascher als die Nepomuker erlagen die deutschen Kolonisten von **Johannesdorf** der Entnationalisierung. Dieses im Melniker Bezirke unweit der Sprachgrenze liegende Dorf wurde vom Grafen Johann Pachta um das Jahr 1786 durch deutsche Ansiedler aus dem Leitmeritzer Kreise begründet. Es erhielt keine deutsche Schule, sondern wurde der tschechischen Kirche und Schule in Vysoka zugewiesen. Schon im Jahre 1840 war die deutsche Sprache im Dorfe nahezu ausgestorben. 1880 zählte es 109 Tschechen und keinen Deutschen.

4) Das im tschechischen Bezirke Klattau befindliche Dörfchen **Schönwillkomm**, das 1839 noch grossenteils von deutschen Ansiedlern bewohnt war und noch von Czörnig 1857 als Sprachinsel geführt wird, ist durch die Zuschulung zu Bezdiekau völlig tschechisch geworden. Es zählte 1880 70 Bewohner, welche sich alle als Tschechen bekannten.

5) Im tschechischen Bezirke Ledetsch auf seinem Gute Pravonin errichtete Michael Weywoda von Stromberg im Jahre 1799 auf emphyteutisierten Meierhofsgründen durch deutsche Ansiedler ein Dorf, das er seiner Mutter zu Ehren „**Annadorf**" benannte. Das der tschechischen Pfarre und Schule in Zbor zugeteilte Dorf hatte sich schon nach 40 Jahren der tschechischen Umgebung völlig assimiliert. Im Jahre 1880 war bei allen 307 Bewohnern die deutsche Sprache der Väter in Vergessenheit geraten.

6) Auch das im Tschaslauer Bezirk auf der Thunschen Herrschaft Sehuschitz gelegene **Franzdorf** verdankt deutschen Ansiedlern seine Entstehung und erste Bevölkerung. Dieselben wurden von dem Grundherrn Grafen Franz Thun im Jahre 1711 aus seiner Herrschaft Klösterle herbeigezogen, doch ohne deutsche Schule belassen. Schon die zweite Generation nahm das tschechische Idiom an, welches 1880 von sämtlichen 142 Bewohnern als Umgangssprache bezeichnet wurde.

7) Ebenso haben sich die Nachkommen der deutschen Ansiedler, welche sich seit 1796 auf den emphyteutisierten Gründen von **Dolkowitz** im Bezirke Wlaschim niederliessen und welche 1841 noch deutsch sprachen, vollständig entnationalisiert, indem 1880 niemand von den 314 Dorfbewohnern das Deutsche als Umgangssprache angab.

8) Im Gerichtsbezirke Kolin liegt das aus dem Siebenjährigen Kriege (preussische Position in der Schlacht bei Prag) bekannte Dorf **Gbel** (Kbell). Dasselbe war im Jahre 1715 infolge der grassierenden Pestepidemie fast menschenleer geworden. Graf Kajetan von Thun-Hohenstein, der damalige Besitzer der Herrschaft Winarsch, zu welcher Gbel gehörte, bevölkerte das verödete Dorf mit deutschen Ansiedlern von der Herrschaft Tetschen. Bis in die vierziger Jahre unseres Jahrhunderts hatte sich bei einzelnen Familien die Kenntnis der deutschen Sprache erhalten. Bei der Zählung von 1880 gab es unter den 406 Bewohnern keinen Deutschen. ·

9) Auf emphyteutisierten Meierhofsgründen von **Bilsko**, **Lukawetz**, **Neudorf** (Bezirk Horschitz) ihrer Herrschaft Bielohrad siedelten die Grafen Schafgotsch in der zweiten Hälfte des vorigen Jahrhunderts

deutsche Familien von der Herrschaft Marschendorf an. Deutsche Nachkommen derselben, deren noch in den dreissiger Jahren dieses Jahrhunderts vorhanden waren, finden sich heute nicht mehr.

Diese angeführten Beispiele mögen genügen, um zu zeigen,
wie leicht die Aufsaugung nationaler Enklaven sich vollzieht, besonders
wenn die Stütze einer nationalen Kirche und Schule fehlt. Auf die
zusammenschrumpfenden deutschen Minoritäten in tschechischen Städten
haben wir schon oben hingewiesen. Keineswegs aber beabsichtigten
wir, eine erschöpfende Darstellung der Verluste des Deutschtums und
umgekehrt des Vordringens tschechischer Elemente in den letzten Jahrzehnten zu bringen. Wir hätten alsdann vor allem die Veränderungen
an der Sprachgrenze in Erörterung ziehen müssen. Eine solche
aber muss als Gegenstand einer besonderen Abhandlung vorbehalten
werden, da es sich mit Gegenwärtigem doch hauptsächlich nur um
die Feststellung des heutigen Besitzstandes der beiden Nationalitäten
handelte.

In ergänzender Durchführung dieser unserer Absicht wäre schliesslich noch die Frage nach den gegenwärtig bestehenden tschechischen
Sprachinseln zu beantworten. Abgesehen von den bereits besprochenen tschechischen Minoritäten in deutschen Städten und den
Arbeiterkolonien in den Kohlendistrikten — nationalen Enklaven neuester
Entstehung — gibt es tschechische Sprachinseln älteren Datums eigentlich nur zwei, und zwar:

1) Die tschechische Bevölkerung von Budweis (11 812 Tschechen),
welche durch fortwährende Zuwanderung im steten Wachsen begriffen
ist und sich durch eine rege Vereinsthätigkeit, besonders aber durch
systematische Erweiterung des nationalen Schulwesens eine sichere Basis
für die Zukunft zu bereiten versteht.

2) Die 5 in der Nähe der deutschen Stadt Mies gelegenen tschechisch gemischten Dörfer Sittna (153 Tsch., 72 D.), Swina (73 D.,
29 Tsch.), Sobislau (175 Tsch., 122 D.), Wranow (113 Tsch., 68 D.)
und Wuttau (35 Tsch., 33 D.), in welchen die tschechische Bevölkerung
Ueberreste des vor zwei Jahrhunderten noch grossenteils ganz tschechischen Dominiums Mies bildet.

NATIONALITÄT UND SPRACHE

IM

KÖNIGREICHE BELGIEN.

VON

Karl Brämer,
Geh. Rechnungsrat und Mitglied des königl. preussischen statistischen Bureau's zu Berlin.

STUTTGART.

VERLAG VON J. ENGELHORN.

1887.

Inhalt.

Dem Streben der philosophischen Geister des vorigen Jahrhunderts entgegen schwindet in neuerer Zeit das kosmopolitische Bewusstsein von der Einheit des Menschengeschlechts mehr und mehr. Ein Volk nach dem anderen, und wäre es noch so schwach an Zahl und unselbständig in seiner Kultur, ballt sich zusammen, sondert sich individuell von den anderen ab und erhebt Anspruch auf eine achtungsvolle Behandlung. Diesem Zuge der Zeit trägt die Statistik Rechnung, und da gerade im Königreiche Belgien zwei gleichmächtige Volksstämme um das Maß der Sprachberechtigung ringen, so habe ich auf Grund rein amtlicher Veröffentlichungen die einschlägigen Verhältnisse sorgsamer untersucht, als dies für andere Gegenden zu geschehen pflegt.

Drei Zweige der Bevölkerungsstatistik kommen hierbei vorzugsweise in Betracht: die Staatsangehörigkeit, die Beziehung zwischen Aufenthalt und Heimat, die Familiensprache. Nach ihnen gliedert sich die wissenschaftliche Behandlung meiner Aufgabe, und damit aus den Veränderungen, welche während des jüngsten Zeitraumes stattgefunden haben, die wirksamen Kräfte geschätzt werden können, stelle ich die Ergebnisse der beiden letzten grossen Volkszählungen neben einander.

I. Staatsangehörigkeit.

Durch Feststellung der Staatsangehörigkeit liesse sich das Gebiet des Streites für Belgien enger begrenzen; aber die *nationalité légale* wird von der belgischen Statistik nicht erfragt, auch ist die Aufnahme in den belgischen Unterthanenverband nicht häufig. Während des halben Jahrhunderts 1831—80 empfingen 49 Personen die grosse und 1713 die gewöhnliche Naturalisation: unter anderen machten davon 430 Niederländer, 386 Deutsche, 158 Luxemburger, 479 Franzosen und 33 Engländer Gebrauch. Diese Zahlen sind allzu klein, als dass ihre Verwertung das Ergebnis der übrigen Zweige der Statistik stören würde; ich lasse sie deshalb ganz ausser Acht. Kennte man die Zahl

der Staatsfremden in Belgien, so müsste man allerdings Rücksicht auf
sie nehmen; denn in den inneren Kämpfen zwischen den beiden Volksstämmen des Königreichs mitzusprechen, haben sie kein Recht.

An Stelle der Ausweise über Staatsangehörigkeit treten im allgemeinen die über Geburtsheimat, welche ich im III. Abschnitte benutze.
Dieselben finden ihre Ergänzung in den von Behörden anderer Staaten
gelieferten Nachrichten über die im Auslande lebenden Belgier,
insofern die belgische Statistik annimmt, es seien nicht Staatsangehörige
Belgiens, sondern in diesem Lande geborene Personen gemeint. Die
Menge der Belgier im Auslande ist weit zahlreicher als die der auswärts geborenen Bewohner Belgiens, obgleich England, Niederland,
Deutschland und Luxemburg gegenüber das umgekehrte Verhältnis
stattfindet. Dem letzten belgischen Volkszählungsberichte [1]) zufolge,
welcher auch die Quellen der Auskunft enthält, gaben eine solche mit
nachstehendem Detail:

die Staaten u. s. w.	für das Jahr	Gesamtbevölkerung	davon in Belgien geboren			auf 1 Mill. Bewohner
			männl.	weibl.	zusammen	
Stadt St. Petersburg .	1881	927 467	80	69	149	161
Schweden	1880	4 565 668	7	5	12	3
Norwegen	1875	1 806 900	15	12	27	15
Dänemark	1880	1 969 039	12	12	24	12
Britannien	1881	35 172 976	1 105	1 534	2 639	75
nämlich England und Wales		25 974 439	(1 012)	(1 450)	(2 462)	95
Schottland		3 734 370	(36)	(21)	(57)	15
Irland		5 174 899	(57)	(63)	(120)	23
Niederland	1879	4 012 693	9 430	9 386	18 816	4 689
Luxemburg	1880	209 570	1 442	1 106	2 548	12 158
Deutsches Reich . . .	1880	45 234 061	.	.	4 555	101
nämlich Preussen . .		27 270 111	1 671	1 061	(2 732)	100
Sachsen		2 972 805	47	48	(95)	32
Bayern		5 284 778	46	44	(90)	17
Württemberg		1 971 118	.	.	(54)	27
Baden		1 570 254	.	.	(77)	49
Elsass-Lothringen . .		1 566 670	.	.	(1 269)	810
andere Staaten		4 580 325	.	.	(238)	52
Schweiz	1880	2 846 102	227	273	500	176
Oesterreich (ohne Ungarn)	1880	22 144 244	165	146	311	14
Italien	1881	28 459 628	300	283	583	20
Frankreich	1881	37 672 048	229 745	202 520	432 265	11 470
davon Depart. du Nord		1 603 259	(139 810)	(130 541)	(270 351)	168 620
Stadt Paris		2 269 023	(23 981)	(21 300)	(45 281)	19 950
übriges Land . . .		33 799 766	(65 954)	(50 679)	(116 633)	3 451
Spanien	1877	16 753 591	230	121	360	21
Ver. Staaten v. N. Amerika	1880	50 155 783	.	.	15 535	310
insgesamt			244 531	216 620	478 324	1 359

Wenn hiernach die Belgier im Norddepartement, in der Stadt
Paris und im Grossherzogtum Luxemburg sehr stark verbreitet sind,
so schwächt eine kritische Betrachtung der Zahlen doch den auffälligen
Unterschied zwischen jenen und den übrigen Aufenthaltsgegenden ab.

---

[1]) Recensement général, 31 décembre 1880; Bruxelles 1884. Seiten XXIV
bis XXV.

Es scheint nämlich einerseits, als hätte man in Frankreich auch viele daselbst geborene Kinder belgischer Familien als gebürtige Belgier gezählt, und anderseits sah die Brüsseler Behörde Staatsangehörigkeit und Geburtsheimat mehrfach als identisch an. Das ist insbesondere Preussen gegenüber geschehen, woselbst im Jahre 1880 9375 männliche und 2924 weibliche Personen von belgischer Geburt ermittelt wurden, mehr als das Doppelte der amtlich verzeichneten Zahl.

Sieht man von den in Belgien geborenen Bewohnern der hier nicht genannten Staaten ab und verteilt die nicht nach dem Geschlecht unterschiedenen im Verhältnisse der unterschiedenen, so findet man — die in Belgien geborenen und zugleich daselbst wohnenden und die ausser Landes gezählten Personen, welche in Belgien geboren sind, zusammengerechnet — 2944659 männliche und 2910413 weibliche, überhaupt 5855072 geborene Belgier gegen eine faktische Landesbevölkerung von 5509391 und gegen eine Wohnbevölkerung von 5520009 Personen.

Die Differenz ist erheblich genug, um eine wesentlich andere Gruppierung nach Altersklassen, Berufszweigen u. s. w. hervorzubringen, je nachdem man die eine oder andere Summe der Berechnung zu Grunde legt; da jedoch über die Belgier im Auslande sonstige Einzelheiten ganz oder grösstenteils fehlen, so gehe ich hierauf nicht weiter ein. Zwei Punkte hebe ich indessen hervor: erstens den ungewöhnlichen Ueberschuss der männlichen Bevölkerung über die weibliche, den man erhält, wenn man die Hauptsumme der in Belgien geborenen Personen in Betracht zieht, und der den Schluss zu gestatten scheint, dass dem weiblichen Geschlechte zu grosse Lasten auferlegt werden; zweitens die Masse der in Frankreich lebenden Belgier. Was diese betrifft, so weiss man zwar, dass viele Flandrer in den benachbarten Gemeinden der Norddepartements die Sprache ihrer Heimat rein erhalten; aber von den Wallonen ganz abgesehen, verlieren die weiter Fortgezogenen und ihre Kinder in Frankreich sehr wahrscheinlich ihre Muttersprache, und es ist sicher, dass eine Austreibung der Ausländer aus der französischen Republik, wie sie von eifersüchtigen Arbeitern schon ungestüm gefordert wurde, den gegenwärtigen Anteil der Welschen an der belgischen Bevölkerung beträchtlich steigern müsste.

II.   Aufenthalts- und Wohnbevölkerung.

Die Beziehungen zwischen Aufenthalt und Heimat sondere ich der grösseren Deutlichkeit halber in zwei Abschnitte (II. und III.), indem ich zwischen der gegenwärtigen Heimat — dem Wohnorte — und der ursprünglichen, dem Geburtsorte, zu unterscheiden habe. Freilich steht der Begriff der ersteren nicht unzweifelhaft fest, denn es kann jemand zwei oder mehr ordentliche Wohnsitze (von denen allerdings einer als der gesetzliche zu wählen ist) haben oder eines solchen auch ganz verlustig sein; aber man operiert in Belgien meistens mit der Wohnbevölkerung (*population de droit*) und hat diese insbesondere auf ihre Bestandteile untersucht. Daneben wird die faktische Bevölkerung (*popu-

lation de fait), d. h. die Summe der zur Zählungszeit innerhalb jeder Gemeindemarkung anwesenden Personen ermittelt. Nun unterscheiden dem Aufenthalte nach die Ergebnisse der Volkszählungen zu Ende

Personen, welche gewöhnlich wohnen	des Jahrs 1866 [1]:		des Jahrs 1880:	
	männl.	weibl.	männl.	weibl.
a. in der Gemeinde der Zählung und				
1. dort anwesend waren	2 355 865	2 376 835	2 687 020	2 721 706
2. sich in einer anderen Gemeinde befanden	49 660	23 809	56 496	31 502
3. ausserhalb des Landes befanden .	14 114	7 550	14 053	8 332
zusammen a. Wohnbevölkerung ·	2 419 639	2 408 194	2 758 469	2 761 540
b. in einer anderen und in der Zählal. der Zählgemeinde { gemeinde anc. im Auslande } wesend waren /	50 024	25 470	64 308	25 475
	7 445	4 681	6 143	3 779
zus. a. l, b. u. c. faktische Bevölkerung	2 422 334	2 408 986	2 758 371	2 750 960

Wären die Zählungen mit vollster Genauigkeit ausgeführt, so müssten die Zahlen unter a. 2. und b. übereinstimmen; eine solche Vollkommenheit wird aber schwerlich jemals erreicht werden. Auffälliger ist die Verminderung der im Auslande wohnhaften und sich nur zeitweise in Belgien aufhaltenden Personen von 12 126 auf 9 922, da doch dieser Staat an Durchzugsfähigkeit nichts eingebüsst hat. Ueber den Austausch der Bevölkerung von Provinz zu Provinz enthält die amtliche Quelle keine Nachricht, da Zwischenstufen zwischen der Gemeinde und dem Staate nicht berücksichtigt sind. Aber bei der Geringfügigkeit der Ausnahmeklassen — bis auf etwa zwei Prozent deckt sich der ortsanwesende Teil der Wohnbevölkerung mit der Gesamtbevölkerung — lohnt es sich kaum, die Stetigkeit des Aufenthaltes bezw. deren Komplement, die Fluktuationen, provinzenweise zu untersuchen.

In Tabelle 1 beschränke ich mich deshalb auf die Nebeneinanderstellung der 1860er und 1880er Hauptergebnisse für die ortsanwesende Bevölkerung mit Unterscheidung der beiden Geschlechter und auf den Zusatz der in dieser Bevölkerung begriffenen Personen, welche gewöhnlich im Auslande wohnen. Die Tabelle ist geographisch geordnet, jedoch ohne Zerreissung der Provinzen, und enthält die offiziellen Namen der Verwaltungsbezirke *(arrondissements)*. Ich will nur auf einige Erscheinungen aufmerksam machen, die sich bei der Vergleichung aufdrängen:

a. die Ortsanwesenden männlichen Geschlechts haben sich in der 14jährigen Periode nur in Tournay und Ath, die weiblichen nirgends vermindert;

b. die weiblichen Ortsanwesenden sind zufolge der letzten Volkszählung in Huy, Verviers, Virton, Namur, Nivelles, Bruxelles, Saint Nicolas, Gand, Bruges, Roulers, Ypres, Dixmude, Ostende und Furnes zahlreicher als die männlichen, was einer angemessenen Bewahrung der Häuslichkeit besser entspricht, als das Vorwiegen des männlichen Geschlechts in allen übrigen Arrondissements;

---

[1] Statistique de la Belgique. Population: Recensement général (31 décembre 1866), publié par le Ministre de l'Intérieur. Bruxelles 1870.

(Tabelle 1.) Arrondissements.	Ortsanwesende Bevölkerung am 31. Dezember							
	1866:		Im Ausland wohnhaft		1880:		Im Ausland wohnhaft	
	männl.	weibl.	mnl.	wbl.	männl.	weibl.	mnl.	wbl.
Limburg.								
Maaseyck	20 071	19 320	47	78	21 343	20 472	25	124
Hasselt	41 985	39 930	47	40	40 744	44 047	27	70
Tongres	37 858	36 686	50	105	40 414	39 188	7	52
Lüttich.								
Waremme	27 253	27 156	6	2	30 840	30 571	—	2
Huy	39 910	39 985	10	10	43 485	44 665	22	13
Lüttich	145 292	142 787	371	240	176 037	177 268	447	208
Verviers	67 386	67 680	410	227	77 016	79 793	194	342
Luxemburg.								
Marche	21 808	21 271	18	8	22 452	21 639	26	24
Bastogne	17 324	16 706	93	62	18 471	17 687	87	24
Arlon	13 951	13 489	58	40	15 052	14 525	51	63
Virton	20 589	21 101	61	44	21 312	21 437	48	41
Neufchâteau . . .	25 001	24 262	46	29	27 112	25 351	107	13
Namur.								
Dinant	41 708	40 999	34	15	44 389	43 086	30	21
Namur	78 370	80 113	89	72	85 734	87 258	54	33
Philippeville . . .	29 440	29 178	39	33	29 760	29 329	31	23
Hainaut.								
Charleroy	111 117	104 791	255	193	140 214	140 041	325	169
Thuin	47 107	47 210	47	35	53 081	53 187	116	47
Mons	95 028	94 597	217	152	107 334	105 731	202	185
Tournay	76 125	72 907	321	299	76 117	73 724	284	304
Ath	46 889	44 854	220	180	46 497	45 358	68	43
Soignies	53 741	51 780	48	37	62 225	60 494	42	88
Brabant.								
Nivelles	72 628	73 582	18	19	77 998	78 197	31	33
Brüssel	240 081	247 721	1705	1633	303 193	320 900	546	580
Louvain	92 718	92 101	82	212	103 588	101 814	125	225
Antwerpen.								
Malines	63 218	62 134	158	90	72 050	71 001	35	34
Turnhout	54 524	51 922	86	65	58 882	55 166	76	41
Antwerpen	122 231	119 138	1847	69	170 014	160 601	2325	217
Flandre orientale.								
Saint Nicolas . . .	61 610	63 055	21	17	68 259	69 230	44	27
Termonde . . .	51 119	49 714	20	12	55 753	54 395	16	10
Alost	72 121	70 873	84	12	76 448	75 809	22	5
Audenarde . . .	47 164	46 919	79	77	48 803	47 927	31	31
Gand	140 829	143 613	202	102	157 220	163 825	188	205
Eecloo	27 860	27 480	55	27	30 811	30 090	45	36
Flandre occidentale.								
Bruges	57 877	61 519	94	57	62 749	66 380	212	119
Thielt	33 909	32 852	18	10	34 090	33 948	14	24
Roulers	41 551	41 409	28	9	44 614	44 916	10	2
Courtrai	70 934	70 191	170	216	78 072	77 484	134	162
Ypres	51 880	53 313	68	60	55 612	56 089	66	57
Dixmude	22 364	23 105	6	5	23 524	24 358	2	3
Ostende	23 983	24 127	254	67	27 185	27 756	16	10
Furnes	15 180	15 258	1	1	16 213	16 303	12	9
Königreich	2 422 084	2 406 940	7445	4681	2 758 371	2 750 960	6143	3779

c. hierin ist seit der vorherigen Volkszählung in Huy, Roulers und Furnes eine Aenderung eingetreten, ausserdem in Thuin, woselbst 1866 und nicht auch 1880 das weibliche Geschlecht überwog;

d. bei der vorigen Zählung fand man die meisten ausserhalb des Staates wohnenden Personen in Bruxelles, Anvers, Verviers, Tournay, Liége, Charleroy und Ath, bei der letzten hingegen, nach der Anzahl geordnet, in Anvers, Bruxelles, Liége, Tournay, Verviers, Charleroy und Gand, so dass eine Verschiebung der Anziehungskraft auf Fremde eingetreten sein muss, wenn man nicht rein zufällige Umstände als jeweils bedingend annehmen will.

Habe ich in der ersten Tabelle mich der amtlichen französischen Schreibweise bedient, so wähle ich für die zweite Tabelle, die der Wohnbevölkerung, deutsche Ausdrücke, soweit dieselben noch üblich sind oder zur Zeit der österreichischen Herrschaft üblich waren; wo nur der französische Name im Schwange gewesen, ist derselbe auf Kursivlettern gedruckt.

Ausser der wiederum nach dem Geschlechte unterschiedenen ganzen Wohnbevölkerung gibt Tabelle 2 für jeden der 41 Verwaltungsbezirke an, wie viele darin wohnende Personen am Termin der beiden letzten Zählungen sich nicht innerhalb der belgischen Grenzen, sondern im Auslande befanden. Die ausserhalb ihrer Wohngemeinde sich zeitweise innerhalb Belgiens aufhaltenden Personen sind nach Provinzen, Verwaltungsbezirken und Kantonen ihres Aufenthalts nicht verzeichnet; weil deshalb die Summe derselben keine Folgerungen über die Durchmischung der beiden Sprachstämme gestattet, habe ich sie der Tabelle nicht erst einverleibt. Aus letzterer selbst geht aber unter anderem hervor:

1) die Dichtigkeit der Bevölkerung hat allenthalben zugenommen;

2) bei der letzten Zählung überwog das weibliche Geschlecht in 13 Bezirken, nicht durchweg in Uebereinstimmung mit der faktischen Bevölkerung, indem bei der Wohnbevölkerung Virton, Nivelles und Roulers ausscheiden, hingegen Liége [1]) und Anvers hinzutreten, so dass die mehr grossstädtischen Bezirke sich in dieser Beziehung von den mehr ländlichen stark unterscheiden;

3) die Bezirke Huy, Liége und Furnes mit jetzt überwiegend weiblicher Wohnbevölkerung hatten 1866 eine zahlreiche männliche, und Mons verhält sich umgekehrt;

4) von der Wohnbevölkerung weilten Ende 1866 besonders viele Personen vorübergehend im Auslande: in den Verwaltungsbezirken Tournay, Bruges, Audenarde, Bruxelles, Courtrai, Thuin, Virton, Anvers, Ypres, Gand, Ath und Arlon, wogegen die Reihenfolge 1880 folgende war: Tournay, Bruxelles, Anvers, Mons, Audenarde, Thuin, Gand, Ypres, Virton, Liége, Courtrai, Ath und Charleroy, und zwar tritt der auffälligste Unterschied bei Bruges mit 2637 und 376 im Auslande weilenden Bewohnern hervor.

---

[1]) Es scheint mir zweckmässig zu sein, im Texte die amtlichen Namen der Verwaltungsbezirke beizubehalten, während für die Gemeinden der deutsche Name vorzuziehen ist.

(Tabelle 2.)	Wohnbevölkerung am 31. Dezember

Verwaltungsbezirke.	1860:		im Ausland weilend		1880:		im Ausland weilend	
	männl.	weibl.	ml.	wbl.	männl.	weibl.	ml.	wbl.
Limburg.								
Maaseik	20 346	19 235	62	15	21 576	20 374	24	29
Hasselt	41 368	39 057	52	4	45 261	43 595	16	7
Tongern	39 158	36 598	60	62	40 742	39 303	130	58
Lüttich.								
Waren	26 134	27 325	24	1	31 485	30 716	18	5
Huy	40 742	40 192	65	23	44 980	44 985	89	23
Lüttich	144 007	142 359	365	141	176 128	177 477	607	239
Verviers	66 864	67 631	112	65	77 982	79 982	259	165
Luxemburg.								
Marche	22 080	21 292	21	11	22 905	21 754	41	85
Bastnach	17 815	16 904	124	62	19 009	17 955	165	92
Arlon	14 124	13 896	379	309	15 450	15 008	270	200
Virton	21 669	21 525	684	389	22 028	21 951	600	309
Neufchâteau	25 989	24 616	281	246	27 157	25 907	371	302
Namür.								
Dinant	42 210	41 172	104	60	44 504	43 504	153	89
Namür	79 424	79 065	151	38	86 393	87 797	224	127
Philippeville . .	30 450	29 557	100	111	30 629	29 827	250	140
Hennegau.								
Charleroi	108 599	103 807	123	58	145 282	141 017	441	216
Thuin	48 355	47 928	617	462	54 632	54 191	646	510
Bergen	94 487	94 63	268	198	107 495	108 583	732	540
Doornik	75 337	73 960	1522	1371	70 793	74 722	1173	965
Ath	47 407	44 929	435	291	47 846	45 837	478	253
Soignies	54 072	51 816	172	52	62 609	60 548	106	43
(Süd-)Brabant.								
Nivelles	74 989	74 184	92	29	79 444	78 680	159	45
Brüssel	234 989	246 023	694	398	302 084	321 373	1108	800
Löwen	91 829	91 565	76	8	102 457	101 256	103	41
Antwerpen.								
Mecheln	62 908	62 333	255	67	71 762	71 276	115	27
Turnhout	53 881	51 014	74	15	56 710	54 238	59	28
Antwerpen . . .	116 285	119 176	702	207	161 496	161 755	1004	595
Ostflandern.								
Sankt Nikolas . .	62 622	63 071	432	77	68 910	69 283	349	124
Dendermonde . .	51 606	49 923	108	14	55 975	54 565	102	28
Aalst	72 454	70 548	264	25	77 555	75 918	289	34
Oudenaarden . .	48 441	47 278	1053	472	49 885	48 294	747	420
Gent	140 594	143 588	714	147	156 990	163 648	812	319
Eecloo	28 235	27 473	183	56	30 818	30 071	249	111
Westflandern.								
Brügge	57 542	61 944	1532	1105	60 748	65 474	281	95
Thielt	33 736	32 865	221	71	34 282	34 002	253	47
Rousselaer . . .	42 048	41 614	201	56	45 596	45 149	232	89
Kortryk	71 475	70 126	694	393	79 307	78 078	436	324
Ypern	52 919	53 790	597	348	55 968	56 698	591	456
Dixmuiden . . .	22 776	23 188	111	30	24 001	24 577	188	136
Ostende	23 339	24 164	141	46	27 051	27 851	120	73
Veurne	15 369	15 338	69	24	16 440	16 457	131	99
Ganz Belgien . . .	2 419 639	2 408 194	14114	7550	2 758 469	2 761 540	14063	8332

Die Tabellen 1 und 2 im Verein erweisen, dass die grossstädtische Bevölkerung im allgemeinen und dann die der vorzugsweise industriellen Landesteile am stärksten fluktuiert, während sogar in den Grenzbezirken der nördlichen Provinzen der zeitweilige Aufenthalt von Belgiern im Auslande und von Fremden in Belgien auffallend selten vorkommt. Verhältniszahlen hierüber bringe ich nicht bei, da diese ganze Betrachtung zwar zur Würdigung der Zählungsergebnisse dient, aber mehr als Einleitung in die folgenden Abschnitte aufzufassen ist.

Hingegen ist eine allgemeine Unterscheidung der grösseren von den kleineren Gemeinden schon in diesem Abschnitte zweckmässig, weil die enger beisammen wohnende Bevölkerung besonders im Winter unruhiger als die zerstreuter lebende zu sein pflegt. Auch wird man dabei das in beiden Gruppen verschiedene Verhältnis der Geschlechter näher kennen lernen. Wird nun die Grössengrenze mit 5000 Köpfen gezogen, so findet man für die Gemeinden mit mindestens fünftausend Bewohnern:

Arten des Aufenthalts:	1866		1880	
	männl.	weibl.	männl.	weibl.
in der Wohngemeinde	845 143	904 363	1 131 062	1 203 143
in einer anderen Gemeinde	14 300	7 962	20 582	11 951
im Auslande weilend	6 153	3 452	6 298	3 741
Wohnbevölkerung zusammen	865 596	915 777	1 157 942	1 218 835
nicht am Aufenthaltsorte { and. Gem.	39 905	11 701	43 219	11 851
wohnend, sondern in { fremd. Länd.	5 621	3 056	4 567	1 925
Aufenthaltsbevölkerung zusammen	890 759	919 210	1 178 848	1 216 919

Die grössere Sesshaftigkeit des weiblichen Geschlechts tritt hier deutlich hervor. Von je 10 000 Personen einer Aufenthaltsklasse zu Ende 1880 gehörten demselben an: am Aufenthalts- und Zählorte gleichzeitig wohnhaft 5154, Wohnbevölkerung im ganzen 5128, faktische Bevölkerung 5079. Ausserhalb ihres Wohnortes befanden sich fast doppelt, unter den am Zählorte nur zeitweise sich aufhaltenden Personen drei- bis viermal so viele Personen männlichen als weiblichen Geschlechts. Dadurch, dass mehr Personen kleiner Orte sich zeitweise in grösseren aufhielten, als Bewohner grösserer Orte in kleinen Gemeinden, wurde die faktische Bevölkerung in dieser Gruppe der Gemeinden um 0.s Prozent stärker als ihre Wohnbevölkerung.

Zergliedert man in gleicher Weise die Bevölkerung der Gemeinden mit weniger als fünftausend Bewohnern, so ergeben sich:

Arten des Aufenthalts:	1866		1880	
	männl.	weibl.	männl.	weibl.
in der Wohngemeinde	1 510 722	1 472 472	1 556 858	1 518 563
in einer anderen Gemeinde	35 360	15 847	35 914	19 551
im Auslande weilend	7 961	4 098	7 755	4 591
Wohnbevölkerung zusammen	1 554 043	1 492 417	1 600 527	1 542 705
nicht am Aufenthaltsorte { anderen Gem.	19 029	13 679	21 089	13 624
wohnend, sondern in { fremd. Länd.	1 824	1 625	1 578	1 854
Aufenthaltsbevölkerung zusammen	1 531 575	1 487 776	1 579 523	1 534 041

Derselbe Umstand, der mit Hülfe der flottierenden Bevölkerung den grösseren Gemeinden eine Verstärkung zubringt, vermindert die faktische Bevölkerung der kleinen Gemeinden um 0,84 Prozent. Beweglicher ist auch in diesen das männliche Geschlecht, aber unter den nicht am Zählorte wohnenden Personen ist es immerhin nur anderthalbfach so stark als das weibliche vertreten. Der Anteil des letzteren an je 10 000 Personen der Hauptklassen des Aufenthalts war 1880: am Aufenthaltsorte zugleich wohnhaft 4938, ganze Wohnbevölkerung 4908, ganze Aufenthaltsbevölkerung 4927. Aus dem Ueberwiegen des männlichen Geschlechts in dieser Gruppe der Gemeinden im Verein mit der entgegengesetzten Thatsache bei der anderen Gruppe geht übrigens hervor, dass mehr Frauen als Männer aus den kleinen Gemeinden in die grossen ziehen, um dort bleibenden Aufenthalt zu nehmen.

Trotzdem eröffnen die mitgeteilten Zahlen die Aussicht, genauere, d. h. von Zufälligkeiten freiere Ergebnisse der Nationalitätenstatistik durch Beachtung der Angaben über das weibliche Geschlecht zu erhalten; denn von je 10 000 männlichen Bewohnern der grösseren Gemeinden waren zur Zählungszeit 232 und der kleinen 273, von ebensoviel weiblichen aber nur 129 bezw. 156 aus ihrem Wohnorte abwesend.

Am Schlusse dieses Abschnitts komme ich auf eine aus den Tabellen hervorgehende Thatsache zurück: den äusserst knappen Bevölkerungsaustausch mit dem Nachbarlande im Norden, gegenüber dem so regen im Süden. Obgleich derselbe einigermassen durch die Schmalheit der Landzone, mit welcher ein Zuzug und nach welcher ein Abzug stattfinden kann, erklärlich wird, deutet er doch auf fortdauernden Groll über die politische Trennung hin und schwächt jedenfalls den wissenschaftlichen, ja sogar den sprachlichen Zusammenhang des niederdeutschen Stammes.

III. Unterscheidung der Wohnbevölkerung nach der Geburtsheimat.

Grösseren Nachdruck, als auf das Verhältnis zwischen Aufenthalts- und Wohnort, legt die belgische Statistik auf das zwischen Wohn- und Geburtsort; aber die Kategorien sind nicht in Beziehung zu einander gesetzt, sondern stehen unvermittelt neben einander. Beispielsweise erfährt man weder, wie viele zur Zählungszeit in Deutschland weilende Bewohner Belgiens in Deutschland oder in Belgien geboren sind, wie denn auch das später zu erörternde Sprachverhältnis ganz unabhängig von der Geburtsheimat behandelt wird. Dieser Umstand macht die besondere Untersuchung jedes einschlägigen Abschnittes der amtlichen Statistik nötig, damit man das eigentliche Volk des Königreiches von gelegentlichen Beimengungen möglichst frei erfassen könne. Auf eine Vergleichbarkeit der Zahlen über die im Auslande Geborenen mit denen über die im Auslande Wohnenden oder sich Aufhaltenden ist indessen nicht zu rechnen; denn kombinierte Ausnahmen sind wahrscheinlich selten, z. B. wird eine in Deutschland sich aufhaltende Person nicht so leicht als ordentlicher Bewohner einer belgischen Gemeinde verzeichnet sein, wie eine in Belgien sich aufhaltende Person von deutscher Geburt.

Da eben erst von den beiden Gemeindegruppen die Rede war und eine für den gegenwärtigen Abschnitt passende Zusammenstellung hierüber nicht aus 1880, sondern nur aus 1866 vorliegt, so beginne ich mit dieser.

Bewohnerklassen: geboren in	Gemeinden mit 6000 und mehr Bewohnern:		Gemeinden mit unter 5000 Bewohnern:	
	männl.	weibl.	männl.	weibl.
der Aufenthaltsgemeinde	585 144	579 146	1 134 443	1 069 773
einer anderen Gemeinde Belgiens	273 640	306 814	399 097	401 680
fremden Staaten	26 812	29 827	20 503	20 964
und zwar holländisch Limburg	1 216	1 591	2 299	2 313
Niederland sonst	7 394	9 614	4 716	4 711
Deutschland	7 070	7 254	3 105	3 212
Grossherzogtum Luxemburg	750	801	2 034	1 990
Frankreich	7 842	8 224	7 719	8 236
Britannien	1 081	1 531	155	236
anderen Ländern	1 459	802	365	266

Von je 10 000 männlichen Bewohnern einer grösseren Gemeinde waren also durchschnittlich 3092 in einer anderen Gemeinde des Staates und 303 im Auslande geboren, von ebensovielen einer kleinen Gemeinde 2568 bezw. 132; von 10 000 weiblichen Bewohnern der grösseren Gemeinden 3350 bezw. 326 und der kleineren 2691 bezw. 140. Hiernach bleibt einerseits die Bevölkerung der kleinen Ortschaften und andererseits die männliche am meisten in der Heimat, so dass die Aussicht, durch die Zahlen für das weibliche Geschlecht besonders brauchbare Verhältnisse zu erlangen, sich wieder trübt. Man könnte durch das verschiedene Verhalten der Fremdbürtigen gegen volkreiche und kleine Gemeinden versucht werden, gewisse nationale Unterschiede anzunehmen und z. B. den Limburgern und Luxemburgern eine Vorliebe für das Landleben, den Engländern, Italienern u. s. w. eine solche für städtisches Wesen zuzuschreiben. Teilweise mag das zutreffen, und namentlich mögen Personen, die keine der Volkssprachen des Königreichs verstehen, zur Beschränkung ihres Aufenthaltes auf Grossstädte gezwungen sein, weil sie nur dort hoffen dürfen, verstanden zu werden. Aber wahrscheinlich werden Limburger wie Luxemburger zur Niederlassung an kleinen Orten mehr dadurch bestimmt, dass auf belgischer Seite in der Nähe ihrer Heimat die bevölkerten Orte sehr selten sind. Die gleichmässige Verteilung der in Frankreich Geborenen auf grosse und kleine Gemeinden erklärt sich durch die Länge der belgisch-französischen Grenze, während die in Deutschland Geborenen sich angesichts der dortigen schmalen Grenze sogar verhältnismässig stark in kleinen Orten angesiedelt haben.

Bei den Aufnahmen von 1880 wurde die holländische Provinz Limburg vom übrigen Königreich der Niederlande nicht mehr gesondert, und es ergaben sich für ganz Belgien innerhalb der Wohnbevölkerung, von welcher die fremden Diplomaten nebst ihrer bei ihnen

wohnenden fremden Dienerschaft ebenso ausgeschlossen sind, wie die
belgischen Diplomaten im Auslande zu ihr gehören:

Bewohnerklassen: geboren in	1866: männl.	 weibl.	1880: männl.	 weibl.
der Zählgemeinde	1 699 587	1 648 919	1 880 569	1 829 408
einer anderen belgischen Gemeinde .	6 72 737	708 494	810 448	856 323
Niederland (Grenzlänge 431 *km*) . .	15 025	18 229	18 699	22 092
Deutschland (desgl. 97 *km*)	10 235	10 466	15 448	18 748
Luxemburg (desgl. 129 *km*) . . .	2 834	2 791	3 719	4 041
Frankreich (desgl. 614 *km*)	15 561	16 480	25 092	26 012
England (Seegrenze 67 *km*)	1 236	1 767	1 416	2 383
anderen Ländern	1 824	1 008	3 078	1 933
zusammen (bei 1 338 *km* Grenzlänge)	2 419 639	2 408 194	2 758 469	2 761 540

Mit Ausnahme der nicht näher bezeichneten Länder, wohin auch
alle Personen unbekannten Geburtslandes gerechnet sind, überwiegt
unter den Fremdbürtigen (meistens als *étrangers* schlechthin bezeichnet)
das weibliche Geschlecht — ein Zeichen, dass dieses von der übrigens gestiegenen Anziehungskraft des Landes besonders erfasst wird.
Dass auch mehr Frauen ihren Geburtsort verlassen, bezw. weniger als
Männer dahin zurückkehren, ist kein statistisches Merkmal ungesunder
Zustände: das Weib folgt in stärkerem Masse dem Manne nach dessen
Werkstatt, als der Mann durch das heimische Vermögen der Frau sein
wirtschaftliches Fortkommen sucht.

Als allgemeiner Durchschnitt stellt sich aus obigen absoluten
Zahlen heraus, dass von je 10 000 Landesbewohnern
männl. Geschlechts 1866 am Orte 7 024, sonst im Lande 2 780, im Auslande 196
„　　　　　　　1880　„　„　6 817　„　„　2 938　„　„　245
weiblichen „　　　1866　„　„　6 847　„　„　2 942　„　„　211
　„　　　　　　1880　„　„　6 625　„　„　3 101　„　„　274
geboren waren. Hat der Anteil der am Zählungsorte Geborenen sich
während des 14jährigen Zeitraumes auch vermindert, was ja in der
Tendenz der nivellierenden Gegenwart liegt, so ist er doch immer noch
überraschend hoch für ein Land von der ausserordentlichen Volksdichtigkeit Belgiens. Er kann sogar als Indicienbeweis für das Festhalten der Bevölkerung am Herkommen gelten, doppelt überraschend
bei der hohen modernen Entwickelung der Industrie des Landes.

Wenn diese Wahrnehmung vornehmlich von Wichtigkeit für die
uns hier nicht beschäftigenden sozialen Zustände Belgiens ist, geht
andererseits aus dem steigenden Anteil der von fremden Gemeinden
Zugewanderten die Wahrscheinlichkeit hervor, dass eine stärkere Durchmischung der Volksstämme stattgefunden hat. Beweisen lässt sich dieselbe jedoch nicht, weil die Statistik die Geburtsprovinzen nicht auseinanderhält. Man ist vielmehr ebensowohl zu der Meinung berechtigt,
dass der Umtausch von einer Gemeinde zur anderen fast allein innerhalb derselben Sprachenfamilie, wie zu der entgegengesetzten, dass er
grossenteils zwischen den beiden Nationalitäten vor sich gegangen ist.

Desto bestimmter lässt sich der Einfluss der eigentlich Fremdbürtigen, d. h. der ausserhalb des Staates Geborenen, abgrenzen.
Sehen wir zu, in welchem Masse hieran die umliegenden Staaten beteiligt sind!

Der Anteil der Niederländer an den Fremdbürtigen ist unbeschadet einer merklichen absoluten Zunahme in den 14 Jahren zwischen den beiden Zählungen von 34.« auf 28.» Prozent gesunken, und es tritt die Verminderung der Verhältniszahl in allen Provinzen zu Tage. Noch aber herrscht das niederländische Element mit 86,« Prozent in der auf zwei Seiten vom Staate seiner Heimat (den Provinzen holl. Limburg und Nordbrabant) begrenzten Provinz Limburg und mit 65,» Prozent in Antwerpen (begrenzt von Nordbrabant und Zeeland) unbedingt vor, in absoluter Mehrheit bei 46,» Prozent schon nicht mehr in dem an Zeeland stossenden Ostflandern. In der allen Grenzvölkern gleichmässig zugänglichen Provinz Brabant haben die noch mit 24,» Prozent vertretenen Niederländer den Vorrang an die Franzosen abgetreten; in Lüttich, woran holl. Limburg schmaler als Preussen grenzt, machen sie noch 27,« Prozent aus; in Westflandern aber kommt die kurze seeländische Grenze wenig zur Geltung, da hier beinahe so viele Engländer wie Niederländer wohnen.

Die in Deutschland geborenen Bewohner Belgiens sind unter den Fremdbürtigen aller Provinzen jetzt stärker und überhaupt mit 23,» Prozent gegen 21,» im Jahre 1866 vertreten. Sie überwiegen mit 55,» Prozent absolut in der Provinz Lüttich und sind verhältnismässig zahlreicher als in Luxemburg, wo sie jenseit einer schmalen Grenzlinie nur 12,« Prozent erreichen, in Brabant mit 24,» Prozent, in Antwerpen mit 16,« und in Namür mit 13,» Prozent.

Das Grossherzogtum Luxemburg kann seiner Kleinheit halber nicht so viele Menschen an andere Länder abtreten, wie die weit nach hinten ausgedehnten Nachbarreiche; sein Anteil hat sich zwar in sechs Provinzen erhöht, ist aber in der auf langer Strecke angrenzenden belgischen Provinz Luxemburg auf 52,» Prozent und im ganzen von 5,» auf 5,« Prozent herabgegangen.

Dagegen gewannen die Franzosen bei 35,» gegen früher 32,« Prozent aller Fremdbürtigen den beträchtlichsten Zuwachs. Sie herrschen in den nur an Frankreich grenzenden Provinzen Hennegau (Ardennes-, Aisne- und Norddepartement) mit 65,» und Namür (Departement Ardennes) mit 70,« Prozent, sowie in dem auf langer Strecke an das Norddepartement grenzenden Westflandern mit 81,« Prozent unbedingt vor und sind in Brabant mit 36,« Prozent jetzt am stärksten vertreten. In Ostflandern haben sie 38,« und in Luxemburg, woran die französischen Departements Meurthe, Meuse und Ardennes grenzen, 32,» Prozent erreicht.

Wenn hier abgekürzt von Niederländern, Deutschen und Franzosen die Rede war, so sind das die betreffenden Personen durchaus nicht immer nach ihrer Nationalität oder Sprache. Es kann vielmehr z. B. ein französischer und nur der französischen Sprache mächtiger Staatsangehöriger in Niederland geboren und mit seinen Eltern nach Belgien verzogen sein; häufiger noch wird sich's um Belgier handeln, die zwar im Auslande geboren, aber bald nach der Geburt in die Heimat ihrer Eltern verzogen sind.

Um den Einfluss der Nachbarschaft und die zwischen 1866 und 1880 eingetretenen Veränderungen klarzustellen, lege ich in den Ta-

bellen 3 und 4 die wichtigsten Zahlen über die Geburtsheimat der
Ausländer, welche in den einzelnen Verwaltungsbezirken wohnen,
für 1866 und 1880 nieder. Bezüglich der Schreibweise bemerke ich,
dass die Namen der Provinzen beidemal — wie im Verfolg der Abhandlung — deutsch, die der Verwaltungsbezirke das eine Mal wieder
französisch, das andere Mal vlaemisch geschrieben sind, um auch diesem
nicht durchweg mit der deutschen Fassung übereinstimmenden Idiom
zum Worte zu verhelfen. Es gehen aus der Vergleichung beider Uebersichten einige bemerkenswerte Thatsachen hervor:

1) die in Niederland geborenen Bewohner Belgiens haben sich in
24 der vorhandenen 41 Arrondissements während der 14 Jahre vermindert, namentlich auch in dem engbegrenzten Limburg, so dass eine
wirkliche Vermehrung derselben im ganzen ohne die starke Uebersied-
lung nach den Bezirken Anvers und Bruxelles unterblieben wäre;

2) Deutsche und Luxemburger zusammengerechnet haben sich in
7 von ihnen schon früher nur sporadisch besuchten Bezirken vermindert, dagegen am stärksten in den ihnen nahebelegenen Bezirken Verviers und Liége, sowie gleichfalls in den grossstädtischen Bezirken
Bruxelles und Anvers vermehrt;

3) die geborenen Franzosen verminderten sich in einem einzigen
Bezirke und nahmen besonders stark im hauptstädtischen, sowie in den
hennegauischen und flandrischen Bezirken zu;

4) eine absolute Abnahme der im Auslande Geborenen überhaupt
erlitten die 3 limburgischen Bezirke, dann Waremme und Marche;

5) das Geschlechtsverhältnis unter den Ausländern hat sich mancherorten verschoben, so überwiegt in Bruges jetzt das weibliche statt des
früher stärkeren männlichen Elements.

Bei der Volkszählung von 1866 war die holländische Provinz
Limburg noch vom übrigen Königreich Niederland unterschieden worden;
die dort geborenen Personen waren besonders zahlreich in den nahe
der limburgischen Grenze belegenen und in den von Ausländern überhaupt am stärksten bewohnten Bezirken, und zwar: in Maeseyck 505
männlichen und 707 weiblichen Geschlechts, in Hasselt 132 und 179,
in Tongres 510 und 560, in Liége 1259 und 1322, in Verviers 646
und 615, in Bruxelles 176 und 289, in Anvers 58 und 58, zusammen
in diesen 7 Bezirken 3286 männliche und 3730 weibliche Personen
aus Holländisch-Limburg.

Ebenso waren 1866 die im Grossherzogtum Luxemburg geborenen
Bewohner Belgiens besonders zahlreich in folgenden Bezirken: Liége
212 männlichen und 130 weiblichen Geschlechts, Verviers 68 und 74,
Marche 53 und 33, Bastogne 528 und 460, Arlon 1126 und 1292,
Virton 201 und 241, Neufchâteau 155 und 114, Bruxelles 130 und 154,
Anvers 101 und 77, zusammen in diesen 9 Bezirken 2574 männliche
und 2575 weibliche Personen aus dem Grossherzogtum.

Wie für 1866, war ich auch für 1880 durch Anlehnung an das
Format genötigt, die im Grossherzogtum Geborenen mit den im Deutschen Reiche Geborenen zu vereinigen, und führe deshalb diejenigen
Verwaltungsbezirke namentlich an, in denen mehr als 80 von jenen
wohnten: Huy 83 männliche und 44 weibliche, Liége 512 und 434,

(Tabelle 3.)

Verwaltungsbezirke. (Amtliche Namen.)	Im Auslande geborener Teil der Wohnbevölkerung vom 31. Dezember 1866:							
	überhaupt		in Niederland einschl. Limburg		in Deutschland und Luxemburg		in Frankreich	
	männl.	weibl.	männl.	weibl.	männl.	weibl.	männl.	weibl.
Limburg.								
Maeseyck	1 212	1 393	1 139	1 325	68	54	8	12
Hasselt sur Demer . . .	893	436	297	339	62	80	20	13
Tongres sur Geer . . .	872	1 032	768	932	85	124	12	17
Lüttich.								
Waremme	79	93	22	27	13	32	33	35
Huy	202	255	34	50	54	107	68	77
Liège	6 841	7 083	2 670	3 025	3 168	3 127	722	740
Verviers	4 736	4 731	964	962	3 388	3 387	212	215
Luxemburg.								
Marche en Famêne . .	139	125	13	16	81	58	41	44
Bastogne	838	743	43	28	762	684	20	28
Arlon	1 361	1 491	0	8	1 206	1 339	142	142
Virton	783	925	11	13	214	278	528	626
Neufchâteau	504	497	14	11	190	138	293	331
Namür.								
Dinant	490	462	29	27	71	74	364	355
Namur	481	527	80	77	106	125	216	235
Philippeville	444	441	9	6	27	25	399	409
Hennegau.								
Charleroy	1 363	1 247	88	106	182	159	970	903
Thuin	1 299	1 274	42	17	59	55	1 183	1 190
Mons	1 754	1 697	84	83	52	72	1 516	1 471
Tournay sur Escaut . .	1 896	2 114	39	45	57	74	1 754	1 957
Ath	345	324	12	7	17	12	310	300
Soignies	270	238	24	11	60	48	169	167
Brabant.								
Nivelles	178	203	31	50	24	43	105	97
Bruxelles	7 730	8 693	2 358	3 042	1 788	1 988	2 543	2 563
Louvain	447	429	182	194	101	106	109	74
Antwerpen.								
Malines	449	517	278	297	60	60	71	80
Turnhout	1 203	1 334	1 225	1 297	8	12	17	17
Anvers	4 747	5 197	3 132	3 810	765	691	960	949
Ostflandern.								
Saint Nicolas-Waes . .	549	766	462	668	29	30	49	52
Termonde	90	100	57	53	10	7	24	15
Alost	115	82	29	20	12	11	49	36
Audenarde	174	185	20	34	15	10	135	135
Gand	1 345	1 581	571	744	160	125	514	611
Eecloo	401	561	352	529	12	7	30	25
Westflandern.								
Bruges	766	609	357	177	61	50	162	183
Thielt	71	74	9	7	—	1	52	58
Roulers	133	131	0	2	4	1	115	121
Courtrai	831	939	44	68	12	19	738	807
Ypres	1 247	1 503	50	33	16	13	1 146	1 438
Dixmude	46	61	3	1	—	—	40	56
Ostende	221	336	59	79	34	35	96	169
Furnes	234	310	10	6	2	1	219	301
Königreich	47 315	50 781	15 625	18 229	13 069	13 257	15 561	16 460

(Tabelle 4.)	Im Auslande geborener Teil der Wohnbevölkerung vom 31. Dezember 1880:							
Verwaltungsbezirke. (Vlaemische Namen.)	überhaupt		in Niederland		In Deutschland und Luxemburg		in Frankreich	
	männl.	weibl.	männl.	weibl.	männl.	weibl.	männl.	weibl.
Limburg.								
Eyck (Maeseyk)	1 246	1 135	1 152	1 075	63	40	21	14
Hasselt	369	405	263	296	60	73	32	28
Tongeren	836	905	694	748	113	131	22	20
Lüttich.								
Borg-Worm	69	74	13	17	20	21	30	31
Hoey	348	387	39	48	192	222	94	107
Luttich	9 381	9 952	3 105	3 552	4 650	4 997	1 143	1 096
Verviers	6 180	6 767	1 202	1 170	4 499	5 161	291	269
Luxemburg.								
Marche	130	122	4	5	77	67	43	44
Bastnach	902	847	1	5	825	773	72	65
Arlt	1 460	1 718	5	4	1 218	1 502	219	199
Virton	833	954	2	4	226	236	593	705
Neufchâteau	526	498	5	3	158	139	345	336
Namür.								
Dinant	650	599	11	10	114	127	506	444
Namen	827	746	41	72	180	271	843	356
Philippeville	562	549	12	9	40	53	506	482
Hennegau.								
Charleroy	2 760	2 405	130	97	352	372	2 104	1 857
Thuin	1 697	1 697	37	19	64	89	1 573	1 570
Bergen	2 317	2 167	59	58	114	230	2 049	1 839
Doornyk	2 207	2 493	43	39	86	103	2 104	2 308
Ath	411	429	7	11	18	31	378	370
Soignies	407	478	37	22	57	117	276	307
Brabant.								
Nyvel	246	317	20	36	50	88	144	168
Brüssel	14 104	17 052	3 246	4 409	3 640	5 116	5 062	5 841
Leuven (Loven)	497	766	183	307	115	256	138	132
Antwerpen.								
Mechelen	517	647	310	322	61	109	122	162
Tornhout	1 174	1 234	1 110	1 175	21	25	27	29
Antwerpen	8 505	9 759	5 096	6 240	1 626	1 854	840	630
Ostflandern.								
St. Nicolas	644	977	491	805	31	87	92	113
Dendermonde	115	173	57	46	5	14	45	59
Aalst	194	194	25	36	10	43	92	101
Oudenaerde	279	288	25	33	7	3	246	247
Gend (Gent)	2 133	2 680	601	984	264	288	1 074	1 177
Eeclo	453	630	382	567	2	6	65	53
Westflandern.								
Brügge	581	911	145	216	72	76	175	273
Thielt	113	141	7	6	–	5	99	121
Rousselaere	262	329	37	34	11	21	209	255
Corryck	1 585	1 670	27	49	33	28	1 471	1 535
Yperen	1 386	1 736	28	30	13	11	1 340	1 637
Dixmuyden	93	151	4	1	1	1	96	142
Oostende	321	445	58	76	41	49	166	237
Veurne	282	428	15	14	2	4	265	406
Königreich	67 452	75 809	18 059	22 692	19 167	22 789	25 032	26 012

Verviers 168 und 239, Marche 53 und 36, Bastogne 581 und 567,
Arlon 1039 und 1355, Virton 188 und 188, Neufchâteau 138 und 82,
Dinant 65 und 47, Namur 52 und 60, Charleroy 83 und 73, Bruxelles
450 und 659, Anvers 68 und 24, zusammen in diesen 13 Bezirken
3480 männliche und 3808 weibliche Personen. Eine Verminderung
der geborenen Luxemburger ist seit 1866 nur in Arlon bei den Männern,
in Virton, Neufchâteau und Anvers eingetreten. Den Einfluss der Grenznähe erkennt man daran, dass in sämtlichen Bezirken des belgischen
Luxemburg die aus dem Grossherzogtum Stammenden weit zahlreicher
als die im Deutschen Reiche Geborenen sind, wogegen die letzteren
wegen des so beträchtlich umfangreicheren Gebietes der Abgabefähig-
keit in allen übrigen Verwaltungsbezirken bei weitem stärker vertreten sind.

Wegen der grossen Menge Fremdbürtiger ist es wahrscheinlich, dass sie auf das Sprachenverhältnis unmittelbar eingewirkt
haben.

Teils aus dem Inhalte der vierten Tabelle, welche in der Regel
für die Verwaltungsbezirke mit grossen Städten die meisten Ausländer
nachweist, teils aus der Nebeneinanderstellung der stärker bevölkerten
und der kleineren Gemeinden ist nun zu vermuten, dass die im Auslande geborenen Personen vorzugsweise in einer b e s c h r ä n k t e n
A n z a h l v o n G e m e i n d e n anzutreffen sind. Da deren Verhalten
an den beiden Zählterminen besonders zu untersuchen sich lohnt,
stelle ich in Tabelle 5 die Zählungsergebnisse von 1866 und 1880
für alle Gemeinden mit mehr als 500 Fremdbürtigen zusammen, gleich-
viel ob letztere Zahl in beiden Jahren oder nur in einem erreicht
worden ist. Es sind ihrer 34 (wofür die amtliche Schreibweise von
1866 gewählt ist), und nur 5 von ihnen werden von weniger als
10 000 Personen bewohnt; wohl aber befinden sich die 16 bevölkertsten
Orte Belgiens darunter.

Fast überall wird eine dem Wachstume der Gemeinden entsprechende oder es übertreffende Zunahme der im Auslande gebürtigen Bewohner bemerkbar, und nur Dixon ist aus der Reihe der 500 Fremdbürtige enthaltenden Gemeinden ausgeschieden, weil der in Deutschland
Gebürtigen dort weniger wurden. Dagegen sind 2 lütticher, 1 hennegauische, 5 brabanter, 1 antwerpener und 3 westflandrische Gemeinden
erst nach 1866 in jene Reihe eingetreten.

Erwähnenswert ist die verhältnismässig starke Zunahme in Deutschland geborener Personen weiblichen Geschlechts bei Löwen, die Verminderung geborener Luxemburger in Antwerpen und die auch an anderen
Orten sich zeigende Abnahme der Briten in Ixelles. In ziemlich vielen
Gemeinden tritt ein Rückgang der geborenen Niederländer hervor, so
in Ougrée, Namür, Mons und sogar dem der Grenze nahebelegenen
Brügge. Wie viele Niederländer jetzt der Provinz Limburg entstammen,
ist nicht bekannt; 1866 waren deren in Maaseyk 166 männlichen und
284 weiblichen Geschlechts, in Lüttich 709 und 932, in Gemenich
106 und 88, in Verviers 33 und 34.

Verweilen wir einen Augenblick bei den Eigentümlichkeiten dieser
34 sonst sehr verschiedenartigen, aber in der einen Besonderheit gleich-

(Tabelle 5.) Verwaltungsbezirke.	Gemeinden (*Städte) mit über 500 Fremdbürtigen.	Ortsanwesende Bevölkerung		Wohn-(rechtliche) Bevölkerung		Von der Wohnbevölkerung waren im Auslande geboren	
		1866	1880	1866	1880	1866	1880
Maeseyck . . .	*Maeseyck . . .	4 4-2	4 572	4 454	4 354	580	740
Liége	Seraing sur Meuse	19 414	28 595	19 451	27 407	1 551	2 108
	Ougrée	5 759	7 978	5 759	7 978	859	748
	*Liége	101 594	128 808	99 129	123 131	9 276	11 271
Verviers . .	Gemenich	1 416	1 859	1 422	1 886	878	514
	*Limbourg . . .	2 065	4 118	2 049	4 118	168	528
	Dison	10 528	11 769	10 456	11 842	551	441
	*Verviers . . .	32 381	40 549	32 011	40 944	3 012	4 602
Arlon	*Arlon	5 779	7 014	5 426	7 149	745	998
Namur	*Namur	23 389	26 934	22 643	25 354	535	578
Charleroy . . .	*Charleroy . . .	12 180	16 680	11 856	16 372	503	1 003
	Jumet	15 262	20 677	15 303	20 707	304	520
Mons	*Mons	23 128	25 208	21 925	24 049	755	905
Tournay . . .	*Tournay . . .	31 531	33 410	29 981	32 566	1 211	1 329
Bruxelles . . .	Ixelles	23 972	36 387	23 210	36 824	1 855	2 703
	St. Gilles lez Br. .	9 920	32 607	9 922	33 124	482	2 490
	Molenbeek St. Jean	24 032	41 312	24 318	41 737	1 031	1 880
	Anderlecht . . .	11 663	22 650	11 580	22 812	335	1 417
	Laeken	9 204	18 014	9 312	17 856	155	888
	*Bruxelles . . .	163 434	164 180	157 905	162 498	8 627	13 867
	Etterbeek . . .	4 604	12 833	4 611	11 753	113	535
	Saint Josse ten N.	21 671	27 634	21 915	28 052	1 928	2 826
	Schaerbeek . . .	18 541	40 462	18 710	40 784	1 210	3 079
Louvain . . .	*Louvain	32 976	37 240	31 199	35 893	417	693
Malines . . .	*Malines	35 329	42 821	34 205	42 381	638	789
Turnhout . . .	*Turnhout . . .	13 723	16 594	13 590	16 670	592	639
Anvers	Borgerhout . . .	10 787	20 247	10 884	20 268	468	891
	*Anvers	121 571	174 350	117 269	169 112	7 221	14 310
Gand	*Gand	116 693	132 940	115 354	131 431	2 194	3 422
Bruges	*Bruges	47 205	47 693	47 015	44 501	1 144	1 161
Courtrai . . .	*Courtrai . . .	23 276	26 191	22 915	26 043	381	599
	Mouscron . . .	7 704	11 052	7 644	11 749	421	975
	*Menin	9 778	11 991	9 550	11 042	288	555
Ostende . . .	*Ostende	16 735	19 897	15 843	19 307	496	682

artigen Gemeinden und setzen ihrer Gesamtheit den grossen Rest des Königreiches — d. h. die Gemeinden mit weniger als je 500 Fremdbürtigen — entgegen! Es betrug

a) in den Gemeinden mit den meisten Fremdbürtigen:	1866:	1880:	Proz. mehr
die ortsanwesende Bevölkerung	1 014 096	1 295 081	27.71
die Wohnbevölkerung	988 920	1 272 094	28.43
letztere Prozent der ersteren	97.51	98.19	0.71
die Zahl der Fremdbürtigen	49 014	80 741	64.78
also Prozent der Wohnbevölkerung . .	4.96	6.35	28.84
b) in allen übrigen Gemeinden:			
die ortsanwesende Bevölkerung	3 815 224	4 214 250	10.46
die Wohnbevölkerung	3 838 913	4 247 915	10.66
letztere Prozent der ersteren	100.61	100.49	0.71
die Zahl der Fremdbürtigen	49 082	62 520	27.14
also Prozent der Wohnbevölkerung . .	1.28	1.47	15.11

Während in beiden Gruppen das Verhältnis der Aufenthalts- zur Wohnbevölkerung sich von 1866 auf 1880 kaum merklich verschoben hat, erweist es sich in der einen Gruppe entgegengesetzt dem in der anderen, und wie man allerdings erwarten durfte, befinden sich zeitweise Anwesende hauptsächlich dort, wo zugleich die meisten im Auslande Geborenen wohnen. Man darf deshalb einen Zusammenhang beider Erscheinungen annehmen und die Behauptung aufstellen, dass der vorübergehende Aufenthalt der Fremden in den von ihnen vorzugsweise besuchten Orten sich grossenteils in eine ständige Niederlassung verwandelt.

Ferner ist der Anteil der Fremdbürtigen an der Wohnbevölkerung in den bevorzugten Gemeinden weit erheblicher als im übrigen Lande gestiegen und hat fast ein Sechzehntel erreicht; legte man gar die faktische Bevölkerung zu Grunde, so würde das Verhältnis der Fremden noch beträchtlich erhöht. Eine Anzahl von Ortschaften wird mithin durch das ursprünglich fremde Element wesentlich beeinflusst und, wenn dasselbe einem anderen als dem örtlich herrschenden Stamme angehört, vielleicht in ihrer Nationalität dauernd verändert.

Inwieweit das geschehen mag, ist später zu untersuchen. Hier sei nur festgestellt, dass die Zahl der Fremdbürtigen ein Zehntel der Wohnbevölkerung übersteigt in Maaseik, Gemenich, Limburg, Verviers, Arlon und Saint Josse ten Noode, und dass 10 von jenen 34 Gemeinden höchstens zehn, 5 andere bis zu zwanzig und nur 11 weiter als dreissig Kilometer von der Grenze entfernt liegen.

Was nun die Staaten im einzelnen betrifft, aus denen die Fremdbürtigen stammen, so sind Niederland, das Deutsche Reich und Frankreich in all den genannten 34 Gemeinden, Luxemburg in 33 (1866 nur in 28), Britannien in 30 (früher 27) und alle sonstigen Länder in 33 (früher 30) derselben vertreten. Um den Einfluss der Nachbarschaft zu zeigen, gruppiere ich die Gemeinden mehrfach mit Auseinanderhaltung der in den jeweiligen Grenzbezirken belegenen von den entfernteren, führe aber immer nur diejenigen namentlich auf, in denen die Fremdbürtigen aus dem betreffenden Staate (zuerst Niederland, dann Deutschland u. s. w.) 200 übersteigen oder am zahlreichsten vorkommen.

Niederland grenzt, von der Seeküste beginnend, an die Verwaltungsbezirke Bruges, Eecloo, Gand, Saint Nicolas, Anvers, Turnhout, Maaseyck, Tongres, Liége und Verviers. Hier sind folgende Gemeinden mit mehr denn 500 Fremdbürtigen zu erwähnen:

Namen der Gemeinden (vlaemisch)	geboren in Niederland 1866:		1880:		anderswo geboren		Niederländer unter 1000:
	männl.	weibl.	männl.	weibl.	1866:	1880:	
Brugge in Westflandern . . .	290	110	65	111	744	985	152
Gend in Ostflandern	383	479	350	560	1 327	2 512	267
Antwerpen	1 681	2 702	3 491	4 630	2 638	6 189	568
Borgerhout } in Antwerpen	138	161	295	340	171	256	713
Turnhout	205	307	261	324	20	54	915
Maaseyck in Limburg . . .	198	321	387	275	61	78	895
Seraing	106	117	102	98	1 328	1 908	95
Lüttich } in Lüttich	1 493	2 089	1 733	2 400	4 704	7 198	367
Gemenich	107	88	153	131	189	230	553
Verviers	100	122	107	145	2 790	4 350	85
3 andere Gemeinden desgl. .	125	81	85	70	1 072	1 562	90
zusammen 13 Gemeinden	5 019	6 577	7 029	9 084	15 038	25 202	389

Dass in den flandrischen Hauptstädten die geborenen Niederländer nur mit einem Siebentel bezw. einem Viertel unter den Fremdbürtigen vertreten sind, die nahe Grenze also geringen Einfluss äussert, wird begreiflich, wenn man auf der Karte das kleine seeländische Landstück südlich der Westerschelde betrachtet; denn die Ortschaften rechts dieser Ausmündung liegen ebensoweit von Brügge und Gent, wie die französischen Grenzorte. In den grösseren antwerpenschen und limburgischen Gemeinden kommt die Nähe der Grenze hingegen zu voller Geltung, trotz der ausserordentlichen Anziehungskraft des Welthafens Antwerpen. Die Vorstadt Borgerhout wurde 1866 von 18 männlichen und 13 weiblichen, 1880 von 36 männlichen und 38 weiblichen Deutschen (einschliesslich der Luxemburger) bewohnt; die Zahl der Franzosen stieg von 10 und 2 auf 22 und 29, während die der Briten von 51 und 72 auf 42 und 56 fiel. In Turnhout sind nach den Niederländern die Deutschen (15 männliche und 16 weibliche) am zahlreichsten, und in Maaseik gab es deren 37 männliche und 22 weibliche gegen 25 und 26 im Jahre 1866. Die Fabrikorte Seraing und Verviers werden von Niederländern wenig aufgesucht, und an dieser Ecke des Königreiches entwickelt ein anderes Grenzland weit grössere Tiefe als das schmale holländische Limburg. Uebrigens hat der sonstigen allgemeinen Zunahme entgegen die Zahl der Niederländer in Seraing und Ougrée, der männlichen auch in Brügge und Gent, der weiblichen in Maaseik sich während der vierzehn Jahre 1866—80 vermindert.

Von den Gemeinden mit kleinen Niederlassungen in entfernteren Verwaltungsbezirken erfuhr nur die Brüsseler Vorstadt Etterbeek eine entschiedene Vermehrung der Niederländer von 14 männlichen und 17 weiblichen auf 49 und 87; Namür zählt noch 16 und 28 gegen 60 und 59 im Jahre 1866, Charleroi 37 und 19 gegen 26 und 27, Bergen 28 und 34 gegen 59 und 55, Doornik 19 und 28 gegen 18 und 39, Kortryk 14 und 19 gegen 24 und 34, Ostende 51 und 67 gegen 52 und 72. Die Annehmlichkeiten dieser grösseren Städte erschienen der

Bevölkerung des entfernteren Nachbarlandes also nicht verlockend genug zur Aufrechthaltung des früheren Zuzugs. Unter den Orten mit Hauptniederlassungen in den nicht unmittelbar an Niederland grenzenden Verwaltungsbezirken ist Mecheln der einzige, wo der niederländische Anteil unter den Fremdbürtigen entschieden vorwiegt: er liegt aber auch nur 5 deutsche Meilen von der Grenze entfernt. Zu verzeichnen sind

Gemeinden mit über 500 Fremdbürtigen (vlaemischer Name):	geboren in Niederland				anderswo geboren		Niederländer unter 1000:
	1866:		1880:				
	männl.	weibl.	männl.	weibl.	1866:	1880:	
Mechelen in Antwerpen . . .	150	184	180	199	304	410	480
Leuven in Brabant	70	106	75	150	251	468	325
Schaerebeek desgl.	188	284	358	540	760	2 181	292
Sint Joos ten noode desgl. . .	249	433	321	481	1 246	2 024	284
Brüssel desgl.	1 379	1 606	1 348	1 713	5 642	10 806	227
Laeken	40	27	123	173	88	592	333
Anderlecht desgl.	58	50	212	244	227	961	322
Sint Jans-Molenbeek desgl. . .	168	187	236	279	676	1 905	274
Sint Gillis desgl.	42	74	206	297	316	1 987	202
Elsene (für *Ixelles*) desgl. . .	146	268	222	376	1 441	2 165	216
11 andere Gemeinden . . .	279	333	238	310	5 130	8 126	63
zusammen 21 Gemeinden . .	2 747	3 552	3 519	4 762	16 081	31 085	210

Ausser der Gemeinde Mecheln liegen die namentlich aufgeführten sämtlich in Brabant, und es ist bemerkenswert, dass in der Landeshauptstadt selbst die aus Niederland gebürtigen Frauen abgenommen haben, während doch die starke Vermehrung der Fremdbürtigen überhaupt das Vorhandensein von Platz für Fremde in Brüssel beweist, auch in den Vororten der Hauptstadt mehr Niederländer als 14 Jahre zuvor wohnen. Der Prozentsatz letzterer ist in allen nördlichen und westlichen Vororten höher, in den drei südlichen (nebst Etterbeek) niedriger als in der Hauptstadt selbst, wie denn aus der Statistik der Grossstädte bekannt ist, dass Fremde sich gern in der Umgegend der ihrer Heimat nächsten Bahnhöfe niederlassen.

An das Deutsche Reich stossen unmittelbar die Verwaltungsbezirke Verviers und Bastogne; dort wohnten

in den lütticher Gemeinden	geboren in Deutschland				anderswo geboren		Deutsche unter 1 000:
	1866:		1880:				
	männl.	weibl.	männl.	weibl.	1866:	1880:	
Gemenich	106	56	112	68	216	334	350
Limbourg	62	82	222	260	24	46	913
Dison	232	227	140	176	92	125	717
Verviers	1 218	1 199	1 735	2 033	595	834	817
zusammen 4 Gemeinden . .	1 618	1 564	2 209	2 537	927	1 339	780

Während in Gemenich der niederländische Bestandteil noch vorherrscht, sind die drei anderen Gemeinden durch die Richtung der Eisenbahn auf lebhaften Verkehr mit Deutschland angewiesen, so dass man wohl eine noch stärkere Ansiedlung Deutscher, namentlich in Dison, wo sogar eine Verminderung eingetreten ist, hätte erwarten können. Sonderbarerweise besteht der dritte Bruchteil der Fremdbürtigen in dem weltentlegenen Orte Gemenich vorzugsweise aus Personen, die keinem der Nachbarstaaten entstammen sollen, und von 7 männlichen und 10 weiblichen Bewohnern dieser Art hat sich derselbe sogar auf 31 und 12 erhöht; vielleicht sind sie in dem neutralen Moresnet geboren und haben ihren jetzigen Wohnort der Gesundheit halber bezogen. In Limbourg (dessen deutscher Name Limburg amtlich nirgends vorkommt) haben sich die Niederländer von 8 männlichen und 8 weiblichen auf 19 und 17, in Dison von 40 und 22 auf 34 und 31 vermehrt; an letzterem Vororte von Verviers nahmen auch die Franzosen von 17 und 13 auf 22 und 13 zu.

Der Zug nach dem Westen wird über die Grenzgegend hinaus noch durch einen erheblichen Anteil der Deutschen an der fremdbürtigen Bevölkerung vieler anderen Gemeinden bemerkbar, und zwar befanden sich:

In Gemeinden mit über 600 Fremd-bürtigen (deutscher Name):	geboren im Deutschen Reiche				anderswo geboren		Deutsche unter
	1866:		1880:				
	männl.	weibl.	männl.	weibl.	1866:	1880:	1000:
Lüttich	1 356	1 904	1 990	2 786	5 018	6 496	424
Ougrée in Lüttich	285	138	340	244	156	184	781
Seraing	675	335	801	504	541	803	619
Löwen	54	45	50	156	318	487	297
Ixelles	159	215	237	482	1 461	2 044	264
Saint Gilles	13	12	229	378	407	1 891	241
Molenbeek in Brabant	113	110	194	190	808	1 498	205
Anderlecht	30	27	160	137	278	1 120	210
Brüssel	1 030	969	1 564	1 984	6 628	10 319	286
Saint Josse	165	239	306	447	1 524	2 073	268
Schaerbeek	72	128	226	445	1 012	2 408	218
Antwerpen in Antwerpen	628	573	1 467	1 684	6 022	11 149	221
Gent in Ostflandern	132	104	194	218	1 958	3 010	120
17 andere Gemeinden	387	396	661	870	8 480	12 251	112
zusammen 30 Gemeinden	5 077	5 213	8 413	10 533	34 615	55 710	254

Die Zunahme der Deutschen an allen namentlich erwähnten Orten hat nichts Auffälliges, weil daselbst auch die sonstigen Fremdbürtigen sich vermehrt haben. In der von weit und breit besuchten Industrie-stadt Lüttich sind sie verhältnismässig am stärksten vertreten; die ab-solute Mehrheit besitzen sie aber erst in den südwestlichen Arbeiter-vororten Ougrée und Seraing, welche zwar etwas weiter von der deutschen Grenze liegen als die Stadt, aber von Holländisch-Limburg nicht so bequem zu erreichen sind; in Ougrée haben auch die Luxemburger von 6 Bewohnern auf 39 männliche und 21 weibliche, die Franzosen von 9 und 9 auf 22 und 16 zu-, die Niederländer hingegen von 77 und 51 auf 32 und 22 abgenommen, während die grössere internationale Be-deutung Seraings aus der Zunahme der nicht nach Ländern unter-schiedenen Fremdbürtigen von 15 und 8 auf 51 und 32 erhellt. Von den brabantischen Städten hat die nächstbelegene, Löwen, den stärksten deutschen Anteil; aber da sie von der französischen Grenze aus noch schneller zu erreichen ist, wird jenen der französische, welcher von 49 männlichen und 25 weiblichen Personen auf 86 und 74 stieg, wohl überflügeln; die Luxemburger vermehrten sich hier von 4 Personen auf 19 männliche und 16 weibliche, die nicht näher bezeichneten Fremd-bürtigen von 35 auf 27 männliche und 13 weibliche. In Brüssel und den hauptstädtischen Vororten ist der Anteil der im Deutschen Reiche Geborenen ziemlich gleichmässig, stärker als im Zentrum wieder an den beiden nächstbelegenen Eisenbahnstationen. Was endlich die nicht

namentlich aufgeführten Ortschaften betrifft, so sind noch mit Ein-
rechnung der Luxemburger zu erwähnen: Namür mit 73 männlichen
und 116 weiblichen Deutschen (1880) gegen 41 und 51 (1866), Charleroi
mit 90 und 84 gegen 61 und 47, Jumet mit 31 und 35 gegen 20 und 17,
Bergen mit 59 und 95 gegen 17 und 24, Doornik mit 45 und 63 gegen
39 und 50, Lacken mit 90 und 126 gegen 13 und 17, Etterbeek mit
57 und 96 gegen 20 und 12, Mecheln mit 45 und 76 gegen 48 und 49,
Brügge mit 62 und 64 gegen 56 und 38, Kortryk mit 18 und 12 gegen
2 und 12, Ostende mit 30 und 48 gegen 32 und 35. An keinem dieser
Orte ist also das deutsche Element zurückgewichen, wenn es auch keine
starke Vertretung fand.

Das Grossherzogtum Luxemburg grenzt an die Verwaltungsbezirke Bastogne und Arlon, und der Hauptort des letzteren ist zugleich
die einzige grössere Gemeinde, wo die jenem Lande Entstammenden
unter den Fremdbürtigen entschieden vorherrschen. Zur Vergleichung
kommen:

Gemeinden mit über 400 Fremd-bürtigen (deutsche Namen):	In Luxemburg geboren 1866:		1880:		anderswo geboren		Luxem-burger unter je 1000:
	männl.	weibl.	männl.	weibl.	1866:	1880:	
Arlon in Belgisch-Luxemburg .	203	357	230	468	185	300	699
Lüttich in Lüttich {	54	37	170	192	8 185	10 809	32
Seraing {	115	50	179	129	1 386	1 800	146
Brüssel in Brabant	43	44	140	239	8 540	13 482	28
29 andere Gemeinden . . .	271	250	603	863	29 294	51 531	24
zusammen 33 Gemeinden .	686	738	1 328	1 691	47 590	77 722	37

Bei Arlon sind noch die aus dem Deutschen Reiche und aus Frankreich gebürtigen Personen zu erwähnen: jene vermehrten sich von
39 männlichen und 35 weiblichen auf 80 und 88, diese von 52 und 46
auf 50 und 54; weil jedoch manche Lothringer aus französisch redenden
Ortschaften eingewandert sein mögen, ist die Zunahme des deutschen
Elements fraglich. Der an oben nicht erwähnten Orten wohnenden
Luxemburger habe ich grossenteils schon gedacht; anzuführen sind noch:
Verviers mit 76 männlichen und 105 weiblichen Personen im Jahre
1880 gegen 31 und 26 im Jahre 1866, Ixelles mit 34 und 67 gegen
25 und 40, St. Gilles mit 30 und 44 gegen 3 und 3, Molenbeek mit
73 und 50 gegen 17 und 14, Anderlecht mit 10 und 27 gegen 1 und 1,
St. Josse mit 34 und 65 gegen 16 und 19, Schaerbeek mit 64 und 89
gegen 17 und 25, Antwerpen mit 65 und 23 gegen 97 und 73, Gent
mit 19 und 20 gegen 8 und 4. In der Reihe der Ortschaften mit
verhältnismässig starker Vermehrung der aus dem kleinen Staate gebürtigen Bewohner steht also die Seestadt, wohin so viele Fremde ge-
strömt sind, merkwürdigerweise mit der Abnahme der Luxemburger
vereinzelt.

Bis jetzt habe ich die drei Staaten in Betracht gezogen, deren
Kontingent mit geringen Ausnahmen die germanische Bevölkerung des
Königreiches kräftigt, und behandle nun die aus Frankreich Gebürtigen, von denen im Gegensatz anzunehmen ist, dass sie meistens
dem romanischen Stamme zu gute kommen. Frankreich grenzt an die
12 Verwaltungsbezirke Arlon, Virton, Neufchâteau, Dinant, Philippe-

ville, Charleroy, Thuin, Mons, Tournay, Courtrai, Ypres und Furnes;
auf dieser langen Linie gibt es aber wenig Orte mit mehr als 500 Fremdbürtigen, nämlich:

die Gemeinden (französischer Name):		in Frankreich geboren				geboren anderswo		Franzosen unter je
		1866:		1880:		1866:	1880:	1 000:
		männl.	weibl.	männl.	weibl.			
Charleroy		161	130	391	315	203	297	704
Jomet	im Hennegau	111	123	212	194	70	114	781
Mons		227	275	305	334	253	266	706
Tournay		450	571	496	629	190	204	847
Courtrai		120	123	204	243	138	152	746
Monseron	in Westflandern	200	200	454	493	15	28	971
Menin		123	138	278	254	27	23	959
1 andere Gemeinde (Arlon)		52	40	50	54	647	894	104
zusammen 8 Gemeinden		1 450	1 615	2 390	2 516	1 543	1 978	713

Mit Ausnahme der dicht am Grossherzogtum Luxemburg belegenen
Stadt Arlon behaupten überall die Franzosen unter den Fremden das
ihnen zustehende Näherrecht. Da die Zahl der Niederländer, Deutschen
und Luxemburger an diesen Plätzen, wo sie 30 übersteigt, schon mitgeteilt wurde, ist noch der Briten und sonstigen Fremden zu gedenken.
Jene verminderten sich in Doornik von 13 männlichen und 24 weiblichen auf 6 und 18, vermehrten sich aber in Kortryk von 27 und 31
auf 40 und 43; die Fremdbürtigen ohne nähere Angabe der ursprünglichen Heimat — hier wahrscheinlich meistens Schweizer — nahmen
in Charleroi von 25 und 10 auf 51 und 9 zu, in Bergen von 50 und 29
auf 29 und 8 ab.

Länger noch, als die Liste der tiefer im Lande belegenen Gemeinden mit einer ansehnlichen Zahl von Deutschen, ist die folgende
der Gemeinden mit zahlreichen Bewohnern, deren Wiege in Frankreich
stand, bei denen jedoch eher ein Zweifel obwalten darf, ob nicht viele
von ihnen Abkömmlinge vlaemisch redender Belgier sind. Die Reihe
läuft hier von Westen nach Osten:

Gemeinden mit über 500 Fremd-bürtigen (französischer Name):		geboren in Frankreich				anderswo geboren		Franzosen unter je
		1866:		1880:		1866:	1880:	1 000:
		männl.	weibl.	männl.	weibl.			
Ostende	in Westflandern	78	144	142	202	274	338	504
Bruges		139	155	134	222	850	805	307
Gand in Ostflandern		420	501	792	900	1 273	1 730	494
Anvers	in Antwerpen	315	295	677	680	6 611	12 853	95
Malines		51	71	97	124	516	568	280
Laeken		16	17	173	161	122	554	376
Molenbeek		208	151	420	381	672	1 229	399
Anderlecht		61	43	286	263	231	868	387
Bruxelles		1 333	1 313	2 754	2 737	5 981	8 376	396
St. Gilles	in Brabant	79	62	478	486	291	1 525	388
Ixelles		245	278	378	466	1 392	1 919	305
Etterbeek		22	16	98	84	75	355	336
St. Josse		277	350	376	443	1 301	2 007	290
Schaerbeek		193	219	502	610	798	1 967	361
Namur in Namür		100	122	133	167	313	273	524
Seraing		63	63	114	91	1 425	1 903	97
Liége	in Lüttich	488	513	738	748	7 275	9 785	132
Verviers		128	121	160	142	2 763	4 300	66
8 andere Gemeinden		92	62	168	147	3 498	4 781	61
zusammen 20 Gemeinden		4 308	4 496	8 617	9 604	35 602	56 236	239

Eine Vermehrung zeigt sich überall mit einziger Ausnahme von
Brügge beim männlichen Geschlechte. Die absolute Mehrheit unter
den Fremdbürtigen besitzen die Franzosen in Namür und Ostende,
welche Städte ja auch ihrer Grenze ganz nahe liegen. Ausserdem ist ihr
Anteil in 10 Gemeinden stärker als jeder einzelne der übrigen Nachbar-
völker, obgleich man noch mehreren jener Gemeinden von Niederland
aus eher ankommt; nur in Antwerpen, Mecheln und Lüttich sind die
Niederländer, in Antwerpen, Seraing, Lüttich und Verviers die Deutschen,
in Brügge die Briten zahlreicher. Die geringen Unterschiede des französischen Anteils an den Fremdbürtigen der Hauptstadt und ihrer Vororte deuten an, dass sie sich dort allenthalben heimisch fühlen.

Durch einen bald und bequem überschifften Meeresteil von Belgien
getrennt, sind in diesem Lande auch die Engländer an mehreren Orten
ansehnlich vertreten; in Betracht kommen namentlich:

die Gemeinden mit mehr als 500 Fremdbürtigen:	geboren in Britannien				anderswo geboren		Briten unter je 1 000:
	1866:		1880:		1866:	1880:	
	männl.	weibl.	männl.	weibl.			
Brügge in Westflandern . . .	178	183	150	268	788	743	300
Gent in Ostflandern	45	59	71	141	2 090	3 210	62
Antwerpen in Antwerpen . .	153	151	282	326	6 915	13 722	41
Brüssel ⎫	170	266	196	321	8 191	13 350	37
St. Gilles ⎬ in Brabant ⎨	19	40	60	170	373	2 260	92
Ixelles ⎭	125	247	86	233	1 483	2 444	115
24 andere Gemeinden . . .	317	469	342	584	20 755	41 852	25
zusammen 30 Gemeinden .	1 004	1 415	1 107	1 993	46 595	77 581	89

Die ansehnliche englische Kolonie in Brügge hat während der
vierzehn Jahre zwischen beiden Volkszählungen Einbusse an Männern
erlitten, und aus Ixelles ist ein noch grösserer Abfluss erfolgt. Dass
hier und in St. Gilles, den beiden südlichsten Vororten der Hauptstadt,
weit mehr Briten wohnen als in den sowohl volkreicheren wie der
Heimat näheren Gemeinden Molenbeek und Schaerbeek, scheint auf
besonderen Ursachen zu beruhen. Von den noch nicht genannten Orten
erfuhren eine Vermehrung der in Britannien geborenen Bewohner: Ostende
von 21 männlichen und 44 weiblichen auf 43 und 70, Molenbeek von
12 und 14 auf 26 und 25, Anderlecht von 18 und 10 auf 21 und 18,
Etterbeek von 5 und 5 auf 15 und 20 und Schaerbeek von 18 und 25
auf 28 und 56; dagegen trat eine Verminderung ein: in Mecheln von
30 und 39 auf 6 und 37, in St. Josse von 34 und 60 auf 25 und 56
und in Lüttich von 29 und 70 auf 24 und 65.

Endlich wohnen aus entfernteren Ländern stammende Personen
zu mehr als 200:

in den Gemeinden	im Jahre 1866:		im Jahre 1880:		anderswo geboren		von je 1 000 Fremdbürtigen
	männl.	weibl.	männl.	weibl.	1866:	1880:	
Lüttich in Lüttich	174	79	278	147	8 023	10 846	38
Brüssel ⎫ in Brabant ⎰	353	121	527	338	8 153	13 002	62
St. Josse ⎭	45	41	158	114	1 842	2 554	96
Antwerpen in Antwerpen .	255	98	618	377	6 868	13 315	70
weniger in 29 Gemeinden .	425	344	836	556	22 193	37 075	36
zusammen 33 Gemeinden .	1 252	683	2 417	1 532	47 079	76 792	49

Zu den Ortschaften, in denen sich die Fremdbürtigen von nicht
näher bezeichneter Herkunft (Schweizer, Oesterreicher, Italiener, Russen,

Amerikaner u. s. w.) seit 1866 vermehrt haben, gehören Verviers mit
39 männlichen und 37 weiblichen Personen dieser Art gegen 30 und 19,
St. Gilles mit 53 und 66 gegen 39 und 46, Molenbeek mit 31 und 16
gegen 22 und 15, Laeken mit 15 und 21 gegen 3 und 0, Etterbeek
mit 20 und 11 gegen 2 und 0, Schaerbeek mit 88 und 73 gegen 30
und 35, Gent mit 96 und 61 gegen 30 und 24, endlich Brügge mit
30 männlichen und 55 weiblichen im Jahre 1880 gegen keine im Jahre
1866. Vermindert haben sich dieselben in Namür mit 21 männlichen
und 3 weiblichen Personen gegen 37 und 37 und in Anderlecht mit
18 und 12 gegen 21 und 15.

Die Landeshauptstadt nebst den ihr teils aufs engste angeschlos-
senen, teils durch blosse Plätze und Gartenanlagen abgesonderten Vorstädten spielt eine so wichtige Rolle in der Verteilung der Nationalitäten, dass die nachstehende einfache Zeichnung der Ortslage, wie sie
durch Lettern hergestellt werden kann, willkommen sein wird.

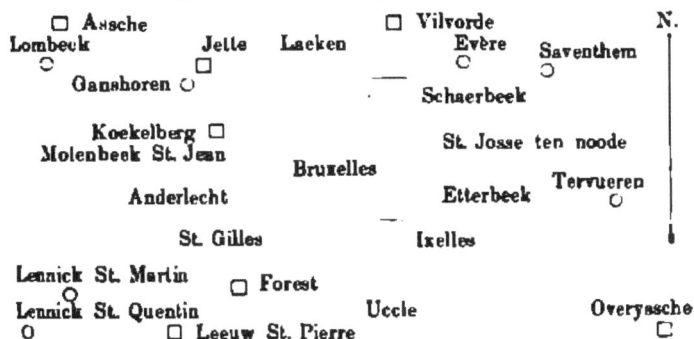

Bemerkung. Die Quadrate entsprechen nahezu der Einwohnerzahl und deshalb nicht
der örtlichen Ausdehnung des bewohnten Raumes. Die Namen sind amtlich.

Nachdem ich alle beachtenswerten Zahlen über die Verteilung
der Fremdbürtigen auf diejenigen Gemeinden zusammengestellt habe,
die bei mehr als 500 Fremdbürtigen als Hauptstätten fremder Ansiedlung angesehen werden dürfen, lege ich das Hauptergebnis dieser
Einzeluntersuchung in der 6. Tabelle nieder. Für die Ethnographie
hat man sich statistischer Forschungen bisher nicht ausreichend bedient,
hauptsächlich wohl wegen mangelhafter und für den besonderen Zweck
nicht zugerichteter Ausweise. Deshalb wird der Versuch, die belgische
Statistik der Wohnbevölkerung zu einer noch nirgends unternommenen
Charakteristik eines inmitten eines gastfreien Volkes lebenden Fremden
auszunutzen, als erster Beitrag der Art vielleicht willkommen sein. Es
handelt sich dabei zunächst um den bei verschiedenen Völkern möglicherweise verschiedenen Grad der Neigung, in der Fremde grössere Ortsgruppen zu bilden, und obgleich diese auch in kleineren Gemeinden
vorkommen, scheint die statistische Begrenzung auf je 500 Fremdbürtige
doch ein hinlänglich grosses Feld der Beobachtung zu verbürgen. Weil

aber die Beziehungen zwischen benachbarten Völkern dicht an der Grenze inniger zu sein pflegen als in weiterer Entfernung, so stelle ich in der ersten Gruppe von Gemeinden diejenigen zusammen, bei denen die Nachbarschaft zu besonderer Geltung gelangt, in der zweiten die übrigen grösseren Sammelpunkte von Fremden, in der dritten ohne Rücksicht auf die Nähe der Grenze den ganzen Rest der Gemeinden.

Bei der Betrachtung der Tabelle zeigt sich allen absoluten Zahlen aus dem Jahre 1866 gemeinsam eine Vermehrung bis zum Jahre 1880; dagegen fanden relativ mehr beträchtliche Verminderungen statt. Wir bemerken bei jeder Klasse das schon angezeigte Sinken des niederländischen Anteils; wenn man jedoch die in Belgien wohnhaften Niederländer mit der ganzen Wohnbevölkerung vergleicht, so findet man immerhin eine geringe Zunahme, nämlich von 6,46 auf 6,18 pro Tausend der männlichen und von 7,57 auf 8,02 pro Tausend der weiblichen Bevölkerung. Was die Luxemburger betrifft, so ist zwar der verhältnismässige Verlust bei der ihnen nächstbelegenen Stadt durch den grossen Gewinn bei den entfernteren mehr als ausgeglichen; dagegen ist ihr Anteil an den schwächeren Niederlassungen merklich gesunken. Ebenso entschieden ist die Einbusse der Engländer, während die nicht näher bezeichneten Nationen nach den Hauptpunkten der Anziehung einen

(Tabelle 6.) Gruppen belgischer Gemeinden.	Fremdbürtige in der Wohnbevölkerung überhaupt		Davon gehörten dem betreffenden Geburtslande an				Das sind von je 1000 Fremdbürtigen	
Geburtsheimat der Fremden.	1866:	1880:	männl.	weibl.	männl.	weibl.	1866:	1880:
a) Gemeinden mit über 500 Fremdbürtigen in den benachbarten Verwaltungsbezirken:								
Niederland . . .	26 634	41 475	5 019	6 577	7 029	9 084	435	389
Deutsches Reich .	4 109	6 085	1 618	1 564	2 209	2 537	774	780
Luxemburg . . .	745	998	203	357	230	468	752	699
Frankreich . . .	4 608	6 884	1 450	1 615	2 390	2 516	665	713
Rechnungssumme	36 096	55 440	8 290	10 113	11 858	14 605	510	477
b) Gemeinden mit über 500 Fremdbürtigen in entfernteren Verwaltungsbezirken:								
Niederland . . .	22 360	39 366	2 747	3 552	3 519	4 762	281	210
Deutsches Reich .	44 905	74 656	5 077	5 213	8 413	10 533	229	254
Luxemburg . . .	48 269	79 743	483	381	1 098	1 223	18	29
Frankreich . . .	44 408	73 857	4 308	4 496	8 617	9 004	108	239
Britannien . . .	49 014	80 741	1 004	1 415	1 167	1 993	49	39
alle übrigen Länder	49 014	80 741	1 252	683	2 417	1 532	39	49
Rechnungssumme	257 988	429 104	14 871	15 740	25 231	29 047	110	120
c) Gemeinden mit weniger als 500 Fremdbürtigen:								
Niederland . . .			7 859	8 100	8 151	8 846	325	272
Deutsches Reich .			3 540	3 689	4 826	5 678	147	168
Luxemburg . . .	49 082	62 520	2 148	2 053	2 391	2 350	86	76
Frankreich . . .			9 803	10 349	14 085	14 492	411	457
Britannien . . .			232	352	249	390	12	10
alle übrigen Länder			572	385	661	401	19	17
zusammen			24 154	24 928	30 363	32 157	167	167

reichlicheren Zuschuss gegeben haben. Die Deutschen wie die Franzosen
haben nicht allein die grösseren Orte an ihren Grenzen, sondern auch
die im Innern belegenen Hauptkolonien und die kleinen Niederlassungen
stärker besetzt, und zwar ist der Fortschritt der Franzosen in den beiden
ersten Gemeindegruppen beträchtlicher, während der Anteil der Deutschen
an den vereinzelteren Niederlassungen das auf jede Ländergruppe fallende
Durchschnittssechstel überschritten hat.

Die Beteiligung der Wohnortsgruppen an der Gesamtzahl der
in Belgien wohnenden Fremdbürtigen jeder Nation ist besser geschlechts-
weise zu untersuchen; es wohnten von je 1000:

a) männlichen Personen		Nieder- ländern	Deut- schen	Luxem- burgern	Fran- zosen	Eng- ländern	sonstigen Fremden
an Orten der 1. Gruppe	1866	321	158	73	93	—	—
„ „ „ „	1880	376	143	62	95	—	—
„ „ „ 2. „	1866	176	496	170	277	812	680
„ „ „ „	1890	188	545	295	343	824	785
„ „ „ 3. „	1866	503	346	758	630	188	314
„ „ „ „	1880	436	312	643	561	176	215
b) weiblichen Personen							
an Orten der 1. Gruppe	1866	361	149	128	98	—	—
„ „ „ „	1880	400	135	116	97	—	—
„ „ „ 2. „	1866	195	498	137	273	801	640
„ „ „ „	1880	210	582	303	346	838	793
„ „ „ 3. „	1866	444	352	736	629	199	360
„ „ „ „	1880	390	303	582	557	164	207

So ausserordentliche Unterschiede zu Tage treten, ist doch den
Fremdbürtigen aller Nationen gemeinsam die gestiegene Zusammen-
scharung an den Hauptsitzen im Innern, und da man einen opfer-
freudigen belgischen Patriotismus höchstens bei einem Bruchteile der
Fremden und ihrer nächsten Nachkommenschaft voraussetzen darf, so
folgt daraus, dass jene Hauptsitze der Fremden einen günstigen Boden
für internationale und deshalb vielfach auch antinationale Bestrebungen
bieten. Die jeweils den Gemütern der Menschen zugänglichste Ge-
samtidee wird an solchen Orten vom geschichtlichen Volkstum am
wenigsten gemässigt, und insofern die Fremden schon durch ihre Niederlassung ausserhalb der Geburtsheimat ihre Rührigkeit erwiesen haben,
sind sie zum Fortreissen eines ansehnlichen Teiles der trägeren Masse
besonders befähigt. Kein Wunder, dass namentlich in der Hauptstadt
selbst und ihren Vororten je nach den Zeitumständen bald die schwarze,
bald die rote Internationale, der Despotismus wie die Befreiungssucht
eine um vieles lebhaftere Vertretung als an den volklich wenig gemischten Plätzen finden und dass hierunter auch die Anhänglichkeit
an die ererbte Volkssprache mit leiden muss!

Wenn wir weiter bemerken, dass die Niederländer doppelt so zahlreich an den grösseren Fremdenkolonien in der Nähe ihrer Grenze als
an den entfernteren wohnen, und dass jener Anteil noch stärker als in
dieser gewachsen ist, so kommt dabei der Einfluss Antwerpens in Betracht, welche Stadt als ein Hauptplatz des Welthandels ihre Anziehungskraft auch bewähren würde, wenn sie einige Meilen entfernter von der
Grenze läge. Die Deutschen und Luxemburger haben sich in den

14 Jahren räumlich weiter verbreitet, während bei den Franzosen das
Verhältnis der näheren zu den entfernteren Niederlassungen kaum verändert ist.

Die verhältnismässig gestiegene Vergrösserung der starken Fremdenkolonien geschah naturgemäss auf Kosten des Wachstums der kleinen
und mehr vom Zufalle beherrschten. Am erheblichsten ist der relative
(nicht absolute) Rückgang bei den Luxemburgern, obgleich immer noch
die Mehrheit derselben in kleineren Gemeinden wohnt; es sind namentlich eine Menge von Luxemburgerinnen — ob als Frauen oder Dienstmädchen, gibt die Statistik nicht an — nach den Binnenplätzen gezogen. Auch von den Franzosen (bezw. den in Frankreich geborenen
Personen, worunter, wie bei den übrigen Fremdbürtigen, viele Abkömmlinge von Belgiern sein werden) lebt immer noch die Mehrheit
in kleinen Niederlassungen, und da sich dieser Beobachtung die andere
zugesellt, dass beide Geschlechter in Stand und Bewegung der Gruppen-
verteilung fast genau übereinstimmen, so muss man bei ihnen mehr als
bei jeder anderen Volksgemeinschaft vermuten, dass sie sich in Belgien
bleibend familienweise angesiedelt haben, des Landes Art und Sitte
ihnen am angemessensten ist und fortfahren wird, sie anzuziehen. Es
folgen die Niederländer mit ungefähr demselben Verhältnis der Geschlechter wie bei den Luxemburgern. Noch schwächer ist die Verbreitung der Deutschen in kleinen Ansiedlungen, was sich bereits aus
der schwierigeren Verständigung mit den Eingesessenen, deren Mundart
in den weitaus meisten Fällen erst erlernt werden will, erklärt; aber
die Anteile der Geschlechter haben sich genähert. Dass endlich die
Briten weniger vereinzelt wohnen als die nicht näher bezeichneten
Fremdbürtigen, deutet auf die Anwesenheit vieler Schweizer unter den
letzteren hin.

Trotz der beträchtlichen Unterschiede, auf welche eben aufmerksam zu machen war, ist der daraus für die Völkerbeschreibung zu
ziehende Gewinn nicht bedeutend, indem sich jene fast durchweg aus
der natürlichen Lage und dem Grade der Sprachengemeinschaft ergeben.
Ich verwerte deshalb die 6. Tabelle noch zur Untersuchung des Verhältnisses der Geschlechter in den drei Gemeindegruppen. Dieselbe
liefert als durchschnittliche Anzahl weiblicher auf je 1000 männliche
Personen:

bei den	in der ersten Gruppe 1866:	in der ersten Gruppe 1880:	in der zweiten Gruppe 1866:	in der zweiten Gruppe 1880:	in der dritten Gruppe 1866:	in der dritten Gruppe 1880:
Niederländern	1 310	1 292	1 293	1 353	1 031	1085
Deutschen	967	1 148	1 027	1 252	1 042	1177
Luxemburgern	1 759	2 348	789	1 114	956	983
Franzosen	1 114	1 053	1 044	1 045	1 056	1 029
Engländern	—	—	1 409	1 708	1 517	1 565
anderen Fremdbürtigen	—	—	546	634	673	607
den Fremdbürtigen überhaupt	1 220	1 232	1 058	1 151	1 032	1 059

Zur Würdigung dieser Zahlen muss das Gesamtverhältnis unter
den Fremdbürtigen herangezogen werden; dasselbe betrug 1866 bezw.
1880 bei den Niederländern 1107 bezw. 1214, bei den Deutschen 1023
bezw. 1214, bei den Luxemburgern 985 bezw. 1087 ,bei den Franzosen

1058 bzw. 1037, bei den Briten 1430 bzw. 1683 und bei den sonstigen Fremdbürtigen 586 bzw. 628 weibliche auf je 1000 männliche Personen. Da die gesellschaftlichen Zustände des Königreichs im Jahre 1866 ein Durchschnittsverhältnis der weiblichen Fremden von 1073 : 1000 und im Jahre 1880 ein solches von 1124 : 1000 männlichen Fremden erträglich machten, womit nicht gesagt sein soll, dass ein so auffallendes Uebergewicht des weiblichen Elements unter den Fremden für das Land nützlich oder gar geboten sei, so müssen jene allgemeinen Durchschnitte der Vergleichung zu Grunde gelegt werden.

Die auffälligsten Volksgegensätze zeigen Briten und nicht näher bezeichnete Fremde: bei jenen kommen in den grossen wie in den kleinen Ansammlungen verhältnismässig zwei- bis dreimal so viel weibliche Personen als bei diesen vor, während Unbekanntschaft mit den Landessprachen die Einen wie die Anderen trifft. Vielleicht hellt sich die Dunkelheit des Gegensatzes auf, wenn man von der Gleichmässigkeit der Anziehungskraft des Landes auf das schwächere Geschlecht ausgeht und dann urteilt, dass Männer von anderen Nationen als gewerbliche Arbeiter unter niedrigeren Lohnsätzen, sowie als Schüler der guten Lehranstalten Belgiens dort bessere Rechnung finden; Engländer werden, insoweit sie ihre Heimat verlassen, in dem einen Falle lieber über See und in dem anderen nach Paris und dem Genfer See wandern.

Unter den Nachbarstaaten nimmt der Frage gegenüber Frankreich eine abgesonderte Stellung ein, insofern der ohnehin nicht übermässige weibliche Anteil sich während der vierzehn Jahre zwischen den beiden Zählungen vermindert, sonst allenthalben merklich vermehrt hat; in den Mittelpunkten der Fremden blieb er gleich und nahm besonders an der Grenze, d. h. gerade dort ab, wo die Frauen besonderen Schutz durch leichte Rückkehr ins Vaterland finden. Ist die Ursache des veränderten Verhältnisses auch hier bei den Männern zu suchen? und veranlasst etwa der wesentlich gestiegene Bedarf an Heeresmannschaft eine grössere Anzahl junger Leute, die nahe Grenze zu überschreiten? Eine Antwort ist auf diese wie manche andere Frage nicht zu erteilen, weil die Fremdbürtigen statistisch nicht dem Alter nach unterschieden werden.

Bei den Luxemburgern überwog früher das männliche Geschlecht, ganz besonders in den Emporien des Innern, und es herrscht noch immer in den kleinen Ansiedlungen vor. Wenn die Frauen in jenen jetzt nahezu das allgemeine Durchschnittsverhältnis erreicht haben, so muss man im Grossherzogtum bei dessen Kleinheit die Wandlung sicher verspüren. Noch auffälliger ist das Missverhältnis in der Grenzstadt Arlon; aber falls nicht etwa viele Personen in den dortigen Tabaksfabriken beschäftigt sind, würde man Grund zu der Vermutung haben, dass die wohlhabenden Bürger der Stadt mit Vorliebe deutsche Dienstmädchen nehmen, welche sie im eigenen Lande zu spärlich antreffen, und zwar heutzutage noch spärlicher als vordem.

Den Deutschen aus dem Reiche und den Niederländern ist das Gesamtverhältnis der beiden Geschlechter — und zwar ein beträchtlich höheres als das bei den Fremdbürtigen im ganzen — gleich, nachdem es 1866 bei jenen viel niedriger gewesen war. Drei Hauptgründe des Anwachsens sind denkbar: entweder haben die früher schon in Belgien wohnhaften Männer eine wirtschaftlich gesicherte Stellung gefunden, so dass sie Genossinnen aus der Heimat heranziehen konnten, oder der Trieb nach französischer Bildung hat eine weit grössere Anzahl von Mädchen, namentlich aus dem Rheinlande, in die belgischen Klöster und sonstigen Erziehungsanstalten geführt, oder Not hat die Frauen aus der Heimat getrieben. Es ist schwer zu sagen, welcher Beweggrund vorzugsweise gewirkt hat; aber dass auch in solchen Gemeinden, wo die Fremdbürtigen schwach vertreten sind, das weibliche Geschlecht unter den Deutschen noch zahlreicher als bei den Niederländern im Ueberschusse vorkommt, ist kein gutes Zeichen. In den grossen Ansiedlungen gibt es allerdings noch verhältnismässig mehr selbständige Niederländerinnen als weibliche Deutsche; doch haben letztere dermassen zugenommen, dass sie jene bald überholen werden.

Die nationale Vergleichung der Fremdbürtigen in einem Staate, der ihrer so ungemein viele beherbergt, ist zwar an sich von Interesse; den Hauptwert erhält die Statistik derselben jedoch erst bei der örtlichen Vergleichung mit den amtlichen Ausweisen über das Sprachenverhältnis, wozu die Bekanntschaft mit jener vorausgesetzt werden muss. Deshalb ziehe ich aus der Statistik der Geburtsheimat noch die wichtigsten Nachrichten über Gemeinden mit weniger als je 500 Fremdbürtigen aus. Das sind einerseits diejenigen Orte, welche nach neueren Berechnungen (für 1882) mehr als 10000 Einwohner haben, andererseits die kleineren Gemeinden mit sehr zahlreichen (über 400) Fremdbürtigen. Die belgische Statistik von 1880 unterscheidet die Geburtsländer nur für die Gemeinden mit mehr als 100 Fremden; in Tabelle 7 fehlt mithin die Bezeichnung des meist vertretenen Landes bei den neun mit ihrem amtlichen Namen angeführten Orten mit weniger als 100 Fremden.

In den meisten der 40 hier erwähnten Gemeinden ist mit der ganzen Bevölkerung auch die Zahl der ausserhalb des Königreichs geborenen Bewohner gewachsen, meistens aber in geringerem Masse als an den Hauptorten der Fremden, welche Tabelle 5 aufzählt. Unter den Ausnahmen sind hervorzuheben: St. Trond und St. Nicolas, in welchen Städten die rechtliche Bevölkerung stark hinter der ortsanwesenden zurückbleibt, so dass wahrscheinlich die meisten Ausländer sich daselbst nur zeitweise aufhalten, so wie La Louvière bei Soignies, wo 1880 die umgekehrte Erscheinung stattfand, so dass die Verminderung der Fremden noch auffälliger wird, endlich Ypern, wo mit dem Steigen der faktischen sogar eine Verminderung der rechtlichen Bevölkerung zusammenfiel. In Jemappes sank die ortsanwesende Bevölkerung und stieg die rechtliche mit den fremdbürtigen Bewohnern.

An zweiter Stelle kamen 1880 da, wo die Niederländer unter den Fremden vorherrschten, die Deutschen zur Geltung in Hasselt mit 28 männlichen und 28 weiblichen Personen, die Franzosen in St. Nicolas mit 23 und 21, in Lokeren mit 15 und 17 und in Eecloo mit 29 und 23. In der von den vier Grenzen ziemlich gleich weit entfernten Stadt Huy traten neben den Deutschen 27 männliche und 15 weibliche Luxemburger, sowie 30 und 56 Franzosen auf. Auf dem Gebiete zwischen Holländisch-Limburg und dem hohen Venn machen 126 männ-

(Tabelle 7.) Hervorragende Gemeinden (* Städte) mit weniger als 500 Fremdbürtigen.	Ortsanwesende Bevölkerung im Jahre		Wohn- bevölkerung im Jahre		Ausserhalb Belgiens ge- boren		Von letzteren stam- men männliche und weibliche Personen aus:
	1866:	1880:	1866:	1880:	1866:	1880:	
Provinz Limburg.							
*Hasselt	10 448	12 394	10 247	12 192	368	366	Nied. 134 u. 154
*Saint Trond . . .	11 260	12 237	10 362	11 542	195	145	„ 48 „ 38
Provinz Lüttich.							
*Huy	11 055	12 492	11 008	12 490	191	288	Dtschl. 44 u. 67
Herstal	9 326	11 286	9 222	11 378	274	374	Nied. 104 „ 96
Montzen	1 724	1 709	1 725	1 715	397	447	Dtschl. 119 „ 101
Baelen sur Vesdre .	2 675	2 025	2 691	2 030	473	471	„ 190 „ 215
Welkenraedt . . .	922	1 802	884	1 923	250	486	„ 162 „ 228
Spa	5 681	6 625	5 645	6 732	444	498	„ 161 „ 185
Provinz Hennegau.							
*Châtelet	7 103	10 731	7 311	10 288	116	148	Frankr. 52 u. 59
Gilly	15 598	17 680	15 394	17 716	69	160	„ 64 „ 43
Montignies surSambre	10 410	13 555	10 136	13 926	86	159	„ 69 „ 56
Marchiennes au Pont	8 353	12 153	7 601	12 153	267	410	„ 153 „ 166
Courcelles (fr.Souvret)	7 568	11 169	7 458	11 190	27	135	„ 60 „ 65
Thuin	3 922	4 747	4 635	5 431	273	467	„ 232 „ 220
Frameries	8 676	9 859	8 931	9 935	91	119	„ 59 „ 50
Pâturages	9 177	10 003	9 313	10 090	65	89	
Wasmes en Borinage	9 949	12 034	9 972	12 274	93	114	Frankr. 56 „ 50
Dour	8 501	10 024	8 551	10 163	131	182	„ 85 „ 74
Quaregnon	9 993	12 157	9 946	12 400	48	104	„ 50 „ 43
Jemappes	11 405	10 630	11 251	10 741	176	214	„ 100 „ 90
La Louvière (St. Vaast)	7 827	11 674	7 640	11 859	159	91	
Provinz Brabant.							
*Nivelles	9 058	10 090	9 009	10 168	70	111	Frankr. 25 „ 33
Uccle	7 760	10 803	7 813	10 744	92	179	„ 17 „ 45
*Tirlemont	12 354	14 132	12 169	13 931	95	98	
Provinz Antwerpen.							
*Lierre	15 043	17 140	15 128	17 139	134	157	Nied. 32 „ 71
Gheel	11 260	12 326	10 129	10 468	32	19	
Boom ·	10 064	12 178	10 347	12 657	22	36	
Provinz Ostflandern.							
Tamise	8 169	9 747	8 285	9 943	44	79	
*Saint Nicolas . .	23 348	26 491	23 298	25 914	287	278	Nied. 63 u. 133
*Lokeren	16 912	17 645	17 226	17 770	84	109	„ 18 „ 43
Hamme sur Durme .	10 142	11 261	10 190	11 437	12	7	
Zele	11 987	12 534	12 178	12 721	34	25	
Wetteren	9 358	10 773	9 444	10 803	21	47	
*Alost	18 978	20 573	18 580	20 679	75	148	Dtschl. 28 u. 32
*Renaix	11 844	14 600	11 710	14 370	76	215	Frankr. 89 „ 79
Ledeberg	5 549	9 949	5 600	10 124	61	177	„ 32 „ 38
*Eecloo	9 564	10 753	9 544	10 741	103	128	Nied. 18 „ 50
Provinz Westflandern.							
*Roulers	13 786	16 602	13 674	17 219	98	258	Frankr. 63 u. 82
*Ypres	16 166	18 604	16 444	15 753	327	272	„ 65 „ 150
*Poperinghe . . .	10 865	10 847	10 915	11 007	280	321	„ 115 „ 201

liche und 74 weibliche Niederländer den aus dem Deutschen Reiche
Gebürtigen den Vorrang in Montzen streitig, und es sitzen in Baelen
20 und 25, in Welkenraedt 41 und 46 und in Spa 14 und 21 von
ihnen, an letzterem Orte auch 19 und 22 Engländer und 18 und 21 Franzosen. In Aalst, wo sonderbarerweise die Deutschen am stärksten
vertreten sind, gibt es 23 männliche und 25 weibliche Franzosen. Dagegen erscheinen auf dem Gebiete, woselbst unter den Fremdbürtigen
die Franzosen vorwalten: 21 männliche und 22 weibliche Niederländer
in Uccle südlich von Brüssel, 20 und 20 in Roasse (Rennix), 23 und 27
in Ledeberg südöstlich von Gent, sowie 32 und 32 in Rousselaere;
ferner 24 und 16 Deutsche in Marchiennes bei Charleroi, 17 und 24
in Uccle, 26 und 15 in Ledeberg. Dass die grossen, einer Agitation
am leichtesten zugänglichen Dörfer des Hennegaus, deren industrielle
Bevölkerung einer kaum zu ertragenden Armut anheimgefallen ist, sich
verhältnismässig schwach mit Fremdbürtigen durchsetzt zeigen, deutet
auf rein örtliche Ursachen der anarchistischen Neigungen hin, die jenen
Bezirk seit kurzem durchtoben; die Statistik liefert hier den Beweis,
dass der Anschluss jenes unglücklichen Volksteiles an die rote Internationale nicht von fremden Agitatoren verschuldet sein kann, und eben
deshalb darf man hoffen, dass eine merkliche Verbesserung des Loses
der Arbeiter sie allmählich wieder zur geduldigen Ergebung in eine
niemals beneidenswerte Lage, fortan aber ohne den früheren Stumpfsinn,
bewegen wird.

Es erübrigt noch zu untersuchen, ob diejenigen Gemeinden, welche
zwar nicht Hauptsitze der Fremdbürtigen bilden, vermöge ihrer Bevölkerung von mehr als 10000 Bewohnern jedoch eine grössere Anziehung ausüben, von Fremden stärker bewohnt sind als die kleinen
Gemeinden. Da findet man nun:

für	Wohnbevölkerung 1886:	1880:	Fremdbürtige 1886:	1880:	Prozent 1886:	1880:
die betreffenden 35 Gemeinden	386 004	453 488	4 308	5 756	1.1	1.27
die übrigen Gemeinden mit nicht 500 Fremden	3 452 909	3 784 427	44 774	56 764	1.30	1.50

Hieraus ergibt sich die auffallende Thatsache, dass nach den
grösseren Gemeinden weniger im Auslande geborene Personen, als nach
den kleinen Gemeinden gezogen sind, und dieses Ergebnis erleidet durch
etwa weitere Entfernung jener von der Grenze keine Abschwächung,
indem verhältnismässig viele Gemeinden mit über 10000 Bewohnern
der Grenze ganz nahe liegen. Worin die Ursache der sonderbaren Erscheinung zu suchen ist, entzieht sich meiner Beurteilung; denn es besteht kein durchgängiger Unterschied zwischen Norden und Süden, noch
zwischen gewerbreichen und landwirtschaftlichen Gegenden, noch endlich
zwischen alten Städten und jungen Dorfgemeinden. Man würde vielleicht dahinter kommen, wenn die Zustände von Ort zu Ort untersucht würden, — eine Arbeit, welche ausser Verhältnis zur Neben-
sächlichkeit der zu entscheidenden Frage steht.

IV. Das Sprachenverhältnis im Staate überhaupt und in den Provinzen.

Weit wichtiger als die Unterscheidung des Geburtslandes, welche nur den mindest sesshaften Volksteil berührt, ist die Unterscheidung der Bevölkerung nach der Familiensprache, dem wichtigsten und sichersten Kennzeichen der Nationalität. Allerdings trifft die belgische Statistik eine solche Unterscheidung in ihren grossen Operationen nicht, sondern es enthält das Haushaltungsverzeichnis, in welches die bei der Volkszählung von Ende 1880 erforderten Daten einzutragen waren, unter Nr. 10[1]) die Frage nach der gesprochenen Sprache und unterscheidet: *français ou wallon* (im vlaemischen Texte: fransch of waalsch), *néerlandais ou flamand* (nederlandsch of vlaamsch), *allemand ou luxembourgeois* (duitsch of luxemburgsch) etc. In den Tabellen sind nur die drei „Landessprachen“ und Kombinationen derselben einzeln erwähnt, alle übrigen Sprachen aber in eine einzige Spalte zusammengefasst; dem Wortlaute entsprechend, ist ebenso das Wallonische vom Französischen u. s. w. nicht gesondert.

Da man im Vlaemischen einen der freilich am weitesten abgesprungenen und eigenartigsten Dialekte des Deutschen zu erblicken hat, so hat Richard Böckh die Grenze allein zwischen dem deutschen und dem französischen Sprachstamme gezogen[2]). Wie dieser vorzüglichste Kenner des deutschen Sprachgebietes als Prinzip der Nationalität die Muttersprache festhält und die angelernte Sprache daneben nicht beachtet, erkenne ich ebenfalls die Ergebnisse der amtlichen Statistik nicht ohne weiteres als massgebend für die Grenzscheide des Germanen- und Romanentums an, sondern werde dieselben kritisch untersuchen und der wirklichen Muttersprache der Bevölkerung das ihr zukommende Gebiet nicht streitig machen lassen. In dem gegenwärtigen Abschnitte, der zu besserer Uebersicht kleinere Einheiten als die Provinzen beiseite stellt, können die Ausschlag gebenden Gesichtspunkte nur schrittweise beleuchtet werden, weshalb die zunächst gezogenen Folgerungen nur als vorläufige anzusehen sind.

Für den Namen des deutschen Volksstammes hat Böckh die Schreibart „Vlaemen“ gewählt. Zwar kommt auch „Vlaemingen“ und nach französischer Sprachweise „Flamänder“ vor, und der amtliche Name ist „Vlaamen“; der erstere aber ist in der Wissenschaft am meisten eingebürgert, obgleich Schiller das Beiwort „flämisch“ angewandt hat.

Die Zwiesprachigkeit der Bevölkerung Belgiens ist der Einigung zwar nicht verderblich gewesen. Wohl aber entstand aus wiederholter Begünstigung des welschen Elements, das auch in amtlichen Schriftstücken vorherrscht, eine ziemlich weitgreifende Verstimmung der Vlaemen, welche selbst auf die innere Politik des Landes nicht unwesentlich zurückgewirkt hat. Teilweise ist das Vorschreiten des Fran-

---

[1]) Recensement général (31 déc. 1880). S. XLIX.
[2]) Der Deutschen Volkszahl und Sprachgebiet in den europäischen Staaten, eine statistische Untersuchung von Richard Böckh. Berlin bei J. Guttentag 1869.

zösischen, wie sich's aus nachstehender Vergleichung im ganzen darstellt,
durch das Anwachsen der grösseren Städte erklärlich; allein es ist auch
räumlich vorgeschritten und scheint in den Utraquisten, d. h. in den
zweier Idiome mächtigen Personen, die Hauptquelle seiner Verbreitung
zu finden. Dass zugleich der wallonische Dialekt mehr und mehr dem
nordfranzösischen weicht, ist zwar statistisch nicht festgestellt, weil die
beiden Sprachformen amtlich nicht unterschieden werden; angesichts
der Menge in Frankreich lebender Belgier, deren meistens wohl französisch
gebildete Nachkommen doch grossenteils wieder in Belgien wohnen, und
des rein französischen Unterrichts der Gebildeten ist diese Umwandlung
aber sehr wahrscheinlich. Von den der Sprache nach unterschiedenen
Einwohnern, die zur Gesamtheit der Bevölkerung von 1866 durch die
Zahl der Taubstummen (1878), zu der von 1880 durch die Zahl der
noch nicht zwei Jahre alten Kinder (283058) ergänzt werden, ward
gesprochen:

ausschliesslich oder gleich-zeitig:	1866 in absoluter Zahl;	1880	1866 von je 100 000 männl.	weibl.	1880 von je 100 000 männl.	weibl.
französisch	2 041 784	2 230 310	42 365	42 252	42 563	42 613
vlaemisch	2 406 491	2 465 384	49 502	50 231	47 085	47 831
deutsch	35 356	39 550	716	749	704	806
französisch und vlaemisch .	308 961	423 752	6 674	6 104	8 453	7 726
französisch und deutsch . .	20 448	35 250	439	408	694	653
vlaemisch und deutsch . .	1 625	2 956	34	33	59	54
alle drei Sprachen . . .	4 966	13 331	130	76	314	195
keine der drei Sprachen . .	6 924	6 412	140	147	123	122

Um nun aus diesen Ergebnissen der Volkszählung, welche die
Muttersprache der so zahlreichen Utraquisten nicht erkennen lassen,
einen Schluss auf die Menge der ihrer Muttersprache nach als Germanen
oder als Romanen anzusehenden Bewohner ziehen zu können, beut sich
der der belgische Heer betreffende Abschnitt des Jahrbuchs [1] dar.
Gelegentlich der Einverleibung neuer Mannschaften in die Armee während
des Jahres 1882 wurde nämlich deren Bildungsgrad ermittelt, und zwar
mit Unterscheidung von Vlaemen und Wallonen; geprüft wurden

bei den Waffengattungen:	Milizrekruten vlaem.	wall.	Prämiierte einschl. Stellvertreter: Vlaem.	wall.	Freiwillige vlaem.	wall.
Infanterie	3 889	3 227	543	117	249	304
davon ohne Unterricht . . .	928	621	179	31	7	2
Kavallerie	591	399	68	41	63	52
davon ohne Unterricht . . .	162	65	17	10	1	—
Artillerie	1 053	899	144	43	40	30
davon ohne Unterricht . . .	215	152	52	6	1	—
Geniewesen	208	198	2	3	10	18
davon ohne Unterricht . . .	25	22	—	1	—	—
zusammen	5 741	4 723	759	204	362	407
davon ohne Unterricht . .	1 330	860	248	48	9	2

Insgesamt wurden mithin 6 862 Vlaemen und 5 334 Wallonen eingestellt, von denen 23.15 bzw. 17.06 Prozent gar keinen Unterricht
genossen hatten; höherer Bildung waren 0.85 bzw. 2.10 Prozent teil-

---

[1] Ministère de l'Intérieur. Annuaire statistique de la Belgique. 13me année,
1882. Bruxelles 1883. Ich habe nicht alle Jahrgänge zu benutzen nötig gehabt.

haftig. Zur Entlassung gelangten in demselben Jahre 5027 Vlaemen und 4377 Wallonen, von denen 742 bzw. 472 noch aller Elementarkenntnisse entbehrten. Das geringere Bildungsmass der Vlaemen ist nicht von ihnen verschuldet; waren doch Flandern und Brabant Jahrhunderte hindurch Stätten der vornehmsten Kultur, während der Hennegau in geistiger Finsternis verharrte. Die Schuld trägt das romanisierende Unterrichtssystem, welches zwar die Anwendung der Landessprache in den niederen Schulen der Gemeinde vorschrieb, von den Beamten aber die Kenntnis des Französischen verlangte und so den Trieb der Vlaemen nach Vervollkommnung im Wissen durch Vermittlung der Muttersprache eher erstickte als förderte. Man lese nach, was Böckh in seinem klassischen Werke (namentlich Seiten 190—192) hierüber schreibt, und man wird begreifen, dass die neueste Reaktion wider die alte Schulordnung nicht auf alleinige Rechnung eines blinden Ultramontanismus zu stellen ist, sondern auch aus der Entrüstung über lange versagte Gerechtigkeit fliesst.

Ferner kamen 1881 teils auf unbestimmten Urlaub nach Alinea 3—6 des Artikels 85 vom Milizgesetze, teils durch Beendigung des freiwilligen Engagements zur Entlassung

bei den Waffengattungen:	Milizrekruten vlaem.	wall.	Präm. u. Stellv. vlaem.	wall.	Freiwillige vlaem.	wall.
Infanterie	3301	2912	490	217	67	74
davon ohne Unterricht	565	365	134	49	2	—
Kavallerie	486	382	136	63	37	45
davon ohne Unterricht	70	42	42	11	3	2
Artillerie	1005	871	133	61	14	10
davon ohne Unterricht	92	61	14	2	—	—
Geniewesen	194	176	11	1	—	1
davon ohne Unterricht	2	2	—	—	—	—
zusammen	4986	4341	770	342	118	130
davon ohne Unterricht	729	470	190	62	5	2

Um Zufälligkeiten fern zu halten, setze ich auch die Summen der Einstellung von 1881 hierher. Während dieses Jahres wurden dem Heere einverleibt und geprüft

bei den Waffengattungen:	Milizrekruten (miliciens)	Volontaires avec prime einschl. remplaçants	einfache Freiwillige (volontaires)	zusammen
Infanterie	6062	585	369	7016
Kavallerie	997	200	129	1326
Artillerie	1973	170	109	2252
Geniewesen	410	3	10	423
zusammen	10042	958	617	11617
und zwar Vlaemen . .	5472	767	247	6486
Wallonen	4570	191	370	5131

Der Bildung nach gruppieren sich je 10000 Vlaemen und Wallonen wie folgt: ohne alle Schulkenntnisse 2528 und 1766, Lesen allein ziemlich gut 877 und 842, gut 387 und 370, Lesen und Schreiben ziemlich gut 1317 und 1152, gut 598 und 548; Lesen, Schreiben und Rechnen 197 und 257, mit einer Regel 429 und 483, mit zweien 737 und 639, mit dreien 704 und 754, mit vieren 1500 und 1799, Kenntnis von Mass und Gewicht 216 und 401; Erlangung des zum bürgerlichen Primärunterricht gehörigen Wissens 288 und 474, untere Klassen der

Mittelschulen *(instruction moyenne inférieure)* 134 und 306, obere 88 und 209. Zur letzten Gruppe gehören in absoluter Zahl überhaupt 104 Personen, nämlich: 25 vlaemische und 58 wallonische Rekruten, 11 und 2 prämiierte Freiwillige, 21 und 47 Volontäre.

Wir haben somit vier Beziehungen der Armee zur Nationalität der Bevölkerung. Nehmen wir daraus den Gesamtdurchschnitt, so finden wir unter je 10000 Soldaten 5523 Vlaemen und 4477 Wallonen. Von Deutschen ist in der angezogenen Statistik des Heeres keine Rede, so dass angenommen werden muss, dieselben befinden sich unter den Vlaemen; aber auch bei ihrer Zurechnung weicht das Verhältnis in der Armee weit von dem in der Bevölkerung scheinbar beobachteten ab. Nun könnte man sagen, dass die Vlaemen für den Soldatenstand eine grössere Neigung oder Tauglichkeit besitzen, und in der That wird jene durch einen besonders hohen Anteil an den prämiierten Freiwilligen und Stellvertretern bestätigt; indessen selbst nach Fortlassung dieser einen Anlass zur Doppelrechnung gebenden Personen steht die Einstellung von Vlaemen zu der von Wallonen in den beiden Jahren 1881 und 1882 im Verhältnisse = 5400 : 4600, und weiter in der Annahme einer grösseren Diensttauglichkeit des germanischen Volksteiles zu gehen, halte ich mich bei dem Mangel sicherer Anzeichen nicht für berechtigt.

Insofern aber nur die Heeresstatistik und nicht die Schulstatistik, geschweige die allgemeine, eine unbedingte und unverklausette Trennung der jungen Leute in zwei Nationalitäten nach der Familiensprache möglich macht, sind obige Zahlen höchst wichtig für die Zuteilung der Utraquisten zu dem einen oder anderen Volksstamm. Eine solche Zuteilung will ich nun versuchen, habe jedoch ebenso, wie es die Rekrutierungsstatistik thut, die Deutschen und Vlaemen als eine Nation zu behandeln und die keiner Landessprache mächtigen Personen auszuschliessen. So ergeben sich nach der 1880er Zählung über zwei Jahre alte Personen männlichen Geschlechts: a) welche nur vlaemisch reden 1231804, welche nur deutsch reden 18429, welche nur vlaemisch und deutsch reden 1533, zusammen 1251766; b) nur französisch redende 1113503; c) französisch und vlaemisch redend 221260, französisch und deutsch redend 18146, alle drei Sprachen verstehend 8225, zusammen 247631.

Von der Summe 2612900 gehören zur ersten Klasse 47.901, zur zweiten 42.818 und zur dritten 9.477 Prozent; diese fiel für die Rekrutenstatistik fort, während an den Verhältniszahlen der letzteren bei a) nach dem für das vlämische Element günstigeren Massstabe 7.31 oder nach dem ihm ungünstigeren 6.09 Prozent, bei b) beziehentlich 2.18 oder 3.88 Prozent fehlen. Da hiernach von je 100 einem bestimmten Volksstamme zuzuteilenden Utraquisten im ersteren Falle 22⅔ und im letzteren 35⅖ französischen Stammes sein würden, so entsprechen 33⅓ Prozent reichlich der Wahrscheinlichkeit, d. h. wir dürfen von den des Französischen und des Vlaemischen oder Deutschen mächtigen Personen höchstens ein Drittel dem romanischen und zwei Drittel dem germanischen Stamme zurechnen. Im ganzen Königreiche würden sich demgemäss die Romanen zu den Germanen = 45775 : 54225 oder nahezu = 38 : 45 verhalten.

In Wahrheit hatten auch die Wallonen bei weitem weniger Anlass
zur Aneignung der vlaemischen Sprache, als die Vlaemen Anlass hatten,
französisch zu lernen. In ihrer Entfremdung von Deutschland und in
der noch nicht sicher überbrückten Abscheidung vom Kulturleben Nord-
niederlands hat die kleine vlaemische Völkerschaft nicht jene allseitige
Entwickelung des Geistes zu erringen vermocht, zu deren Vorbedingungen
ein Millionenreichtum an Menschen und eine weite Gebietsausdehnung
gehören; das französische Volk hingegen besitzt alle Eigenschaften
einer grossen Kulturnation und damit auch die Anziehungskraft einer
solchen. Ausserdem war das Französische aller verfassungsmässigen
Gleichheit zum Trotze viel zu sehr amtliche Sprache des Staates, als
dass ein Wallone in der Regel das Vlaemische zu erlernen brauchte,
wenn er vom Staate etwas erreichen wollte — sind doch sogar die
Jahresberichte fast rein vlaemischer Provinzialstände an erster Stelle
französisch abgefasst. Erst in jüngster Zeit macht die Staatsregierung
die Anstellung der Beamten in der Regel von ihrer Kenntnis beider
Sprachen abhängig.

Vorzugsweise mit Rücksicht auf das Format, welches die synop-
tische Darstellung aller einschlägigen Verhältnisse nicht erlaubt, sehe
ich in Tabelle 8 zunächst von den Zweisprachigen ab, zähle also nur
diejenigen Personen auf, welche einer einzigen Landessprache mächtig
sind oder statt deren nur eine (oder auch mehrere) in den belgischen
Volksschulen nicht vorgetragene fremde Sprache verstehen. Die Zahlen
stellen mithin das Minimum der jeder Nationalität angehörigen Bevölkerung dar, ohne Rücksicht auf die bei der Volkszählung vorgekommenen Fehler, welche im Verlaufe meiner Abhandlung angegeben
werden. Da die räumliche Verteilung der Volksstämme besser zum
Ausdrucke gelangt, wenn grosse und kleine Gemeinden unterschieden werden, so habe ich nach dem Vorgange der amtlichen Statistik
hier wie im Folgenden zwei Gruppen gebildet: die erste umfasst alle
Gemeinden mit weniger als 5000 Bewohnern, die zweite alle grösseren
Orte. Weil aber seit dem Jahre 1866 manche Gemeinden in die volk-
reichere Gruppe neu aufgerückt sind, so würde man unrecht thun, die
1866er Ergebnisse unmittelbar mit den 1880er innerhalb jeder Gruppe
zu vergleichen und beispielsweise aus dem Umstande, dass die männlichen Vlaemen in kleinen Gemeinden um 35892 ab- und in grösseren
um 67745 zugenommen haben, eine erhebliche Ortsveränderung derselben zu folgern. Ferner sind selbst die Summen beider Gruppen aus
1866 mit denen aus 1880 deshalb nicht ohne weiteres zu vergleichen,
weil im ersten Jahre die wenigen Taubstummen, im letzten dagegen
die vielen Kinder bis zu zwei Altersjahren ausser Ansatz blieben.

Durchaus vergleichsfähig sind aber einerseits die vier nationalen
Anteile an der Summe für jede Provinz aus 1866 und 1880, anderseits die Zahlen für beide Geschlechter an jeder Stelle der Tabelle.

Man erkennt bald, dass Limburg, Antwerpen und die beiden
Flandern bis auf einen geringen Bruchteil dem vlaemischen, Lüttich,
Luxemburg, Namür und Hennegau ebenso dem wallonischen Stamme
angehören, Brabant aber beiden. Schon vor 1400 Jahren scheinen
sich die Völker auf ähnliche Weise in das Land geteilt zu haben, und

(Tabelle 8.) Nationalität erkenn- bar: in den Pro- vinzen	Wohnbevölkerung der Gemeinden mit weniger als je 5000 Bewohnern				Wohnbevölkerung der Gemeinden mit mindestens je 5000 Bewohnern			
	im Jahre 1866:		im Jahre 1880:		im Jahre 1866:		im Jahre 1880:	
	männl.	weibl.	männl.	weibl.	männl.	weibl.	männl.	weibl.

a. Es sprachen nur französisch (oder wallonisch):

Limburg	4 210	3 940	4 810	4 073	351	233	2 867	3 142
Lüttich	157 867	154 980	162 022	161 965	91 174	95 282	112 340	119 470
Luxemburg . . .	85 886	82 983	85 217	81 844	356	255	644	403
Namür	134 567	131 546	135 911	133 550	15 968	17 787	16 764	18 214
Hennegau . . .	265 699	255 613	241 581	232 365	143 167	145 781	207 013	209 982
Brabant	67 574	66 649	68 779	67 580	38 509	43 966	57 550	68 735
Antwerpen . . .	221	170	334	185	1 685	1 811	4 450	2 948
Ostflandern . .	1 219	1 165	480	516	2 941	2 514	3 489	3 275
Westflandern . .	9 456	9 181	8 582	8 477	4 010	3 912	4 322	3 335
Königreich . .	726 499	706 225	707 736	691 155	298 141	310 919	409 432	429 544

b. Es sprachen nur vlaemisch (oder holländisch):

Limburg	77 108	73 572	73 871	71 243	10 755	11 847	8 811	9 757
Lüttich	8 291	7 667	7 930	7 592	3 185	2 837	2 961	2 839
Luxemburg . . .	100	90	178	207	23	31	21	10
Namür	64	44	87	87	84	196	114	206
Hennegau . . .	6 373	6 207	4 066	4 092	1 675	1 221	3 036	2 107
Brabant	140 912	135 473	138 918	134 931	84 520	95 270	107 379	118 387
Antwerpen . . .	117 816	110 862	109 423	103 482	96 615	105 110	128 020	136 645
Ostflandern . .	224 701	217 791	218 680	211 921	146 425	155 394	153 436	165 573
Westflandern . .	178 323	174 604	164 643	162 708	100 295	111 555	107 534	118 882
Königreich . .	753 688	726 250	717 796	696 213	443 587	482 966	511 382	554 400

c. Es sprachen nur deutsch (oder luxemburgisch):

Limburg	23	51	203	275	30	31	1 149	1 229
Lüttich	3 568	3 647	4 108	4 088	1 991	1 587	2 352	2 394
Luxemburg . . .	9 102	9 709	7 008	8 097	864	1 130	1 138	1 455
Namür	22	29	42	76	11	28	20	37
Hennegau . . .	31	37	38	128	116	134	124	153
Brabant	45	59	45	77	884	965	1 673	2 455
Antwerpen . . .	22	26	8	21	319	333	1 010	1 247
Ostflandern . .	9	11	3	4	93	98	124	133
Westflandern . .	120	73	7	7	75	69	54	64
Königreich . .	12 942	13 630	11 462	12 773	4 383	4 395	7 644	9 167

d. Es sprachen nur andere als eine der Landessprachen:

Limburg	72	80	67	49	1	1	12	26
Lüttich	65	48	82	70	65	61	63	39
Luxemburg . . .	42	27	66	51	—	—	—	—
Namür	18	14	26	26	11	12	20	30
Hennegau . . .	271	239	38	15	24	38	174	126
Brabant	407	421	140	164	1 292	1 440	1 573	1 616
Antwerpen . . .	172	136	12	15	171	147	479	385
Ostflandern . .	45	57	18	26	204	219	124	140
Westflandern . .	179	205	25	40	342	397	289	386
Königreich . .	1 271	1 233	474	456	2 110	2 310	2 734	2 748

wenngleich jede geschichtliche Untersuchung der Sprachgebiete
roher Stämme stets auf die grössten Schwierigkeiten stösst, darf ich
einen kurzen historischen Abriss um so weniger unterlassen, je wichtiger in unserer Zeit des Nationalitätenhaders die Folgerungen aus der
Vergangenheit auf die Zukunft werden. Die Schwierigkeiten liegen in
der Gleichgültigkeit der Kulturvölker und dann der einer Schriftsprache
(hier des Lateinischen) gewachsenen Gelehrten gegen die besondere
Mundart der barbarischen Stämme, in dem ausschliesslichen Streben
der unkultivierten Eroberer und dann der Mächtigen nach Genuss und
Besitz, in der klugen Nachsicht der Christentumsverkünder und dann
der Geistlichen gegen jede Mundart, in der Unterdrückung jedes nationalen Aufschwungs seitens der Beherrscher sprachlich gemischter Gebiete und in dem späten Erwachen des Volksgeistes aus träumerischem
Sinnen und Scherzen zu bewusster Festhaltung und Kräftigung seiner
Eigenart. Trotzdem werden die Grundzüge, auf welche es hier ankommt, unbeschadet mancher Richtigstellung im einzelnen durch die
Historiker, im ganzen zutreffen.

Dass die *Gallia belgica* nordwärts der Seine, Marne und Mosel,
mit welcher Julius Cäsar so schwere Kriege zu führen hatte, auch
germanische Völkerschaften dauernd beherbergte, wie mehrfach angenommen wird, ist nicht glaubhaft; die rauhen, einer anderen Götterwelt
dienenden Kelten würden sie erdrückt haben. Man darf nur annehmen,
dass die kattischen Bataver, spätere Bundesgenossen der Römer gegen
andere deutsche Stämme, schon damals südwärts der unteren Maas hervor-
gebrochen sind, und dass die Heranziehung der nördlichsten Belgen-
stämme zum Schutze ihrer natürlichen Festung, der Ardennen, und zur
Neubevölkerung der südlichen Gaue das Land im Norden des Gebirges
fast unbewehrt liess. Die Eburonen an der mittleren Maas und in
der Landschaft Hesbaye, die kimbrischen Aduatuker nordwärts der
Sambre und die Nervier im Sambregebiete galten zwar als germanische
Völker; aber wenn bereits die Treverer im heutigen Luxemburg zu den
Kelten gerechnet werden, ist es unwahrscheinlich, dass weiter westlich
reine Germanen selbständig gehaust haben. Da die Belgen wohl die
letzten Kelten waren, die sich deutlich von den Germanen schieden,
so ist eine vorübergehende Waffenbrüderschaft von Stämmen beider
Nationen und das Aufgehen der bei solchen Kriegszügen versprengten
germanischen Scharen in der weit zahlreicheren Nation das Allerwahr-
scheinlichste; es wäre sonst nicht zu begreifen, dass im westlichen
Zweige des Berglandes, dessen Natur doch sonst die Behauptung der
Einzelart begünstigt, an Wuchs und Mundart der Bewohner kein Unterschied gegen den nordöstlichen Zweig besteht. Die verhältnismässig
reichlichen Ueberbleibsel deutscher Worte im wallonischen Sprachschatze
lassen sich aus jener späten Trennung von den Germanen erklären,
ohne dass man eine Vermischung dieser mit den Belgen anzunehmen
braucht. Noch bei der Empörung des Claudius Civilis machten beide
Völker einen Bund wider die Römer.

Aber lange bevor die Romanisierung der Belgen vollzogen war,
rückten niederrheinische Franken westwärts vor. Einen Beweis dafür
gibt die Bezeichnung der Provinz *Germania inferior,* welche noch die

nördliche Hülfte des Maasgebietes bis zur unteren Schelde umfasste
und schwerlich so viel von der alten *Belgica* fortgerissen hätte, wenn
die Belgen in Antwerpen, Limburg und Lüttich das mächtigste Volk
geblieben waren. Hier, z. B. um Tongern *(Aduatica Tungrorum)*, mögen
Bundesgenossen der Römer, wie die Bataver und Ampsivarier, zum
Teil angesiedelt worden sein, und seitdem — vom letzten Viertel des
J. Jahrhunderts an — die Bezeichnung „Franken" für sämtliche nieder-
und mittelrheinischen Stämme allgemein ward, brachen diese wiederholt
in das Land östlich der Schelde ein, bald in Feindschaft mit den Römern
die Kolonien derselben zerstörend, bald mit deren Genehmigung und
endlich als Verbündete anerkannt. Im 5. Jahrhundert gehörte ihnen unbestritten das ganze Gebiet bis zum Meere, und zwar sass der Zweig der
Salier im Westen mit dem Hauptorte Doornik *(Turris Nerviorum* oder
Tornacum), weiter ostwärts der Zweig der Ripuarier, welche auch von
der Mosel her ins heutige Luxemburg drangen. Das Hohe Veen und
der Ardenner Wald blieben von dauernder Besiedelung durch die Franken
frei und behielten ihr romanisches Wesen, auch nachdem der zu Doornik
herrschende König Chlodwig als Oberhaupt des ganzen Frankenvolkes
anerkannt war und halb Gallien eingenommen hatte; aber aus den
Wallonen ist niemals ein regierender Fürst hervorgegangen, sie wurden
als Unterthanen behandelt, bis die französische Revolution ihnen Vor-
rechte verschaffte.

Während der merowingischen und karolingischen Periode scheint
gerade in diesen nördlichsten Teilen der Stolz des Frankentums, auf
Reinheit des Stammes und Menge der Freien gestützt, besonders behauptet zu sein: der austrasische Hausmeier Pippin der Aeltere starb in
Landen (Verwaltungsbezirk Waremme), aus Heristal bei Lüttich ging
Pippin der Mittlere hervor, und die Beschlüsse der austrasischen Grossen
bestimmten wiederholt das Schicksal des Reiches. Zu Austrasien gehörte
vom heutigen Belgien bei den Teilungen bald nur der östlich
der Maas belegene Teil, bald reichte es bis zur Schelde, während der
Westen dem Könige von Neustrien oder zu Soissons unterstand.

Der Vertrag von Verdun im Jahre 843 überwies das Land westlich der Schelde an Westfranken, den ganzen Rest an Lotharingen;
doch ward auch das Land zwischen Schelde und Maas in den Jahren
870—80 und wieder seit 911 französischer Besitz, bis im Jahre 925
König Heinrich I. den Herzog von Lothringen zur Anerkennung der deutschen Oberhoheit zwang. Das Bistum Lüttich, nach welcher Stadt die
Bischöfe von Tongern schon 700 aus Mastricht ihren Sitz legten, blieb
unmittelbares Reichsfürstentum (später zum westfälischen Kreise gehörig),
während die Herzogtümer Niederlothringen oder Ripuarien und Oberlothringen oder Mosellanien (mit Luxemburg) 959—1033 und seit 1046
von einander getrennt waren. Durch die vorübergehende Regierung
Friedrichs von Luxemburg, 1044—1065, kam auch die Grafschaft
Luxemburg an Niederlothringen, so dass Oberlothringen an Belgien
fortan keinen Anteil mehr besass. Nachdem Gottfried von Bouillon,
der die eigene Grafschaft schon 1095 an Lüttich verpfändet hatte, im
Jahre 1100 gestorben war, fand eine neue Verleihung des Herzogtums
Niederlothringen nicht mehr statt, und es konnten sich einzelne Landes-

herrschaften ohne erhebliche Störung durch den Kaiser entwickeln.
Besserer Uebersicht halber gehe ich provinzenweise vor, obgleich die
heutigen Provinzen nicht völlig den alten Landschaften entsprechen,
und beginne mit dem Westen.

In Flandern warb der romanisierte Menapier Carausia, der sich
in Britannien 287—293 zum Kaiser machte, Sachsen und Franken an;
doch haben wahrscheinlich weder diese noch die deutschen Seeräuber,
welche die Küsten- und Flussgebiete Galliens jahrhundertelang beun-
ruhigten, bleibende Niederlassungen gegründet. Wohl aber geschah
dies durch germanische Kolonisten *(laeti)*, die später in dem verwüsteten
Lande angesiedelt wurden, und nicht lange darauf vollendeten Franken,
welche auf ihrem Drange nach dem Westen sich im Angesicht des
Meeres sammeln mussten, bis sie zwischen Cortoriacum und Furna (im
späteren Lande Ambacht) nach dem Süden siegreich vorzudringen vermochten, die völlige Verdeutschung der Provinz. Graf Balduin *bras-
de-fer*, Graf des *pagus flandrensis* im Nordwesten und Schwiegersohn
Karls des Kahlen, erhielt 864 das Gebiet zwischen der Küste und der
Lys *(Lego)* als erbliche Markgrafschaft, und obgleich die Schelde *(Scaldis)*
nach den Teilungsverträgen von 587 und 625 die Grenze zwischen
Neustrien und Austrasien bilden sollte, kümmerten sich die Markgrafen
nicht um die französischen Könige, mutmasslich aus Stolz über ihre
karolingische Abkunft. Diesem Umstande ist es grossenteils zuzuschreiben, dass die Romanisierung sich an der Somme brach und das
äusserste Grenzland des Deutschtums dem letzteren als fester Wall
erhalten blieb. Mit Kaiser Heinrich II. kämpfend, wurde Balduin IV.
1007 deutscher Reichsfürst durch Belehnung mit den seeländischen
Inseln und der Burggrafschaft Gent, welche schon 868 von seinem
Vorfahren gegen die Normannen errichtet war. Die 1046 gegründete
Grafschaft Aelst an der Dender fiel 1174, das durch besondere Vor-
rechte ausgezeichnete Waesland im Nordosten 1175 endgültig an das
flandrische Haus, das 1279 von dem Sohne der Erbtochter Johanna, Guy
von Dampierre, in der weiblichen Linie fortgesetzt wurde. 1384 kam
die Grafschaft durch die Erbtochter Margareta an Philipp *le hardi* von
Burgund aus dem französischen Königshause der Valois; aber die Gefahr der Französierung wurde durch die Macht der zum Aufstande
leicht geneigten Städte Brügge und Gent und durch die Rechte der
in vielen Fehden der Grafen erstarkten Stände völlig abgewendet, und
als 1477 die Erbtochter Maria das ganze belgische Burgund an das
Haus Habsburg gebracht hatte, war das Deutschtum Flanderns auf
lange hin gesichert. Im Madrider Frieden vom 14. Januar 1526
verzichtete der König von Frankreich auf seine Lehnshoheit und im
Damenfrieden vom 5. August 1529 zu Cambray vollends auf alle seine
Rechte über Flandern. Der gesamte österreichische Besitz in den
Niederlanden bildete seit 1512 und dem Augsburger Vertrage von 1548
den burgundischen Landfriedenskreis des Deutschen Reiches, woran
auch nichts geändert wurde, als 1555—1598 und 1621—1713 die
spanische Linie der Habsburger hier herrschte. Die Schwächung durch
Abgabe des nördlichsten Viertels als Staatenflandern an die Generalstaaten im Westfälischen Frieden vom 24. Oktober 1648 hatte geringe

Bedeutung. Erschwert wurde jedoch die Festhaltung des Deutschtums durch wiederholte Abbröckelung der südlichen Teile an Frankreich, welches 1668—79 sogar Audenarde und Kortryk, 1679—97 Nieuweport und Ypern besass, und durch die Zugehörigkeit Belgiens zum französischen Reiche während der Jahre 1794—1814.

Im westlichen Teile der Provinz Hennegau wurde jedenfalls zu einer Zeit, als die Franken hier einen Hauptsitz hatten, deutsch gesprochen; aber teils der Schutz, welchen die Merowinger aus politischen Gründen dem unterjochten Volke angedeihen liessen, teils ihr Abzug nach dem Süden hat der Ausbreitung des Wallonischen sehr früh Vorschub geleistet; das deutsche Wort für Julius Cäsars ehemaliges Lager an der Henne weiter im Osten entstammt gar einer viel jüngeren Zeit, als Hof- und Volkssprache des Landes welsch war. Kaiser Lothars I. Schwiegersohn, der 846 gestorbene Graf Giselbert von Mansuarien, der in *Hannonia* herrschte, begründete ein 916 in die Zweige der Herzöge von Niederlothringen, der Grafen von Löwen und der Grafen von Hennegau zerfallendes Geschlecht, dessen Erbtochter Richilde 1086 den Hennegau an Balduin VI. von Flandern brachte, mit welchem Lande er aber nur vorübergehend unter derselben Herrschaft stand. Nach schweren Kriegen trat 1279 der Erbtochter Margareta Enkel, Johann II. von Avesnes, die Regierung an und erwarb 1299 unter neuen Kämpfen durch Heirat Holland und Seeland. Eine neue Erbtochter brachte diese Besitzungen 1356 als Witwe des Kaisers Ludwig IV. an das Haus Bayern, bis Jacobäa 1433 durch den Herzog von Burgund gezwungen wurde, ihre sämtlichen Lande an ihn abzutreten. Zu früher schon abgerissenen Stücken erhielt 1659 Frankreich den südlichen Teil mit Valenciennes. — Das Fürstentum Chimay (seit 1486) in der Landschaft Fagne ist seit 1370 nur ein Lehen des Hauses Croy gewesen. Auch Croy selbst und das 1607 vom Hause Bourbon an Karl von Ligne, Fürsten von Aremberg, verkaufte Herzogtum Enghien waren Standesherrschaften. — Die Landschaft Tournaisis an der Schelde wurde durch Balduin von Flandern um 1050 erworben, musste aber 1304 an Philipp IV. von Frankreich abgetreten werden; 1525 als Herrschaft Doornik mit den spanischen Niederlanden vereinigt, hielt sie Louis XIV. von 1667—1709 erobert. Die geschichtliche Entwickelung liess also in dieser besonderen burgundischen Provinz an sich dem Deutschtum gleiche Rechte mit dem Welschtum; aber das Ländchen hatte wallonische Nachbarschaft zur Rechten wie zur Linken.

Die im 10. Jahrhundert aus Teilen von Lomme und Arnau gebildete Grafschaft Namür gelangte 1188 von Heinrich dem Blinden als Markgrafschaft an Balduin IV. von Hennegau und wurde 1264 von dem lateinischen Kaiser Balduin II. an Guy von Dampierre verkauft, aber 1420 von Johann III. aus der flandrischen Nebenlinie an Herzog Philipp den Gütigen von Burgund-Charolais weiter verhandelt. In keinem dieser Herrschaftsübergänge ist ein Anlass zu finden, der die seit der Römerzeit wallonische Volkssprache hätte beschränken können; die *Condrusi* zwischen Maas, Ourthe und Lesse (in der Landschaft Condroz) wie die *Segni* in Marlagne und Fagne (*Fania*) waren Kelten gewesen. Dasselbe gilt für die Herrschaft Rochefort im Verwaltungs-

bezirke Dinant, welche der Reichsgraf Ludwig II. von Löwenstein durch
seine Ehe mit der Gräfin Anna von Stolberg im 16. Jahrhundert gewann und unter burgundischer Hoheit besass. Es gilt auch für die im
Bezirk Philippeville belegene souveräne Grafschaft Fagnolles der mit
vielen mittelbaren Besitzungen in Belgien angesessenen, vom elsässischen
Grafen Herbrand (1090) abstammenden Familie Ligne, die am 2. August
1602 zur Würde erblicher Reichsfürsten gelangte. Weder die Reichsstand-
schaft der Besitzer, noch die Zugehörigkeit Fagnolles' zum westfälischen
Kreise änderte etwas an der romanischen Volkssprache, weil die Herren
von französischer Kultur eher geneigt waren, diese zu fördern als die
deutsche. Philippeville und Marienbourg befanden sich von 1659 bis
1815 unter französischer Herrschaft.

Ungefähr das heutige Südbrabant wurde um 942 dem Grafen
Lambert von Löwen *(Lovania)* als erbliches Lehen zuerkannt, befand
sich 1005—70 im Besitze mehrerer Grafen von den Ardennen, dann
Gottfrieds von Bouillon und gelangte 1106 durch Kaiser Heinrich V.
an Gottfried X. den Bärtigen von Löwen, dessen Nachkomme sich 1190
Herzog Heinrich I. von Brabant nannte. Der schon im 8. Jahrhundert
erwähnte Ort *Bruscella* wurde seit Mitte des 13. Jahrhunderts Residenz
des Herzogs, förmliche Hauptstadt der burgundischen Besitzungen aber
erst unter Kaiser Karl V. Die Burg Antwerpen war im 7. Jahrhundert
gegen die Friesen errichtet, dann gegen Dänen und Normannen behauptet
worden, gelangte als Markgrafschaft von Ludwigs IV. *d'outre-mer*
Witwe Gerberga an Gottfried Ardens, wurde später Gottfried von
Bouillon verliehen und kam 1347 in brabantischen Besitz. Aerschot an
der Demer, 1533 zum Herzogtum der Grafen von Croy erhoben und
1612 durch Heirat an die Reichsfürsten von Arenberg gelangt, war stets
mittelbarer Besitz geblieben. Diest, seit dem 15. Jahrhundert im gräf-
lich nassauischen Besitze, war nur Standesherrschaft. Auch die Herrschaft Mecheln *(Machlinia* oder *Malinas)* stand, 915 von Karl dem
Einfältigen dem Bischof von Lüttich geschenkt, zur Hälfte unter Verwaltung der Familie Berthoud; seit dem 11. Jahrhundert besass der
Herzog von Brabant die Oberhoheit und erhielt 1346 das volle Eigentum, nachdem jene Familie erloschen war, durch Vertrag mit Flandern;
1490 zu einer ewigen und edlen Grafschaft erhoben, bildete sie die
17. burgundische Provinz, wurde aber nach dem Abfalle der nördlichen Länder aufs neue zu Brabant gezogen. Die enklavierten drei
Scheldeschanzen und die Abtei Postel erhielt Oesterreich 1785 von
den Generalstaaten zurück. Alle brabantischen Besitzungen gingen 1400
von der letzten Erbtochter Johanna durch Testament an ihren Gross-
neffen Anton von Burgund, worauf sie 1430 dem Hause Burgund
förmlich zuerkannt wurden. Wenn man aus der langen Dauer des
Beisammenseins eines so abgerundeten und zum bei weitem grössten
Teile von Deutschen bewohnten Landes — zu welchem bis 1648 noch
die Generalitätslande im Norden gehörten — die Vermutung hegen
sollte, dass am Ende hier die deutsche Sprache allein herrschend geworden sei, so zeigt sich gerade an Brabant die Gleichgültigkeit der
mittelalterlichen Regenten gegen ihre eigene Muttersprache; denn der
südliche, höher belegene Teil ist durchaus wallonisch. Es scheint bei-

nahe, als hätten die prunksüchtigen Herrscher ihre Privatdiener gern
den allerdings fröhlicheren Wallonen entnommen, und die berühmte
„blyde Incomste", welche seit 1355 den Landständen das Recht der
bewaffneten Widersetzlichkeit gegen Verletzung der Verfassung erteilte,
ist unter dem französischen Namen der *joyeuse entrée* auf uns gekommen. Auf der alten Römerstrasse von *Bagacum* über *Geminiacum*
nach *Trajectum superius* (oder *pons Mosae*) durch das Land der *Tunyri*
waren gewiss auch die fränkischen Heerscharen gezogen und hatten
durch ihren unausgesetzten Nachschub alles Keltentum der Gegend
vertilgt; das Nonnenkloster Nivelles hatte dann 645 Ita, die Gemahlin
Pippins von Landen, die Benediktinerabtei Gembloux (jetzt im Verwaltungsbezirk Namür) 922 der von fränkischen Königen stammende
Gilbert gestiftet. Aber diesen deutschen Einflüssen trat vermutlich der
lateinische jener wichtigen Klöster entgegen, welcher bei den benachbarten Wallonen Vorschub und nachhaltige Stütze fand. Da die allgemeine Landeseinteilung in die Viertel Brüssel, Löwen, Antwerpen und
Herzogenbusch ohne Rücksicht auf nationale Unterschiede erfolgt war,
kann die Schuld nicht an amtlicher Absonderung gelegen haben.

Fast die ganze Provinz Limburg besteht aus der deutschen Hälfte
des Hochstiftes Lüttich, welches dem 1500 gebildeten westfälischen
Kreise des Deutschen Reiches zugehörte, und rührt hauptsächlich aus der
Schenkung der Grafschaft Haspingowe (im *pagus hasbaniensis*) zwischen
Demer, Dyle und Maas durch Kaiser Heinrich III. im Jahre 1040 her.
Auch Mastricht (im Mittelalter *Trajectum ad Mosam*, nebst der Grafschaft Vrolnhove 1631 von den Generalstaaten eingenommen, stand
1204—1530 halb unter dem Bischof, halb unter Brabant, und dem
Einflusse dieser bedeutenden Stadt ist wohl die Aufrechthaltung der
deutschen Sprache, welche nach dem Untergange der keltischen *Toxandri*
(um Tessenderloo) in der Gegend galt, mit zuzuschreiben. Die südliche
Hälfte des genannten Gaues, noch heute Hesbaye *(Hasbagne* oder *Has-
baing)* genannt und völlig in der Provinz Lüttich belegen, wurde von
der Hauptstadt des Bistums allein beeinflusst, die den Zuzug aus dem
Norden allmählich romanisierte. Dass in dem Hügel- und gar im Berglande das Wallonentum unangefochten blieb, erklärt sich aus der Beschaffenheit des Trosses der Franken und aus deren im barbarischen
Zustande natürlicher Vorliebe für wohlbebaute Gegenden, als welche die
Landschaft an Maas und Ourthe damals nicht zu betrachten war. —
Von den Besitzungen des Bistums war eins der ältesten das Marquisat
Franchimont (mit Verviers), das 908 Kaiser Ludwig schenkte. 1203
empfing jenes fast alle Schlösser des Grafen von Looz-Corswarem, doch
erst 1367 wurde die ganze, seit 944 erwähnte Grafschaft für immer
gewonnen. Nach hartem Kampfe mit Brabant kam 1225 die Grafschaft
Moha an das Hochstift, dem sie 1204 vermacht war. Als erledigtes
Lehn fiel 1568 die jetzt holländische Grafschaft Hoorn anheim. Der
Friede zu Tirlemont vom 17. März 1654 überwies gegen Fresne das
bisher spanische Schloss Herstal an Lüttich, welches den Verzicht
Preussens darauf aber später für 120000 Thaler erkaufte. 1697 wurde
die Stadt Dinant erworben. 1794 erfolgte die förmliche Abtretung an
Frankreich.

Die unmittelbare Reichsgrafschaft Reckheim der Grafen von
Aspremont-Linden war bei ihrer Lage nördlich von Maastricht völlig
deutsch. — Erster Inhaber der Grafschaft Limburg an der Weser
(französisch Vesdre) war 1071 der Schwiegersohn Heinrich des Herzogs
von Niederlothringen, zu welcher Würde auch sein Sohn Heinrich erhoben wurde, worauf der Herzogstitel für Limburg gebräuchlich wurde.
Nachdem Adolf 1282 seine Rechte an Johann I. von Brabant abgetreten
hatte, entschied die Schlacht von Worringen 1288 über den Besitz des
Herzogtums wider den Grafen von Geldern, worauf das Land die Schicksale Brabants teilte, aber schon 1396 burgundisch wurde. 1648 bezw.
1665 erhielten die Generalstaaten beträchtliche Stücke, und 1839 musste
ihnen ausser der den Holländern treu gebliebenen Stadt Mastricht der
Hauptteil des Herzogtums überlassen werden. Rechts der Maas verblieben
bei Belgien in der Provinz Lüttich die Aemter Montzen, Herve (woher
der Limburger Käse stammt), Baelen und die Exclave Sprimont (woselbst
in Amblève einst Haimon von den Ardennen sass), sowie eine Anzahl
von Ortschaften der Grafschaft Daelhem. Bezüglich der Sprachverhältnisse
sind im Limburgischen keine Eingriffe bemerkbar: der niedriger gelegene kleine Teil im Nordosten fiel in alter Zeit dem Deutschtum
anheim, und die Wallonen haben das Bergland behauptet. — Das im
Süden des lütticher Markgrafschaft Franchimont belegene Benediktiner-
stift Stablo (Stabulaus, französisch Stavelot), zu welchem das preussische
Malmedy gehörte, wurde um 650 durch den Bischof von Tongern errichtet und der Abt später deutscher Reichsfürst im westfälischen Reichs-
kreise. Das hochbelegene Ländchen ist ganz wallonisch wie die angrenzenden preussischen Ortschaften.

Noch ist der belgische Anteil am alten Luxemburg zu erwähnen.
Die ehemalige Römerfeste Lützelburg (im Mittelalter Luciliburnhut)
brachte Graf Siegfried von den Ardennen 963 an sich, und nachdem
1186 Heinrich IV. der Blinde von Namür das Land von seiner Mutter
Ermesinde geerbt hatte, kam es 1196 durch seine Tochter Ermesinde
an Walram III., Herzog von Limburg und Markgrafen von Arlon
(Orolaunum vicus); doch blieb Limburg nach ihrem Tode 1214 davon
getrennt. Kaiser Karl IV. der Luxemburger erhob die Grafschaft 1354
zum Herzogtum, und Wenceslaus kaufte 1364 das seit dem 10. Jahrhundert bestehende Grafschaft Chiny (im Verwaltungsbezirk Virton)
hinzu. Von König Wenzel als Unterpfand für den Brautschatz seiner
Nichte Elisabeth übergeben, wurde das Herzogtum 1443 von dieser
an Philipp den Gütigen von Burgund abgetreten, worauf dieser 1462
dem lehnberechtigten Herzoge von Sachsen alle seine Gerechtsame
vollends abkaufte. Im Pyrenäischen Frieden von 1659 und später durch
Abtretungen an Frankreich geschwächt und 1815 zu Gunsten Preussens
verkleinert, wurde die Provinz 1839 zwischen Niederland und Belgien
geteilt, wobei ein deutsch redender Teil — wahrscheinlich auf Grund
mangelhafter Statistik — dem belgischen Gebiete anheimfiel. In das
Gebiet der keltischen Treverer waren im Jahre 7 v. Chr. germanische
Sigambern verpflanzt worden, und deren Nachkommen haben den deutsch
gebliebenen Teil des Landes inne, seiner Zeit auch einen grossen Beitrag zu dem Stamme der siebenbürgischen Sachsen geleistet. Westlich

von ihnen aber sassen die keltischen *Paemani* in der Landschaft Famenne, südlich von diesen die *Caeresi*. Das Herzogtum Bouillon im Lande der letzteren ist kein altluxemburgischer Besitz, sondern wurde 1095 an den Bischof von Lüttich verpfändet und erblich von den Grafen von der Mark (Lamarck) verwaltet, die sich Herzöge von Bouillon zu nennen fortfuhren, auch als Kaiser Karl V. das Land 1521 an Lüttich zurückgab. Im Nymwegener Frieden 1678 erhielt es das Haus Latour d'Auvergne als souveränes Herzogtum, bis es 1793 während der Revolution eingezogen wurde. 1814 an Luxemburg kam und 1821 dem Hause Rohan-Monbazon vom König der Niederlande auch als Standesherrschaft abgekauft wurde. Dasselbe ist rein wallonisch. — Der erste Graf von Salm war 1087 Hermann aus dem alten Hause Lützelburg; Niedersalm (seit der Teilung von 1163) in den Ardennen wurde 1416 an Johann von Reifferscheidt vererbt, dessen Familie gleich allen übrigen linksrheinischen deutschen Herrschern den dortigen Besitz im Luneviller Frieden an Frankreich verlor.

Das Gesamtergebnis dieser historischen Betrachtung stellt sich uns in folgenden Sätzen dar:

1) eine Landschaft war seit der Ueberströmung mit Franken völlig deutsch, wie Flandern, und blieb im ganzen deutsch, auch nachdem die Herrscher sich französischer Sitten befleissigten;
2) oder sie war wallonisch, wie Namür, und blieb unverändert auch unter Herrschern von deutschem Geblüt;
3) von Anfang an oder durch spätere Erwerbungen aus deutschen und wallonischen Bestandteilen zusammengesetzte Länder, wie Lüttich, blieben sprachlich gespalten;
4) selbständige Landschaften von geringem Umfange büssten das in ihnen wahrscheinlich vertretene Deutschtum ein, wenn sie von wallonischem Gebiete umklammert waren, erhielten dagegen (wie Stablo) ihr Welschtum aufrecht, auch wo sie hart an rein deutsche Länder grenzten;
5) die Zugehörigkeit zum Deutschen Reiche engte das wallonische Sprachgebiet nicht im geringsten ein;
6) das Deutschtum stieg an den Grenzen der Sprachstämme nirgends auf die Berge, auch wenn Entvölkerungen durch Krieg und Pest seine natürliche Ausdehnung gestattet hätten;
7) dagegen rückte das Wallonentum an einzelnen Stellen aus dem Hügellande in das tiefer gelegene Land hinab.

Merkwürdig, dass das sanguinische Temperament des Wallonen der Ausbreitung seiner Sprache sich günstiger erwies als die Zähigkeit und berechnende Eigenwilligkeit des Vlaemen! Ja, es ragte am Ende der Frohsinn des Wallonen, nachdem spät genug ihm Wissenschaft und Findigkeit sich beigesellten, auch kulturell über die Ernsthaftigkeit und den Forschungstrieb des Vlaemen hervor, dergestalt dass die einstige Herrlichkeit der niederländischen Kunst in den Schatten der Fortschritte gestellt ist, welche die welschen Belgier der Neuzeit für ihr Vaterland erzielten. Ueber diese Umkehr gibt vielleicht ebenfalls die Geschichte einen Aufschluss. Nachdem Karl V., wie es scheint, mit seinen Inquisitoren unter den Wallonen am schlimmsten gewütet hatte, griff sein

Sohn grausamer und nachhaltiger die Vlaemen an, und während sich
die südlichsten Provinzen schon 1579 mit dem Katholizismus versöhnten,
tobten Aufruhr, Gewaltthat und Krieg in den nördlichen noch lange
fort. Als das Schicksal des Landes besiegelt war, fanden sich die
Wallonen leicht mit den Formen des alten Glaubens ab; die Vlaemen
aber wurden allgemach bis zur Unterwerfung der Seele gebeugt und
verloren so einen Teil ihrer geistigen Kraft. Was im eigentlichen
Deutschland die neubelebte Forschung und die Blüte der Litteratur
hervorbrachten, blieb den von jenem abgewandten Belgiern fremd; aber
auf Schleichwegen erst und zuletzt mit Fanfaren zogen die Philosophie
und die Wissenschaft der Franzosen in das Land, sympathisch begrüsst
und schnell aufgenommen von den Wallonen, den Vlaemen schwer zugänglich und nur halb von ihnen begriffen. Kein Wunder, dass die 1818—22
vom König Wilhelm angestellten Versuche, vor Gerichten und Behörden die holländische Sprache zu fordern, und die Zurücksetzung des
Südens bei Beamtenernennungen die Vorgeschrittenen zum Aufstande
brachten, und dass sich ihnen die Vlaemen ohne Bedenken anschlossen!

Allein diese Anerkennung der geschichtlichen Entwicklung darf
uns nicht abhalten, die Ansprüche der Welschen zu prüfen und den
Widerstand der Vlaemen gegen die Aufdrängung eines fremden Volkstums zu stärken. Von dieser Absicht ausgegangen, aber mit Gerechtigkeit gegen beide Parteien, fahre ich in der rein statistischen Untersuchung fort. Da muss nun zuvörderst bemerkt werden, dass Tabelle 8
an mehreren Stellen der Berichtigung bedarf; denn es hat sich nachträglich herausgestellt, dass die Bezeichnung der Sprache von 14 Gemeinden des Königreichs in die Listen falsch eingetragen war. Dadurch ändern sich die Provinzialsummen für 1880, wie folgt:

in	nur französisch redend männl.	weibl.	nur vlaemisch redend männl.	weibl.	nur deutsch redend männl.	weibl.
Limburg	− 2372	− 2607	+ 2317	+ 2574	− 1204	− 1358
Lüttich	—	—	− 587	− 539	+ 587	+ 539
Hennegau	− 706	− 757	+ 246	+ 289	—	—
Brabant	− 1071	− 984	+ 1071	+ 984	—	—
Ostflandern . . .	+ 419	+ 369	− 306	− 254	—	—
Westflandern . . .	− 65	+ 93	+ 65	+ 93	—	—
zusammen . . .	− 3665	− 3886	+ 2676	+ 2961	− 677	− 819

Können diese Verbesserungen auch überall angebracht werden,
wo es sich um ganze Provinzen (oder Verwaltungsbezirke) handelt, so
ist das leider in Tabellen wie der 8. nicht angängig, weil in der Quelle [1])
die Namen der betreffenden Gemeinden fehlen und aus anderen amtlichen Veröffentlichungen, die mir zu Gesicht gekommen sind, sich
nur mit Hülfe von Vermutungen ergänzen lassen. Gleichwohl werde
ich sie, wo sie von Einfluss sein könnten, beachten.

Wir haben schon (S. 40) erfahren, dass in den kleinen Gemeinden
das männliche, in den grösseren das weibliche Geschlecht sowohl 1866
wie 1880 überwog, und brauchen uns deshalb nicht zu wundern, wenn
dasselbe auch bei der Vergleichung der Geschlechter in den

---

[1]) Annuaire statistique de la Belgique, seizième année — 1885. Bruxelles 1886.

Sprachstämmen zutrifft. Lässt man die mehr zufälligen Posten unter
500 Personen aus, so findet man nur folgende Ausnahmen:
mehr weibliche als männliche Personen in den kleinen Gemeinden:
Ostflanderns 1880 bei den französisch Redenden (jedoch durch obige
Berichtigung in Frage gestellt), Hennegaus 1880 bei den Vlaemen,
Lüttichs 1866 sowie Luxemburgs 1866 und 1880 bei den Deutschen;
mehr männliche als weibliche Personen in den grösseren Gemeinden:
Limburgs 1866, Luxemburgs, Ost- und Westflanderns beidemal und Antwerpens 1880 bei den französisch Redenden, Lüttichs und Hennegaus bei
den Vlaemen, Lüttichs 1866 (und vielleicht 1880) bei den Deutschen.

Die wenigen Ausnahmen, welche sämtlich nur Minderheiten in
den angeführten Provinzen treffen, bestätigen mithin die Regel, dass
die Frauen aller Nationalitäten in höherem Masse als die Männer nach
den grösseren Orten strömen. Ob jedoch dem Grade nach Unterschiede
stattfinden, und ob 1880 ein anderes Verhältnis als 1866 obwaltete, ist
noch zu untersuchen. Der weibliche Anteil an den nur französisch Redenden
betrug, die Provinzen geordnet nach deren Menge auf je 1000:

In	an kleinen Orten		an grösseren Orten		überhaupt	
	1866:	1880:	1866:	1880:	1866:	1880:
Hennegau	490	490	505	504	495	496
Lüttich	496	499	511	515	501	506
Namür	494	497	527	521	498	499
Brabant	497	496	530	544	509	519
Luxemburg	491	490	432	385	491	489
Westflandern	493	497	494	436	493	479
Limburg	489	493	399	523	478	495
Ostflandern	488	516	461	485	469	487
Antwerpen	435	356	518	402	510	399
Königreich	493	494	510	512	498	501

Bei den nur vlaemisch verstehenden Personen — hier wie in den
übrigen Gruppen bezieht sich das ausschliessende Wort „nur" auf die
anderen beiden Landessprachen, während die Kenntnis des Lateinischen,
des Englischen u. s. w. nicht erfragt wurde, — ergibt sich der weibliche Promillesatz: in

Ostflandern	492	492	515	519	501	504
Westflandern	495	497	527	525	507	508
Brabant	490	493	530	524	506	507
Antwerpen	485	486	521	516	502	503
Limburg	488	491	524	525	498	496
Lüttich	480	489	422	488	466	489
Hennegau	493	502	422	410	480	469
Königreich	491	492	521	520	502	504

und endlich bei den nur deutsch sprechenden Personen in

Luxemburg	516	536	566	561	521	540
Lüttich	505	499	444	504	485	499
Brabant	567	631	527	595	529	596
Antwerpen	542	724	510	553	513	555
dem ganzen Königreiche	513	527	501	545	510	530

Was besagen diese Zahlen? Weil nicht die ganze Bevölkerung
des Königreichs in den drei Gruppen der eine einzige Landessprache
verstehenden Personen enthalten ist, ein Gegensatz mithin nicht nur
zwischen jenen, sondern auch ihrer Summe gegen die übrigen Bewohner

bestehen kann, muss man sich das Gesamtverhältnis der Geschlechter
innerhalb der Wohnbevölkerung vergegenwärtigen, um jene Frage nicht
falsch zu beantworten. Dasselbe drückt sich durch folgenden Anteil
des weiblichen Geschlechtes an je 10000 Personen aus: 4988 im
Jahre 1866 und 5003 im Jahre 1880, während die entsprechenden
Zahlen für alle Gemeinden mit weniger als je fünftausend Bewohnern
4899 und 4908, für alle grösseren Gemeinden 5141 und 5128 sind.
Geringe Unterschiede ausser acht lassend, ziehe ich nun Folgerungen:

1) Wie sich innerhalb der Gesamtbevölkerung von 1866—1880
die Geschlechtsverteilung in kleinen und grösseren Gemeinden zwar
nicht ausgeglichen, aber genähert hat, ist die weibliche Minderheit
jener bei Wallonen und Vlaemen dem Halbschied näher gerückt und ihre
Mehrheit bei den Deutschen verstärkt, auch die weibliche Mehrheit in
den grösseren Gemeinden verringert worden; ebenso entspricht die Ge-
samtzunahme des weiblichen Anteils bei den drei unterschiedenen Sprachstämmen dem Verhalten der ganzen Bevölkerung.

2) Entgegengesetzt stieg der weibliche Anteil in den grösseren Orten
bei den Wallonen, wo er 1866 zu niedrig gewesen war, und besonders
bei den Deutschen, hier auch in der Gesamtheit der Ortschaften weit
über das Mass des allgemeinen Durchschnitts; daraus geht hervor, dass
eine beträchtliche Anzahl der nur deutsch verstehenden Bevölkerung
sich in einem Ausnahmezustand befindet.

3) Die Provinzen, in denen eine Nationalität entschieden vorwiegt,
sind bezüglich der Geschlechtsverteilung an kleinen Orten nicht wesentlich von denjenigen unterschieden, woselbst die Nationalität schwach
vertreten ist. Bei den Deutschen, die in keiner Provinz die Majorität
besitzen, zeigt sich allerdings eine Grundverschiedenheit zwischen Lüttich
und Luxemburg: dort ist ihre Geschlechtsverteilung mit der wallonischen
völlig ausgeglichen, so dass die deutsche Bevölkerung als eine ganz
und gar ansässige erscheint; hier überwiegt das weibliche Geschlecht
dermassen, dass man im Zusammenhange mit dem beträchtlichen Sinken
der rein deutschen Bevölkerung vermuten muss, die Aneignung der
französischen Sprache falle den Frauen schwerer als den Männern, oder
ihr Bedürfnis dieser Aneignung sei nicht völlig so gross wie das der
Männer. Die abnormen Verhältniszahlen für Brabant und Antwerpen
haben angesichts der wenigen Menschen, auf welche sie sich beziehen,
keine Bedeutung: es mag sich dabei um Kinder deutscher Familien
handeln, die Französisch erst lernen wollen.

4) An den grösseren Orten der Provinzen mit einer fast allein
herrschenden Nationalität ist der weibliche Anteil beträchtlicher als da,
wo dieselbe sich in Minderheit befindet; die Ausnahme von Limburg
bei den Franzosen mag auf falscher Zählung beruhen, während die von
Lüttich bei den Deutschen nur bedeutet, dass die früher stark vor-
wiegenden Männer erst teilweise in die Lage geraten sind, einen eigenen
deutschen Hausstand zu gründen.

5) Das besondere Verhalten der luxemburgischen Stadt Arlon,
welches schon Anlass zur Besprechung gab, ist auch hier hervorzuheben:
die nur wallonisch verstehenden Frauen sind verhältnismässig viel
weniger, die nur deutsch verstehenden ansehnlich stärker unter ihrem

Sprachstämme vertreten. Sieht man jedoch Tabelle 8 an, so findet
man die Anzahl der reinen Walloninnen um mehr denn die Hälfte
gestiegen und das Zurückgehen ihres Anteils durch die noch grössere
Zunahme der rein wallonischen Männer erklärt. Es ist demnach auffälliger, dass in dieser deutschen Stadt das französische Element so
stark zugenommen hat, als dass unter dem reindeutschen Bevölkerungs-
teil das weibliche überwiegt.

6) Ferner habe ich auf das eigentümliche Verhältnis des weiblichen Geschlechts in den grösseren brabantischen Gemeinden aufmerksam zu machen: 1866 bei den drei Nationalitäten gleich, stieg es
1880 bei den Deutschen auf 595 und bei den Franzosen auf 544, fiel
aber bei den Vlaemen auf 524 vom Tausend. Was die Deutschen betrifft, so begreift man die Zunahme der Frauen daselbst wegen der
Genüsse der Hauptstadt an Vergnügen und Sprachbildung. Die ver-
änderte Geschlechtsverteilung der Vlaemen ist an sich ebenfalls un-
auffällig, insofern sie sich der allgemeinen genähert hat. Dass aber
die Französinnen hier stärker als in irgend einer anderen Provinz vertreten sind, schiebe ich einem erheblichen regelmässigen Abgange von
Männern in die Provinz als Beamte zur Last, — unbeschadet des fortdauernden Zuwachses der Franzosen beiderlei Geschlechts.

7) Betrachten wir den Gesamtanteil des weiblichen Geschlechts
provinzenweise ohne Trennung der beiden Gemeindegruppen, so finden
wir in Luxemburg aus den oben geschilderten Ursachen ein Mehr von
51 (gegen 30 im Jahre 1866) bei den Deutschen gegen die Franzosen.
Der weibliche Anteil bei den letzteren übersteigt dagegen den bei den
Deutschen beobachteten in Lüttich um 7 (früher 10) und bei den Vlaemen
in Hennegau um 27 (gegen 15), in Lüttich um 17 (35) und in Brabant
um 12 (3), während Namür wegen der verschwindend kleinen vlaemischen Beimischung nicht in Vergleichung kommt. Der weibliche Anteil
bei den Vlaemen ist höher als bei den Wallonen: in Ostflandern um 17
(früher 32), in Westflandern um 29 (14), in Antwerpen um 104 (früher — 8)
und in Limburg um 1 (15) vom Tausend. Wenn die Regel nach in
der vorherrschenden Nationalität das weibliche Geschlecht am stärksten
vertreten ist, so tritt die Ausnahme der Provinz Brabant erst recht
bedeutsam hervor, — fällt doch vorzugsweise den Frauen die Erziehung
der Jugend und die Bestimmung über deren Nationalität anheim! Wir
haben deshalb mit Sicherheit einen merklichen Fortschritt der Welschen
in der am schärfsten bestrittenen und als Mitte des Landes wichtigsten
Provinz zu erwarten.

Um mich in Einzelheiten nicht zu verlieren, nehme ich eine nahe-
liegende Vergleichung der in Tabelle 8 unter d. niedergelegten Zahlen
mit den Fremdbürtigen aus nicht benachbarten Ländern nur
im ganzen vor. Zwar heisst es in einer Anmerkung des amtlichen
Jahrbuches, unter der *population ne parlant aucune de ces trois langues*
befänden sich auch die Taubstummen, und wenn das wäre, so müsste
man die beabsichtigte Vergleichung unterlassen, weil die Zahl der
Taubstummen mangels einer statistischen Aufnahme derselben im
Jahre 1880 nicht abgezogen werden kann. Jene Anmerkung geht
jedoch zu weit; denn im § 12 der Verfügung des Ministers des Innern

vom 24. Januar 1881 über die Behandlung der Volkszählungslisten heisst es: *Le muet qui connaît une ou plusieurs langues est censé les parler.* Nun mögen wohl des Deutschen unkundige Polen oder Dänen aus Deutschland, wie des Französischen unkundige Bretons aus Frankreich in Belgien wohnen; deren Zahl ist aber verschwindend klein gegen die aus anderen als den benachbarten Ländern stammenden Bewohner Belgiens. Dies zugestanden, erhält man (vgl. Seiten 42—43)

für das Jahr	jene Fremdbürtigen		keiner Landessprache kundig		Verhältnis letzterer auf Tausend ersterer	
	männl.	weibl.	männl.	weibl.	männl.	weibl.
1866: kleine Gemeinden . . .	520	502	1 271	1 233	2 440	2 456
grössere Gemeinden . . .	2 540	3 333	2 110	2 310	831	990
zusammen 1866 . . .	3 060	2 835	3 381	3 543	1 105	1 250
1880	4 494	4 316	3 208	3 204	714	747

Die Verhältniszahlen für die kleinen Gemeinden im Jahre 1866 besagen, dass gebürtige Belgier in erheblicher Menge (etwa 1500) an Orten gewohnt haben, wo sie auf Verständigung mit den übrigen Einwohnern nicht rechnen konnten. Das ist höchst unwahrscheinlich; denn Engländer z. B. hatten keinen Anlass, in kleinen statt in grossen Orten Hennegaus sich niederzulassen, und wenn Italiener zu Bauten auf dem Lande thätig waren, hätten sie ihre Frauen nicht mitgebracht. Von stehenden Zigeunerlagern in Brabant kann schwerlich die Rede sein. Aber auch für die grösseren Gemeinden ist das Verhältnis gegenüber dem Gesamtdurchschnitte von 1880 zu gross, so dass man zur Annahme erheblicher Fehler entweder bei der Aufnahme der Fremdbürtigen oder bei der Sprachenanschreibung oder bei beiden genötigt wird. Einer auf allgemeine Durchschnitte abzielenden Statistik, wie sie Quetelet betrieb und leider damit Schule machte, entgeht nicht bloss die Mannigfaltigkeit der Erscheinungen, sie versteht sich nicht einmal auf die zur Prüfung des Ergebnisses notwendigen Kombinationen.

Besser entspricht die Aufnahme von 1880 den mutmasslichen Zuständen. Denn obschon Belgien ohne Zweifel zahlreiche Schweizer, Oesterreicher u. s. w. beherbergt, die des Deutschen oder Französischen mächtig sind, so leben daselbst doch zugleich viele Engländer, Nordamerikaner, Italiener u. s. w., deren in Belgien geborene Kinder zum Teil den Stock der noch nicht französisch Verstehenden vergrössern. Auch wird mancher Taubstumme oder Blödsinnige in der Masse stecken, was für 1866 ausgeschlossen ist, weil in diesem Jahre selbst die Säuglinge dem Sprachstamme ihres Vaters bezw. ihrer Mutter beizugesellen waren.

Hiermit habe ich die Gruppen der belgischen Erhebung ausgiebig genug behandelt, deren Nationalität durch ihre Kenntnis einer einzigen (oder auch keiner) Landessprache feststeht, und wende mich der zweier Landessprachen mächtigen Bevölkerung zu (Tabelle 9). Auch bei dieser sind die grösseren und kleinen Gemeinden aus einander gehalten, und die spätere Berichtigung einiger Volkszählungs-Ergebnisse aus 1880 ist hier ebensowenig anzubringen gewesen, wie bei der einsprachigen Bevölkerung. Damit aber erkennbar werde, um wie viel die Zahlen der ersten oder der zweiten Gemeindegruppe von der nachträglich festgestellten Wahrheit abweichen können, führe ich zuvörderst das Gesamtmass der Berichtigung für die davon betroffenen Provinzen an:

(Tabelle 9.)	Wohnbevölkerung der Gemeinden mit weniger als je 5 000 Bewohnern				Wohnbevölkerung der Gemeinden mit mindestens je 5 000 Bewohnern			
Zweisprachigkeit: in den Provinzen	im Jahre 1866:		im Jahre 1880:		im Jahre 1866:		im Jahre 1880:	
	männl.	weibl.	männl.	weibl.	männl.	weibl.	männl.	weibl.

a. Es sprachen französisch und vlaemisch, aber nicht deutsch:

Limburg	5 011	3 259	7 718	5 203	2 017	2 189	1 529	1 442
Lüttich	4 194	2 879	5 806	4 387	4 809	4 457	6 360	5 501
Luxemburg . . .	222	135	211	141	75	29	108	40
Namür	359	252	471	306	650	449	716	669
Hennegau . . .	4 326	3 274	5 530	4 301	5 916	4 050	7 878	5 167
Brabant	10 905	8 884	13 139	9 773	54 094	56 839	63 818	66 700
Antwerpen . . .	4 622	3 202	5 385	3 759	10 652	10 116	20 759	19 380
Ostflandern . .	9 782	7 092	14 430	11 684	17 805	17 290	25 734	25 684
Westflandern . .	12 919	10 619	18 850	15 389	13 063	12 076	21 156	21 191
Königreich . .	52 340	39 505	71 555	54 943	109 080	107 435	149 058	145 780

b. Es sprachen französisch und deutsch, aber nicht vlaemisch:

Limburg	10	49	162	96	17	16	38	73
Lüttich	1 824	1 496	3 478	2 854	2 044	2 420	4 097	4 520
Luxemburg . . .	3 559	2 590	5 209	3 716	1 320	1 302	1 397	1 502
Namür	147	158	250	279	84	104	94	140
Hennegau . . .	85	132	126	193	252	212	671	597
Brabant	48	90	104	171	940	1 000	1 936	2 512
Antwerpen . . .	7	14	8	15	92	101	406	292
Ostflandern . .	6	10	46	7	87	96	124	95
Westflandern . .	25	40	4	8	74	47	78	61
Königreich . .	5 720	4 525	9 397	7 335	4 896	5 307	8 809	9 792

c. Es sprachen vlaemisch und deutsch, aber nicht französisch:

Limburg	52	25	231	190	17	13	38	28
Lüttich	224	211	157	117	33	34	87	79
Luxemburg . . .	8	4	13	7	8	6	—	—
Namür	8	8	4	1	18	9	20	21
Hennegau . . .	2	7	14	1	8	11	25	25
Brabant	10	8	35	26	230	245	279	298
Antwerpen . . .	16	15	14	24	117	136	324	344
Ostflandern . .	11	9	24	11	45	29	96	96
Westflandern . .	5	7	16	18	12	4	51	54
Königreich . .	336	294	508	395	488	507	920	980

d. Es verstanden alle drei Landessprachen:

Limburg	75	43	358	270	65	54	102	98
Lüttich	229	107	221	92	217	124	628	330
Luxemburg . . .	30	10	47	16	39	7	92	10
Namür	10	6	35	20	23	11	53	91
Hennegau . . .	20	14	570	543	101	48	295	197
Brabant	67	40	164	114	1 169	816	2 719	1 796
Antwerpen . . .	64	26	90	44	434	256	1 728	983
Ostflandern . .	66	15	103	30	349	156	708	325
Westflandern . .	47	34	64	20	134	51	334	182
Königreich . .	617	295	1 661	1 175	2 531	1 523	6 597	3 977

in der Provinz	französisch und vlaemisch		französisch und deutsch		vlaemisch und deutsch		dreisprachig	
	männl.	weibl.	männl.	weibl.	männl.	weibl.	männl.	weibl.
Limburg . . .	+ 1 297	+ 1 416	— 50	— 21	+ 105	+ 42	— 33	— 46
Hennegau . . .	+ 460	+ 468	—	—	—	—	—	—
Ostflandern . .	— 113	— 115	—	—	—	—	—	—
zusammen .	+ 1 644	+ 1 769	— 50	— 21	+ 105	+ 42	— 33	— 46

Wenn man hiernach die scheinbare Abnahme der Utraquisten in den grösseren Gemeinden Limburgs als in Wirklichkeit nicht stattgefunden ansehen darf, so bleiben von den 144 für 1880 ermittelten Einzelangaben nur 17 unterhalb der entsprechenden für 1866, und da diese Verminderungen sämtlich ganz schwache und als zufällige zu betrachten sind, so tritt die beträchtliche Vermehrung der Zweisprachigen jeder Art zugleich als eine durchgängige sehr deutlich hervor. Sie ist weit bedeutender als die der Einsprachigen, auch sobald der Zahl dieser letzteren im Jahre 1880, wie billig, die der noch nicht zwei Jahre alten Kinder hinzugefügt wird. Aber die äusserst wichtige Bestimmung des Maßes, in welchem die einzelnen Sprachstämme zu dieser Vermehrung beigetragen haben, wird durch den Mangel einer Statistik der Provinzialgebürtigkeit so erschwert, dass die Konjekturalstatistik, die man zu dem Ende ohnehin anrufen muss, auf gewundene Wege angewiesen ist.

Eine dieser Wegstrecken bietet die Beobachtung der Parallelität oder Divergenz zwischen den Ein- und Zweisprachigen. Von der bedeutsamsten Gruppe der zugleich französisch und vlaemisch Redenden kommen in' den kleinen Gemeinden die meisten Personen innerhalb der Provinzen West-, Ostflandern, Brabant und Limburg vor; das sind lauter überwiegend vlaemische Landesteile. Lüttich und Hennegau mit wenigen Vlaemen und Antwerpen mit fast rein vlaemischer Bevölkerung stellen den Uebergang zu den des vlaemischen Elementes beinahe entbehrenden und auch von Utraquisten sehr wenig bewohnten Provinzen Namür und Luxemburg her. Weiter haben Luxemburg und Lüttich, die einzigen Gegenden mit ziemlich zahlreicher Bevölkerung von rein deutscher Zunge, auch die bei weitem grösste Menge von Bewohnern, welche neben deutsch eine der beiden anderen Landessprachen verstehen. Betreffs der Dreisprachigen endlich zeichnen sich Hennegau und Limburg aus, d. h. eine fast rein wallonische und eine fast rein vlaemische Provinz, deren erbangesessene Bevölkerung schwerlich eine besondere Veranlassung zur Erlernung des Deutschen hat. Geht nicht aus dieser eigentümlichen Gruppierung hervor, dass — einzelne Sprachgelehrte und Reisende ausgenommen — nahezu die Gesamtheit der des Deutschen mitkundigen Bevölkerung die deutsche Sprache aus dem Vaterhause mitgebracht hat, mithin, falls nach der Muttersprache gefragt worden wäre, sich als deutsch bekannt hätte? und weiter, dass ein ähnliches, obgleich minder scharf ausgeprägtes Verhältnis zu Gunsten des Vlaemischen als Muttersprache bei den daneben französisch Redenden obwaltet?

Nicht so einfach liegen die Dinge bei der Gruppe der grösseren Gemeinden, schon weil die Utraquisten hier stärker vertreten sind, die

Erlernung einer Nebensprache in den besseren Schulen und im nachbarlichen Verkehr leichter fällt und die Menge der Gebildeten, denen die Kenntnis mehrerer Sprachen notwendig erscheint, bei weitem grösser ist als auf dem Lande. Namentlich darf man die ungemein zahlreichen Utraquisten Brabants den Vlaemen noch nicht deshalb, weil die nur vlaemisch Verstehenden doppelt so zahlreich wie die nur französisch Sprechenden sind, zu zwei Dritteln anrechnen. Wohl aber ist man berechtigt, dem vlaemischen Volke den Hauptanteil an den Utraquisten in den fast rein vlaemischen Provinzen Ost- und Westflandern, Antwerpen und Limburg zuzuschreiben; denn da in den wallonischen Provinzen weit weniger Bewohner sich in zwei Sprachen auszudrücken verstehen, so folgt, dass die Wallonen zur Erlernung eines anderen Idioms geringe Neigung haben. Auf die des Deutschen und noch einer anderen Sprache mächtigen Personen trifft grösstenteils zu, was ich oben für die Gruppe der kleinen Gemeinden bemerkte.

Ein zweiter Weg der Untersuchung geht auf die Geschlechtsverteilung hinaus, wobei die unerheblich vertretenen Provinzen ausser Betracht bleiben mögen und die übrigen nach der Menge der in ihnen wohnenden Utraquisten jeder Art aufgereiht werden. Von je 1 000 der französisch und vlaemisch Redenden waren weiblichen Geschlechts

in der Provinz	an kleinen Orten: 1866:	1880:	an grösseren Orten 1866:	1880:	in der ganzen Provinz 1866:	1880:
Brabant	449	427	512	511	503	498
Ostflandern	417	447	492	500	468	482
Westflandern	451	449	480	500	466	478
Antwerpen	409	411	487	483	466	470
Hennegau	431	412	406	390	417	407
Lüttich	407	430	481	464	449	448
Limburg	394	403	520	485	437	433
Namür	412	394	409	483	410	451
dem Königreiche	430	434	496	490	477	478

ferner von je 1 000 französisch und deutsch Verstehenden:

in	1866:	1880:	1866:	1880:	1866:	1880:
Lüttich	451	451	543	526	504	494
Luxemburg	416	418	497	518	440	441
Brabant	652	622	514	565	523	568
Hennegau	608	605	457	471	505	498
Antwerpen	667	652	523	418	537	426
Namür	518	522	619	598	554	545
dem Königreiche	442	439	521	526	481	485

von je 1 000 vlaemisch und deutsch Verstehenden:

in	1866:	1880:	1866:	1880:	1866:	1880:
Antwerpen	484	632	571	542	563	547
Brabant	444	426	516	517	513	509
Lüttich	435	426	507	476	488	445
dem Königreiche	467	437	510	517	493	481

und endlich von je 1 000 aller drei Landessprachen Mächtigen:

In der Provinz	an kleinen Orten 1866: 1880:		an grösseren Orten: 1866: 1880:		ohne Unterscheidung 1866: 1880:	
Brabant	374	410	409	398	407	398
Antwerpen	289	328	371	303	362	361
Hennegau	412	493	322	299	339	465
Lüttich	318	294	364	345	341	333
Ostflandern	185	226	309	315	292	304
Limburg	364	430	454	478	409	426
Westflandern	420	289	276	353	320	343
im Königreiche	323	414	376	376	366	383

Wenn man zuvörderst die Reihen für 1866 mit denen für 1880
vergleicht, so fällt die Stetigkeit der meisten Verhältnisse ins Auge,
zumal da manche beträchtliche Veränderungen durch einen Blick auf
die absoluten Zahlen der 8. und 9. Tabelle sofort klar werden. So ist
eine wesentliche Veränderung unter den drei deutsch mitverstehenden
Gruppen in den kleinen Gemeinden Brabants, Antwerpens, Ost- und
Westflanderns und in den grösseren Gemeinden Namürs, sowie unter
den deutsch und vlaemisch verstehenden Bewohnern Lüttichs aus der
geringen, blossen Zufälligkeiten preisgegebenen Anzahl der zur Gruppe
gehörigen Personen ohne weiteres zu erklären. Die limburgischen Ori-
ginalzahlen sind als unrichtig ausgegeben, und wenn die berichtigten
Gesamtzahlen ausnahmsweise eine Verminderung der französisch und
vlaemisch verstehenden Frauen anzeigen, so ist dieselbe doch nicht
erheblich. Die hennegauischen Dreisprachigen von 1880 stehen wie die
keiner Landessprache Mächtigen in gar keinem angemessenen Verhältnisse zu denen von 1866, weshalb hier eine Verschiebung der Tabellenspalten geargwohnt werden muss. Die Abnahme des weiblichen Anteils an den französisch und vlaemisch Redenden in den kleinen Gemeinden Westflanderns und Namürs und seine Zunahme in Lüttich mag
durch den Uebergang einzelner Orte zu den grösseren Gemeinden, wo
die umgekehrte Erscheinung stattfand, veranlasst sein.

Ausserdem sind durch ihre Annäherung an den allgemeinen Durch-
schnittsanteil in den grösseren Gemeinden ohne Bedenken zu erklären:
die verhältnismässige Abnahme der französisch und deutsch redenden
Frauen in Lüttich, der vlaemisch und deutsch redenden in Antwerpen
und der Dreisprachigen in Brabant, sowie die Zunahme der letzteren in
Westflandern, der französisch und deutsch Verstehenden in Luxemburg
und Hennegau. Ferner fällt die Verminderung dieses Anteils an den
Dreisprachigen in den kleinen Lütticher Gemeinden gegenüber der
gleichzeitigen absoluten Schwächung dieser Gruppe auch bei den Männern, in den grösseren Gemeinden derselben Provinz und Antwerpens
gegenüber der starken absoluten Steigerung der dreisprachigen Frauen
daselbst nicht ins Gewicht, und ebenso steht es um die französisch
und deutsch Sprechenden in den grösseren Gemeinden Antwerpens.

Einige der von 1866 bis 1880 vorgekommenen Veränderungen
in der Geschlechtsverteilung verlangen jedoch eine besondere Besprechung.
Dahin gehört die ungewöhnliche Zunahme des weiblichen Anteils an
den französisch und deutsch verstehenden Bewohnern der grösseren
brabantischen Gemeinden. Dieselbe begreift sich zwar einfach, wenn

man annimmt, dass fast allein Deutsche in Frage stehen, und daneben
die bedeutende Zunahme des weiblichen Elements unter den deutschen
Fremdbürtigen beachtet; allein im Widerspruche damit steht der Rückgang des weiblichen Anteils an den Dreisprachigen. Halten es die
deutschen Frauen in diesen vorwiegend vlaemischen Orten für weniger
nötig, das Vlaemische zu erlernen? bedienen sich also die eingeborenen
Volksgenossen vorwiegend der französischen Sprache, um sich mit den
hochdeutsch redenden Damen zu verständigen? Denn die Möglichkeit,
dass die Deutschen ihre etwanige Kenntnis des Vlaemischen deshalb
nicht angaben, weil sie dasselbe als eine deutsche Mundart wie etwa
plattdeutsch oder schwäbisch betrachten, ist ausgeschlossen; bei der
Volkszählung galten im Haushaltungsverzeichnisse vlaemisch und deutsch
als zwei verschiedene Sprachen.

Eine zweite auffällige Thatsache ist die Verminderung des weiblichen Anteils an den französisch und vlaemisch Redenden sowohl in
den kleinen wie in den grösseren Orten Hennegaus weit unter das
allgemeine Durchschnittsmass. Hier haben die nur vlaemisch Sprechenden
ab- und die zugleich französisch Verstehenden zugenommen, so dass
die letzteren in weit überwiegender Mehrzahl als Angehörige der vlaemischen Nationalität zu betrachten sind. Aber die Summe beider
Gruppen aus 1880 übersteigt (ohne die weniger als zwei Jahre alten
Kinder vlaemischer Familien) die entsprechende Summe aus 1866 um
2926 männliche und nur 1672 weibliche Personen. Erklärt sich hierdurch einerseits die Verminderung des weiblichen Anteils an den Utraquisten durch den Mangel an Frauen vlaemischer Nationalität, so deutet
anderseits eben dieser Mangel darauf hin, dass zahlreiche vlaemische
Männer im Hennegau sich mit wallonischen Frauen verheiraten, oder
mit anderen Worten, dass die wallonische Nationalität der Provinz den
geringen Rest des vlaemischen Volkstums nach und nach aufzehren wird.

Wenn drittens der früher den allgemeinen Durchschnitt über-
steigende Anteil des weiblichen Geschlechts an den französisch und
vlaemisch redenden Bewohnern der kleinen brabantischen Gemeinden
unter jenes Mass gesunken ist, so kann aus diesem in der sprachlich
am stärksten gemischten Provinz doppelt auffälligen Umstande doch
kein Schluss auf die Nationalität der Utraquisten gezogen werden;
denn mehrere doppelsprachige Gemeinden sind in der Zwischenzeit zur
Gruppe der grösseren übergegangen, und in den übrigen mag das Bedürfnis, sich eine zweite Sprache anzueignen, für die Frauen schwächer
geworden sein.

Hiermit habe ich die Vergleichung der Anteilzahlen von 1866
und 1880 erschöpft und behandle nun den Stand des letzten Volks-
zählungsjahres für sich. Wir sehen, dass im ganzen innerhalb der
Gruppe kleiner Gemeinden auf vier utraquistische männliche Personen
drei weibliche kommen, während die nur einer Sprache mächtigen Personen männlichen Geschlechts nur unerheblich die weiblichen überwiegen. Dürfte man annehmen, dass die Geschlechter sich örtlich
gleichmässig auf die beiden Nationalitäten verteilen, so wäre die Folgerung
gerechtfertigt: es gehören die meisten des Französischen und Vlaemischen zugleich kundigen Personen derjenigen Nationalität an, in

welcher die einsprachigen Frauen am wenigsten hinter den einsprachigen
Männern zurückstehen, weil auf diese Weise die Ergänzung hergestellt
würde. Aber jene Annahme trifft nicht zu; denn an stillen Orten,
deren Bevölkerung einsprachig zu sein pflegt, sind die Geschlechter
anders als an geräuschvollen verteilt, und die gleichartige Mischung
der Geschlechter in den beiden Nationalitäten ist unerwiesen, wie denn
auch bei den Utraquisten die Provinzen sich weder nach deren Menge,
noch nach dem Vorherrschen eines Volksstammes aufreihen.

Innerhalb der Gruppe der grösseren Gemeinden sind gleichzeitig
des Französischen und Vlaemischen fast ebenso viele Personen weiblichen wie männlichen Geschlechts kundig, und bei den deutsch und
eine oder beide andere Landessprachen Verstehenden wird, wenn man
die drei Gruppen der Utraquisten zusammenfasst, beinahe dasselbe Verhältnis (475 auf das Tausend statt 481 im Jahre 1860) erreicht. Die
Annäherung an die allgemeine Geschlechtsverteilung ist hier bedeutender
als in der Gruppe der kleinen Gemeinden, während doch die Menge vor-
handener Dolmetschen die mehr, als das männliche Geschlecht, der
Häuslichkeit sich widmenden Frauen in den volkreichen Orten weniger
zur Erlernung einer zweiten Sprache zwingt. Man kann sich diesen
Unterschied auf zweierlei Weise erklären: entweder weil das öffentliche
Leben und der nachbarliche Verkehr an kleinen Orten so beschränkt
ist, dass es Mädchen wie Frauen schwerer fällt, im regen Umgange
allein die Kenntnis der Nebensprache zu erlangen, oder weil an grösseren Orten ein geregelter, auch auf Schreibfähigkeit sich erstreckender
Unterricht in der Nebensprache eher zu ermöglichen ist, der gleicher-
massen den Mädchen wie den Knaben zu teil wird. Insoweit die
letztere Ursache zutrifft, ist dann weiter anzunehmen, dass der wissen-
schaftlich schwächere Volksstamm ganz überwiegend die Utraquisten
stellt; das sind in Belgien die Vlaemen, wie in den östlichen Provinzen
Preussens die Polen und in Schleswig die Dünen. Einige Begründung
hierfür erblicke ich in dem Umstande, dass im ganzen die Beteiligung
des weiblichen Geschlechts an den Doppelsprachigen dort am stärksten
ist, wo die meisten Utraquisten wohnen, wo mithin die Schulen auf
doppelsprachigen Unterricht von den Umständen selbst ganz natürlich
hingeführt werden.

Die letzte Reihe von Untersuchungen hat hinlänglich sichere Aufschlüsse über den Volksstamm, der die Zweisprachigen namentlich in
Brabant stellt, noch nicht erteilt, während allerdings verschiedene Thatsachen zusammenfielen, aus denen wohl vermutet werden darf, dass die
Vlaemen hervorragend daran beteiligt sind. Der Grundgedanke der
belgischen Sprachenstatistik, eine Art utraquistischer Nationalität zu
schaffen, widerspricht aber zu sehr der anerkannten Volkserziehungs-
lehre, als dass ich die unsicheren Punkte im Dunkel lassen dürfte; die
Bestandteile der Zweisprachigkeit müssen so weit wie möglich auf-
gedeckt werden. Ich greife deshalb auf die Fremdbürtigen zurück;
denn diese haben im allgemeinen die wenigste Veranlassung, in einer
Provinz, wo ihre Heimatsprache vorherrscht, eine zweite daneben zu
erlernen, und man wird von einem gebürtigen Niederländer — Ausnahmen stets zugestanden — weder erwarten, dass seine Volkssprache

wallonisch, wie von einem in Frankreich Geborenen, dass die seinige vlaemisch sei. Aber in der übergrossen Menge der belgischen Vlaemen und Wallonen verschwinden die Fremdbürtigen der gleichen Nationalität, so dass nur hinsichtlich der Deutschen und Luxemburger versucht werden kann, ein Verhältnis zwischen Fremdbürtigen (vgl. S. 42—43) und Deutschredenden zu ermitteln. Für das ganze Königreich ergibt sich folgendes:

	1846: kleine Gemeinden		1846: grössere Orte		im Jahre 1846: 	
	männl.	weibl.	männl.	weibl.	männl.	weibl.
a. geboren im Deutschen Reiche und im Grossherz. Luxemburg . .	5 249	5 202	7 820	8 055	19 167	22 789
b. Deutschredende: ausschliessl.	12 942	13 636	4 383	4 395	18 429	21 121
zugl. einer anderen Sprache kundig	6 673	5 114	7 915	7 817	27 904	23 033
zusammen Deutschredende . . .	19 615	18 750	12 298	11 732	46 333	44 754
mehr als a.	14 366	13 548	4 478	3 677	27 166	21 965

Sämtliche im Deutschen Reiche und im Grossherzogtum Luxemburg geborene Bewohner Belgiens könnten sonach als der deutschen Sprache mächtig angesehen werden und liessen dennoch eine erheblich gestiegene Zahl in Belgien Geborener übrig, welche ebenfalls deutsch verstehen. Um die Zunahme der letzteren genauer zu fassen, muss man den deutsch Redenden von 1880 die sowohl unter den 1866er Zahlen wie unter den Fremdbürtigen enthaltenen Kinder bis zu zwei Jahren hinzurechnen; das wären nach dem allgemein für den Staat geltenden Anteile von 5,161 Prozent beim männlichen und 5,065 Prozent beim weiblichen Geschlechte noch 2391 Knaben und 2280 Mädchen. Jene Zunahme beträgt mithin 10713 männliche und 7020 weibliche Personen, verhältnismässig etwa das Doppelte des allgemeinen Zuwachses der Wohnbevölkerung Belgiens.

Um diese befremdende Wahrnehmung zu erklären, nehme ich zunächst einen geringeren Kinderanteil für 1880 im Hinblick darauf an, dass etwa die Hälfte der Deutschredenden ausser Landes geboren und vielleicht weniger als die eingesessene Bevölkerung in den Stand der Ehe getreten ist: es bleiben dann immer noch etwa 10000 männliche und 6300 weibliche Personen. So viele in Belgien geborene und dort zurückgelassene Ankömmlinge von deutschen Fremdbürtigen, die mittlerweile gestorben sind, erregen gerechten Zweifel, und da die Zuströmung deutscher Frauen weit stärker als die von deutschen Männern war, so kann nicht vermutet werden, dass von jenen Kindern gerade die Mädchen das Land zahlreicher verlassen haben. Auch die Vermutung, dass 1866 — wie ja mehrfach sehr wahrscheinlich gemacht wurde — in Nebenpunkten manche Fehler begangen sein mögen, reicht zur Erklärung der ausserordentlichen Differenz nicht aus. Unter diesen Umständen sehe ich mich nach Analogien um und entdecke eine solche in völlig ausreichender Weise bei den Dreisprachigen. Sobald man rund 6200 männliche und 3000 weibliche Personen dieser Gruppe als nichtdeutscher Nationalität setzt, denen für 1866 allerdings nur 2000 männliche und 1000 weibliche gegenüberstehen, werden die amtlichen Angaben für den Statistiker begreiflich. Ob auch für den Pädagogen? Freilich sind so ansehnliche Zahlen, welche bei dem sehr beschränkten Zusammenstoss von Wallonen, Vlaemen und Deutschen nur zum aller-

geringsten Teils aus dem geselligen Verkehr entsprungen sein können,
in der Hauptsache mithin dem sehr verbesserten Schulunterrichte verdankt werden, nur durch erheblichen Bildungstrieb zu erklären; aber
Belgien besitzt ausgezeichnete Schulen, und die Gebildeten des Landes
brauchen eine Vergleichung mit denen eines anderen Landes nicht zu
scheuen. Gesteht man die ganze Summe zu, so werden, weil Dreisprachige vorzugsweise in den vlaemischen Provinzen leben und die
Erlernung zweier germanischen Mundarten den Wallonen nicht leicht
zugemutet werden kann, etwa drei Viertel dem vlaemischen und nur
ein Viertel dem wallonischen Volksstamme anzurechnen sein.

Hiermit ist der Zweck meiner Untersuchung in betreff der zugleich
des Deutschen mächtigen Utraquisten erreicht; ich knüpfe daran aber
noch zweierlei Berechnungen über diese unsere engeren Sprachgenossen.
In der ersten soll gezeigt werden, welches Mass von Verständigungs-
fähigkeit dieselben erlangt haben, wogegen freilich eingewandt werden
darf, dass die Grundzahlen selbst nicht völlig erwiesen seien. Es lebten
in Belgien

| | im Jahre 1860 | | | | im Jahre 1880 | | | |
| | in kleinen Ge-meinden | | an grösseren Orten | | in kleinen Ge-meinden | | an grösseren Orten | |
	männl.	weibl.	männl.	weibl.	männl.	weibl.	männl.	weibl.
a. Angehörige des deut-schen Volkes im engeren Sinne	19 500	18 700	10 400	10 800	23 600	22 350	18 200	20 950
b. Von je 1 000 sind kleine Kinder	40	45	43	42	40	39	40	36
sprechen nur deutsch .	618	684	378	363	503	584	360	385
„ zugl. vlaemisch .	17	16	47	47	21	18	57	49
„ französisch .	293	242	471	491	394	327	480	468
„ alle drei Landes-sprachen . . .	26	13	61	53	42	35	57	62

Fasst man die Personen deutscher Nationalität ohne Unterscheidung ihres Wohnsitzes, aber nach Abzug der höchstens zwei Jahre
alten Kinder zusammen, so findet man auf je 1 000 männliche im
Jahre 1860 69 des Vlaemischen und 402 des Französischen kundig,
welche Verhältnissätze 1880 auf 88 und 502 steigen. Dahinter bleibt
die Kenntnis der Nebensprachen beim weiblichen Geschlechte zurück;
denn für dieses berechnen sich 58 und 378 bezw. 84 und 460. Während beinahe die Hälfte der Deutschen entweder schon aus der Heimat
das Verständnis der französischen Sprache mitgebracht oder sie in Belgien
erlernt hat, vermögen nur etwa 3 unter 20 vlaemisch zu sprechen.
Es mag damit ähnlich wie in Deutschland mit den von der Schriftsprache stark abweichenden Dialekten gehen: wer hochdeutsch spricht,
kommt mit dem plattdeutsch wie mit den alemannisch Redenden, obgleich Missverständnisse nicht ausbleiben, leidlich zurecht und hält es
deshalb für eine vermeidbare Belästigung, die abweichende Mundart
mühsam zu erwerben.

Die zweite Vergleichung, welche ich im Sinne hatte, gilt den
Provinzialunterschieden ohne Rücksicht auf die Gemeindegruppen und
ohne Veränderung der berichtigten amtlichen Grundzahlen; es genügt
dazu die Betrachtung des Zustandes von 1880, wobei ich aber 2 Prozent
von den Fremdbürtigen (vgl. Tabelle 4) auf Rechnung der Kinder von
0—2 Jahren abziehe:

Provinzen:	In Deutschland und Luxemburg geboren:		Auf je 1 000 deutsche Fremdbürtige eines Geschlechts kommen Personen mit deutscher Sprache:							
			ausschließlich		zugl. vlaem.		zugl. französ.		dreisprachig	
	mannl.	weibl.	männl.	weibl.	mannl.	weibl	männl.	weibl.	männl.	weibl.
Limburg . .	231	239	381	611	1 819	1 088	649	619	1 843	1 326
Lüttich . .	9 174	10 193	766	689	27	19	832	723	92	41
Luxemburg .	2 454	2 663	3 319	3 587	5	3	2 690	1 959	32	10
Namür . . .	327	442	190	256	73	50	1 052	934	259	183
Hennegau . .	677	923	239	304	58	28	1 177	856	1 291	823
Brabant . .	3 735	5 351	400	473	84	61	546	501	772	357
Antwerpen .	1 674	1 948	609	651	202	209	247	158	1 086	527
Ostflandern .	342	383	371	343	351	279	497	267	2 371	927
Westflandern	170	191	359	372	394	375	471	361	2 341	1 089
zusammen .	18 784	22 333	988	946	82	64	956	766	438	229

Die kleine Uebersicht ist in mehrfacher Beziehung lehrreich.
Suchen wir zunächst die in jeder einzelnen Provinz vorherrschende
Klasse der deutsch Verstehenden auf, so finden wir mehr als die Hälfte
von ihnen in Luxemburg ohne Kenntnis einer Nebensprache und relativ
die meisten derselben Art beim weiblichen Geschlecht in Antwerpen;
dort handelt es sich um eine alt angesessene Bevölkerung, wogegen
hier das Bedenken erwächst, dass Hunderte von jungen Mädchen dem
Seeverkehr geopfert wurden. In keiner Provinz sind die zugleich des
Vlaemischen und nicht auch des Französischen Kundigen die am stärksten
vertretene Klasse; selbst in Limburg, wo verhältnismäßig viele Nachkommen rheinischer Familien leben mögen, kommen Dreisprachige
häufiger vor. Dagegen sind die zugleich französisch und nicht auch
vlaemisch Redenden weitaus die zahlreichsten in Namür, und sie überwiegen die ausschließlich deutsch Sprechenden, beim weiblichen Geschlechte auch in Brabant, sowie die Dreisprachigen in Hennegau.
Letztere Klasse endlich ragt mit mehr als der Hälfte sämtlicher Deutschredenden in Ostflandern, beim männlichen Geschlechte auch in Westflandern und Antwerpen, mit weniger als der Hälfte in Limburg, beim
männlichen Geschlechte noch in Hennegau und Brabant, beim weiblichen in Westflandern hervor. Von den vier vorwiegend wallonischen
Provinzen ist es gerade die entfernteste, wo die sprachgebildetste
Klasse vorherrscht, — und dieser erstaunlichen scheinbaren Thatsache
muss ich einstweilen beugen, weil die im vorliegenden Abschnitte
beigebrachten Zahlen keinen unmittelbaren Anlass zur Verwerfung
geben; erst die Bearbeitung der Nachweise für die einzelnen Gemeinden (im 5. Abschnitte) wird zeigen, dass hier ein Fehler begangen
sein muss.

Sodann kommt die Summe der Deutschredenden im Verhältnisse
zu den eingewanderten Deutschen in Betracht. Dieselbe übertrifft
allenthalben mehr oder minder die Menge der letzteren, d. h. man
braucht — wiederum vorbehaltlich der späteren Untersuchung von
Einzelheiten — nirgends anzunehmen, dass im Deutschen Reiche oder
im Großherzogtum Luxemburg geborene Bewohner Belgiens nicht deutsch
verstehen. Aber es bleibt noch übrig, abzuschätzen, wie viel von
den Utraquisten, und namentlich den Dreisprachigen, auf die Sprachstämme der Vlaemen und Wallonen in den einzelnen Provinzen entfallen. Dies geschieht in der folgenden Uebersicht:

Provinzen:	Prozent Ueber-schuss der Deutschreden-den 1880 über die in Deutschland und Luxemburg Geborene: männl.	weibl.	Von den Deutschredenden gehören ungefähr zur vlaemischen Nationalität im Jahre 1866: männl.	weibl.	im Jahre 1880: männl.	weibl.	wallonischen Nationalität im Jahre 1866: männl.	weibl.	im Jahre 1880: männl.	weibl.
Limburg . .	349.7	204.4	60	20	230	160	—	—	20	10
Lüttich . .	70.9	47.2	40	20	50	30	230	110	450	220
Luxemburg .	504.0	435.8	—	—	—	—	20	10	50	20
Namür . . .	58.4	32.3	—	—	—	—	20	10	70	50
Hennegau .	176.8	101.1	—	—	20	10	70	30	600	300
Brabant . .	86.2	39.2	650	350	2 200	1 000	120	80	270	120
Antwerpen .	114.3	54.5	180	100	1 300	600	20	10	50	20
Ostflandern .	259.0	63.6	340	100	500	250	20	—	30	10
Westflandern	256.5	119.7	230	100	850	200	—	—	10	—
Königreich	147.4	100.5	1 500	750	4 650	2 250	500	250	1 550	750

Von den sieben amtlichen Unterscheidungen des Sprachenverständnisses sind sechs nunmehr in Nationalitäten aufgelöst, und damit wurde die Möglichkeit gegeben, den letzten Weg zu beschreiten, auf welchem wir zur Bemessung des Anteils der Vlaemen und Wallonen an den zugleich vlaemisch und französisch verstehenden Bewohnern gelangen können: die Untersuchung der Volkszunahme. In Tabelle 10 teile ich vorerst die meiner Darstellung noch fehlenden amtlichen Nachweise der Sprachenübersicht mit, nämlich a. die von der Unterscheidung ganz ausgeschlossene Zahl der Taubstummen im Jahre 1866 und der noch nicht zweijährigen Kinder im Jahre 1880. b. die gesamte Wohnbevölkerung, c. die nach Abzug der ersteren und der keiner Landessprache kundigen Bewohner (d. der 8. Tabelle) verbleibende Wohnbevölkerung, auf welche das Mass der Stammesanteile zu beziehen ist, und d. nur nachrichtlich die den beiden Gemeindegruppen angehörige Zahl der Gemeinden.

Werden nun die nackten Zahlen, wie sie in den beiden Volkszählungswerken niedergelegt sind, zur Anteilsberechnung benutzt, so erhält man auf je 100 000 Personen eines Geschlechts:

	für das Jahr 1866: männl.	weibl.	für das Jahr 1880: männl.	weibl.
a. in den kleinen Gemeinden:				
Vlaemen und Deutsche	49 413	49 652	48 008	48 455
Utraquisten	3 780	2 973	5 434	4 334
Wallonen oder Franzosen	46 806	47 374	46 558	47 210
b. in den grösseren Gemeinden:				
Vlaemen und Deutsche	51 959	53 433	47 575	48 937
Utraquisten	13 499	12 515	14 958	13 830
Wallonen oder Franzosen	34 543	34 053	37 467	37 233

In der Kenntnis zweier Sprachen steht das weibliche Geschlecht sowohl 1866 wie 1880, an kleinen wie an grösseren Orten hinter dem männlichen zurück; aber während in den kleinen Gemeinden die Differenz zum grösseren Teil auf die Wallonen fällt, ist in den grösseren Gemeinden das weibliche Geschlecht umgekehrt auch unter den nur der Französischen kundigen Bewohnern schwächer als das männliche vertreten. Dieser eigentümliche Gegensatz und der ausserordentlich hohe Anteil der Utraquisten an der Bevölkerung der grösseren Gemeinden erweckt den Wunsch, dass wenigstens Nachweisungen über die natür-

(Tabelle 10.)	Wohnbevölkerung der Gemeinden mit weniger als je 5000 Bewohnern				Wohnbevölkerung der Gemeinden mit mindestens je 5000 Bewohnern			
Provinzen	im Jahre 1866:		im Jahre 1880:		im Jahre 1866:		im Jahre 1880:	
	männl.	weibl.	männl.	weibl.	männl.	weibl.	männl.	weibl.

a. Von der Sprachenermittelung ausgeschlossene Bevölkerung:

Provinzen	männl.	weibl.	männl.	weibl.	männl.	weibl.	männl.	weibl.
Limburg	41	10	4811	4662	8	5	802	821
Lüttich	98	49	10151	9746	62	52	7144	7075
Luxemburg	54	44	5041	4880	—	1	198	191
Namür	53	56	6665	6525	7	5	834	936
Hennegau	130	105	11628	11353	61	57	11851	11533
Brabant	100	65	12496	12422	60	124	13236	13525
Antwerpen	20	24	6959	6696	30	18	10559	10719
Ostflandern	77	49	12092	11923	87	106	10419	10240
Westflandern	44	45	10100	10053	65	47	7373	7395
Königreich	630	453	79945	78282	380	415	62416	62435

b. Gesamte Bevölkerung ohne Ausnahme:

Provinzen	männl.	weibl.	männl.	weibl.	männl.	weibl.	männl.	weibl.
Limburg	86611	81041	92231	86661	13261	14389	15848	16611
Lüttich	176158	171084	194555	190913	103589	106363	136020	142247
Luxemburg	99012	05472	103010	98959	2665	2761	3508	3611
Namür	135248	132113	142891	140814	16836	18581	18635	20314
Hennegau	276937	265628	263600	253011	151320	151553	231007	229887
Brabant	220074	211689	233822	225258	181704	200085	250163	276031
Antwerpen	122969	114475	122239	114241	110115	118048	167735	173023
Ostflandern	235910	226047	245885	236122	168036	175836	194249	205561
Westflandern	201118	194868	202300	196726	118070	128161	141188	151550
Königreich	1.554043	1.492417	1.600527	1.542705	865596	915777	1.157942	1.218835

c. Der Landessprache nach unterschiedene Bevölkerung:

Provinzen	männl.	weibl.	männl.	weibl.	männl.	weibl.	männl.	weibl.
Limburg	86408	80930	87353	81950	13252	14383	14534	15764
Lüttich	175997	170987	184322	181095	103402	106250	128818	135133
Luxemburg	98916	95401	97903	94028	2665	2760	3340	3420
Namür	135177	132043	136200	134263	16818	18564	17781	19348
Hennegau	276536	265294	251934	241643	151235	151457	219042	218228
Brabant	219561	211203	221184	212672	180352	198521	235354	260890
Antwerpen	122768	114315	115262	107530	109914	117863	156697	161919
Ostflandern	235794	225941	233775	224173	167745	175517	183704	195181
Westflandern	200895	194618	192175	186683	117663	127717	133527	143769
Königreich	1.552142	1.490731	1.520108	1.463987	863106	913052	1.092792	1.153652

d. Anzahl der Gemeinden:

Provinzen	1866	1880	1866	1880
Limburg	202	203	3	3
Lüttich	322	324	11	14
Luxemburg	204	210	1	1
Namür	345	349	3	3
Hennegau	395	388	34	49
Brabant	320	319	19	22
Antwerpen	139	136	10	16
Ostflandern	266	260	27	30
Westflandern	227	222	23	28
Königreich	2420	2417	131	160

liche Vermehrung der letzteren vorhanden seien, da nun einmal über
die Wanderungen von Provinz zu Provinz nichts bekannt ist. Leider
gibt es ein solches bequemes Hilfsmittel nicht.

Die während der 14 Jahre vorgegangene Veränderung tritt deutlich an der unerheblichen Abnahme des Anteils der reinen Wallonen
in den kleinen und ihrer beträchtlichen Zunahme in den grösseren
Gemeinden gegenüber der erheblichen Abnahme der einsprachigen
Vlaemen einschliesslich der Deutschen zu Tage, und wenn man es
bei der einstweilen angenommenen Verteilung der Utraquisten (zu
²/₃ vlaemisch und ⅓ wallonisch) bewenden liesse, würde man finden:

	in kleinen Gemeinden 1866:	1880:	in grösseren Gemeinden 1866:	1880:
Vlaemen unter je 100 000 männl. Personen	51 934	51 631	60 967	57 547
" " " weibl. "	51 635	51 345	61 775	58 157
Wallonen " " männl. "	48 066	48 369	39 043	42 453
" " " weibl. "	48 365	48 655	38 225	41 843

Die Vlaemen wiegen in den grösseren Gemeinden immer noch
stärker als in den kleinen vor, weil die meisten bedeutenderen Ortschaften in der Ebene auf ursprünglich vlaemischem Boden liegen.
Aber es wird in Belgien die Meinung zunichte, dass die Bevölkerung
der grossen Städte den Fortschritt der Kultur bestimme, wenn man
sieht, wie die belgische Kultur romanische Wege einschlägt.

Bei der oben bewiesenen Unmöglichkeit, die Volksvermehrung
innerhalb der beiden Gemeindegruppen als Mittel zur Berechnung der
Stammverteilung zu verwenden, halte ich fortan jene genügend unterschiedenen Gruppen nicht mehr auseinander, trenne aber einstweilen
noch die Geschlechter und lege in Tabelle 11 das Ergebnis der bis-
herigen Untersuchung provinzenweise nieder. Als Utraquisten von
fraglicher Nationalität sind daselbst nur noch die zugleich vlaemisch
und französisch, aber nicht deutsch verstehenden Bewohner Belgiens
belassen. Einen deutlicheren Begriff von der Gruppierung der Nationalitäten (immer ohne Rücksicht auf die keiner Landessprache Mächtigen, aber noch einschliesslich der Fremdbürtigen) gewinnt man erst
durch Anteilsberechnung. Von je 10 000 Personen eines Geschlechts
waren nun im Jahre 1866:

in den Provinzen	Wallonen männl.	weibl.	fraglich männl.	weibl.	Vlaemen männl.	weibl.	Deutsche männl.	weibl.
Limburg	457	438	705	572	8 814	8 963	24	27
Lüttich	8 811	9 031	322	265	412	362	855	848
Luxemburg . .	8 490	8 481	29	17	12	6	1 469	1 496
Namür	8 907	9 915	66	47	10	16	19	23
Hennegau . . .	9 560	9 632	239	176	188	178	13	14
Brabant . . .	2 656	2 687	1 625	1 604	5 653	5 640	66	69
Antwerpen . .	83	85	656	574	9 223	9 305	37	35
Ostflandern . .	104	92	684	604	9 205	9 298	6	7
Westflandern . .	423	406	816	704	8 754	8 883	6	7
Königreich . .	4 244.₃	4 232.₄	669.₄	611.₄	4 963.₄	5 033.₄	123.₀	122.₀

Stände bereits das Verhältnis von 2 : 1 für Vlaemen und Wallonen
an den Utraquisten fest, so hätte man in obigen Zahlen einen Massstab zur Vergleichung des neuesten Zustandes mit dem von 1866; ich

(Tabelle 11.)	Von der Wohnbevölkerung zu Ende 1866 sind nachgewiesen oder anzusehen als				Von der Wohnbevölkerung zu Ende 1880 sind nachgewiesen oder anzusehen als			
Provinzen:	Wallonen	französisch und vlaemisch Redende	Vlaemen	Deutsche	Wallonen	französisch und vlaemisch Redende	Vlaemen	Deutsche

a. Männlichen Geschlechts:

Limburg . .	4 561	7 028	87 923	278	5 325	10 544	85 229	789
Lüttich . .	249 071	9 002	11 526	9 860	275 412	12 166	10 374	15 183
Luxemburg .	86 242	297	123	14 919	85 931	319	199	14 794
Namür . . .	150 555	1 009	148	283	152 145	1 187	201	448
Hennegau .	408 936	10 242	6 048	545	448 488	13 868	7 368	1 252
Brabant . .	106 203	64 999	226 082	2 629	125 528	76 957	249 568	4 485
Antwerpen .	1 926	15 274	214 611	871	4 834	26 144	238 743	2 238
Ostflandern .	4 180	27 587	371 466	306	4 411	40 060	372 310	098
Westflandern	13 466	25 982	278 848	202	12 979	40 015	272 462	246
Königreich	1.025 140	161 420	1.198 775	29 913	1.115 055	221 200	1.236 454	40 133

b. Weiblichen Geschlechts:

Limburg . .	4 179	5 448	85 439	262	5 218	8 061	83 734	701
Lüttich . .	250 372	7 336	10 024	9 505	281 655	9 888	9 922	14 763
Luxemburg .	83 246	164	61	14 088	82 267	181	217	14 783
Namür . . .	149 321	701	242	343	151 814	975	243	579
Hennegau .	401 424	7 324	7 428	565	441 890	9 930	6 498	1 547
Brabant . .	110 095	65 723	231 093	2 813	135 451	70 479	255 302	8 330
Antwerpen .	1 991	13 318	216 072	817	9 193	23 139	240 727	2 390
Ostflandern .	3 677	24 232	373 285	264	4 170	37 253	377 490	441
Westflandern	13 093	22 695	248 322	225	1 1905	30 580	281 697	220
Königreich	1.017 394	146 941	1.209 966	29 482	1.117 563	202 492	1.255 830	41 754

c. In Belgien geborene Bevölkerung männlichen Geschlechts:

Limburg . .	4 520	7 028	85 719	28	5 252	10 544	83 162	558
Lüttich . .	248 036	9 002	7 836	3207	273 895	12 166	6 102	6 009
Luxemburg .	85 212	297	36	12 456	84 684	319	182	12 340
Namür . . .	149 576	1 009	30	79	150 817	1 187	138	121
Hennegau .	403 034	10 242	7 759	118	440 174	13 868	7 061	575
Brabant . .	103 446	64 999	223 511	716	119 703	76 957	246 188	750
Antwerpen .	1 478	15 274	200 970	38	3 865	26 144	232 387	564
Ostflandern .	3 379	27 587	309 975	69	2 829	40 060	370 761	356
Westflandern	10 898	25 982	278 308	133	9 244	40 015	272 147	76
Königreich	1.009 579	161 420	1.183 150	16 844	1.090 463	221 200	1.218 128	21 349

d. In Belgien geborene Bevölkerung weiblichen Geschlechts:

Limburg . .	4 131	5 448	82 843	4	5 159	8 061	81 657	402
Lüttich . .	249 305	7 336	5 960	2 857	280 183	9 888	5 231	4 570
Luxemburg .	82 077	147	—	12 191	80 945	181	196	12 120
Namür . . .	148 322	701	136	119	150 558	975	154	137
Hennegau .	395 436	7 824	7 156	145	433 804	9 936	6 258	624
Brabant . .	107 381	65 723	227 607	681	129 433	76 479	250 645	979
Antwerpen .	1 536	13 318	210 666	48	2 192	23 139	238 106	442
Ostflandern .	2 603	24 232	371 235	76	2 453	37 253	375 068	58
Westflandern	9 903	22 695	285 949	105	7 342	36 580	281 277	29
Königreich	1.000 934	146 924	1.191 754	16 225	1.092 071	202 492	1.233 592	19 421

habe mit jenem aber bislang nur gearbeitet, um einen allgemeinen Ein-
blick in die Fortschritte des Wallonentums zu verschaffen, und komme
erst jetzt zur Herstellung einer festeren Grundlage, wofür die Volkszählung vom 15. Oktober 1846[1]) den Hauptstoff liefert. Bei derselben wurde nämlich die Familiensprache und nicht die verstandenen
Sprachen erhoben, so dass man für jenen Zeitpunkt eine eigentliche
Statistik der Nationalitäten in Belgien besitzt. Die Gesamtzahlen für
das Königreich teile ich hierunter mit, setze daneben die Fremdbürtigen
unter der Voraussetzung, dass an erster Stelle der z. B. in Frankreich
Geborene sich mit geringen Ausnahmen zur französischen Familiensprache bekannt haben wird, und ziehe die Fremden von den für die
einzelnen Nationalitäten angegebenen Zahlen ab:

Familien-sprache:	Bevölkerung männl.	weibl.	fremde Geburtsland:	Bewohner männl.	weibl.	es bleiben männl.	weibl.
franz. od. wallon.	913 039	914 102	Frankreich	17 856	16 744	895 183	897 358
vlaem. od. holl.	1.230 513	1.240 735	holl. Limb.	5 281	5 358	1.214 938	1.225 103
			Niederland	10 294	10 274		
deutsch . . .	17 237	16 823	holl. Luxemb.	4 022	3 681	6 298	7 202
			Deutschland	6 619	5 940		
englisch . .	1 896	1 928	England	1 804	2 024	— 2 374	— 1 331
andere Sprachen	838	85	and. Länder	3 304	1 320		
zusammen	2.163 523	2.173 673	. . . .	49 480	45 341	2.116 043	2.128 332

Das Minuszeichen vor zwei Zahlen besagt natürlich nur, dass die
betreffenden Fremdbürtigen Kinder von Belgiern oder längst vollkommen
in Belgien heimisch geworden waren, oder dass sie eine der Landessprachen aus der Schweiz, aus Oesterreich u. s. w. mitgebracht hatten.
Insofern man bei den Berechnungen aber weder mit den Fremdbürtigen
aus anderen als den Nachbarstaaten, noch mit der englischen oder
einer nicht näher bezeichneten fremden Sprache etwas anfangen kann,
lasse ich diese Bestandteile ganz aus und beschränke mich auf die nach
Abzug der in den Nachbarstaaten geborenen Personen übrig bleibenden
Ortsanwesenden (es ist die Aufenthaltsbevölkerung ermittelt), welche
französisch, vlaemisch oder deutsch als ihre Familiensprache verzeichnet
haben. Deren Zahl betrug im Jahre 1846

in den Provinzen	Wallonen männl.	weibl.	Vlaemen männl.	weibl.	Deutsche männl.	weibl.	zusammen männl.	weibl.
Limburg	5 146	3 989	86 681	84 065	—204	—167	91 023	87 887
Lüttich	211 302	214 230	9 180	7 021	—1187	—1363	219 295	219 894
Luxemb.	78 430	78 822	523	—29	9417	9843	88 370	88 636
Namür	129 737	129 648	761	410	—176	—135	130 322	129 923
Hennegau	341 299	340 440	11 591	8 533	—220	—112	352 670	348 872
Brabant	105 151	110 012	231 053	232 004	—833	—475	335 371	341 541
Antwerp.	3 700	2 098	191 738	194 072	—195	—150	195 243	196 620
Ostfland.	6 395	5 109	386 112	389 391	—168	—145	392 339	394 355
Westfland.	14 023	12 998	297 299	309 031	—138	—94	311 184	321 935
Königr.	895 183	897 358	1.214 938	1.225 103	6 296	7 202	2.116 417	2.129 663

Die häufigen negativen Vorzeichen rühren daher, dass viele Fremdbürtige eine andere Familiensprache als die ihres Heimatlandes angegeben haben: so stehen 36 in holländisch Limburg und 49 im übrigen

[1]) Statistique de la Belgique, population: Recensement général (15 octobre 1846),
publié par le Ministre de l'Intérieur. Bruxelles 1849.

Niederland geborenen weiblichen Personen nur 56 vlaemisch redende in belgisch Luxemburg zur Seite, und während die Provinz Lüttich 3083 bezw. 151 männliche Fremdbürtige aus Deutschland und holländisch Luxemburg beherbergte, wurden daselbst nur 2047 Deutschredende verzeichnet. Ich sehe solche Fälle nicht einmal als eine Verleugnung der Muttersprache an, sondern glaube, dass die Deutschen in vlaemischen Gegenden oft oder gar grösstenteils als Vlaemen eingetragen wurden, sobald sie der dortigen Volkssprache überhaupt mächtig waren. Immerhin tritt der formelle Grund, dass 17 Zahlen negativ sind, mit ihnen also nicht gearbeitet werden kann, dem sachlichen hinzu, dass zwischen Vlaemen und Deutschen kein nationaler Gegensatz besteht; er bestärkt mithin meine Absicht, fortan nur den Anteil der Wallonen zu ermitteln, dessen einfache Ergänzung der vereinigte Anteil von Vlaemen und Deutschen bildet.

Jener wallonische Anteil an der 1840er Bevölkerung beträgt auf je 10 000 in Belgien geborene männliche bezw. weibliche Ortsanwesende von einer der drei (richtiger zwei) Nationalitäten in Limburg 562 und 454, in Lüttich 9637 und 9743, in Luxemburg 8875 und 8893, in Namür 9955 und 9979, in Hennegau 9678 und 9758, in Brabant 3135 und 3221, in Antwerpen 190 und 107, in Ostflandern 163 und 130, in Westflandern 451 und 404, im ganzen Königreiche auf je 100 000: 42 297 und 42 137. Dass die Verhältniszahlen überall, wo die Bevölkerung vorwiegend wallonisch ist, beim weiblichen Geschlechte höher waren (besonders in Lüttich), bedeutet eine stärkere Zuströmung von Männern als von Frauen aus den vlaemischen Landesteilen. Umgekehrt lebten in vlaemischen (besonders den beiden nördlichsten) Provinzen mehr wallonische Männer als Frauen, Brabant allein ausgenommen, dessen Hauptstadt eine hervorragende Anziehung auf das weibliche Geschlecht ausübt.

Die oben angesetzten Anteilziffern könnte man nun benutzen, um die Utraquisten von 1860, wie sie in Tabelle 11 unter c. und d., d. h. wieder nach Abzug der Fremdbürtigen, verzeichnet sind, unmittelbar auf die wallonische und vlaemische Nationalität zu verteilen: es würde dazu die Voraussetzung nötig sein, dass Wanderungen von Provinz zu Provinz keine Veränderungen in der Zusammensetzung der Bevölkerung hervorgebracht haben. Aber theoretisch ist die Voraussetzung falsch, weil geringe Beimischungen durch ein paar Tausend Zugewanderter schon wesentlich verändert werden, und praktisch führt sie zu ungereimten Ergebnissen (z. B. 1 % wallonischem Anteil an den weiblichen Utraquisten in Limburg und 114 % in Lüttich). Der Einfluss der Wanderungen zwischen den Provinzen wird jedoch bedeutungslos, wenn man die Gesamtheit des Königreichs vor sich hat, und was stellt sich dann heraus? dass die rein wallonische Bevölkerung, ohne ihr einen einzigen Utraquisten anzurechnen, im Jahre 1860 um 6700 männliche und 8250 weibliche Personen stärker geworden ist, als ihr nach dem Verhältnisse für das Jahr 1846 zukamen! Auf je 100 000 geborene Belgier entfielen nunmehr im männlichen Geschlechte 42 581 und im weiblichen 42 487 Wallonen, ungerechnet deren Anteil an 6808 bezw. 6237 Utraquisten.

Gegen dieses für die vlaemische Nationalität klägliche Ergebnis ist der Einwand zu erheben, dass die natürliche Volksvermehrung unter den Wallonen bei weitem grösser als unter den Vlaemen gewesen sein könnte. Da kein Gesetz hierin einen Unterschied zwischen den beiden Völkerschaften hervorbringt, so wäre auch eine Klage über den Fortschritt der wallonischen aus so einfacher Ursache ganz und gar nicht berechtigt. Jenen Einwand zu prüfen, gestattet nun der mit Ausnahme Brabants fast reine Gegensatz der Provinzen, von deren hier wallonischer, dort vlaemischer Minderheit billig anzunehmen ist, dass ihre natürliche Vermehrung denselben Bedingungen wie die der Mehrheit unterliegt. Die Zahlen über die Volkszunahme gehen aus der für das Ende jedes Jahres, mit Ausnahme der Volkszählungsjahre, amtlich berechneten Bevölkerung [1]) hervor, und da die Ausnahmejahre, weil sie nur formell ausfallen, schwerlich von den übrigen abweichen, so steckt in der berechneten Zunahme das Mass der natürlichen Volksvermehrung innerhalb jeder Nationalität. Dieselbe beträgt im ganzen 724 908 Personen, wovon der wallonischen Nationalität bei der Berechnung für das Königreich im ganzen (nach dem Durchschnitt für beide Geschlechter) 306 019, für die einzelnen Provinzen jedoch 401 876 zufallen würden; die Differenz beweist allerdings einen ganz beträchtlichen Geburtsüberschuss zu Gunsten der Wallonen. Nun ergibt sich aus den Volkszählungen von 1846 und 1866 nur ein wirklicher Ueberschuss von 480 750, so dass — ohne Anrechnung des Ueberschusses aus den letzten 2½ Monaten von 1846 und aus den Jahren 1856 und 1866 — nicht weniger als 244 158 Personen ausgewandert sein müssen. Wir haben (Seite 34) gesehen, dass bei weitem die meisten auswärts lebenden Belgier sich in Frankreich befinden, und ich könnte daraus Veranlassung nehmen, jene Auswanderung grösstenteils den Wallonen auf Rechnung zu stellen; weil aber ohnehin die Zunahme der letzteren auf Kosten der Vlaemen so bedeutend ist, lasse ich es bei gleichmässiger Beteiligung beider Volksstämme an der Auswanderung bewenden und berechne einfach den wallonischen Anteil an der wirklich verbliebenen Volksvermehrung nach den 1846er Verhältnissätzen. Derselbe beträgt, das Königreich als Ganzes gesetzt, 107 678 männliche und 94 003 weibliche Personen, bei der provinzenweise erfolgenden Behandlung 161 938 und 147 828. Indem ich nun noch die Wanderungen aus vlaemischen nach wallonischen Gegenden beiseite setze, mithin die für die natürliche Vermehrung der Wallonen in jedem Betracht günstigste Berechnung annehme, erhalte ich als Anteil dieses Volksstammes an den Utraquisten im Jahre 1866: 46 042 männliche und 44 252 weibliche Personen oder 29.01 bezw. 30.11 Prozent sämtlicher Utraquisten. Aller Konzessionen ungeachtet bleibt demgemäss der berechnete Anteil der Wallonen hinter dem bisher als mutmasslich angesetzten Dritteil noch etwas zurück. Jener Prozentsatz ist in der Berechnung anstatt der von Zufälligkeiten nicht freien verschiedenen Ansätze für die Provinzen besser gleichmässig einzuführen, und man gewinnt nun folgende Uebersicht:

---

[1]) Annuaire statistique de la Belgique, douzième année — 1881. Bruxelles 1882.

Provinzen:	natürl. Volksvermehrung:		Zunahme der Wallonen seit 1846:		den Wallonen für 1866 anzurechnen:		Anteil der Wallonen an je 10000:	
	1847—54	1857—65	männl.	weibl.	männl.	weibl.	männl.	weibl.
Limburg	7 902	7 985	319	207	6 565	5 772	675	624
Lüttich	44 351	66 762	47 014	43 893	250 654	251 515	9 350	9 475
Luxemburg . . .	10 999	14 759	8 547	5 139	85 298	82 121	8 704	8 698
Namür	23 578	25 059	20 280	19 313	149 870	148 540	9 945	9 951
Hennegau . . .	50 474	89 112	66 278	59 708	406 012	397 642	9 640	9 697
Brabant	94 031	115 384	17 964	19 336	122 348	127 157	3 116	3 166
Antwerpen . . .	33 999	43 588	599	310	5 920	5 547	261	246
Ostflandern . . .	— 178	47 215	142	52	11 401	10 102	284	254
Westflandern . .	— 1 138	35 026	195	— 130	18 451	16 799	585	527
Königreich . .	270 118	454 690	161 338	147 828	1.056 519	1.045 195	4 456	4 437

Verweilen wir einen Augenblick bei der Vergleichung des Ergebnisses für 1866 mit der Nationalitätenstatistik von 1846, so fällt die verhältnismässige Verminderung der Wallonen in den vier Provinzen, wo sie bei weitem vorherrschen, und ihr beträchtliches Anwachsen in den vier vlaemischen Provinzen auf, während der unerhebliche Rückgang in Brabant bei minder gleichmässiger Ansetzung des allgemeinen Anteils an den Zweisprachigen sofort in Wegfall gekommen wäre. Jene Erscheinung entspricht im ganzen dem statistischen Gesetze, dass die landschaftlichen Minoritäten innerhalb eines grossen Gemeinwesens wachsen, und hätte deshalb nicht viel zu bedeuten; aber die Abnahme der Wallonen in Lüttich und Luxemburg ist zu beträchtlich, um nicht eine besondere Erklärung zu fordern. Ich glaube dieselbe, eine richtige Aufnahme für 1846 voraussetzend, darin zu finden, dass viele Wallonen nach dem Westen verzogen sind, und dass die bis zu dem genannten Jahre aus Deutschland und Luxemburg eingewanderten Familien auf belgischem Boden eine zahlreiche Nachkommenschaft erzeugt haben. Ohne aus dem unzureichenden Material einen strikten Beweis für meine Gesamtanschauung der Vorgänge führen zu können, fasse ich dieselbe dahin zusammen: dass der in die Periode fallende industrielle Aufschwung der wallonischen Provinzen die dortige betriebsame Bevölkerung mit Mitteln versehen hat, einen im benachbarten Frankreich noch besseren Verdienst suchenden Ueberschuss abzugeben, dass aus vlaemischen Provinzen Tausende von den wallonischen Berg- und Hüttenwerken angezogen wurden, und dass ein Teil derselben durch wallonische Beamte und Lehrer ersetzt worden ist. Das vorzugsweise aus der stärkeren Volksvermehrung in den südlichen Provinzen hervorgegangene Anwachsen des wallonischen Stammes im ganzen Königreiche um 2263 auf je 100000 männliche und 2229 auf je 100000 weibliche Personen musste seinen Einfluss begreiflich erhöhen; auf ein Jahr berechnet, beträgt es beim männlichen Geschlechte 112 und beim weiblichen 110. Mit der Berechnung für 1866 ist jetzt eine Grundlage zu der für Ende 1880 gewonnen, wobei wieder die Utraquisten nach den Abteilungen c. und d. der 11. Tabelle zu verteilen sind. Zwar fehlen daselbst die Kinder vor vollendetem zweiten Lebensjahre; wenn aber diese (abzüglich 2 Prozent der Fremdbürtigen) nach dem 1880er Anteil der Nationalitäten hinzugesetzt werden, ist die Vergleichbarkeit hergestellt.

Die betreffenden Zahlen sind, wenn man annimmt, dass die Söhne dem Vater und die Töchter der Mutter folgen,

für die Provinzen:	überhaupt zu-tretend		auf je 10000 entfallende				Kinderanteil der			
			Wallonen		Utraquisten		Wallonen		Utraquisten	
	Knaben	Mädchen	männl.	weibl.	männl.	weibl.	männl.	weibl.	männl.	weibl.
Limburg . .	5 564	5 434	528	541	1 060	640	293	295	369	460
Lüttich . .	16 975	16 477	9 186	9 343	408	330	15 594	15 394	693	533
Luxemburg .	5 162	4 988	8 683	8 663	33	19	4 483	4 320	17	9
Namür . . .	7 462	7 423	9 905	9 918	78	64	7 392	7 362	58	47
Hennegau .	23 282	22 693	9 534	9 627	300	221	22 197	21 847	698	501
Brabant . .	25 437	25 584	2 098	2 829	1 734	1 672	6 862	7 238	4 414	4 277
Antwerpen .	17 314	17 182	147	85	994	894	254	146	1 721	1 537
Ostflandern .	22 435	22 065	08	59	968	898	173	130	2 172	1 982
Westflandern .	17 381	17 332	294	226	1 245	1 125	511	392	2 167	1 950
Königreich	141 012	139 178	4 274	4 287	867	795	57 759	57 124	12 529	11 290

Die mittleren Reihen zeigen wiederum, wie für 1846—66, den wallonischen Anteil unzweifelhaft gewachsen; denn da unter 100 000 in Belgien geborenen und einer Landessprache mächtigen Personen männlichen Geschlechtes 42 743, sowie des weiblichen 42 867 von vorn herein als Wallonen anzusehen und 8 673 bezw. 7 948 Utraquisten sind, beträgt die Zunahme gegen 1866 bei jenen 298 und 542, bei diesen 1990 und 1835. Ist dieselbe abermals hauptsächlich auf eine stärkere natürliche Volksvermehrung in den südlichen Provinzen zurückzuführen? Hierüber gibt die Statistik einige, jedoch nicht durchaus befriedigende Auskunft.

Das amtliche Jahrbuch enthält die Zahlenreihen für den Geburten-überschuss: die Differenz der berechneten Bevölkerung zu Ende 1875 gegen das Ergebnis der Volkszählung zu Ende 1866, die entsprechende Differenz von 1879 gegen 1876 und das Mehr an Lebendgeborenen gegen die Gestorbenen im Jahre 1880. Im Ganzen beträgt die natür-liche Volksvermehrung, ohne das Zählungsjahr 1876 in Ansatz zu bringen, 824 115, während die Wohnbevölkerung des Landes abzüglich der Fremdbürtigen sich nur um 647 011 vermehrt hat. Folglich muss auch binnen 1867—80 ein erheblicher Abfluss ins Ausland statt-gefunden haben, von welchem man wieder nicht weiss, welchen Pro-vinzen er entstammte. Der wallonische Anteil an jenen 647 011 Per-sonen berechnet sich nach dem allgemeinen Durchschnitt der 1866er Zahlen (44.38 Prozent beim männlichen und 44.38 Prozent beim weib-lichen Geschlechte) auf 283 239, und er würde 143 136 männliche und 140 810 weibliche Personen ausmachen, wenn man die aus Tabelle 11 hervorgehende und durch die Kinder von unter zwei Jahren ergänzte Zunahme von 1880 gegen 1866 für den ganzen Staat zu Grunde legte. Ich nehme jedoch statt dieser letzteren wieder das den Wallonen günstigste Zunahmeverhältnis in den einzelnen Provinzen als massgebend an und erhalte so 301 999 Wallonen gegen 1866 mehr. Nach Abzug des aus Tabelle 11 hervorgehenden Zuwachses bei den Wallonen und ihrer Kinder bleiben, provinzenweise berechnet, 57 511 männliche und 48 785 Utraquisten wallonischer Nationalität. Das sind von der Gesamtzahl der Utraquisten einschliesslich ihrer Kinder — nämlich 233 789 und 213 788 — für das ganze Königreich 24.60 Prozent der männlichen und 22. Prozent der weiblichen Utraquisten. Gegen das Jahr 1866 bedeuten diese Ziffern zwar einen merklichen relativen Rückgang in der Neigung der wallonischen Bevölkerung, sich die zweite Landessprache anzueignen. Insofern sich jedoch einerseits die absolute Zahl wallonischer Utraquisten um 14 000 stärker ausweist, und weil anderseits die belgische Staatsverwaltung, ohne gerade hässlichen Zwang anzuwenden, das Ihrige gethan hat, der vlaemischen Nationalität die Erlernung des Französischen wünschenswert zu machen, finde ich in dem Ergebnisse der Rechnung nichts Bedenkliches. Jene Prozentsätze wende ich nun gleichmässig auf die Utraquisten aller Provinzen, wie sie aus Tabelle 11 hervorgehen (d. h. ohne Kleinkinder) an und erhalte somit folgende Uebersicht:

Provinzen:	natürliche Volksvermehrung in den Jahren 1867/75 : 1877/79 : 1880:			Zunahme der Wallonen seit 1866:		den Wallonen für 1880 anzurechnen:		Anteil der Wallonen an je 10 000:	
				männl.	weibl.	männl.	weibl.	männl.	weibl.
Limburg	10 885	6 457	1 842	526	521	7 846	6 998	790	734
Lüttich	87 826	26 855	6 961	44 007	48 219	276 888	282 440	9 279	9 419
Luxemb.	9 562	6 352	2 176	6 616	3 492	84 763	80 986	8 691	8 667
Namür	19 327	8 714	2 885	8 982	9 921	151 108	150 781	9 924	9 931
Henneg.	118 909	26 048	7 057	61 509	61 336	443 586	436 071	9 608	9 455
Brabant	146 230	57 534	9 644	23 795	25 817	138 634	146 686	3 125	3 210
Antwerp.	66 139	30 898	6 583	1 396	1 242	10 297	7 472	392	289
Westfldrn.	62 393	23 318	6 981	1 006	980	12 683		306	264
Ostfldrn.	54 434	14 293	4 412	1 377	1 257	19 088	15 690	594	482
Königr.	575 105	200 469	48 541	149 214	152 785	1.144 893	1.138 290	4 487.i	4 468.i

Die Berechnung des wallonischen Anteils an den Zweisprachigen und die daraus sich ergebende desselben Anteils an der in Belgien geborenen Bevölkerung ist hiermit abgeschlossen. Sie hat die auf den ersten Blick befremdliche Thatsache ans Licht gezogen, dass die verhältnismässige Vermehrung der Wallonen auf 100 000 Landesbürtige jedes Geschlechts betrug

von 1846 bis 1866 beim männl. Geschlechte 2 263, beim weibl. Geschlechte 2 229,
» 1866 » 1880 » » » 317, » » » 315,

während die Verwelschung Belgiens nach herkömmlicher Ansicht in der letzten Periode grössere Fortschritte gemacht haben soll. Ich will diesen Widerspruch zu lösen versuchen.

Man erinnert sich, dass die Bevölkerung während der ersten Periode in den wallonischen Provinzen ausserordentlich stärker als in den vlaemischen anwuchs; dort nahm die Industrie einen grossartigen Aufschwung, hier, und namentlich in Flandern, litt die Gewerbthätigkeit, und es ist sehr wahrscheinlich, dass eine nachhaltige Schwächung folgte, welche nicht allein früheres Absterben, sondern auch eine Abnahme des geistigen und sittlichen Widerstandes gegen den durch finanzielle Kräftigung der Unternehmer gesteigerten Einfluss der Wallonen erzeugte.

Hatte jener Unterschied der Volksvermehrung die eine Seite physisch begünstigt, so wurde ihr noch eine moralische Gunst durch den Unterricht zu teil. Gewiss ist eine Regierung zu loben, wenn sie die Verständigung ihrer stammesverschiedenen Unterthanen durch geeignete Massregeln fördert; allein wenn sie ihre Mittel dazu gebraucht, dem schon an Reichtum und Ansehen hervorragenden Stamme Vorschub zu

leisten, so hemmt sie die geistige Entwickelung des anderen, in Belgien
sogar an Zahl überwiegenden Stammes.   Der Wallone, welcher im
Norden Geschäfte hat oder sich völlig dort niederlässt, findet allenthalben an den Gebildeten genug Dolmetschen, welche die Ausführung
seiner Pläne erleichtern; nicht so der Vlaeme, den sein Geschick in
wallonische Gegenden führt, denn dort sind die der zweiten Landessprache Kundigen spärlich gesät.   Hierin liegt ein sich steigernder
Antrieb für den Vlaemen, die Sprache zu erlernen, mit welcher er
überall durchkommt, und die sehr begreifliche Eitelkeit, als gebildet
angesehen zu werden, befördert diese Erlernung auch bei denjenigen,
die daheim zu bleiben beabsichtigen.   Wie viele Vlaemen aber, die
nun beider Sprachen mächtig geworden sind, im Laufe der Zeit ihrer
Muttersprache abtrünnig werden oder ihre Kinder nur mit Brocken
derselben versehen, entzieht sich der statistischen Ermittelung.   Man
darf indessen vermuten, dass solcher Personen verhältnismässig mehr
in einer Periode vorkommen, welche den wallonischen Landesteilen
wirtschaftlich vorteilhaft und den vlaemischen unvorteilhaft verläuft,
und das war die erste der beiden in Vergleichung gezogenen.

Wenn hieraus Gründe hergeleitet sind, welche die annähernde
Richtigkeit der obigen Veränderungen erhärten, so gibt nichtsdestoweniger der Gang meiner Untersuchung eine Handhabe, sie wieder
zu bezweifeln.   Die Unvollkommenheit und der wiederholte Wechsel
der statistischen Aufzeichnungen zwangen mich, mehrere Umstände
ausser Acht zu lassen.   So konnte ich wegen gänzlichen Mangels an
Nachrichten über die Auswanderung aus den einzelnen Provinzen und
über die Wanderungen von einer Provinz zur anderen keine Zahlen
ansetzen, welche der höchst wahrscheinlichen Ersetzung ausgewanderter
Wallonen durch Vlaemen Rechnung tragen würden. · Auf diese Weise
mögen dem wallonischen Stamme für das Jahr 1866 in der Form
wallonischer Utraquisten Tausende zu viel angerechnet sein.   Wollte
ich dieselben willkürlich abziehen, so brauchten dennoch die Gesamtzahlen für 1880, welche sich wieder auf die 1866er stützen, nicht verringert zu werden, weil ja unzweifelhaft eine Menge früherer Utraquisten zum Wallonentume übergegangen sind, ohne dass dieselben bei
meiner Berechnung mitberücksichtigt werden konnten.

Gesetzt nun auch, dass die Zunahme der Wallonen auf je 100 000
Personen männlichen Geschlechts — das weibliche verhält sich im Ganzen
nicht viel anders — von 1846 bis 1866 nicht 2263, sondern nur rund
1900 betragen hätte, so steigt die Zunahme derselben von 1866 bis 1880
immerhin erst auf 680, bleibt demgemäss weit hinter der vorher-
gegangenen zurück.

Am Schlusse dieses Abschnittes werfe ich einen Blick auf das
verschiedene Verhalten der Provinzen.   In sämtlichen überwiegend wallonischen Provinzen ist der wallonische Anteil niedriger,
in sämtlichen vlaemischen Provinzen (auch in Brabant) — mit alleiniger,
nicht erheblicher Ausnahme Westflanderns beim weiblichen Geschlechte —
höher geworden als im Jahre 1866.   Diese dem statistischen Gesetze
des Anwachsens der Minoritäten entsprechende Erscheinung könnte ich
als Rechtfertigung meines Verfahrens anrufen; und ebenso passt sich

das bei den beiden Geschlechtern beobachtete abweichende Verhältnis — namentlich der beim weiblichen viel geringere Anteil der Wallonen da, wo letztere schwach vorkommen, — durchaus den früheren Bemerkungen an. Gleichwohl warne ich vor unbedingter Zustimmung; denn sicherlich ist in dem einen Landesteile ein grösseres, in dem anderen ein geringeres Bedürfnis der Wallonen, das Vlaemische zu erlernen, vorhanden. Nur weil es an einem Massstabe zur Erkenntnis dieses Bedürfnisgrades fehlt, war ich genötigt, einen für alle Provinzen gleichen Anteil an den Zweisprachigen einzustellen.

V. Die Sprachgrenze und das Mischungsverhältnis.

Von den vielen Erschwernissen, welche die Umsetzung der Sprachen in die Nationalitätenstatistik mit sich brachte, nunmehr befreit, habe ich es in diesem letzten Abschnitte nur noch mit jener selbst zu thun. Ferner darf ich mir — bis auf die wenigen Ausnahmen, welche von der Rücksicht auf eine wirkliche oder scheinbare Veränderung der Sprachgrenze erfordert werden, — die Vergleichung der Ergebnisse aus 1866 und 1880 ersparen und mich in Bezug auf erstere mit Tabelle 12 begnügen. Darin sind die Geschlechter nicht weiter unterschieden, und ebenso ist das in der ihr gegenüberstehenden allgemeinen Tabelle 13 der Verwaltungsbezirke für 1880 der Fall.

Mit vollkommener Deutlichkeit ersieht man aus der Tabelle, dass 23 Verwaltungsbezirke vorwiegend vlaemisch oder deutsch sind, nämlich die 3 limburgischen, 1 luxemburgischer (Arlon), 2 brabanter (Bruxelles und Louvain), die 3 antwerpenschen, die 6 ostflandrischen und die 8 westflandrischen. Die übrigen 18 Bezirke hingegen gehören vorwiegend dem wallonischen Sprachgebiete an, und zwar die 4 lütticher, 4 luxemburgische (Marche, Bastogne, Virton und Neufchâteau), die 3 namürschen, die 6 hennegauischen und 1 brabanter (Nivelles). Allein die nicht selten grossen Zahlen der Minderheiten machen es wahrscheinlich, dass innerhalb der einzelnen Verwaltungsbezirke die Bevölkerung nicht homogen verteilt ist, sondern belangreiche Verschiedenheiten zunächst der Kantone bestehen. Hätte nun die belgische Statistik ausser dem Nachweise der Gruppierung in Miliz- und Gerichtskantone auch die statistischen Einzelheiten nach Kantonen gegliedert, so würde eine solche wünschenswerte Untersuchung kantonaler Abweichungen ohne riesige Vorarbeiten möglich sein; aber bedauerlicherweise ist die für feinere Verwertung des amtlichen Materials schlechteste Anordnung, die alphabetische, dermassen Regel in Belgien geworden, dass sogar die Bezeichnung der Kantone nicht nach deren Hauptorte, sondern nach dem im Alphabete voranstehenden Gemeindenamen stattfindet, und wenn man einen Kanton bearbeiten will, ist man genötigt, die einzelnen Gemeinden aus den grossen statistischen Tabellen einzeln zusammenzusuchen. Ich habe deshalb auf die Besprechung kantonaler Unterschiede ganz verzichtet und — allerdings bezugnehmend auf die Lage inner-

halb der für die Sprachgrenze wichtigen Kantone — die Gemeinden
unmittelbar als unterste Einheiten behandelt.

Wenn Böckh in seiner auf 1846 bezüglichen Arbeit die Gemeinden
sprachlich nach Zehnteln des deutschen Anteils an der Bevölkerung
gegliedert hat, so war mir die Nachfolge leider dadurch versagt, dass
seitdem die Zweisprachigen auf eine Linie mit den Einsprachigen gerückt sind, die früheren einfachen Verhältnisse mithin nicht mehr obwalten. An Böckh's Vorgang konnte ich mich aber in Festlegung der
Sprachgrenze um so sicherer anschliessen, als erstens die Utraquisten
nur in äusserst seltenen Fällen die entschiedene sprachliche Mehrheit
beeinträchtigen, und als zweitens für diese Ausnahmen das im vierten
Abschnitte Entwickelte fast immer massgebend sein darf.

Die Sprachgrenze ist auf der beigegebenen Karte, für welche
ich die des Andree'schen Atlasses benutzt habe, gezogen. Die Lage
der Gemeinden und, wo sie im Texte vorkommt, die Schreibart der
Gemeinden und Wohnplätze wurden aus der belgischen Generalstabskarte [1]) ermittelt. Leider wechseln die amtlichen Veröffentlichungen im
Gebrauche der Schreibweise (namentlich der Endsilben) so oft, dass ich
wegen der wiederholten Angabe mehrerer Namensformen um Entschul-
digung bitten muss.

Obschon auf die Sprachgrenze der Hauptnachdruck zu legen ist,
hielt ich meine Arbeit damit doch nicht für abgeschlossen. Denn auf
den beiden Seiten derselben ist die Mischung, zumal in Anbetracht
der Utraquisten, an mehreren Stellen recht verschieden und lohnt, ins
Licht gestellt zu werden. Ich verfolge deshalb die an dieser Grenze
beiderseits (zuweilen in zwei Reihen) liegenden Gemeinden, indem ich,
um nicht in unnötiges Detail zu gerathen, Gruppen sich ähnlich ver-
haltender Gemeinden bilde. Sodann ist hinter den Grenzgemeinden
eine zweite, zuweilen doppelte oder dreifache Reihe von Gemeinden
deshalb zu berücksichtigen, weil in gewissen Fällen ein Uebergang in
das Innere des Sprachgebietes wirklich stattfindet und in anderen Fällen
der Mangel eines solchen Uebergangs nicht weniger Interesse erregt.
Ferner bieten teils die volkreichen Gemeinden mitten im geschlossenen
Sprachgebiete, teils die wenigen kleineren Städte oder die Vororte der
Provinzialhauptstädte, teils endlich die an den Landesgrenzen liegenden
Orte so sehr von dem Stocke aller übrigen Gemeinden oder auch untereinander verschiedene Verhältnisse dar, dass es mir geboten schien,
mein Augenmerk auf dieselben zu richten.

Mit alledem und den sonst im Texte enthaltenen Nachrichten
besorge ich nicht, irgend einen Standpunkt vernachlässigt zu haben,
von welchem aus die amtliche Sprachenstatistik erörtert werden könnte.
Die Provinzen sind behufs leichterer Vergleichung mit den früheren
Abschnitten in der gewählten Reihenfolge und nicht nach dem Verlaufe
der Sprachgrenze behandelt.

---

[1]) Carte de Belgique, indiquant toutes les voies de communication, dressée
au Dépôt de la Guerre, à l'échelle de 1 : 160 000. (4 Blatt.) 1866.

(Tabelle 12.)　　Unterscheidung der Wohnbevölkerung von 1866 nach der gesprochenen Sprache:

Verwaltungs-bezirke.	nur fran-zösisch	nur vlaemisch	nur deutsch	französisch und		vlae-misch u. deutsch	alle drei Spra-chen	keine der drei Spra-chen	taub-stumm
				vlae-misch	deutsch				
Maeseyck . .	100	36 889	26	2 334	13	36	47	121	15
Hasselt . .	1 308	73 660	58	5 768	46	30	130	4	21
Tongres . .	7 320	62 755	51	4 374	42	41	60	35	34
Waremme .	46 771	6 571	8	1 975	50	2	11	40	28
Huy . . .	80 160	136	56	297	151	7	9	27	31
Liége . . .	259 046	8 954	2 726	11 443	3 443	117	375	96	152
Verviers . .	113 123	5 827	8 001	2 623	4 139	370	282	70	48
Marche . .	48 060	20	22	69	155	1	1	15	20
Bastogne .	31 121	17	1 950	47	1 557	1	10	1	15
Arlon . . .	3 185	68	18 675	125	5 862	29	68	—	14
Virton . .	42 232	11	95	62	749	1	14	7	23
Neufchâteau	49 862	59	57	159	394	—	2	46	27
Dinant . .	82 915	13	25	203	181	3	13	1	28
Namur . .	157 179	361	63	1 358	244	40	52	54	68
Philippeville	59 752	10	2	149	58	—	5	—	23
Charleroy .	202 659	2 042	99	6 982	277	8	55	266	58
Thuin . .	95 630	72	34	413	54	1	11	29	39
Mons . . .	186 501	475	40	1 730	163	12	53	97	97
Tournai . .	145 758	714	54	2 489	121	3	40	40	76
Ath . . .	86 891	4 032	1	1 307	13	4	12	30	46
Soignies . .	92 821	8 121	96	4 645	51	—	12	111	37
Nivelles . .	146 000	497	12	2 375	59	3	20	115	84
Bruxelles .	64 164	295 445	1 903	111 332	1 930	454	1 908	9 378	211
Louvain . .	5 934	160 030	58	17 009	95	30	104	67	58
Malines . .	1 058	113 049	37	10 305	37	16	130	37	32
Turnhout .	90	100 747	14	3 796	2	8	39	173	26
Anvers . .	2 739	216 007	649	14 491	175	290	611	410	43
Saint Nicolas	236	120 631	28	4 710	10	15	36	4	21
Termonde .	192	95 868	3	5 391	18	10	8	22	17
Alost . . .	596	135 438	7	6 766	7	22	75	82	39
Audenarde .	3 956	84 147	4	7 506	8	12	59	5	32
Gand . . .	2 871	254 931	167	25 062	155	27	384	405	183
Eecloo . .	16	53 254	2	2 384	1	8	24	1	20
Bruges . .	1 249	111 707	74	5 895	40	11	80	379	55
Thielt . .	40	92 709	3	3 750	2	—	12	6	19
Roulers . .	58	78 099	2	4 009	2	—	34	132	37
Courtrai . .	15 007	111 057	52	14 845	40	4	31	479	46
Ypres . .	9 844	84 858	61	11 774	12	10	53	72	25
Dixmude .	20	44 266	4	1 549	42	1	15	18	6
Ostende . .	274	43 164	21	3 924	43	1	25	33	7
Furnes . .	67	28 617	120	1 882	—	1	10	4	6
Königreich	2 041 784	2 406 491	35 356	308 361	20 448	1 625	4 966	6 924	1 878

(Tabelle 13.)	Unterscheidung der Wohnbevölkerung von 1880 nach der gesprochenen Sprache:								
Verwaltungs-bezirke.	ausschliesslich			französisch und		vlae-misch und deutsch	alle drei Spra-chen	keine der drei Spra-chen	Kinder von unter zwei Jahren
	fran-zösisch	vlaemisch	deutsch	vlaemisch	deutsch				
Maeseyck	98	35 436	28	3 788	86	136	132	90	2 156
Hasselt	¹)3 719	¹)70 665	¹)169	¹)8 904	¹)159	¹)220	¹)134	41	4 785
Tongres	¹)6 690	¹)62 472	¹)37	¹)5 853	¹)83	278	478	23	4 155
Waremme	49 727	6 475	8	2 614	47	4	35	22	3 269
Huy	84 729	46	60	385	340	11	23	17	4 354
Liège	298 514	10 148	4 362	15 079	5 622	181	916	183	18 602
Verviers	123 427	¹)3 549	¹)9 638	¹)3 877	¹)9 009	244	295	32	7 693
Marche	42 164	1	11	75	107	—	8	9	2 224
Bastogne	31 887	12	2 036	49	1 526	—	3	17	1 913
Arlon	3 809	302	15 485	101	8 874	8	74	53	1 627
Virton	40 907	1	128	59	875	—	5	8	1 936
Neufchâteau	49 801	40	38	150	382	12	15	30	2 590
Dinant	83 285	33	30	251	272	2	12	37	4 086
Namur	102 873	380	135	1 734	410	43	139	62	8 414
Philippeville	57 681	31	10	177	75	1	18	3	2 460
Charleroy	258 261	3 690	155	¹)8 020	576	17	²)137	211	15 242
Thuin	102 787	117	26	854	128	5	10	21	4 975
Mons	200 387	423	201	2 370	364	34	150	82	10 067
Tournai	141 359	547	14	2 923	155	7	61	24	6 425
Ath	84 549	2 314	8	2 832	40	1	11	6	3 922
Soignies	¹)102 135	¹)6 805	39	¹)7 890	324	1	180	9	5 834
Nivelles	146 959	607	22	2 381	175	3	59	202	7 737
Bruxelles	¹)105 346	¹)338 821	4 031	130 164	4 415	573	4 479	3 067	32 561
Louvain	8 284	162 242	197	20 891	133	69	276	224	11 383
Malines	1 103	121 622	72	11 218	38	26	153	75	8 671
Turnhout	114	99 448	13	4 825	17	8	99	11	6 408
Anvers	6 680	256 500	2 201	33 240	666	712	2 593	805	19 854
Saint-Nicolas	170	122 385	14	8 146	6	38	68	19	7 327
Termonde	229	96 229	8	7 632	6	3	50	18	6 135
Alost	681	133 378	13	11 306	29	16	135	64	7 691
Audenarde	¹)4 632	¹)77 614	1	¹)11 261	12	1	24	7	4 631
Gand	2 800	204 770	228	35 500	218	169	829	196	15 928
Eecloo	29	54 674	—	3 178	1	—	40	5	2 962
Bruges	898	107 450	67	10 549	63	58	221	500	6 416
Thielt	42	60 577	2	4 630	—	3	12	10	3 108
Roulers	73	79 882	7	6 104	5	14	147	10	4 504
Courtrai	¹)13 114	¹)109 976	12	20 112	28	12	54	70	8 007
Ypres	10 097	79 563	2	17 289	16	5	62	20	5 597
Dixmude	18	43 071	2	3 077	—	—	11	7	2 392
Ostende	575	44 925	39	5 822	37	46	86	105	3 207
Furnes	58	29 165	1	3 012	—	1	13	17	1 630
Königreich	2 230 316	2 485 384	39 550	424 738	35 349	2 956	12 246	8 412	283 058

¹) Aenderungen, welche nach der Herausgabe des Volkszählungsberichtes amtlich veröffentlicht worden sind. — ²) Andere für nötig erachtete Berichtigungen.

1) Provinz Limburg.

Der Verwaltungsbezirk Maeseyck ist ganz und gar vlaemisch. Lediglich wegen der grossen Zahl der Utraquisten erwähne ich hier einzeln die Stadt Maaseik und die an der holländischen Grenze belegene Gemeinde Hamont, ferner Neerpelt, weil an letzterem Orte 40 männliche und 36 weibliche Personen (vielleicht Insassen einer Taubstummenanstalt) keiner Landessprache kundig sind.

Beim Verwaltungsbezirke Hasselt ist eine nachträgliche Berichtigung der Volkszählungs-Ergebnisse erfolgt, ohne dass die betreffenden Gemeinden angegeben wären. Es werden weniger geführt: 1706 männliche und 1962 weibliche Personen, welche nur französisch verstehen, 1101 und 1144 nur deutsch, sowie 39 und 46 alle drei Landessprachen verstehende: dagegen mehr: 1525 und 1734 nur vlaemisch, 1179 und 1372 zugleich französisch, 105 und 42 zugleich deutsch, endlich 31 und 4 vlaemisch und deutsch verstehende Personen. Da nun die angeblich wallonische Gemeinde Linckhout mitten im vlaemischen Sprachgebiete nördlich der Demer liegt, so habe ich dieselbe für vlaemisch und ausserdem bei der Stadt Sint Truyden *(Saint Trond)* eine Verschiebung der Spalten angenommen, weil sich die Differenz dadurch erklärt. Eine einzige Gemeinde des vierten, südlich bis zur Provinz Lüttich reichenden Kantons Aelst — nämlich Corswarem — ist durchaus wallonisch. Zwei andere, dicht an der Sprachgrenze liegende, Fresin und Corthys, werden fast allein von Utraquisten bewohnt; weil jedoch Böckh an ihrem Vlaementum nicht zweifelt und die zwischen ihnen und Corswarem liegende lütticher Gemeinde Rosous noch vorwiegend vlaemisch ist, so ziehe ich die Sprachgrenze südlich von ihnen. Die nördlicher belegene Gemeinde Montenaeken bildet mit der nördlich von Corswarem liegenden Goyer (mit vlaemischen Wohnplatznamen) eine Gruppe mit zahlreichen Utraquisten, und es gehören dazu noch Niel-Saint Trond und Gingelom im Osten des lütticher Ortes Landen, entsprechend der später zu beschreibenden zweiten lütticher Gruppe. Für Borloo und Bouckhout dicht bei Goyer sind sonderbarerweise gar keine Zweisprachigen verzeichnet, die sich erst wieder in den nördlicheren Gemeinden Buvingen, Muyssen und Mielen zur Aelst vorfinden.

Mitten im vlaemischen Gebiete besitzen eine erwähnenswerte Zahl wallonischer Bewohner die Stadt St. Truyden (wo 11 männliche und 24 weibliche Bewohner keine der drei Landessprachen verstehen) nebst ihrem östlichen Vororte Ordange (Ordingen im neuesten Kantonverzeichnisse), die Gemeinde Bourg Léopold mit ihrem Truppenlager und die Stadt Hasselt.

Der Verwaltungsbezirk Tongres wird von seiner langen Grenze gegen das wallonische Gebiet der Provinz Lüttich stark beeinflusst; aber die bei der Volkszählung gewonnenen Zahlen sind doch für die Welschen zu hoch, und zwar sind nach der späteren Berichtigung von den nur französisch Sprechenden 666 männliche und 645 weibliche, von den nur deutsch Sprechenden 163 und 214, von den beider Sprachen Kundigen 81 und 25 abzusetzen, die nur vlaemisch Verstehenden ander-

(Tabelle 14.) — Sprachenverhältnisse der Provinz Limburg.

Gruppen:	Gemeinden	Hektar Fläche	Bevölkerung 1880	Von der Bevölkerung sprachen:						
				nur franz.:		franz. u. vlaem.:		nur vlaemisch:		
				mänl.	weibl.	mänl.	weibl.	mänl.	weibl.	
1. Maaseik . . .	1	2 577	4 354	17	23	815	894	1 148	1 136	d
2. Hamont . . .	1	2 320	1 742	2	3	286	216	547	611	f
3. Neerpelt . . .	1	2 980	1 752	5	3	69	40	717	727	f
4. übr. Gemeinden	33	78 648	34 102	30	15	1 061	525	15 044	15 070	l
Bezirk Maaseyck	36	86 525	41 950	54	44	2 331	1 675	18 050	17 544	
5. Corswarem . .	1	447	616	254	236	42	44	—	—	g'
6. Cortbys . . .	2	533	549	23	20	229	191	16	34	g
7. Montenaeken .	4	3 251	4 067	62	52	714	484	1 184	1 351	g
8. Mielen	5	1 887	1 684	7	7	62	35	744	726	b
9. St. Truyden . .	2	4 100	11 912	1 144	1 212	1 429	1 524	2 832	3 150	d
10. Bourg Léopold.	1	1 291	1 871	198	74	337	224	455	483	f
11. Hasselt . . .	1	3 992	12 192	222	112	1 070	1 061	4 370	4 707	d
12. übr. Gemeinden	52	75 410	53 966	47	49	1 181	622	26 184	24 818	i
Bezirk Hasselt .	60	90 911	88 856	957	768	5 064	4 193	35 785	35 269	
13. Otrange . . .	2	327	540	246	236	40	16	2	2	g'
14. Russon . . .	14	6 370	7 619	59	57	508	314	3 096	3 188	g
15. Wonck . . .	5	3 041	6 422	2 687	2 745	350	287	29	23	g'
16. Sluse . . .	1	305	588	62	71	81	23	126	195	g
17. Sichen-Sussen .	5	2 903	4 132	9	7	145	77	1 876	1 830	g
18. Lanaeken . . .	4	5 749	7 590	26	29	493	384	3 128	3 004	f
19. Bilsen . . .	1	1 521	2 410	10	9	775	648	427	492	f
20. Tongern . . .	1	1 320	8 225	119	146	378	304	3 170	3 650	d
21. übr. Gemeinden	69	42 258	42 479	76	102	956	565	19 766	18 747	i
Bezirk Tongres	102	63 794	80 045	3 294	3 405	3 726	2 650	31 620	31 167	
Provinz Limburg .	200	241 230	210 851	5 305	5 208	11 121	8 526	85 461	83 980	

eits um 702 und 840, die zugleich französisch Sprechenden um 118 und 44 zu vermehren. Da nun in anderen Verwaltungsbezirken die falschen Zahlen offenbar auf Verschiebungen in den Tabellenspalten beruhen und (bis auf 5 männl. und 2 weibl. Personen, die etwa in Guygoven für die Wallonen verbleiben) durch Umschiebung auch hier ein richtiges Gesamtergebnis erzielt wird, so versetze ich auf Grund der 1866er Nachweisung die im rein vlaemischen Gebiete belegenen Gemeinden Guygoven im 6., Ryckel im 8., Uykhoven im 9. und Henis im 10. Kanton, woselbst der Volkszählungsbericht für 1880 gar keine nur vlaemisch Redende anführt, in das vlaemische Sprachgebiet und vertausche die Spalten für Sluse, wo bereits 1866 nicht eine vorwiegend deutsche, sondern eine vlaemisch und wallonisch gemischte Bevölkerung nachgewiesen war.

Somit verbleiben dem wallonischen Sprachgebiete an der Grenze des lütticher Bezirks Waremme zwei Gemeinden des 10. Kantons Berg, nämlich Otrange und Herstappe, welch letzterer Ort im Jahre 1846 nach Böckh noch ganz vlaemisch war, wie denn überhaupt in dieser Gegend das Welschtum entschiedene Fortschritte gemacht hat. Längs der Sprachgrenze liegen, östlich an die 7te und 8te Gruppe sich anschliessend, die von ziemlich vielen Ultraquisten, jedoch von wenig reinen Wallonen bewohnten Gemeinden Roclenge-Looz, Bas Heers, Opheers, Heers, Fologne,

Horpmael, im 8. Kanton Basheers, Vechmael, Widoye, Lowaige, Russon, Coninxhem (Koningsheim im neuesten Kantonverzeichnisse), Heur le Tiexhe, Freeren und Nederheim im 10. Kanton — von Russon ab schon an der Grenze des Verwaltungsbezirks Liége.

Eine zweite Reihe wallonischer Ortschaften befindet sich im 7. Kanton Bassange an der Geer längs der Lütticher Grenze. Es sind die Gemeinden Roclange sur Geer (früher Roclenge saint Remi), Bassenge (früher Bassange), Wouck, Eben-Emael und Lanaye (la Naye) an der Maas. Die kurze Entfernung des letzteren Ortes von Mastricht ist ohne Einfluss geblieben, da dort kein einziger des Vlaemischen allein mächtiger Bewohner lebt, das von Böckh erwähnte vlaemische Zehntel der Bevölkerung sich also höchstens in den Utraquisten wiederfindet. Bassenge erscheint bei diesem Schriftsteller sogar noch als eine vollständig vlaemische Gemeinde.

Bei solchem Fortschritte des Welschtums schwebt auch der Grenzort Sluse (Sluze der Volkszählung), wo die rein wallonische Bevölkerung stark zugenommen hat, in Gefahr des Verlustes für die deutsche Sprachfamilie, was einstweilen für die übrigen an und hinter der Sprachgrenze belegenen Ortschaften nicht zu besorgen ist. Dieselbe setzt sich in östlichem Anschlusse an die 14. Gruppe zusammen aus den Gemeinden Malle (Mall der Generalstabskarte), Genoels-Elderen, Millen, Fall et Mheer, und Sichen-Sussen-Bolré (1866 Sichem).

Mitten im vlaemischen Gebiete zeichnen sich durch einen mehr als 5 Prozent übersteigenden Anteil der Utraquisten folgende grössere Gemeinden aus: Stockheim (Stockhem der Karte) und Reckheim im 9., Lanaeken im 11., Dilsen im 5. und Looz im 8. Kanton. Ob der an diesen Eisenbahnstationen stattfindende Verkehr von Reisenden so zahlreiche Personen veranlasste, zwei Sprachen zu erlernen, oder ob eine Art von Weltbewusstsein die Leute (auch weiblichen Geschlechts) bewog, ihre nationale Einseitigkeit aufzugeben, steht dahin. Wenn es von diesem Gesichtspunkte aus wunderlich erscheint, dass so wenig Bewohner deutsch verstehen, die doch Deutschland wenig weiter als das wallonische Sprachgebiet entfernt ist, so gilt das nicht von Bilsen; denn an letzterem Orte verstehen 236 Personen vlaemisch und deutsch und 384 alle drei Landessprachen. Wegen der Unwahrscheinlichkeit einer so ausserordentlichen Abweichung nehme ich Bilsen einzeln heraus und thue desgleichen mit dem Hauptorte des Bezirks, dessen Zahlennachweis nichts Auffälliges bringt.

Man wird in der letzten Spalte der Tabellen die Klasse der Ortsgruppen mittels Buchstaben angedeutet finden. Was dieselben bedeuten, soll bei der Zusammenstellung der Provinzen mitgeteilt werden; hier bemerke ich im allgemeinen nur, dass die einfachen Buchstaben (a—i) sich auf vlaemisches, die mit einem Strich versehenen (a'—i') auf wallonisches Gebiet beziehen.

Ueber die Fremdbürtigen in der Provinz Limburg ist nur zu bemerken, dass die innerhalb des Deutschen Reichs geborenen Einwohner der Stadt Maaseik den vierten Teil der deutsch Verstehenden ausmachen, weshalb vermutet werden darf, dass sich dort eine ältere deutsche Niederlassung befindet.

2) Provinz Lüttich.

Vom Verwaltungsbezirke Waremme rückt im Nordwesten der 33. Kanton Attenhoven — ich halte mich an die ältere, am 11. Dez. 1884 abgeänderte Kantonaleinteilung vom 25. Okt. 1870 — halbinselartig aus der geschlossenen Masse der Provinz zwischen Brabant und Limburg hinaus. Der zwischen den Verwaltungsbezirken Louvain und Hasselt belegene Teil ist entschieden vlaemisch, die drei an den Verwaltungsbezirk Nivelles grenzenden Gemeinden Racour, Pellaines und Lincent, sowie der an den äussersten Südwesten Limburgs grenzende Ort Cras-Avernas hingegen dermassen wallonisch, dass hier jeder Einwohner französisch versteht. Da im äussersten Norden von Attenhoven ab (bei der Volkszählung Attenhove) — mit Neerlanden, Neer-, Overhespen, Elixem und Wanghe — die Zahl der Zweisprachigen noch mässig, in den mittleren Gemeinden — mit Laer en Hesbaye, Rumsdorp, Landen, Neerwinden, Overwinden, Wamont, Walsbetz, Wezeren und Houtain l'Evêque — aber schon beträchtlich ist, so bilde ich aus der vlaemischen Gegend zwei Gruppen. Von Overshespen und Rumsdorp (deutsch Rumpendorf) bezweifelt Böckh (Seite 188 u. 290 a. a. O.) die amtliche Angabe aus 1846 mit Recht, dass ihre Bewohner sämtlich französisch reden; die belgische Statistik ist schon zu jener Zeit bezüglich der Nationalität ungenau gewesen. Die Vermittelung zwischen den beiden Sprachstämmen übernimmt das dicht an der Sprachgrenze liegende Wamont, von dessen 835 Bewohnern 189 männliche und 125 weibliche französisch und vlaemisch zugleich verstehen. Von den drei grössten Gemeinden des Kantons, woselbst Utraquismus am ersten vermutet werden darf, zeichnen sich die auf dem vlaemischen Gebiete belegenen besonders aus: in Attenhoven mit 1232 Einwohnern (1150 ohne die keiner Landessprache mächtigen) gehören hierher 69 männliche und 47 weibliche, in Landen mit 1722 (1601) Einwohnern 330 und 280, in Lincent mit 1395 (1325) Einwohnern hingegen nur 22 und 8. Ich vereinige mit den wallonischen Gemeinden des Kantons die vier der Sprachgrenze am nächsten liegenden des 34. Kantons Acoste (Avernas le Bauduin, Bertrée, Trognée und Poucet) und die Gemeinde Boelhe des 31. Kantons zur dritten Gruppe, da sie sich von jenen in keiner Weise unterscheiden.

Weiter nach Osten im 31. Kanton Bergilers ist die halb vom Verwaltungsbezirke Hasselt umschlossene Gemeinde Rosoux-Crenwick (auf der Karte: Rosous) noch, wie im Jahre 1846, vorwiegend von Vlaemen bewohnt, alle übrigen aber ausgesprochen wallonisch. Aus den elf der limburgischen Grenze am nächsten liegenden Gemeinden des Kantons (Hollogne, Grandaxhe, Berloz, Bettincourt, Waremme, Oleye, Lantremange, Bergilers, Grandville, Oreye und Lens sur Geer) und den vier entsprechenden des 32. Kantons Crisnée (Thys, Crisnée, Fize le Marsal und Odeur) bilde ich eine besondere Gruppe, weil daselbst die Zweisprachigen ziemlich stark vertreten sind; im Hauptorte des Verwaltungsbezirks mit 2917 (2800) Bewohnern befinden sich deren allein 108 männliche und 92 weibliche. Der volkreichste Ort des Bezirks, Saint Georges, liegt zwar weiter zurück; ich führe ihn jedoch besonders an, um zu zeigen, dass in wallonischen Gegenden die Utraquisten einen verschwindend kleinen Teil der Bevölkerung ausmachen. Der Rest des Bezirks, also sämtliche von der Sprachgrenze entferntere kleine Ortschaften, bildet dann die letzte Gruppe. Von Fremdbürtigen könnten nur die Deutschen in Betracht kommen; deren überaus geringe Zahl bleibt jedoch hinter der Summe derjenigen zurück, welche ausser der deutschen die französische Sprache verstehen.

Der Verwaltungsbezirk Huy ist ganz und gar wallonisch, und da die des Deutschen kundigen Personen sich mit den aus Deutschland (hier wie im Folgenden stets einschliesslich des Grossherzogtums Luxemburg) gebürtigen nahezu ausgleichen, so ladet jener ebensowenig wie der vorher behandelte Bezirk zur Niederlassung von Deutschen ein, die in Belgien geboren sind. Ausser dem Hauptorte hat keine Gemeinde auch nur 4000 Bewohner, so dass die Menge der beisammenlebenden Bevölkerung auf Vermehrung der Utraquisten nicht einwirkt; ich unterscheide deshalb nur die Stadt Huy vom ganzen Reste des Bezirks.

Alles, was vom Verwaltungsbezirke Liége im Westen der Maas liegt, ist wallonisch. An vlaemische Gemeinden der Provinz Limburg grenzen die Orte Othée, Wihogne, Paifve und Glons (wo übrigens deutsche Wohnplatznamen vorkommen) im 7. Kanton Alleur, an holländisch Limburg ausserdem Lixhe im 9. Kanton Argonteau; ich fasse diese als besondere Gruppe zusammen. Eine zweite Gruppe bilden die hinter der Sprachgrenze belegenen Gemeinden von Villers l'Eveque im 6. Kanton Ans (mit Xhendremael, Juprelle, Slins, Houtain St. Siméon und Heure le Romain) bis Haccourt nahe der Maas; denn hier werden sich vermutlich vlaemische Einflüsse stärker geltend machen als in den noch weiter rückwärts belegenen Gemeinden. Rechts von der Maas sind die beiden Gemeinden an der holländischen Grenze, Mouland im 9. Kanton und Fouron le Comte im 10. Kanton Berneau, vlaemisch geblieben. Eine von der Stadt Visé an der Maas ausgehende Doppelreihe von Gemeinden derselben Kantone (mit Berneau, Warsage, Bombaye, Richelle, Dalhem und Mortroux) verdient wegen ihrer nicht geringen Durchsetzung mit vlaemischen Elementen als vierte Gruppe ausgesondert zu werden.

Besondere Beachtung verdient die im wallonischen Binnengebiete liegende Provinzialhauptstadt (hier 44 keiner Landessprache kundig) mit ihren Vororten, weil sich daselbst zahlreiche Vlaemen und Deutsche (letztere weit stärker in Retinne, Ougrée und Seraing) angesiedelt haben. Ich unterscheide einzeln die Gemeinden Herstal, Lüttich, Ougrée, Seraing (mit 27 keine der Landessprachen verstehenden Personen) und fasse einerseits die südöstlich an der Ourthe belegenen Vororte (Grivegnée mit 7171, Angleur mit 4357, Chénée mit 5765 und das freilich entferntere, aber ähnliche Verhältnisse aufweisende Dorf Retinne oder nach der Volkszählungsstatistik Rétinne mit 1014 Bewohnern), andererseits die westlich vorgelagerten Orte (Ans mit 5644, Glain mit 1519, Saint Nicolas mit 4536 und Montegnée mit 4896 Bewohnern), endlich die

Seraing gegenüber im Norden der Maas belegenen (Tilleur mit 4311,
Jemeppe mit 6255 und Mons mit 2520 Bewohnern) zusammen.
Vergleicht man mit den Originalangaben die Zahl der Fremdbürtigen, wie sie im dritten Abschnitte mitgeteilt wurden, so fallen
die gebürtigen Franzosen als Bruchteil der Mehrheit aus. Von den
vlaemisch verstehenden Bewohnern Herstal's ist die Hälfte in Niederland geboren, von denen Lüttich's noch nicht ein Drittel und von denen
Seraing's nur ein Zehntel; die geringere oder grössere Entfernung von
der Landesgrenze tritt hier aufs deutlichste hervor. Von den in Lüttich,
Ougrée und Seraing lebenden, des Deutschen mächtigen Personen stammt
nur der achte Teil nicht aus Deutschland oder Luxemburg; die Statistik
für Ougrée beweist aber noch die eigentümliche Thatsache, dass von je
sieben in Belgien selbst geborenen Deutschen mindestens vier weder
vlaemisch noch französisch zu reden gelernt haben.

Betreffs der Sprachenzählung im Verwaltungsbezirke Verviers
ist nachträglich die Zahl der nur vlaemisch Redenden zu Gunsten der
nur deutsch Redenden um 587 männliche und 539 weibliche Personen
vermindert worden; untersucht man die Ausweise von den einzelnen
Gemeinden, so kann es sich nur um Hombourg handeln, und es müssten
dann auch die zugleich französisch Verstehenden um 55 männliche und
44 weibliche Personen verringert bezw. vermehrt werden. Insofern es
jedoch auf die Sprachgrenze zwischen Vlaemen und Deutschen, welche
hier verläuft, höchstens nebenbei ankommt, geht die Berichtigung uns
wenig an.

Der in der Nordostecke der Provinz belegene 27. Kanton Aubel
ist der sprachlich interessanteste. Hier treffen wir zunächst im Anschlusse an die 12te Gruppe eine Doppelreihe vlaemischer Gemeinden,
von denen die der Sprachgrenze nächste Fouron St. Pierre zur Hälfte
von französisch Verstehenden bewohnt wird, aber die entfernteste Teuven
mehr Utraquisten zählt, als Fouron St. Martin und Remersdael. In der
dahinter liegenden grossen Gemeinde Aubel sind die meisten Bewohner
zweier Sprachen mächtig, und die bereits dem wallonischen Gebiete
angehörige südlichste Gemeinde Clermont ist immerhin stark gemischt,
wogegen die beiden westlichsten Julémont und Neufchâteau im Anschluss
an die 13te Gruppe fast rein wallonisch sind. Mehr besonders den
Vlaemen anzurechnende Utraquisten befinden sich in den vier östlichen
Gemeinden des benachbarten 24. Kantons: Charneux, Baltice, Thimister
und Herve, deren städtischer Charakter sich aber nicht durch eine hervorragende Zahl sprachgewandter Einwohner kennzeichnet.

Ganz im Nordosten des 27. Kantons liegen in zwei Reihen zwischen der Gülpe und der preussischen (bezw. neutralen) Grenze die
ganz überwiegend deutschredenden Gemeinden Sippenacken, Gemmenich,
Moresnet und Hombourg. An diese schliesst sich südlicher im 25. Kanton
eine Reihe von Utraquisten stärker durchsetzter deutscher Gemeinden
längs der deutschen Grenze bis zur Vesdre (Weser): nämlich Henri
Chapelle, Welkenraedt, Baelen und Membach; hier hat das deutsche
Element seit dem Jahre 1846, falls damals nicht etwa die Utraquisten
für das Wallonentum in Anspruch genommen waren, entschieden zu-

genommen. Aus den westwärts von Membach belegenen Gemeinden
Goé, Stadt Limbourg (hier sind unter 4118 oder ohne Kleinkinder
3903 Einwohnern nicht weniger als 1070 Utraquisten), Bilstain und
im 26. Kanton Andrimont bilde ich eine besondere Gruppe, weil daselbst Zweisprachige sehr zahlreich vorkommen.

Die Stadt Verviers (der 23. Kanton) beherbergt zahlreiche Deutsche,
welche nur ihre Muttersprache verstehen, und unterscheidet sich dadurch
stark von ihren beiden grössten Vororten: nördlich Dison im 26. und
südwestlich Ensival im 28. Kanton, deren deutsche Bewohner fast
sämtlich auch französisch sprechen. Der östliche, also der preussischen
Grenze nähere Vorort Stembert sodann und die südlichste Gemeinde
Jalhay im 24. Kanton, Sart im 29., Francorchamps und Wanne im
30. Kanton, welche unmittelbar an der preussischen Grenze auf dem
Hochgebirge liegen, zeichnen sich durch ihr rein wallonisches Wesen
aus; der Verkehr mit dem benachbarten Deutschen Reiche ist an dieser
Strecke äusserst geringfügig und kann ausserdem, weil die nächsten
preussischen Gemeinden wallonisch reden, ohne Kenntnis der deutschen
Sprache stattfinden. Das Bad Spa im 29. Kanton und die Stadt Stavelot
an der preussischen Grenze haben zwar eine etwas stärkere Beimischung
von Deutschen; doch erreicht dieselbe nicht das bei dem städtischen
Charakter dieser Gemeinden zu vermutende Mass.

Bei der Vergleichung mit den Fremdbürtigen zeigt sich in
Gemmenich die auffallende Thatsache, dass die Hälfte der in Niederland Geborenen der vlaemischen Sprache nicht kundig ist; man ist
deshalb zu der Vermutung berechtigt, dass die Südostecke der holländischen Provinz Limburg dem besonderen deutschen Sprachgebiete angehört. Die in Montzen, Baelen und Limbourg wohnenden Niederländer
haben nicht französisch gelernt, in Welkenraedt und Verviers etwa zur
Hälfte, in Spa sämtlich.

Unter den nur deutsch verstehenden Einwohnern von Gemmenich,
Montzen und Baelen machen die aus Deutschland gebürtigen nur etwa
den fünften Teil aus, und in Welkenraedt stehen ihnen fast gleich
viele, innerhalb des Königreichs gebürtige Personen, die nur des Deutschen mächtig sind, zur Seite. Hieraus geht deutlich hervor, dass der
deutsche Charakter dieser Grenzgegend nicht durch eine neuere Einwanderung bedingt wurde. Von den in Deutschland geborenen Einwohnern der wallonischen Ortschaften des Bezirks Verviers ist nur
etwa ein Viertel auf Kenntnis der Muttersprache beschränkt. Die des
Deutschen überhaupt kundigen Bewohner Limbourg's stehen, falls die
Volkszählung nicht ganz fehlerhaft ausgeführt ist, in einem sonderbaren
Verhältnisse zu den im Deutschen Reiche Geborenen: beim männlichen
Geschlechte sind jene 4mal, beim weiblichen 1½ mal so zahlreich als
diese, ein um so auffälligeres Missverhältnis, da die geschlechtliche
Zusammensetzung bei dieser Landstadt ganz normal erscheint; ich kann
dasselbe höchstens dadurch erklären, dass gut ein Drittel der dortigen
männlichen Wallonen aus besonderen, sonst nirgends wiederkehrenden
Gründen deutsch gelernt hat. Von den deutsch redenden männlichen
Einwohnern Dison's ist höchstens ein Drittel, von den weiblichen noch
weniger nicht im Deutschen Reiche geboren. In Verviers vermindert

sich dieser Bruchteil auf 7 Prozent, sogar wenn man unzulässiger-
weise annimmt, dass dort nicht ein einziger Wallone erfolgreichen
Unterricht in der deutschen Sprache erhalten hat; dieses Beispiel lehrt
zugleich, wie gering die Neigung der Wallonen ist, sich die Kenntnis

(Tabelle 15.)　　　　　　　Sprachenverhältnisse der Provinz Lüttich.

Gruppen:	Gemeinden	Hektar Fläche	Bevölkerung 1880	nur französisch: männl.	nur französisch: weibl.	französisch und vlaemisch: männl.	französisch und vlaemisch: weibl.	nur vlaemisch (oder deutsch): männl.	nur vlaemisch (oder deutsch): weibl.	Klasse
1. Attenhoven . . .	6	2 011	2 841	4	2	133	94	1 247	1 204	h
2. Landen	9	3 644	5 553	90	121	814	620	1 743	1 820	g
3. Lincent	9	3 651	5 698	2 573	2 651	99	47	—	—	g'
4. Rosoux-Crenwick .	1	481	609	157	131	7	2	160	175	g'
5. Waremme . . .	15	6 804	10 277	4 562	4 495	387	258	43	25	g'
6. Saint Georges . .	1	2 045	5 709	2 721	2 028	9	7	24	19	e'
7. Übrige Gemeinden	45	23 229	31 454	14 873	14 719	146	73	10	9	i'
Bezirk Waremme .	86	41 865	62 201	24 980	24 747	1 595	1 101	3 235	3 252	
8. Huy	1	801	12 496	5 545	6 008	194	107	5	25	d'
9. Übrige Gemeinden	79	71 325	77 409	96 701	38 415	253	194	46	41	g'
Bezirk Huy . . .	80	72 127	89 965	42 246	42 483	447	301	51	66	
10. Glons	5	2 612	4 821	2 085	2 164	110	101	62	53	g'
11. Haccourt	7	4 221	8 604	3 972	3 979	153	72	37	11	h'
12. Fouron le Comte .	2	1 605	1 745	48	69	165	148	639	583	g
13. Visé	7	3 189	6 590	2 915	2 700	182	219	102	91	g'
14. Herstal	1	1 578	11 378	5 260	5 039	202	180	62	52	c'
15. Lüttich	1	1 881	123 131	46 598	51 879	6 333	6 391	2 894	3 130	b'
16. Grivegnée . . .	4	2 410	18 307	8 021	7 876	350	288	418	309	c'
17. Ans	4	1 842	10 595	6 913	6 858	82	45	1 055	738	c'
18. Ougrée	1	1 217	7 978	3 239	3 110	85	47	484	520	c'
19. Seraing	1	2 234	27 407	10 989	11 005	1 448	820	894	477	c'
20. Jemeppe	3	1 242	13 080	4 005	4 808	694	645	648	515	c'
21. Übrige Gemeinden	77	52 185	113 964	52 397	51 610	1 752	1 094	472	438	i'
Bezirk Liège . .	113	75 766	353 645	147 332	151 182	11 561	10 056	7 767	6 922	
22. Fouron	4	3 394	2 582	55	49	271	217	936	958	g
23. Aubel	1	1 857	3 046	311	301	829	841	262	356	g'
24. Neufchâteau . . .	2	1 131	1 088	503	499	9	5	13	14	g'
25. Herve	4	4 799	12 140	5 259	5 595	288	282	67	74	h'
26. Clermont	1	1 715	1 969	679	736	121	110	97	131	g
27. Gemmenich . . .	5	5 216	6 239	136	82	430	334	2 562	2 389	h
28. Baelen aur Vesdre	4	11 018	6 313	418	395	968	818	1 645	1 734	g'
29. Limbourg . . .	4	3 416	8 835	3 087	9 341	1 000	521	240	225	g'
30. Verviers	1	456	40 944	16 411	17 722	1 640	1 853	559	672	b'
31. Dison	1	447	11 842	5 280	5 411	252	210	24	37	c'
32. Ensival	1	458	5 815	2 436	2 555	251	224	22	19	c'
33. Sart	5	17 661	8 015	3 819	3 680	69	45	2	5	h'
34. Spa	1	3 584	6 732	2 948	3 190	141	100	7	17	e'
35. Stavelot	1	5 684	4 287	1 875	2 007	30	21	52	71	d
36. Übrige Gemeinden	24	38 892	38 117	17 237	17 496	654	623	74	173	i'
Bezirk Verviers	59	99 728	157 964	60 404	63 023	6 955	6 220	6 562	6 469	
Provinz Lüttich . .	338	289 486	663 733	274 962	281 437	20 558	17 684	17 615	17 100	

einer zweiten Landessprache anzueignen, und dass der wallonische
Anteil an den Utraquisten eher zu hoch als zu niedrig berechnet wurde.
In Spa endlich haben über 100 aus Deutschland geborene Personen
trotz der ganz nahen Grenze entweder ihre Muttersprache verleugnet
oder entstammen dem kleinen wallonischen Bezirke um Montjoie.
Mehrere der oben genannten Gemeinden führen ausser ihrem
französischen auch einen amtlich anerkannten vlaemischen Namen.
So heissen die drei Gemeinden Fouron: Sint Pieters-, Sint Martens-
und Sint Graven-Vouren; für Visé findet sich: Wezet, für Houtain
l'Evêque: Wals Hautem, für Wamont: Waesmont, für Wezeren: Wals
Weser, wogegen wiederum wallonische Namen neben vlaemisch gebliebenen vorkommen.

3) Provinz Luxemburg.

In dem rein wallonischen Bezirke Marche sind höchstens die
beiden grösseren Städte Marche und Laroche mit einem einigermassen
merklichen Anteil der Utraquisten hervorzuheben, während die dritte
Stadt Durbuy keinen deutsch verstehenden Einwohner hat.

Die beiden nördlichsten Grenzorte des Verwaltungsbezirks Bastogne gegen Preussen — Petit Thier (Petithier der Generalstabskarte)
und Vielsalm im 12. Kanton Arbrefontaine — sind im Anschlusse an
die 35ste und 33ste lütticher Gruppe so stark wallonisch, dass sie sich
von den etwas weiter abgelegenen Orten Grand Halleux und Bovigny
nur eben durch die 49 in beiden wohnenden Personen, die nur deutsch
verstehen, unterscheiden. Dagegen ist der letzte Grenzort gegen Preussen,
die zugleich an das Grossherzogtum Luxemburg anstossende Gemeinde
Beho (mit den deutschen Wohnplatznamen Deyfeld, Ourt und Watermal)
ein Teil des deutschen Sprachgebietes. Vom 10. Kanton (Bihain) liegen
Limerlé und Tavigny, vom 8. (Bastogne) Longvilly und Wardin, vom 11.
(Amberloup) Villers la Bonne Eau zwar dicht an der Grenze des Grossherzogtums und enthalten auch vereinzelt deutsche Namen von Wohnplätzen (wie Steinbach und Bettlange), sind jedoch trotzdem entschieden
wallonisch. Erst Tintange (mit Romeldange und Warnach) im 9. Kanton
Fauvillers erscheint wieder als eine deutsche Gemeinde. Die in zweiter
Reihe der Grenze folgenden Orte Cherain, Houffalize, Noville, Bastogne,
Hompré und Hollange weichen betreffs der geringen Anzahl daselbst
wohnender Deutschen nicht erheblich von einander ab, und namentlich
zeichnen sich die beiden Städte Houffalize und Bastogne nicht durch
eine grössere Menge Zweisprachiger aus; bei Hollange hatte Höckh
noch 124 Deutsche unter 806 Einwohnern, während jetzt nur 58 unter
812 (771) deutsch verstehen. Die südlichste, an der Sprachgrenze
belegene Gemeinde Fauvillers (mit Bodange und Wissembach), kann
ich dem deutschen Sprachgebiete nicht mehr zurechnen, es wäre denn
anzunehmen, dass fast alle Utraquisten deutschen Stammes seien.

Auf eine sonderbare Weise unterscheiden sich die in Verlängerung
der 5ten und 7ten Gruppe südwärts belegenen Grenzorte des weit überwiegend deutschen Verwaltungsbezirks Arlon. Es befinden sich nämlich

in Martelange, Tontelange und Guirsch (welche letzteren nicht mehr an
der Sprachgrenze liegen), sowie in den mit ihnen ganz übereinstimmenden, weiter westlich an der Sprachgrenze belegenen Gemeinden
Nobressart (früher auch Nobressart) und Thinumont vom 2. Kanton
ziemlich viele Utraquisten; in dem zwischen dem Grossherzogtum und
der Sprachgrenze, jedoch dieser nicht so nahe wie Nobressart liegenden
Attert aber übertrifft die Zahl der Zweisprachigen männlichen Geschlechts die der bloss deutsch Verstehenden, während sie beim weiblichen
Geschlechte wenig mehr als den vierten Teil der Deutschverstehenden
erreicht.   Dieser erhebliche Unterschied wäre vielleicht zu erklären,
wenn die Bewohner von Attert vorzugsweise den Grenzhandel mit der
wallonischen Gegend betreiben. Sprachlich stark gemischt ist die Stadt
Arel als Sitz der Behörden und weit umher grösster Platz. Weniger
reine Wallonen und auch weniger Utraquisten befinden sich in den die
Stadt nördlich, westlich und südlich umgebenden Gemeinden desselben
1. Kantons Arlon: Bonnert (416 Utraquisten von 1140) einer Landessprache kundigen Einwohnern), Heinsch (233 von 1487), Hachy westlich an der Sprachgrenze (757 von 1743) und Törnich desgleichen
(247 von 990); denselben schliessen sich an der Sprachgrenze die Gemeinden Habergy (125 von 770) und Messancy (258 von 1728) des
3. Kantons Aubange mit einem ganz ähnlichen Verhalten an. Oestlich
von ihnen aber und dicht an der Grenze des Grossherzogtums in Autelbas
vom 1., Hondelange und Selange (Sélange der Karte) vom südlichsten
3. Kanton finden wir wieder die bei Attert beobachtete Thatsache vor.
     Hatten wir bisher mit unstreitbar deutschem Sprachgebiete zu
thun, so entsteht nun bei Betrachtung der Verhältnisse an der französischen Grenze eine eigentümliche Schwierigkeit. Aubange, wovon
nach 1866 Athus 'an der Ecke gegen Luxemburg und Frankreich abgezweigt worden ist, wird nämlich von Böckh als rein deutsche Gemeinde aufgeführt, und 1866 lebten daselbst 109 nur französisch,
780 nur deutsch und 300 beide Sprachen redende Bewohner; 1880
stellen sich indessen für beide Gemeinden zusammen 479 nur französisch, 584 nur deutsch (ich verbessere nebenbei die für Athus
311 vlaemische und keine deutschen Bewohner verzeichnende amtliche
Angabe) und 695 beide Sprachen redende Bewohner heraus. (Obgleich
offenbar die Vermehrung der Utraquisten aus den Deutschen hervorgegangen ist, kann die ausserordentliche Vermehrung der Franzosen
bei gleichzeitig starkem Anwachsen der Bevölkerung nur dadurch erklärt werden, dass jene durch Einwanderung erfolgt ist; in der That
wohnen in Athus mehr bloss französisch redende, als bloss und zugleich
deutsch redende Personen männlichen Geschlechts. Aus diesem Grunde,
der beim weiblichen Geschlechte allerdings nicht zutrifft, rechne ich
Athus dem wallonischen Sprachgebiete an, nicht aber Aubange, wo
die rein Deutschen fast dreifach so zahlreich wie die rein Wallonischen sind.
     Die zweite, zwischen Frankreich und dem Verwaltungsbezirke
Virton eingeklemmte Grenzgemeinde ist Halanzy. Auch sie durfte
Böckh für 1846 dem deutschen Sprachgebiete einreihen; 1866 jedoch
wurden hier 988 nur französisch, 822 nur deutsch und 95 beide Sprachen

(Tabelle 16.)

Sprachenverhältnisse der Provinz Luxemburg.

Gruppen:	Gemeinden	Hektar Fläche	Bevölkerung 1880	nur französisch:		französisch und deutsch:		nur deutsch:		Klasse
				männl.	weibl.	männl.	weibl.	männl.	weibl.	
1. Marche	2	8 458	4 644	2 101	2 187	45	45	3	4	d'
2. Übrige Gemeinden	50	90 209	40 015	19 499	218 37	90	70	5	—	i'
Bezirk Marche .	52	93 666	44 659	21 600	0 56 I	135	115	8	4	
3. Vielsalm	4	11 491	6 067	2 699	2 769	119	92	15	38	g'
4. Beho . . .	1	3 402	1 355	177	116	26	14	462	497	g
5. Wardin . . .	5	18 473	5 814	2 544	2 342	181	119	162	152	g'
6. Bastogne . .	6	14 920	7 690	3 524	3 411	81	89	77	104	b'
7. Tintange . . .	1	1 796	644	22	28	158	102	133	163	g
8. Fauvillers . .	1	2 847	1 163	286	248	205	150	106	123	g'
9. Übrige Gemeinden	15	46 053	14 230	6 898	6 343	146	96	10	6	i'
Bezirk Bastogne .	33	98 982	36 963	16 130	15 257	916	662	963	1 083	
10. Nobressart . . .	5	6 159	4 410	59	53	266	146	1 767	1 842	g
11. Attert . . .	1	3 039	2 039	28	14	508	262	449	700	h
12. Arel . . .	1	598	7 149	644	403	1 537	1 552	1 159	1 465	d
13. Huchy . . .	6	12 082	8 324	50	31	1 260	776	2 762	2 979	g
14. Autelbas . .	4	6 010	4 328	104	77	1 165	814	854	1 100	g
15. Athus . . .	1	579	1 162	287	101	141	228	134	180	g'
16. Halanzy . .	1	1 992	1 651	364	350	288	137	137	324	g'
17. Rachecourt . .	2	1 600	1 334	612	632	17	12	1	2	k'
Bezirk Arlon . .	21	32 058	30 455	2 148	1 661	5 182	3 927	7 263	8 592	
18. Saint Léger . .	4	6 027	5 130	2 383	2 400	51	45	15	10	b'
19. Habay la Neuve .	3	8 396	4 668	2 084	2 067	109	145	32	15	g'
20. Virton . .	1	1 515	2 303	952	1 058	52	74	—	—	d'
21. Übrige Gemeinden	32	56 110	31 875	15 127	14 896	201	232	30	21	i'
Bezirk Virton .	40	72 048	43 979	20 546	20 421	413	496	77	52	
22. Anlier	2	9 314	2 136	1 016	972	32	18	—	—	g'
23. Saint Hubert .	3	9 691	7 106	3 269	3 257	115	67	3	7	d'
24. Übrige Gemeinden	60	126 077	44 828	21 172	20 115	181	140	42	38	i'
Bezirk Neufchâteau	65	145 082	54 064	25 457	24 344	328	225	45	45	
Provinz Luxemburg .	211	441 836	209 118	85 881	82 247	7 004	5 425	8 358	9 776	

redende Personen ermittelt. Durch die Menge der im Jahre 1880 gezählten Zweisprachigen hat sich das Verhältnis sehr verschoben, und da die nur französisch Redenden sich verminderten, darf ich den Welschen einen nicht zu niedrigen Anteil an den Utraquisten zubilligen. d. h. der Ort ist nunmehr als Teil des wallonischen Gebietes anzusehen. Unbestritten gehören letzterem noch die Grenzgemeinden Rachecourt und Meix le Tige des 3. Kantons gegen den Verwaltungsbezirk Virton an.

Wenn die Gemeindenamen in den amtlichen Verzeichnissen ganz verwelscht oder doch mit einer französischen Endung versehen werden, so trifft dies weniger bei den Namen der Wohnplätze (Weiler u. dgl.) zu. Indessen bringt die Generalstabskarte auch für sie öfters solche Namen bei, wie Schockville in der Gemeinde Attert, Foulies, Fouches

und Sampon in Hachy, Chirfontaine und Autelhaut in Autelbas, Bebange
in Habergy, Turpange in Messancy, Guerlange und Longeau in Athus, Aix
sur Cloix und Rollincourt in Halanzy. Ob die Bevölkerung die Namen wirklich schon nach dieser Schreibweise ausspricht, wäre nur an Ort und
Stelle zu erfahren; dass in amtlichen Veröffentlichungen sie ausschliesslich
vorkommen, bringt jedenfalls ihren Gebrauch allmählich in Aufnahme.
Die deutschen Gemeindenamen sind im Amtsstil oft kaum wieder zu
erkennen. Aus Bocholtz oder Bockels ist Beho geworden, aus Tinnen
oder Tintingen: Tintange, aus Ibing: Aubange, aus Metzig: Messancy,
aus Rösig: Rachecourt, aus Helsingen oder Holdang: Halanzy.

Vom Verwaltungsbezirke Virton grenzen die Gemeinden Musson,
Mussy, St. Léger und Chatillon (Chatillon der Volkszählung) des 6. Kantons
Bleid an den teils halb, teils ganz französierten Westen des 3. Kantons.
An die deutschen Gemeinden des 1. und 2. stossen Vance, Étalle und
Habay la Neuve des 4. Kantons Bellefontaine. Ausserdem ist die dem
deutschen Sprachgebiete ziemlich nahe Stadt Virton zu erwähnen,
wogegen das Städtchen Chiny nur 3 Utraquisten unter 1023 Ein-
wohnern zählt.

Der Verwaltungsbezirk Neufchâteau grenzt bloss mit den beiden
Gemeinden Anlier und Witry des 17. Kantons an das deutsche Sprachgebiet. Seine drei Städte Saint Hubert, Neufchâteau und Bouillon beweisen durch einen angemessenen Anteil von Utraquisten wohl eher
ihren Bildungstrieb, als dass Deutsche sich in ihnen etwas stärker
niedergelassen haben, obgleich Böckh für St. Hubert 224 Deutsche
unter 2229 Einwohnern im Jahre 1846 verzeichnet.

Betreffs der Fremdbürtigen ist bei dieser Provinz nur zu erwähnen, dass die aus dem Deutschen Reiche und dem Grossherzogtume
Luxemburg gebürtigen Bewohner der Hauptstadt, selbst wenn sie alle
nur des Deutschen mächtig wären, nur ein Drittteil sämtlicher Personen von gleicher Sprachkenntnis darstellen.

4) Provinz Namür.

Da diese Provinz nirgends mit der Sprachgrenze zusammenhängt,
so ist ihre statistische Erfassung sehr einfach; es kommen nur solche
Orte in Betracht, deren Bevölkerung etwas stärker als in den übrigen
gemischt ist. Keiner Landessprache mächtig sind in Vonêche vom
23. Kanton 25 und in Namür selbst 50 Personen.

Im Verwaltungsbezirke Dinant habe ich ausser der Stadt die
beisammen an der Homme liegenden Gemeinden Jemelle (mit 908 männlichen und 760 weiblichen Einwohnern) und Rochefort des 22. Kantons
zu nennen.

Reichlicher wird das Verzeichnis für den Verwaltungsbezirk
Namur. Ausser der Hauptstadt sind zu erwähnen: die Stadt Andenne
an der Maas, wogegen in der Stadt Fosse bei 3399 Einwohnern nicht
ein einziger Utraquist auftritt; sodann als Vororte der Provinzialhaupt-

(Tabelle 17.)   Sprachenverhältnisse der Provinz Namür.

Gruppen:	Gemeinden	Hektar Fläche	Bevölkerung 1880	nur französisch: männl.	weibl.	französisch und vlaemisch: mal.	wbl.	nur vlaemisch: mal.	wbl.	Fluss
1. Rochefort	2	3 830	4 275	1 999	1 881	50	60	4	4	f
2. Dinant	1	1 834	6 342	2 776	3 085	121	61	16	8	d
3. übrige Gemeinden .	135	151 415	77 391	37 297	36 247	130	111	14	20	r
Bezirk Dinant . .	138	157 079	88 008	42 072	41 213	303	232	33	32	
4. Andenne	1	2 669	7 253	3 324	3 524	24	24	—	—	d
5. Namür	1	1 028	25 354	10 663	11 005	716	780	139	256	b
6. Jambes	6	4 596	10 666	4 739	5 095	84	102	42	55	c
7. Gembloux	1	891	3 482	1 542	1 666	54	27	—	2	r
8. Tamines	1	614	2 860	1 293	1 373	19	30	—	—	f
9. Denée	1	1 017	764	366	350	22	1	10	—	r
10. übrige Gemeinden .	117	101 608	123 809	58 900	58 452	216	180	30	24	r
Bezirk Namür . .	128	112 443	174 190	80 824	82 045	1 135	1 146	221	337	
11. Philippeville . .	3	2 248	3 908	1 816	1 808	78	28	22	2	d
12. übrige Gemeinden .	83	94 255	56 548	27 359	26 694	103	61	11	7	r
Bezirk Philippeville	86	96 503	60 456	29 175	28 500	181	89	33	9	
Provinz Namür . .	352	366 024	322 654	152 075	151 704	1 019	1 469	287	378	

stadt: Marche les Dames im Osten, Champion und Saint Servais im Norden, Suarlée und Malonne im Westen, Jambes im Süden; Gembloux an der brabanter Grenze, Tamines an der hennegauischen Grenze vor Charleroi; endlich Denée im 8. Kanton vereinzelt.

Im Verwaltungsbezirke Philippeville sind ausser der befestigten Stadt nur noch Mariembourg am Viroin und Walcourt an der Heure anzuführen.

Hinsichtlich der Fremdbürtigen verdient der Umstand Erwähnung, dass mehr als die Hälfte der des Deutschen überhaupt kundigen Bewohner der Hauptstadt dem Deutschen Reiche entstammt, davon aber nur etwa der vierte Teil keine andere als die deutsche Sprache versteht.

5) Provinz Hennegau.

Der am dichtesten bevölkerte Verwaltungsbezirk Charleroy hat eine absolut nicht unansehnliche vlaemische Beimischung, welche sich indessen so verzettelt, dass sie an den wenigsten Orten ein Zehntel der Bevölkerung übersteigt. Eine Gemeinde, Souvret im 26. Kanton, soll freilich mehr Utraquisten als reine Wallonen haben; hier liegt jedoch ein offenbarer Fehler vor, indem daselbst 553 männliche und 540 weibliche Personen als aller drei Landessprachen und nur 6 bezw. 2 als des Wallonischen und Vlaemischen kundig aufgeführt werden, was

überdies mit den Ergebnissen der Volkszählung von 1866 in keiner
Weise sich verträgt. Um der Wahrheit wenigstens näher zu kommen,
nehme ich eine Spaltenverschiebung an, muss jedoch anheimstellen,
jene Dreisprachigen als nur des Wallonischen mächtig zu betrachten.

Von den 4 Städten trägt der Sitz der Behörden (mit 33 keiner
Landessprache Kundigen) dem städtischen Wesen durch Vertretung
aller Sprachen am meisten Rechnung. Weniger ist das der Fall bei
Châtelet mit 110288 (9718), Gosselies mit 8268 (7910) und dem von
Charleroi entfernteren Fontaine l'Évêque mit 5005 (4746) Bewohnern.

Um zu zeigen, wie ungleichartig den grössten Landgemeinden
des Kohlenbeckens die Vlaemen beigemischt sind, gebe ich in der
Tabelle je eine Zeile den Orten Montignies sur Sambre (Montigny auf
der Generalstabskarte) im Südosten, Gilly im Nordosten, Jumet im
Norden, Courcelles im Nordwesten und Marchienne au Pont (Marchiennes
des Kantonverzeichnisses, mit 157 keiner Landessprache kundigen Bewohnern) im Westen der Bezirksstadt, mit welcher und ein paar kleineren Gemeinden sie ein Haufwerk von industriellen Anlagen bilden.

Die Gemeinden des Beckens von Charleroi, welche 5—10000 Bewohner haben, fasse ich in eine einzige Gruppe zusammen. Es sind
Farciennes nordöstlich von Châtelet mit 35 nur vlaemisch und 60 zugleich wallonisch redenden unter 5024 (4743) Bewohnern, Châtelineau
am linken Ufer der Sambre gegenüber Châtelet mit 548 und 590 unter
8290 (7685), sowie die davon abgetrennte Ortschaft Pironchamps mit
24 und 118 unter 2095 (1957), dann Lodelinsart nördlich dicht bei
Charleroi mit 20 und 162 unter 6622 (6278), Ransart östlich bei
Gosselies mit 32 und 315 unter 5592 (5392), Roux südwestlich bei
Jumet mit 256 und 195 unter 7515 (7074), Monceau sur Sambre westlich von Charleroi mit 45 und 104 unter 6306 (5959), Dampremy
westlich dicht bei Charleroi mit 108 und 160 unter 7895 (7474),
Mont sur Marchienne südwestlich mit 60 und 182 unter 6432 (6044),
Marcinelle südlich dicht bei Charleroi mit 330 und 261 unter 9239 (8670)
und das südlich anschliessende Couillet mit 71 und 691 unter 7142 (6731)
Bewohnern.

Von Souvret ist oben schon die Rede gewesen. Im Westen des
Bezirks liegen endlich Seneffe mit 8 und 41 unter 5560 (5405), Chapelle lez Herlaimont mit 9 und 153 unter 5030 (4737) und Landelies
mit 38 und 19 unter 1590 (1509) Bewohnern.

Aus der von Ort zu Ort wechselnden Art der Beimischung erhellt,
dass Zufall hieran das meiste gethan und insbesondere, wie z. B. Jumet
gegenüber Montignies zeigt, die geringere Entfernung von der vlaemischen Heimat gar keinen Einfluss auf den Zuzug der Vlaemen nach
dem Kohlengebiete geäussert hat.

Der dem vlaemischen Einflusse fernste Verwaltungsbezirk Thuin
zeigt auch in den 4 Städten Chimay mit 3136, Beaumont mit 2064,
Thuin mit 5431 und Binche mit 8252 Einwohnern ein äusserst geringes Bestreben der Bevölkerung, die Kenntnis der vlaemischen Sprache
zu erlangen. Eine etwas stärkere Beimischung enthalten die an der
Haine im nördlichsten Kanton belegenen grossen Landgemeinden Ander-

lues mit 5940, Cornières mit 5787 und Morlanwelz mit 6500 Einwohnern. An dritter Stelle sind zu nennen: Forges mit 35 männlichen
Vlaemen und 12 Utraquisten von 820 (791) Einwohnern im südlichsten
Kanton, Colre saint Géry mit 21 nur vlaemisch und 48 zugleich wallonisch sprechenden von 1017 (977) Einwohnern und Ilaine St. Pierre.

Zwei Drittteile der nicht ausschliesslich wallonisch redenden Bewohner des Verwaltungsbezirks Mons kommen auf die Hauptstadt der
Provinz (mit 71 keiner Landessprache Kundigen). Städtischen Charakter
besitzt einigermassen auch die Stadt Saint Ghislain, und seltsamerweise,
aber wohl irrtümlich, werden von der kleinen Ortschaft Bauffe im nördlichen 5. Kanton 55 nur deutsch sprechende Personen weiblichen Geschlechts angeführt.

Die grossen Kohlengemeinden stelle ich in 3 Gruppen zusammen:
Cuesmes mit 7079, Jemappes mit 10741 und Quaregnon mit 12406 Ein-
wohnern westlich von der Hauptstadt; südwestlich von dieser Gruppe:
Frameries mit 9935, La Bouverie mit 6177, Pâturages mit 10090 und
Wasmes mit 12274 Einwohnern; Baudour nördlich von St. Ghislain
mit 5566, Hornu und Boussu südlich von der Stadt mit 8306 und
8722, Dour weiter südwestlich mit 10163 Einwohnern. Beträchtliche
Unterschiede walten zwischen ihnen nicht ob.

Im Verwaltungsbezirke Tournai (Tournay der Generalstabskarte)
nimmt der Behördensitz etwa die Hälfte der vlaemisch Verstehenden
vorweg. Die 3 anderen Städte Antoing mit 2589, Leuze mit 6257
und Péruwelz (Peruwelz der Karte) mit 8007 Einwohnern haben geringe
vlaemische Beimischung.

An der Sprachgrenze gegen die 21ste ostflandrische Gruppe liegt
im 14. Kanton Wattripont, gegen die 13te westflandrische Escanaffies,
ebendaselbst weiter zurück gegen die 22ste ostflandrische Gruppe An-
seroeul und Celles, hinter der 15ten und 16ten westflandrischen Gruppe
Pottes und Hérinnes in demselben, Warcoing, Saint Léger, Evregnis
und Estaimpuis mit 76 nur des Vlaemischen und 66 zugleich des Wallonischen mächtigen von 1288 (1219) im 17. Kanton Bailleul. Wegen
verhältnismässig stärkerer vlaemischer Beimischung kommen endlich in
Betracht die Gemeinden südlich von den letztgenannten Orten: Pecq
mit 31 nur vlaemisch und 56 zugleich wallonisch redenden unter 2035
(1951) Bewohnern. Estaimbourg mit 0 und 65 unter 1058 (1030), Leers
Nord mit 4 und 72 unter 866 (812) und Nechin (Néchin der Volkszählung) an der französischen Grenze mit 63 und 9 unter 1769 (1693),
sowie Froidmont südwestlich nahe bei Doornik mit 52 männlichen und
2 weiblichen Utraquisten.

Der Verwaltungsbezirk Ath besitzt die beiden Stadtgemeinden
Ath nicht weit von der Sprachgrenze und Chièvres. Von den Landgemeinden ist Everbecq im 20. Kanton Ellezelles, welche 1846 nach
Böckh unter 3855 Einwohnern nur 98 Wallonen hatte, noch immer
ganz entschieden vlaemisch, im Anschlusse an die 17te und 19te ostflandrische Gruppe.

An der Sprachgrenze liegen gegen diesen Ort die 19te und 21ste ostflandrische Gruppe: Flobecq (wofür die vlaemischen Formen Vloesberg und

Floberch amtlich genannt werden), und Ellezelles (1846 mit 588 Vlaemen unter 5618 Personen) mit jetzt 275 männlichen und 243 weiblichen nur vlaemisch, 89 und 70 auch wallonisch redenden unter 5314 (5093) Einwohnern, südwestlich davon im 21. Kanton Anvaing die Gemeinden Saint Sauveur und Dergneau, dann fortgesetzt von der 25sten hennegauischen Gruppe. In zweiter Linie hinter der Sprachgrenze sind anzuführen: Wodecq im 20., La Hamaide, Frasnes lez Buissenal, Ellignies lez Frasnes, Anvaing und Arc-Ainières im 21. Kanton.

Bei der Statistik des Verwaltungsbezirks Soignies greift vorweg eine später gemeldete Berichtigung statt: es sind 706 männliche und 757 weibliche Personen als nur wallonisch redend weniger zu verzeichnen, dagegen mehr 246 und 289 als nur vlaemisch, sowie 460 und 468 als beide Sprachen redend. Da die Rechnung bezüglich der nur wallonisch Redenden stimmt, wenn man Saint Pierre noch, wie 1866, als einen vlaemischen Ort ansieht, so vollziehe ich an diesem die Berichtigung im einzelnen.

Zum vlaemischen Sprachgebiete gehören die Stadt Enghien (vlaemisch: Edinghe oder auch Inghe) und die Landgemeinde Saint Pierre Capelle (1866 Saint Pierre en Warde) im 7. Kanton Bassilly an der brabanter Provinzialgrenze, sowie der westlich daneben im Anschlusse an die 17te ostflandrische Gruppe belegene Ort Biévène (Bievène der Karte, vlaemisch auch amtlich anerkannt: Bever) des 8. Kantons Acren. Seit 1846 hat sich das Verhältnis der Nationalitäten in dieser Gegend, soweit dasselbe verfolgt werden kann, weder zum Vorteil der einen noch der anderen Sprache verändert. Ich belasse deshalb nicht allein Petit Enghien und Hoves mit nur 7 vlaemisch und 92 auch wallonisch verstehenden von 1954 (1907) Bewohnern, bei denen kein Zweifel entstehen kann, sondern auch Marcq lez Enghien mit seiner nahezu halb geteilten Bevölkerung dem wallonischen Sprachgebiete; die Grenze geht dann weiter über Bassilly (Bas Silly der Volkszählung) und im 8. Kanton über Bois de Lessines, die Stadt Lessines und die Landgemeinden les deux Acren mit 2425 nur wallonisch und 730 nur vlaemisch redenden unter 3622 (3444) Bewohnern, Ghoy mit entsprechend 1426 und 522 unter 2020 (1938) und Ogy, wo sie westlich mit der 32sten hennegauischen Gruppe zusammenstösst. In zweiter Reihe dahinter liegen die Gemeinden Steenkerque und Silly des 7., Ottignies und Wannebecq des 8. Kantons.

Ausser den genannten, wegen ihrer eigentümlichen Sprachmischung grossenteils einzeln beschriebenen Orten habe ich zu erwähnen: die Städte Roeulx mit 4 nur vlaemisch redenden und 37 utraquistischen unter 2744 (2662) Bewohnern, Soignies mit 0 und 281 unter 8144 (7816) und Braine le Comte mit 124 und 182 unter 7638 (7209); endlich die grossen Landgemeinden im Kohlenbecken: la Louvière (früher Saint Vaast) mit 237 und 1691 unter 11859 (11185), Houdeng-Aimeries mit 180 und 31 unter 5921 (5636) und Houdeng-Goegnies mit 8 und 137 unter 5274 (5033).

Werden von den Fremdbürtigen die Niederländer als nur der vlaemischen Sprache kundig angesehen, so machen diejenigen männlichen Geschlechts unter ihnen in Charleroi, Bergen und Doornik rund

(Tabelle 18.) Gruppen:	Gemeinden	Hektar Fläche	Bevölkerung 1880	Von der Bevölkerung sprachen: nur französisch:		französisch und vlaemisch:		nur vlaemisch:		Klasse
				männl.	weibl.	männl.	weibl.	mnl.	wbl.	
1. Charleroi . . .	1	366	16 372	6 943	7 119	592	383	331	212	b'
2. Châtelet . . .	3	3 474	23 561	10 978	10 913	247	213	14	9	d'
3. Montignies . . .	1	597	13 326	5 925	5 963	397	254	84	37	c'
4. Gilly	1	730	17 716	7 130	7 387	878	449	586	355	c'
5. Jumet	1	1 248	20 707	9 603	9 759	98	67	38	26	c'
6. Courcelles . . .	1	1 500	11 190	5 277	5 172	58	36	7	6	c'
7. Marchienne . . .	1	665	12 158	5 910	5 347	206	139	209	161	c'
8. Marcinelle . . .	11	6 937	72 151	32 012	31 570	1 049	1 188	877	672	c'
9. Souvret . . .	1	371	2 277	545	519	559	542	—	1	f'
10. Seneffe . . .	3	3 774	12 189	5 655	5 424	128	85	35	20	f'
11. übrige Gemeinden	48	36 437	84 607	40 623	39 030	368	203	93	69	f'
Bezirk Charleroy .	72	56 099	286 249	130 060	128 201	5 180	3 553	2 254	1 568	
12. Binche . . .	4	7 514	16 883	8 593	9 261	83	88	25	25	d'
13. Morlanwelz . . .	3	3 428	18 227	9 475	8 315	247	177	—	—	e'
14. Haine saint Pierre	3	4 123	5 223	2 379	2 370	87	60	51	13	f'
15. übrige Gemeinden	73	75 759	66 490	32 002	31 386	150	100	26	8	f'
Bezirk Thuin .	82	90 822	108 823	51 449	51 336	567	425	102	46	
16. Bergen . . .	1	1 751	24 049	9 445	11 303	1 147	769	245	185	b'
17. Saint Ghislain .	1	397	3 325	1 417	1 648	77	42	—	—	d'
18. Bauffe . . .	1	765	1 004	458	459	4	—	—	53	f'
19. Quaregnon . . .	3	2 493	30 226	14 199	14 104	165	74	12	11	e'
20. Wasmes . . .	4	1 970	38 476	18 444	18 124	56	30	18	9	e'
21. Dour . . .	4	6 410	32 757	15 672	15 067	129	85	5	3	e'
22. übrige Gemeinden	66	47 318	84 241	40 653	39 394	157	149	50	65	e'
Bezirk Mons .	80	61 124	214 078	100 289	100 099	1 735	1 149	330	329	
23. Doornik . . .	1	1 504	32 566	13 809	13 425	886	692	156	74	b'
24. Péruwelz . . .	3	3 090	16 836	7 788	8 245	69	48	7	3	d'
25. Escanaffles . . .	2	1 437	2 187	1 004	939	97	64	6	7	e'
26. Hérinnes . . .	2	5 382	10 746	5 003	4 595	326	228	69	55	b'
27. Pecq . . .	5	2 859	6 579	3 096	2 850	172	34	56	42	f'
28. übrige Gemeinden	66	45 684	82 601	40 596	38 000	311	182	62	41	f'
Bezirk Tournai .	87	60 022	151 515	71 296	70 065	1 861	1 278	346	222	
29. Ath . . .	1	1 552	9 301	4 132	4 362	103	79	56	34	d'
30. Chièvres . . .	1	2 160	3 205	1 576	1 559	24	5	—	—	g'
31. Everbecq . . .	1	1 349	3 603	7	6	944	934	750	780	g'
32. Ellezelles : . .	2	4 713	9 538	4 195	3 903	214	154	300	331	g'
33. Saint Sauveur .	2	1 750	2 665	1 275	1 234	37	22	2	2	g'
34. Frasnes . . .	1	6 569	10 550	5 110	4 064	47	26	—	1	b'
35. übrige Gemeinden	51	31 236	54 731	26 832	25 394	161	73	3	4	f'
Bezirk Ath .	64	49 329	93 863	43 125	41 424	1 590	1 293	1 171	1 152	
36. Petit Enghien .	1	1 773	1 867	474	484	270	226	158	176	g'
37. Enghien . . .	1	64	4 044	218	325	957	1 045	598	712	g'
38. Marcq lez Enghien	1	2 077	2 125	473	497	76	73	461	432	g'
39. St. Pierre Capelle	1	1 141	1 780	7	7	575	557	253	296	g'
40. Biévène . . .	1	1 673	2 810	28	25	456	343	910	937	g'
41. Hoves . . .	3	3 870	4 851	2 308	2 181	102	61	20	17	g'
42. Lessines . . .	1	1 047	7 274	3 180	3 151	322	229	16	28	g'
43. Acren (les Deux) .	3	3 814	6 733	2 544	2 343	167	133	628	614	g'
44. Silly . . .	4	4 423	5 557	2 751	2 497	51	27	—	2	b'
45. Soignies . . .	3	7 332	18 525	8 330	8 731	300	198	67	61	d'
46. La Louvière . .	3	2 549	23 054	9 833	9 690	1 110	743	250	175	e'
47. übrige Gemeinden	30	25 007	44 596	21 524	20 534	214	153	5	7	f'
Bezirk Soignies .	52	54 770	123 217	51 670	50 465	4 606	3 788	3 366	3 479	
Provinz Hennegau . .	437	372 166	977 565	447 828	441 590	15 539	11 486	7 549	6 795	

ein Achtel der nur vlaemisch verstehenden Bewohner aus; beim weiblichen Geschlechte ist der Anteil mit $\frac{1}{10}$, $\frac{1}{5}$ und $\frac{1}{3}$ dagegen sehr verschieden abgestuft. Die der deutschen Sprache mächtigen Personen werden für Jumet, wahrscheinlich mit Unrecht, nur halb so zahlreich wie die aus Deutschland gebürtigen angegeben; in Charleroi, Marchiennes und Doornik ist das Verhältnis bei beiden Geschlechtern etwa $= 2:3$, in Bergen dagegen bei den Männern $\frac{1}{4}$ und bei den Frauen $\frac{1}{3}$, was durch ein höheres Bildungsbedürfnis der Provinzialhauptstadt erklärt werden könnte, falls man nicht das Vorhandensein einer alten deutschen Kolonie an dem Orte voraussetzen will. Von den aus Deutschland gebürtigen Bewohnern Bergen's hat etwa der dritte Teil, von denen der Gemeinde Marchiennes $\frac{3}{5}$, der Stadt Charleroi $\frac{3}{4}$ und Doornik's fast die Gesamtheit entweder vlaemisch oder französisch oder auch beide Sprachen erlernt; die Möglichkeit, sich mit den Eingeborenen ohne Kenntnis ihrer Sprache zu verständigen, scheint also in Doornik am wenigsten vorzuliegen.

6) Provinz Brabant.

Der Verwaltungsbezirk Nivelles ist so rein wallonisch, daß ich nur 3 Gemeinden (Tubize, la Hulpe und Rosières) finde, wo ein Zehntel der Bevölkerung vlaemisch versteht. Wie Böckh vermutet, wurden bei der Landeseinteilung sämtliche unzweifelhaft welsche Ortschaften Brabants in diesen Bezirk zusammengelegt, in welchem Falle die jetzt wallonischen Orte der beiden anderen Bezirke dem Vlaementume abgerungen sein würden. Eine Sprachgrenze besteht nur im Norden, doch fällt wegen der eben erwähnten Ortschaften die nördliche Grenze des Bezirks nicht allenthalben mit jener zusammen. Im Osten beginnend, liegen hinter der 3ten lütticher Gruppe schon in zweiter Reihe von der Sprachgrenze ab die Gemeinden: Orp le grand, Noduwez-Linsmeau (nebst dem Weiler Libertange) mit 47 Utraquisten unter 1 558 (1 486) Bewohnern im 41. Kanton Autre Eglise, Piétrain, St. Jean Geest, St. Remy Geest (früher St. Remi) und Melin (nebst Gobertange) mit 27 Utraquisten unter 1 028 (1 542) Bewohnern im 40. Kanton Dongelberg. Der 36. Kanton Archennes enthält schon eine Reihe von Gemeinden längs der Sprachgrenze: Beaurechain mit 53 vlaemisch verstehenden von 1 848 (1 737) Bewohnern, Tourinnes la Grosse, Hamme-Mille mit 49 von 1 070 (988), Nethen (Néthen der Volkszählung) mit 71 von 1 542 (1 445), Bossut-Gottechain mit 70 von 1 434 (1 373) und Archennes; im 42. Kanton Bierges endet die Grenze gegen den Bezirk Louvain mit der Stadt Wavre (nebst dem Weiler „Stadt"). Die erste Gruppe wird ergänzt durch die hinter den ebengenannten Gemeinden belegenen Orte: Nodebais und Grez-Doiceau mit 36 vlaemisch verstehenden von 2 668 (2 523) Bewohnern im 36., Dion le Val und Bierges mit 33 von 1 148 (1 090) im 42. Kanton. An die vlaemischen Gemeinden des Bezirks Bruxelles grenzen im 44. Kanton Céroux die Orte: Rosières mit 68 vlaemisch verstehenden

von 532 (514), Rixensart, Genval (hier versteht niemand vlaemisch)
und La Hulpe mit 293 von 2020 (1903); im 39. Kanton Braine:
Waterloo mit 84 von 3430 (3262), Wauthier-Braine und Braine
le Château mit 79 von 3207 (3144); im 38. Kanton: Clabecq mit 52
von 940 (894) und Tubize mit 370 von 3916 (3701) Bewohnern. Obgleich die 3 Gemeinden Lasne-Chapelle St. Lambert, Ohain im 44.
und Haut Ittre im 46. Kanton eigentlich die Fortsetzung der ersten
Gruppe darstellen, lasse ich dieselben aus, weil die Kenntnis der vlaemischen Sprache ihren 5439 Bewohnern gänzlich fehlt. Dann aber
kommen als zweite Reihe hinter der Sprachgrenze wieder in Betracht:
Braine l'Alleud mit 175 vlaemisch verstehenden von 6370 (5986)
Bewohnern, Ophain mit 41 von 1713 (1625) im 39. Kanton, Ittre,
Oisquercq (im Jahre 1875 noch Oiskercque), Quenast mit 51 von 1384
(1302) und Rebecq-Rognon mit 176 von 3492 (3349), letztere in dem
Vorsprunge nach Hennegau belegen, im 38. Kanton Clabecq. Hier wird
der Anschluss an die 44ste hennegauische Gruppe erreicht.

Die auffallende Schwäche des vlaemischen Bestandteils der Bevölkerung prägt sich auch in der Stadt Nivelles aus, und Abweichungen
bei anderen, von der Sprachgrenze entlegenen Gemeinden habe ich
überhaupt nicht gefunden. Nebenbei ist nur die Landgemeinde Ramillies-
Offus insofern zu erwähnen, weil von ihren 787 Einwohnern 189 keiner
Landessprache mächtig sein sollen.

Beim Verwaltungsbezirk Bruxelles sind vorerst die Ergebnisse
der Volkszählung zu berichtigen, da 1071 männliche und 984 weibliche Personen als nur französisch sprechend zu viel und als nur vlaemisch sprechend zu wenig angegeben waren. Die genaue Summe stellt
sich heraus, sobald man eine Spaltenverschiebung bei den mitten im
vlaemischen Gebiete belegenen Orten Borght Lombeek und Zellick
annimmt, was zu thun mir demgemäss obliegt.

Der allgemeinen Sprachgrenze gegen den Bezirk Nivelles folgend,
nenne ich gegenüber der 3ten und 4ten Gruppe die Gemeinden: Overyssche
mit 72 nur wallonisch und 3520 nur vlaemisch redenden unter 5396
(nach Abzug der Kinder und 90 keiner Landessprache mächtigen 4982)
Bewohnern und Hoeylaert mit 52 und 2007 unter 2421 (2286) im
41. Kanton Auderghem, Rhode St. Genèse mit 56 und 2664 unter
3587 (3354) und Alsemberg mit 17 und 1184 unter 1377 (1291) im
9. Kanton, Tournoppe mit 6 und 3711 unter 4419 (4131) im 5. Kanton
Huysinghen; der 4. Kanton oder die Stadt Hal (mit 40 keiner Landessprache Mächtigen), welche ich besonders verzeichne, sodann Lembecq
wieder im 5. Kanton mit 85 und 1757 unter 3478 (3319) Bewohnern.
Weiter westlich folgen 2 Gemeinden nordwestlich von der 4ten und
5ten Gruppe, welche dem Wallonentum schon seit längerer Zeit angehören: Saintes (1866 Sainte Renelle) mit 1894 und 140 unter 2199
(2083) Bewohnern und Bierghes (1866 Bierghes lez Hal) im 6. Kanton
Bellinghen; erstgenannter Ort hatte im Jahre 1846 noch zu einem
Sechstel vlaemische Bevölkerung. An der Sprachgrenze gegen diese Gruppe
und die 36ste und 38ste hennegauische liegen die Gemeinden Brages,
Bellinghen und Bogaerden vom 6., Haute Croix, Hérinnes und Thollen-

beek (Thollembeek der Volkszählung) vom 14. Kanton Gammerages.
Ihre verhältnismässig geringe wallonische Beimischung erklärt wohl zum
Teil den Widerstand, welchen die 37ste, 38ste und 39ste hennegauische
und die 17te ostflandrische Gruppe — ihre Nachbarn — der Verwechslung
zu leisten vermögen.

Eine zweite Reihe hinter der Sprachgrenze bilden, ebenfalls von
Osten her aufgezogen, die Gemeinden: Auderghem mit 68 nur wallonisch und 1873 nur vlaemisch redenden von 2434 (2290) Bewohnern
und Watermael-Boitsfort im 11. Kanton, beide übrigens mehr von dem
benachbarten Elsene als von der Grenze beeinflusst und deshalb, wie
bald erklärt werden wird, als Orte an der Sprachgrenze behandelt;
dann Linkebeek und Beersel im 10. Kanton Beersel, Huysinghen (Huys-
singhen des Kantonverzeichnisses) im 5., Buysinghen und Pepinghen-
Beringhen im 6., Herffelingen, Vollezeel (Vollezeele der Karte) und
Gammerages im 14. Kanton, wo der Anschluss westlich an die 16te ostflandrische Gruppe erreicht wird.

Neben der allgemeinen zusammenhängenden Sprachgrenze machen
aber noch die besonderen Sprachmischungen der Hauptstadt und ihrer
Umgebung eine besondere Erörterung nötig. Aus der Zählung vom
15. März 1842 teilt Böckh mit, dass von 114177 damaligen Bewohnern
Brüssel's der vlaemische Anteil 60.2s Prozent betrug und die Wallonen
in den drei oberen (östlichen und südöstlichen), reicheren Stadtteilen etwas
stärker als die Vlaemen vertreten waren. Ebenso hätten 1846 die
Vlaemen in St. Joos ten Noode nicht voll die Hälfte, in Elsene wenig
über die Hälfte, in Schaerbeek und Laeken freilich über ⁹/₁₀, in
St. Gillis und Molenbeek über ⁴/₅, in Anderlecht ⁹/₁₀ und in Etterbeek
noch mehr ausgemacht; sieht man von letzterer Vorstadt ab, so war
der Osten und Südosten am stärksten, der Südwesten und Westen am
schwächsten mit wallonischen Bestandteilen durchsetzt. Im ganzen ist
dieses Verhältnis noch ziemlich so geblieben, nur sind die Wallonen
mehr hinausgezogen und haben in den Vorstädten einen beträchtlich
stärkeren Einfluss gewonnen, der nur in St. Joos zurückgegangen ist.
Unzweifelhaft bildet gegenwärtig die der Hauptmasse der wallonischen
Provinzen am nächsten zugewandte Vorstadt Elsene (Ixelles) eine wallonische Sprachinsel, welche sich mutmasslich zunächst um St. Gillis
erweitern wird.

Indem ich auf den Plan (S. 57) verweise, lasse ich nach der
Hauptstadt die den nächsten Ring bildenden Vororte (15te—22ste Gruppe)
einzeln und dann erst die weiter abliegenden Gemeinden folgen, weil
gegenüber dem mächtigsten Einflusse der besondere Einfluss der Sprachinsel verschwindet. Vom weiteren Ringe nähern sich die südlich und
südöstlich vorgelagerten Orte, entsprechend ihrem geringen Abstande
von dem wallonischen Sprachgebiete, den hauptstädtischen Zuständen
am meisten; es sind: Uccle mit 606 nur wallonisch und 8151 nur
vlaemisch verstehenden unter 10744 (10028) Bewohnern, Forest mit
389 und 2694 unter 4182 (3946), Ruysbroeck mit 0 und 1592 unter
2209 (2030) und Leeuw Saint Pierre mit 75 und 4480 unter 5257
(4951). Die westlich vorgelagerten können wegen ihrer geringen
Beimengung ausser Betracht bleiben; im Nordwesten aber sind

wieder anzuführen: Koekelberg mit 47 und 3461 unter 4893 (4527),
Ganshoren mit 25 und 1338 unter 1584 (1465), Jette mit 316 und
3678 unter 4712 (4395) und etwas entfernter Assche mit 36 und
5624 unter 6392 (6041). Nordnordöstlich, durch 2 Dörfer von Laeken
getrennt, ziehe ich heran: Vilvorde mit 359 und 4044 unter 8202
(7701) und Machelen; nordwestlich und westlich ferner: Saventhem
mit 24 und 1826 unter 2219 (2057), Evere mit 32 und 1680 unter
2206 (2085), sowie Woluwe Saint Lambert mit 12 und 1402 unter
1660 (1552) Bewohnern.

Vom Verwaltungsbezirke Louvain sind heute, wie schon im
Jahre 1846, vier Gemeinden an der Grenze des Bezirks Nivelles wallonisch,
und zwar von der lütticher Grenze ab — die 3te lütticher Gruppe fort-
setzend — im 35. Kanton Esemael: Neerheylissem (nebst dem Weiler
Ardevoor) mit 5 nur vlaemisch und 117 zugleich wallonisch verstehenden
unter 1577 (1486) Bewohnern, Opheylissem (Opheylissen der Volkszählung) mit entsprechend 2 und 25 unter 849 (805), Zetrud-Lumay
(Zétrud des neuesten Kantonverzeichnisses, nebst Autgaerden) mit 604
und 43 unter 1491 (1415), dann im 34. Kanton Bautersem: l'Écluse
(nebst Sclimpre und Gael) mit 21 und 00 unter 424 (415); hier wird
der Anschluss an die zweite brabanter Gruppe erreicht. Die deutschen
Wohnplatznamen zeigen frühere Sitze der Vlaemen an.

An der Sprachgrenze gegen die obigen vier Gemeinden und den
Bezirk Nivelles liegen unmittelbar die Gemeinden: Esemael mit 40 nur
wallonisch und 140 nur vlaemisch verstehenden von 353 (329) Bewohnern und Gossoncourt im 35. Kanton, Hougaerde mit 65 und 3275
von 3855 (3655), Meldert mit 28 und 862 von 963 (919) und Opvelp
im 34. Kanton, Bierbeek mit 23 und 2769 von 3051 (2872). Blanden,
Vaelbeek, Weert, St. Georges, Rhode Ste. Agathe und Ottenbourg mit
14 und 1081 von 1205 (1135) im 32. Kanton Berthem.

In zweiter Reihe führe ich auf: Haekendover, Thienen im 35.,
Oirbeek, Willebringen, Vertryck, Neervelp im 34., Lovenjoul, Vieux
Héverlé, Loonbeek, Huldenberg, Duysbourg und Tervueren mit 56 und
2200 unter 2498 (2361) im 32. Kanton: letztere beide Gemeinden
werden jedoch mehr von Elsene aus beeinflusst, gegen welche Sprachinsel sie gleichfalls in zweiter Reihe liegen. Die Stadt Thienen (Tirlemont) ist einzeln zu behandeln.

Als Stadtgemeinden sind noch ausser dem Verwaltungssitze (mit
134 keiner Landessprache mächtigen Personen) zu nennen: Diest mit 206
nur wallonisch und 5182 nur vlaemisch redenden von 7399 (7001) Bewohnern und Aerschot. Vier Gemeinden mit vielen Zweisprachigen machen
sich als Vororte von Löwen geltend: südlich Heverlé mit 81 nur wallonisch und 603 zugleich vlaemisch redenden unter 3684 (3424) Bewohnern, östlich Corbeek-Loo, nördlich Kessel-Loo mit 535 und 544
unter 4978 (4607) und Wilsele (wo 59 keine Landessprache verstehen)
mit 11 und 75 unter 1767 (1507). Endlich werden, ohne dass eine
besondere Ursache dafür zu erkennen wäre, in folgenden Landgemeinden
auffällig viele Utraquisten nachgewiesen: in Cortenberg 426 von 1055,
in Thildonck 198 von 1235, in Sichem bei Diest 399 von 2515 und

(Tabelle 19.)

Sprachenverhältnisse der Provinz Brabant.

Gruppen:	Gemeinden	Hektar Fläche	Bevölkerung 1880	Von der Bevölkerung sprachen						Klasse
				nur französisch:		französisch und vlaemisch:		nur vlaemisch:		
				männl.	weibl.	männl.	weibl.	männl.	weibl.	
1. Grez-Doiceau . .	10	9 208	12 598	5 978	5 734	95	78	15	8	h'
2. Beauvechain . .	6	5 780	7 791	3 542	3 531	149	73	23	26	g'
3. Wavre . . .	1	2 116	6 847	2 911	3 286	169	123	1	14	g'
4. Tubize . . .	9	9 044	18 263	8 262	8 014	465	507	150	130	g'
5. Braine l'Alleud	6	9 187	16 196	7 500	7 346	156	117	111	85	h'
6. Nivelles . . .	1	3 410	10 163	4 466	4 965	154	128	12	10	d'
7. übrige Gemeinden	74	66 017	86 327	40 991	40 404	397	268	23	18	i'
Bezirk Nivelles .	107	101 822	158 124	73 673	73 286	1 505	1 089	335	297	
8. Overyssche . .	6	11 651	20 675	148	141	2 194	1 958	7 360	7 573	g
9. Hal	1	2 813	9 277	146	162	759	753	3 408	3 448	g
10. Saintes . . .	2	2 619	3 129	1 344	1 298	97	70	90	71	g'
11. Hérinnes . . .	6	5 483	8 979	13	36	372	291	4 007	3 825	g
12. Watermael . .	2	2 196	6 092	179	277	545	464	2 122	2 166	g'
13. Gammerages . .	8	6 204	12 288	23	22	519	288	5 424	5 359	h
14. Brüssel . . .	1	894	162 498	18 166	22 575	25 614	26 853	28 069	33 033	a
15. Elsene . . .	1	711	36 324	6 032	9 448	3 928	4 769	3 516	4 465	a'
16. Sint Gillis .	1	250	33 124	5 307	6 414	4 084	4 427	5 158	5 735	a
17. Anderlecht . .	1	1 779	22 813	1 450	1 580	2 263	2 150	6 823	6 990	a
18. St. Jans-Molenbeek	1	652	41 737	2 330	2 299	4 407	4 150	12 673	19 160	a
19. Laeken . . .	1	883	17 859	868	1 102	2 731	2 617	4 546	4 723	a
20. Schaerbeek . .	1	876	40 784	3 996	5 592	6 896	7 545	6 757	7 927	a
21. Sint Joos ten noode	1	111	28 052	3 210	4 494	5 166	5 926	3 399	4 295	a
22. Etterbeek . . .	1	316	11 750	1 269	1 350	1 804	1 804	2 305	2 485	a
23. Uccle	4	6 040	22 386	484	584	1 601	1 366	8 389	8 581	c
24. Aacche . . .	4	3 740	17 581	197	227	1 113	784	6 936	7 167	c
25. Vilvorde . . .	2	2 454	9 460	190	221	1 803	1 595	2 591	2 550	c
26. Saventhem . .	3	2 184	6 085	28	40	391	327	2 420	2 483	c
27. übrige Gemeinden	76	58 792	112 559	94	124	2 665	2 030	52 123	49 341	i
Bezirk Bruxelles .	123	110 748	623 457	47 864	57 982	68 950	70 108	168 066	175 359	
28. Heylissem . .	4	2 829	4 341	1 630	1 584	163	112	312	320	g'
29. Hougaerde . .	11	11 139	13 720	80	98	476	345	6 019	5 937	g
30. Terveuren . .	11	7 996	10 261	55	70	361	202	4 613	4 473	h
31. Thienen . . .	1	1 272	13 991	962	1 058	652	559	4 870	5 032	b
32. Löwen	1	411	35 893	641	834	5 223	5 060	10 000	11 906	b
33. Diest	2	2 036	12 777	194	70	909	918	4 600	5 168	d
34. Kessel-Loo . .	4	4 839	11 505	364	277	715	622	4 307	4 255	f
35. Sichem . . .	4	4 757	6 549	15	29	991	806	2 096	2 292	f
36. übrige Gemeinden	73	77 447	94 716	36	44	1 817	1 217	44 092	42 030	i
Bezirk Louvain .	111	112 720	203 693	4 221	4 063	11 125	9 875	80 995	81 563	
Provinz Brabant .	341	328 290	985 274	125 258	135 331	81 580	81 072	249 400	257 159	

in Geet-Betz an der limburgischen Grenze 550 männliche und 284 weibliche von 1741 Bewohnern.

Von den Fremdbürtigen bringen sich die Niederländer unter ihren Stammverwandten am wenigsten zur Geltung. Der höchste Anteil an den nur vlaemisch verstehenden Bewohnern, den sie erreichen, nämlich beim weiblichen Geschlechte in Sint Joos, beträgt noch nicht ein Achtel, und in Löwen sinkt derselbe beim männlichen auf 1/133 herab.

Höher stellt sich der Anteil der in Frankreich geborenen Personen an den nur französisch redenden Bewohnern.　Am schwächsten
ist derselbe mit noch nicht $\frac{1}{10}$ in der wallonischen Sprachinsel Elsene
und bleibt unter $\frac{1}{10}$ in deren beiden Nachbarorten St. Gillis und Etterbeek und in der entfernteren Stadt Löwen, ist wenig grösser in St. Joos,
$\frac{1}{9}$ in Schaerbeek und $\frac{1}{8}$ in Brüssel, während er in den Flandern zugekehrten Vororten Anderlecht, Molenbeek und Laeken auf $\frac{1}{7}$ steigt.

Die in Deutschland Geborenen, bei denen sich das männliche und
das weibliche Geschlecht an den zehn von Fremden besuchtesten Orten
der Provinz wenig unterscheiden, sind in Molenbeek noch nicht so
zahlreich, wie die keiner anderen Sprache mächtigen Personen; hier
scheinen also auch ihre Kinder am meisten nach dem Gebrauche der
elterlichen Heimat zu leben. Sonst kehrt überall die Erscheinung wieder,
dass die gute Hälfte der Deutschen eine andere Landessprache hinzugelernt hat. Ebenso regelmässig bilden die deutschen Fremdbürtigen
etwa $\frac{3}{5}$ aller deutsch Verstehenden; Ausnahmen sind nur Molenbeek
und Etterbeek mit $\frac{1}{2}$, Anderlecht mit $\frac{5}{8}$.

Viele der mit ihrem amtlichen französischen Namen aufgeführten
Gemeinden besitzen noch einen im Anhange zum Volkszählungsberichte
anerkannten vlaemischen Namen. Zu den schon früher erwähnten
füge ich aus dem Bezirke Nivelles hinzu: Waveren für Wavre; aus
dem Bezirke Bruxelles: Sinte Reinelde für Saintes, Bierk-Sartiau für
Bierghes, Ukkel für Uccle, Op Brussel für St. Gilles lez Bruxelles;
aus dem Bezirke Louvain: Zillaert für Zetrud und Sluisen für l'Écluse
sous la Tourelle.

7) Provinz Antwerpen.

Der Verwaltungsbezirk Malines ist von der Landeshauptstadt
zu weit entfernt, als dass dieselbe bis hierher eine Einwirkung zu üben
vermöchte. Das wallonische Element beschränkt sich deshalb vorzugsweise auf die beiden Städte Mecheln (wo 70 Personen keiner Landessprache mächtig sind), und Lier (Lierre). Dass ausserdem die kleine
Gemeinde Liezele im 11. Kanton Breendonck durch eine Menge von
Zweisprachigen hervorragt, ist durch ihre Lage keineswegs begründet.
Grössere Landgemeinden sind: Bornhem mit 5119, Willebroeck mit
6011 (worunter 297 männliche und 322 weibliche zweisprachig), Duffel
mit 5060 und Heyst op den Berg mit 5130 Bewohnern.

Gruppen gleicher Art bilden im Verwaltungsbezirke Turnhout:
die Stadt gleichen Namens, die grossen Landgemeinden Gheel mit 10468
und Moll mit 5884 Einwohnern (worunter 31 nur französisch und 87
zugleich vlaemisch sprechen); endlich im Norden Hoogstraeten.

Die Sprachenmischung im Verwaltungsbezirke Anvers wird völlig
von der Provinzialhauptstadt (mit 710 keiner Landessprache kundigen
Personen) und ihrer Umgebung beherrscht. Ganz mit derselben verwachsen sind die Vororte Borgerhout (mit 76 keiner Landessprache
Kundigen) im Osten und Berchem im Süden, welcher letztere eine

(Tabelle 20.)			Sprachenverhältnisse der Provinz Antwerpen.						
Gruppen:	Gemeinden	Hektar Fläche	Bevölke-rung 1880	Von der Bevölkerung sprachen					Klasse
				nur fran-zösisch:		französisch und vlaemisch:		nur vlaemisch:	
				mnl.	wbl.	männl.	weibl.	männl.	weibl.	
1. Mecheln	1	2 724	42 381	483	412	3 441	3 247	15 234	16 074	b
2. Lier	1	3 290	17 139	101	74	754	604	6 835	7 527	d
3. Willebroeck . .	4	8 568	21 320	18	13	683	604	9 529	9 129	e
4. Lierele . . .	1	653	1 000	—	—	107	60	386	393	f
5. übrige Gemeinden	33	35 123	61 198	29	33	1 008	737	28 755	27 208	i
Bezirk Malines .	40	50 361	143 038	631	532	5 993	5 416	60 789	60 931	
6. Turnhout . . .	1	5 844	18 670	20	13	932	728	6 511	7 408	d
7. Gheel	2	22 203	16 352	18	13	337	307	7 500	7 187	e
8. Hoogstraeten . .	1	1 311	2 038	4	1	108	110	817	894	f
9. übrige Gemeinden	48	106 421	75 883	33	12	1 404	991	85 649	33 503	i
Bezirk Turnhout	52	135 639	110 943	75	39	2 805	2 136	50 477	48 992	
10. Antwerpen . . .	1	1 935	169 112	3 587	2 357	11 988	11 155	81 295	68 000	b
11. Borgerhout . . .	1	280	20 263	41	25	930	794	8 476	8 416	o
12. Berchem	1	654	9 384	133	46	3 070	2 420	1 296	1 819	c
13. Hoboken	5	6 836	14 049	154	50	1 065	722	5 687	5 478	o
14. Deurne	4	4 889	13 610	47	29	405	287	6 092	5 798	c
15. Massenhoven . .	1	317	324	4	12	17	11	141	123	f
16. Boom	2	1 267	17 690	17	6	498	463	7 970	7 683	e
17. übrige Gemeinden	45	81 502	78 074	95	71	1 602	1 067	38 578	84 563	i
Bezirk Anvers .	60	97 180	323 251	4 078	2 602	19 578	16 921	127 533	131 880	
Provinz Antwerpen .	152	283 180	577 232	4 784	3 173	28 376	24 473	238 799	241 803	

überwiegende Mehrheit von Utraquisten besitzen soll. Der Umgürtelung durch Forts gehören namentlich folgende Gemeinden an: südwestlich Hoboken mit 637 Utraquisten von 4 147 (3 837) und dahinter Hemixem (hier 107 nur wallonisch Redende) mit 269 von 2 603 (2 432), südlich Edeghem (Edegem bei der Volkszählung, 33 nur wallonisch) mit 184 von 1 340 (1 263) und dahinter Contich (57 nur wallonisch) mit 374 von 3815 (3 624), südöstlich Mortsel mit 323 von 2 144 (2 005) Einwohnern; östlich Deurne mit 5 252 (4 886) und dahinter Wyneghem mit 2 007 (1 807), nordöstlich Merxem mit 5 056 (4 681), nordwestlich Lillo mit 1 295 (1 224) Einwohnern ohne bedeutende Beimischung.

Ferner sind die grossen Landgemeinden Boom mit 12 057 (11 799) und dabei Niel an der Rupel, endlich wegen zahlreicher Utraquisten der kleine Ort Massenhoven im 8. Kanton anzuführen.

Die fremdbürtigen Personen männlichen Geschlechts, deren Heimat Frankreich war, verhalten sich zu den nur französisch Redenden in Mecheln und Antwerpen rund = 1 : 5, diejenigen weiblichen Geschlechts = 2 : 7. Insofern nun der Kenntnis des Französischen beschränkten Bewohner des Vororts Borgerhout wenig zahlreicher als die aus Frankreich gebürtigen sind, tritt hier ein offenbarer Gegensatz hervor, der nicht dadurch erklärt werden kann, dass der Vorort im

Osten der Stadt Antwerpen liegt; denn gerade dieser Lage wegen müsste der eingeborene wallonische Anteil höher sein.

Von den in Deutschland geborenen Einwohnern Antwerpen's und den weiblichen Turnhouts versteht nur etwa der dritte Teil, von denen Borgerhout's und den weiblichen Mecheln's die Hälfte noch eine der anderen Landessprachen, während die Männer sowohl in Mecheln wie in Turnhout dieses Vorzuges fast sämtlich geniessen. Zählt man alle deutsch Verstehenden zusammen, so verhalten sich zu ihnen die in Deutschland Geborenen: die weiblichen in Turnhout rund $= 1:1$, in Antwerpen und Mecheln $= 2:3$, die männlichen an beiden Orten $= 1:2$, die männlichen in Turnhout und die weiblichen in Borgerhout $= 1:3$, die männlichen in Borgerhout $= 1:5$. Ist aus diesen Verhältniszahlen der Grad der Beständigkeit in der Ansiedlung zu folgern?

8) Provinz Ostflandern.

Bei den wenigen in den Verwaltungsbezirk St. Nicolas versprengten Personen, die nur französisch verstehen, ist die beträchtliche Zahl der Utraquisten fast allein als Ergebnis des Schulunterrichtes der Vlaemen anzusehen. Dies trifft besonders bei den Städten St. Nicolas und Lokeren, sowie bei der grossen Gemeinde Tamise (vlaemisch: Semsche) zu. Auch in anderen bevölkerten Gemeinden ist das Verhältnis der Zweisprachigen ziemlich hoch, so in Beveren (262 männliche und 356 weibliche unter 7838 Bewohnern), weniger in Basele (Basel der Volkszählung mit 229 unter 5636) und Stekene (188 unter 7124).

Noch stärker sind die Utraquisten im Verwaltungsbezirke Termonde vertreten. Zwar kommen sie verhältnismässig selten in den grossen Landgemeinden Waesmunster (100 männliche und 130 weibliche unter 5789 Bewohnern) und Calcken (106 unter 5280) vor, desto häufiger in Hamme, der Stadt Dendermonde, Lebbeke im Südosten, Zele im Nordwesten derselben und Wetteren. Eine Gemeinde von 2000 Bewohnern, Massemen-Westrem, dicht bei letzterem Orte, ist im Gegenteil ganz ohne Kenntnis des Französischen.

Mit dem Verwaltungsbezirke Alost wird die hennegauische Sprachgrenze erreicht. An derselben liegen die Gemeinden Viane, Moerbeke im 34. Kanton Grimminge, Overboulare (Boelaere der Karte, Goefferdinge und Sarlardinge im 33. Kanton; dicht hinter ihnen die Stadt Grammont und der Ort Nederboulaere (mit 65 männlichen und 59 weiblichen Utraquisten unter 624 Bewohnern); das südliche Wesen von Grammont erweist sich mächtiger als die Nähe der Sprachgrenze. Ausserdem sind die Städte Aelst (woselbst 55 Personen keine Landessprache verstehen) und Ninove, sowie die mitten im vlaemischen Gebiete belegene Landgemeinde Herzele wegen ihrer bedeutenden Anzahl von Utraquisten anzuführen, während Onkerzele dicht bei Grammont (welche Stadt vlaemisch Geeradsbergen oder Geertsberge heisst) unter 1608 Einwohnern nicht eine einzige derartige Person beherbergt.

Für den Verwaltungsbezirk Audenarde ist die Volkszählung

nachträglich berichtigt worden, und zwar haben sich die im amtlichen
Berichte angeführten Personen, welche nur französisch verstehen, um
419 männliche und 309 weibliche höher, die nur vlaemisch verstehenden
um 300 und 254, die beider Sprachen kundigen um 113 und 115 niedriger herausgestellt. Betrachtet man die Einzelzahlen gegenüber den
Ende 1866 ermittelten, so findet man Wallonen und Vlaemen in Amougies
verwechselt und muss ausserdem die zu viel gezählten Utraquisten als
reine Wallonen in Russeignies, welcher Ort andernfalls fast durchaus
zweisprachig wäre, ansetzen.

Bei der Verfolgung der hennegauischen Grenze von der 17ten Gruppe
westwärts stösst man zunächst im 24. Kanton Deftinge auf die vlaemische
Gemeinde Paricke mit 770 Bewohnern (abzüglich Kinder 730) und dann
auf Opbrakel mit nur 9 zugleich wallonisch redenden unter 1812 (1753)
Bewohnern. So unwahrscheinlich das ist, obgleich auf der Gegenseite
der ausnahmsweise vlaemische Ort Everbecq liegt, habe ich doch mit
den amtlichen Zahlen zu rechnen, und Opbrakel, welches noch mit dem
wallonischen Flobecq grenzt, sogar in die Ortschaften längs der Sprachgrenze zu versetzen. Die weiter zurückliegenden Gemeinden Deftinge
und Nederbrakel, welche im Anschlusse an die 16te Gruppe stehen,
verhalten sich normal. Im 23. Kanton Beirlegem gehört Schoorisse,
im 19. Kanton Audenarde auch Nukerke mit nur 43 Zweisprachigen
von 2185 (2081) Bewohnern zu den Grenzorten, während Segelsem
bezw. Maercke-Kerkhem und ohne jede utraquistische Beimengung
Etichove mit 2519 (2406) Bewohnern in zweiter Linie stehen.

Haben wir die Vlaemen hier gegen den wallonischen Einfluss
beinahe unempfindlich gesehen, so zeigt sich derselbe desto stärker in
der Stadt Ronsse (Renaix), welche ost- und südwärts an das wallonische
Sprachgebiet angrenzt, und die weiter westlich folgenden Gemeinden
Russeignies (vlaemisch: Roosenaken), Amougies (mit 73 männlichen
und 97 weiblichen Utraquisten unter 829 bezw. 772 Bewohnern) und
Orroir (mit 58 und 32 unter 611 bezw. 585) sind bereits ganz vor-
wiegend wallonisch. An der Sprachgrenze gegen diese Orte liegen
Quaremont und Ruyen in demselben 22. Kanton Amougies, weiter zurück
Sulsique und Berchem im 20. Kanton Berchem.

Als grössere Orte sind die Stadt Oudenaarden und Cruyshautem
zu erwähnen. Da sich die Grenzorte des wallonischen Elements so
auffällig erwehrt haben, ist die beträchtliche Zahl der Utraquisten dort
nicht auf die Nähe der Grenze, sondern auf den städtischen und behörd-
lichen Charakter gegenüber dem der entfernter liegenden gleich grossen
Landgemeinde zurückzuführen.

Weil der Verwaltungsbezirk Gand ausserhalb des Grenzbereiches
liegt, behandle ich von demselben nur die durch ihre Einwohnerzahl
oder durch die Menge der Utraquisten hervorragenden Ortschaften.
Ausser der Provinzialhauptstadt Gent (wo 169 Personen keiner Landessprache mächtig) sind das 3 Vorstädte: südlich Ledeberg mit 109 männlichen und 95 weiblichen nur französisch, 1089 und 1083 zugleich
vlaemisch oder deutsch verstehenden Personen unter 10124 (9513)
Bewohnern, östlich Gentbrugge (Gendbrugge im Kantonverzeichnisse)

und Mont St. Amand (St. Amandsberg der Karte) mit 29 nur, 563 männlichen und 728 weiblichen auch französisch verstehenden unter 7429
(6964) Bewohnern, sowie westlich Tronchiennes mit 59 männlichen nur
französisch Redenden, 208 männlichen und 123 weiblichen Utraquisten
unter 4809 (4604) Bewohnern. Die nächste Gruppe bilden die von der
Hauptstadt weiter entfernten Gemeinden mit mehr als 5000 Bewohnern:
Aeltre, Somergem, Waerschoot mit 381 männlichen und 397 weiblichen
Zweisprachigen unter 5234 (5022), Evergem mit 652 und 576 Zweisprachigen unter 6524 (6207) Bewohnern; endlich Wachtebeke. Als
Stadtgemeinde ist Deynze für sich, als kleinere Landgemeinden mit
zahlreichen Utraquisten an letzter Stelle aufzuführen: Nazareth, Zwy-
naerde (Swynaerde der Karte), Melle und Sleydinge (früher Sleydinghe).

Die Ausweise vom Verwaltungsbezirke Eecloo sind wegen des
statistischen Gegensatzes benachbarter Gemeinden lehrreich. Dicht bei
Bassevelde, wo die Utraquisten zahlreicher als in der Stadt Eecloo
selbst vorkommen, liegt Watervliet und zwischen der Stadt und der
mit Utraquisten stark genug versehenen Ortschaft Maldegem die Gemeinde Adegem; aber weder in Watervliet mit 2282 noch in Adegem
mit 3600 Einwohnern ist auch nur ein einziger des Französischen mächtig
gemeldet. Nicht der mindeste Grund eines verschiedenen Verhaltens
kann aus der Lage, Grösse und Zusammensetzung der Gemeinden hergeleitet werden; man ist also, wie in minder auffallenden Erscheinungen
ähnlicher Art, zu der Vermutung genötigt, dass zur Eintragung in die
Liste hier ein grösseres und dort ein geringeres Mass der Sprachkenntnis
beansprucht wurde. Die eine Gemeinde mochte dafür Fertigkeit in der
mündlichen Unterhaltung mit Franzosen als Bedingung vorausgesetzt
haben, die andere etwa schon einen zweijährigen Unterricht in der
französischen Sprache als genügend erachten.

Was die Fremdbürtigen betrifft, so walten bei dem Verhältnisse der in Frankreich geborenen zu den nur des Französischen kundigen Personen örtlich starke Abweichungen ob, welche von der grösseren oder geringeren Grenznähe nicht im mindesten beeinflusst werden.
In Ronsse beträgt jenes Verhältnis rund 1 : 20, in Aalst 1 : 10, in Ledeberg 1 : 3 und in Gent fast 3 : 4; ohne die Einwanderung aus Frankreich würde also das rein wallonische Element der Provinzialhauptstadt
sehr gering sein.

Die in Deutschland geborenen Einwohner von Aalst verstehen ausser
der deutschen fast sämtlich, die von Ledeberg nur zum geringsten Teile
und die von Gent zu fast zwei Dritteilen entweder auch vlaemisch oder
französisch oder beide Nebensprachen. In Aalst wohnt kaum eine aus
Belgien stammende weibliche Person, die des Deutschen kundig wäre,
wogegen von den männlichen Deutschverstehenden wenig über ein
Dritteil in Deutschland geboren ist; in Ledeberg fällt das entsprechende
Verhältnis bei beiden Geschlechtern auf ein Viertel, und in Gent ist es
beim männlichen ein Dritteil und beim weiblichen die Hälfte. Man
darf wohl annehmen, dass es sich hier weniger um Nachkommen deutscher Familien, als um Erlernung der deutschen Sprache seitens der
Vlaemen handelt.

(Tabelle 21.)

Sprachenverhältnisse der Provinz Ostflandern:

Gruppen:	Gemeinden	Hektar Fläche	Bevölkerung 1880	nur französisch: männl.	nur französisch: wbl.	französisch und vlaemisch: männl.	französisch und vlaemisch: weibl.	nur vlaemisch: männl.	nur vlaemisch: weibl.	Klasse
1. Basel	3	7 238	20 598	1	1	486	549	9 209	9 201	e
2. Tamise	1	2 341	9 943	7	2	376	317	4 342	4 892	e
3. Sint Nicolas . .	1	2 757	25 914	52	37	1 416	1 330	10 435	11 200	d
4. Lokeren . . .	1	4 348	17 770	15	7	708	633	7 625	7 814	d
5. übrige Gemeinden	23	33 140	63 968	23	25	1 325	1 010	29 165	29 054	i
Bezirk St. Nicolas	29	49 824	138 193	98	72	4 401	3 839	60 776	61 661	
6. Waesmunster . .	2	5 280	11 069	1	5	222	204	5 092	4 965	e
7. Hamme . . .	1	2 386	11 437	3	1	495	477	4 982	4 962	e
8. Lebbeke	1	1 548	5 889	1	9	370	279	2 428	2 430	e
9. Dendermonde . .	1	805	8 544	114	36	803	687	2 924	3 531	d
10. Zele	1	3 196	12 721	1	2	463	371	5 555	5 597	e
11. Wetteren . . .	1	2 632	10 883	9	13	770	514	4 241	4 707	e
12. übrige Gemeinden	20	19 179	50 017	15	19	1 318	852	23 128	21 734	i
Bezirk Termonde	27	34 996	110 540	144	85	4 441	3 477	48 314	47 926	
13. Aelst	1	1 877	20 679	340	121	1 400	1 161	7 962	8 444	d
14. Ninove	1	1 092	6 581	4	6	613	599	2 418	2 580	d
15. Herzele	1	761	1 967	—	—	226	210	693	745	f
16. Grammont . . .	2	407	10 019	38	45	693	769	3 772	4 186	b
17. Overboulaere . .	5	2 944	6 790	32	38	299	147	2 973	3 013	g
18. übrige Gemeinden	71	40 035	107 337	10	47	3 056	2 353	40 035	47 564	i
Bezirk Aalst . .	81	47 116	158 373	424	257	2 291	5 239	66 875	66 532	
19. Schoorisse . . .	3	3 297	6 386	3	1	145	81	3 017	2 889	g
20. Nederbrakel . .	0	4 991	11 519	—	—	327	354	5 320	5 180	h
21. Ronsse	1	3 172	14 370	1 603	1 591	2 566	2 430	2 736	2 672	g
22. Amougies . . .	3	1 409	2 095	656	624	323	313	34	29	g'
23. Ruyen	2	1 856	3 731	5	6	212	123	1 617	1 626	g
24. Berchem . . .	2	1 205	2 937	2	6	86	126	1 389	1 181	h
25. Oudenaarden . .	1	222	5 545	75	40	911	930	1 556	1 812	d
26. Cruyshautem . .	1	2 684	5 586	2	3	112	113	2 548	2 544	e
27. übrige Gemeinden	41	22 422	46 014	14	11	1 238	894	20 866	20 500	i
Bezirk Audenaarde	60	41 248	98 183	2 360	2 272	5 920	5 377	39 183	38 433	
28. Gent	2	2 335	131 431	1 086	1 247	10 076	10 910	48 729	54 741	b
29. Ledeberg . . .	4	4 491	26 600	198	140	2 133	2 147	9 960	10 496	c
30. Aeltre	5	16 169	29 545	3	3	1 520	1 371	12 617	12 644	e
31. Deynze	1	866	3 915	6	14	437	432	1 346	1 407	d
32. Nazareth . . .	4	7 083	14 842	8	6	1 576	1 323	5 843	5 321	f
33. übrige Gemeinden	66	59 694	114 245	38	51	2 476	2 147	52 862	51 115	i
Bezirk Gand . .	81	90 638	320 638	1 339	1 461	18 218	18 329	129 358	135 814	
34. Eecloo	1	2 830	10 741	3	3	466	471	4 621	4 704	d
35. Bassevelde . . .	1	2 194	3 491	—	—	224	253	1 416	1 430	i
36. Maldegem . . .	1	6 272	8 385	—	—	248	165	3 698	3 866	i
37. übrige Gemeinden	15	24 902	38 272	13	10	832	560	17 821	17 112	e
Bezirk Eecloo .	18	36 198	60 889	16	13	1 770	1 449	27 556	27 112	
Provinz Ostflandern	296	300 020	881 816	4 381	4 160	41 041	37 710	372 057	377 484	

9) Provinz Westflandern.

Im Verwaltungsbezirke Bruges zeichnen sich durch einen erheblichen Anteil Zweisprachiger aus: die Hauptstadt Brügge (mit 465 keiner Landessprache kundigen Bewohnern), deren Vororte Oostcamp im Süden und Saint Michel im Südwesten mit 140 männlichen und 186 weiblichen Utraquisten unter 1821 (1739) Einwohnern, der Badeort Blankenberghe und die Stadt Thourout.

Einfache Verhältnisse zeigt der Verwaltungsbezirk Thielt. Ausser der Stadt gleichen Namens habe ich nur die grösseren Landgemeinden anzuführen: Swevezeele mit 527 Utraquisten unter 5102 (4799), Wynghene mit 305 unter 8026 (7696), Ruysselede mit 458 unter 4610 (4441) und Meulebeke mit 514 unter 9042 (8595) Einwohnern.

Auch im Verwaltungsbezirke Roulers sind vorzugsweise die Städte sprachlich stärker gemischt: ausser dem Sitze der Bezirksbehörden Iseghem mit 220 männlichen und 168 weiblichen Utraquisten unter 9113 (8670) Einwohnern und Ingelmunster. Mehr als je 5000 Bewohner haben ferner die Landgemeinden Rumbeke mit 189 Utraquisten unter 5983 (5710), Ardoye mit 167 unter 6086 (5810), Lichtervelde mit 411 unter 6394 (6032), Staden mit 199 unter 5073 (4814), endlich Moorslede mit 121 männlichen und 180 weiblichen unter 6438 (6100) Bewohnern.

Beim Verwaltungsbezirke Courtrai greift eine nachträgliche Berichtigung des Volkszählungsberichtes statt, indem 65 männliche und 93 weibliche Personen irrtümlich als vlaemisch statt als wallonisch redend verzeichnet wurden. Da dieser Fehler sich vollkommen ausgleicht, wenn man eine Spaltenverschiebung bei der 1846 vorwiegend wallonischen Gemeinde Reckem zur Lys annimmt, so muss ich die Berichtigung hierauf beziehen.

Der 14. Kanton Autryve, der 13. Bossuyt und der 12. Belleghem grenzen an die Provinz Hennegau, letzterer ausserdem, sowie der 11. Aelbeke, der 10. Bisseghem und der 9. Menin an Frankreich. Auf dieser langen Strecke dürfte man deshalb einen starken Einfluss des wallonischen Elements vermuten; aber mit Gewissheit sind doch nur die Grenzorte Espierres mit 1080 Einwohnern im 13., Doltignies mit 4111 Einwohnern, Herseaux mit 2307 Einwohnern im 12., Luinghe mit 1083 Einwohnern (wovon 187 männliche und 240 weibliche nur vlaemisch verstehen) und Mouscron im 11. Kanton als wallonisch anzuerkennen, während dies bei Reckem im 10. Kanton bloss dann zutreffen würde, wenn ausnahmsweise — wie ich es allerdings im Hinblick auf den früheren Stand der Dinge thue — hier den Wallonen ein grösserer Anteil an den Zweisprachigen zugebilligt wird. Ich bilde 4 Gruppen aus diesen Ortschaften.

Auf vlaemischer Seite liegen an der Sprachgrenze im Anschlusse an die 2iste ostflandrische Gruppe die Gemeinden Avelghem mit 3802 Einwohnern und Autryve mit 1070 Einwohnern im 15. Kanton. Dann folgen im 13. Kanton vier Gemeinden mit zahlreichen Utraquisten: Bossuyt mit 281 unter 566, Helchin mit 958 unter 1382, Saint Genois mit 497 männlichen und 500 weiblichen (neben 26 und 70 nur französisch redenden) unter 3414, Coyghem mit 388 unter 989 Einwohnern; weiter Rolleghem, Aelbeke und Lauwe, endlich die Stadt Menin. Zunächst hinter den vlaemischen Grenzgemeinden liegen Heestert im 14., Moen im 13., Belleghem mit 602 Utraquisten unter 3001 (2852) Einwohnern im 12. und Wevelghem mit 592 Utraquisten unter 5235 (4970) Einwohnern im 10. Kanton.

Ausserdem sind einzeln die Stadt Kortryk (mit 66 keiner Landessprache kundigen Personen) und als Gruppe zwei grosse Landgemeinden anzuführen: Harlebeke nahe bei dieser Stadt mit 902 Zweisprachigen von 6008 (5666) und Waereghem mit 300 männlichen und 309 weiblichen von 7164 (6753) Einwohnern.

Im Verwaltungsbezirke Ypres setzt sich die Grenze gegen Frankreich, von welcher es zweifelhaft ist, wie weit sie auch die Sprachgrenze bildet, fort. Letztere lässt im Anschlusse an die 20ste Gruppe die Stadt Wervicq im 51. Kanton Comines auf der vlaemischen Seite, springt dann jedoch über den Grenzort Comines' und den dahinter belegenen Ort Houthem mit 164 nur vlaemisch und 413 beide Sprachen redenden Bewohnern unter 1175 (1125) vor und schliesst Bas Warneton mit 112 bezw. 3 unter 776 (744) Bewohnern, die Stadt Warneton (Warnêton der Volkszählung) und Ploegsteert mit 99 nur vlaemisch und 481 beide Sprachen redenden unter 2632 (2497) Bewohnern in 50. Kanton nach der französischen Seite ab. An der Sprachgrenze hinter diesen Orten liegen die Gemeinden Zandvoorde, welche 1846 mehr französisch als vlaemisch war und 245 nur französisch redende unter ihren 886 (838) Einwohnern zählt, und Hollebeke im 48. Kanton Becelaere, Messines mit 24 männlichen und 168 weiblichen nur jene, 302 und 391 zugleich die vlaemische Sprache verstehenden unter 1554 (1482) Bewohnern im 50. Kanton, Wulverghem mit 100 Utraquisten unter 469 Einwohnern und Neuve Eglise mit 344 nur französisch und 1014 nur vlaemisch redenden unter 2496 (2364) Bewohnern im 49. Kanton Dickebusch.

Den vlaemischen Gemeinden an der Sprachgrenze zunächst befinden sich Gheluwe im 48., Wytschaete mit 85 nur französisch und 1983 nur vlaemisch verstehenden unter 3378 (3276) Bewohnern im 50., Kemmel und Dranoutre im 49. Kanton. In nördlicher Richtung begleiten von Dranoutre ab die französische Grenze: Locre im 49., Westoutre. Reninghelst und die für sich aufzuführende Stadt Poperinghe im 44., dann Watou und Rousbrugge-Haringhe (Rousbrugghe-Haringhe der Volkszählung) im 45. Kanton Crombeke.

Endlich kommen die Stadt Ypern (mit 19 keiner Landessprache kundigen Personen) und die grosse Landgemeinde Langemarck (Langemarcq der Karte) einzeln zur Geltung.

Da der Verwaltungsbezirk Dixmude mitten in rein vlaemischem Gebiete liegt, unterscheide ich von den kleinen Landgemeinden nur die gleichnamige Stadt und die 3 grösseren Landgemeinden: Clercken im Süden mit 4040, Cortemarck im Osten mit 4243 und Couckelaere im

(Tabelle 22.)				Sprachenverhältnisse der Provinz Westflandern.						
Gruppen:	Gemeinden	Hektar Fläche	Bevölkerung 1880.	Von der Bevölkerung sprachen .						Klasse
				nur französisch:		französisch und vlaemisch:		nur vlaemisch:		
				männl.	weibl.	männl.	weibl.	männl.	weibl.	
1. Brügge	1	430	44 501	359	408	3 304	3 682	14 536	19 715	b
2. Oostcamp . . .	2	5 079	7 532	11	10	363	344	3 295	3 122	e
3. Blankenberghe . .	1	85	3 009	28	25	170	208	1 123	1 268	f
4. Thourout	1	4 415	6 746	4	—	237	219	3 865	3 921	d
5. übrige Gemeinden .	36	55 536	62 434	17	30	1 334	957	28 711	28 026	i
Bezirk Bruges . .	41	65 545	128 222	419	473	5 408	5 425	51 530	56 045	
6. Thielt	1	3 465	9 779	9	10	501	451	4 043	4 325	d
7. Meulebeke . . .	4	12 840	26 780	14	4	945	859	11 905	11 803	e
8. übrige Gemeinden .	14	14 230	31 825	3	2	923	963	14 470	14 029	i
Bezirk Thielt . .	19	30 541	68 384	26	16	2 369	2 273	30 425	30 157	
9. Rousselaere . . .	1	2 314	17 219	18	21	1 504	1 093	6 440	7 205	d
10. Iseghem	2	3 044	14 602	9	13	444	371	6 644	6 607	d
11. Moorslede . . .	5	12 788	29 914	2	3	655	612	13 685	13 509	e
12. übrige Gemeinden .	12	11 581	28 750	3	3	855	722	13 045	12 748	i
Bezirk Roulers .	20	29 724	90 745	32	40	3 458	2 798	39 834	40 069	
13. Avelghem . . .	2	1 302	4 872	11	12	414	374	1 971	1 882	g
14. Saint Genois . .	4	2 816	6 351	75	112	1 350	1 235	1 612	1 588	g
15. Espierres	1	598	1 080	235	239	188	168	123	92	g
16. Dottignies . . .	3	2 630	8 101	3 192	2 872	509	376	392	403	g
17. Mouscron	1	1 336	11 042	2 963	1 998	2 008	2 729	343	380	g
18. Reckem zur Lys .	1	828	2 518	294	312	732	598	230	219	g
19. Lauwe	3	2 440	6 728	65	80	374	267	2 830	2 732	g
20. Menin	1	1 631	11 749	150	129	1 394	1 286	4 119	4 057	g
21. Wevelghem . . .	4	5 147	12 331	11	18	854	855	5 240	5 047	h
22. Kortryk	2	2 115	26 943	131	189	2 311	2 527	9 327	10 935	b
23. Waereghem . . .	2	4 152	13 172	3	7	841	670	5 399	5 499	e
24. übrige Gemeinden .	23	19 301	52 498	5	8	2 180	2 151	23 292	22 295	i
Bezirk Courtrai .	46	44 302	157 385	7134	5 976	13 209	12 985	54 871	55 129	
25. Wervicq	1	2 020	7 032	61	92	1 606	1 470	1 740	1 723	g
26. Comines	2	1 988	5 384	1 619	1 580	349	282	688	610	g
27. Warneton	3	4 307	6 918	2 583	2 680	550	371	215	168	g
28. Neuve Eglise . .	5	3 730	6 178	390	457	1 003	1 013	1 488	1 495	g
29. Gheluwe	4	7 108	10 513	67	68	1 106	804	3 976	3 943	h
30. Reninghelst . . .	3	3 853	4 632	3	4	193	112	2 005	2 040	h
31. Poperinghe . . .	1	4 761	11 007	13	8	774	708	4 172	4 823	h
32. Watou	2	3 529	5 385	9	8	479	229	2 073	2 331	h
33. Ypern	1	1 561	15 753	281	149	1 708	1 702	4 744	6 471	d
34. Langemarck . . .	1	4 580	6 813	—	3	113	70	3 186	3 056	e
35. übrige Gemeinden .	19	23 623	33 036	6	10	1 597	1 120	14 375	14 250	i
Bezirk Ypres .	42	61 054	112 651	5 032	5 065	9 476	7 883	38 657	40 913	
36. Dixmuiden . . .	1	108	4 106	1	2	321	284	1 482	1 870	d
37. Couckelaere . . .	3	6 599	13 152	2	1	603	587	5 615	5 577	e
38. übrige Gemeinden .	22	27 632	31 320	2	10	725	568	14 049	14 480	i
Bezirk Dixmude .	26	34 339	48 578	5	13	1 649	1 439	21 146	21 927	
39. Ostende	1	373	19 307	283	274	2 216	2 130	5 762	7 265	b
40. übrige Gemeinden .	27	29 237	35 595	9	9	952	647	16 160	15 817	i
Bezirk Ostende .	28	29 510	54 902	292	283	3 168	2 777	21 922	23 082	
41. Adinkerke . . .	5	7 329	7 264	4	3	397	282	3 243	3 040	h
42. Veurne	1	2 221	5 083	14	17	516	494	1 690	2 132	d
43. Nieuport	1	205	3 123	4	8	279	199	1 104	1 381	d
44. übrige Gemeinden .	21	18 609	17 327	3	53	582	302	7 815	7 765	i
Bezirk Furnes .	28	28 366	32 897	25	38	1 754	1 277	13 849	14 318	
Provinz Westflandern .	250	323 481	691 764	12 969	11 905	40 493	36 857	272 240	281 640	

Norden mit 1863 Einwohnern. Ohne jeden erkennbaren Grund ist für Cortemarck die Menge der Utraquisten ausserordentlich hoch, nämlich auf 490 männliche und 522 weibliche Personen angegeben, so dass sich die Vermutung aufdrängt, bei irgend einem grösseren Weiler jener Gemeinde habe eine unrichtige Eintragung stattgefunden.

Innerhalb des Verwaltungsbezirks Ostende macht sich allein die gleichnamige Stadt, woselbst auch 104 Personen keiner Landessprache mächtig sind, bemerkbar.

Der letzte Verwaltungsbezirk Furnes grenzt im Westen an Frankreich mit den sich an die 32ste Gruppe anschliessenden Gemeinden Beveren im 34. Kanton Alveringhem, Leyseele (Leyzele der Volkszählung). Houthem mit 392 Utraquisten von 1548 (1469), Moeres mit 55 von 233 (223) Einwohnern und Adinkerke im 23. Kanton. Ausser diesen Gemeinden sind die Bezirksstadt Veurne und die Hafenstadt Nieuport zu erwähnen.

Als vlaemische Gemeindenamen sind im Bezirke Courtrai anerkannt: Moescroen für Mouscron, Meenen für Menin; im Bezirke Ypres: Comen für Comines, Waesten für Warneton, Neder Waesten für Bas Warnéton; im Bezirke Furnes: Nieuwpoort für Nieuport.

Von den Fremdbürtigen aus dem Deutschen Reiche haben in Brügge mindestens die Hälfte, in Ostende ²/₃ eine andere Landessprache hinzugelernt, und unter den überhaupt deutsch verstehenden Bewohnern machen jene an beiden Orten nur etwa ²/₃ aus.

Grössere Verschiedenheiten walten bezüglich der in Frankreich geborenen Personen ob. Wenn man, wie immer im Laufe dieses Abschnittes, die Voraussetzung festhält, dass dieselben französisch und zwar, solange kein Widersinn sich ergibt, nur die eine Sprache verstehen. findet man, dass in Mouscron unter sämtlichen nur französisch könnenden Einwohnern männlichen Geschlechts etwa ¹/₈ und unter denen weiblichen Geschlechts ³/₄ aus Frankreich stammen; in Brügge steigt das Verhältnis schon auf ¹/₃ bezw. ¹/₂, in Ostende auf ¹/₂ bezw. ⁵/₇, und in Ypern stellt es sich bei den Männern zwar auf ¹/₄, während dagegen kaum noch eine Person ohne Kenntnis des Vlaemischen für die weiblichen Landesbürtigen übrig bleibt.

Die oben erwähnte Voraussetzung trifft aber bei einigen Städten nicht einmal zu. In Kortryk müssen mindestens ¹/₄, in Menin etwa ¹/₂, in Rousselaere ⁴/₅ und in Poperinghe ²/₃ aller innerhalb des Nachbarlandes geborenen Bewohner entweder die Kenntnis der vlaemischen Sprache erlernt oder sie schon vor ihrer Einwanderung besessen haben. Die letztere Alternative hat in Anbetracht der vorher nachgewiesenen Geringfügigkeit des Einflusses, den die französische Grenze einer ziemlich langen Strecke auf die Verwelschung Ostflanderns ausgeübt hat, bei weitem die grösste Wahrscheinlichkeit für sich. Längs jener Grenze und mutmasslich nicht weniger tief ins Land hinein, als vor 40 Jahren, mag also die unter französischer Herrschaft stehende altvlaemische Bevölkerung ihre Muttersprache zäh bewahrt haben.

Was über die innerhalb der einzelnen Verwaltungsbezirke sprachlich verschiedenen Gruppen statistisch beizubringen war, liegt nunmehr vor. Vielleicht hätte ich manche Ortschaften auch in anderer Weise vereinigen, die sprachlich von der Masse des platten Landes nicht abweichenden Vororte grosser Städte ebenfalls absondern gesollt u. dgl.; die schwer zu bewältigende Menge des Stoffes wurde aber meines Erachtens in so vielen Besonderheiten ausgebreitet, dass für speziellere Vergleichungen, als ich sie beabsichtige, durchaus hinlängliche Zahlen zur Verfügung stehen, ohne dass der Forscher auf die umständlichen statistischen Quellen zurückzugreifen braucht. Wer gleichartige Gruppen provinzenweise oder in gewissen Landschaften zusammenstellen möchte, um Verschiedenheiten zwischen Flandern und Limburg, zwischen vlaemischen und den als deutsche bezeichneten Gegenden zu finden u. s. w., bedarf dazu keiner grossen Mühe mehr; der Verfasser dieser mit gütiger Genehmigung der Redaktion schon über das gewöhnliche Mass ausgedehnten Abhandlung muss sich aber mit allgemeineren Nutzanwendungen bescheiden.

Von den nicht weiter zu berührenden Gegenständen erwähne ich den Anteil der Fremdbürtigen, um welchen die der Landesverwaltung obliegende Sorge für den Sprachunterricht billig vermindert werden kann, die Beziehung gewisser Grenzgruppen zur Landesgeschichte, die amtlich festgestellten und die auf älteren Karten angegebenen vlaemischen oder deutschen Namen von Gemeinden, die Reste germanischer Formen von Wohnplatznamen im wallonischen Gebiete, den Anteil der Dreisprachigen an den Utraquisten und den entsprechenden deutschen an der Gesamtheit des hier als vlaemisch, dort als deutsch zusammengefassten Germanentums. Ueber die zuletzt genannten Gegenstände habe ich mich im 4. Abschnitte weitläufig genug verbreitet, um sie hier ausser acht lassen zu können.

Festlegung der Sprachgrenze war das vorzüglichste Ziel des 5. Abschnittes. Der Leser findet sie auf der beiliegenden Karte nach den Gemeindegrenzen, insoweit letztere auf der Generalstabskarte zu erkennen waren, gezogen; bei der Berücksichtigung der Wohnplätze einiger weniger Gemeinden würde sie etwas schärfer verlaufen, doch gebrach es dazu an statistischen Nachrichten. In den Provinzialtabellen habe ich alle vorwiegend vlaemischen Gruppen mit a—i, alle vorwiegend wallonischen mit a′—i′ bezeichnet und zähle nun im ganzen

in den Provinzen:	vlaemischer Theil:			wallonischer Teil:		
Limburg .	18 Gruppen mit		198 Gemeinden	3 Gruppen mit		8 Gemeinden
Lüttich . .	8 " "		82 "	28 " "		306 "
Luxemburg	7 " "		19 "	17 " "		192 "
Namür . .	— " "		— "	12 " "		332 "
Hennegau .	4 " "		4 "	43 " "		433 "
Brabant .	26 " "		227 "	10 " "		114 "
Antwerpen	17 " "		152 "	— " "		— "
Ostflandern	36 " "		293 "	1 " "		3 "
Westfland.	38 " "		239 "	6 " "		11 "
zusammen	154 Gruppen mit		1164 Gemeinden	120 Gruppen mit		1419 Gemeinden

Die grössere Anzahl von Gruppen auf vlaemischer Seite trotz geringerer Gemeindezahl erklärt sich teils aus der Kleinheit mancher

Verwaltungsbezirke Flanderns, teils aus der dort meistens grösseren
Mannigfaltigkeit des sprachlichen Verhaltens. Dass aber nur 45 ¹/₁₃ Prozent aller Gemeinden vlaemisch sind, hängt mit der Gemeindebildung
zusammen: im Berglande wohnen die Insassen der Gemeinde gewöhnlich an einem einzigen Wohnplatze, während die niederdeutsche Feld-
wirtschaft zerstreute Wohnsitze mit ungenügender Leistungsfähigkeit
für kommunale Zwecke bedingt, so dass häufig erst im Kirchspiel oder
in der Deichgenossenschaft der Gemeindebegriff erfüllt wird.   Trotz
ihres reichen Waldbesitzes enthält eine wallonische Gemeinde durchschnittlich 1078⁴/₃, eine vlaemische hingegen 1215⁵/₉ Hektar, und die
Menge von Wohnplätzen, die im nordwestlichen Hennegau zu einer
Gemeinde vereinigt sind, verstärkt wegen ihres Anklanges an niederdeutsches Wesen meine Vermutung, dass jene Gegend einst vlaemisch war.
    Betrachten wir nun Böckh's aus der Statistik von 1846 herge-
leitete Zusammenstellung, so finden wir

in den Provinzen und Abteilungen:	mit über ⁴/₁₃ deutscher Bevölkerung:				mit über ³/₁₃ franz. Bevölkerung:			
	Gemein-den	deutsche Quadrat-meilen	Einwoh-ner	Deutsche auf 1000	Gemein-den	deutsche Quadrat-meilen	Einwoh-ner	Deutsche auf 1000
Limburg . . .	195	43.₁₄	180 323	973	6	0.₄₄	5 590	33
Bez. Waremme .	14		8 183	901	72		43 951	2
„ Huy . .	—	5.₁₁	—	—	91	47.₄₂	75 408	2
„ Liege . .	2		1 938	846	106		221 271	28
„ Verviers .	12		13 584	778	33		90 483	9
„ Bastogne .	2	6.₄₄	1 685	798	30	74.₃₄	31 109	29
„ Arlon . .	16		25 527	919	1		1 180	17
Luxemb. sonst .	—		—	—	146		126 705	2
Namur . . .	—		—	—	345	66.₇₄	203 503	6
Hennegau . .	4	0.₁₇	13 460	890	423	67.₉₇	701 248	13
Bez. Nivelles .	—		—	—	107		140 982	4
St. Brüssel u. Vor.	8	39.₁₄	173 608	654	1	20.₃₄	14 850	495
Bez. Brüssel sonst	109		184 906	996	2		2 998	114
„ Louvain . .	107		169 918	977	4		4 095	167
Antwerpen . .	146	51.₄₃	406 354	983	—	—	—	—
Ostflandern . .	291	54.₄₄	790 786	986	3	0.₁₄	2 478	126
Bez. Courtrai .	40		124 731	981	6		16 893	86
„ Ypres . .	36	50.₉₁	92 250	963	5	2.₄₄	11 378	88
Westfland. sonst	101		397 712	993				
überhaupt .	1 143	278.₄₃	2.581 975	960	1 381	278.₄₃	1.754 221	18

Wegen mehrfacher Gemeindeteilungen seit 1846 stimmt die Summe
der damals vorhandenen Gemeinden mit der des Jahres 1880 nicht
überein. Unmittelbar floss aus jenen Gesetzen in Bezug auf die Sprachgrenze die Einverleibung des luxemburgischen Dorfes Athus in den
wallonischen Teil, während Meix le Tige dem letzteren schon als Teil
von Rachecourt angehörte. Halanzy in derselben Gegend musste als
inzwischen vorwiegend verwelscht angesehen werden. Im Bezirk Verviers scheint die Gemeinde Remersdael, welche Böckh nicht ausdrücklich nennt, obgleich sie nach seiner Ausführung im deutschen Teile
liegen musste, von Hombourg oder Teuven abgezweigt zu sein; dagegen
ist Henri Chapelle vorwiegend deutsch geworden. Nur eine Abzweigung
dürfte wieder bei der von Böckh nicht als wallonisch genannten Gemeinde Hassange im Bezirke Tongres vorliegen, wogegen Herstappe
eine neue wallonische Erwerbung darstellt. Overhespen und Rumsdorp

im Bezirke Waremme musste Böckh als „angeblich" wallonisch aufführen ; es hat sich herausgestellt, dass hier ein Zählungsfehler vorlag. Von den Vororten der Hauptstadt war früher St. Josse und ist an dessen Stelle jetzt Elsene vorwiegend wallonisch; im Bezirk Ypres stehen sich Zandvoorde und Ploegsteert ebenso gegenüber. Als wirkliches Ergebnis eines 34jährigen Zeitraumes stellt sich demgemäss der Gewinn von 5 und der Verlust von 3 Gemeinden für das wallonische Gebiet heraus, eine bei oberflächlichem Urteile ungefährliche Veränderung, deren Geringfügigkeit das zähe Festhalten der Bauern an ihrer Muttersprache beweist und die Vermutung hervorruft, dass die Wallonen in früheren Jahrhunderten grausamer Kriege, Unterdrückungen und Empörungen nicht durch Verwelschung der Eingeborenen, sondern durch Zerstörung ganzer Ortschaften und darauf folgende neue Besiedelung über die alte Sprachgrenze vorgeschritten sein können. Aber was vordem der rohen Gewalt vorbehalten blieb, droht sich heute auf dem sanften, glatten Wege schmeichlerischer Bildung zu vollziehen, und nicht die Dörfer, sondern die Städte sind zunächst gefährdet.

Den gegenwärtigen (genauer den im Jahre 1880 beobachteten) Stand der Dinge in jeder Provinz auf beiden Seiten der Sprachgrenze lässt die obere Hälfte von Tabelle 23 erkennen. Gegen die Böckh'schen Verhältniszahlen sind im ganzen folgende Veränderungen eingetreten: das vlaemische Sprachgebiet umfasst 48.033 gegen 48.044 Prozent der Gesamtfläche und 57.123 gegen 59.344 Prozent der Gesamtbevölkerung. Dass es noch nicht die Hälfte des Königreichs einnimmt, obgleich die Kempen im Norden nicht dichter als das namursche Bergland bevölkert sind, wird vorzugsweise durch die weiten Ausdehnung der dürftig erbauten Ardennen im wallonischen Luxemburg bedingt. Bedeutsamer ist die Verminderung des Bevölkerungsanteils um 3.51 Prozent; im vierten Abschnitte haben wir indessen gesehen, dass sie durch eine starke Volksvermehrung der wallonischen Provinzen und eine schwache der vlaemischen Provinzen auf natürliche Weise verursacht worden ist und als einfache Folge wirtschaftlicher, der belgischen Regierung nicht zur Last zu legender Weltkonstellationen hingenommen werden muss.

Wenn aus letztgedachtem Umstande keine Anklage zu schöpfen ist, so entsteht dieselbe desto gerechter bei der Betrachtung des Mischungsverhältnisses. Im Jahre 1846 befanden sich unter 100 000 nach der Landessprache unterschiedenen Bewohnern des vlaemischen Sprachgebietes 95 966 Vlaemen (oder Deutsche) und 4 034 Wallonen, des wallonischen Sprachgebietes 1 802 Vlaemen und 98 198 Wallonen. Im Jahre 1880 beherbergte letzteres allerdings 1847 nur vlaemisch und 94 495 beide Sprachen neben 94 495 nur wallonisch verstehenden Bewohnern; aber die Zunahme der Minorität auf dieser Seite des Landes wird von der entgegenstehenden Minorität auf der anderen Seite übertroffen, wo jetzt 3 963 nur wallonisch und 13 037 beide Sprachen neben 83 001 nur vlaemisch verstehenden Bewohnern ermittelt wurden. Selbst wenn der wallonische Anteil an den Utraquisten noch niedriger veranschlagt wird, als im vierten Abschnitte geschah, steht ausser der natürlichen Vermehrung des wallonischen Volksstammes in seiner Heimat ein Eindringen des Welschtums in das eigentliche Gebiet

(Tabelle 23.)

Provinzen bezw. Gruppen:	Hektar Fläche	Wohn- bevölke- rung 1880	Von letzterer sprachen					
			nur französisch (wallonisch):		beide Sprachen:		nur vlaemisch (oder deutsch):	
			männl.	weibl.	männl.	weibl.	männl.	weibl.

I. Vlaemisches (oder deutsches) Sprachgebiet der Provinzen:

Limburg	237 415	200 245	2 118	1 991	10 689	8 177	85 430	85 955
Lüttich	29 286	28 988	1 219	1 142	3 017	3 076	9 202	9 213
Luxemburg	33 086	28 251	1 084	722	4 920	3 666	7 586	8 746
Hennegau	4 227	12 237	200	305	2 932	2 879	2 511	2 725
Brabant	217 309	780 356	40 579	49 714	76 187	75 032	245 147	252 006
Antwerpen	283 180	577 232	4 784	3 173	28 376	24 473	238 799	241 803
Ostflandern . . .	298 611	879 721	3 725	3 536	40 718	37 397	372 021	377 455
Westflandern . . .	311 789	656 721	2 083	2 218	36 101	32 333	270 252	279 708
zusammen . . .	1.414 903	3 169 751	55 852	62 861	203 342	187 033	1230 958	1.255 671

II. Wallonisches (französisches) Sprachgebiet der Provinzen:

Limburg	9 815	7 006	3 187	3 217	432	346	31	25
Lüttich	260 200	634 747	273 749	280 293	16 941	14 008	8 413	7 890
Luxemburg	408 750	180 807	84 797	81 525	2 084	1 759	772	1 030
Namür	366 024	322 654	152 075	151 704	1 819	1 409	287	378
Hennegau	367 919	985 329	447 628	441 225	12 607	8 607	5 038	4 070
Brabant	110 981	201 914	84 670	85 017	5 093	6 040	4 253	5 158
Westflandern . . .	1 409	2 093	656	624	323	313	34	29
Ostflandern . . .	11 693	35 043	10 886	9 687	4 390	4 524	1 998	1 872
zusammen . . .	1.536 812	2.350 258	1.057 651	1.853 952	44 689	37 669	20 816	20 431

III. Gemeindegruppen im vlaemischen Sprachgebiete:

a. Hauptstadt . . .	5 701	358 610	36 496	45 405	52 994	55 472	69 780	76 305
b. Grossstädte . .	10 321	409 508	6 810	5 721	38 550	38 720	162 883	189 234
c. Vororte dieser .	40 980	158 523	1 837	1 601	13 598	11 349	59 405	60 260
d. Andere Städte .	55 692	208 772	3 414	2 597	20 388	18 708	99 063	109 705
e. Grosse Landgem.	122 778	271 309	102	89	9 737	8 024	119 460	118 751
f. Stark gem. i. Innern	31 022	48 600	300	186	5 379	4 478	17 781	17 814
g. Sprachgrenze . .	127 587	201 006	4 027	5 150	24 211	20 766	67 168	68 185
h. Zweite Reihe . .	60 039	124 992	1 362	1 418	7 570	5 722	51 101	51 648
i. Ganzer Rest . .	954 722	1.268 215	804	694	31 103	20 133	583 733	561 709

IV. Gemeindegruppen im wallonischen Sprachgebiete:

a'. Hauptstadt . . .	711	36 324	8 032	9 449	3 928	4 709	3 516	4 465
b'. Grossstädte . .	7 046	262 410	103 870	115 047	11 319	10 608	4 324	4 535
c'. Vororte dieser .	20 254	108 109	85 086	85 410	5 085	3 510	4 523	3 906
d'. Andere Städte .	50 885	152 227	68 039	72 076	1 758	1 232	291	205
e'. Grosse Landgem.	29 414	227 332	104 304	102 094	3 512	2 404	1 193	900
f'. Stark gem. i. Innern	18 264	38 653	17 331	16 876	1 095	889	150	137
g'. Sprachgrenze . .	137 026	185 683	74 115	72 134	10 415	9 005	5 424	5 489
h'. Zweite Reihe . .	82 397	97 166	45 299	44 201	1 317	1 004	393	301
i'. Ganzer Rest . .	1.178 814	1.152 289	550 674	535 465	5 660	3 986	1 006	989

der Vlaemen fest. Ich will dasselbe nicht provinzenweise verfolgen, sondern den noch verfügbaren Raum für die wichtigere Betrachtung der Gemeindegruppen verwerten.

Die untere Hälfte der 23. Tabelle enthält das Hauptergebnis der Gruppenbildung. Unterschieden sind im vlaemischen bezw. wallonischen Sprachgebiete

	als Gruppen:	nach Landessprachen:	auf 100 000 der Bevölkerung:
a. die Hauptstadt und ihre Vorstädte	338 402 bezw.	34 159	94 363 bezw. 94 040
b. andere grosse Städte	441 924 ,	249 963	94 113 , 95 255
c. deren Vororte	148 110 ,	186 920	83 431 , 94 324
d. sonstige Städte im Innern	254 475 ,	145 150	94 681 , 95 351
e. grosse Landgemeinden desgl.	256 709 ,	215 013	94 619 , 94 581
f. andere sprachl. stark gem.Orte desgl.	45 939 ,	36 486	94 525 , 94 394
g. Gemeinden längs der Sprachgrenze	100 427 ,	176 582	94 695 , 95 099
h. zweite Reihe hinter der Sprachgrenze	118 827 ,	92 575	95 068 , 95 275
i. unbevorzugte Orte im Innern	1.201 036 ,	1.097 782	94 703 , 95 270
Oberhaupt	2.695 909 bezw.	2.234 630	94 516 bezw. 95 080

Das Verhältnis der einer Landessprache kundigen zur ganzen Bevölkerung habe ich für jede Gruppe angegeben, um auf einen zur Schwächung des Vlaementums mitwirkenden Umstand aufmerksam zu machen. Bei den meisten Gruppen und im ganzen kommen nämlich auf dem vlaemischen Sprachgebiete verhältnismässig weniger einer der drei Landessprachen mächtige Personen vor, als auf dem wallonischen Gebiete. Die Differenz besteht zwar vorzugsweise aus kleinen Kindern, und man könnte deshalb sogar behaupten, dass die jetzige grössere Fruchtbarkeit der Vlaemen ihrer Vermehrung günstig sei; zwei Jahrgänge sind hierfür jedoch ohne Bedeutung, und man muss auch mit entsprechender Sterblichkeit rechnen. Bleibend ist dagegen das Verhältnis der keiner Landessprache kundigen Fremden, und da eine Verständigung mit diesen durch das Mittel der vlaemischen Sprache so gut wie gar nicht, durch die französische mit grosser Wahrscheinlichkeit erwartet werden darf, so steigert die Möglichkeit, im Umgange mit den Fremden Vorteile zu erlangen, noch die Neigung zur Erlernung des Französischen.

Auf die einzelnen Gruppen näher eingehend, beginne ich mit der hauptstädtischen. Brüssel mit seinen nächsten Vororten wird in eigentlicherem Sinne als jede andere Gegend des Landes von einer Mischbevölkerung bewohnt und muss darum für sich behandelt werden; seit Jahrhunderten haben hier friedlich die beiden Völkerstämme mit einander verkehrt, und wenn irgendwo in Belgien eine utraquistische Nationalität mit gleicher Liebe für das Wallonische wie für das Vlaemische zu recht bestehen könnte, so wäre es hier. Im geographischen, und zugleich administrativen Mittelpunkte des Staates liegt die Zweckmässigkeit, dessen beide Sprachen hinlänglich zu verstehen, sehr nahe, und man braucht dafür nicht einmal den eigenen Nutzen im Auge zu haben, sondern nur den Wunsch, seinen Nebenmenschen gefällig zu sein, um das andere Idiom zu erlernen. Deshalb neige ich mich zu der Ansicht, dass in Brüssel und seinen Vororten verhältnismässig fast so viele Wallonen vlaemisch wie Vlaemen französisch verstehen, was

in den Provinzen kaum vorkommen dürfte. Nur eine einzige von den
9 Gemeinden, Elsene oder Ixelles, war freilich als vorwiegend wallonisch anzuerkennen; diese einzige Sprachinsel im ganzen Königreiche
würde indessen mutmasslich grösser erscheinen, wenn die belgische
Volkszählung die Brüsseler Stadtteile unterschieden hätte. Wegen
dieses Umstandes fällt die Verteilung, welche ich nun vornehme, etwas
zu roh aus, ohne dass ich daran etwas ändern könnte; um aber den
wirklichen Gegensatz gegen die Provinzen zu kennzeichnen, stelle ich
den gesamten Rest beider Sprachgebiete daneben. Von je 10 000 Bewohnern, die einer Landessprache kundig sind (welcher Beisatz überall
gilt) sprechen:

	nur französisch	beide Sprachen	nur vlaemisch
im vlaemischen Gebiete			
der Hauptstadt	2 420	3 205	4 375
der Provinzen	139	1 002	8 800
im wallonischen Gebiete			
der Hauptstadt	5 117	2 546	2 336
der Provinzen	9 517	332	151
dem Geschlechte nach im hauptstädtischen Bezirke : vlaemisches Gebiet			
männliche Bevölkerung .	2 292	3 328	4 380
weibliche "	2 534	3 096	4 370
desgl.: wallonisches Gebiet			
männliche Bevölkerung .	5 190	2 538	2 272
weibliche "	5 057	2 553	2 390

Der vlaemische Anteil des männlichen Geschlechts ist in Elsene
etwas höher als der des weiblichen Geschlechts; die verhältnismässig
zahlreicheren weiblichen Personen aber, welche in den übrigen hauptstädtischen Gemeinden nur französisch verstehen, können recht wohl
Familienglieder von Beamten sein, die Provinzialämter bekleiden und
ihre Familie in der Hauptstadt zurückgelassen haben.

Minder schroff scheiden sich die übrigen Grossstädte vom
Reste des Landes ab. Bei der Auswahl dieser Städte durfte ich nicht
rein auf die Menge ihrer Bevölkerung sehen, sondern nahm Bedacht
auf Fremdenbesuch und auf die für einen mehr oder minder beträcht-
lichen Bezirk maassgebende Stellung, welche teils durch wissenschaft-
liche und Kunstaustalten, teils durch Vielseitigkeit des Handels und der
Gewerbthätigkeit erworben wurde. Zugebend, dass hierbei Irrtümer
vorgekommen sein mögen, rechnete ich zu dieser Gruppe die Städte
Lüttich, Verviers, Namür, Charleroi, Bergen, Doornik, Löwen, Mecheln,
Antwerpen, Gent, Brügge, Kortryk und Ostende. Ich stelle wieder der
Gruppe den Rest der Provinzen, also die Gruppen c.—i., entgegen.
Es fanden sich unter je 10 000 Bewohnern der Landessprache nach:

	nur französisch	utraquistisch	nur vlaemisch
im vlaemischen Gebiete:			
männlichen Geschlechts . .	327	1 851	7 822
weiblichen . .	245	1 657	8 098
überhaupt Grossstädte . .	284	1 749	7 968
übriges Land	110	925	8 966
im wallonischen Gebiete			
männlichen Geschlechts . .	8 691	947	362
weiblichen . .	8 819	833	348
überhaupt Grossstädte . .	8 758	888	354
übriges Land	9 614	261	125

Auf jeder Seite stellt das weibliche Geschlecht in der Gruppe b.
einen geringeren Anteil sowohl zu den Zweisprachigen wie zur je-

weiligen Minderheit der Einsprachigen, und obgleich der nationale Charakter der Provinzial-Grossstädte um vieles deutlicher als bei der hauptstädtischen Gruppe hervortritt, heben' sich jene doch immer noch beträchtlich von dem Reste des Landes ab.

Die als Grossstädte betrachteten Stadtgemeinden üben öfters, zumal wenn sie eng gebaut sind und in dichtbevölkerter Gegend liegen, einen unmittelbaren besonderen Einfluss auf ihre Vororte aus, während zuweilen schon vor ihren Thoren genau dieselben Zustände herrschen, wie in den abgelegenen ländlichen Ortschaften. Ich habe viele Landgemeinden der ersteren Art in sieben Provinzen herausgesucht und vergleiche die sprachliche Zusammensetzung ihrer Bewohnerschaft mit derjenigen der übrigen Gruppen d.—i. (bezw. d.'—i.') in folgender Uebersicht:

vlaemisches Gebiet:	nur französisch	utraquistisch	nur vlaemisch
männlichen Geschlechts . .	246	1 817	7 937
weiblichen　　　 . .	227	1 549	8 224
überhaupt solche Vororte .	236	1 684	8 079
übriges Land	101	870	9 029
wallonisches Gebiet:			
männlichen Geschlechts . .	8 985	537	478
weiblichen　　　 . .	9 261	381	358
überhaupt solche Vororte .	9 121	460	419
übriges Land	9 666	240	94

Auf vlaemischer Seite bleiben die Vororte wenig hinter den Grossstädten zurück, und auch wallonischerseits ist die Mischung noch ansehnlich. Hier findet jedoch ein bemerkenswerter Unterschied zwischen den Städten und ihren Vororten statt: letztere beherbergen von beiden Geschlechtern mehr Personen mit bloss vlaemischer Sprachkenntnis als jene, wo die Utraquisten doppelt so stark sind; die etwas weitere Entfernung vom städtischen Geräusche gestattet also den Leuten eher, beim ausschliesslichen Gebrauche ihrer Muttersprache zu beharren, oder ihre anspannende Tagesarbeit lässt ihnen keine Musse, französisch zu lernen.

In die vierte Gruppe reihte ich die übrigen als Stadtgemeinden bezeichneten Orte aller Provinzen ein, welche weder grossstädtisches Wesen haben, noch an der Sprachgrenze liegen, aber den Anspruch erheben dürfen, dass ein beträchtlicher Teil ihrer Bewohner sich durch Bildung vor dem platten Lande auszeichnet, bei diesem Bildungsbedürfnis aber auch begreiflicherweise die Erlernung einer Nebensprache für notwendig erachtet. Nun kommen auf je 10 000 Einwohner

im vlaemischen Gebiete:	nur französisch	utraquistisch	nur vlaemisch
männlichen Geschlechts . . .	277	1 651	8 072
weiblichen　　　 . .	194	1 433	8 374
überhaupt in Binnenstädten .	234	1 539	8 227
dagegen Gruppen e.—i. . . .	82	776	9 142
im wallonischen Gebiets:			
männlichen Geschlechts . . .	9 713	248	40
weiblichen　　　 . .	9 798	166	36
überhaupt in Binnenstädten .	9 756	206	38
dagegen Gruppen e.'—i.' . . .	9 658	243	99

Betrachten wir diese Zahlen mit Aufmerksamkeit, denn sie sind ungemein lehrreich! Gegen die drei voraufgegangenen Gruppen zeigen sie

auf der vlaemischen Seite zwar ein weiteres Sinken der nicht ausschliesslich vlaemisch Redenden; dass aber das Minus unerheblich ist, während
doch die wirtschaftliche Bedeutung der Gruppe um vieles niedriger
steht, beweist auf das klarste die ausschlaggebende Bedeutung des
Bildungsbedürfnisses in den Städten. Letzteres ist natürlich ebenso in
den Städten des wallonischen Gebietes vorhanden; aber wie schwachen
Ausdruck findet es daselbst in der Erlernung einer zweiten Sprache!
In dieser Beziehung steht die Gruppe sogar hinter dem Reste des
Landes, worunter freilich auch der Grenzbezirk steckt, zurück. Mangels genauerer Mitteilungen, und um dem Wallonentum eher etwas zu-
gute zu rechnen, nehme ich an, dass je zwei Drittteile der Zweisprachigen
dem Stamme des Sprachgebietes angehören, und finde dann, dass von
den Vlaemen über 11 und von den Wallonen noch nicht 1⅘ Prozent
sich die Kenntnis der zweiten Landessprache angeeignet haben. Dürfte
man ein ähnliches Verhältnis für sämtliche Gruppen voraussetzen, so würde
der im vierten Abschnitte — ausdrücklich unter den dem Welschtum
günstigsten Annahmen — berechnete Anteil der Wallonen an den Zweisprachigen auf ein Minimum zusammenschmelzen; für die Landgemeinden
der Binnengebiete trifft das beinahe mit Gewissheit zu, während ich
doch Anstand nehme, dieselbe Voraussetzung für die grossen Städte
und deren Vororte gelten zu lassen.

Ausserdem bitte ich den grossen Unterschied der beiden Geschlechter im Verhältnisse der nur französisch verstehenden Bewohner
vlaemischer Stadtgemeinden zu betrachten. Ist derselbe nicht ein Beweis, wie er bisher nicht zu erbringen war, für die Sendung wallonischer Beamten nach den Städten, die der Sitz von Provinzialbehörden
sind? Es handelt sich um junge, grossenteils unverheiratete Männer,
die in niedrigen Stellungen erst ihre Lehrzeit durchzumachen haben,
und kein Aequivalent wird dafür den jungen vlaemischen Beamten im
wallonischen Sprachgebiete gewährt. Das Ergebnis dieser Vergleichung
würde noch markierter ausfallen, wenn auch die ganz unbedeutenden
wallonischen Städte einbezogen wären.

Es folgen die grossen Landgemeinden des Binnengebietes,
welche in den Provinzen Lüttich, Hennegau, Antwerpen, Ost- und
Westflandern besonders zu erwähnen waren, nachdem die Vororte der
Grossstädte vorweg genommen sind. Die vlaemische Gruppe enthält vorzugsweise aus zerstreuten Besitzungen bestehende Gemeinden mit einem
bald schwachen, bald starken Mittelpunkte, wogegen auf wallonischer
Seite meistens bergbautreibende Orte mit sehr dichter Bevölkerung auftreten. Dieser Unterschied bedingt, dass der im engen Beisammenwohnen
begründete Trieb, sich durch Bildung hervorzuthun, dort geschwächt und
hier gereizt wird, und bei den wallonischen Gemeinden kommen noch
der Zusammenfluss vieler fremden Arbeiter und die notwendige höhere
Bildung zahlreicher Techniker und Buchhalter hinzu. Wir müssen deshalb eine ansehnlich grössere Menge von Utraquisten auf wallonischer
Seite erwarten; jedoch das Umgekehrte ist der Fall, so dass ausser
der die Beamten betreffenden Anmerkung in dieser Gruppe ungefähr das
zutrifft, was ich bei der Städtegruppe angeführt habe. Auf 10000 Bewohner entfielen

im vlaemischen Gebiete:	nur französisch	utraquistisch	nur vlaemisch
männlichen Geschlechts	8	753	9 239
weiblichen , ...	7	678	9 316
grosse Landgemeinden überhaupt	7	715	9 278
übrige Gruppen f.—i.	94	786	9 120
im wallonischen Gebiete:			
männlichen Geschlechts	9 568	322	109
weiblichen , ...	9 688	227	85
grosse Landgemeinden überhaupt	9 627	275	98
übrige Gruppen f.'—i.'	9 663	238	99

Die sechste Gruppe der durch stärkere Mischung hervorragenden
Gemeinden im Binnengebiete, welche nicht bereits vorher behandelt
wurden, setzt sich aus verschiedenen Elementen zusammen, deren Besonderheit mir nicht immer bekannt, teilweise dem Anscheine nach rein
zufällig ist. Sie kommt in allen Provinzen ausser Lüttich und Luxemburg vor und weist folgende Verhältniszahlen auf:

im vlaemischen Gebiete:	nur französisch	utraquistisch	nur vlaemisch
männlichen Geschlechts	128	2 293	7 579
weiblichen , ...	83	1 993	7 925
überhaupt Gruppe f.	106	2 146	7 748
übrige Gruppen g.—i.	94	745	9 161
im wallonischen Gebiete:			
männlichen Geschlechts	9 327	589	84
weiblichen , ...	9 427	497	77
überhaupt Gruppe f'	9 376	544	80
übrige Gruppen g'.—i'.	9 670	230	100

Wie man auch über den Eigenwert dieser Gruppe, wohin einige
Eisenbahnstationen gehören, denken möge, sie erfüllt jedenfalls den
Zweck, die zuletzt übrig bleibenden, von keinerlei Vorzug in der Sprachmischung begünstigten Gemeinden reiner in ihrer Eigenart hervortreten
zu lassen.

Eine der wichtigsten Gruppen aber kommt nun zur Erörterung:
die beiderseits an der Sprachgrenze belegenen Stadt- und Landgemeinden. Nach Ausscheidung von Elsene (a.') handelt es sich um
eine einzige, nur durch Staatsgrenzen unterbrochene Linie, welche alle
Provinzen ausser Namür und Antwerpen auf einer kürzeren oder längeren Strecke durchzieht und die dichtere Bevölkerung bald der vlaemischen, bald (jedoch seltener) der wallonischen Reihe nächstliegender
Gemeinden lässt. Den Sprachenanteil vergleiche ich für diese Gruppe
nicht nur mit dem der beiden Gruppen h. und i., sondern auch mit
dem Gesamtanteil aller übrigen, wegen des Mangels von Grossstädten
und des Vorkommens von kleineren Städten dicht an der Grenzlinie
auch mit dem Anteil der Gruppen d.—f. und h.—i. Auf diese Weise
wird es möglich, den nachbarlichen Einfluss der jenseitigen Nationalität
von Nebenumständen ziemlich rein zu erkennen. Von je 10000 Bewohnern sprachen

im vlaemischen Gebiete:	nur französisch	utraquistisch	nur vlaemisch
männlichen Geschlechts . . .	512	2 513	6 975
weiblichen , . . .	547	2 207	7 246
überhaupt Grenzgruppe . . .	529	2 362	7 109
dagegen Gruppen h. und i. .	31	512	9 458
Gruppen a.—f. und h.—i. . .	387	1 232	8 381
Gruppen c.—f. und h.—i. . .	70	789	9 141

im wallonischen Gebiete:	nur französisch	utraquistisch	nur vlaemisch
männlichen Geschlechts . . .	8 239	1 158	603
weiblichen , . . .	8 327	1 039	634
überhaupt Grenzgruppe . . .	8 282	1 100	618
dagegen Gruppen h'. und i'. .	9 876	101	23
Gruppen a'.—f'. und h'. —i'. .	9 550	303	148
Gruppen c'.—f'. und h'.—i'. .	9 747	177	76

Die Nähe der Grenze wirkt auf die Mischung also in sehr bedeutendem Masse, und wenn diese auch das Durcheinander des hauptstädtischen Bezirks nicht erreicht, so überragt sie doch den Zusatz sowohl des ganz fremden wie des zweisprachigen Elements in den Grossstädten. Aus dem stärkeren Anteile der reinen Minorität in den wallonischen Strecken geht hervor, dass ich bei der Zuteilung der Gemeinden nicht parteiisch für die Vlaemen verfuhr, — und nun vergleiche man die Menge der Utraquisten auf den beiden Seiten! Es sind ja in sämtlichen Gruppen der wallonischen Seite die nur französisch Verstehenden weit zahlreicher, als in den entsprechenden Gruppen der vlaemischen Seite die nur vlaemisch Sprechenden; wenn irgendwo, so war man aber zu der Annahme berechtigt, dass bei den Anwohnern der Sprachgrenze das Bedürfnis der Verständigung und der freundschaftliche Verkehr ein gleichmässiges Erlernen des jeweils fremden Idioms hervorrufen würden. Das trifft, wie wir sehen, durchaus nicht zu; denn selbst bei der äussersten Annahme, die Utraquisten verteilen sich auf Vlaemen und Wallonen gleich, berechnen sich 14$^{1}/_{4}$ Prozent der ersteren und nur 6$^{1}/_{4}$ Prozent der letzteren als fähig, neben der eigenen Muttersprache die der Nachbaren zu verstehen.

Der Uebergang von einem zum anderen Sprachgebiete findet übrigens in den Anteilziffern, so deutlich sie die Grenze zu bezeichnen scheinen, noch nicht einmal seinen richtigen Ausdruck; er ist entschieden schroffer, wie man an dem ostflandrischen Beispiel erkennen kann. Es liegen nicht immer geschlossene Ortschaften an der Grenze, sondern manche Gemeinden sind aus vielen Wohnplätzen zusammengesetzt, die dem Sprachgebiete der Samtgemeinde durchaus nicht anzugehören brauchen. So geht aus der Betrachtung der Zahlen für Ronsse oder für die Dorfmark von Enghien (Marcq lez Enghien) gegenüber denen für Nachbarorte beinahe die Gewissheit hervor, dass mehrere Weiler der Gemeinde Ronsse wallonisch, andere von Marcq vlaemisch sind.

Insoweit aus einigermassen erklecklichen Zahlen der Einfluss der Sprachgrenze noch zu erkennen ist, habe ich eine bald breitere, bald schmalere zweite Reihe von Ortschaften hinter der Sprachgrenze gebildet. Die Verhältnisse auf je 10000 Bewohner sind daselbst

im vlaemischen Gebiete:	nur französisch	utraquistisch	nur vlaemisch
männlichen Geschlechts. . .	227	1 262	8 511
weiblichen , . . .	241	973	8 786
überhaupt Gruppe b. . . .	234	1 119	8 648
dagegen , i. . . .	11	452	9 538
im wallonischen Gebiete:			
männlichen Geschlechts. . .	9 636	280	84
weiblichen , . . .	9 700	220	79
überhaupt Gruppe b.' . . .	9 668	551	81
dagegen , i.' . . .	9 894	88	18

Der Erfolg rechtfertigt die Abscheidung dieser Gruppe vom gesamten Reste der Sprachgebiete; denn für letzteren bleibt keine irgend merkbare Einwirkung mehr übrig, er stellt das Stillleben der beiden Nationalitäten in ihrer sprachlichen Eigenart dar, und da ihm rund ⁴⁄₅ des vlaemischen und fast die Hälfte des wallonischen Sprachgebietes angehören, so haben die für ihn abgeleiteten Zahlen eine massgebende Bedeutung. Und wenn wir nun beobachten, dass im wallonischen Gebiete nicht ein Fünftel so viele Personen wie im vlaemischen Gebiete der zweiten Landessprache kundig sind, obgleich dorthin ein immer noch stärkerer Zuzug von Norden her als ein Abzug nach dem Norden stattfindet, so leuchtet ein, dass Neigung zum Erlernen des Vlaemischen den Wallonen nur im allergeringsten Masse innewohnt. Mit dem Ansatze von über ⅕ aller Utraquisten für die Wallonen habe ich den letzteren also unzweifelhaft mehr zugebilligt, als sie thatsächlich daran beteiligt sind.

Werfen wir noch einen Blick auf das Geschlechtsverhältnis, so bewohnen im ganzen

das vlaem. Sprachgebiet 1.490 344 männl. u. 1.505 585 weibl.) Personen mit Kenntnis
„ wallon. „ 1.122 556 „ „ 1.112 074 „) einer Landessprache,

das sind auf je 10000 Frauen dort 9899 und hier 10094 Männer. Der Unterschied beider Sprachgebiete in dieser Hinsicht ist deshalb so stark, weil die grossen gewerblichen Anstalten des Südens viele Männer aus dem Norden anziehen; ohne Zweifel hängt damit der verhältnismässig grössere Reichtum der südlichen Provinzen zusammen. Die Sprachenverteilung auf je 10000 stellt sich

	nur französisch	utraquistisch	nur vlaemisch
im vlaemischen Gebiete:			
männl. in der letzten Gruppe .	10	501	9 485
„ „ den übrigen Gruppen	631	1 971	7 398
„ überhaupt .	375	1 366	8 260
weibl. in der letzten Gruppe .	12	395	9 593
„ „ den übrigen Gruppen .	676	1 782	7 543
„ überhaupt	418	1 242	8 340
im wallonischen Gebiete:			
männl. in der letzten Gruppe .	9 880	102	18
„ „ den übrigen Gruppen	8 970	680	350
„ überhaupt	9 422	393	185
weibl. in der letzten Gruppe .	9 008	74	18
„ „ den übrigen Gruppen .	9 070	589	340
„ überhaupt	9 477	339	184

Uebersieht man die einzelnen Gruppen, so macht die wallonische hauptstädtische die einzige Ausnahme, insofern daselbst verhältnismässig mehr Frauen als Männer der beiden Sprachen mächtig sind; desgleichen überwiegen dort die nur vlaemisch verstehenden Frauen und umgekehrt in der vlaemischen Gruppe die nur französisch verstehenden Frauen über die Männer, was abermals in dem eigenartigen Beisammenleben der Brüsseler Bevölkerung begründet ist. Ueberall sonst sind die Männer mehr bestrebt gewesen, ihrer Muttersprache die Kenntnis der anderen hinzuzufügen, und hieraus folgt zunächst natürlich, dass die nur das Idiom des eigenen Sprachgebietes beherrschenden Frauen vorwiegen. Ausserdem ist der Anteil der nur wallonisch verstehenden Frauen in den drei letzten Gruppen, sowie der nur vlaemisch verstehenden

im wallonischen Grenzgebiete etwas höher als der entsprechende des
männlichen Geschlechts; bei den niedrigen absoluten Zahlen kommt
aber diese Abweichung kaum in Betracht.

Hiermit ist meine Untersuchung beendigt; denn auf Einzelheiten
noch näher einzugehen, verbietet die Notwendigkeit eines Abschlusses.
Dagegen sei es mir vergönnt, über Plan und Inhalt der Untersuchung
noch einen kurzen Bericht zu erstatten, weil ich besorge, dass trotz
des Inhaltsverzeichnisses der leitende Faden manchem Leser verloren
gegangen sein mag. Denn ein besonderer Unstern schwebt über der
Statistik: macht sie sich in langen Tabellen breit, so bedarf es gewöhnlich nur einer täppischen Hand, die blindlings wenige Zahlen
herausgreift, um alles übrige ungelesen einzusargen; werden die wichtigsten Verhältnisse kritisch und ursächlich erörtert, so pflegt der Leser
bald der ungewohnten Weise des Vortrags müde zu werden, uneingedenk
der Mahnung:

> Nur dem Ernst, den keine Mühe bleichet,
> Rauscht der Wahrheit tief versteckter Born.

Zwar habe ich, um die für meine Beweisführung unumgänglichsten
absoluten Zahlen weder beiseite zu lassen, noch den freundlichen Leser,
der sich mit der Aufdeckung des allgemeinen Ergebnisses begnügt,
zum Studium jener Zahlen zu zwingen, sämtliche grossen Tabellen
selbständig belassen und füge für die Spezialforscher ein besonderes
Tabellenverzeichnis bei. Trotzdem sind der in den Text eingefügten
kurzen Uebersichten so viele, und dieselben erstrecken sich auf so mannig-
fache Verhältnisse, dass diese Abweichung vom statistischen Herkommen
bei Mitteilungen von solcher Einfachheit einer Rechtfertigung bedarf.
Wenige Regierungen haben eine annähernd gleiche Menge von
Zahlen veröffentlicht wie die belgische, und wenn das bekannte Ein-
schläferungsmittel — die *Enquête* — zur Beseitigung allgemeiner Schäden
führte, so wäre Belgien ein glückliches Land. Trotzdem und ungeachtet liberaler Versendung der Ausweise erführt ein Fremder von
vielen Dingen nichts. Es wird z. B. die Schulstatistik des Königreichs
bis in kleine Einzelheiten ausgeführt, aber in den mir zugänglichen
Werken habe ich vergebens nach der Unterrichtssprache geforscht.
Ein dickleibiger Band enthält das Verzeichnis aller öffentlichen Beamten; aber in welchen Kirchen wallonisch, in welchen vlaemisch gepredigt wird, erführt man daraus nicht. Bei der Vorliebe der frei-
sinnigen, d. h. in Belgien antiklerikalen Ministerien, die gewöhnlich
das Ruder führten, für das Wallonentum lag die Vermutung nahe, dass
Kirchen- und Schulsprache verschwiegen würden, um die allmähliche
Verwelschung zu verheimlichen: ein solcher Verdacht wäre jedoch un-
gerecht, weil neuere Veränderungen im Sprachenstande der Gemeinden,
wie ich zeigen konnte, bisher äusserst selten vorgekommen sind. Genug, die Hülfsmittel des Ethnographen liessen den Statistiker im Stich,
und dadurch wurde dessen Pflicht, den ausschliesslich in Zahlen niedergelegten Stoff planmässig zu prüfen, noch verschärft; ein richtiger

Statistiker darf ohnehin so wenig gutgläubig gegen das ihm gelieferte Material wie etwa der Mineraloge gegen Steinsammlungen sein. Nachzuweisende Fehler ziehen aber die Darlegung in die Länge. Einen ähnlichen Einfluss hatte der Mangel an Uebereinstimmung in den grossen Landesaufnahmen; es mussten die verbindenden Glieder erst geschaffen werden, und um der unausbleiblichen Kritik gewachsen zu sein, durften Beweise für die Richtigkeit des Verfahrens innerhalb der Grenzen meiner Behauptungen nicht fehlen. Der Stoff, welchen man überwältigen will, empört sich gegen den Zwang, und sein Widerstand findet Ausdruck in der Länge der Arbeit.

Abgesehen von den oben beschriebenen Beischlägen, ist der Aufbau der Abhandlung einfach. Es galt, aus amtlichen Nachweisen verschiedener Art die Gruppierung der beiden Völker in Belgien und den etwa darin eingetretenen Wechsel zu entwickeln, und dieser Zweck erforderte zunächst die Beseitigung aller zufälligen, die richtige Anschauung des Zustandes und Werdens störenden Elemente.

Im ersten Abschnitte wurde die Frage aus dem Standpunkte der Staatsangehörigkeit betrachtet. Da die belgische Statistik über die Staatsfremden nichts Erhebliches beibringt, so konnte das Mass, nach welchem die Verwaltung des Königreichs für ihre Unterthanen inmitten der Gesamtbevölkerung zu sorgen hat, nicht bestimmt werden. Hingegen ergab sich als Hauptsatz, dass in Belgien eine beträchtliche Verschiebung zu Gunsten des Welschtums eintreten muss, sobald Frankreich aus irgend welchen Gründen seine Gastfreiheit versagt.

Der zweite Abschnitt war der Sesshaftigkeit gewidmet. Es zeigten sich mancherlei Unterschiede zwischen grossen und kleinen Gemeinden, wie zwischen den beiden Geschlechtern, aber auch, dass die Bevölkerung des so durchaus gewerbsamen Landes weit über Erwartung dem Ortswechsel abgeneigt ist. Ueber die Frage, inwieweit der Unterschied von Wohn- und Aufenthaltsbevölkerung auf die Behandlung der Sprachstämme wirken darf, gibt die einschlägige Statistik keinen massgebenden Aufschluss.

Eine grössere Annäherung an den wahren Sachverhalt versprach der dritte Abschnitt über die Geburtsheimat. Die ausserhalb des Königreichs Geborenen, welche auf Unterricht und sonstige Förderung durch den Staat keinen oder geringeren Anspruch als die Landesbürtigen besitzen, wurden ausgeschieden, so dass die entsprechenden Verhältnisse später (im 4. Abschnitte) von dieser Beimengung frei berechnet werden konnten. Daran knüpfte sich eine Reihe von Beobachtungen über Zufluss und Aufenthalt der Fremdbürtigen aus den benachbarten und entfernteren Staaten, mit dem Hinweise auf einen mancherorten erheblichen Einfluss dieses Teils der Wohnbevölkerung. Was aber vor allem von Wert gewesen wäre, lieferte die Statistik nicht: Belgien besitzt keinen Ausweis über die Verschiebungen der Landesbürtigen von Provinz zu Provinz, und dieser wesentliche Mangel brauchbarer Nachrichten über die inneren Wanderungen nötigte mich dann später, Vermutungen auszusprechen, wo eine auf treue Beschreibung des Volkes besser bedachte Statistik Folgerungen von grosser Genauigkeit gestattet hätte.

Auf diese Weise stellt sich der vierte Abschnitt über das Sprachen-

verhältnis mehr als ein fortgesetztes Tasten nach Wahrheit, denn als
ein keckes Erfassen derselben dar. Aus aufmerksamer Betrachtung
dessen, was von Amts wegen veröffentlicht wird, schöpft man nicht jene
freudige Anerkennung der Wahrhaftigkeit, die uns tröstet, auch wo
sie betrübt; unter dem Anscheine grösserer Genauigkeit wird die einfache Frage nach der Mutter- oder Familiensprache in die Frage nach
dem Erfolge des Sprachenunterrichts verkehrt, und so werden dem oberflächlichen Sinne Täuschungen bereitet, zu deren Abwehr es eines
erfahrenen Fachmannes bedarf. Und hierdurch eben war ich, obwohl
dem Lande völlig fremd, zu der vorliegenden Aufklärung berufen;
denn trotz der geistigen Entfremdung zwischen Vlaemen und Deutschen
ist es nicht denkbar, dass in Belgien selbst eine Klarstellung schon
erfolgt wäre, ohne — dafür bürgt die Wichtigkeit der Sache — dies-
seit der Grenze bekannt geworden zu sein.

Wer unbefangen die Hauptergebnisse der amtlichen Sprachenstatistik liest, die von den gewöhnlichen Kompilatoren ausschliesslich
zu allgemeiner Kenntnis gebracht werden, gerät in die Gefahr, die beider
Landessprachen Kundigen in einem paritätischen Lande, wie es Belgien
ist, halbschiedlich auf Wallonen oder Vlaemen zu verteilen, und sofort in die weitere Gefahr, den ungeheuerlichen Fortschritt des Welschtums als einen natürlichen, von den Vlaemen zugestandenen anzuerkennen.
Kopfschüttelnd vielleicht, aber ohne dawider anzukämpfen, ergibt er
sich in den allmählichen Untergang einer ehedem gottbegnadeten, mächtigen Völkerschaft; und doch ist der Widerstand nicht nur berechtigt,
er ist sogar notwendig und muss von Deutschland aus erfolgen. Die
Holländer, welche zunächst zum Eingreifen verpflichtet sind, grollen
noch immer über den Abfall des Südens, obschon sie äusserlich gute
Miene zu machen für politisch halten; sie lehnen, dem Anscheine nach
ergrimmt über geringe Abweichungen im sprachlichen Ausdruck, sogar
die Gemeinschaft litterarischer Beziehungen nach Möglichkeit ab. Wir
aber haben die Treue nicht vergessen, mit welcher die Vlaemen im
letzten Franzosenkriege fast Mann für Mann im Geiste bei uns standen,
und während wir nicht daran denken, den uns sprachlich mehr und
mehr abgewandten Brüdern unser Hochdeutsch oder gar unsere Macht
aufzudrängen, dürfen wir in Aufrechthaltung unserer besonderen Kultur-
aufgabe im Leben der Menschheit nicht dulden, dass ein teurer Stamm
von echt germanischem Geiste dahinsieche, auch nicht dulden, dass ein
Schleier über seine innere Kraft gezogen werde.

Einiges Licht über den Anteil der beiden Völker an den Ultraquisten floss aus der Heeresstatistik; danach konnten die Wallonen
höchstens ein Drittteil jener stellen. Weiter gehend, griff ich vorerst
die nur einer Landessprache ausschliesslich kundigen Personen heraus
und behandelte die sehr verschiedenen Verhältnisse in grösseren und
kleineren Gemeinden, welche letzteren vom Einflusse des Verkehrs entschieden freier sind. Daraus ergab sich der nationale Bestand in den
einzelnen Provinzen, und ich hatte nun zu unterscheiden, wie das Verhältnis der beiden Völker geschichtlich geworden war. Es wurde
wahrscheinlich, dass seit der staatlichen Ordnung der Dinge nach der
allgemeinen Völkerwanderung die Wallonen aus ihren Stammsitzen in

vlaemisches Land vorgedrungen sind. und als gewiss stellte sich heraus,
dass die Fürsten und Herren von deutschem Geblüte ebensowenig dem
Welschtum entgegengearbeitet haben, wie es von seiten des jetzigen
Königshauses geschehen ist. Nach der dann folgenden Spezialstatistik
der Zweisprachigen versuchte ich, auf mancherlei Weise jenen Anteil
der Wallonen genauer festzustellen, und gelangte ungeachtet einer für
das Maximum desselben günstigen Berechnung dahin, ihnen nur etwa
ein Fünftel an der für das Jahr 1880 angegebenen Menge der Utraquisten zuzugestehen. Hiernach wurde provinzenweise der Stand der
beiden Völker auf Grund der Sprachenstatistik ausgerechnet.

Der letzte Abschnitt endlich durfte ohne alle Abschweifungen,
und namentlich ohne die Beteiligung an den Utraquisten weiter zu
bestimmen, einerseits die Sprachgrenze festlegen und andererseits das
ganze Land in Gruppen von Gemeinden innerhalb jedes Sprachgebietes auflösen, die teils nach der Grösse und Bedeutung der Ortschaften, teils nach der Anzahl in ihnen lebender Anders- und Zweisprachigen, teils nach ihrer Lage zur Sprachgrenze geordnet waren.
Hätte ich es in Rücksicht auf die Leser für statthaft gehalten, die
schon so breiten Berechnungen des vierten Abschnitts im fünften wieder
aufzunehmen, so wäre ich möglicherweise zu dem Ergebnisse gelangt, von
je 10 Utraquisten 9 den Vlaemen und einen einzigen den Wallonen zuzuschreiben. Jedenfalls ist der Stoff hinlänglich vorbereitet, um den mit
Ortskenntnis ausgestatteten Parteigängern des Vlaemen-, also auch des
Deutschtums eine genauere Bearbeitung ohne grosse Unbequemlichkeit
möglich zu machen.

Doch bleiben wir bei rund einem Fünftel für den wallonischen
Anteil in beiden Sprachgebieten und in sämtlichen Gruppen stehen,
obgleich die Höhe dieses Anteils Bedenken erregt, — was findet sich
dann? Dem allgemeinen Durchschnitte nach haben von je 1000 männlichen Bewohnern der kleinen, von der Sprachgrenze nicht mehr be-
einflussten Landgemeinden auf dem wallonischen Gebiete 2 und auf
dem vlaemischen 41, von ebensovielen männlichen Bewohnern des
ganzen übrigen Landes 15 beziehentlich 170 die Nebensprache erlernt. Wie hoch stehen also die Vlaemen an Bildung den Wallonen
voran! an Bildung? nein, an Afterbildung!

Auf dem abgelegensten vlaemischen Dorfe ist je der 25ste Mann
einer ihm fremden Sprache mächtig geworden. Gesetzt, dass ein so
grosser Teil der Bevölkerung sich zu den Gebildeten rechnet, würde
es im vlaemischen Belgien ein notwendiges Zubehör der Bildung sein,
französisch parlieren zu können. Am Ende sind unsere Schullehrer,
Förster, Kaufleute, Handwerker und Bauern nicht dümmer als die
vlaemischen: aber man komme ihnen einmal mit der Zumutung, sich
für ungebildet zu halten, weil sie nicht französisch sprechen! Und gar
an den übrigen Orten mit je dem 6ten Manne, der französisch kann,
während man 11—12 mal so lange suchen muss, ehe man an solchen
Orten im wallonischen Sprachgebiete einen Wallonen trifft, der deutsch
oder vlaemisch versteht!

Auf die Volkserziehung der Vlaemen werfen diese Verhältnissätze ein
überaus klägliches Licht. Müssen die armen Menschen, einem Vorurteil

oder verkehrten Massregeln der Verwaltung zuliebe, sich im Unterrichte
mit einer fremden Sprache quälen, ob sie Talent dazu haben oder nicht,
ob sie in anderen Lehrfächern vorwärts kommen oder nicht! Da sind
die Wallonen klüger: sie behalten Zeit, in den notwendigen Gegenständen sich zu unterrichten und ihr Gesamtwissen etwa auf die Höhe
des unsrigen zu bringen; sie behalten damit aber auch Zeit, klüger
und wohlhabender als die anderssprachigen Mitbewohner ihres Landes
zu werden. Das Uebel frisst selbstverständlich fort, immer weitere
Kreise werden zum Studium der Sprache des bevorzugten Volkes gewonnen, und zuletzt bleiben nur die Armen und wirklich Unwissenden
als Stock der Vlaemen übrig. Ich lasse an dieser Stelle unerörtert,
dass aus den Zweisprachigen das reine Welschtum in sehr vielen Fällen
hervorgehen muss; ich betone nur das Unrecht, das aus der Notwendigkeit des französischen Sprachunterrichts für den sich als gebildet an-
sehenden Vlaemen seinem Volkstum widerfährt.

(Darauf aufmerksam gemacht, dass in Mittel- und Süddeutschland
das „ae" wie „ä" ausgesprochen werde, halte ich es für geboten, hier
noch zu bemerken, dass der Buchstabe „e" hinter „a" letzteren Laut
im Niederdeutschen nur dehnt. Wo „ä" oder „ö" gesprochen werden
soll, habe ich auch so geschrieben; dagegen ist z. B. „vlaemisch" auszusprechen „vlämisch".)

Tabellenverzeichnis.

DIE

VERBREITUNG UND DIE HERKUNFT

DER

DEUTSCHEN IN SCHLESIEN.

VON

Dr. Karl Weinhold

ord. Professor an der Universität Breslau.

———————

STUTTGART.

VERLAG VON J. ENGELHORN.

1887.

Inhalt.

———

———

Das alte Land Schlesien reicht von dem unteren Bober und dem Queiss bis an die Przemsa und die oberste Weichsel. Es liegt zwischen Böhmen und Polen und ist die deutsche Hand, welche sich um den vorgestreckten tschechischen Nacken legt.

Schlesien ist ein Grenzland von gemischter Bevölkerung. Die Deutschen bewohnen den Westen und die Mitte, die Polen und tschechischen Mährer den Osten. Aber die heutigen Verhältnisse sind nur allmählich geworden. Vor sechs- bis siebenhundert Jahren sassen die Deutschen in verhältnismässig kleiner Zahl und als neue Gäste in dem Oderthale und an den Sudeten, und vor achthundert Jahren gab es nur Slaven in dem Lande, das ein Zankapfel zwischen den Polen- und Tschechenfürsten war.

Schlesien ist also für Deutschland erst gewonnen worden. Und zwar ist es nicht mit dem Schwert erobert, gleich den Marken an der Elbe und Saale und an der Donau, sondern friedlich und unmerklich ist es durch deutschen Fleiss und deutsche Klugheit in Sprache und Sitte zum grössten Teile deutsch gemacht worden.

Wie dieses geschehen ist, wollen wir nachweisen und zunächst über die Verbreitung der Deutschen in Schlesien berichten. Daran wird sich die Frage nach der Herkunft der deutschen Schlesier knüpfen.

I. Die Verbreitung der Deutschen in Schlesien.

Die Slaven sind nicht die ältesten Bewohner Schlesiens gewesen. Vor ihnen haben Germanen des wandalischen Stammes hier gesessen, die Lugier, wie Tacitus und Ptolemäus sie nennen. Seit dem markomannischen Kriege erscheinen dieselben unter dem allgemeinen Stammnamen der deutschen Ostvölker, als Wandalen. Das Gebirge, in welchem die Elbe entspringt, nannte Dio Cassius (LV, 1) das wandalische.

Teile von ihnen verliessen unter Führung des Königsgeschlechts der Asdingen das Land und hatten im 3. und 4. Jahrhundert in Pannonien wechselnde Schicksale. Andere blieben gleich dem kleinen verwandten Nachbarvolke der Silingen in der alten Heimat [1]), bis sie im Anfang des 5. Jahrhunderts ebenfalls auszogen, sich mit den übrigen vereinten und im Bunde mit Sweben und den ungermanischen Alanen Noricum, Rhätien und Gallien verwüsteten. Wie sie in Spanien mit den Westgoten kämpften, wobei die Silingen aufgerieben wurden; wie sie 429 Nordafrika unter König Geiserich eroberten und nach mehr als 100jähriger Blüte im Kriege gegen die Byzantiner durch Belisars Feldherrnkunst den Untergang fanden (534), ist bekannt.

In Afrika waren die Wandalen nach den byzantinischen Erzählungen ebenso reich und üppig geworden, als sie in der alten lugischen Heimat arm und dürftig gewesen sein müssen. Denn die schlesischen Grabfunde aus den lugischen Zeiten beweisen eine geringe Wohlhabenheit: ziemlich rohe Thongefässe, Steinwerkzeuge, kleine Bronzesachen, das ist alles. Um so überraschender war die 1886 zu Sakrau im Kr. Oels gemachte Ausgrabung, die Gold, Silber, Erz und Glas in schöner Verarbeitung bietet und deren Gegenstände pannonische Ornamente aufweisen. Man darf wohl !behaupten, dass hier ein Beweis der Verbindung vorliegt, die zwischen den pannonischen und den schlesischen Wandalen aufrecht blieb.

Im Anfang des 5. Jahrhunderts n. Chr. ist Schlesien von seinen uralten germanischen Bewohnern gänzlich verlassen. Denn was etwa von Leuten zurückblieb, die zum Auszug unfähig oder unwillig waren, kann nur sehr gering und ohne Bestand gewesen sein. Es verschwand unter den Lechen und Tschechen, die wahrscheinlich sofort von der Weichsel her das Land besetzt haben.

Ausser den Namen der Oder (Οὐίαδος, Οὐιάδουας, von den Slaven zu Odora umgestaltet), der Elbe (Albis) und der Weichsel (Vistula, Οὐίστουλας, bei Jornandes Viscla unter Einfluss des slavischen Visla) erinnert kein Name eines Wasserlaufes dieses Landes an die vorslavische Zeit. Von den Bergnamen ist einziger; denn der tschechische Name des Riesengebirges Krkonoské hory wird das Rabengebirge bedeuten und ohne Zusammenhang stehen mit dem von Ptolemäus genannten Volke der Κορκοντοί, die nach ihm am askiburgischen Gebirge sassen [2]).

Alle Fluss- und Bachnamen und alle Benennungen der Berge und Wälder, die wir in den alten schlesischen Urkunden finden, sind slavisch, ein genügender Beweis gegen die dilettantische Behauptung, dass im Gebirge eine urdeutsche Bevölkerung sich gehalten habe. Ebenso sind alle alten schlesischen Ortsnamen slavisch. Die deutschen Namen werden in geschichtlich durchsichtiger Zeit vor unseren rückwärtsschauenden Augen gegeben und geformt. Schlesien war also seit dem 5. Jahrhundert ein ganz slavisches Land geworden. Die germanische Kultur, die etwa vorher hier anzusetzen ist, war mit dem ausziehenden Volke einer anderen Volksart gewichen.

Die ersten Urkunden, die wir dann über schlesische Zustände haben, zeigen das Land ebenso mit einzelnen slavischen Völkerschaften

---

[1]) Müllenhoff, im Anhang zu Th. Mommsens Ausgabe des Verzeichnisses der römischen Provinzen von 297. Abhandl. der Berl. Akademie d. Wissensch. von 1862, S. 524.

[2]) K. Zeuss, Die Deutschen und die Nachbarstämme S. 123.

besetzt, als Tacitus und Ptolemäus es früher unter lugischen Stämmen
geteilt zeigten.

Die zweite slovenische Völkertafel aus dem 9. Jahrhundert nennt [1]
die Sleenzane, Dadosesane, Opolini, die nach Schlesien fallen und die
wir in der Urkunde Kaiser Heinrichs IV. von 1086 über die Grenzen
des Prager Bistums [2] als Zlasane und Dedosize ohne die Opolini, aber
dafür mit den Poborane wiederfinden. Nach den Zlasane oder Slen-
zane, die an dem Flusse Slenz (1155 Sclenza) d. i. der Lohe (Lá) in
der fruchtbaren Mitte des Landes sassen, aus welcher der weithin in
Mittelschlesien sichtbare Zobtenberg aufsteigt, der nach Thietmar III, 44
selbst den Namen Zlenz vom Gau empfangen hatte, darin er lag, ist
das ganze Land später benannt worden. Der Name des pagus Silen-
sis, wie Thietmar latinisiert, breitete sich über Ober- und Niederschlesien
auf beiden Oderseiten aus.

Aus den zahlreichen polnischen Ortsnamen in den heute deutschen
wie in den undeutschen Landesteilen können wir einen Schluss auf
starke Bebauung Schlesiens machen. Diese slavisch benannten Dörfer
haben zum grossen Teil schon vor Einwanderung der Deutschen bestanden. Sie sind nicht auf die fruchtbaren und ebenen Gegenden beschränkt, sondern kommen überall, auch auf den sandigen Landrücken
und im Vorgebirge sowie in den Gründen des ganzen Sudetenzuges
vor. Indessen muss zugegeben werden, dass der von den Slaven be-
triebene Ackerbau an Ausdehnung und Tiefe dem späteren deutschen
nicht vergleichbar war [3]; dass die Dorfmarken kleiner und wenig ge-
urbart gewesen sind und dass es, nach der Bedeutung nicht weniger
Ortsnamen zu schliessen, Dörfer gab, deren Bewohner nur von der
Jagd, der Bienenzucht oder dem Fischfang lebten, oder von Gewerben
im Dienste des Herzogs oder grosser adelicher Grundbesitzer.

Schlesien war eine Provinz des grossen Polenreiches. Von den
grössten Folgen ist nun geworden, dass es um 1163 eine selbständige
Stellung dadurch erhielt, dass Boleslav IV. den Söhnen seines vertriebenen Bruders Wladyslaw II. Schlesien als Erbabfindung überwies.
Es geschah mit Vorbehalt seiner und seiner Nachfolger Oberhoheit. Aber
mit dem Tode des polnischen Grossfürsten Mesko des Alten i. J. 1202
ist diese bedingte Abhängigkeit der schlesischen Piasten erloschen und
Schlesien seitdem von Polen unabhängig geblieben [4]. Sicher wirkte
darauf die grosse Machtstellung Herzog Heinrichs I., des Sohnes Boleslavs des Langen; sein Gebiet dehnte sich von den Nordgrenzen der
Neumark bis über Krakau hinaus.

Jene Wendung in den Geschicken Schlesiens ist nicht ohne Einfluss Kaiser Friedrichs I. geschehen. Wladyslaw II. war mit einer
Stiefschwester Kaiser Konrads III., mit Agnes von Oesterreich ver-

---

[1] Zeuss, Die Deutschen S. 601. Schafarik, Slavische Altertümer. Herausgegeben von H. Wuttke, 2, 673 ff.

[2] Stumpf-Brentano, Die Reichskanzler des X., XI., XII. Jahrhunderts,
III, 80.

[3] Aug. Meitzen, Ueber die Kulturzustände der Slaven in Schlesien vor
der deutschen Kolonisation (Abhandl. der Schles. Gesellsch. 1864, II, 75) behauptet,
dass dem slavischen Anbau noch kein Drittel des Landes unterzogen war.

[4] Grünhagen, Geschichte Schlesiens I, 47.

mählt gewesen. In zweiter Ehe heiratete er Christine, die Tochter
Albrechts des Büren, des grossen Slavenzwingers. Seine Nachkommen
zeigen starke Neigung, durch Verbindung mit den deutschen Fürsten-
häusern sich an Deutschland anzulehnen. Boleslav der Lange. Wladys-
laws II. Sohn, war mit Adelheid von Sulzbach vermählt; Heinrich I.
mit Hedwig von Andechs-Meran, der heilig gesprochenen; Heinrich II.
hatte freilich Anna von Böhmen zur Gattin, allein seine Schwester
Gertrud war mit Otto von Wittelsbach verlobt gewesen und ging nach
des Bräutigams Untergang in das Trebnitzer Kloster. Boleslavs II.
Frau war die Askanierin Hedwig, Heinrichs III. zweite Gemahlin
Helene von Sachsen. Heinrich IV, der Dichter war mit Mechtild von
Brandenburg verbunden. Heinrich V. hatte zwar eine Polin, Elisabeth
von Kalisch zur Gemahlin, aber zwei Töchter vermählte er an Deutsche:
Hedwig an Otto von Brandenburg, Euphemia an Johann von Branden-
burg und das zweite mal an Otto von Kärnten. Heinrich VI., der
letzte Breslauer Herzog, war König Albrechts I. Eidam.

Die Herzöge, die wir mit deutschen Frauen vermählt nannten,
sind zugleich die wichtigsten Förderer deutscher Einwanderung in
Schlesien gewesen. Boleslav I. und sein Sohn Heinrich I. haben die
Germanisation ihres Landes begründet. Ohne sie hätte dieselbe nimmer
den guten und raschen Verlauf genommen.

Ehe wir hiervon reden, ist zu erwähnen, dass vor den Deutschen
romanische oder genauer wallonische Gäste nach Schlesien gekommen
waren. Zunächst Augustinermönche aus Arrovaise in der Grafschaft
Artois, die einer der reichsten polnischen Grossen, Graf Peter Wlast,
1109 am Nordabhang des Zobtenberges in Gorka ansiedelte, und denen
Peters Bruder kurz darauf die Breslauer Adalbertkirche mit Grundbesitz
verlieh. Etwas später erhielten sie einen Teil der Sandinsel in Breslau
und übersiedelten deshalb gegen Ende des 12. Jahrhunderts vom Zobten
in die Hauptstadt.

Mit diesen Mönchen, deren Verbindung mit dem Mutterkloster
Arrovaise erst 1440 gelöst worden ist, vielleicht auch etwas später von
ihnen gerufen, sind romanische Flandrer nach Schlesien gekommen,
teils als Gewerbs- und Handelsleute, teils als Ackerbauer. Im 12. Jahrhundert schon lag südöstlich vom alten Breslau um die Mauritiuskirche
die platea gallica vel romana, die 1261 als geschlossene Gemeinde, als
vicus S. Mauritii, erscheint [1]) und die ihren Namen noch im 15. Jahrhundert fortführte als *Walgasse* (d. i. Walhengasse) *vor dem Olischen tore.*

In Jankau bei Ohlau werden 1295 Romani erwähnt; die Kirche
zu Würben im Ohlauer Weichbild hiess die ecclesia gallicalis, die welsche
Kirche. Kreidel bei Wohlau hiess einst Walhendorf (olim gallicum).
Derselbe Name dauert bis heute, obschon entstellt, in Wallendorf bei

---

[1]) In dem Registrum Wratislaviense, dem Verzeichnis der bischöflichen
Ländereien und Zinse aus dem 13./14. Jahrhundert, heisst sie Romana sive Rana
platea; sie stand unter einem bischöflichen Schulzen. Vgl. auch Stenzel (und
Tzschoppe), Urkundensammlung S. 364 und A. Schultz, Topographie Breslaus
im 14. und 15. Jahrh. in der Zeitschr. f. Gesch. Schlesiens, X, 279. Ueber die wallonischen Ansiedlungen in Schlesien Grünhagen, Les colonies Wallones en Silesie,
in den Memoires de l'Academie de Belgique, XXXIII, 1867.

Namslau (poln. richtig Wlochy) fort, das 1353 und 1373 Walendorf geschrieben ward und in dem Registrum Wratislaviense als Prziacowicz Gallicorum von Prziacowicz polonicalis unterschieden wird.

Zahlreich ist die welsche Einwanderung in Schlesien kaum gewesen und eine romanisierende Absicht haben die Augustiner auf dem Sande bei ihrer Förderung derselben nicht gehabt; denn sie begünstigten schon im Anfang des 13. Jahrhunderts die deutsche Ansiedelung. Volkswirtschaftlicher Gewinn, nicht nationalpolitische Absicht, liess fremde, fleissige und erwerbstüchtige Menschenkraft in das slavische Land ziehen von dorther, wo sie sich eben anbot. Dass die Augustiner von Gorkau-Breslau Wallonen angesiedelt haben, beweisen Jankau und Kreidel, die ihnen gehörten.

In den Urkunden erscheinen zuweilen Leute mit dem Namen Gallicus, die zu jenen Einwanderern oder ihren Nachkommen gehören. In Breslau gab es eine vornehme Familie dieses Namens, aus welcher Simon Gallicus, Kastellan von Wielun (1281 ff.), später von Nimptsch (1288), besonders hervorragte. Der Name begegnet auch Ende des 13. Jahrhunderts in Ohlau, bei Ottmachau, in Matzkirch bei Leobschütz unter Bürgern und Bauern [1]. Die deutsche Uebersetzung Walch wird dem Gallicus auch beigesetzt. Es haben sich diese Walche oder Wallonen unter den Deutschen und Polen bald verloren.

Die deutsche Einwanderung in Schlesien hat, soweit wir aus schriftlichen Urkunden uns belehren können, die Stiftung des Cisterzienserklosters Leubus an der Oder durch Herzog Boleslav I. im Jahr 1175 zum festen Anhaltspunkt. Thüringische Mönche aus der Coeli porta bei Naumburg wurden nach Leubus berufen. Pforta selbst war eine Tochter von Walkenried, das mit Mönchen aus Altenkamp bei Meurs in Geldern besetzt worden war, dem ersten Cisterzienserkloster auf deutschem Boden. Mit Hilfe sogenannter niederländischer Bauern hatten die Pförtner Mönche gleich ihrem Nachbar, dem Naumburger Bischof, die unbebauten Strecken ihrer Güter ertragsfähig gemacht, und die von ihnen nach Leubus entsandten Brüder begannen ein gleiches Werk. Landbau war ihre Ordenspflicht.

Ihre Güter aus der Schenkung des Herzogs lagen um das Kloster, ferner um Breslau, Ohlau, Strehlen, Striegau und Jauer. Auch überwies ihnen Bischof Siroslav von Breslau den Zehnten von den neuen Dörfern in der Liegnitzer Pflege (in potestate Legnicensi), die bereits gegründet waren oder noch gegründet werden würden. Das deutet auf eine schon vor 1175 fallende Einwanderung, deren guter Entwickelung man entgegensah. Wie hoch sich der Ertrag dieses Zehnten belief, beweist der Widerruf desselben durch Bischof Jaroslav gleich beim Antritt seines Amtes 1198 und die Entschädigung in Höhe von 1000 Hufen, die er auf Drängen seines Vaters, Herzogs Boleslav, zwar nicht den Leubuser Mönchen, aber dem ganzen Orden der Cisterzienser zwischen den Flüssen Ozoblog und Straduna versprach. Für uns bleibt

---

[1] Everhardus Gallicus, Ohlau 1295, Grünhagen, Regesten III, 213; Johannes Gallicus, Bauer in Matzkirch 1296, ebendas. 239; Jesco Gallicus, Registr. Nisense; Hanco dictus Gallicus sive Walch de Pranechin 1300, Regesten III, 286.

die Erkenntnis bedeutend, dass Ende des 12. Jahrhunderts deutsche
Dörfer mit gutem Erfolg und in nicht geringer Zahl in der Umgegend
von Liegnitz gegründet waren.

Im einzelnen vermögen wir sie nicht zu bezeichnen, da die Ortsnamen allein nicht genügender Beweis sind. Aber aus Urkunden können
wir vom Ende des 12. Jahrhunderts bis gegen Mitte des 13. deutsche
Leute in folgenden Orten und Gegenden aufzählen:

Unter Bischof Siroslav (1170—1198) im Trebnitzischen.
1202, 1203 zwischen Jauer, Schönau, Bolkenhain.
1206 bei Goldberg,
  bei Hundsfeld zwischen Weide und Dobra.
1207 um Striegau in den Johanniterdörfern,
  im Schwiebuser Weichbild,
  um Frankenstein.
1210 in Kittlau bei Nimptsch.
Vor 1211 hatte Goldberg deutsches Recht und jedenfalls deutsche
  Bürger.
1213 Schönfeld, Konradswalde und Ingramsdorf, westlich vom
  Zobtenberge.
Vor 1214 hatte Sroda - Neumarkt deutsche Einrichtung, 1214
  Breslau, beide als Dörfer. Deutsche Kaufleute sind in
  Breslau weit früher ansässig gewesen.
1217 war Löwenberg eine deutsche Stadt.
1222 Ujest mit Deutschen besetzt.
1224 Deutsche im Neumarktischen sicher bezeugt. Sie nennen
  den Wald gay in ihrer Sprache hegewalt. Deutsches Recht
  hatten die Dörfer Viehau und Kostenblut schon 1214 erhalten.
Vor 1225 Deutsche in Bela bei Zülz.
1225 Deutsche in Kostenthal bei Kosel.
1228 Deutsche in der Einöde zwischen Bolkenhain und Lähn,
  in Klein-Oels bei Ohlau,
  in Zarzisk bei Rosenberg.
Vor 1230 Deutsche in Ober-Peilau bei Reichenbach. Ihre Einrichtungen dienen zum Muster für die deutschen Ansiedler
  zwischen Banau im Frankensteinschen und dem Grenzhag
  (der preseka).
1234 Deutsche in Thomaskirch bei Ohlau.
1247 in Grossstrehlitz westlich vom Zobten.

Dürfte man die Aussetzung der Dörfer zu deutschem Recht der
Besiedelung mit deutschen Einwanderern gleichstellen, so würde diese
Reihe weit grösser sein[1]). Allein auch polnische Dörfer erhielten die
den deutschen Gästen (hospites) gewährte Befreiung von persönlichen
Lasten, eine Art Selbstverwaltung unter dem Schulzen und die Acker-

---

[1]) Verzeichnisse von Dörfern mit deutschem Recht bei Stenzel, Urkundensammlung zur Gesch. des Ursprungs der Städte in Schlesien S. 110 ff., 120 ff.
158 ff. und bei Neuling, Ueber die Aussetzungen bis 1250 in der Zeitschr. f.
schles. Gesch. XII, 150 ff.

teilung nach fränkischer oder flämischer Art, um sie für den Grundherrn einträglicher zu machen. Man darf daher deutsches Recht und
deutsche Einwohnerschaft nicht als sich deckend annehmen.

Sicherer können die Städte mit deutschem Recht für wesentlich
deutsch in den Bewohnern in Anspruch genommen werden, wenn auch
Polen darunter gemischt sein mochten. Die älteste schlesische Stadt
mit deutscher Einrichtung und deutscher Bevölkerung scheint Goldberg,
das sich schon 1211 ein Weistum über städtische Strafrechtspflege in
Magdeburg holte. Neumarkt, das nicht viel später von Herzog Heinrich I. als deutsche Gemeinde eingerichtet ward und damit vielen Orten
bis tief nach Polen hinein Vorbild gewesen ist, war zunächst nur Dorf.
Auch Breslau war damals nur als Dorf eingerichtet: 1214 hatte es
einen Schulzen Godin, 1229 einen Schulzen Alexander; erst 1248 wird
ein Breslauer Vogt genannt, und damit Breslau als herzogliche Stadt
bezeugt [1].

Löwenberg besass bereits 1217 ein geschriebenes Stadtrecht.
Neisse war vor 1223 mit flämischem Recht bewidmet und hatte einen
Vogt, also städtische Einrichtung.

Wie in Breslau ist in vielen schlesischen Städten das Dorf der
Stadt vorangegangen. Nicht selten war damit ein Platzwechsel verbunden. Das alte Dorf ward von den neuen Bürgern verlassen, lebte
aber als bäuerliche Gemeinde weiter, dem Ortsnamen ward dann Alt
vorangesetzt. So finden sich heute noch die Dörfer Altjauer und Alt-
Patschkau in der Nähe der vom Bach hinweg auf eine Höhe gerückten
Städte Jauer und Patschkau.

Oder der alte Ort ward zwar städtisch eingerichtet. Man verlegte
aber trotzdem in der Folge, wahrscheinlich durch öftere Wassersnot
getrieben, den Wohnsitz der Bürgerschaft auf einen höheren geschützten
Platz. Der frühere Ort dauerte mit der ehrenden Benennung Altstadt
fort. So haben wir eine Altstadt Lüben, Namslau, Neisse, Nimptsch,
Neustadt (antiquum Lubin, antiquum Namslaw, antiqua civitas; alta
civitas Czulz [Neustadt]), aber jetzt als Dorfgemeinen. In der Altstadt
Reichenbach, die nur aus einem Gute mit Schmiede und zwei Wasser-
mühlen besteht, haben die Besitzer Bürgerrecht in der eine halbe Stunde
weiter östlich auf einen Hügel gerückten Stadt behalten. Die Altstadt
Strehlen ist eine Vorstadt der jüngeren städtischen Gemeine geworden.

Bei Dörfern lässt sich ein ganz ähnlicher Vorgang beobachten.
Neben das alte slavische Dorf ward das neue deutsche mit Pfarrkirche
gesetzt und durch das Wort Gross ausgezeichnet, während das alte das
Vorwort Wenig (jetzt meist mit Klein vertauscht) erhielt: so Gross-
Monau neben Wenig-Monau, Gross-Rosen neben Wenigen-Rogosen
(jetzt Klein-Rosen), Gross-Wandris neben Wenigen-Wandris (Klein-
Wandris), Wenigen-Wirbitz (heute Schlanz) neben Gross-Wirbitz.
Wenigen-Burg (Kleinburg), Wenigen-Tinz (Kleintinz), liegen von
Grossburg, Grosstinz entfernt.

[1] Godinus scultetus 1214, Korn, Breslauer Urkundenbuch Nr. 1, Alexander
scultetus de Wratislavia 1229, ebenda Nr. 8, advocatus noster Henricus Wratis-
lavie 1248, ebenda Nr. 14.

Deutsches Stadtrecht besassen ausser den vorhin genannten Goldberg, Löwenberg, Neisse und Neumarkt, im Jahre 1241 Trebnitz. 1242
Breslau, Striegau, 1243 Steinau O.S. 1249 ward Landeshut von den Grüss-
auer München als deutsche Stadt gegründet, im selben Jahr erhielt Dorf
Leubus Stadtrecht. 1250 gründete Heinrich III. Brieg auf Neumarkter,
Wansen auf Neisser Recht; 1252 ward Liegnitz städtisch eingerichtet,
im selben Jahr Schawoine nach dem Muster von Neumarkt, Zirkwitz
nach dem von Neisse; ebenso erhielt Hundsfeld damals Stadtrecht.
1253 ist Trachenberg auf das Recht von Goldberg und Löwenberg angelegt worden; im selben Jahr bekam Glogau Stadtrecht. Beuten O.S.
ward 1254 Stadt, Oels erhielt 1255 deutsches Neumarkter Stadtrecht,
1261 Constadt. 1266 sollte Wilhelm, der Vogt und Erbrichter von
Reichenbach, Bernstadt, das schon civitas hiess, städtisch einrichten.
Es erhellt daraus, dass Reichenbach damals schon länger Stadtrecht
besass. Städtische Einrichtungen sind auch für Oppeln, Patschkau,
Lähn, Lissa, Sprottau, Leobschütz, Münsterberg, Weidenau, Namslau,
Schweidnitz, Jauer, Bolkenhain, Nimptsch, Ohlau in jenen Jahren sicher
zu behaupten.
1268 ward Grottkau nach Neumarkter Recht eingerichtet; 1270
bestätigte König Ottokar von Böhmen die Rechte der Bürger in Leobschütz (Lubsicz); um 1283 hat Frankenstein städtische Verfassung erhalten; 1285 bekam Winzig das Recht von Steinau a/O.; 1290 gründete Herzog Heinrich IV. Herrnstadt auf deutsches Recht, wie es Sagan und Sprottau genossen; 1292 ward Strehlen als Stadt ausgesetzt,
1293 Festenberg. Man darf behaupten, dass am Schluss des 13. Jahrhunderts alle in der Folge als Stadtgemeinen bekannten Orte Schlesiens
schon Städte gewesen sind [1].
Alle deutschen Einwanderer galten in Schlesien als freie Männer
und wurden in dieser persönlichen Rechtsstellung mit den ihrigen von
den Herzögen geschützt, wenn sie etwa der polnische Landadel darin
kränken wollte. Ja die Gemeinschaft mit ihnen machte frei. Der
Pole, der in einer deutschen Stadt oder in einem zu deutschem Recht
ausgesetzten Dorfe wohnte, genoss die darin giltigen Rechte und Freiheiten [2].
Das Verfahren bei der Ansiedelung entsprach durchaus dem ver-
tragsmässigen Vorgang, der zuerst 1100 zwischen dem Erzbischof von
Bremen und sechs Holländern über Urbarmachung eines sumpfigen Landstrichs geschlossen worden war und der sich im Verlauf des Jahrhunderts
überall bei der Anlegung der sogenannt niederländischen Kolonieen in
Norddeutschland wiederholt hatte [3].

---

[1] Stenzel in seiner Urkundensammlung S. 125 ff.; Grünhagen, Gesch.
Schlesiens I, 88 f.
[2] Cod. dipl. Sil. IX, 219; Jahresber. der Schles. Gesellsch. f. vaterl. Kultur,
1844, S. 102.
[3] Vgl. in Kürze R. Schröder, Die niederländischen Kolonien in Norddeutschland zur Zeit des Mittelalters. Berlin 1880. — Ueber Schlesien vgl. Stenzel
in seiner Urkundensammlung S. 148 ff. und in seiner Geschichte Schlesiens, 212 ff.
Ueber die ganz ähnlichen Brandenburger Verhältnisse L. Korn, Geschichte der
bäuerlichen Rechtsverhältnisse in der Mark Brandenburg in der Zeitschr. für Rechts-
geschichte XI, 1—43. Weimar 1873.

Um einen Unternehmer sammelte sich eine Anzahl Männer mit ihrem Acker- und Hausgerät (bourât), um ein neues Dorf anzulegen oder ein altes nach ihrer Weise umzugestalten. Der Unternehmer hatte mit dem Grundherrn unter Bewilligung des Landesfürsten einen Vertrag über die Anlage geschlossen. Die Dorfflur ward ihm überwiesen und er steckte die Grenzen ab gegen die Nachbardörfer. Darauf ward das Ackerland zu Hufen vermessen und die Gemeindeweide und der Gemeindewald ausgeschieden. Von den Hufen erhielt jeder Dauer eine, der Pfarrer als Widemut ein bis drei (gewöhnlich zwei), und der Unternehmer mehrere [1]).

Alles war zu freiem erblichem Eigentum übergeben, von dem an den Grundherrn nur der Hufenzins und an den Bischof der Zehnten zu geben war. An Diensten hatten die Deutschen nur die Heeresfolge (expeditio) und die Fuhren beim Bau landesfürstlicher Burgen zu leisten. Von allen polnischen Frohnen und Zinsen waren sie ebenso frei [2]) als von dem Gericht der Kastellane.

Die obere Gerichtsbarkeit über die deutschen Orte hatte der Herzog, der sie persönlich oder durch seinen Hofrichter übte. Die niedere war dem Unternehmer (locator) vom Herzog übertragen, der davon den Schultheissentitel führte: schlesisch scholtisse, scholtis, scholz oder scholze, latinisiert scolletus. Er leitete das Dorfgericht, das mit Schöffen aus der Gemeinde besetzt war und vollstreckte das Urteil. Von den Gerichtsgefällen erhielt der Herzog zwei Drittel, der Scholze eines, den sogenannten dritten Pfennig.

Zu dem Schulzengut (scolletia, Scholtissei), das von Zinsen und Zehnten frei war, gehörten gewöhnlich noch eine Schenke (Kretscham, kreczim, poln. karczma), eine oder zwei Mühlen, die Schlacht- und Backgerechtigkeit, auch zuweilen eine Schmiede und andere Vorteile.

Dafür hatte der Scholz den Grundzins der Bauern einzusammeln, im Kriege mit einem Rosse zu dienen und beim Dreiding (dem dreimal im Jahre gehaltenen ungebotenen Gericht) den Gerichtsherren zu bewirten. Die ausserordentlichen Steuern (die Beden) des Herzogs musste der Scholz gleich den Bauern bezahlen.

Seit 1260 werden die Bedingungen für die Aussetzer und Schulzen der deutschen Dörfer ungünstiger und die Auflagen auf die Bauern grösser, was als Beweis des Ueberflusses an Kolonisten gelten darf.

In dem ersten Jahrhundert wurden die Anbauer in der Regel auf eine bestimmte Zahl Jahre, je nachdem sie in Waldland oder auf urbarem Boden angesetzt waren, von allen Abgaben befreit.

Die deutschen Dörfer bildeten nach allem diesem freie Gemeinden

---

[1]) Die Zahl der Hufen des Schulzengutes ist sehr verschieden. In dem engeren Bezirk von Neisse im Bischofslande gab es nach dem 1280—1320 angelegten Landbuche Scholtiseien von 2—18 Hufen. Wenn in sehr kleinen Dörfern, die im ganzen nur 11 oder 22 Hufen hatten, der Scholze nur 2 empfing, darf es nicht verwundern. Aber auch in dem 55 Hufen grossen Walddorf und dem 70 Hufen grossen Jakobsdorf hatte er nur 2.

[2]) In den Gründungsurkunden werden die polnischen Lasten, von denen die Deutschen befreit sind, mehr oder minder ausführlich aufgezählt. Vgl. u. a. Stenzel, Urkundensamml. Nr. III, XXVII, XLII. Häusler, Geschichte des Fürstentums Oels S. 54 f.

mit eigener Verwaltung, mit Teilnahme an der Rechtspflege, mit festen mässigen Leistungen, deren keine die Freiheit minderte. Der Bauer war freizügig und konnte seinen Besitz nach seinem Willen verkaufen und nach seinem Recht vererben. In den polnischen Dörfern sassen dagegen unfreie Leute mit zahlreichen und schweren Lasten, träge auf einem Boden arbeitend, der, wie es scheint, nicht fest verteilt ward und von dem sie nach des Grundherrn Belieben verjagt werden konnten.

Von einem vorbehaltenen Hufenbesitz der Grundherrschaft oder einem Rittergut zeigt sich in den deutschen Dörfern, soweit die ältesten Urkunden in Betracht kommen, keine Spur.

Die Anlage der deutschen Städte in Schlesien geschah in derselben Weise als die der Dörfer. Auch hier ward zunächst die Flur vermessen und abgesteckt, denn jede Stadt erhielt ausser dem Bauplatz eine bestimmte Zahl Ackerhufen. Der Plan der Stadt wurde mit Messschnur und Winkelmass festgestellt. Ziemlich in der Mitte des Plans, meist auf der Höhe des Baugrundes, steckte man den viereckigen Hauptplatz ab, von dem genau nach den vier Himmelsgegenden die geraden Gassen ausliefen, teils aus der Mitte der vier Seiten, teils aus den Ecken, zuweilen aus Mitte und Ecken. Quergassen schnitten wieder die Langgassen im rechten Winkel.

Der Marktplatz hiess und heisst der Ring in Schlesien, Böhmen, Mähren, Polen (rynek), in der Zips und in Siebenbürgen. Ring ist das deutsche Wort in der alten Bedeutung von Versammlung. Versammlungsort, namentlich für öffentliche Verhandlungen. Man könnte auch an rinc denken in der Bedeutung des Mittelpunktes eines Heerlagers, wo des Anführers Zelt stand [1]). Denn in der Mitte des Rings erhebt sich das Rathaus mit seinem Turm, dem Leinwandhause und allerlei Kaufkrämen und Bänken.

Die Pfarrkirche der Stadt liegt dem Ringe ganz nahe. Kleinere Plätze, Pläne genannt, wurden am Ende mancher Nebengassen ausgespart.

So sind fast alle schlesischen Städte gebaut. Nur wenige alte Orte, die früh deutsches Recht erhielten, aber auf demselben Platze blieben, behielten die alte unregelmässige Anlage ihres ältesten Kerns bei; so Neumarkt. Die anderen alle sind auf einmal ganz neu nach dem Baumeisterriss aufgebaut, dem Charakter der Kolonistenstädte entsprechend. In Lübeck und Kiel, in Prag, Krakau, Kremsier und überall im Osten, wo der deutsche Einwanderer neue Städte baute, treffen wir die gleichen regelmässigen Stadtpläne ausgeführt.

Die Einrichtung der Stadt [2]) übertrug der Herzog einem meist ritterbürtigen Unternehmer, welcher der Vogt und Richter des Ortes ward und diese Aemter mit allen daran hängenden Genüssen in seiner Familie auf männliche und weibliche Glieder vererben durfte. Er hiess darum der Erbvogt oder Erbrichter, advocatus oder judex haereditarius,

---

[1]) Benecke-Müller, Mittelhochdeutsches Wörterbuch II, 1. 707.
[2]) Stenzel in seiner Urkundensammlung 178—265 und kürzer in seiner Geschichte Schlesiens S. 217 ff.

und entspricht dem Erbscholzen der Dörfer. Er erhielt ein zins- und
lastenfreies Haus oder die Nutzung der herzoglichen Burg nebst einem
Anteil an den Ackerhufen, an den Brot-, Fleisch- und Schuhbänken
oder auch den ganzen oder teilweisen Grundzins der Bänke, Einkünfte
von der Gewandkammer und den Reichkrämen und örtlich verschieden
auch noch andere Genüsse. Gleich dem Scholzen des Dorfes zog der städtische Vogt oder Richter den dritten Pfennig der Gefälle der niederen
Gerichtsbarkeit, die er pflegte. Die hohe oder Strafgerichtsbarkeit
hatte der Erbvogt nur in Breslau und in den Städten auf Bischofs-
boden, sonst hegte sie der Herzog persönlich oder durch den Hofrichter
ganz wie auf den Dörfern. Die Berufung ging überall von dem Unter-
richter (Scholz oder Vogt) an das Hofgericht.

Die Beisitzer des Erbrichters waren die aus der Bürgerschaft gewählten Schöffen.

Die Bürgerschaft hat sich zur selbständigen Gemeinde in den
schlesischen Städten erst durch die Einführung der Magdeburgischen
Städteverfassung erhoben. Breslau war die erste Stadt Schlesiens, die
solches 1266 erreichte. Die grösseren und bedeutenderen Städte folgten
noch im 13. Jahrhundert nach. Sie wurden nun von selbst gewählten
Vorständen, den Ratmannen, deren Haupt Rat- oder Bürgermeister hiess,
verwaltet. Dieselben hatten über Handel und Wandel, über innere und
äussere Sicherheit, über das Vermögensrecht, über die Innungen und
über Zucht und Sitte zu wachen und des Nutzens der Stadt überhaupt
wahrzunehmen. Dabei konnte es nicht an Zusammenstössen mit dem
Erbvogt fehlen, in dessen Machtgebiet dies alles eingriff. So begannen
die Städte nach Beseitigung des Erbvogts zu streben, um die ungehinderte
Selbstverwaltung zu gewinnen. Den meisten bedeutenderen Städten gelang es im 14. Jahrhundert, am frühesten Breslau, Brieg, Glogau, Glatz
und Striegau. Sie kauften erst teilweise, dann ganz die Erbvogtei und
lösten also die Rechte der im Erbbesitz befindlichen Familie ab [1]).

Die Leistungen der Bürger an den Grundherren bestanden in dem
Hufenzins und in dem Erdzins von dem Hause in der Stadt, sowie je
nach dem Gewerbe in der Abgabe von den Bänken, Krämen oder
Kammern. Die Zölle traten hinzu, so dass eine Stadt für den Herzog
eine ergiebige Einnahmequelle ward. Ueberhaupt ging ein ungeahnter
Wohlstand von dem sich kräftig entwickelnden Leben der Deutschen
in Schlesien aus.

Freilich hat es auch nicht an Hemmungen und manchem Miss-
wachs gefehlt. Die deutschen Ansiedler fanden den Garbenzehnten,
den Bischof Lorenz mit grosser Strenge von ihnen forderte, drückend
und klagten bei dem Herzog Heinrich I. Da manche sofort das Land
verliessen, fürchtete der Fürst ein Stocken oder gar ein Aufhören der
Einwanderung. Er verklagte daher den Bischof beim Papst Honorius III.
und dieser überwies (1226, den 2. März) die Sache an Naumburger und
Meissener Geistliche zur Untersuchung. Ein Vergleich war die Folge,
nachdem der Bischof mit Rücksicht auf die vom Herzog gebrachten

---

[1]) Ueber die Entwickelung der städtischen Verhältnisse in Breslau: Markgraf, Breslauer Stadtbuch (Cod. dipl. Sil. XI) S. VII—LVIII.

Opfer in die Ablösung des Garbenzehnten der Deutschen zwischen Krossen und Otmachau gegen den Zins eines Vierdungs von jedem Morgen Neuland willigte [1]).

Etwas später beschwerten sich die Deutschen über die Forderung des Breslauer Bischofs, die langen polnischen Fasten vom Sonntage Septuagesimae bis zum Ostertag zu halten. Nach deutscher Art wollten sie erst mit Aschermittwoch auf den Fleischgenuss verzichten. Der päpstliche Legat Jakob trat auf der Breslauer Synode von 1238 für sie ein und die Synode beschloss zu ihren Gunsten. Als Papst Urban IV. bestätigte der frühere Legat den Synodalbeschluss 1263 [2]).

Solcher Erfolg war nur möglich, weil die fremden Gäste, die zum Anbau des Landes aus Deutschland gekommen waren (qui ad incolendam terram eandem de Theutonia advenerant) einen nicht mehr zu entbehrenden Teil der schlesischen Bevölkerung ausmachten. Und durch sie ist es denn auch im wesentlichen bewirkt worden, dass der Garbenzehnten im ganzen Breslauer Sprengel 1262 allgemein in einen Geldzins umgewandelt wurde.

Aber gerade dieses reizte den polnischen Klerus, der von Anfang an gegen die Einwanderer, mit denen deutsche Geistliche in die neuen und einträglichen Pfarreien einzogen, nichts weniger als Zuneigung fühlte. Er hat, von dem polnischen Landadel und den oberschlesischen Herzögen unterstützt und durch die Bischöfe der alten polnischen Schwesterdiöcesen gefördert, seit jener Zeit der Verbreitung des Deutschen möglichsten Widerstand geleistet, und so erklärt es sich, dass von da ab dasselbe auf dem Lande keine rascheren Eroberungen gemacht hat.

In dem grossen Kirchenstreite zwischen Herzog Heinrich IV. und Bischof Thomas II. spielten die Gegensätze zwischen Deutsch und Polnisch auch mit [3]). Die deutschen Minoriten hielten zum Herzog, und es trennten sich infolge dessen acht Konvente, nämlich Breslau, Brieg, Schweidnitz, Neisse, Goldberg, Löwenberg, Sagan und Namslau von der polnischen Franziskanerprovinz und traten 1284 zur sächsischen über. Nur Liegnitz, Grossglogau, Oppeln und Oberglogau blieben im alten Verbande. Als der Gnesener Erzbischof den Bischof von Breslau wegen dieses unerhörten Vorgangs in seiner Diöcese zur Rede stellte, hatte dieser nur Worte der Erbitterung über die pestifera morbus, welche die sächsischen Minoriten eingeschleppt hätten, und welche die ganze polnische Kirche anzustecken drohe [4]).

Wie hoch die Zahl der Einwanderer gewesen ist, die bis gegen Ende des 13. Jahrhunderts in Schlesien sich festsetzten, ist kaum mit Sicherheit zu berechnen. August Meitzen hat nach der Zahl der Dörfer, in denen sich deutsche Flurteilung nachweisen lässt, die er auf 1500 schätzt, und indem er jedes Dorf zu 40—50 Hufen und jede Hufe zu 2—3 Seelen berechnet, die deutsche ländliche Einwanderung im 13. und 14. Jahrhundert zu 130—180000 Köpfen angeschlagen [5]).

[1]) Grünhagen, Regesten I, Nr. 304. 315.
[2]) Berichte der Schles. Gesellsch. f. vaterländ. Kultur. 1840. S. 199. 207.
[3]) Stenzel, Gesch. Schlesiens S. 76. Grünhagen, Gesch. Schlesiens 1. 107.
[4]) Grünhagen, Regesten III, 54.
[5]) Urkunden schlesischer Dörfer zur Geschichte der ländlichen Verhältnisse und der Flureinteilung insbesondere. (Cod. diplom. Siles. IV.) Breslau 1863. S. 103.

Ich möchte die Ziffer für zu hoch halten. Da im 14. Jahrhundert schwerlich noch irgend erhebliche Nachschübe kamen, handelt es sich eigentlich nur um die Einwanderung des 12. und 13. Jahrhunderts. Diese aber mit einiger Sicherheit zu bestimmen, hindert die Uebertragung deutscher Ackerwirtschaft und Dorfverfassung auf ganz polnische Ortschaften. Wir sind also nicht imstande, die Zahl der Dörfer, die nicht bloss nach dem Recht, sondern auch nach Herkunft der Bewohner deutsch sind, zu bestimmen und damit fehlt die Unterlage der Berechnung.

Wenn von anderer Seite die heutigen deutschen oder deutsch klingenden Ortsnamen zur Grundlage einer Zifferaufstellung für die Einwanderung gemacht wurden, so ist das entschieden zu verwerfen, da der heutige deutsche Name oft ein jüngeres Erzeugnis ist. Uebersetzungen und Umbildungen haben hier sehr stark eingegriffen [1]).

Wir können leider die Geschichte der Germanisation Schlesiens nicht ausreichend und eingehend entwerfen, da die Mittel dafür nicht genügen. Indessen dürfen wir wohl mit einiger Sicherheit behaupten, dass die Städte am Gebirge vom Queiss bis Leobschütz in der zweiten Hälfte des 13. Jahrhunderts deutsch waren, und dass auch in den anderen Städten Nieder- und Mittelschlesiens auf der linken Oderseite das Deutsche in dem angesessenen Bürgerstande überwog.

Selbst Ratibor, das doch bis heute von einer polnischen Landbevölkerung umgeben ist, weist 1293 nur deutsche oder biblische Namen der Kaufleute auf, und das ebenfalls ins Polnische eingebettete Oberglogau hat nur deutsche Bürgernamen in den Urkunden von 1295 bis 1298 [2]).

Auf dem Lande lagen die nationalen Verhältnisse freilich in der zweiten Hälfte des 13. Jahrhunderts noch so, dass es rein deutsche Gegenden schwerlich gab. Deutsche und Polen wohnten im Gemenge, d. h. neben rein deutschen Kolonistendörfern lagen Dörfer mit gemischter Bevölkerung und durchaus slavische selbst im Gebirge.

Der Frankensteiner Kreis z. B., der altes Kulturland ist, war im Anfang des 13. Jahrhunderts ganz polnisch. Die Stiftungsurkunde von Kamenz 1210 zeigt nur polnische Dorfnamen. Fünfzig Jahre später hat die Verdeutschung hier Boden gewonnen, denn in der Bestätigungsurkunde von 1260 werden zwar noch viele ganz polnische Namen aufgeführt, einer Anzahl anderer aber deutsche Benennungen als die neueren oder jetzt allein gültigen beigefügt.

Das Neisser Bischofsland war bei Aufnahme des Registrum (1280 bis 1320) deutsch und polnisch gemischt, mit Uebergewicht des Deutschen. Der Ottmachauer Bezirk jedoch war, nach Orts- und Personennamen zu schliessen, fast ganz polnisch. Zu deutschem Recht freilich waren von den ungefähr 5500 Hufen des Bischofslandes nur etwa 500 nicht ausgesetzt.

Der westlich an Frankenstein grenzende Reichenbacher Kreis ist mehr als die meisten anderen Neuland. An seinen Rändern freilich

---

[1]) Meine Ausführungen in der Zeitschr. f. Schles. Gesch. XXI, 241 f., 248 f.
[2]) Regesten III, 193. 209. 257.

liegen alte polnische Dörfer: Ovesno Habendorf, Belava Bielau, Pilava
Peilau, Gola Guhlau, Lgota Elgut, Slupice Schlaupitz, Kelczin Költschen.
Alle übrigen Orte aber sind Neugründungen des 13. Jahrhunderts und
selbst in Peilau waren früh zahlreiche Deutsche angesiedelt schon vor
1230. Hier hatte also das Deutsche verhältnismässig zeitig das
Uebergewicht.

Aehnlich steht es im Waldenburger und Landeshuter Kreise.
Dagegen ist der Hirschberger stark von Slaven besiedelt gewesen und
das Deutsche wird hier erst allmählich zum Uebergewicht gekommen sein.

Um die Mitte des 14. Jahrhunderts gab es im Boberthal um
Lähn so viel Polen, dass das Kloster in Liebenthal 1349 dem Pfarrer
von Lähn die Bergkapelle neben dem Städtlein samt erforderlicher
Ausstattung zur Anstellung eines Deutsch und Polnisch verstehenden
Kaplans übertrug [1]). Damals wird also die Bobergegend bis über
Löwenberg hinab zwar überwiegend, aber keineswegs rein deutsch ge-
wesen sein.

Wie es im Flachlande stund, mag der Neumarkter Kreis beweisen,
in dem sehr früh, wie oben S. 166 [10] gezeigt ward, Aussetzungen
zu deutschem Recht geschehen waren. Aus Urkunden von 1297, 1298
sehen wir, dass der um Kostenblut und Schöbekirch angesessene Adel
und die Bauernschaft von Landau noch ganz polnisch war [2]). Das beleuchtet die dortigen Verhältnisse überhaupt. Die Bauernnamen aus
Krampitz in Urkunden des 15. Jahrhunderts machen noch einen ganz
polnischen Eindruck. Man lese: 1401 Paschko Kramschitz, Swantko Hinder,
Jan Drosla, Mathis Sdume. Janusch Damko, Janusch Laffky, Stacho de
Wrizen, Maczko Kundschocke; 1406 Petir Przenczke; 1408 Peter Polt-
schak; 1409 Stanko Krantschicz, Swantko von Nyperin, Pavel Strege;
1411 Franczke Trziga; 1428 Nicolaschko · von Crampicz; 1433 Nico-
layke von Crampicz; 1465 Paul Kostka [3]). Und wie im 15. Jahrhundert, so hat der Neumarkter Kreis, wie wir sehen werden, auch
noch weit später Reste der alten slavischen Bevölkerung bewahrt.

Rückschlüsse von den Sprachverhältnissen des 18/19. Jahrhunderts
auf die im 14. 15. berechtigen zu der Behauptung, dass 3—4 Meilen
südlich von Breslau das Polnische damals noch geherrscht hat und dass
es auch südlicher bis an die böhmische Grenze hin, wenigstens östlich
des Zobten, noch nicht ganz erloschen war. 1295 stiftete Herzog
Heinrich V. die Marienkirche in der Stadt Nimptsch, damit Polen und
Deutschen in ihr das Sakrament gespendet werden, d. h. Beichte gehört werden konnte [4]).

Ich habe mir tafelförmig die Personennamen zusammengestellt,
die in den Urkunden von der ältesten Zeit bis 1250, dann von 1250
bis 1280, endlich von 1280—1300 vorkommen. Da ergibt sich eine langsame Abnahme des slavischen Elements. Doch muss erwogen werden,
dass auch Polen deutsche Namen geführt haben und dass wohl auch
das umgekehrte Verhältnis, namentlich beim Adel, vorkam. Der Bürger-

[1]) Liebenthaler Urkunden Nr. 7 im Breslauer Staatsarchiv.
[2]) Regesten III, 249. 256. 258.
[3]) Cod. dipl. Siles. IV. 218 f., 220. 222.
[4]) Regesten III. 224.

stand tritt in diesen Urkunden weniger hervor. Man möge nach Ausschnitten der Sammlung selbst urteilen:

Bis 1250.	Bis 1280.	Bis 1300.
Gallus	Gallus	Gallus
Gamba	Gandko, Ganzka	Gambovar
Gaudentius		
Gebehardus[1])	Gebhardus	Gebehardus
Gerardus, Gerhardus, Gervardus	Gerhardus	Gerhardus, Gerardus, Gervardus
Gerlacus, Gerlaus	Gerlacus	Gerlach
Gerold		Gernot
Gertrud		Gertrud
Gerung	Gilbert, Giselbert	Gerung, Gerko, Gerwich
Gotlep, Getko	Giselher, Gysler	Gesco, Giselbert
		Giselber, Gysila (m.)
Gneromir	Goblin	Goblo
Godefrid, Godek, Godko, Godisco, Godis, Godinus	Godislav, Godin, Gotkin, Gothard, Gotschalk	Godekinus, Godinus, Godefridus, Gotfrid, Gothard, Gotschalk
Golec, Golich, Goluch Goleb, Golost	Golinus, Goluh	
	Gordianus	
Gostislavus, Gostek		
Gozlaus, Goslaus, Gozyk	Goslaus	Goslaus, Gozko
Goswinus	Goswinus	Goswinus
Gregorius	Gregorius	Gregorius
Grimislaus	Grimislaus	Grimislaus
Guntherus	Guntherus	Guntherus
	Gundlach	
		Gyzcho, Gyco
Radab, Radak, Radik	Radocho	Radaco
Radim, Radon	Radun	
Ratibor	Ratibor	
Radolf		
Radomilus, Rathimir	Retmorus	
Radoslaus, Redslav	Radlaus	Radslaus
Rados, Radost, Ratis	Rasicha	Radzicus, Rasco
Rezech	Rezek, Rezco	
Ramold	Ramold, Ramfold	
Rambold	Rambold, Rembold	
Reginaldus, Reinoldus, Rinoldus	Rainoldus, Reinoldus	Reinaldus, -oldus, Reinboldus, -boto Reinhardus
Rinerus		Reinerus, Reinsko, Renko

') Die gesperrt gedruckten Namen sind häufig.

Bis 1250.	Bis 1280.	Bis 1300.
Richolfus	Richolfus, Richardus	Richoldus, Richolfus
	Richwin, Ripert	Richwinus
	Rizo, Ryza (m.)	
Robertus, Rupertus,	Kopprecht	Robert, Rubin
Roprechtus		Roland, Ruland
Rudigerus	Rudigerus, Rodegerus	Rodger, Rudger, Ruger
Rudolfus		Rudlo
Rutemarus		
Rudny, Rudzivoy		
Rodirsi		
Rotcho		
Rosecus, Rozvadus		
Ruzola		
Roszlavus	Rozlaus	
Roslec, Rostko		
Rumoldus		

Wo das deutsche Leben in Schlesien Wurzel geschlagen hatte,
grünte es auch frisch und kräftig auf. Gegen Ausgang des 13. Jahrhunderts beginnt unser Land an der deutschen Poesie teilzunehmen.
Voran geht der Herzog Heinrich IV. von Breslau, ein ebenso kräftiger,
hervorragender Fürst als ein zarter Lyriker.

Ein Zeitgenosse des Herzogs war Dietrich von Glatz, der Dichter
einer üppigen gereimten Liebesnovelle aus orientalischem Stoff [1]). Er
dichtete dieselbe im Auftrag Wilhelms, des Sohnes des Vogts von
Weidenau.

Im Jahre 1300 vollendete der Johanniterpriester Johann, geboren
von Pölln dem lande úz einer stat, diu Frankenstein den namen hat,
sein Passionsgedicht im Ordenshause auf der Kärntnerstrasse zu Wien [2]).
Zwischen 1301 und 1305, zur Zeit König Wenzels II. von Böhmen,
dichtete ein ungenannter schlesischer Geistlicher im Dienste Herzogs
Bolko II. von Münsterberg eine Erzählung von der Kreuzfahrt des
1190 vor Akkon gestorbenen Landgrafen Ludwig von Thüringen [3]).

Sind auch die beiden geistlichen Poeten ohne grössere Begabung,
so beweisen sie doch, dass sich das Verlangen, an dem deutschen Geistesleben thätigen Anteil zu nehmen, unter den Nachkommen der deutschen
Ansiedler in Polen, wozu Schlesien draussen im Reich noch immer gerechnet ward, tüchtig rührte.

In der Bürgerschaft der Städte erwachte gleichzeitig der Wunsch
nach dem Unterricht der Jugend. Es ward nach Errichtung von Pfarr-
schulen gestrebt. Für eine Anzahl schlesischer Städte ist ihr Bestand

---

[1]) Das Gedicht „Der borte" ist gedruckt bei v. d. Hagen, Gesamtabenteuer I,
Nr. XX. Ein Vogt Wilhelm von Weidenau, der als Kreuzritter starb, wird in einer
Urkunde von 1296 als tot erwähnt. Regesten III, 242.
[2]) Der Kreuziger des Johann von Frankenstein. Herausgegeben von Khull.
Tübingen 1882.
[3]) Herausgegeben von v. d. Hagen. Leipzig 1854.

in dem 13. und 14.-Jahrhundert bezeugt [1]). Durch das ganze 14. Jahrhundert lässt sich ein erfreulicher Aufschwung der wissenschaftlichen Bildung in Schlesien von Jahrzehnt zu Jahrzehnt wachsend verfolgen. Es entstehen geistliche, geschichtliche, medizinische Schriften in deutscher und lateinischer Sprache [2]), und so wird der Grund zu der guten humanistischen Bildung gelegt, durch welche sich die Schlesier im 16. Jahrhundert auszeichneten, wie kein geringerer als Philippus Melanchthon von ihnen rühmt, der auch die weite Verbreitung solcher Bildung unter den Schlesiern und ihre Begabung für Poesie und Redekunst hervorhebt [3]).

Das Deutsche war in den Städten des Landes früh Geschäfts- und Amtssprache. Zwar wurden die Urkunden und Protokolle im 13. Jahrhundert grösstenteils nach dem Brauche der Zeit lateinisch abgefasst. Allein mit dem Jahre 1261, als die Magdeburger Schöffen das Weistum über ihre Stadtverfassung deutsch an Herzog Heinrich III. zur Uebertragung auf Breslau gaben, erhielt das Deutsche eine Stellung neben dem Latein. Mit 1280 beginnen deutsche Urkunden in Schlesien, herzogliche und städtische. Von 1314 besitzen wir die deutsche Urkunde eines Geistlichen, des Abts vom Vincentkloster in Breslau. Und in der zweiten Hälfte des 14. Jahrhunderts greift der schriftliche Amtsgebrauch des Deutschen selbst in Oberschlesien bei Weltlichen immer weiter um sich.

In Brieg beschloss der Rat mit Aeltesten und Geschworenen 1390, die Eintragungen in die Schöffenbücher fortab deutsch machen zu lassen, weil im Latein Irrtümer unterlaufen könnten. Erwähnung verdient auch, dass Herzog Heinrich VI. die Bürger von Breslau davon befreite, dass das polnische Landgericht, die zuda, sie polnisch vor sich laden dürfe [4]).

Aber trotz der Fortschritte ging es für die Deutschen nicht ohne Kampf ab. Der Gegensatz der beiden Nationen hatte schon in dem Kirchenstreit unter Herzog Heinrich IV. gewirkt, wie wir früher erwähnten. Er trat in den Zeiten des streitlustigen Bischofs Nanker (1327—1341) besonders scharf hervor [5]). Der Klerus war national gespalten. Die polnische Partei fand an den Gnesener Metropoliten, an dem päpstlichen Legaten und durch diesen beim Papst selbst Unterstützung. Die deutsche ward durch König Johann von Böhmen begünstigt, der seine Erwerbungen schlesischer Fürstentümer damals begann. Sein Werk vollendete der Sohn, Karl IV., der 1348 als römischer König vierzehn schlesische Fürstentümer der Krone Böhmen als Lehen verband und diese Einverleibung als römischer Kaiser am

[1]) S t e n z e l , Geschichte Schlesiens S. 324 ff.
[2]) H. R ü c k e r t , Entwurf einer systemat. Darstellung der schles. Mundart im Mittelalter, herausgegeben von P. P i e t s c h , S. 18—22. S t e n z e l , Geschichte Schlesiens S. 331. A. Th. H e n s c h e l , Schlesiens wissenschaftl. Zustände im 14. Jahrhundert. Breslau 1850.
[3]) Melanchthon schrieb an Herzog Heinrich von Liegnitz: „Non alia gens in Germania plures habet eruditos viros in tota philosophia — nec in ulla parte Germaniae plures ex populo discunt et intelligunt doctrinas, multi etiam ad poesin et eloquentiam idonei sunt.
[4]) K l o s e , Von Breslau I. 620.
[5]) G r ü n h a g e n , Geschichte Schlesiens I. 161 ff.

9. Oktober 1355 unter Zustimmung der Kurfürsten bestätigte. Als 1392 die Fürstentümer Schweidnitz und Jauer durch den Tod der letzten Herzogin Agnes im Erbgang an Böhmen fielen, war ganz Schlesien ein böhmisches Nebenland geworden und für immer von Polen losgerissen. Es stund nun wenigstens mittelbar verbunden zum römischen Reiche deutscher Nation. Die Loslösung des Breslauer Bistums von dem Gnesener erzbischöflichen Stuhl und die Verbindung mit dem Prager Erzsprengel gelang jedoch dem Kaiser nicht.

Wenn die beiden Luxemburger Johann und Karl das Deutschtum in Schlesien auch nicht unmittelbar förderten und pflegten, so geschah es doch sicher mittelbar, vornehmlich durch Förderung von Handel und Gewerbe in den Städten, somit durch Steigerung des Wohlstandes des deutschen Bürgertums. Das Bewusstsein, deutsche Reichsfürsten, ja in Karl IV. den Kaiser selbst zum obersten Herzog zu haben, ist für die deutschen Schlesier von hohem Werte gewesen. Den Unterschied empfanden sie schon unter Karls Sohn, König Wenzel. Aber dann kam wieder unter König Sigismund ein Freudentag, als derselbe anfangs 1420 einen Reichstag nach Breslau berief. Damit war Breslau als ansehnliche Stadt des deutschen Königs beglaubigt.

Wie stark das deutsche Bewusstsein bei den deutschen Schlesiern im Anfang des 15. Jahrhunderts entwickelt war, bezeugt das Auftreten der schlesischen Professoren an der Prager Universität gegen die von Huss geführte und von König Wenzel gestützte tschechische Anmassung. Die Führer des Auszugs der nicht tschechischen Lehrer und Studenten von Prag nach Leipzig im Jahre 1409 waren die Schlesier Johannes Ottonis von Münsterberg und Johann Hoffmann von Schweidnitz. Johann Münsterberg ward der erste Rektor der neuen Universität an der Pleisse. Ihm folgten im ersten Jahrhundert ihres Bestandes nicht weniger als vierundzwanzig Landsleute im Rektorate nach [1]).

In den Hussitenkriegen haben sich die Schlesier als erbitterte, wenn auch unglückliche Feinde der Böhmen erwiesen. Ausser dem kirchlichen hat der nationale Gegensatz dabei gewirkt. Auch der Widerstand gegen König Georg Podiebrad, den freilich nur die Stadt Breslau durchzuführen vermochte, beruhte nicht bloss auf der Abneigung gegen den Ketzer, sondern auch gegen den Tschechen, der kein Wort Deutsch konnte und nicht bloss tschechische Verfügungen nach Schlesien schickte [2]), sondern auch tschechische Antwort forderte. Als nach Georgs Tode Matthias von Ungarn Regent Schlesiens wurde, setzte er den Magyaren Stephan Zapolya 1475 zum Landeshauptmann ein, der des Deutschen ganz unkundig war.

In jenen Zeiten hat das Tschechische als Geschäftsprache in Oberschlesien um sich gegriffen [3]). Die Herzöge von Ratibor und Troppau aus przemislidischem Stamm liessen seit Mitte des 15. Jahr-

---

[1]) P. Pfotenhauer, Schlesier als Rektoren der Universität Leipzig: Zeitschr. f. schles. Geschichte XVII, S. 177—229.
[2]) Dass er übrigens auch deutsche Urkunden für Schlesien gab, beweisen die Lehns- und Besitzurkunden Schlesiens von Grünhagen und Markgraf II, 339.
[3]) Grünhagen, Geschichte Schlesiens I, 395 und in der Zeitschr. f. Gesch. Schlesiens XVIII, 28 ff.

hunderts ihre Urkunden meist in böhmischer Sprache abfassen, und die
Oppelner Herzöge thaten desgleichen, obschon auch deutsche Urkunden
des Oppelner Hauses von 1400—1480 reichlich vorliegen [1]. Dem Beispiel der landesfürstlichen Kanzleien folgten die Klöster und zum Teil
die Städte in jenen Gegenden nach. Aber eine Tschechisierung der
Deutschen in Oppeln—Ratibor—Troppau ist damit nicht geschehen [2].
Ausser dem Neisser Lande und einem Teil des Leobschützer Bezirks
war ganz Oberschlesien (abgerechnet einen Teil der städtischen Bewohner) damals noch polnisch oder in den zum Olmützer Bistum gehörigen Strichen mährisch [3]). Die deutsche Volkssprache konnte also
dort gar nicht verdrängt werden. Es handelte sich nur um die Verdrängung der deutschen Geschäftssprache durch die tschechische,
die denn auch erreicht worden ist. Erst im 17. Jahrhundert ist das
Böhmische dort wieder dem Deutschen im Amtsgebrauche gewichen.
Ja die Troppauer Landbücher sind bis 1744 tschechisch geführt worden [4]).
Von der Zähigkeit, mit welcher die Oppelner Herzöge im Polnischen haften blieben, gibt das Ende Herzogs Nikolaus II. ein tragisches
Beispiel. Wegen einer im Irrsinn begangenen That liessen bekanntlich
die in Neisse versammelten Fürsten den Herzog am 27. Juni 1497 ent-
haupten. Da er nur Polnisch konnte, vermochte er das deutsch ab-
gefasste Todesurteil nicht einmal zu verstehen!
Hinneigung zu polnischer Art können wir auch noch später selbst
bei den niederschlesischen Piasten nicht in Abrede stellen. Jene traurige
Wirtschaft am Liegnitzer Hofe, worein Hans von Schweinichens Tage-
bücher so tief blicken lassen, war polnische Wirtschaft. Und es waren
ehrliche Worte, die Herzog Heinrich XI. dem Kaiser auf die Anklage
wegen Praktiken gegen die Majestät und gegen Schlesien 1581 ant-
wortete: „Weil Ihre fürstliche Gnaden aus dem löblichen Stamme der
Könige aus Polen wären, so waltete das polnische Geblüte in Ihro fürstl.
Gnaden, dass sie sonderliche Zuneigung zu den Polen hätten" [5]).
Die Grafschaft Glatz, ein Teil Böhmens, der sich in seinem alten
Umfange mit dem Glatzer Dekanate deckt, wozu Lewin mit seinen
tschechischen Dörfern und die Burg Hummel nicht gehören, war im
14. Jahrhundert ein ganz deutsches Ländchen, indem nur in den alten
Kammerdörfern um das Glatzer Schloss noch tschechische Bauern sassen,
für welche in der Wenzelskirche auf dem Schloss tschechisch gepredigt
ward. Zur Zeit des Hussitenkriegs verlieren sich dieselben unter den
Deutschen. Wo im 15. Jahrhundert in den Stadtbüchern ein tschechischer
Name vorkommt, wird ausdrücklich bemerkt, dass sein Träger ein Böhme
ist. Die böhmischen Edelleute, die infolge des Krieges in der Grafschaft Güter erhalten, sind nicht imstande, das Deutsche irgend zu

[1] Vgl. Lehns- und Besitzurkunden I, 324—339.
[2]) Ich weiche von Grünhagens Auffassung hier bestimmt ab.
[3]) Dass das Mährische im Troppauer und Leobschützer Lande echtes Tschechisch ist, hat W. Prasek in seiner Abhandlung Ceština v Opavsku (Programm des
k. k. slavischen Obergymnasiums zu Olmütz 1877) bewiesen.
[4]) A. Peter, Volkstümliches aus Oesterreichisch-Schlesien 3. 17.
[5]) Scriptor. rer. silesiac. IV, 108.

schädigen [1]). Freilich setzen Georg Podiebrads Söhne, Heinrich und Victorin, denen der Vater Glatz übertrug, es durch, dass das Böhmische als Geschäftssprache anerkannt und vielfach auch gebraucht ward: das unter Heinrich dem Aelteren (gest. 1498) verfasste Glatzer Landbuch ist tschechisch geschrieben. Aber eine Tschechisierung der Grafschaft ist den Podiebrads durchaus nicht gelungen. Die Lewiner Dörfer waren von je böhmisch und gehörten damals noch gar nicht zu Glatz.

Leider haben wir keine genügenden Mittel, um den gegenseitigen Stand von Deutsch und Slavisch im 15.—17. Jahrhundert in Schlesien so zu erkennen, als wir es wünschen.

Was die Hauptstadt Breslau betrifft, so ist wiederholt gesagt, dass sie seit dem 13. Jahrhundert und namentlich der Neugründung nach dem Tatareneinfall eine deutsche Stadt war. Doch lag sie inmitten einer polnischen Landbevölkerung, die meist in die Kirchen Breslaus eingepfarrt war. Damit waren Geistliche nötig, die beide Sprachen kannten, zumal auch die Knechte und Mägde im Dienst der Bürger häufig von polnischen Dörfern gekommen waren, wie das noch heute sich hier oft findet.

In der Stadt selbst war die Clementkirche für die Polen bestimmt, die in der Polnischen Gasse (der jetzigen Basteigasse) lag [2]), und seit 1416 auch die Christophorikirche (*die wenige Kirche der egptischen Maria*), indem der Rat damals das Deutschländersche Seelgerüte zum Unterhalt eines polnischen Predigers und Seelsorgers an dieser Tochterkirche von St. Maria Magdalena bestimmte [3]). Wir bemerken gleich hierzu, dass seit Lätare 1610 deutscher Nachmittagsgottesdienst in dieser polnischen Kirche eingeführt worden ist [4]). Bei den Kirchen St. Elisabeth und St. Maria Magdalena sorgte im 16. und 17. Jahrhundert der sogenannte polnische Diakonus für die des Deutschen unkundigen Kirchkinder. Pol verzeichnet in seinen Jahrbüchern IV, 12 f.: „1586 den 5. März ist Herr Andr. Malesius, Diakonus in der Neustadt, zum polnischen Diakonus bei St. Maria Magdalena introduzieret", und V, 30 lesen wir bei ihm: „1606 den 6. August ist Paul Glodius, polnischer Kaplan bei St. Elisabeth verschieden".

Die Versetzung des Malesius von der Neustädter Pfarrkirche zu St. Bernhardin an Maria Magdalena als polnischer Diakon berechtigt zum Schluss, dass auch dort polnischer Gottesdienst neben dem deutschen bestanden hat. Alle diese städtischen Kirchen waren seit der Reformation lutherisch.

Die katholischen Polen werden in den Klosterkirchen sowie in den Kirchen der Dominsel Gelegenheit gefunden haben, polnische Predigt und Beichte zu geniessen.

Wie im Anfang des 15. Jahrhunderts im Frankensteiner Weichbild die Bevölkerung noch sprachlich aussah, verraten die Namen der Schöffen im Dorfe Baumgarten 1415: Matis Ochsina, Hannos Ochsina,

---

[1]) H. v. Wiese, Das Glatzer Land im Hussitenkriege: Zeitschr. f. Gesch. Schlesiens XV, 361. 365. 432.
[2]) Alw. Schultz, Topographie Breslaus: Zeitschr. f. Gesch. Schles. X, 281.
[3]) Zimmermann, Beitr. XI. 224.
[4]) Pol, Jahrbücher V. 84.

Hannos Jorge, Mertin Polan, Cloze Heilwig, Cloze Schefer, Hannos Spelina [1]).

Oestlich von Frankenstein im Ottmachauer Gebiet herrschte in der zweiten Hälfte des 15. Jahrhunderts das Deutsche durchaus. Nur das Dorf Woitz (Woyczycz) behauptete sich als polnische Sprachinsel und war den bischöflichen Beamten sehr unbequem, die nur durch Dolmetscher mit den Leuten verkehren konnten. Darum befahl der Grundherr, Bischof Johannes IV. Roth 1495, dass die Woitzer Kinder zuerst Deutsch lernen und dass der Gebrauch des Polnischen nach fünf Jahren ganz aufhören müsse. Wer sich dem widersetze, den will der Bischof aus seinem Gebiete verjagen. Zur Rechtfertigung der Verfügung wird gesagt, dass *das polnische rolk gemeiniclich zu errolgunge der norunge und peird nicht geodert* ist [2]).

Aus dem Jahre 1512 stammt die erste Geographie Schlesiens von dem aus Brieg gebürtigen Bartholomäus Stein (Stenus), einem Johanniterpriester [3]), die auch auf die sprachlichen Zustände Rücksicht nimmt. Freilich zieht Stein die Sprachgrenze sehr obenhin, indem er Oder und Neisse zwischen Deutschen und Polen scheiden lässt. Lebensart und Bauart trennten gleich der Sprache beide Nationen. Die Polen bewohnten aus Holz und Lehm roh gefügte Hütten; ihre Städte seien selten mit Mauern umgeben, während die deutschen Städte befestigt und die Häuser meist aus Ziegeln gebaut seien. Die Polen nennt unser Geograph bäurisch, ungebildet, ohne gewerbliche Betriebsamkeit; die deutschen Schlesier schildert er als das Gegenteil.

Dass Oder und Glatzer Neisse kein *certissimus limes* der beiden Nationen waren, wie Stein angibt, bezeugt schon, dass das Polnische auf der linken Oder- und Neisseseite noch weit später ziemlich verbreitet war: im Strehlen- und Münsterbergschen, im Briegischen, Ohlischen, Breslauischen und Neumarktschen. Dagegen ist rechts der Neisse das Neisser Land damals längst deutsch gewesen und weiter im Osten hinter dem polnischen Neustadt-Zülzer Gebiet die westliche Umgegend von Leobschütz, das selbst seit dem 13. Jahrhundert eine deutsche Stadt war. Hier stiess vom nördlichen Mähren herauf das Deutsche in das Slavische.

Man hatte damals für genaue Beobachtung der Nationalitätsverhältnisse noch keinen Sinn. Cureus-Rätel in ihren Annalen übergehen die Stellung der Sprachen im Lande ganz. Nikolaus Henel in seiner Silesiographia S. 59 (Frankfurt a. O. 1613) erwähnt die Einwanderung der Deutschen und die Lostrennung Schlesiens von Polen und spricht von dem Uebergewicht der deutschen Sprache, obschon fast ganze Städte und zahlreiche Dörfer, namentlich jenseits der Oder, die slavische Sprache noch mit Verbissenheit festhielten. Auch gebe es solche, die böhmisch redeten.

---

[1]) Cod. dipl. Siles. X, 263.

[2]) Stenzel, Urkundensammlung Nr. CCV. — pewd = bende, bäude: cultura; geodert = geädert, mit Flut und Anlage versehen.

[3]) Descriptio totius Silesiae. Herausgeg. von Kunisch im Osterprogramm des Friedrichsgymnasiums zu Breslau 1836. (Descriptio civitatis Wratislariensis 1832.)

Jedenfalls war Henel besser als Stransky unterrichtet, der 1630 schrieb [1]), der Gebrauch des Slavischen sei in Schlesien abgekommen und man höre es nur noch jenseits der Oder und in den Grenzgegenden gegen Ungarn hin.

Mit welcher Entschiedenheit Schlesien im 17. Jahrhundert als ein deutsches Kulturland auftrat, braucht nur angedeutet zu werden. Es riss die Führung in der schönen deutschen Litteratur an sich. Es genügt, Martin Opitz zu nennen, „den Herzog deutscher Saiten", wie Paul Fleming ihn betitelte; ferner A. Buchner, Tscherning, Friedrich von Logau, Andreas Gryphius, Nikolaus Heermann von Köben. denen als zweites Geschlecht Christian Hoffmann von Hoffmannswaldau und Daniel Casper von Lohenstein mit den ihren folgen. Die Abwendung von den volkstümlichen Formen und Stoffen und der gelehrte weltlitterarische Charakter der von den Schlesiern eingeleiteten Litteraturperiode hat seinen Grund nicht, wie Gervinus behauptete, darin, dass Opitz und seine Nachfolger Söhne eines Landes waren, in dem kein deutsches Volksleben blühte — diese Behauptung werden wir später als ganz falsch beweisen —, sondern in der ganzen Strömung der europäischen Litteratur. Opitzens Verdienst war es, das Schiff der deutschen Dichtkunst geschickt in das allgemeine Fahrwasser zu steuern.

Während sich die Schlesier also im deutschen Geistesleben hervorthaten, war ihre Heimat freilich noch ein halb slavisches Land. Das Deutsche griff hier im 17. Jahrhundert zwar weiter, aber nur sehr langsam. Andeutungen über das Zurückweichen der slavischen Art können wir der Geschichte des alten polnischen Landgerichts, des judicium polonicale per totam terram, polnisch zuda, umgedeutscht Zaude genannt, entnehmen [2]). Dieses Gericht verhandelte über alle privatrechtlichen und peinlichen Sachen des einheimischen erbgesessenen Adels. Die Deutschen waren von Anfang an ausgenommen von der zuda; ritterbürtige Lehnsleute gehörten nicht vor sie; doch mussten die Deutschen sich bei Prozessen gegen polnische Adeliche vor der Zaude stellen.

Schon im 14. Jahrhundert suchten die niederschlesischen Herzöge das polnische Adelsgericht zu beschränken, indem sie gewisse Sachen ihm entzogen und dem Hofgericht überwiesen. Auch die Ausdehnung des Lehnswesens verringerte seine Thätigkeit. Die Breslauer Zaude hob König Johann 1337 ganz auf. Aber in den überwiegend oder ganz polnischen Bezirken bestand das Adelsgericht weiter. Je länger je mehr verlor es aber an Wichtigkeit und erlosch nach und nach während des 15., 16. und 17. Jahrhunderts auf der linken Oderseite. Im Strehlenschen, Münsterbergschen und Neissischen soll die Zaude im 16. Jahrhundert abgekommen sein. Doch weiss man darüber nichts Bestimmtes. Sicher ist nur, dass sie 1449 im Strehlenschen und 1493 im Münsterbergschen noch bestanden hat.

Am längsten haben sich die Zauden im Glogischen, Raudtenschen, Guhrischen, Wohlischen, Herrnstadtschen und Rützenschen gehalten.

---

[1]) Mitgeteilt von H. Wuttke, Die Besitzergreifung Schlesiens 1, 21, Anm.
[2]) G. A. Stenzel hat die Umrisse davon in der grossen Einleitung zu seiner Urkundensammlung S. 70—86 gegeben.

Landesfürstliche und selbst kaiserliche Briefe bestätigten sie hier im
16., 17. und 18. Jahrhundert wenigstens für vermögensrechtliche Sachen
und Handlungen freiwilliger Gerichtsbarkeit, wenn sich auch fortwährend
Beschwerden der landesfürstlichen Aemter über sie ergaben und Verweise und Beschränkungen für die Zauden zur Folge hatten. Mit der
preussischen Besitzergreifung haben sie ihr Ende gefunden.

Ist nun auch bei diesen alten Adelsgerichten nachweislich die
deutsche Sprache, wenigstens in allen schriftlichen Verhandlungen, in
ihren letzten Jahrhunderten üblich gewesen, so ist doch bedeutsam,
dass die sechs letzten Zaudenbezirke an der polnischen Sprachgrenze
liegen oder auch, wie Glogau, Wohlau, Herrnstadt, noch polnische
Dörfer enthielten. Darum haben wir ein Recht, die Geschichte der
Zaude mit der Geschichte der Sprachverhältnisse in Schlesien zusammenzubringen und sie namentlich für das Festhalten des alten eingeborenen
Adels am polnischen Brauche der Vorfahren zum Zeugen zu nehmen.

In dem Strehlenschen und Münsterbergschen, wo die Zaude nachweislich noch bis Ende des 15. Jahrhunderts, wenn nicht bis später,
bestund, gab es gleichzeitig auch noch eine polnische Bevölkerung.
In der Stadt Strehlen ist bis 1616 in der St. Gotthardskirche polnisch
gepredigt worden; sie hiess deshalb die polnische Kirche [1].

Bis Ende des 18. Jahrhunderts lagen zwischen Strehlen und
Wansen mehrere polnische Dörfer. Die Polnische Gasse hat bis zur
Gegenwart die Erinnerung an diese Zustände erhalten.

Im Münsterbergschen Weichbild war es nicht anders. Die polnische Predigt hat hier in vielen Kirchen bis 1683 gedauert.

Das Ohlische, Briegische und Breslauische waren im 17. Jahrhundert auch auf der linken Oderseite noch überwiegend polnisch. Für die
evangelischen Polen, die hier, sowie im Namslauischen und im Fürstentum Oels, ferner in den Herrschaften Militsch und Trachenberg sassen,
gaben fünf Breslauer Prediger 1673 ein polnisches Gesangbuch heraus,
das 1717 von Rohrmann, 1776 von Bockshammer, 1859 von Fiedler
und Plaskuda neu bearbeitet worden ist und neben dem sich zwei
andere, das Kauernsche von Naglo und das von Chuć, im Gebrauche der
sehr sangesfreudigen evangelischen Polen verbreitet haben.

Als Agende war in den evangelischen polnischen Kirchen eine
Uebersetzung der Oelser Agende von 1593 eingeführt (Brieg 1664,
neue Auflage Brieg 1715).

Für die Mischung der Bevölkerung im Fürstentum Wohlau in
der ersten Hälfte des 18. Jahrhunderts kann die Homannsche Karte
des Fürstentums von 1736 als Zeuge dienen. Den Titel umgeben hier
in Kupfer gestochen einige Figuren: ein Edelmann und ein Bürger,
nach ihrer Tracht Polen, und ein deutscher Bürger stehen, sich
Freundschaft schwörend, nebeneinander, während ein polnischer Bauer
als Rinderhirt seitwärts steht. Damals hat also das Polnische im Wohlau-
ischen Fürstentum noch stark überwogen und selbst in den Städten sich
sehr bemerkbar gemacht.

---

[1] Zimmermann, Beiträge I. 1, 19.

Mit der Lostrennung des allergrössten Teils Schlesiens vom vielsprachigen österreichischen Staate und der Einverleibung in das damals fast ganz deutsche Preussen trat für die Fortführung der Germanisation ein schärferer Zug ein. Schon die oben erwähnte Aufhebung der sechs Zauden im Jahre 1741 konnte andeuten, dass man in Berlin die alten Zustände nicht ungestört erhalten wollte.

Als der Minister für Schlesien, v. Schlabrendorff, 1756 Oberschlesien bereiste und zu seiner Ueberraschung ein polnisches Land fand, erliess er die Verfügung, dass alle Lehrer in den polnischen Orten Deutsch verstehen müssten. Die Verordnung war am grünen Tische gemacht und unausführbar. Ueberdies hinderte der ausbrechende Krieg jede bürgerliche Thätigkeit.

Bekanntlich war es nach endlichem Friedensschluss eine der ersten. Sorgen König Friedrichs des Grossen, das Schulwesen seiner Staaten zu verbessern. Schon am 23. September 1763 unterzeichnete der König das von Hecker entworfene General-Landschul-Reglement, und Minister v. Schlabrendorff erhielt Befehl, dasselbe auch in Schlesien einzuführen [1]). Er zeigte grossen Eifer. Oberschlesien hatte er im Mai 1764 wieder bereist und dabei erschreckende Zustände gefunden. Kaum im fünften Dorfe gab es einen Schulmeister, ja in dem grossen Deuthener Kreise fand er deren nur sieben, und wie waren sie beschaffen! „Daher kommt es, dass die Jugend wie das Vieh aufwächst und weiter kein Christentum als ein Pater noster und ein Ave Maria kennt, die deutsche Sprache aber gar nichts erlernt.“

Infolgedessen erliess die Breslauer Kriegs- und Domänenkammer am 24. Mai 1764 eine für Oberschlesien bestimmte Verordnung, die auf Grund der Wahrnehmungen des Ministers den Landräten Erhebungen befiehlt über die vorhandenen Schulmeister, ihre Religion, ob sie des Deutschen für den Unterricht mächtig seien, über ihre Besoldung. Es wird ferner die Errichtung neuer Schulen und die Nennung von Personen verlangt, welche bei hinlänglicher Kenntnis der Religion und des Polnischen die vollkommene Kenntnis der deutschen Sprache besitzen, um sie der Jugend im Lesen, Schreiben und Reden vollkommen beizubringen. Bis Michaelis 1764 müssten die neuen Einrichtungen ohne alle Widerrede zustande gebracht sein.

Im Anschluss an jene Verfügung befahl der Minister unter dem 22. November 1764 die Anlegung von Seminarien; da dieses aber nicht sofort möglich wäre, dass jeder Kandidat des geistlichen Standes sich bei dem Abt Felbiger in Sagan im Schulwesen gehörig unterweisen lassen solle und dass keiner ohne ein Attest hierüber zu einer geistlichen Stelle präsentiert werden dürfe.

Der Minister, welcher sich wiederholt auf den Willen des Königs berief, die deutsche Sprache müsse in Oberschlesien allgemein werden, liess durch die Kriegs- und Domänenkammer zu Breslau auch dem

---

[1]) Jos. Heimbrod, Ueber die deutsche Sprache in dem polnischen Oberschlesien. Oberglogau 1872. — Ed. Reimann, Ueber die Verbesserung des niederen Schulwesens in Schlesien 1763—1769, in der Zeitschr. f. Gesch. Schles. XVII, 317 ff.

bischöflichen Vikariatsamt bekannt machen, dass niemand fortab als
Pfarrer angestellt oder in ein Kloster aufgenommen werden solle, der
nicht Deutsch verstehe. Diese Verfügung musste auch in Niederschlesien
bekannt gemacht werden wegen der Kreise Namslau, Kreuzburg, Falkenberg, Brieg, Ohlau, Breslau, Oels, Wartenberg, wo es überall Geistliche gab, die nur Polnisch konnten.

Am 3. November 1765 vollzog der König das von Abt Felbiger
entworfene General-Landschul-Reglement für die Römisch-Katholischen
in Städten und Dörfern des souveränen Herzogtums Schlesien und der
Grafschaft Glatz. Schlabrendorff liess dasselbe ins Polnische übersetzen.
Für jeden Ort waren drei Exemplare bestimmt: im Breslauer Departement, das Oberschlesien mit umfasste, zu dem aber das Fürstentum
Wohlau nicht gehörte, waren 3800 polnische Reglements erforderlich.
Den Direktoren der zu errichtenden Schulmeisterseminarien, nämlich
des Breslauer Hauptseminars und der beiden oberschlesischen zu Ratibor
und Raudten, ward aufgetragen, zu untersuchen, ob der Kandidat, der
in Gegenden angestellt sein will, wo die polnische Sprache noch üblich
ist, die deutsche so in der Gewalt habe, dass er solche den Kindern
beibringen könne. Fehle es ihm daran, so müsse er selbe zu lernen
angehalten und nicht eher, als dieses geschehen, zur Antretung des
Schuldienstes zugelassen werden. Die Kandidaten müssten aber auch
geprüft werden, ob sie im Polnischen, das sie zugleich treiben sollen,
genügend geübt sind, um die vorgeschriebenen polnischen und deutschen,
von Abt Felbiger verfassten Schulbücher zu brauchen.

Schlabrendorff, Felbiger, auch die beiden schlesischen Kammern in
Breslau und Glogau haben das ihre gethan, die Schulbesserung zu
fördern. Aber wenn die Jugendbildung auch in den deutschen
Landesteilen gehoben ward, in den polnischen, besonders in Oberschlesien, blieb es trotz aller Verfügungen beim alten, obschon auch
das fürstbischöfliche Generalvikariat 1787 noch einmal aus eigener
Bewegung die Pfarrer zur Pflege des Deutschen in den Schulen er-
mahnte. Abgesehen von der Schwierigkeit, die geeigneten Personen
in genügender Zahl zu finden, fehlte es an gutem Willen bei manchen
Behörden, bei den polnischen Pfarrern, bei den Gutsbesitzern und den
Gemeinden, die Geld für eine Sache geben sollten, der sie feindlich
gesinnt waren. Der Minister und die Kammern mochten mit hohen Geld-
strafen und mit Amtsentsetzung drohen; Schlabrendorff mochte schreiben,
„keine Weibsperson soll eher heiraten, kein Kerl eher Wirt oder Bauer
werden dürfen, bevor sie nicht Deutsch können", es blieb notwendig,
wie es gewesen war. Was für Zustände wollte er durch Federzüge
in kürzester Frist umkehren, als 1764 in der schon damals nicht
unbedeutenden und dabei wohlhabenden Stadt Gleiwitz nur zwei Schulmeister gab, deren einer 25 Thlr. jährlich, der andere 23 Thlr. neben
freier Wohnung bezog, die beide nur Polnisch konnten und zu jedem
Unterricht im Lesen, Schreiben und Rechnen untauglich waren [1])!

So stund es überall; die besseren selbst waren notdürftige Leser
und Schreiber, die wenigsten einiger deutschen Brocken kundig, alle

---

[1]) Heimbrod a. a. O. S. 8.

erbärmlich bezahlt und dadurch gezwungen, als Spielleute in den Kretschame und bei allen Lustbarkeiten zu dienen, daher roh und dem Trunk ergeben. Aber es gab keinen Ersatz für die unwürdigen Knechte, welche den Bauern und den Gutsherren als die wohlfeilsten auch die liebsten waren. Kam ein nach dem Land-Schulreglement gebildeter junger Lehrer in den Ort, so suchte man ihn bald hinwegzuärgern und am liebsten ihn bei einem benachbarten Regiment als Soldaten unterzustecken.

Erst mit Errichtung der Regierung zu Oppeln 1816 ist es in Oberschlesien besser geworden. Die Schulen wurden nun wirklich vermehrt und verbessert, der Lehrerstand allmählich anständiger gestellt und besser erzogen, und von nun an mit dem mächtig aufsteigenden Bergbau und Hüttenwesen, mit dem Zuzug vieler deutscher Beamten und Geschäftsleute begann sich auch die deutsche Sprache in den bisher ganz polnischen Kreisen auszubreiten. Das Volk selbst fand es nützlich, neben der polnischen Muttersprache das Deutsche zu können. Aber es ist langsam gegangen. Der Präsident der Oppelner Regierung von Hippel hob in seiner Denkschrift von 1826 über die Zustände in seinem Bezirke hervor, dass die sprachlichen Verhältnisse auf der rechten Oderseite noch dieselben wie vor achtzig Jahren seien und dass dies an den Schulmeistern, die wenig deutsch könnten, und am konfessionellen Gegensatz liege.

Den Bestand des Polnischen, in den uns die Akten der Schulreform unter Friedrich dem Grossen einen Blick thun liessen, lernen wir durch die Mitteilungen des verdienten Albr. Fr. Zimmermann in seinen Beiträgen zur Beschreibung von Schlesien (Brieg 1783 bis 1795) näher kennen, obschon ihnen Vollständigkeit und auch vielfach die Genauigkeit fehlt.

Schon der Minister v. Schlabrendorff hatte durch die Landräte erfahren, dass selbst im nordwestlichen Niederschlesien slavische Dörfer sich fänden [1]). In fünf Dörfern des Saganer Kreises (um Priebus) wurden Wenden [2]), in vier des Grünberger Polen entdeckt. Da der Unterricht in den Schulen aber deutsch war, schien es ohne Belang.

Zimmermann (X, 312) gibt an, dass im jenseitigen (auf dem rechten Oderufer gelegenen) Dorfe Kleinitz und im diesseitigen Bobernig im Grünberger Kreise von alten Wirten noch polnisch gesprochen werde. Im Kreise Freistadt ist nach ihm (X, 67) die Sprache der Bewohner meist deutsch. „Nur um die Oder und in den königlichen Amtsdörfern wird wasserpolnisch gesprochen."

Ueber Militsch-Trachenberg hatte v. Schlabrendorff erfahren, dass in einigen Dörfern noch polnisch gesprochen werde, der Schulunterricht aber deutsch sei. Zimmermanns Angaben (VII, 371 f.) stimmen damit im wesentlichen überein. Nur in einigen nahe der polnischen (posenschen) Grenze gelegenen Dörfern werde noch polnisch gesprochen. Es sei verwunderlich, dass zwischen Trachenberg und Rawitsch nur

---

[1]) Zeitschr. f. Gesch. Schles. XVII, 325.
[2]) Als die ehemals wendischen Dörfer des Priebuser Bezirks, die jetzt deutsch sind, werden sich Jarnitz, Patag, Podrosche und Buchwalde ergeben.

wenige Leute Polnisch könnten, während zwischen Trachenberg und
Trebnitz in den Stiftsdörfern viel polnisch gesprochen werde.

Den Kreis Polnisch-Wartenberg nennt Zimmermann (VII, 129 ff.)
sprachlich gemischt. Das Polnische sei die Lieblingssprache auch derer,
die Deutsch verstünden. In den Städten Polnisch-Wartenberg und Festenberg werde in beiden Sprachen gepredigt.

Ueber den Trebnitzer und Wohlauer Kreis ist Zimmermann, was
unsere Frage betrifft, ungenügend unterrichtet (IV, 316. 337. 343;
VII, 186). „Die gemeinen Leute reden alle deutsch bis auf einige
gegen Militsch und Festenberg gelegene Dörfer,“ sagt er vom Trebnitzer Kreise, und von der Stadt Trebnitz: „die meisten reden deutsch,
ausgenommen im pohlnischen Dorfe, wo noch pohlnisch gesprochen
wird.“ Als einen polnischen Ort gibt er noch Frauenwalde an.

Den Wohlauer Kreis nennt er deutsch bis auf die Grenzdörfer,
wie er sich unbestimmt ausdrückt.

Vom Namslauer Kreise berichtet Zimmermann (XII, 12), dass
zwei Drittel der Bewohner ganz, wenn auch elend polnisch sprächen;
von dem Oelser (IV, 232), dass nur um Medzibor, Ossen, Tscheschen
und Pontwitz sowie um Bernstadt polnisch geredet werde. In der
Stadt Oels werde in der Propsteikirche deutsch und polnisch gepredigt
(IV, 240). Auch in Medzibor sei ein polnischer Prediger neben dem
deutschen Pastor.

Für den Breslauer Kreis setzt Zimmermann (XII, 160) das
Deutsche als herrschende Sprache an. Doch sprächen die Bewohner
einiger Dörfer gegen Schweidnitz und Strehlen noch polnisch. In
Domslau, Kattern, Grossburg werde noch in dieser Sprache gepredigt.
Ueber der Oder, d. i. auf der rechten oder der polnischen Seite, wie
allgemein gesagt ward [1]), sei polnische Predigt noch in Zindel, Meleschwitz, Margarethen und Wüstendorf. In Schweiisch spreche man noch
etwas polnisch.

Die genannten polnischen Orte im Breslauer Kreise links und
rechts der Oder waren Vorposten des hinter ihnen ostwärts stehenden
grösseren Körpers im Ohlauer Kreise. Diesen ganzen Bezirk bezeichnet
Zimmermann (I, 3, 12 ff.) als deutsch und polnisch. Siebenunddreissig
Dörfer kennt er hier als gemischt selbst auf der linken Stromseite:
Baumgarten, Bolchau, Brosewitz, Chursangwitz, Giesdorf, Goy, Graduschl-
witz, Greblowitz, Gunschwitz, Gussen, Haltauf, Heidau, Hermannsdorf,
Jankau, Jätzdorf, Jungwitz, Kontschwitz, Kunert, Marschwitz, Mellenau,
Merzdorf, Niemen, Niesnig, Peltschütz, Rosenhain, Sakrau, Schockwitz,
Seifersdorf, Stanowitz, Deutsch- und Polnisch-Steine, Teuderau, Thomas-
kirche, Wörben, Wüstebriese, Zedlitz und Zottwitz. In Hermannsdorf
und Niemen überwog schon 1783 das Deutsche.

Wir haben ferner den Wansener Halt als sprachlich gemischt zu
verzeichnen, der damals zum Grottkauer Kreise gehörte, seit 1810 aber
zum Ohlauer geschlagen ist.

Auf der rechten Oderseite sassen in allen Dörfern des Ohlauer

---

[1]) Die Benennung der linken Oderseite als deutscher, der rechten als polnischer hat bis tief in das 19. Jahrhundert in Breslau und sonst gegolten.

Kreises Polen, wenn auch in verschiedener Stärke. Als ganz polnisch gibt Zimmermann Birksdorf (Brzezinki), als fast ganz polnisch Duppine (Dupin), als überwiegend polnisch Daupe und Zelline (Cielinia) an.

In der Stadt Ohlau war seit 1663 die polnische Predigt auf die sogenannte polnische Kirche beschränkt worden, wo sie der polnische Diakonus hielt, der zugleich für Zedlitz und Ottag angestellt war. Dies Verhältnis bestand zu Zimmermanns Zeit noch.

Auch in der Stadt Brieg gab es vor dem Thor eine polnische Kirche, die Trinitatiskirche, an welcher der letzte Diakonus der Pfarrkirche in deutscher und polnischer Sprache amtierte. Im Städtchen Löwen ward nur alle acht Wochen polnisch gepredigt (Zimmermann I, 5, 67, 80), und 1793 hörte auch das auf[1]).

Der Brieger Kreis ist also auf der linken Seite gegen Ende des 18. Jahrhunderts schon deutsch gewesen. Dagegen hielt sich das Polnische noch auf seiner rechten. Als meist polnisch nennt Zimmermann (I, 5, 49, 100 ff.) Althammer (Kusnicza), Köln (Kalinie), Raschwitz, Rogelwitz; als gemischt Döbern, Karlsmarkt, Kauern, Leubusch, Mangschütz, Neusorge, Stoberau.

Südlich von Wansen auf Strehlen zu lagen mit starker polnischer Heimischung Birkenkretscham und Plohe, und nordöstlich von Strehlen Krippitz[2]).

Wenn Zimmermann dann den Münsterberger und Grottkauer Kreis als deutsch bezeichnet, so erkennen wir, dass in dieser Gegend das Polnische ganz über die Neisse hinübergewichen war. Von dem Falkenberger berichtet er nur (II, 12): „Die mehresten Einwohner reden deutsch, wenige polnisch."

Die ganz deutschen und ganz polnischen Kreise lassen wir beiseite. Wir haben daher nur noch Zimmermanns Angaben über den Leobschützer zu erwähnen, die dahin lauten, dass die Sprache im oberen Teile deutsch, im niederen gen Katscher zu polnisch und mährisch sei. Er führt die Dörfer nach ihrer Sprache auf.

Als ganz deutsch nennt Zimmermann: Bladen, Bleischwitz, Bratsch, Comeine, Creisewitz, Creuzendorf, Dobersdorf, Geppersdorf, Gröbnig, Hohndorf, Katscher, Köaling, Langenau, Löwitz, Mocker, Neudorf, Neustift, Odersch, Peterkowitz, Peterwitz, Piltsch, Ratsch, Roben, Sabschütz, Schmeisdorf, Schönbrunn, Soppau, Tröm, Türnitz, Warnowitz, Wernersdorf.

Deutsch und polnisch gemischt: Bauerwitz, Boblowitz, Branitz, Creutillau, Dirschowitz, Dittmerau, Ehrenberg, Eiglau, Hoschütz, Jakubowitz, Galdaun, Klemstein, Knispel, Krug, Marquartowitz, Osterwitz, Mährisch-Grosspeterwitz, Pommerswitz, Rakau, Rösnitz, Schreibersdorf, Schüllersdorf, Stauberwitz, Stolzmütz, Tschirmkau, Wehowitz, Weissack, Wiendorf, Zaudilz.

Deutsch und mährisch gemischt war Turkau.

Ganz mährisch: Hochkretscham (Wotka) und der zweite Anteil von Klein-Hoschütz.

---
[1]) Anders, Historische Statistik der evangel. Kirche in Schlesien S. 163.
[2]) Zimmermann I, 19.

Ganz polnisch: Auchwitz, Beneschau, Bielau, Biskau, Bobrownik, Bolatitz, Boleslau, Borulin (Borzucin), Buslawitz, Cosmütz, Deutsch-Crawarn, Gross- und Klein-Darkowitz, Dirschel, Elgol, Ilatsch, Ilenner-witz, Hoseczialkowitz, Klein-Hoschütz vierter Anteil, All-Hratschin, Jernau (Tarniow), Kauten (Kuta), Koblau, Kobirowitz, Dorf Kranowitz, Kuchelna, Leisnitz, Liptin, Ludgerschowitz, Nassiedel, Deutsch-Neukirch, Owczitz, Schlesisch-Grosspeterwitz, Pyschz, Rochow, Schlausewitz, Strandorf (Strachowice), Wrbkow, Wrzessin, Zabierzau, Zawade. Es sind dar-unter mehrere Dörfer, die später zum Ratiborer oder Neustadter Kreise geschlagen wurden.

In diesen hier ausgezogenen Mitteilungen A. Fr. Zimmermanns wird wohl für manche das überraschendste sein, dass gegen Ende des 18. Jahrhunderts selbst auf der deutschen Seite im Breslauer, Ohlauer und Strehlener Kreise das Polnische nicht erloschen war. Rothsürben, Kattern und Domslau erscheinen als die am weitesten gegen Westen vorgeschobenen Posten des Slavischen.

Aber selbst über Domslau hinaus bis gegen die unterste Weistritz war das Polnische im Anfange des 19. Jahrhunderts noch bekannt.

Als Frau Charlotte v. Stein, Goethes Freundin, im Jahre 1803 ihren Sohn Fritz auf seinem Gute Strachwitz, nordwestlich von Gross-Mochbern im Breslauer Kreise gelegen, besuchte, schrieb sie den 9. Mai an ihre Freundin Charlotte v. Schiller [1]): „Gestern sah ich, es war Sonntag und sehr gut Wetter, eine Menge junger Mädchen Arm in Arm spazieren gehen und hörte sie immer im Chor singen. Ich winkte sie herbei; sie wussten eine unzählige Menge Volkslieder, aber in der Nähe wollten sie nicht singen, denn die Jungen, die nicht weit davon Kegel schoben, würden sie auslachen. Ich ging also mit ihnen die Allee hinunter, und nun war es der Lieder kein Ende, und Stimmen, aus denen man hätte etwas machen können! Sie sangen auch polnische Lieder. Die Mädchen waren von zwölf, dreizehn und sechzehn Jahren."

Oberflächliche Angaben über den Sprachenstand in Schlesien machte 1821 der polnische Sprach- und Geschichtsforscher Bandtke in einem Aufsatz: „Wiadomości o języku Polskim w Sląsku i Polskich Sląza-kach" in der „Mrówka Poznańska" [2]). Er schrieb, dass die Ostrawiza Polen und Mähren, die Oppa Polen und Deutsche scheide. Die alte Grenze der Fürstentümer Oppeln und Neisse sei auch die Sprachgrenze: Oppeln sei polnisch, Neisse deutsch.

Im Fürstentum Brieg trenne die Oder Deutsche und Polen. Im Bernstadter Weichbild, im Namslauer Kreise, in den Herrschaften Wartenberg und Militsch herrsche die polnische Sprache. Die Weide (Widawa) sei ehemals Grenzfluss zwischen Polen und Deutschen ge-wesen, jetzt aber nicht mehr.

Aus dem südlichen Breslauer Kreise nennt er Silmenau (Sulmiow), Rothsürben [3]) (Zorawina), Wiltschau (Wilczejów) und Kattern (Katarzyna)

---

[1]) Charlotte v. Schiller und ihre Freunde II. 347 f. Stuttgart 1862.
[2]) I, 231–244; II, 48–68.
[3]) In Rothsürben starb 1850 ein alter Mann, der als Kind im Dorfe noch gut polnisch gelernt hatte. Schles. Provinzialblätter 1865, S. 435.

als Dörfer, in denen es noch Polen gäbe. Die evangelischen Polen um
Breslau gingen zu St. Christophori, die katholischen zu St. Adalbert
und in die Kreuzkirche in den Sonntagsgottesdienst.

Bandtke berechnete die Polen im preussischen und österreichischen Schlesien auf rund 750000, wovon auf die 43 evangelischen
Kirchspiele 50000 fielen. Die Schätzung ist für 1820 zu hoch, wie
die späteren genaueren Zählungen beweisen.

Die Zersetzung der polnischen Grenzgebiete auf der linken Oderseite hat sich seit 1815 rasch vollzogen, und nicht minder auf der
rechten in den Kreisen Breslau, Oels, Trebnitz, Namslau, Ohlau, Brieg.

Joseph Lompa, ein eifriger und verständiger Beobachter des
polnischen Volkslebens in Schlesien [1]), dessen Sammlungen leider durch
allerlei Missgeschick zum grössten Teil verstreut und verloren wurden,
schrieb mir vor langen Jahren (26. Juli 1846): „In Peuke, auf halbem
Wege zwischen Breslau und Oels, als ich im Jahre 1816 dort durch-
reiste, konnten nur noch die alten Leute polnisch sprechen. In Klein-
und Gross-Gruben (wielkie i male Grabowno) [2]), wo ich im Jahre 1817
war, haben die Leute noch polnisch gesprochen. Tscheschen (Cieszyn)
und Goschütz (Goszcz) im Kreise Polnisch-Wartenberg waren damals
noch ganz polnisch. In Sadewitz (Sadowice) bei Bernstadt (Bierutów)
war in jenem Jahre schon viel germanisiert. In Prietzen (Przecó́w),
anderthalb Meilen hinter Namslau, habe ich 1815 polnisch, im
Jahre 1843 nur deutsch sprechen gehört [3]). Vor drei Jahren (d. i.
1843) habe ich in Lampersdorf, Kreis Oels, den polnischen Namen
des Ortes nicht erfahren können und hörte erst in Zindel, dass er
Mikolowice heisse. Vor vierzig Jahren (d. h. um 1806) konnte man
eine halbe Meile weiter in Wüstendorf (Dobrzykowice) noch mit den
Einwohnern polnisch sprechen. In Meleschwitz (Melesie) [4]), weil die
Jugend schon deutsch versteht, wird nicht mehr polnisch gepredigt,
was den Alten nicht gefallen will.“ Die deutsche Schule, die allgemeine Heerespflicht, der erleichterte Verkehr, nach und nach die
wachsende Industrie und die Veränderungen in dem Dorfleben haben
das Polnische im Regierungsbezirk Breslau seit den Freiheitskriegen
mehr und mehr zurückgedrängt. Die Jugend lernte und verstund deutsch;
deshalb hörte allmählich die polnische Predigt auf; das Dorf war dann
deutsch. Schule und Kirche sind die Grundpfeiler des sprachlichen Daseins.

In der Stadt Ohlau hörte 1818 die polnische Predigt auf, die
polnische Kirche ward 1822 abgebrochen. Seit 1828 ist nicht mehr
polnisch gepredigt worden in Gross-Peiskerau, seit 1829 nicht mehr in
Rosenhain, Gay und Zedlitz, seit 1830 nicht mehr in Wüstebriese,
sämtlich Dörfern des südlichen Ohlauer Kreises. 1828 hörte der pol-

---

[1]) Geb. 29. Juni 1797 zu Rosenberg O.S., gest. 29. März 1863 in Woisca
nik; über ihn Nowaks Schles. Schriftstellerlexikon Heft VI. und Schles. Provinzialblätter von 1863, S. 299. 612.

[2]) Kreis Trebnitz, nahe bei Festenberg.

[3]) Die polnische Predigt neben der deutschen hörte hier nach Anders
Statistik S. 311. 1840 auf.

[4]) Wüstendorf und Meleschwitz liegen auf der rechten Seite des Breslauer
Kreises.

nische Gottesdienst auf in der Kirche von Willschau, 2½ Meilen südlich von Breslau, deren Gastgemeinden Gallowitz und Pollogwitz waren.
1829 ward die polnische Predigt eingestellt in der evangelischen Christophorikirche in Breslau, wie in der polnischen Trinitatiskirche in Brieg.
Um 1830 geschah gleiches in den evangelischen Kirchen von Maliers,
Kreis Oels, und Kainowo, Kreis Trebnitz, 1837 in Pawelau, Kreis
Trebnitz, 1840 in Lutzine, 2¼ Meilen östlich von Trebnitz [1]).

Um die Kenntnis der sprachlichen Verhältnisse Schlesiens um
1840, unter Vergleichung etwas früherer, hat sich der damalige Ober-
landesgerichtspräsident Hundrich durch seine Aufsätze in den Jahres-
berichten der Schlesischen Gesellschaft für vaterländische Kultur von
1843, 1844 und 1846 sehr verdient gemacht.

Er hatte aus den Akten der drei schlesischen Regierungsbehörden
und der damaligen drei Oberlandesgerichte sowie aus Mitteilungen der
Geistlichen und der Kreisjustizräte geschöpft.

Für Preussisch-Schlesien berechnete das Statistische Bureau in
Berlin im Jahre 1837

555332 Polen,
11500 Mährer,
10500 Tschechen [2]),
Zusammen 577332 Slaven.

In Niederschlesien gab es gegen das Jahr 1840 Polen nur in den
Grenzdörfern des Grünberger Kreises gegen Posen: Kleinitz, Schwarnitz,
Mühldorf, Karschin, Sedschin, Schosslawe, Grünwald, Schlabrendorf, Otter-
städt; indessen nicht mehr als 400 Seelen [3]).

Im Breslauer Regierungsbezirk war der Kreis Polnisch-Wartenberg
einschliesslich der Städte um 1817 ganz polnisch, um 1837 noch über-
wiegend polnisch. Als deutsch gibt Hundrich nur an: Wartenberg, Festen-
berg, Goschütz und das Medziborer Dominium; als gemischt Medzibor,
Cammerau, Distelwitz, Neuhof, Boguslawitz, Dalbersdorf, Eichgrund,
Görnsdorf (Giernoseczyce), Langendorf, Nussadel, Ottendorf, Rudelsdorf
(Droltowice), Räline, Dyrhufeld, Schönwald (Pięknybór), Dombrowo,
Sandraschütz, Stradum, Schollendorf (Szczodry), Steine (Kamien),
Ulbersdorf, Woitsdorf (Woicieskowice), Medziborer Glashütte. Dagegen
setzt Hundrich die 75 übrigen Orte als ganz polnisch an.

Im Trebnitzer Kreise waren 1817 Trebnitz, Frauwalde, Bunko-
wize, Klein-Graben, Kainowo und Pawelau sprachlich gemischt. Mit
Ausnahme der Stadt Trebnitz, die ganz deutsch geworden, bestund das
noch 1837.

Im Oelser Kreise nennt Hundrich für 1817 Maliers als ganz
polnisch, als vorwiegend deutsch dagegen Resewitz, Pontwitz, Prietzen,

---

[1]) Anders Statistik S. 398.

[2]) Mährer und Tschechen, die derselben slavischen Familie angehören,
würden hiernach 22000 Seelen stark gewesen sein, während Hundrichs Erhebungen
für jenes Jahr 45016 Seelen ergaben. Jahresbericht für 1846, S. 82 ff.

[3]) Jahresbericht für 1844, S. 83. Zwanzig Jahre später war das Polnische noch
nicht ganz hier ausgestorben, namentlich nicht in Kleinitz, wenn es auch nur von
alten Leuten gesprochen ward. Die Nachbarn nannten diese Polen Oderpolaken.
Schles. Prov.-Blätter 1863, S. 388 f.

Kraschen, Fürsten-Elgut, Postelwitz, Mühlatschitz; 1837 galten die drei letztgenannten Dörfer als deutsch und in den übrigen war das Polnische im Aussterben.

Der Namslauer Kreis wird für 1817 als ganz polnisch hingestellt. Für 1837 werden die Städte Namslau und Reichthal gemischt genannt: „die Männer deutsch, die Weiber polnisch"; ebenso die Dörfer Glausche. Hennersdorf, Polkowitz, Noldau, Strehlitz, Schmograu, Herzberg, Praschau, Kreuzendorf, Michelsdorf, Hönigern, Grodlitz, Gühlchen, Goble, Böhlitz, Oschumbel, Belmsdorf, Brzezinke, Haugendorf, Starzendorf, Johannsdorf, Grambschütz, Reichen, Saabe, Steinersdorf, Nassadel, Kaulwitz, Polnisch-Marchwitz, Neu-Marchwitz.

Die anderen Orte werden als ganz oder meist polnisch angegeben.

Im Ohlauer Kreise bezeichnet Hundrich die rechte Oderseite als teils ganz, teils überwiegend polnisch, und die früher von uns (S. 190 [34]) genannten Dörfer der linken Seite als vorherrschend polnisch. Links nennt er für 1837 als ganz deutsch Rosenhain und Sackerau, als vorherrschend deutsch Jankwitz, Marchwitz, Gross-Peiskerau und Zedlitz; dagegen hatte Zottwitz (Sobaczenko) noch eine ziemlich starke polnische Bevölkerung.

Vom Brieger Kreise kennt er nur die rechte Seite 1817 und 1837 als ganz oder überwiegend polnisch. In Karlsburg, Limburg und Moschach hatte die Verdeutschung zugenommen.

Sonst hat Hundrich für den Breslauer Regierungsbezirk nur die Böhmen zu verzeichnen

1) in den Hussitenkolonien um Strehlen: Husinetz, Podiebrad, Mehltheuer, Pentsch, Töppendorf (letzteres stark germanisiert), denen wir gleich die andern böhmischen Kolonien: Tabor und Tschermin im Kreise Polnisch-Wartenberg, Münchhausen, Friedrichsgrätz und Sacken im Kreis Oppeln und Petersgrätz im Kreise Grossstrehlitz zufügen:

2) im Lewiner Winkel der Grafschaft Glatz, d. i. in den Dörfern Tscherbenei, Kudowa, Schlaney, Brzesowie, Jakobowitz, Strnussenei und Bukowine mit 3350 Einwohnern.

Für Oberschlesien gab Präsident Hundrich eine auf 1834 zurückgehende statistische Uebersicht.

Als ganz deutsch ergeben sich daraus die Kreise Grottkau und Neisse, als fast deutsch Falkenberg (21035 Deutsche, 6171 Polen). Überwiegend deutsch Leobschütz (39936 Deutsche bei 50602 Gesamtzahl), als ungefähr zu ⅔ deutsch Neustadt (19734 : 48325).

Die polnischesten Kreise waren Beuten mit nur 459 Deutschen bei der Gesamtzahl 41052, Rybnick mit 1299 : 35077, Lublinitz mit 1359 : 28648, Grossstrelitz mit 1481 : 31670, Pless mit 1900 : 47486, Rosenberg mit 2000 Deutschen bei 31211 Seelen überhaupt.

Vervollständigt und verbessert wurden die Angaben für die Kreise Ratibor und Leobschütz durch genauere Berücksichtigung der mährischen Bewohner dieser Kreise[1]), die zu 45616 Seelen veranschlagt wurden.

---

[1]) Sie werden im Jahresbericht für 1846, S. 82 f., unnötigerweise in Böhmen und Mährer geschieden.

Richtig führte Hundrich das Dorf Kostenthal (Kreis Kosel) als
ganz deutsch an. Es ist ein merkwürdiges und leider seltenes Beispiel,
dass ein einzelnes deutsches, ganz von Slaven umgebenes Kolonisten-
dorf seine Sprache durch acht Jahrhunderte behauptet hat. Herzog
Kasimir v. Oppeln verlieh 1225 den deutschen Gästen in Gosciutin,
welches Dorf damals dem Kloster Leubus gehörte, die Freiheiten der
Deutschen in Bela (Zülz) [1].

Eine weit jüngere deutsche Kolonie ist Anhalt im Kreise Pless,
bevölkert von den Nachkommen der Kolonisten von Seifersdorf in Galizien, die ihres evangelischen Glaubens halber dort gedrückt wurden
und sich 1770 um Hilfe an König Friedrich II. von Preussen wandten.
Der König half ohne Bedenken und liess die ganze Bewohnerschaft von
303 Seelen samt ihrer Habe durch eine Husarenschwadron, die er über
die Grenze schickte, herüberholen und das Dorf Anhalt für sie bauen [2].
Die Anhalter erhielten 1778 ihren ersten Pastor in dem Feldprediger
Gottlieb Schleiermacher, dem Vater des grossen Theologen Daniel
Friedrich, der zwei Knabenjahre in Anhalt verlebt hat [3].

Für 1846/47 kann ich die Grenzlinie zwischen Deutsch und Slavisch in Schlesien nach damals eingezogenen Ermittelungen [4] also
ziehen:

Indem wir nördlich an der posenschen Grenze einsetzen, wo der
Militscher und Wartenberger Kreis sich berühren, folgen wir südwärts
der Grenzlinie beider Kreise, die zugleich Sprachgrenze ist. Ebenso
ist die Grenze zwischen Oelser und Wartenberger Kreis sowie zwischen
Oelser und Namslauer Kreis zugleich Scheide zwischen Deutsch und
Polnisch bis Windisch-Marchwitz. Dieses Dorf ist deutsch. Die polnische Linie läuft südlich von Windisch-Marchwitz und von Fürsten-
Elgut an die Oels-Ohlauer Kreisgrenze und geht an dieser nordwestlich hinauf bis zum Zusammentreffen mit der Breslauer Kreisgrenze,
der sie bis gegen Daupe folgt, von wo sie westlich über Zindel an die
Oder vorstösst.

Die Oder ist nun von Tschirne an aufwärts bis zur Einmündung
der Glatzer Neisse im wesentlichen Sprachgrenze. Indessen hatte der
Ohlauer Kreis auf dem linken Ufer in seinem Nordwestviertel jene
polnischen Reste, die früher (S. 190, 192 [34, 36]) genannt wurden.
Die deutsch-polnische Sprachgrenze läuft dann an der Neisse aufwärts bis Schurgast und schneidet von hier in südöstlicher Wendung
über Karbischau und Dambrau den nordöstlichen Teil des Falkenberger
Kreises ab. Sie fällt dann mit der Kreisgrenze von Falkenberg-Oppeln
und Falkenberg-Neustadt zusammen, bis die Neisser Kreisgrenze mit
dieser zusammentrifft. Sie geht nun von Steinau ab die Koseler Land-
strasse entlang über Zülz nach Oberglogau und wendet sich nach Frö-
beln, wo die Kreise Neustadt, Leobschütz und Kosel zusammenstossen.
Die Koseler Kreisgrenze wird dann Sprachgrenze bis gegen Dittmerau

[1] Stenzel, Urkundensammlung S. 122.
[2] Mitteilungen für Freunde des Gustav-Adolf-Vereins in Schlesien. 1848. Nr. 2.
[3] Dilthey, Leben Schleiermachers I, 10.
[4] Ich verdankte sie Pastor Fiedler in Medzibor und Kaplan Lellek in
Hultschin.

im Leobschützer Kreise. Dieses polnische Pfarrdorf bezeichnet die Gegend, wo sich Deutsch, Polnisch und Mährisch begegnen.

Denn von Süden herauf schiebt sich das Mährische zwischen Deutsch und Polnisch ein. Die nördlichen Zipfel des mährischen Sprachgebietes gleichen zwei Geweihschaufeln, die nordwestlich in das Deutsche hineinragen.

Die deutsche Grenzlinie geht von der Koseler Kreisgrenze über Schönbrunn, Gröbnig, Babitz, Hohndorf, Knispel, Kutscher-Langenau, Italsch, Tröm nach Zauditz (das deutsch-mährisch gemischt ist), biegt dann nach Dirschel um und läuft südlich in gewundener Linie über Rösnitz nach Piltsch. Von diesem südlichsten Punkte wendet sie sich nordöstlich über Leimerwitz, Biskau, Deutsch-Neukirch, Rosen, Wanowitz, Krug, Hennerwitz, Prosmitz (halb mährisch), Löwitz, Kreuzendorf, Soppau, Dratsch, östlich von Jügerndorf an der Oppa längs bis gegen Boblowitz, das mährisch ist; geht von da südwestlich über Herlitz, Seitendorf, Erkersdorf, Morawitz, Neulublitz, Neuzechsdorf, von wo sie östlich streicht, indem sie die mährischen Orte Skrip und Schlatten nördlich lässt. Wagstadt, Gross-Olbersdorf und Bielau sind deutsche Orte, an welche südlich das zum Kronland Mähren gehörige Kuhländchen stösst.

Die polnische Grenzlinie gegen das Mährische streicht von dem vorhin erwähnten Dittmerau im Leobschützer Kreise südöstlich über Matzkirch, Polnisch-Krawarn, Mackau, Janowitz, Bojanow, Benkowitz, Tworkau, Krzyżanowitz, Zabelkau nach Oderberg, und begleitet dann die Ostrawiza von ihrer Mündung in die Oder bis an ihre Quelle. Diese natürliche Grenze des Fürstentums gegen Mähren scheidet auch Polnisch und Mährisch.

Diese Sprachgrenzen sind, wie oben gesagt, 1846/47 aufgenommen worden.

Die Volkszählung von 1858 ergab bei einer Gesamtbevölkerung des preussischen Schlesien von 3304800 Seelen 666666 (!) Polen, 54777 Mährer und Tschechen, und in den ehemals oberlausitzischen Kreisen Rothenburg und Hoyerswerda 32581 Wenden.

Im Jahre 1861/62 wurden für die preussische Provinz Schlesien 3390695 Einwohner statistisch aufgestellt, darunter 719316 Polen, 58679 Mährer und Tschechen, 32357 Wenden.

Bei den neueren Volkszählungen werden die Sprachverhältnisse übergangen. Berechnen lässt sich aber nach der früheren Vermehrungsziffer die Zahl der Polen und Tschecho-Mähren in Preussisch-Schlesien für das Jahr 1886 auf 1258000 Seelen.

Zur Beurteilung des Rückgangs des Slavischen in der preuss. Provinz Schlesien bietet die kirchliche Statistik Mittel, die wir hier benutzen.

Was zunächst die evangelischen Sprengel angeht, so ist die Historische Statistik der evangelischen Kirche in Schlesien von Ed. Anders (Breslau 1867) eine gute Quelle. Ich bin in der Lage [1]), die heute, also zwanzig Jahre später, bestehenden Zustände mit ihr zu vergleichen.

Bei der Superintendentur Militsch-Trachenberg bemerkte Anders,

---

[1]) Durch die Güte des Herrn Konsistorialpräsidenten Dr. Stolzmann.

dass der polnische Gottesdienst in der Stadt Trachenberg 1791 aufgehört habe, in Wirschkowitz 1820, und dass nunmehr (1866,67) derselbe in den evangelischen Kirchen jener Diöcese seit längerer Zeit erloschen sei.

In der Diöcese Wartenberg-Namslau ging vor nun zwanzig Jahren deutscher und polnischer Gottesdienst nebeneinander: so in Festenberg, Medzibor, Namslau, Wartenberg, Bralin, Droschkau, Hönigern, Kaulwitz [1]). In Medzibor und Namslau wirkten ein deutscher und ein polnischer Pastor nebeneinander.

Heute sind in der Superintendentur Polnisch-Wartenberg die Orte, in denen zweisprachiger Gottesdienst besteht, Goschütz, Wartenberg, Bralin, Medzibor und die böhmische Kolonie Tabor, in der drei Sonntage tschechisch und den vierten deutsch gepredigt wird. In Wartenberg und Medzibor findet alle Sonntage vor dem deutschen polnischer Gottesdienst statt. In Bralin geschieht das jeden zweiten, in Goschütz jeden vierten Sonntag.

In der Superintendentur Namslau haben jetzt Hönigern, Mangschütz, Stoberau, Namslau, Kaulwitz, Droschkau und Karlsmarkt zweisprachigen Gottesdienst. In Hönigern, Mangschütz und Droschkau wird alle Sonntage deutsch und polnisch gepredigt. In Namslau predigt der neben dem deutschen angestellte polnische Pastor drei Sonntage polnisch, den vierten deutsch. In Stoberau und Kauern mit Karlsmarkt ist jeden dritten Sonntag polnische Predigt und Beichte, in Kaulwitz jeden zweiten Sonntag polnischer neben dem regelmässig durchgehenden deutschen Gottesdienst.

In der Diöcese Oels-Bernstadt hatte die polnische Predigt schon vor 1830 in den meisten evangelischen Kirchen aufgehört. 1830 ward sie, wie früher schon bemerkt ist, in Maliers abgestellt, 1840 in Prietzen. 1866 ward in Mühlatschütz nur fünf- bis sechsmal im Jahre polnisch gepredigt, in Pontwitz und Resewitz dagegen jeden dritten oder vierten Sonntag.

Seitdem hat das Deutsche weitere Fortschritte gemacht. Jetzt wird in Mühlatschütz und Pontwitz nicht mehr polnisch gepredigt, in Pontwitz nur zweimal im Jahre noch polnische Beichte mit Abendmahl gehalten. In Resewitz findet alle acht Wochen sowie an den ersten grossen Feiertagen polnische Predigt und Kommunion statt.

Den evangelischen Diöcesen, die wir aufführten, entsprechen die katholischen Archipresbyteriate Militsch, Polnisch-Wartenberg, Namslau und teilweise Brieg. Der Schematismus des Bistums Breslau von 1869 bemerkte, dass in Militsch die Volkssprache polnisch und deutsch, in Wartenberg und Namslau polnisch, in Brieg deutsch und polnisch sei.

Gegenwärtig wird nach mir gütig erteilter Auskunft im Archipresbyteriat Militsch die Sprache in den Pfarreien Festenberg, Freihan, Militsch und Sulau als deutsch, in Frauenwalde als vorwiegend deutsch, in Goschütz als deutsch und polnisch, in Tscheschen als polnisch angegeben.

Im Archipresbyteriat Polnisch-Wartenberg hat nur die Pfarrei Schollendorf rein deutsche Sprache. Polnisch werden Bralin, Mangschütz, Fürstlich-Neudorf, Trembatschau und Türkwitz genannt, sprachlich gemischt die übrigen.

[1] Anders 225—238.

Im Archipresbyteriat Namslau ist die Pfarrei Strehlitz ganz polnisch, die übrigen sind polnisch und deutsch; dasselbe gilt für die zum Archipresbyteriat Brieg gehörige Kuratie Karlsmarkt.

Die evangelische Kirchenstatistik von Anders bemerkte zur Trebnitzer Diöcese, dass hier der polnische Gottesdienst seit 1840 ganz abgestellt sei. Am längsten hatte er sich in Lutzine gehalten (bis 1840). In Pawelau war er 1837 erloschen. In Kainowo hatte man ihn bereits seit 1805 zu beschränken begonnen.

1860 hatten im Ohlauer Kirchenkreise polnische Predigt und Beichte noch Laskowitz und Minken-Peisterwitz, die auf der rechten Oderseite liegen. Jetzt hat das auch hier aufgehört, da sich nach einem Bericht des Superintendenten von 1884 kein Bedürfnis dafür mehr zeige.

Auf der rechten Oderseite des Brieger Kreises hatten die evangelischen Kirchen von Kauern, Leubusch und Scheidelwitz 1866 noch polnischen Gottesdienst neben dem deutschen. Jetzt hat er aufgehört. Auch der bischöfliche Schematismus verzeichnet nur für Karlsmarkt eine deutsch-polnische Gemeinde.

Sonst haben wir aus dem Breslauer Regierungsbezirk nur die Kirche in Hussinetz bei Strehlen zu nennen, worin an zwei Sonntagen tschechisch, am dritten deutsch gepredigt wird. Die Gemeinde besteht aus den einst hussitischen Kolonisten der Gegend. Im übrigen ist hier so wenig wie in Ohlau und Brieg noch ein Rest des kirchlichen Gebrauchs des Slavischen zu verzeichnen.

Für den Oppelner Regierungsbezirk ist zu dem früher ausgeführten aus kirchlichen Quellen folgendes für die Gegenwart zu vermerken.

Der Kreuzburger Kreis hat eine überwiegend polnische und zugleich evangelische Landbevölkerung. Der Gottesdienst nimmt bis heute darauf Rücksicht, und in allen Kirchen werden beide Sprachen, Deutsch und Polnisch, gebraucht. Alle Sonntage findet zweisprachiger Gottesdienst statt in Constadt, Kreuzburg, Landsberg, Pitschen, Bischdorf und Simmenau. In Bankau und in Polnisch-Würbitz wechselt polnischer und deutscher Dienst. Mehrere Pfarreien haben mehr als eine Kirche, auf die also der Gottesdienst verteilt werden muss. So wird in den Constadter Filialen Jeroltschütz und Skalung jeden dritten Sonntag von dem Diakonus aus Constadt deutsch und polnisch gepredigt und Beichte gehalten. Ebenso findet in den vom selben Pastor versorgten Kirchen Golkowitz, Neudorf und Koslau umwechselnd Gottesdienst in beiden Sprachen statt. Ferner wird in den verbundenen Orten Proschlitz und Omechau abwechselnd gepredigt, und zwar stets polnisch und deutsch; desgleichen in Rosen und Schmart. In der Kirche von Reinersdorf wird an den ersten beiden Sonntagen jedes Monats, in der Filiale Schönfeld am dritten, in Jakobsdorf am vierten Sonntag Predigt und Kommunion in beiden Sprachen gehalten.

In folgenden Kirchen des Kreuzburger Kirchenkreises überwiegt die Zahl der polnischen Gottesdienste: in Hoschkowitz mit Nassadel und Woislawitz (in letzter Filiale wird nur zweimal im Jahre deutsch gepredigt), in Polanowitz, in Ludwigsdorf (Tochter von Bankau), Gross-

Lassowitz, Schönwald mit Bürgsdorf (alle fünf Wochen deutsch). Wilms-
dorf mit Bischdorf. In Deutsch-Würbitz, der Tochterkirche von Polnisch-Würbitz, wird nur polnischer Gottesdienst gehalten.

In dem sprachlichen Grenzkreise Falkenberg sind die wenigen
evangelischen Kirchen deutsch. Der bischöfliche Schematismus gibt
für das Archipresbyterat Falkenberg an: Pfarrei Falkenberg deutsch;
Dambrau ⅓ deutsch, ⅔ polnisch; Friedland, Prychod, Schurgast, Tillo-
witz deutsch und polnisch.

In dem Archipresbyterat Zülz ist die Pfarrei Steinau deutsch;
die Pfarren Gross-Pramsen, Schmitsch und Zülz sind gemischt; Alt-
zülz, Deutsch-Müllmen, Ellgut, Grabine, Loncznik und Simsdorf sind
polnisch.

Das südlich anstossende Neustadter Archipresbyterat ist deutsch,
das Archipresbyterat Karwin ist mährisch.

Für das preussische Oberschlesien bedarf es kaum der Bemerkung,
dass auch innerhalb des polnischen und mährischen Sprachgebietes die
Städte, besonders die grösseren, im wesentlichen deutsche Sprachinseln
bilden.

In den gebildeteren Schichten herrscht hier durchaus das Deutsche.
Städte wie Oppeln, Gleiwitz, Ratibor, Beuthen, Tarnowitz und Pless
stellen sich trotz der polnischen Grundbevölkerung als deutsche Städte
dar. In ihnen allen, ebenso in den kleineren, wird deutsch gepredigt
neben dem Polnischen. Das Verhältnis des Slavischen zum Deutschen
ist in diesen Orten freilich sehr verschieden; und in neuester Zeit, in
der sich politische Hetzer auch in Oberschlesien des Polnischen hie
und da als Decke bedient haben, ist auch der Versuch gemacht worden,
das Deutsche aus der Kirche zu verdrängen [1]). Von Bedeutung sind
aber solche Versuche für das Ganze nicht.

Anders liegen die Dinge freilich in Oesterreichisch-Schlesien, wo
das Deutsche mit der Ungunst der gegenwärtigen Staatsleitung und
dem entfesselten Slaventum zu ringen hat.

Aus unsern früheren Angaben hat sich schon herausgestellt, dass
der ganze Nordwesten des österreichischen Kronlandes Schlesien ein ganz
deutsches Land ist [2]).

In den Gerichtsbezirken Weidenau, Jauernig, Zuckmantel, Frei-
waldau, Bennisch, Freudenthal, Würbenthal, Hennersdorf, Holzenplotz,
Olbersdorf, Jägerndorf und Oderau, Wigstadtl, Wagstadt und Königsberg sitzen, bei Heranziehung angrenzender Dörfer des Troppauer Bezirks, in fast 300 reindeutschen Gemeinden ungefähr 210 000 Deutsche.

Von den genannten Bezirken sind nur Wagstadt und Königsberg
sprachlich gemischt: Wagstadt ist nur zur grösseren Hälfte, Königsberg nur zu einem Viertel deutsch.

Im übrigen österreichischen Schlesien leben noch in mehreren
grösseren Sprachinseln mehr als 50 000 Deutsche. Es sind Troppau
und Lippin im Westen, das halbdeutsche Teschen und das ganz deutsche

---

[1]) Bericht aus Berun in der Schlesischen Zeitung vom 16. Februar 1886.
[2]) Vgl. im einzelnen Gehre, Die deutschen Sprachinseln in Oesterreich,
Grossenhain 1886, Kap. IV.

Bielitz mit den gemischten, zum Teil stark deutschen Dörfern Alexander-
feld, Batzdorf, Alt-Bielitz, Bistrai, Kamitz, Ober-Ohlisch, Ober-Kurz-
wald, Lobnitz, Nickelsdorf, Nieder-Ohlisch im Osten.
Von der Behauptung der deutschen Schule hängt hier wie anderwärts alles ab. Das wissen die Gegner sehr wohl, deren Ziel es ist,
das österreichische Schlesien zu einem Slavenland zu machen.

II. Die Herkunft der Deutschen in Schlesien.

Aus den vorangegangenen Mitteilungen über die Ausbreitung der
Deutschen in Schlesien hat sich deutlich ergeben, dass ein grosser Teil
der heute in diesem Lande deutsch redenden Menschen von Slaven,
grösstenteils von Polen, abstammt.
Die Frage nach der Herkunft der deutschen Schlesier bezieht
sich demnach auf die Einwanderer des 12. und 13. Jahrhunderts, von
denen die Germanisation des Landes ausging.

Andeutungen in Namen.
Flämische und fränkische Hufen. Flämisches und fränkisches Recht.

Die Urkunden und Chroniken sagen nichts über die Heimat der
deutschen Gäste. Wir müssen also nach anderen Mitteln suchen, darüber uns zu unterrichten.
Vereinzelt begegnen wir deutschen Volksnamen als Zusätzen
zu den Personennamen von Eingewanderten oder ihren Abkommen
während des 13. Jahrhunderts. Diese Zunamen sind später erblich
geworden und zu Familiennamen erwachsen.
So finden wir 1261 einen Bürger von Goldberg, Hermannus Au-
stralis, der wohl ein Oesterreicher war oder von einem solchen stammte;
1260 einen Breslauer Bürger Conradus Bavarus, mit dem der Kustos
des Clarenklosters Hermannus Bavarus 1272 verwandt sein mochte; ferner
1299 einen eques Bavarus, 1297 eques Bauvor genannt.
Häufiger ist Duringus. Ein ritterbürtiger Mann war Hermanus
Thuringus, 1295 Besitzer von Quickendorf.
Dietmar dictus Duringus setzte 1295 das Dorf Gauers bei Neisse
im Auftrage des Bischofs zu deutschem Recht aus.
Im Breslauer Rat sassen 1320 Henricus und Guntherus Duringus.
1386 begegnet urkundlich ein Dietmar der Düring. Der Name Düring
(Dühring), Döring ist als Familienname noch heute in Schlesien nicht selten.
Auf rheinische Herkunft weist der Zuname Renensis, den die
matrona Wildegundis 1279 trug [1]. Hätte Rudolf Hildebrand recht,

---

[1] Grünhagen. Regesten II, 250.

den Namen Reimann auf Rinman, den rheinischen Mann, zurückzuführen [1]), so besässen wir bei der ungemeinen Verbreitung dieses
Familiennamens in Schlesien einen starken Beleg für die rheinische
Einwanderung. Aber Reimann darf mindestens mit selbem Recht auf
einen mit rein = regin zusammengesetzten Namen als Koseform gebracht werden. Raynman, Reynman erscheint schon in den Correyer
Traditionen.

Ein angesehenes Breslauer Bürgergeschlecht waren die seit 1252
auftretenden de Colonia oder die Cölner.

1288 findet sich ein Dietericus Saxo; 1263 ff. ein Conradus West-
falus samt dem Sohn Hermann als Breslauer Bürger. Im Registrum
Wratislaviense werden zu Kattern Söhne eines Westphalo angeführt.

Der Beiname Suevus erscheint unter den Herzögen Heinrich III.
und IV. von Breslau mehrmals als Zuname adeliger Männer. Ein
Swâp aus Münsterberg besass um 1300 Hufen im Neisseschen und
Ottmachauschen.

Aus diesen vereinzelten, als Beinamen verwendeten Volksnamen,
die in den Familien erblich wurden, auf eine breitere Einwanderung
aus Oesterreich, Bayern, Thüringen, Köln, Sachsen, Westfalen oder
Schwaben nach Schlesien schliessen zu wollen, selbst wenn sie weil
häufiger wären als wir belegen konnten, wird schwerlich jemand thun.
Sicher werden wir durch sie in Beantwortung der Heimatfrage nicht
gefördert.

Aber es gibt vielleicht andere Mittel.

Bei den Aussetzungen der deutschen Dörfer und Städte werden
recht häufig als Ackermass flämische oder fränkische Hufen urkundlich angeführt. 500 grosse Hufen fränkischen Masses in Wald und
Gebirge schenkte zum Beispiel Herzog Heinrich I. 1203 dem Kloster
Leubus in der Gegend südlich von Goldberg. Derselbe gab 1207 den
Naumburger Augustinern 50 fränkische Hufen und verwandelte die
dem Kloster früher geschenkten kleinen Hufen in ebensoviel grosse,
d. i. fränkische. 1252 setzte der Meister des Elisabethhospitals in
Breslau das Dorf Coyacowiz [2]) bei Kreuzburg zu fränkischem Recht
aus und verlieh zwölfjährige Steuerfreiheit für jede Hufe, die erst im
Walde gerodet werden musste, vierjährige für die Hufe im Bauland.
Aus dieser Urkunde [3]) ergibt sich, dass die Waldhufen fränkische waren.

In gleicher Art werden fränkische Hufen oft genannt [4]).

Dagegen kommen bei Aussetzungen anderer Dörfer und den Zins-
bestimmungen flämische Hufen (mansi flamingici) oder kleine Hufen
ebenfalls oft vor [5]).

Stenzel hatte bereits ausgeführt, dass die Ausdrücke fränkische
und flämische Hufen in Schlesien keine andere als eine Massbedeutung
haben. Die fränkische Hufe ist die grosse, etwa 140—150 Morgen

[1]) Vom deutschen Sprachunterricht III. Aufl., S. 120. Leipzig 1887.
[2]) Heute noch polnisch Coyacowice, deutsch Kunzendorf.
[3]) Gedruckt bei Stenzel Nr. XI.
[4]) Vgl. Stenzel, Urkundensamml. S. 143 ff., 158 ff.; Meitzen im Cod.
dipl. Sil. IV. 77. 83.
[5]) Stenzel a. u. O. 141 f.; Meitzen 80 ff., 86.

fassende Hufe, die in Wald und Unland ausgethan ward. Die flämische
ist die kleine [1]), der mansus parvus der Urkunden, die im Bauland
oder wenigstens in leicht urbar zu machendem Boden lag.

Im Dorfe Zedlitz bei Steinau lagen beide Hufenarten nebeneinander. Herzog Konrad II. übergab 1257 dieses Dorf Sedlec dem
Schulzen Berthold zur Anlage nach deutschem Recht (teutonico jure),
so jedoch, dass die Hufen in Acker und Gesträuch (campestria et rubi)
nach flämischer, im Eich- und Schwarzwald (dumbrovam et silvestria)
nach fränkischer Ordnung (flamingico jure, jure franconico) ausgelegt
würden. Er bestimmte zugleich für die flämischen Hufen (mansis flamin-
gicis) fünf Freijahre, für die fränkischen (mansis franconicis) zehn [2]).

Fränkische und flämische Hufen hatten den gleichen Getreidezins
zu leisten, die Geldabgabe war aber für die flämischen um die Hälfte
kleiner. Wenn die Ansiedler auf dem zu fränkischem Recht ausge-
setzten Rodeland nicht fortkamen wegen schwierigen Anbaus und
Unfruchtbarkeit des Bodens, so kam es vor, dass der Zins der grossen
Hufen auf den der kleinen ermässigt ward [3]).

Die Benennungen flämische und fränkische Hufen haben ursprünglich sicher ihren Grund darin gehabt, dass sie die von den flämischen
oder holländischen sowie von den fränkischen Kolonisten gebrauchten,
aus der Heimat mitgebrachten Landmasse waren. Wir finden diese
Ausdrücke nicht bloss in Schlesien, sondern auch in der Mark Meissen,
in Böhmen, in Mähren, also in Ländern, wo sich eine doppelte Einwanderung erweisen lässt, eine niederdeutsche (flämische) und eine
mitteldeutsche (fränkische).

Prüfen wir jedoch die schlesischen Urkunden, worin jene Ausdrücke vorkommen, so weist durchaus nichts darauf hin, dass die
grossen Hufen nur in den von Franken angelegten, die kleinen nur
in den von Niederländern gegründeten Orten vorkämen. Ueberdies
gehören die Urkunden mit jenen Benennungen meist dem späteren
13. und dem 14. Jahrhundert an, also Zeiten, in denen bei uns holländische (flämische) Einwanderung nicht zu erweisen ist.

Jene Ausdrücke sind sonach technische Massbezeichnungen und
können nicht dazu dienen, die Herkunft der Besitzer solcher Hufen zu
erkennen. Die fränkische Hufe entspricht der deutschen Königshufe,
d. i. der in unbebautem, noch nicht verteiltem, also dem König ge-
hörigem Land ausgelegten grossen Hufe, die das doppelte Mass der
gemeinen deutschen oder Landhufe [4]) hatte. Dieser steht hiernach in
Schlesien die flämische oder kleine Hufe gleich.

---

[1]) Beweisende Stellen sind u. a.: magni mansi franconice mensure 1203,
Büsching, Urk. v. Leubus: magnos mansos videlicet franconicos 1274, Stenzel,
Urkundensamml. S. 388; magni mansi franconici, ebenda S. 483. — In der Urkunde Bischofs Thomas über Gründung eines Dorfs an der Neime 1237 werden
die ducenti mansi flamingici (die übrigens im Waldland angewiesen wurden) als
mansi parvi bezeichnet. Jahresber. der Schles. Gesellsch. 1844. S. 99.
[2]) Stenzel, Urkundensamml. Nr. XLVI und S. 162; Meitzen a. a. O. S. 80 ff.
[3]) So für Bürwalde bei Münsterberg 1337. Meitzen a. a. O. S. 85.
[4]) Die altdeutsche Hufe, die hoba plena, der mansus plenus, mass in der
Regel 30, an manchen Orten 40 Morgen. Waitz, Ueber die altdeutsche Hufe 23 f.
Landau, Territorien 30.

Beide Hufen gehen, um auch dieses zu erwähnen, von der Hofreite, wie in Schlesien das Gehöfte heisst [1]), in langen Streifen bis an
die Grenze der Dorfmark: die fränkischen in breiten Streifen, die sich
der natürlichen Hebung und Senkung des Bodens anpassen, ohne Rücksicht auf gute oder schlechte Bodenart; die flämischen in schmäleren
Streifen auf einem zum Anbau leicht nutzbaren Grunde, wie Meitzen
an dem Beispiel von Zedlitz gezeigt hat [2]).

Flämisch und fränkisch finden wir ausser bei dem Landmass
als unterscheidende Bezeichnungen auch bei dem Recht, nach welchem
Dörfer und Städte in Schlesien ausgesetzt wurden.

Der häufigere oder geradezu gewöhnliche Ausdruck war nach
deutschem Recht gründen oder aussetzen: locare (in) jure teutonico
(thewtunicali), concedere jus teutunicale hospitibus. Darunter wird
nichts anderes verstanden, als die Gewährung der persönlichen Freiheiten und der Dorf- oder Stadtverfassung unter Schulzen oder Vogt,
die wir im ersten Teil (S. 168 [12]) geschildert haben [3]).

Die Ausdrücke jus franconicum, jus flamingicum, die daneben zuweilen vorkommen, scheinen zunächst dem jus teutonicum
völlig gleich zu sein.

In der Rechtserneuerung für Freiburg durch Herzog Bolko II.
von 1337 werden jus Franconiae et teutonicale als gleichsinnig miteinander verbunden [4]). Das jus franconicum, auf das Kunzendorf bei
Kreuzburg 1252 eingerichtet wird, ist eben nur das gewöhnliche deutsche
Dorfrecht des Landes [5]). Dasselbe ergibt sich aus der Aussetzungs-
urkunde für das Dorf Pogel von 1259 in Bezug auf das jus flamingicum,
nach welchem Herzog Konrad das Dorf durch den Schulzen Heinrich
gründen lässt. Dieses jus flamingicum nämlich wird bezeichnet als das
Recht der Dörfer um Steinau und Neumarkt. Da nun diese nach dem
jus teutonicum ausgesetzt waren, erhellt die Gleichheit von deutschem
und flämischem Recht: es ist dieselbe Dorfverfassung darunter zu verstehen.

So weit muss man G. A. Stenzel ohne weiteres beipflichten, welcher
die Ausdrücke jus franconicum, flamingicum und teutonicum als sich
deckende fasste [6]). Man kann ihm auch darin beistimmen, dass in jenen
Ausdrücken eine Erinnerung an die Heimat der Einwanderer liege [7]).
Wenn er aber den Grund der verschiedenen Bezeichnung, fränkisch,
flämisch, in der Verschiedenheit des Zinses der fränkischen und flämischen Hufen sieht, so wird man das bestreiten müssen.

Stenzel hatte sich selbst der Vermutung nicht erwehren können,
dass jene Ausdrücke mit erbrechtlichen Verschiedenheiten zusammenhängen könnten [8]), hatte aber die Vermutung zurückgewiesen, weil solche

---

[1]) Ueber dieses Wort später!
[2]) Cod. dipl. Siles. IV, 80 ff.
[3]) Vgl. Stenzels Ausführungen in seiner Urkundensamml. S. 101 fg.
[4]) Stenzel a. a. O. S. 545, Nr. CXLIX.
[5]) Stenzel a. a. O. S. 327, Nr. XL.
[6]) Am a. O. S. 101 fg.
[7]) Ebenda S. 107.
[8]) Ebenda S. 104.

einzelne Rechtsbestimmungen nicht als ganzes Recht bezeichnet werden könnten, „auf welches ganze Städte gegründet wurden".

Seine Vermutung trägt trotzdem den Keim zur richtigen Erklärung nach meiner Ansicht in sich. Das fühlte auch E. Th. Gaupp, der in seinem Aufsatz[1]): „Das deutsche Recht, insbesondere die Gütergemeinschaft in Schlesien", die Ausdrücke fränkisches und flämisches Recht auf die eheliche Gütergemeinschaft bezog, welche samt dem Fallrecht (jus recadentiae) mit den ältesten fränkischen und flämischen Kolonisten nach Schlesien gekommen sei.

Eine Unterscheidung der beiden Rechte hat Gaupp nicht gemacht, und doch muss sie bestanden haben. Gemein ist beiden freilich die Hauptsache, da sie aus demselben Volke, dem grossen Frankenbunde. hervorgewachsen sind, nämlich die Gütergemeinschaft der Ehegatten ohne Rücksicht auf die Herkunft der einzelnen Vermögensteile. Zwischen flämischem und fränkischem Güterrecht bestehen aber doch Unterschiede.

Bei dem flämischen ehelichen Güterrecht, das auch am Niederrhein und in Westfalen sowie in den westfälischen Kolonien galt, wurde die Halbteilung des gesamten in Gütergemeinschaft gelegenen Vermögens zwischen dem überlebenden Gatten und den Kindern vollzogen, mit Ausschluss der Morgengabe. Bei unbeerbter Ehe erhielt der überlebende Teil das Ganze. Dieses Erbrecht hat Richard Schröder für eine Anzahl schlesischer Städte (Neisse, Ottmachau, Wansen, Ratibor, Oppeln, Kreuzburg, Reichthal, Grünberg, Züllichau, Schwiebus, Krossen) und für den Bauernstand des Fürstentums Breslau nachgewiesen[2]).

In andern schlesischen Städten finden wir dagegen statt der Halbteilung, ganz wie in den Städten der Markgrafschaft Meissen, das Dritteilsrecht, d. h. das ganze eheliche Vermögen, mit Ausnahme der Morgengabe, ward in drei Teile zerlegt, deren zwei die Schwertmagen, einen die Spindelmagen erbten[3]).

So nahe es nun liegt, dieses Dritteilsrecht mit der altfränkischen Errungenschaftsteilung nach Schwert- und Spindelseite zusammenzubringen, die am Ober- und Mittelrhein im Mittelalter galt, so hat Schröder (a. a. O. S. 97) dies doch abgelehnt, weil die Völkerströmung vom Ober- und Mittelrhein niemals nach Osten und Nordosten gegangen, eine Uebertragung jener erbrechtlichen Einrichtung also durch Einwanderer vom Rhein nach Schlesien unmöglich sei. Er behauptet, die Dreiteilung sei etwas Slavisches, das die deutschen Einwanderer in Böhmen und Mähren kennen gelernt und von dort nach Meissen und Schlesien gebracht hätten.

Ich vermag dieser Ansicht nicht beizustimmen, die einen höchst auffallenden Einfluss slavischen Rechtes auf das Erbrecht der deutschen Kolonisten in dem Gebiete der March, der oberen Oder und Elbe behauptet. Ich halte den Zusammenhang des Dritteilsrechtes in Meissen

---

[1]) Zeitschr. f. deutsch. Recht von Reyscher und Wilda, III. 40—83.
[2]) Geschichte des ehelichen Güterrechts in Deutschland II, 3, 62 ff. 104 ff. 383. Vgl. auch R. Schröders Aufsatz: Das eheliche Güterrecht und die Wanderungen der deutsch. Stämme im Mittelalter in v. Sybels Histor. Zeitschr. XVI. 299 (1874).
[3]) Schröder a. a. O. II, 3, 81 ff. 86. 94.

und Schlesien mit der mittelrheinischen, d. i. fränkischen Errungen-schaftsteilung für das natürlichste, weil ein grosser Teil der Einwanderer in Meissen und Schlesien aus dem westlichen Mitteldeutschland, d. i. aus fränkischen Landschaften gekommen ist. Für Schlesien werden wir diese Herkunft im folgenden beweisen, und bei der Uebereinstim-mung des deutschen Volkstums in Schlesien und Meissen ist dieselbe dann auch für dieses Land dargethan.

In dem fränkischen Recht, soweit darunter nicht die allgemeine politische Verfassung der deutschen Orte zu verstehen ist, sehen wir also die Dreiteilung im ehelichen Güterrecht, ebenso wie in dem flämi-schen Recht die Halbteilung des ehelichen Vermögens das bestim-mende und unterscheidende bildet.

In den Städten und im deutschen Bauernstande Schlesiens galt also für das Vermögensverhältnis der Ehegatten flämisches oder frän-kisches Recht. Der deutsche Adel, besonders im Fürstentum Breslau, lebte nach dem ganz verschiedenen Güterrecht des Sachsenspiegels, was auf Einwanderung aus Ostfalen weise. Alle Forschungen über die Geschichte der schlesischen Adelsgeschlechter, die für eingewanderte Deutsche gehalten werden, haben indessen noch zu keinem irgend halt-baren Ergebnis geführt. Nur für die Prittwitze scheint die Herkunft aus dem Osterlande ziemlich erwiesen [1]. Es scheint daher, dass weniger die Heimat der Adelsleute als vielmehr Uebertragung durch fürstliche Gnade oder freiwillige Einführung die Geltung des Güterrechts des Sachsenspiegels bei der Breslauer Ritterschaft bewirkt hat.

Denn auch für das flämische und fränkische eheliche Güterrecht wird man nicht ohne weiteres die Herkunft derer, die es genossen, als Grund und Quelle behaupten dürfen. Gerade in dem ganz polnischen Oberschlesien, in den Fürstentümern Oppeln und Ratibor, galt flämisches Recht. Es war nachweislich durch fürstlichen Entschluss verliehen und durch herzogliche Verordnung eingeführt worden, ebenso wie viele Städte unter herzoglicher Urkunde magdeburgisches Recht erhalten hatten, zuerst Goldberg, dann Neumarkt, 1261 Breslau und im 14. Jahr-hundert mehrere und mehrere [2].

Durch diese Einführung des magdeburgischen Rechts und gewisser privatrechtlicher von Magdeburg gekommener Satzungen, die im wesent-lichen mit dem Sachsenspiegel übereinstimmen, geschah nicht selten eine Störung älterer rechtlicher Verhältnisse, die unangenehm ward und die man deshalb wieder beseitigen musste. Neisse, das schon 1223 flämisches Recht genoss und das 1290 Oberhof für alle bischöflichen Städte und Dörfer geworden war, erhielt 1308 das modisch werdende magdeburgische Recht. Dasselbe griff aber so verwirrend in die Ver-mögensverhältnisse der Bürger, dass es schon nach zwei Jahren auf-gehoben und durch das alte flämische Recht wieder ersetzt ward [3].

Ratibor war 1280 Oberhof aller nach flämischem Recht ausge-setzten Orte in den Fürstentümern Oppeln-Ratibor geworden. Es erhielt

---

[1] Pfotenhauer in der Zeitschr. f. Gesch. Schlesiens XXI, 334.
[2] Stenzel, Urkundensamml. S. 116.
[3] Stenzel a. a. O. Nr. CXI.

1209 magdeburgisches Recht. Dasselbe gab aber zu so vielen Klagen Anlass, dass Herzog Lesko 1316 gestattete, dass der Rat mit sieben Schöffen und erwählten Aeltesten der Bürgerschaft Aenderungen und Ergänzungen darin willkühre, die zum Besten der Stadt seien [1].

Alles nun zusammengefasst, so haben wir in den Ausdrücken flämisches und fränkisches Recht — soweit sie nicht gleichbedeutend mit Deutsch sind — ähnliche Bezeichnungen wie in flämischer und fränkischer Hufe. Beide gründen sich auf Stammesverschiedenheit derer, die sie ursprünglich gebraucht haben. Beide treten in die Reihe technischer Ausdrücke über und finden sich auch ausser Schlesien im ostdeutschen Kolonisationsgebiete. Es wäre keineswegs unmöglich, dass von auswärts Sache und Wort nach Schlesien gebracht wären, ohne dass ein wirklicher Fläming oder Franke dies Land betreten hätte. Wenn wir trotzdem an Besiedelung Schlesiens durch Niederländer, wie wir einmal sagen wollen, und durch Franken eintreten, so müssen wir die Beweise anderswoher nehmen.

Die niederländische Einwanderung.

Die deutsche Besiedelung Schlesiens ist nur ein Glied aus der Kette deutscher Thaten, die von der Weser in südöstlicher Richtung bis in die Südkarpathen reicht und in Siebenbürgen endet. Es ist die friedliche, auf Verträge gestützte Bebauung öder und menschliche Kraft und Geduld fordernder Ländereien durch deutsche Bauern, die nachweislich Anfangs des 12. Jahrhunderts anhebt und für die Ausbreitung deutschen Volkstums eine hervorragende Bedeutung gewonnen hat [2].

Sechs Holländer waren es, fünf Laien und ein Priester, die 1106 mit dem Erzbischof Friedrich von Bremen und Hamburg einen Vertrag über die Urbarmachung eines sumpfigen Landstrichs an der unteren Weser schlossen. Andere Verträge mit andern Unternehmern folgten später nach, so dass an der Weser und Niederelbe um 1200 bedeutende Ländereien für menschliches Leben durch Spaten und Pflug und Axt gewonnen waren.

In Holstein war Abt Wizelin von Neumünster diesem Beispiel gefolgt; er hatte durch Holländer und Fläminge mehrere Marschen dem Anbau übergeben. Gleichzeitig ungefähr (1142) besiedelte Graf Adolf II. von Holstein das in den Slavenkriegen entvölkerte Wagrien (Ostholstein) mit Holsten, Westfalen, Holländern, Friesen und zinspflichtigen Slaven. Um dieselbe Zeit setzte Graf Heinrich von Ratzeburg sein polnisches Gebiet mit Westfalen an, die trefflich gediehen.

Bedeutenderes noch führte Albrecht der Bär in den durch sein Schwert eroberten menschenarmen Landschaften an Elbe und Havel, in der Altmark und in den Bistümern Brandenburg und Havelberg

[1] Stenzel Nr. CXXII.
[2] v. Weraebe, Die niederländischen Kolonien, welche im nördlichen Deutschland im 12. Jahrhundert gestiftet wurden. Hannover 1815/16. Borchgrave, Histoire des colonies Belges. Bruxelles 1865. R. Schröder, Die niederländischen Kolonien in Norddeutschland. Berlin 1880. Adler, Die niederländischen Kolonien in der Mark Brandenburg: Märkische Forschungen VII, 110 ff.

durch. Er schickte Boten nach Utrecht und dem Rheinland (ad loca
Rheno contigua) sowie nach Holland, Seeland und Flandern, und im
Ueberfluss kamen, wie Helmold erzählt [1]), die fremden Ansiedler in die
Markgrafschaft gezogen. Bedeutendes leisteten dabei die Bischöfe und
die Klöster. Ganz besonders eifrig war Erzbischof Wichmann von
Magdeburg, der schon als Naumburger Bischof Flüminge und Holländer
in seinem Sprengel angesiedelt hatte, der im Jüterbogker Lande, das
Albrecht der Bär 1147 eroberte, ebenfalls Fläminge ansetzte und auch
die Magdeburg auf dem anderen Elbufer gegenüberliegende Fläche von
Möckern bis Sandau zu einer „flämischen Seite" machte.

Auch Bischof Anselm von Havelberg, Bischof Dietrich von Halber-
stadt, Bischof Gerung von Meissen, die Aebte von Nienburg, Ballen-
stedt, Pforte und manche andere Klostervorstände haben auf menschen-
leeren und ungebrochenen Landstrecken damals Holländer oder Flandrer,
wie es gewöhnlich heisst, angesiedelt und durch die Zinsen der neu-
entstehenden Dörfer ihre Einkünfte bedeutend gesteigert. Sie machten
alle ein vortreffliches Geschäft.

Auch in Mecklenburg knüpft sich die Germanisation an die Be-
siedelung von Klostergütern, diew ahrscheinlich durch Bauern aus der
Nähe des Mutterklosters von Doberan, Amelungsborn im Hildesheimer
Sprengel, geschehen ist.

Ausdrücklich werden hier überall Holländer, Flandrer oder Fläminge, daneben Westfalen und Sachsen, als die Anbauer genannt, und
die niederdeutsche Sprache, welche in den bezeichneten Gebieten bis
heute herrscht oder bis in neue Zeit, wo sie einem gemengten Mitteldeutsch wich, geherrscht hat, bestätigt die Urkunden.

Anders liegt die Sache in Thüringen, wo die niederdeutschen
Kolonisten sich allmählich unter der eingeborenen Bevölkerung verloren; ferner in den Naumburg-Zeitzer, Merseburger und Meissener
Sprengeln, das ist in den thüringischen Marken, wo nach der herrschenden mitteldeutschen Mundart zu schliessen, die niederdeutsche
Einwanderung, die wir auch hier als erste annehmen dürfen, durch
eine zweite mitteldeutsche überholt und aufgesogen worden ist.

Dasselbe gilt für Schlesien und die Gespanschaft Zips im ost-
ungarischen Berglande.

Für Schlesien eine erste niederdeutsche Einwanderung zu beweisen,
wird bald unsere Aufgabe sein. Für die Zips, wo die mitteldeutsche Bevölkerung bis zur Gegenwart, in der sie sich jämmerlich magyarisiert,
bestanden hat, gibt es zwar keine geschriebenen Beweise der niederdeutschen Einwanderung sowenig als in Schlesien. Allein der enge Zusammenhang der Zipser und der Siebenbürger Deutschen, der sich durch ver-
wandtschaftliche Züge der Mundart und durch alte ungeschriebene Ueberlieferung bekundet [2]), deutet bestimmt darauf, dass auch in der Zips

[1]) Chronic. Slavor. I, 88.
[2]) K. J. Schröer, Versuch einer Darstellung der deutschen Mundarten des
ungrischen Berglandes. Wien 1864, S. 18 f. Beitrag zu einem Wörterbuch der
deutschen Mundarten des ungrischen Berglandes. Wien 1858, S. 13 f. Krones,
Zur Geschichte des deutschen Volkstums im Karpathenlande mit besonderer Rücksicht auf die Zips und ihr Nachbargebiet. Graz 1878.

unter einer zweiten Schicht Ansiedler, die sich wahrscheinlich von
Schlesien heraufschob, eine erste liegt, die mit den Siebenbürger Sachsen
einer Herkunft war.

Was aber diese betrifft, unsre treuen Volksgenossen im Karpathenlande zwischen Miresch, Alt und den beiden Kukeln, deren Haupt-
einwanderung zwischen 1141 und 1161 geschehen ist, so werden sie
in einer Urkunde, die 1192—1106 fällt, Flandrenses, in einer jüngeren
von 1238 Saxones genannt, und der letzte Name ist ihnen geblieben.
Beide Namen aber stimmen nicht zu dem Charakter des siebenbürgisch-
deutschen Dialekts, der entschieden auf mittelfränkische, ribuarische
Heimat zeigt [1]). Sie bezeugen nur, dass man in jenen Zeiten geneigt
und gewöhnt war, die von Westen kommenden Einwanderer Flandrer
oder Sachsen zu nennen, ohne genaue Untersuchung ihrer eigentlichen
Abstammung.

Kehren wir nun von dieser Abschweifung, die aus guten Gründen
gemacht ist, nach Schlesien zurück!

Es ist im ersten Abschnitt erzählt worden, dass sich die frühesten
Nachrichten über die deutsche Einwanderung in Schlesien an die Stiftung des Cistercienserkloster Leubus im Jahre 1175 haften, welches
mit Mönchen aus der Thüringer Porta coeli besetzt ward. Wir wissen
ferner, dass die Pförtner Güter durch niederländische oder flämische
Kolonisten urbar gemacht worden sind. Es ist nun sehr wahrscheinlich, dass die Leubuser Mönche Bauern derselben Art auf die ihnen
vom Herzog geschenkten Ländereien beriefen. Man darf aber bezweifeln, dass dieses die ersten sogenannten Fläminge oder Niederländer
waren, die schlesischen Boden betreten haben, denn der Durchzug
der Rheinländer, welche König Geisa II. nach Siebenbürgen einlud, ist
nach dem vorhin über die Zips bemerkten höchst wahrscheinlich durch
Schlesien gegangen. Und es ist um so eher anzunehmen, dass manche
der durchziehenden im Oderlande zurückblieben, als wir von neuen
oder Kolonistendörfern in der Liegnitzer Pflege bei der Bewidmung von
Leubus erfahren, welche also älter als die ersten Leubuser Unterneh-
mungen gewesen sind.

Auf eine ziemliche Menge niederdeutscher oder mindestens mittel-
fränkischer (ribuarischer) Einwanderer während des 12. Jahrhunderts
und wohl noch in der ersten Zeit des 13. zu schliessen, veranlasst
uns die Untersuchung der deutschen Sprache in Schlesien.

Dieselbe gilt freilich, und ganz mit Recht, für eine mitteldeutsche
Mundart, und schon die ältesten deutschen Schriften aus dem 13. und
14. Jahrhunderte, die in Schlesien entstunden, zeigen ein einheitliches
Ostmitteldeutsch [2]).

---

[1]) Marienburg, Ueber das Verhältnis der siebenbürgisch-sächsischen Sprache
zu den niedersächsischen und niederrheinischen Dialekten, im Archiv des Vereins
für siebenbürg. Landeskunde I, S. 45—70. K. Reissenberger, Die Forschungen
über die Herkunft des siebenbürg. Sachsenvolkes, Hermannstadt 1877.
[2]) H. Rückert, Zur Charakteristik der deutschen Mundarten in Schlesien,
in Zachers Zeitschr. f. deutsche Philol. I, 199 ff.; IV, 322 fg.; V, 125 fg. —
Rückert, Entwurf einer systematischen Darstellung der schlesischen Mundart im
Mittelalter. Mit einem Anhang herausgeg. von P. Pietsch. Paderborn 1878 —

Prüft man aber den Wortvorrat, so entdeckt man viele Bestandteile, die nicht mitteldeutsch sind, sondern niedersächsisch oder nieder-
fränkisch, oder die wenigstens nur in den nördlichen Strichen des alten
Ribuariens vorkommen. Es haben sich diese Worte im Vokalismus
meist dem schlesischen Mitteldeutsch angeglichen; nur eine Anzahl
behielt den niederdeutschen Vokal der Stammsilbe bei. In einigen
wenigen sind Vokal und Konsonant auf dem niederdeutschen Stande
geblieben.

Diese Worte sind nicht etwa junge Eindringlinge, wie sie ja aus
Berlin und aus dem Militärdeutsch durch Soldaten, kleine Beamte und
berlinisierende Halbgebildete jährlich eingeschleppt werden; sondern es
sind Worte von altem Heimatrecht in Schlesien, von denen manche
nur aus älteren Schriften zu belegen sind. Die meisten aber sind heute
noch allgemein verbreitet und seit Jahrhunderten lebendig. Ich gebe
ein Verzeichnis nach meinen Sammlungen:

Bansen m. der zu beiden Seiten der Tenne liegende Scheunenraum.
   Niederd. Wort, D.Wörterb. I, 1119; nach Mitteldeutschland vorgedrungen, Bech in Pfeiffers Germania XVIII, 260.
bölken, Zw. (bei Scherffer erhalten) blöcken, schreien. — nd. [1]) (auch
   niederhessisch) bolken, bölken.
bracken Zw. geringes und schlechtes ausscheiden; Gebracke n. Aus-
   schuss; Brackschaf n. geringes auszustossendes Schaf. — nd. brak,
   bracken.
Brass, Prass, Prast m. Haufe, Wust. — nl. bras, nd. brass, brast,
   auch md. verbreitet.
Brus, Prus m. mit niederdeutschem Vokal, daneben mit mitteldeutsch-
   schlesischem, Praus, brausender Schaum. — nl. brôs, bruis.
Bune f. Balken- und Bretter- oder Flechtwerkbau zum Uferschutz;
   auch ein Erd- und Steinbau zur Verbesserung des Flussluufes. —
   nd. bûne, Brem. Wörterb. I, 163 und aus Niederdeutschland mit
   Bedeutung und Form nach Mitteldeutschland gekommen. Goethe
   reimt ganz richtig Faust II, 6032 mit seinen Bunen: Neptunen.
Ge-dieg m. das Gedeihen (bei Logau und noch jetzt); der Un-gedieh
   (Philo vom Walde); gedieglich Adj. (Logau, Steinbach); diegen
   Zw. gedeihen (Logau). — Mit nd. Vokal: nd. dîhe, dîge, gedîge,
   Zw. dîgen, dîhen.
dögen Zw. leiden, ertragen (Trebnitzer Psalmen 24, 5). — mnd.
   doegen.
Dräps m. Schlag, Puff. — altmärk. magdeburg. Draeps; nd. drâpen,
   treffen, schlagen.
eifer, eiver Adj. scharf, ätzend, wie nd. êfer, Brem. Wb. I, 327.
fach, gefach Adv. häufig, oft (bei den alten Schlesiern). — mnd. vake,
   vaken, mnl. vaeken, nl. vaak.

K. Weinhold, Ueber deutsche Dialektforschung. Die Laut- und Wortbildung und
die Formen der schlesischen Mundart. Wien 1853.
[1]) nd. = niederdeutsch, mnd. = mittel (älter) niederdeutsch; nl. = niederländisch, mnl. = mittel (älter) niederländisch; md. = mitteldeutsch. D.Wb. D. Wörterb.
= Deutsches Wörterbuch von Jak. u. Wilh. Grimm.

Flappe f. Mund, Maul. — nd. flabbe. nl. engl. flap. Auch md. Flabbe. Flappe.

Gabsche f. eine Handvoll. — nl. gaps, nd. göpse; vgl. meine Beiträge zu einem schlesischen Wörterbuch 25 ª.

ver-gadern Zw. bei Scheffler. — nd. gaderen, vergaderen; oberdeutsch vergattern.

glûpsch Adj. tückisch, lauernd. — nd. glûpisch, glûpsch. Auch in der Zips glubsch; nd. glûpen, nl. gluipen, engl. gloppen.

grapschen Zw. zugreifen, fangen; die Grapsche, die Hand. — nd. grapsen, Graspel f.; engl. grasp.

Graupe f. geschrotenes Gerstenkorn; Hagelkorn. — nd. grûbe, grûve.

grélen Zw. schreien, brüllen. — nd. groelen.

grischen Zw. kreischen. — nd. nl. krischen, auch obersächs. krischen. D.Wörterb. V, 2303.

Grôle f. die Grossmutter. Bildung aus grûen, grauen. Eine verwandte Bildung ist altnord. grŷla. Das Alter erscheint als graulich, mindestens als nicht anmutig. Vgl. auch J. Grimm bei Haupt, Zeitschr. f. deutsches Altertum I, 23.

Gütte, Jütte f. Mädchen (A. Gryphius). — nd. Jütte, Jitte.

happen Zw. schnappen, beissen. — nd. nl. happen; auch hessisch. — **happig** Adj. gierig. — D.Wb. IV, 2, 473.

Heide f. in der Bedeutung von ausgedehntem Kieferwald ist norddeutsch. D.Wb. IV, 2, 798.

Hesse f. Kniebug. — nd. hesse, nl. hese; oberdeutsch hechse, hehse.

Karbe f. Kümmel. — nd. karve. — D.Wb. V, 207.

Keike f. Keichhusten (Dalkau bei Glogau), niederdeutsches inneres k. — D.Wb. V, 434.

kifen, kiwen Zw. 1) nagen: auskiwen, zerkiwen; 2) keifen, zanken: kifeln. sich kifeln (Logau, A. Gryphius, Kernchronik). — Kif m. Zank (Scheffler). — **kifig** Adj. zänkisch; **kiffizig** schnippisch (heute noch lebend). — D.Wb. V, 663 f., 665.

klacken Zw. schlagen, prügeln. — nl. klacken, engl. to clack. — D.Wb. V, 891.

klemmer Adj. lehmig, klebrig. — nd. klêm, Lehm; nd. md. klemen, kleben.

Kluftspiel m. Schauspiel (in einer Redensart bei Gomolke). — nl. kluchtspel. — D.Wb. V, 1260.

knaspern Zw. knappern. — nd. gnaspern, knaspern. — D.Wb. V, 1357.

knibeln Zw. nagen, knappern. — nd. knibbeln, gnibbeln, baltisch knibbern. — D.Wb. V, 1311. 1416.

knûsen, verknûsen Zw. kauen, schlucken; verschlucken. — nd. verknûsen. D.Wb. V, 1526.

kräseln Zw. zusammenkratzen, wirtschaftlich sein. — **kräslich**, Adj. wirtlich, mühsam. — nd. krasseln, kratzen.

Kränkte f. Krankheit, fallende Sucht. — nd. nl. krenkte, auch nrhein. und mainfränkisch. — D.Wb. V, 2041.

Kringel n. ringförmiges Gebäck. — nd. und md. — D.Wb. V, 2316.

lâpe Adj. schwach, untüchtig (Reichenbach). — Der Lâpe. Kastrat (Logau). Niederdeutscher Konsonant. — nd. lêp. Brem. Wb. III, 54.

Stürenburg ostfries. Wörterbuch 2, 495; vgl. auch ostfries. nl. laf, lef.

be-lemmern Zw. in Verlegenheit bringen, betrügen. — nd. lemmern, belemmern. — Meine Beiträge zu einem schlesischen Wörterbuch. Wien 1855. 52 *.

lene Adv. langsam. — nd. md. D.Wb. VI, 547.

lendern, lennern, luntern Zw. faul und langsam sich bewegen. — nl. lenteren, mnl. lunderen, nl. luntern. — D.Wb. VI, 1308. Beitr. z. schles. Wörterb. 53 *.

luchten Zw. „ich weiss es nicht, wie es morgen luchten wird" (Reichenbach) = wie der Wind gehn, was sich ereignen wird. — Der Luchtich (Luchting) luftiger Bursche (Lobris bei Jauer). Niederdeutscher Konsonant: nd. nl. lucht, Luft; nl. lugten, wittern.

luren Zw. lauern; die Lure, bei Kinderspielen der Stein oder Platz, auf den acht gegeben werden muss. — Niederdeutscher Vokal. — nd. luren.

mang, dermang Adv. zwischen, dazwischen. — Durch den Gebrauch Scheffers als alt erwiesen; übrigens selten. — nd. mang.

marácheln Zw. sich abmaracheln, sich abmühen, abarbeiten. — nd. marachen, maraken, auch nach Thüringen und Ostfranken eingedrungen.

mauken Zw. faul und stockig werden. Das Wort zeigt nd. Konsonanten und obd. Diphthong, während muchen, muchinzen, nd. Vokal und obd. Konsonanten hat.

Micke f. zugespitzter kleiner Pfahl in Kinderspielen. — mnl. micke, nd. micke. D.Wb. VI, 2170.

ver-mickern Zw. verkommen. — nd. vermickern, Brem. Wb. VI, 201. Dähnert 524.

Moppe f. Mund, Maul; moppen Zw. essen, vermoppen, verspeisen. — nl. mooppen, engl. mop; vgl. hochd. muffen, muffeln.

mülmig, mulmig Adj. zu Staub zerfressen oder zerrieben. — nd. mulmig. Brem. Wb. III, 198. — Mulm m. Strassenstaub (Pommerswitz); nd. mulm.

mulstrig Adj. von dumpfem, faulem Geruch. — nd., vgl. auch D.Wb. VI, 2658.

muscheln Zw. durch drücken und rollen schmutzig machen. — nd. musseln, D.Wb. VI, 2734.

nelen, nælen Zw. zaudern; langsam gehen, sprechen, arbeiten. — nd. nelen, nœlen, dän. nœle. — D.Wb. VII, 878.

Placker m. Fleck, Fehler im Gewebe oder sonst. — nd. plack, placke, placker.

poschofen Zw. streicheln. — nd. puschefen.

pusern, puschern Zw. sich p., sich aufblasen; puserig Adj. mit aufgeblasenem, sich sträubendem Gefieder. — nd. pusig; vgl auch pusten.

Qualster m. Schleim; qualstrig Adj. schleimig. — nd. qualster.

quappeln Zw. schlottern, wappeln. — nd. quabbeln.

quasen, quosen Zw. schlemmen; Quas, Quós m. Schlemmerei, Gasterei. Im älteren Schlesisch. — Niederdeutsches Wort: Brem. Wb. IV, 307. Schütze 1, 263. Dähnert 367. Schambach 163. Auch nach Thüringen, Meissen, Franken eingedrungen.

queicheln Zw. weichlich und kränklich sein; zart behandeln, verzärteln. — nd. quei queie: weich, sanft.

rappen, rapsen Zw. raffen, nd. — rappeln sich Zw. sich rühren, bewegen; nd. rappeln, reppeln. — rapplich Adj. nd. repplik.

Gerecke n. Frosch-, Krötengerecke; Froschlaich, Krötenbrut. — flämisch paddegerecke, nl. paddengerack.

schachtern Zw. geschäftig sein; mit nd. cht = hochd. ft.

schêf Adj. schief. Mit nd. Vokal; nd. nl. schef.

schlickern, schluckern Zw. Nasses verschütten. Schlickerhäusel, Wirtshaus; Schlickerwetter, nasses Wetter. — nd. slackern, slickern, sluckern.

Schlung m. Schlucht. — nd. slunk Schlucht, Schambach 190.

schmeren Zw. schmieren; mit nd. Vokal. — nd. smeren, sméren.

schmuck Adj. schön, tüchtig (bei Steinbach nicht verzeichnet). — nd. smuck.

schnäken Zw. reden, plaudern. — Schnäke, Schnöke f. lustige Geschichte; Schnäkebichel n. weltliches Geschichtenbuch. — nd. snack, snacken.

schummeln Zw. bewegen, schaukeln oder wiegen; intrans. sich bewegen, gehen oder laufen. — nd. schummeln, nl. schommelen.

Schummer m. Dämmerung; schummerich Adj. dämmericht, düster; schummern Zw. dämmern. — nd. schummern.

Schüppchen (Plur.) die Hollunderbeeren; nd. schübken.

Schwarke f. dunkles Gewölk (Steine bei Breslau). — nd. swark, swärk, schwarze Wolke, Regenwolke: ên wedder swarkt up (Voss). — ags. sveorc sveorc Finsternis. Vgl. auch ahd. gisuuerc tempestas, mhd. swarc, swerc.

schwuchtern Zw. schwatzen. — nd. swugtern, seufzen und klagen. Vgl. auch nd. swögen, swoegen, nl. zwoegen; gotisch svögjan.

Speir m. Grasspitze, Hälmchen. — Auch oberlausitzisch; nd. spir. engl. spire.

Spille f. Spindel, spindelartiger Gegenstand. Wesentlich nd., obschon auch nhd. verbreitet.

stækern Zw. mit einer Stange stossen und suchen; der Stæker, Stange zum stossen und suchen gebraucht. — nd. staken, stakern, stækern.

Staupe f. katarrhalisches Fieber; schlesisch seit 16. Jahrhundert nachweislich. Auch obersächsisch; wetterauisch Steupe. Aber eigentlich nd. Wort: stûp, stûpe: Stockung, Hemmung; krampfhafter Anfall (Stürenburg, ostfries. Wörterb 3, 354), nl. stuip. stuipe, Krampf, Fieber.

Staupe f. Rutenschlag; der Pfahl, an dem die Verurteilten gestaupt, mit Ruten gehauen wurden. Der aus Stein errichtete Pranger hiess die Staupsaule. — Nd. Worte, die nach Mitteldeutschland vordrangen und hier au für û annahmen.

täge, täger Adj. zäh, langsam, träge (Dreissighuben bei Reichenbach). — nd. Konsonant und Vokal: nd. täg, tä.

Teuche f. tiefe nasse Stelle im Acker (zwischen Liegnitz und Jauer). — nd. ch für f.

tieren Zw. sich gebärden, sich warum zu thun machen (Schweinichen). — Heute noch an der mittleren Weistritz (Schweidnitzer Gegend) ufgetîrt gihn: aufgeputzt gehn. — nd. tieren, tîren.

trecken Zw. ziehen, schleppen (Schweinichen, Scherffer, Czepko und noch heute). — nd. trekken.

tuntern Zw. träge und ungeschickt sein; tuntrig Adj. ungeschickt, albern; Tunterliese f. träges und dummes Weibsbild. — nd. tunteln, tüuteln, Brem. Wb. V, 132. Stürenburg 3, 447; Tuntje f. Schambach 237.

Wachandel, Jachandel m. Wachholder. — nd. wachandel, machandel-bôm = macholder; oberlaus. jachandel.

Warf' n. die aufgeworfene Erde: der Erdaufwurf, auf dem ein Haus steht; der Wall; der umschlossene oder gehegte Kampfkreis; in diesen Bedeutungen in schlesischen Schriften des 14.—16. Jahrhunderts. — nd. warf, Stürenburg 3, 513 f.

wittigen Zw. weissagen (bei Mühlpfort), mit nd. Vokal und Konsonant. — mnl. witegen, witigen = ahd. wizagôn.

wô Adv. in einigen Formeln = wie, z. B. wustam: wie ist dem (A. Gryph. gel. Dornrose); wû bäle kummen Kinder (Philo, Bilderbuch 2). — ud. wô, wâ = wie.

Gezäue, Gezé n. Webstuhl; in dieser eingeschränkten Bedeutung auch achenisch (Gazau) und nd. tou, getou, nl. getouw.

An diese Worte reihen wir einige in Schlesien verbreitete Familiennamen an, die ganz niederdeutsches Gepräge haben.

Aus Personennamen (heutigen Vornamen) entstanden:

Bernd, Berndt, nd. Kürzung aus Bernhard.

Dierich. Dierig, mittel- und niederfränkische Form von Dietrich; vgl. Tirricus 1176, Lacomblet niederrh. Urkundenb. 1, Nr. 400; franz. Thierry.

Diepold, Tiepolt: Dietbald; vgl. Tiepoldus, Enuen. Kölnisches Urkundenbuch II, 188 (1238). Thiebald, franz. Thibaut.

Gerth, Gierth, Gierdt = Gerhard, nd. Gert, mittelfränk. Giert.

Girnt, Girndt = Gernôt, mittelfränk. Kürzung; Gernt ist mehr mitteldeutsch.

Hampe, Hempe, Hampel, Hempel, hypokoristische nd. und fries. Formen eines mit hage oder hagen zusammengesetzten Namen, etwa Hagebern, Hagebert, Hagenbert.

Hennig, Hannig = Henning, nd. Koseform aus Johann.

Hippe. Hipke, nd. Koseform eines mit hilt zusammengesetzten Namen, etwa Hildebert oder Hildebrand.

Lampe, Lampke, Bildungen aus Lampert (Landpert) oder Landfried.

Lôhr, Liehr; Liers, Lieres = Lûer, d. i. Lûder, mit nd. Schwund des d.

Seifert, aber Seiwert gesprochen, mit ind. Vokal für nd. Sivert = Siegfried.

Tamm, Thamm, nd. hypokoristische Form aus Thaukmar.

Thiel, Till (Tiller, Tillich, Tielsch, Thielscher, Tillmann), nd. Koseformen von Dietrich. — Den in Schlesien sehr häufigen Namen Titze, Tietze werden wir auf nd. Tize, Tizo (aus Thiedrik) zurückführen müssen.

Thieme, Thiemich, Thiemann, ebenfalls Koseformen aus einem mit thied diet zusammengesetzten Namen.

Die in Schlesien häufigen Namen in — ke [1]) kommen teilweise
auf niederdeutsche Rechnung. Zum grösseren Teil sind es slavische
Namenskürzungen auf ko oder ka, wie z. B. der ungemein zahlreiche
Name Hanke, wie ferner Blaschke, Franzke, Hantschke Henschke,
Jäschke Jaschke, Leske Leschke Löschke, Matschke, Nitschke, Paschke,
Pietschke, Raschke, Wenzke.

Von deutschen Bildungen derart seien ausser den oben schon
angeführten Hipke und Lampke besonders genannt der aus Gerung
entstandene Name Gerke (Gerko 1298, Regesten 3, 25), auch zu Girke,
Gierke, Gürke gemacht; ferner Heinke, Henke, Hinke aus Heinrich,
Radeke aus Radulf.

Niederdeutschen Ursprung bezeugen auch die in schlesischen Urkunden des späteren 13. Jahrhunderts vorkommenden Namen Cerstan,
Rodger, Rolant und Rulant.

Familiennamen, die aus Appellativen entstunden und nieder-
deutsche Form zeigen, sind mir folgende aufgefallen:
Boer, Böer (auf dem Lande nicht selten), ist doch nichts anderes als
nl. boer, der Bauer. Nur wird das oe in Schlesien als langes ő ge-
sprochen. Ganz ebenso ist zu beurteilen der schlesische Familienname
Broer, Brőer, der nl. broer, broeder, Bruder ist.
Naeve, Naefe, Nâve, Nâfe ist nd. neve, nl. neef, Neffe, entfernterer
Verwandter überhaupt.
Schrőer ist nd. Form für schroeder, Schneider, mit Ausfall des d,
wie broer aus broeder entstund. — Brem. Wb. IV, 688.
Tilgner, der Anpflanzer von tilgen oder telgen, Baumreisern. Hollän-
disch ist telgueckery die Baumschule.

In einigen der verzeichneten Worte niederdeutscher Herkunft sind,
wie hervorgehoben ward, unverschoben p, t, k erhalten, ebenso trat
nd. cht = hochd. ft hervor. Diese Zeugen niederdeutschen Konsonanten-
standes können nun durch t = hochd. z (ŭ) in einigen Worten Verstärkung finden, die sich in dem entlegensten Osten Schlesiens, in der
Umgegend von Bielitz, erhalten [2]) haben, nämlich in dot (daŭ), det (diŭ),
im Adverb etta (itzo) und vielleicht auch im Partizip gesott (gesezt).

Zwingende Beweise für niederdeutsche Einwanderung liegen deshalb nicht in diesem t, weil dat und dit sich im Mitteldeutschen bis
in dessen südlichste Striche unverschoben erhielten, und weil gesat
(Ptc. zu setzen) md. wie obd. oft genug vorkommt [3]). Sie können
daher auch für die mitteldeutsche Einwanderung in Anspruch genommen
werden. Anders liegt es mit etta, das auf nd. ietto [4]) zurückgeht und
als sicherer Beweis niederdeutscher Heimat gelten darf. Von hier und
von Worten wie Lüge, tieren, trecken, wittigen, ferner lâpe, Keike, mauken,
luchten, schachtern kommt eine Stärkung der Beurteilung von dot, det,

---

[1]) Man sehe die überraschend reiche Sammlung solcher Namen, die Hoffmann v. Fallersleben in seinem scherzhaften Breslauer Namenbüchlein, Leipzig 1843, S. 22—24, vorgelegt hat.
[2]) Waniek, Zum Vokalismus der schlesischen Mundart S. 7.
[3]) Meine mittelhochdeutsche Grammatik §§ 197, 194, 2. Aufl.
[4]) Belege dieser Form bei Schiller-Lübben mittelniederdeutsches Wörterbuch 2, 412 f.

gesolt als Niederschläge niederdeutscher Sprache der ältesten Einwanderer in Schlesien.

Die Gründe werden nach allem Ausgeführten hinreichend befunden werden, um eine erste Einwanderung niederdeutscher und niederrheinischer Kolonisten in nicht kleinen Mengen zu behaupten, und zwar muss dieselbe nicht auf einzelne Gegenden beschränkt gewesen sein, sondern überall da, wo wir überhaupt deutsche Ansiedelung Fuss fassen sehen, Spaten und Axt eingesetzt haben. Die örtliche Verbreitung der von uns beigebrachten sprachlichen Belege spricht dafür.

Aus Volksgebräuchen weiss ich eine einzige Spur niederdeutschen Volkstums in Schlesien anzuführen. Während in dem ganzen deutschen Schlesien die Johannisfeuer lodern, sind nämlich im Leobschützer Kreise Osterfeuer üblich. Für die Stadt Leobschütz ist flämische Besiedelung ziemlich sicher [1]. Die Osterfeuer bestätigen niederdeutsche Einwanderung, da sie dem sächsischen Volke eigentümlich sind [2].

Die mitteldeutsche Einwanderung.

Ueber die niederdeutsche erste Einwanderung hat sich eine zweite mitteldeutsche gezogen, die stark genug gewesen ist, um jene fast ganz aufzusaugen und Schlesien zu einem Lande von durchaus mitteldeutscher Art zu machen. Dieselbe drückt sich aus in der Mundart, in den Orts- und Personennamen, in der Anlage von Haus und Hof, und in der Volksüberlieferung.

Untersucht man nach den bezeichneten vier Richtungen, so tritt überdies eine enge Gemeinschaft hervor zwischen Schlesien, den nördlichen deutschen Gegenden von Böhmen und Mähren, ferner der Oberlausitz, Meissen und dem Pleissnerlande. Diese Länder stehen sich nach jenen Richtungen so nahe, dass sie eine einheitliche Gruppe bilden, die des mitteldeutschen Kolonisationsgebietes. Die Zips und Siebenbürgen, hier vornehmlich das Durzenland, das unter König Andreas II. der deutsche Orden germanisierte, können wir dazu stellen.

Auch hier sind wir von geschriebenen Quellen verlassen. Die Entstehung dieser Gruppe muss auf anderem Wege begriffen werden.

Das Pleissnerland und Meissen wurden am frühsten, schon im 9. und 10. Jahrhundert mit Deutschen besetzt. Das natürlichste war, dass in diese thüringischen Marken Thüringer einzogen. Von den sogenannten niederländischen Kolonien des 12. und 13. Jahrhunderts ward früher schon gesprochen.

Zu den Thüringern und Niederländern kamen dann Ostfranken. Wiprecht v. Groitzsch rief 1104 aus der Gegend von Lengefeld in Franken Ansiedler in das Pleissner Land, wie in seiner Lebensgeschichte berichtet wird. Diese Angabe deutet an, von wo überhaupt ein neuer Einwandererstrom in die Länder des Ostens an der Elbe und Oder und

[1] Tomaschek, Deutsches Recht in Oesterreich S. 75.
[2] J. Grimm. Deutsche Mythologie S. 581, 2. Aufl.

längs der Sudeten gekommen ist, durch den es schliesslich gelang,
wenigstens einen grossen Teil derselben ganz für das Deutsche zu gewinnen.

Wir werden nun versuchen, die hervortretenden fränkisch-thüringischen Bestandteile in dem deutsch-schlesischen Leben und zugleich
das Gemeinsame in der Gruppe nachzuweisen.

1) Die Mundart.

Die schlesische Mundart ist eine Abteilung des ostmitteldeutschen
Dialekts, wie von uns wiederholt gesagt ist. Sie steht der oberlausitzischen so nahe, dass sich im Wortschatz und im Lautstande wenig Unterschied findet. Indessen stellt sich das Oberlausitzische durch die Vereinigung der an- und inlautend stimmlosen und stimmhaften Verschluss-
laute in hauch- und stimmlose Laute und durch den steigend-fallenden
Satzaccent zu dem Meissnischen. Das inlautende g spricht es wie das
schlesische.

Für das Schlesische gibt die genaue Unterscheidung der fortes
und lenes im Anlaute und die starke Aspiration der fortes einen bestimmten Unterschied von dem Meissnischen; ferner der musikalische
Rhythmus des Satzes, der in dem musikalischen Accent der Wurzelsilben
sowie in dem stufenweisen Absteigen des exspiratorischen Accents der
musikalisch eine Terz tieferen Nebensilben sein Wesen hat [1].

Wenn wir die schlesischen Schriften des 14. und 15. Jahrhunderts
mit der heutigen Mundart oder mit Schriften in derselben, z. B. den
Holteischen Gedichten vergleichen, so empfinden wir in jenen weit mehr
dem Niederdeutschen sich näherndes als im heutigen Dialekt. Das
liegt darin, dass jene alten Schriftwerke: Urkunden, Rechtsschriften,
Predigten, Traktate, Uebersetzungen u. s. w., in einer Schriftsprache
abgefasst sind, die von aussen nach Schlesien kam.

Jenes Deutsch, das sich die Magdeburger Rechtskundigen für
ihre Weisungen nach Obersachsen, Schlesien, Böhmen, Mähren gebildet
hatten, um überall verständlich zu sein, und das deshalb auf den Dialekt
dieser Länder möglichste Rücksicht nahm, gab für die Abfasser deutscher Schriften auch in denselben das Muster. Und so stimmt das
Deutsch in den Schriftstücken jener Zeit vom Pleissnerlande bis Schlesien
so überein, dass ohne die Ortsangaben es sehr schwer werden möchte,
eine meissnische Urkunde bestimmt von einer schlesischen zu unterscheiden.

Für die wirklich gesprochene Mundart haben wir in Schlesien
vor dem 17. Jahrhundert keine Zeugnisse. Diese stimmen dann aber
so mit dem jetzigen Landschlesisch überein, dass wir einen Rückschluss
auf die ältere Zeit wagen und behaupten dürfen, im wesentlichen sei
im 14. und 15. Jahrhundert ebenso gesprochen worden.

Am meisten macht das Schlesische längs des Gebirgszuges der
Sudeten den Eindruck einer ostfränkischen Mundart. Die hier herr-

---

[1] Waniek, Zum Vokalismus der schlesischen Mundart S. 21 fg. — Ueber
den schlesischen Tonfall sehe man auch H. Rückerts Ausführungen in Zachers
Zeitschr. f. deutsche Philol. IV, 329 ff., V, 135 ff.

schende Verkleinerung der Namen und Hauptwörter, ja selbst der
Pronomina in le oder la [1]) sowie der durch Nasalierung erfolgte Schwund
des auslautenden n in Bildungssilben (Inf. assa, treiba, gissa, reita,
ruffa, schlöfa, lüba; Ptc. gesassa, genussa; dar Morga, die Junga, mid
olla Krefta, ein arschtn Schlöfe) geben der Mundart einen eigentümlichen Klang, der sie von der im mittleren und niederen Flachlande
scharf unterscheidet.

Besonders wichtig aber ist für unsere Ansicht, dass eine fränkisch-
thüringische Einwanderung bestimmend für das Deutsche in Schlesien
war, der Wortschatz. Darum führe ich zunächst eine Reihe von
Worten auf, die den fränkischen und thüringischen Bestand
im Schlesischen unzweifelhaft beweisen. Ostfranken, Hessen, Nassau,
dann Thüringen und Meissen kennen dieselben Worte und Wortformen.
Manche von ihnen leben auch im schwäbischen und bayrischen Gebiet.
Wenn sich andere dagegen auch im Niederdeutschen nachweisen lassen,
so gründet sich dies auf die Eigenschaft des Mitteldeutschen als Mittler
zwischen Ober- und Niederdeutsch, als Brücke zwischen Nord und Süd,
auf welcher der gegenseitige Verkehr geschieht.

aber Adj. schneefrei (Riesengebirge, südwestl. Grafschaft, auch in Nordböhmen), ein obd. [2]) Wort, das Schmeller, bayr. Wörterb. I[1], 13
übrigens auch aus Franken anführt.

æbich, æbicht Adj. verkehrt; obd. und hessisch. — äbsch, eppsch
Adj. verkehrt, albern; hessisch, thüringisch, meissnisch.

Aglaster, Schalaster, Scholaster f. Elster. — D.Wb. I, 189. Schweizer.
Idiotikon 1, 125. Die Vermittelung zwischen Aglaster und Schalaster
bildet das Zipser Tschogelaster.

Alp m., Plur. die Elber, Elper: das gespenstische elbische Wesen.
Auch als Schelte gebraucht. — Zwar allgemein obd. und md., hier
besonders wegen der Pluralform elber ungemerkt, die gerade bei
dem Hessen Herbort v. Fritslar, liet v. Troie 756 vorkommt.

Ameise, schlesisch O müc f. Auch oberhus. und zipserisch; in Hessen
ömeisse, ömitze, westerwäld. ounietz, luxemburg. ömes, elsäss. ömeis.

Bäugel, Bögel n. Ring, ring-(baug-)förmiges Gebäck. — Österreich.-
bayrisch, Schmeller I[1], 214. Auch in der Zips ist das Wort erhalten: Schröer, Wörterb. d. deutsch. Mundarten d. ungr. Berglandes
S. 33.

Boie f. Wiege (durch Holteis handschriftl. Nachträge zu einem Exemplar meiner Beiträge zu e. schles. Wörterbuche verbürgt). — thürin-
gisch-ostfränkisch: Lexer, Mhd. Wörterb. III, 36 Nachträge; From-
mann, Mundarten VI, 130. Laistner, Archetypus der Nibelungen
S. 5. — boien, wiegen: Schultze, nordthüringisches Idiotikon 20.

Born m. Brunnen, und zwar Quell- wie Zieh- und Schöpfbrunnen.
Die herrschende schles. Wortform wie in Meissen, Thüringen, Ostfranken, Hessen, Wetterau (auch nd.). — D.Wb. 2, 244.

Buck m. Hügel: über die Bucke führt der Weg von den obersten Höfen
in Kolbnitz nach Nieder-Jägendorf (Kreis Jauer). Ein wesentlich

---

[1]) Aus lên, lîn, lîn.
[2]) Obd. = oberdeutsch.

fränkisches Wort. — Das Gebücke, Heckenwerk, Verhau: Zeitschr.
f. schles. Geschichte VIII, 409. — D.Wb. IV. I. 1, 1879 f.

Busch, Pusch m. Laub- und Nadelwald. In solcher Bedeutung auch
lausitz., nordböhm., siebenbürgisch. — D.Wb. II, 557 f.

Bussel n. Kuss: im Österreich. Schlesien und in Grenzstrichen des
preussischen gebraucht. — österr.-bayrisch.

Büttner m. Bötticher, Fassbinder. — Fränkische und oberpfälzische
Benennung des Gewerbes.

deuchen Zw. rasch laufen; — deuchsen, nach md. Gesetz assimiliert zu
deussen: intr. rennen; trans. laufen machen, jagen. — Dazu gehört
der Name der schnellen Deichsel, des Deuchsflusses, wie schlesischer Helikon 1, 87 geschrieben steht, eines Nebenflusses der Katz-
bach. — Schmeller, Bayr. Wörterb. 1², 462. 484 verzeichnet aus
Franken und Oberpfalz deichen, dicheln, dichseln, teuchen mit der
Bedeutung schleichen; Stalder, schweizer. Idiot. 1, 260 hat tichen,
schleichen. Dem schlesischen deuchen entspricht in Form und Bedeutung mhd. diuhen, j. Titurel 6093. Virginal 97, 4. Eckenlied 71, 6.
Kolmarer Liederhandschrift 31, 47.

eilig Adj. stumpffühlig an den Zähnen: acerbus sawer vel est defectus
dentium eylig: Diefenbach, Mittellat. hochd.-böhmisches Wörterbuch
von 1470, S. 6. Frankfurt 1846. Noch heute nordböhmisch eilich. —
westerwäld. eil.

entersch Adj. unheimlich. ungeheuer. Ein nach Böhmen, Mähren,
Schlesien vorgedrungenes bayr.-österr. Wort.—D.Wb. III, 512. Schmeller, Bayr. Wb. 1², 103.

ge-fach Adj. feindlich (bei Logau und Scheffler). — mhd. gevêch.

fanzeln Zw. Possen treiben: bei Gomolke und Robinson fanscheln,
finscheln. Aus dem Hennebergischen von Heinwald 30 angeführt.

ferten, färten Adv. voriges Jahr; fertig, färtig Adj. vorjährig. — Oberdeutsch, ostfränk. (Spiess 58, Vilmar 101), oberlausitzisch, nordböhmisch.

Fipe f. Pfeife; fipen, füpen, Zw. pfeifen. Auch erzgebirgisch. Eine
recht mitteldeutsche Wortform nach den labialen Konsonanten.

Flansch, Flunsch m. Maul, verzerrtes Gesicht. — Flanschen m. Maul;
Fetzen Fleisch. — flanschen Zw. zerfetzen. Worte, die in Meissen,
Thüringen, Hessen und in Norddeutschland in gleicher oder ver-
wandter Form leben. — D.Wb. III. 1723. 1851.

Flöss n. Flössel n., fliessendes Wasser, Bach. — Ober- und mitteldeutsch.
D.Wb. III. 1818, f. Weigand, D.Wb. 1, 548.

furkeln, forkeln Zw. hin- und herfahren, hin- und herwerfen. — Oberpfälzisch, bayrisch, D.Wb, IV, I. 1, 758.

Gadem m. Stockwerk eines Gebäudes. Die Bauernhäuser sind ein-
gadmig oder zweigadmig. — Md. und obd. Wort, D.Wb. IV, I. 1. 1133.

Gäke f. schreiender Vogel; schwatzhaftes Frauenzimmer. Mitteld. Wort,
gleich dem Zw. gäken. — D.Wb. IV, I. 1, 1153.

gäkrig Adj. buntscheckicht. — Oberpfälz., ostfränk., oberlaus.; gak-
lich, meissnisch.

Gall, Gál, Gôl m. lauter Schrei; gallen Zw. gellen, laut schreien. —
Ausser in Schlesien und der Oberlausitz auch in Bayern und Oesterreich erhaltenes Wort, D.Wb. IV, I. 1, 1181 f.

Galle f. in Bergnamen: die Weissgalle Berg bei Schömberg. Auch
in Hessen kommt Gall, Gällchen in Bergnamen vor: Arnold, Ansiedelungen 1, 49; ferner in Tirol südlich der Zillerthaler Alpen und
in der Schweiz (Uri).

gatschkern Zw. sich begatschkern; sich begiessen, beschmutzen. —
gatschkrig Adj. schlüpfrig. — D.Wb. IV, I. 1, 1495.

Gatschrich m. lüsterner geiler Mensch; aus gätsch lascivus abge-
leitet. — D.Wb. IV, I. 1, 1495.

Glefe, Gläve f., im Plural die Gläven, die Kinnbacken. — Zu glefe,
Lefze, Lippe, das noch im Nassauischen erhalten ist: Kehrein, Volkssprache in Nassau 1, 166.

glenzern, glenstern, glinzern, glinstern Zw. glänzen, glitzern. —
Schmeller, Bair. Wb. 1², 975.

Gnetze f. Hautausschlag, Schorf (altschlesisch). — Ein mitteld. Wort.
Weigand, Wb. 1, 710, Vilmar 141; nd. Gnatz, Brem. Wb. II, 523.

graelig Adj. verdriesslich. Oberdeutsch, Schmeller 1², 1016.

gratschen, grätschen Zw. unbehilflich und breit einherschreiten; ungeschickt tasten. — Meissnisch, zipserisch, fränkisch und oberdeutsch:
meine Beiträge z. schles. Wb. 29 ᵇ.

Griebsch m. Kernhaus der Aepfel und Birnen. — Laus., meissn.,
thüring., ostfränk., hess., mittelrheinisch.

Grund m. Gebirgsthal, Schlucht. Kommt zwar nd. und obd. vor, ist
aber in dieser Bedeutung namentlich üblich in Meissen, Nordböhmen, im ungrischen Berglande, in Ostfranken und nördlichem
Hessen.

Härte f. Bergwald: Name vieler Bergwälder, so im Waldenburgschen;
vgl. ferner die Harte oder der Harteberg bei Baitzen, Kreis Frankenstein; die Harte, Wald zwischen Arnsdorf und Quirl, Kreis Hirschberg; die Kummerharte Berg bei Warmbrunn; der Harteberg bei
Grochau, Kreis Frankenstein; der Harzberg bei Konradswalde, Kreis
Schönau. — Der häufige Dorfname Harte (amtlich Hartau geschrieben!) bezeichnet das Dorf bi der harte (1217 vorwerc bi der harte). —
Das Wort hart ist mit der Bedeutung Wald, Waldberg zwar über
ganz Deutschland verbreitet; ganz besonders war und ist es aber in
Franken und Thüringen im Brauch, und zwar in weiblichem Geschlecht
wie in Schlesien.

Hegerauch m. trockener Nebel im Sommer; begericht Adj. voll trockener Nebel. — Die Form hege neben hei (Adj. dürr, trocken) kommt
namentlich hessisch vor, Vilmar 157.

hellig Adj. dürr, lechzend (Butschky). — Ein obd. und md. Wort.
D.Wb. IV, 2. 973.

heint (A. Gryph.), heinte (Opitz, Scherffer, Schweinitz, Lohenstein.
Chr. Gryph.), heunt (Opitz, Czepko, Coler), heunten (Schweinichen):
diese Nacht, heute. — Jetzt ist in Schlesien, gleichwie in Lausitz,
Meissen, Thüringen, hinte die geläufige Form, die übrigens schon
früher vorhanden war.

un-ge-hirm Adj. ungeheuer. Altes md., obd. Wort, das sich bei uns
erhalten hat. — D.Wb. IV, I. 2, 2483.

Hübel m. (in älterer Zeit hobil) Hügel; Lehne an einem grösseren

Gebirgsabhange. — Nordböhmisch, oberlausitzisch, hessisch, rheinisch, obd. — D.Wb. IV, 2, 1850.

Huffe f. Hüfte. — D. Wb. IV, 2, 1871.

ilst, ilstemal, Adv. zuweilen; verwandt mit ostfränkisch, hessisch alst, alstemal. — D.Wb. I, 246. 262, Vilmar 9.

Kaule f. Kugel; käulicht Adj. kugelrund; kaulen, käulern Zw. kugeln. — Mitteldeutsche Wortformen. D.Wb. V, 349 f.

Kaute f. Bündel Flachs; ein md. Wort (D.Wb. V, 363), das in schlesischen Schriften des 15. Jahrh. vorkommt (kûte, kaute).

Keubel m. n. einbenkliger Kübel (Jauer, Hirschberg). Aus Meissen von R. Hildebrand D.Wb. V, 647 nachgewiesen.

Keuchel n. Küchlein, aus dem 17. Jahrhundert aus Scherffer und Scheffler zu belegen. Hessisch, zipserisch, aber auch in Ostpreussen und Livland. — D.Wb. V, 647.

Kiez m. Rindenkörbchen (Czepko). — Kieze f. Behälter für den Wetzstein. — Mitteldeutsche Worte. D.Wb. V, 700.

Kippe f. = Kuppe, Berggipfel, z. B. die Mittelkippe, Niederkippe, Elfkippe, nordwestlich vom Tafelstein im Isergebirge; die Vogelkippe bei Altwasser; Felskippe: steil abfallender Fels (Hirschberg). — Mitteldeutsch, DWb. V, 782.

Kippendorn, Kippenstrauch m. Hagebuttenstrauch, im südöstlichen Schlesien, wo auch die Hagebutten Kippen heissen. — Am Rhein, in der Zips und Siebenbürgen; also ein für uns bedeutsames Wort. — D.Wb. V, 783.

kirre Adj. zahm. — meissnisch, thüringisch, fränkisch. — D.W. V, 838.

Klamp m. Krampf. — lausitz., meissn., osterländ. — D.Wb. V, 941.

Klüngel m. in: Hemdeklüngel, Kind im Hemdchen; rheinisch: D.Wb. V, 1296.

Klunsch m. Klunsche f. klumpiges nasses Gebäck; klunschig, klûschig. Adj. kleistrig, klumpig. — meissn.-thüring. D.Wb. V, 1299.

Knäutel, Kneitel n. Halsdrüse. — thüring-meissn. D.Wb. V, 1374.

knautschen Zw. drücken, quetschen; verbreitetes md. Wort. — D.Wb. V, 1374.

Knûspel, Knispel m. Knoten, geknüpftes Bündel; Hügel. Uebertragen (wie Knoten) grober Mensch. Ein md. Wort, D.Wb. V, 1444, das aber auch bayr.-österr. vorkommt. — Schmeller, Bayr. Wb. 1², 1355.

Knutte f. Knoten; knotiges Stück. — nd. Wort. D.Wb. V, 1499. 1508.

Krauche f. thönerne Krucke; — rheinfränkisch, D.Wb. V, 2082.

krausp, kräusplich, krauspricht Adj. kraus. — md., D.Wb. V, 2109 f.

Lâtsch m. dünne Flüssigkeit; obersächs.. siebenbürg., D.Wb. VI, 277. — lâtschern Zw. fliessen, strömen, z. B. vom Regen gebraucht.

Leusse f. md. Form für obd. Leuchse, die Wagenrunge; nordböhmisch lechse, lease.

Lummel, Lummer f. Messerklinge; auch nordböhmisch. — Die Wortform Lêmel, die in Katscher (Kreis Leobschütz) gehört wird, führt auf md. lâmel, wozu lômel im böhm. Riesengebirge stimmt. — D.Wb. VI, 1289.

muchen, muchinzen Zw. modrig riechen; md., D.Wb. VI, 2604. Verwandt sind müffen, müffinzen.

ver-naffen Zw. durch ungeschicktes Schneiden verderben (Frankenstein).
Verwandt mit niffen, niffeln, reiben, wetzen, beneifeln (Scherffer).
Oberdeutsche Worte, D.Wb. VII, 844 f., Schmeller 1², 1731.

Nalde, Nulde f. m. Umstellung von Nadel. Dem u in Nulde ist o
vorangegangen: nolde.

Nanne, Nann m. Vater (bei den Schlesiern des 17. Jahrhunderts). —
Auch im mährischen Kuhländchen und in der Zips; hessisch Gnenn,
Knän. — D.Wb. V, 1336.

niseln Zw. fein regnen. — meissn., fränk., österreich. D.Wb. VII, 835.

ock, ocke, ocka (aus ocker), Nebenform ack, ach, Adv. nur, eben.
In Nordböhmen und Mähren, in Hessen und im Westerwald, namentlich aber in Schlesien verbreitet. Die abgeschliffene Form ock schon
im hessischen Leben der h. Elisabeth (Ende des 13. Jahrhunderts). —
D.Wb. VII, 1140.

Pamps m. Brei. schlammige Masse; pampsig Adj. breiig. schlammig. —
Auch ostfränk., meissn., oberlausitz.

Parchen m. mitteldeutsche Gestaltung von Pferch, parcus. Der P. bedeutet in Schlesien die Planke oder den Plankenzaun als Hofumzäu-
nung sowie als leichte Befestigung der Städte; auch eine Bretter-
hütte. In der Zips und im preussischen Ordenslande findet sich
gleiche Bedeutung.

peffern Zw. mit westmitteld. Anlaut = obd. pfeffern, in der Bedeutung schlagen, forttreiben.

pispern, pischpern Zw. flüstern; md. weit verbreitet.

präschen Zw. lärmend und prahlerisch reden. — Präsch m. Lärm;
präschig Adj. grosssprechig. — md. und nd.

preppsch Adj. trotzig. hochmütig. — rheinfränk. pröppsch.; ostfränk.
westerwäld., zipserisch brüpeln, brapeln, präpeln: mürrisch sein,
brummen. Vgl. meine Beiträge 73².

Rinke, Rinken m. Ring. Ringschnalle; md., obd.

risch, Adj. rasch; durch ganz Mitteldeutschland verbreitet.

rtsch Adj. hart, scharf. — obd., md. rösch, roesch.

Rücke f. in Steinrücke, Steinricke, Steinhaufen, Felsgruppe. Die
weisse Steinrücke bei Schreiberhau, 3000' h. Berg. der aus dem Iser-
kamm herausragt, auch der weisse Flins genannt. — Auch nordböhm.,
erzgebirgisch (Stenrecke).

sál Adj. dunkel (shles Mehl). Die Kürze des a sowie der alte thema-
tische Konsonant sind erhalten in besalben (alt besalwen, beselwen),
schmutzig machen. — Md. und obd.

Sange f. Aehrenbüschel, Garbe. Das Gesengel n. Aehrenbüschel.
Das Wort ist md. wenig erhalten; obd. kommt Sange öfter vor. Nd.
ist das Wort erloschen.

Schebe f. Faser des Flachsstengels. — md. schebe, nd. scheve.

Schelfe f. Schale von Früchten (bei den älteren Schlesiern). — obd.
ostfränk.

schmeckóstern, schmagöstern, schmigösternZw. Miteiner geflochtenen Weidenpeitsche die Langschläfer am Ostermontage nach uraltem
Brauche hauen. — Das Wort ist eine Ableitung aus schmecken.
schmacken, schmicken: hauen, peitschen, und kommt ausser Schlesien

vor in Nordböhmen. der Oberlausitz, Oberhessen und Ostpreussen.
Mit Ostern (pascha) hat die Ableitungssilbe ostern nichts zu thun. —
Meine Beitr. zu einem achles. Wörterb. 85ᵃ.

schmalgern, beschmalgern, Zw. schmieren, beschmieren (Stoppe,
Steinbach). — Md. belegt durch Frisch, teutsch-lateinisches Wörter-
buch 2, 205. Göpfert, Dialektisches aus dem Erzgebirge 2, 17.
Annaberg 1873; oberd. durch Schmeller, Bayr. Wörterb. 2, 550.

schmettern Zw. schwatzen, ein altes ostfränkisches und bayrisches
Wort, ist enthalten in Schmetterhaus, wie in mehreren schlesischen Städten ein neben dem Rathhause befindliches, zu verschiedenen
Zwecken dienendes Gebäude hiess und noch heisst. Die Bedeutung
des Wortes ergibt sich aus einer Brieger Urkunde von 1380
(C. d. Sil. IX. Nr. 408): locutorium vulgariter eyn smetirhus, wozu
in einer Krakauer Urkunde garrulatorium smetirhaus (nach Prof. Mark-
grafs Mitteilung) stimmt.

schmicken Zw. schlagen. — rhein- und mainfränkisch mit der Bedeutung stossen, schnellen.

Schnörche, Schnürche f. Schwiegertochter, Schnur. — Auch ostfränk.,
hessisch, niederrheinisch; ferner in Nordmähren. Zips, Siebenbürgen. —
Ableitung aus snur, snor: nurus.

schoren Zw. schaufeln; auch oberpfälz.-bayr. und hessisch.

schrim Adj. schief. quer: schrimen Zw. quer abschneiden, namentlich
einen Weg damit abkürzen. — obd. schræmen, nd. schrem, schre-
men. — Das schles. i für e zeigt sich auch im Zipser schrimsen.

schürgen, schergen Zw. stossen, schieben. — Obd. und md. verbreitet.

schwädern, schwüdern Zw. plätschern; bei den älteren Schlesiern
auch = trinken. — obd. und md.

Seifen m. Wasserlauf, Bach. Das Wort ist in Bach- und davon stammenden Dorfnamen namentlich erhalten im Löwenberger und Hirschberger Kreise, ausserdem im Kreis Habelschwerdt, im österreichischen
Schlesien sowie im nördlichen Böhmen und Mähren und in der Zips. —
Seife = Quellabfluss, Buch, sumpfige Wiese findet sich noch am Rhein,
in der Wetterau, in Hessen, im Westerwald, wozu ribuarisch sif, nd.
sipen stimmt.

selb Pron. in demonstrativer Bedeutung und mit Angleichung von lb zu ll
in seller, siller, silter, der selle, sille, jener; dazu das örtliche und
zeitliche Adverb selte (aus selbte), salte: dort, damals. — Oberlaus.,
meissn., thüring., hessisch. ostfränk. und obd.: meine Dialektforschung
142. Schmeller, Bayr. Wörterb. II², 263. Vilmar 382.

Siede f. geschnittenes Stroh (Häckerling), das mit heissem Wasser zu
Viehfutter aufgequellt wird. — oberlaus., meissn., thüring. In Franken
und Hessen die Sütt, das Gesött, Gesott.

(sölch) der seche, siche (Ausfall des l), demonstrativ: dieser, jener,
Mit epithetischem t: der sechte, sichte, seichte. — Adv. sechte, seichte:
dort, damals.

(sötän) entstellt zu selte, sülte, silte: so beschaffen, solch. Auch nordböhm., mähr., bayr. Schmeller, Bayr. Wörterb. II², 205.

spellen, spillen Zw. reden, plaudern: spellen gehn, zum Besuch gehn.
— thüring., ostfränk., hess., wetter. westerwäldisch.

sterzen Zw. wandern, den Ort verändern. — Der Sterz, Umzug; das
Hausgerät, womit umgezogen wird. — Die Schlesier des 17. Jahr-
hunderts reimen sterzen: Herzen, scherzen, schmerzen, schwärzen. —
Obd. sterzen, störzen. Schmeller II², 785 f.

Strütt, Stritt m. Bergname bei Schömberg. Es ist das alte strüt
(obd. struot), Wald, Gebüsch, das obd. fränkisch und hessisch verbreitet war.. Die ostfränkisch, rheinisch und siebenbürgisch durch
Umlaut (eu) entstandene Form Streit findet sich auch schlesisch: der
Streitberg bei Striegau und bei Blumenau, Kreis Bolkenhain. — Strüt-
lich, Gestrüttich n. Gesträuch, Buschwerk, im 16. und 17. Jahrhundert häufig: nd. struddik. — Schmeller, Bayr. Wb. II², 820 f.
J. Wolff, Zur siebenbürgisch-sächsischen Agrargeschichte 1, 29 f.

talken, talkern Zw. tasten; betalken, betasten. — Die Talken (Plur.)
die tastenden greifenden Hände oder Finger. — österr., bayr. dalken,
talken: etwas ungeschickt behandeln, herumgreifen.

tatschen, taschen, tötschen Zw. betasten, streicheln; schlagen; die
Tötsche f. die Tatze, Hand; der Linktötsch, ein Linkshändiger. —
Md. und obd. Wort, D.Wb. II, 825, meine Beiträge 97. — Im Ab-
laut zu tatschen steht

titschen, schlagen, anwerfen (Rechenpfennige an die Wand im Spiel
werfen).

Telle f. Telke, Tilke f. kleine Bodenvertiefung; Thalgrund. Auch
nordböhmisch, meissn., ostfränkisch; Delle hessisch, wetterauisch.

lettern Zw. rasseln, zitternd tönen; eintettern, trans. zittern machen,
einschüchtern. — Obd. dattern, tattern.

tilazeln Zw. tändeln. — obd. dilläzeln Schmeller, I², 490. ahd.
tallazjan.

tratschen, tratschen, tritschen, tretschen, tretschen Zw. klatschend
aufschlagen, namentlich vom Regen oder anderm Wasserguss gebraucht. — obd. und md. — Vgl. meine Beiträge 99.

walgern, welgern, wulgern Zw. rollen, wälzen. — meissn., fränk.,
wetter., zipserisch; obd. walgen, welgen.

weibeln, wöbeln, Zw. wanken, schwanken. — Obd.

Gewende n. viereckige, 50 Ruten lange Abteilung des Ackerlandes. —
Gewende ostfränkisch, österreichisch (thüringisch bezeichnet Gewande
die Grenze des Ackerstücks, wo der Pflug umwendet); Gewante, Ge-
want oberpfälzisch, oberösterr.; Gewenne, Gewanne rheinfränkisch;
Wunne, Wande niedersächsisch.

Werder n. Flussinsel. — md.; Werd, Wert m. obd.

Wetz, Wetsch m. männliches Schwein. — ostfränk., hess., niederrhein.
Watz. — Waezel m. säuischer Mensch. — Wetzenbér, Wetzabär m.
eine Zusammensetzung zweier Synonyma wetz und bér. Auch bayrisch.

wibeln Zw. wimmeln; sich lustig regen. — fränk., wetter., rheinisch;
auch obd.

Wune f. in die Eisdecke gehauenes Loch. — Auch oberlausitz.; schwäbisch, schweizer. Wone; nl. woene.

Zeker, Zaeker m. doppelhenklige Tasche. — österr.-bayr. Zecker.

Zauche, Zauke f. Hündin; Hure. — obd. und teilweise md. Im
fränk., hess., rhein. Zaupe.

Züchtfrau f. Züchtjungfer, f. die Ehrmutter, Ehrjungfrau bei Hochzeiten. Auch oberlausitz., fränk., hessisch.
zwirbeln, schwirbeln Zw. wirbeln. — Zwirbel, Schwirbel, m. Wirbel;
unruhiger Mensch. — zwirblig, schwirblig Adj. wirbelnd, schwinde-
lig. — fränk., thüring., meissn. und auch obd.

Diese, aus dem deutsch-schlesischen Wortschatz herausgehobenen
Worte geben den Beweis für den entschieden mitteldeutschen Charakter
unserer Mundart, für den starken ostfränkisch-hessischen wie auch für
den thüringischen Bestand in ihr, endlich für die starke Uebereinstimmung des Schlesischen mit dem Deutschen des östlichen Kolonisationsgebietes von der Saale bis in die Karpathen.

Der Schlesier empfindet, auch wenn er kein Sprachforscher ist,
sofort in der Oberlausitz, im ganzen Königreich Sachsen, im Altenburgschen, ebenso an den böhmischen und mährischen Abhängen der
Sudeten, dass hier überall derselbe Grunddialekt wie in seiner Heimat
gesprochen werde, mag auch in dem Satzaccent und in manchen Ausdrücken ihm bewusst werden, dass er sich nur im vetterlichen Nachbar-
hause, nicht im eigenen befinde. Aber diese Unterschiede sind nicht
viel bedeutender als zwischen dem Schlesisch um Hirschberg, Reichenbach, Neisse und dem um Breslau, Trebnitz oder Glogau. Ja, die bildende Lebenskraft der Sprache ist so gross, dass das Schlesisch im
Gesenke und um Leobschütz von dem um Ottmachau und Frankenstein
sich durch manche vokalische Eigentümlichkeiten sondert.

Auf die Abgrenzungen der schlesischen Mundarten näher einzugehen, ist nicht die hier zu lösende Aufgabe. Doch wollen wir erwähnen, dass die Mundart der Grafschaft Glatz mit dem Oppaländischen
und der Mundart des böhmischen Riesengebirges ein Ganzes bildet,
das als besondere Gruppe des Gebirgsdialekts dasteht. Es macht sich
durch e für gemeines i, o für gemeines u, durch A für ei und au
kenntlich.

Die Mundart des Flachlands um Breslau zeichnet sich durch Vorliebe für ei und au aus. Die i und e diphthongieren sich zu ei, die
a und o zu au, altes au widersteht der Monophthongierung in ô, l und n
werden gern moulliert gesprochen. Die Leute, welche dieses „Neiderländische" reden, sind meist Abkömmlinge germanisierter Polen. Diese
Mundart reicht etwa 2½ Meilen südwärts der Oder, d. h. so weit als
das Polnische sich bis in neuere Zeit sehr zäh behauptete.

Zwischen dieses „Neiderländische" und das Oberländische legt
sich eine Uebergangsmundart etwa drei Meilen breit, welche moulliertes
l, n, d hat, ferner ïe für e und in der die Endsilbe — en noch wie ä
gesprochen wird. Auch hier ist der längere Bestand des Polnischen nicht
ohne Einfluss gewesen.

Diesen mittleren und niederen Dialekt auf Stammverschiedenheiten
der Einwanderer zu bringen, würde ein vergebenes Wagnis sein, das
durch die Geschichte der Germanisation der betreffenden schlesischen
Gegenden in sich zusammenfiele, wie in den letzten Sätzen angedeutet
worden ist.

2. Die Orts- und Personennamen.

Von den Ortsnamen in Schlesien können nur die reindeutschen für unsere Untersuchung dienen. Dieselben bilden den kleineren Teil des ganzen Namenvorrates, da ein weit grösserer durch die um- und angedeutschten, ursprünglich slavischen gebildet wird, bei deren Gestaltung [1]) die deutschen Einwanderer ganz ebenso verfuhren als in den andern Slavenländern des Ostens, worein sie zogen.

Unter den deutschen Ortsnamen sind die auf — dorf ausgehnden die häufigsten, die im ersten Teil den Genitiv eines Mannsnamens enthalten. Ich habe in dem Knieschen Ortsverzeichnis [2]) aus den altschlesischen Kreisen der Provinz ungefähr 140 Namen gezählt, von denen wieder viele häufig vertreten sind, gegenüber den etwa 80, die in andere deutsche Worte wie: bach, berg, brunn, feld u. s. w. enden.

Ueberall hören wir in den Gegenden, die wir als das alte deutsche Kolonisationsgebiet des Landes kennen, diese Namen in — dorf, von denen ganz besonders oft folgende erscheinen:

Arnsdorf Arnoldsdorf, Bärsdorf Berthelsdorf Bertholdsdorf, Dittmannsdorf, Dittersdorf, Eckersdorf, Giersdorf, Hartmannsdorf, Haugsdorf Hausdorf, Hennersdorf, Hermsdorf, Jakobsdorf, Kunnersdorf Kunzendorf, Ludwigsdorf, Märzdorf (Martinsdorf), Michelsdorf, Ollbersdorf Ulbersdorf (Albrechtsdorf), Petersdorf, Riegersdorf Rückersdorf Röhrsdorf (Rüdegersdorf), Seifersdorf, Ullersdorf, Waltersdorf, Weigelsdorf (Weigandsdorf), Wernersdorf [3]).

In der Oberlausitz, in Nordböhmen, im alten Meissner- und Pleissenlande begegnen wir derselben Namensgruppe. Im Siebenbürgener Sachsenlande kommen nicht weniger als 122 Namen in — dorf vor [4]). Es ist das alte, durch deutsche Besiedelung verbundene Gebiet, in denen die Gründer und beauftragten Aussetzer (locatores) der Orte im Neubruch dieselben nach ihrem eigenen Namen benannten; z. B. Arnoldsdorf, das Dorf des Unternehmers Arnold; Dietrichsdorf, das Dietrich gründete u. s. w.

Es geschah, wie wir für das Osterland wissen, diese Namengebung unter ausdrücklicher Zustimmung der Grund- oder Landesherrn [5]).

Auch in Brandenburg, Pommern, Mecklenburg, dem östlichen Holstein, in Preussen, ferner in Niederösterreich und in Steiermark begegnen diese Namen in — dorf, da auch hier altes Kolonisationsland ist. Aber sie erscheinen auch in dem altgermanischen und immer germanisch gebliebenen Hessen und in den von dort wahrscheinlich

---

[1]) Ich verweise hierüber auf meinen Aufsatz: Zur Entwicklungsgeschichte der Ortsnamen im deutschen Schlesien, in der Zeitschr. f. Gesch. Schlesiens XXI, 239—298.

[2]) Alphabetisch-statistisch-topographische Uebersicht der Dörfer, Flecken, Städte der Provinz Schlesien — von J. G. Knie, 2. Aufl. Breslau 1845.

[3]) Vgl. meine Nachweise der älteren Gestalt dieser Namen in der Zeitschr. f. Gesch. Schlesiens XXI, 281 ff.

[4]) J. Wolff, Deutsche Ortsnamen in Siebenbürgen. Hermannstadt 1879/81.

[5]) Vita Viperti, in Scriptor. rer. lusat. von Hoffmann I, 19.

besetzten Landschaften an der Mosel und am Main nicht selten [1]). Sie
finden sich im Elsass, ferner auf altsächsischem Boden und in Däne-
mark, wenn auch nicht so häufig als bei uns und in den verwandten
Ländern. Ihre Bedeutung wird durch die Beobachtung Georg Hans-
sens [2]), die er an der dänischen Dorfgeschichte machte, nahe gebracht,
dass bei dem Ausbauen aus einem alten Dorfe das in der Feldmark
neu angelegte Tochterdorf einen Namen in —torp, —trup erhielt.
Im schonischen wie im jütischen Gesetz bezeichnet torp stets das
von dem Mutterdorf, dem adelbye, ausgesonderte neue Dorf. Daher
liegt es nahe, in den mit —dorf benannten Orten auch auf altdeutschem
Boden neue Ansiedelungen zu sehen, und die Häufigkeit dieser Ortsnamen in den Kolonisationsländern steht daher in engem Zusammenhang mit deren allgemein germanischer Bedeutung.

Ausser den Namen in —dorf finden wir im deutschen Schlesien
wie in den anderen deutschen Ländern Ortsnamen in au, bach, berg,
horn oder brunn, burg, feld, hain, heide, kirch, see, stein, walde,
wasser, wiese.

Namen wie Falkenberg, Fischbach, Freiburg, Fürstenau, Goldberg, Heiligensee, Hirschberg, Lauterbach, Neuhaus, Reichenau, Reichenbach, Schönau, Schönbrunn, Steinbach, Waldenburg, Weissbach finden
sich überall, namentlich in Ober- und Mitteldeutschland. Aber förder-
lich für unsere Untersuchung ist, die Wanderung dieser und anderer
Namen von Westen nach Osten in grösseren oder kleineren Entfernungen zu begleiten.

Reichenbach, z. B. in Schlesien als Dorf und als Kreisstadt vertreten, begegnet in der preussischen Oberlausitz, sechsmal im Königreich
Sachsen, einmal im Altenburgschen, einmal im Meiningschen, achtmal
im bayrischen Franken, viermal in Hessen, einmal in Nassau. Von dem
Vorkommen des Namens in Süddeutschland sehen wir ab. Die Gründung der also genannten Orte in Meissen, Lausitz und Schlesien durch
Franken wird wohl einleuchten.

Reichenau kommt viermal in Schlesien, viermal in Oberlausitz
und Meissen, fünfmal in Böhmen vor. Sonst in Bayern, Oberösterreich
und in Alemannien. Der sich leicht selbst bietende Name mag im
Ostlande zuerst einem Dorfe in Meissen gegeben und von da weiter
getragen sein.

Frankenstein, der Name der schlesischen Stadt, ist auch Name
eines Städtchens bei Chemnitz und eines andern in Hessen wie eines
Dorfes in der Pfalz. Auch nach Böhmen ist der Name von Westen
übertragen worden, wo er seine erste Heimat hat.

In Hessen in der Nähe von Kassel liegt ein Dorf Kaufungen.
Der Name erscheint im Leipziger Kreise zweimal. Von dort wahrscheinlich ist er nach Schlesien gebracht worden: mit Abstoss des
flexiven en haben wir Kaufung bei Schönau.

---

[1]) Arnold, Ansiedelungen und Wanderungen deutscher Stämme 1. 372
berechnete die Orte in —dorf in Hessen, Lahngau, Wetterau und Nassau auf
etwa 250.
[2]) Agrarhistorische Abhandlungen 1, 45. 51.

Wir haben in Schlesien zwei Dörfer Alzenau, eines im Goldberger, das andere im Brieger Kreise; ein drittes im Neisser Lande
ging unter. Sonst findet sich der Name nur einmal: im bayrischen
Unterfranken. Von dort werden die Einwanderer gekommen sein, die
ihn an drei Orten in Schlesien ihren Gründungen gaben.

Besonderen Wert für uns haben die Namen in —seifen, über
welches Wort früher (S. 220 [64]) gehandelt worden ist.

Wir haben in den Kreisen Löwenberg und Hirschberg die Dörfer
Flachsenseifen, Görisseifen, Lauterseifen, Mühlseifen, Querseifen, Schmott-
seifen, Steinseifen; Spiller im Kreise Löwenberg hiess ursprünglich
Spillarseifen[1]). Auch die Seifenhäuser in den Kreisen Löwenberg und
Schönau sowie Seifenau bei Goldberg gehören zum selben Namenkreise.

Im Habelschwerdter Kreise findet sich Stuhlseifen, im österreichischen Schlesien Braunseifen, Dornseifen, Rabenseifen, Stubenseifen,
Vogelseifen; am böhmischen Abhang des Riesengebirges Hermannseifen
und im ungrischen Berglande Metzenseifen. Die Bedeutung Bach für
seifen ergibt sich noch unmittelbar aus einer Reihe von Bachnamen:
so dem Lauterseifen und roten Seifen im Löwenberger Kreise; den elf
Seifen, aus denen die Elbe zusammenfliesst[2]), dem Bach Steinseifen,
der im Freiwalder Thal bei Waldenburg im Gesenke in die Biele
geht[3]) u. a. — Im Westerwalde treffen wir nun die Dörfer Bruchterte-
seife, Grauseife, Rotenseife[4]), und auch in Deutsch-Lothringen, Kreis
Saarlouis, kommt der Gemeindenamen Seifen vor. Der Schluss wird
daher gestattet sein, die mit —seifen bei uns, in Böhmen und in der
Zips benannten Dörfer auf mittelrheinische, fränkische Einwanderung
zu gründen.

Auch die Dorfnamen in —hübel sind bemerkenswert: Gieshübel
(Kreis Löwenberg), Krummhübel (Kreis Hirschberg), Steinhübel (Kreis
Habelschwerdt und Kreis Neisse), Grünhübel (Kreis Breslau). Zustim-
mende Namen hat die Oberlausitz und Deutschböhmen. In Westfalen
finden wir Ortsnamen in —hövel (alts. huvila), in den Niederlanden
in heuvel.

Die Wortform —hübel kommt, wie früher nachgewiesen ist
(S. 218 [62]), in Hessen und am Rhein vor. Auch diese Namen werden
von aus dem Westen kommenden Einwanderern gegeben worden sein.

Von den bayrischen Ortsnamen in —ing, den schwäbischen in
—ingen haben wir in Schlesien keine Spur. Die auf uralte Familien-
ansiedelung weisenden Namen waren im Kolonistenlande nicht möglich,
und dass sie selbst nicht hierher übertragen wurden, beweist, dass keine
Bayern oder Schwaben im Oderthal und den Nachbarländern einwan-
derten. Von den hessisch-thüringischen —ungen gibt das oben er-

---

[1]) Registrum Wratislaviense.
[2]) Prätorius, Daemonologia Rubenzalii 1, 41 1683): 1. der Elb-Brunn, Weiss-
brunn und Mehdel-Brunn: 2. der grosse Seiffen; 3. der Gold-Seiffen; 4. der grüne
Seiffen; 5. der krumme Seiffen; 6. der Jehr-Seiffen; 7. der Wechsel-Seiffen; 8. der
Hirsch-Brunnen; 9. der rote Fluss; 10. der Sperber Seiffen; 11. der Quaritz-Seiffen.
„Diese eilff Seiffen oder Flüsslein kommen alle zusammen oberhalb der grossen
Clausen, nicht weit von der berühmten Silber-Zeche. St. Peter genannt.“
[3]) Pradlo, Höhenmessungen in Schlesien. Breslau 1837. S. 260. 262.
[4]) Westerwäldisches Idiotikon von K. Chr. L. Schmidt S. 217.

wähnte Kaufung den einzigen Beleg. Kein fränkisches (namentlich rhein-
fränkisches) —heim ist hier nachzuweisen: die —dorf waren an die
Stelle getreten, weil es sich um neue Orte handelte. Wir finden auch
kein fränkisch-thüringisches —stett. kein anglisch-thüringisches
—leben, kein —lar wie in Hessen und Niedersachsen, kein oberdeut-
sches —hofen (—koven, —kon), kein voigtländisches —grün, kein
—reut, —rot, —rat. Nur drei —rode haben wir: Blumrode, Neurode, Weizenrode. Dabei einige gleichbedeutende —hau im Hirschberger
Kreise: Rabishau, Schreibershau, Seifershau, Wolfshau und Dörnhau
im Kreis Waldenburg.

Von den genitivischen Namen (possessiver Genitiv eines Personen-
namens mit Weglassung der näheren Ortsbestimmung), die im Fuldischen
und in Ostfranken besonders häufig sind, haben wir im eigentlichen
Schlesien kein Beispiel, nur zwei in der Grafschaft Glatz: Reinerz Reiner-
erts (= Reinharts) und Rückerts.

Sehr selten sind einfache Ortsnamen. Ich wüsste nur Hammer.
Harte, Hain, Heide, Steine anzuführen, wozu noch das mit Präfix —ge-
versehene Gesäss (Kreis Neisse) tritt.

Wo zwei gleichnamige Dörfer nahe bei einander lagen, unterschied
man sie durch vorgesetzte Attribute, die aus der Bodenbeschaffenheit
meist genommen wurden: im Nimptscher Kreise liegen Dürrharte und
Grünharte, im Breslauer Dürrjentsch und Wasserjentsch, im Reichenbacher Steinseifersdorf und Langseifersdorf, das in älterer Zeit (1374)
Grossen Seifridisdorf genannt ist.

Ueber die Unterscheidung zweier gleichnamiger, nahe gelegener
Dörfer durch vorgesetztes Gross und Wenig oder Klein haben wir
schon früher gehandelt (S. 167 [11]) und erwähnt. dass das alte slavische Dorf durch das vorgesetzte Wenig von dem als Gross bezeichneten neuen deutschen Dorfe unterschieden ward, wie dasselbe auch im
Osterlande geschah.

Zuweilen erhielt auch das neugegründete das Attribut Deutsch, was
die Benennung des alten als Polnisch zur Folge hatte. Bei Polnisch
Weistritz ist das weiter nördlich, aber jenseits einer anderen Dorfmark
(Burkersdorf) angelegte jüngere Dorf durch das Attribut Ober unterschieden; beide haben den Namen von dem Bache Weistritz.

Für die Unterscheidungen Alt und Neu bedarf es keiner beson-
dern Bemerkung.

————

Die Ortsnamen, welche im ersten Teil den Genitiv eines Manns-
namen haben, der auf denjenigen zurückgeht. welcher das Dorf ausgesetzt und eingerichtet hat, überliefern uns die Eigennamen der Führer
oder mindestens bedeutender Männer unter den Einwanderern.

Diese Eigennamen sind keine erblichen Familiennamen, denn
dieselben lagen bei Bauern und Bürgern. und selbst beim Adel im 12.,
13. Jahrhundert noch in den ersten Anfängen, sondern sind Vornamen
nach heutigem Begriff.

Sammelt und prüft man dieselben, und stellt die aus Urkunden
und andern Schriften erreichbaren altschlesischen Familiennamen hinzu.

die zum guten Teil aus sogenannten Vornamen hervorgegangen sind, so erhält man eine stattliche Menge echt deutscher Namen, die für das gute Blut der Ansiedler Zeugnis ablegen.

Wir wollen einiges aus dem Schatz hervorheben, indem wir natürlich die heute zum Teil verstümmelten und arg entstellten Namen in ihre rechte alte Gestalt zurückbringen.

Namen aus der deutschen Heldensage.

Aus der Dietrichsage: Dietrich, Dietpold (Diepold), Dietleib, Dietmar, Dietwin, Hildebrand, Eckehart (Eckert), Witig Wittig, Ecke, Fasolt, Hunolt (Haunold).

Aus der Nibelungensage: Siegfried (Seifert), Günther (Günzel), Gernot (Gernt, Girnt), Giselher (Geisler), Rüdeger (Rieger), Volker (Volkert, Völker), Rumolt, Sindolt. — Ute.

Aus anderen Sagen: Wieland, Neithart. — Walther (Welz, Welzel). — Rother. — Rolant, Rulant.

Andere alte gute deutsche Namen sind:

Alber, Albert, Adalger Alger Elger, Arnold.

Baldwin, Bero Berold Berbold Berwig, Berthold, Bodo Botwin, Bonhardt (Bunert), Boppe Poppe, Bruno.

Degenhart (Deinert, Theinert), Diethart.

Eberhart Eberhelm Ebernant, Eckebrecht, Eilhart (Ellert).

Volkmar, Fricco, Frowin.

Gebhard, Gerung Gerboto Gerhart Gerleich (Gerlach) Gerwig, Giselbert, Gobilo, Gosswin, Guotwin, Gundbrecht (Gumprecht Gumpert).

Hadumar (Hettmar Hettner Hettwer), Hagenbert (Hampe Hempe), Hartung, Hartmar (Ertmar) Hartlieb Hartmund Hartwig, Heidenreich, Heilwig, Heimreich, Helmbrecht, Herbart Herdegen Herwig, Hug Hugolt.

Ingram.

Kuonrat.

Lamprecht, Liebing (Liebig), Ludolf Lutolt Lutbolt Lutbrant Lutbrecht Lutwin.

Mangolt, Markolt Markwart, Meinfrid Meinhart, Memming, Merboto.

Nentwig, Nitbalt (Niepolt Niepelt).

Ortilo (Oertel Ertel), Ortwin.

Radolf, Rumolt Rambolt, Reginald Reginbolt, Reinboto Reinbrecht Reinhart Reinwart, Richolf Richolt (Reichelt) Richart (Reichert) Richmar Richwin.

Sigbalt (Seibolt) Sigbert Sigbot (Seibt) Sighart (Siegert).

Trutlieb Trutwin (Trautwein).

Wachsmunt Wachsmuot, Wernher, Wigand Wigolt (Weigelt) Wighart (Weigert Weichert) Wigmann, Winolt (Weinhold) Winher (Weiner) Winhart (Weinert), Wolfber Wolfger Wolfram.

Sichere Schlüsse auf die Heimat der Träger dieser Namen lassen sich nicht machen, da es über ganz Deutschland verbreitete Namen sind. Einige geben allerdings einen Anhalt: so mein eigner Name Weinhold, aus altem Winolt Winiwalt unter Einfluss des Appellativs wineholt wineholde gestaltet, der früh bei den salischen und den rhei-

nischen Franken vorkommt und über das mitteldeutsche Kolonisationsgebiet sich verbreitet hat. Er kommt namentlich vor im sächsischen
Erzgebirge, in der Oberlausitz, in Schlesien (besonders im westlichen)
und erscheint auch im ungrischen Berglande und in Siebenbürgen (hier
als Wengelt).

Ueber einige niederdeutsche Namen haben wir früher (S. 211. 212
|55. 56]) gehandelt.

Von Volksnamen sind in Schlesien von älterer Zeit her als
Familiennamen nachzuweisen

Beier (Baier Beyer), Böhme Böhm, Döring Düring, Franke, Friese.
Hesse, Meissner, Pohl, Preuss, Schwabe. Unger, Wende,
woraus sich einiges entnehmen lässt.

Zu der Herkunftsfrage der deutschen Einwanderer in Schlesien
können nun auch die Schutzpatrone der von ihnen in jedem Dorfe,
das sie gründeten, erbauten Kirchen etwas beitragen, denn sehr natürlich nahmen sie die Heiligen der alten Heimat mit hinüber in die neue.

Wenn wir an der Hand von Herm. Neulings nützlichem Buche
„Schlesiens ältere Kirchen und kirchliche Stiftungen. Breslau 1884"
die Patrone der alten Kirchen aufsuchen, so erscheinen, abgesehen von
Allerheiligen, Dreifaltigkeit, dem h. Kreuz, abgesehen von der Jungfrau
Maria und der Landeschutzheiligen Hedwig, am häufigsten Andreas.
Anna, Barbara, Catharina, Georg, Jacobus, Johannes der Täufer, Lau-
rentius, Martinus, Michael, Nicolaus und Petrus Paulus.

In den Kolonistendörfern waren Andreas, Barbara, Catharina.
Johannes der Täufer, Laurentius, Martinus, Nicolaus, Peter Paul besonders beliebt. Das Patrocinium Johannis kann aus Rücksicht auf den
Patron des bischöflichen Sprengels der neuen Heimat gewählt sein.
Laurentius war Patron des Merseburger, Petrus und Paulus des Naumburger Bistums: es ergibt sich hierin also eine Erinnerung an die
thüringischen Marken, aus denen nach unserer Behauptung ein Teil
der Ansiedler gekommen ist. Martinus ward in den Bistümern Mainz
und Utrecht als Schutzheiliger verehrt, von wo ebenfalls Zugänge
gekommen sein können.

Nikolaus, der Wasser- und Schifferheilige, weist durch seine
Beliebtheit als Kirchenpatron in den Niederlanden (im weiten Begriff)
auf die erste Einwanderung [1]. Und wie Klas in den Niederlanden heute
noch ein ungemein häufiger Name ist, so war Niklas Niklös im 14. bis
16. Jahrhundert in Schlesien sehr beliebt. Fischart in seiner Geschicht-
klitterung Kap. 10 führt Klaus als rechten Schlesiernamen auf. Daher
ist Klose, die schlesische Kürzung des Namens [2], ein verbreiteter
schlesischer Familienname noch jetzt, wie auch Nitschke, die polnische
Koseform von Nikolaus, häufig im deutschen Schlesien als Familienname
vorkommt.

Bei Nikolaus stossen deutsche und polnische Kurzformen zusammen
und beweisen durch ihre Häufigkeit die Verbreitung des Patrociniums
des Heiligen unter beiden Völkern des Landes.

---

[1] Er hatte übrigens auch das Patrocinium polnisch-schlesischer Kirchen.
[2] Cloze Heilwig, Cloze Schefer 1415. Cod. dipl. Sil. X. 263.

Im allgemeinen waren die kirchlichen Namen bei den Polen früher verbreitet als bei den Deutschen. Erst im 14., 15. Jahrhundert gewannen dieselben in ganz Deutschland das Uebergewicht über die alten volkstümlichen. Daher finden wir bei den Einwanderern, soweit sich ihre Namen durch die Gründer der Dörfer erkennen lassen, fast nur echt deutsche. Erst im 14. Jahrhundert gewinnen die kirchlichen auch im deutschen Schlesien Verbreitung, können aber nun nicht mehr für Erforschung der Heimat benutzt werden.

Auf etwas sei noch aufmerksam gemacht.

Während sich der Schlesier in Oesterreich und Bayern, in Schwaben und Schweiz, am Niederrhein, im alten Niedersachsen und in Ostfriesland von anderen Schichten der Familiennamen umgeben fühlt, empfindet er in der Oberlausitz, im Königreich Sachsen, in Thüringen überall wohlbekannte Namen, die an sein Ohr schlagen. Auch hier bewährt sich also die Stammesverwandtschaft der Bewohner des mitteldeutschen Kolonisationsgebietes.

3. Haus und Hof.

Alle, die bisher ihre Aufmerksamkeit auf Haus und Hof in den deutschen Dörfern Schlesiens gerichtet haben, erkannten darin jene fränkische Anlage, welche in einem sehr grossen Teil von Deutschland herrscht und sich von Westen bis in den slavischen und magyarischen Osten verbreitet hat [1].

Das Merkmal des fränkischen Hauses ist die Trennung der Wohnräume von der Scheune. Mit den Wohnräumen sind Pferde und Kuhställe gewöhnlich unter demselben Dache. Die Hausthür liegt nicht in der schmalen oder Giebelseite, sondern in der Langseite, die bei Hofanlage in den inneren Hof gekehrt ist.

Das ganze als langes Viereck sich darstellende Haus ist auf eine Grundmauer aus Bruchsteinen gesetzt und entweder aus Schrotbalken (Bolenwänden) gezimmert, oder aus Fachwerk errichtet, dessen Fache durch Stecken ausgesetzt sind, die mit strohgemengtem Lehm von beiden Seiten beschlagen wurden. An die Stelle des Lehms ist später zuweilen Ziegelfüllung getreten.

Dies sind auch die Grundzüge des alten schlesischen Hausbaus [2].

Der Schrotbau ist früher über ganz Schlesien verbreitet gewesen,

---

[1] Vgl. die Kartenskizze bei Aug. Meitzen, Das deutsche Haus in seinen volkstümlichen Formen. Berlin 1882; ferner demselben Verfassers Der Boden und die landwirtschaftlichen Verhältnisse des Preussischen Staates, II, 130—142, und vornehmlich G. Landau, Der Hausbau, Beil. zum Korrespondenzbl. des Gesamtvereins der deutschen Geschichts- und Altertumsvereine 1857/58, 1. Ueber den nationalen Hausbau, Beil. zum Korrespondenzbl. September 1860. II. Der Bauernhof in Thüringen und zwischen der Saale und Schlesien. Beil. zum Korrespondenzbl. Januar 1862.

[2] Ausser meinen eigenen Beobachtungen konnte ich einen Aufsatz des früh verstorbenen Dr. H. Drescher benutzen, der im Besitz der Flemmingschen Verlagsbuchhandlung in Glogau mir durch Herrn Kreis-Schulinspektor Dr. Fr. Schroller, Verfasser des Werkes: Schlesien, Land und Leute (Glogau, Flemming), gütig mitgeteilt worden ist.

über das deutsche wie über das slavische. Der Waldreichtum des
Landes in alter Zeit machte ihn möglich. Er gab überdies wärmere
Wohn- und Stallräume als der Fachbau, der nur dünne und durch-
lässige Wände, namentlich bei der Lehmfüllung gewährt. Das Bauernhaus nicht bloss, sondern auch nicht selten der Rittersitz haben bis in
das 17. Jahrhundert hinein, wenn nicht ganz, so doch teilweise Schrot-
wände gehabt, wie Schloss Vogelsang bei Nimptsch für die Adelshäuser
beweist, das in seiner noch bestehnden Gestalt 1604 erbaut ist, und
auf einem steinernen Unterstock einen oberen Gadem (Stockwerk) aus
Schrotbau zeigt [1]). Wie beliebt diese Zimmerung überhaupt gewesen,
konnten die Gartenzäune in der südlichen Grafschaft Glatz bezeugen,
welche bis in dieses Jahrhundert hinein aus starken Bolenwänden mit
kleinem Schindeldach bestunden [2]).

Schrotbauhäuser finden sich heute noch in dem Gebirge und werden auch noch in den Waldgegenden Oberschlesiens und der rechten Oderseite vorkommen. Bereits gegen Ende des 18. Jahrhunderts waren sie
sehr zurückgedrängt. Zimmermann in seinen Beiträgen zur Beschreibung Schlesiens führt sie auf in den polnischen Dörfern des Leobschützer und des Brieger Kreises. Im Ohlauer und Breslauer waren
sie zu seiner Zeit schon selten, ebenso im Freistädtler. Dagegen bestunden sie noch häufig in den Waldgegenden von Oels und Trebnitz.

Die schönsten und anziehendsten Muster von Schrotbau geben
bis heute die sogenannten Holzkirchen in Oberschlesien, welche den
gotischen Baustil auf die Holztechnik unter Berücksichtigung klimatischer Verhältnisse angewandt haben. Im Jahre 1687 waren im Archi-
diakonat Oppeln neben 122 gemauerten noch 208 hölzerne Kirchen,
und neben sechs massiven Kapellen neun hölzerne vorhanden. Im Jahre
1871 vermochte H. Luchs noch fast 200 in Oberschlesien und auf der
rechten Oderseite des Breslauer Regierungsbezirkes aufzuzählen [3]).

Manche grosse Bauerhäuser der südlichen Grafschaft haben bis
über die Mitte unsers Jahrhunderts schöne Muster des Blockverband-
baus gegeben, wie er sich an dem Wohnhause mit malerischer Wirkung hier zu Lande entwickelt hatte. Ein schönes Haus aus Kieslings-
walde, Kr. Habelschwerdt, das leider jetzt verschwunden ist, in Abbildung
nach Dreschers Aufnahme bei Schroller, Schlesien I, 160. Auch im
mittel- und niederschlesischen Gebirge und in dem vorgelagerten Hügellande waren sie zu finden.

Meist aber waren Schrot- und Fachwerkbau in der Weise vereinigt, dass von dem Unterstock das Drittel, welches die Wohnräume

[1]) Schlesiens Vorzeit in Bild und Schrift (Breslau 1868. I, 167) gibt eine
Ansicht dieses Gebäudes.
[2]) Vierteljahrschrift f. Geschichte und Heimatskunde der Grafschaft Glatz
IV, 239 (Habelschwerdt 1884).
[3]) H. Luchs, Die oberschlesischen Holzkirchen und Verwandtes in den
Neuen schles. Provinzialblättern (Rübezahl) 1871, S. 109—121, dazu die Nachträge
ebenda, 1872, S. 71 ff.; ferner: Luchs, Zur Kunsttopographie Schlesiens in Schlesiens Vorzeit. II, 11—31. Seine klaren Darlegungen des Stils dieser Schrotbau-
kirchen sind die beste objektivste Widerlegung der Phantasie des Herrn R. Henning (Das deutsche Haus, Strassburg 1882, S. 87 ff.), dass sich in diesen Kirchen
der wandalisch-nordische Hallen- und Tempelbaustil erhalten habe.

enthielt, aus Bolenwänden, die zwei andern Drittel (mit den Stüllen) gleich dem obern Gadem in Fachbau ausgeführt waren. Es gab aber auch und gibt noch jetzt sehr viele Häuser nur aus Fachbau.

Wie beliebt dieser rasch und billig herzustellende Bindwerkbau noch im 18. Jahrhundert war, beweisen die vielen evangelischen Kirchen, die nach der preussischen Eroberung Schlesiens in Städten und Dörfern der unmittelbaren Fürstentümer Schweidnitz, Jauer und Glogau errichtet wurden. Auch die drei durch den westfälischen Frieden vom Kaiser in den drei Fürstentumshauptstädten Schweidnitz, Jauer, Glogau zugelassenen sogenannten Friedenskirchen sind aus Fachwerk. Denn auch in den Städten ist diese Bauart, besonders für den Oberstock und für die Hinterwand von jeher üblich gewesen [1] und erst in neuerer Zeit durch massives Ziegelwerk grösstenteils ersetzt.

Zu der Zierlichkeit und Schönheit, welche man in niedersächsischen alten Städten an Fachwerkhäusern bewundert, hat man sich in Schlesien nicht aufgeschwungen. Doch fehlt es nicht hie und da an bescheidenen Hausbauten, die durch die Figuren der Ständerzimmerung nicht uneben erscheinen [2].

Die Balken der Fachbauten wurden gewöhnlich schwarz oder braun, seltener rot gestrichen und die Lehmfelder weiss übertüncht. Die Streben zwischen den Ständern und Riegeln sind entweder einfach schräg gezogen, oder sie liegen im Andreaskreuz oder in Rautenform. Es kommen auch Fache ohne Streben vor.

In den Gebirgsgegenden, namentlich im Löwenberger, Goldberger, Schönauer Kreise, wurden die weissgetünchten Lehmfelder mit geometrischen Figuren beritzt oder mit Sprüchen beschrieben. Manches davon hat sich bis in die Gegenwart erhalten.

Im Gebirge und im Vorlande, im westlichen Schlesien auch in der Ebene sind die Häuser gewöhnlich zweistöckig oder zweigädmig, wie es noch hie und da heisst. Der Oberstock tritt dann häufig um einen Fuss über den unteren hernus, und im Giebel wiederholt sich dann zuweilen dieselbe Ausladung. Mehr oder minder ausgeschnitzte Traghölzer oder auch ein Bogensims dienen als Träger. An dem Giebel und an den Dachrändern entwickelte sich dabei eine sonst bei uns wenig hervortretende Liebe zu kunstartigem Schmuck.

Besondere Gelegenheit gewährte dazu die Laube oder Läube, wie der Erker hiess, der in der Mitte der vorderen Langseite des Hauses über der Haus- und Pferdestallthür aus dem Oberstock hervorsprang. Das Wort Läube (mundartlich Lébe) ist jetzt veraltet und auf die Grafschaft beschränkt. Dafür ist vom Queiss bis ins Eulengebirge der Sims verbreitet, um den Zobten und im Flachlande die Büne. Zuweilen ruht die Läube auf einem gemauerten vorspringenden Unterbau, der die Eingangsthüren zum Hause und zum Pferdestalle in sich hat. In älteren Häusern war dieser vorspringende Erker aus Bolenwerk. Selten

---

[1] Barthol. Stein irrte in seiner Descriptio Silesiae (1512), wenn er Hausbau aus Holz und Lehm für das polnische, Backsteinbau für das deutsche Schlesien als Unterschiede aufstellte.

[2] Vgl. das Bolkenhainer Häuserbild bei Schroller, Schlesien, Land und Leute II, 172.

ist die in den Oberstock hineingezogene offene Läube (die Loggia des italienischen Hauses).

Zuweilen war auch am Unterstock die Läube angebracht, wie das oben (S. 230 [74]) erwähnte Kieslingswalder Bauernhaus zeigte [1]), um dessen ganzen unteren, sowie um den oberen Gadem des im Winkel hervortretenden Hauwerkers eine Läube läuft.

Als offene Bogengänge des Untergeschosses kannte auch das Stadthaus die Läuben; namentlich waren sie am Ring (dem Hauptmarktplatz) üblich und zogen sich an der einen Seite desselben hin. Es war dies eine weitverbreitete in Nieder- und Oberdeutschland wie in Italien, für Handelsverkehr und geschützten Lustgang geeignete Bauart, die früher wohl in den meisten schlesischen Städten sich fand, und von der sich meines Wissens in Hirschberg, Jauer, Bolkenhain, Landeshut, Striegau, Waldenburg, Neurode, Landeck, in Trebnitz, Konstadt, Rosenberg grössere oder kleinere Reste bis in die Gegenwart erhalten haben. Für Schweidnitz zeugt noch die höche Lebe, der Name des hohen Bürgersteiges auf der Hohgasse, so wie das Kinderspiel der Lebelmann. Die Läuben selbst sind hier aber längst verschwunden, ebenso wie in Breslau, wo aber früher bestandene laubenartige Kaufhallen durch die alt vorkommenden Ausdrücke die leinweterleubin, die huterleuben am ringe, die salzleuben (Leuben am Salzringe) verbürgt sind [2]).

Leider haben die letzten Jahrzehnte auch an den Bauerhäusern die Läuben arg hinweggeräumt. Nur der geschlossene Erkerbau über der Hausthür, der auf vier Pfosten ruht [3]), hat sich aus Nützlichkeitsgründen bei Schmieden und Schenken oft erhalten, und ist im Gebirge sogar bei Neubauten zuweilen wieder angebracht worden.

Auf die offene Läube (die Büne, den Sims) tritt man aus dem Oberstock durch eine oder zwei Thüren. Seltener führt vom Hofe eine Freistiege hinauf.

Häufiger findet man diese schmale hölzerne Freitreppe vom Hofe auf den Gang (Büne), der sich über Pferde- und Kuhstall hinzieht und zu dem Heuboden führt, der über diesen Räumen liegt. In grösseren Bauerhöfen, die einen Schafstall haben, geht auch an diesem eine solche Aussenstiege auf den Gang, der längs des Heubodens hinläuft, der über dem Schafstall liegt.

Solche Gänge (Bünen) finden sich in ganz gleicher Art an den Haupt- und den Nebengebäuden im oberlausitzischen und osterländischen Bauernhofe, wie die von G. Landau veröffentlichten Abbildungen beweisen [4]).

Hie und da hat sich Stein- oder Ziegelbau schon recht früh in Teilen des schlesischen Bauerhauses eingedrängt. Als man in den Städten und auf den Rittersitzen den alten Holzbau durch Steinhäuser zu verdrängen begann, wollte der wohlhabende Bauer, der seine Frei-

[1]) Schroller, Schlesien, Land und Leute I. 160.
[2]) A. Schultz, Topographie Breslaus. Zeitschr. f. Gesch. Schles. X, 242. 244. 250.
[3]) Die Abbildung eines Hauses mit solcher Laube bei Meitzen, Der Boden und die landwirtschaftl. Verhältnisse des preuss. Staates, II, 139.
[4]) Korrespondenzblatt des Gesamtvereins, Januar 1862, Beil. S. 5. 9.

heit noch nicht ganz eingebüsst, nicht zurückbleiben. Rudolf Drescher erwähnt in seinem handschriftlich hinterlassenen Aufsatz alte stattliche Häuser in Dörfern des Löwenberger Kreises (Mois, Höfel), in denen der ganze Unterstock aus Stein aufgeführt ist, oder in denen Pferde- und Kuhstall mit dem Gadem darüber aus Stein gebaut sind, während der Wohnraum unten aus Bolenwänden, oben aus Fachwerk besteht. Die steinernen Thür- und Fensterrahmen weisen nach Drescher durch Spitzbogen, Eselsrücken und Kantenabfassung noch auf das 15. Jahrhundert. Lassen wir die Bauten aber auch aus dem 16. stammen, wo jene Thür- und Fensterfassung sich auch noch reichlich findet, so gehören jene Bauernhäuser doch mit zu den ältesten, die man in Deutschland kennt.

Das am 1. Mai 1887 abgebrannte Geburtshaus des berühmten Goldberger Schulrectors Valentin Trotzendorf im Alten Gute zu Troitschendorf (Kreis Görlitz) trug im oberen Thürbalken die Jahreszahl 1497, in der Wetterfahne 1623. Es war im unteren Stockwerk gemauert, hatte im Oberstock Fachwerk mit Lehmfüllung und war mit Schauben gedeckt.

In den wohlhabenden Bauerdörfern Nieder- und Mittelschlesiens, sowie in den deutschen Kreisen des südlichen Oberschlesiens hat der Ziegelbau den Fachbau grösstenteils oder sogar ganz verdrängt. Es gibt grosse lange Dörfer, in denen alle Häuser samt Scheunen und Stallungen die glatten, weissgetünchten Ziegelwände mit schmucklosen Fenstern und Thüren und dem roten Ziegeldach zeigen. Wo die Geldmittel nicht zum ganzen Neubau reichten, begnügte man sich vorläufig mit einzelnen Teilen.

Selbst in den Dörfern des höheren Gebirges hat sich der stil- und geschmacklose Ziegelbau in kleine Häuser eingedrängt. Doch sind hier der Wärme wegen die Bolenwände gerade an der Stube und Kammer nicht selten geblieben, während der übrige Hausteil gemauert war.

Polizeiliche Vorschriften haben bei allen Neubauten die Schauben- und die Schindeldächer durch Fachwerkbedachung ersetzt. Das Schauben- (Stroh-) Dach ist oben am First mit Rasenstücken belegt, und die alten Schutzpflanzen des deutschen Hauses, Hauswurz und Johanniskraut, wuchern dort oben.

Natürlich ist nun auch der Schornstein (die Feuermauer) gemauert. Früher war er aus Balken und Brettern oder höchstens aus Lehm mit äusserer Holzverschalung aufgeführt.

Das Haus in und an dem Gebirge und in dem Vorlande der Sudeten, auch in dem westlichen Flachlande ist in der Regel zweistöckig. Das gilt für den eigentlichen Bauerhof wie für die Gärtnerstellen. In der mittelschlesischen Ebene, sowie in hochgelegenen Gebirgsdörfern herrscht das einstöckige Haus, indem übrigens die Anlage die gleiche ist, d. h. neben den Wohnräumen liegen unter selbem Dache der Pferde- und Kuhstall [1]).

---

[1]) Abbildung eines solchen einstöckigen Bauernhauses aus Woischwitz bei Breslau. Fachbau mit Schaubendach, bei Schroller, Schlesien II, 397.

Sehr selten scheint in Schlesien die Raumverteilung so vorzukommen, dass der Unterstock Pferde- und Kuhstall, der Oberstock die Wohnräume (Stube und Kammern) enthält. Am Oberstock zieht sich die Läube
hin, auf die vom Hofe eine Aussenstiege führt [1]). Diese Anlage kommt
im rheinischen Frankenlande oft vor.

Nachdem wir über Baumaterial und den äusseren Aufbau der
Häuser gehandelt, wollen wir die innere Einteilung des alten schlesischen Bauerhauses vorlegen.

Von dem gepflasterten Gange, der sich zwischen der Düngergrube
und dem Hause hinzieht [2]), tritt man über eine Holzschwelle, nicht
selten aber über mehrere steinerne Stufen, die von einer Wangenmauer
an beiden Seiten eingefasst sind und deren untere also von der Haus-
wand vorspringen, in die Hausthür, die erste der drei Thüren, welche
das Haus gewöhnlich an der Vorderseite hat. Die Hausthür ist in
allen alten Häusern eine Doppelthür gewesen: vor der inneren lag das
oder der Gatter, das nur bis zur halben Höhe der Thüröffnung reichte
und nur durch einen Schnallendrücker geschlossen war.

Durch die Thür tritt man in die Hausflur, in alter Zeit Hauseren
auch in Schlesien genannt [3]). Dieselbe geht durch die Breite des
Hauses durch und enthielt nach ältester Anlage im hintern Teile den
Herd, der an der Stubenwand angelegt war. Dieser Herdraum war
durch eine Halbthür, das Kuchelgatter, von der übrigen Flur abgetrennt, wie ich noch in Dorfhäusern im Reichenbacher Kreise in meiner
Knabenzeit gesehen habe. Sehr oft war aber eine Scheidewand mit
Thür aufgeführt und damit eine besondere Küche (oder Kuchel) hergestellt.

Von der Küche war der Backofen nach dem Garten hinaus gebaut
und von aussen mit einem Schleppdache gedeckt.

Der Herd war aber auch ganz aus der Hausflur verlegt. Dann
liegt der vorderen Hausflur die Hinterthür gegenüber, welche in den
Baumgarten hinaus führt.

Ein Teil des Hauses ist unterkellert. Der Zugang zum Keller
geht durch eine in der Hausflur liegende Fallthüre.

In dem Hause, wie die Hausflur in der Regel heisst [4]), stehn

---

[1]) Ich sah ein solches Haus in Olbersdorf bei Landeck in der Grafschaft.
[2]) In der Leobschützer Gegend sowie auf der böhmischen Seite des Riesen-
gebirgs, wo die schlesische Mundart noch herrscht, heisst dieser Gang die Grädel,
Deminut. von die Gräde, wie dieser stufenartige Gang am Hause im bajuvarischen
Gebiete heisst. Ausser Gräde kommt in Nordböhmen der Ausdruck die Saspe dafür vor.
[3]) Nach zwei Stellen in Lucaes Fürstenkrone, die Hoffmann von Fallersleben in Frommanns Mundarten IV, 171 anführte. Das über Bayern, Schwaben,
Franken, Hessen, Thüringen verbreitete Wort ist mir sonst aus Schlesien nicht bekannt geworden.
[4]) Ueber diesen weit verbreiteten Ausdruck Deutsches Wörterb. IV, 2, 644.
J. Wolff im Korrespondenzbl. des Vereins für siebenbürg. Landeskunde IV, 128
sieht wohl mit Recht hierin eine Erinnerung an die Zeit, in welcher das Haus
aus einem einzigen Raum bestand.

mancherlei Gefässe für die Milchwirtschaft; zuweilen auch ein Tisch, und regelmässig nahe der Stubenthür die Brotalmer, d. i. der grosse bemalte und früher geschnitzte Brotschrank.

Aus dem „Hause" führt eine Thür in der vorderen Hälfte desselben in die Stube. Ob rechts oder links hängt von der Stellung des ganzen Gebäudes zur Dorfstrasse oder dem sonst bestimmenden Gegenstande ab. Der Stubenthür gegenüber liegt in der Regel die innere Thür zum Pferdestall.

In älterer Zeit ging die Stube durch die ganze Breite des Hauses durch. War dieselbe bedeutend, wie in den Kretschams oder Schenken, so ruhte der Zwischenbalken (die Hispe) auf einem mächtigen Tragpfosten, der sogenannten Saule. Licht empfängt die Stube durch nicht hohe Fenster in jeder Wand, die nach aussen grenzt.

Gewöhnlich liegt aber hinter der Stube nach dem Baumgarten hinaus ein kleinerer Wohnraum, das Stübel. Zuweilen ist dieser Raum in zwei Teile zerlegt, das Stübel und die Küche. Thüren verbinden Stube mit Stübel, Stübel mit Küche, Küche mit Haus.

Die Einrichtung der Stube entspricht der sonst im Gebiet des fränkischen Hauses üblichen. An den beiden (oder unter Umständen den drei) Fensterseiten zieht sich die gewöhnlich rotbraun angestrichene Wandbank entlang und vor dem Winkel, den sie macht, steht der grosse Esstisch, an dessen zwei bankfreien Seiten einige Schemel und zuweilen eine kleine, mit Lehne versehene Bank, die Lehnbank, stehn. In katholischen Dörfern sind in der Höhe der Ecke ein Kruzifix oder Heiligenbilder angebracht. Die Ecke heisst auch der Brautwinkel, weil bei Hochzeiten, die im Hause gefeiert werden, das Brautpaar hier seinen Ehrenplatz hat.

Dem Tischwinkel schräg gegenüber liegt der Ofenwinkel, in dem sich der mächtige Kachelofen in zwei Absätzen erhebt, auf zwei Seiten von der Ofenbank umzogen und in der Höhe nahe der Decke von Stangen zum Wäschetrocknen umgeben. Auf den Oefen aller Art war oben eine warme Sitz- oder Liegerstatt, zu der man auf einigen hohen Stufen hinaufstieg. Zwischen Ofen und Wand liegt der kleine Raum, der (wie sonst in Deutschland) die Helle heisst.

Am Ofen war früher, ehe die Petroleumlampen auch den Dorfleuten eine bessere und billige Beleuchtung brachten, eine Vorrichtung zum Einstecken der Schleussen, d. i. der langen Kien- oder Buchenspäne, deren Brand das einzige spärliche Licht gab.

Neben der Stubenthür steht auf einem aus der Wand heraustretenden Brett das irdene Hand- oder Waschbecken, mit einem Handtuch darüber.

Auf der anderen Thürseite hängt das Topfbrett, ein offener Schrank, in dem in mehreren Reihen übereinander das nötigste Kochgeschirr aufgestellt ist.

In der Nähe des Ofens, gewöhnlich zwischen ihm und der Stübelthür, steht das Seigerhaus, das Gehäuse des Seigers, d. i. der grossen Wanduhr.

Unter der Stubendecke läuft der sogenannte Rechen um die Wände, ein hölzerner breiter Rand mit kleinem Geländer, auf dem das bessere

Geschirr aufgestellt ist. Auch liegen hier in evangelischen Häusern alten guten Schlages Bibel und Gesangbuch, eine Postille und andere Erbauungsbücher. In grossen Stuben mit einem Querbalken (der Rispo) hat auch dieser einen solchen Rechen.

Auf der anderen Seite der Hausflur liegt der Pferdestall, in den gewöhnlich eine Thür aus dem Hause führt. Der Hauptzugang ist natürlich vom Hofe aus.

Hinter dem Pferdestall im letzten unteren Abschnitt des Gebäudes liegt der Kuhstall mit der Hauptthür nach dem Hofe; zuweilen aber mit einer zweiten Thür nach einem Gange, der vom Pferdestall ausgespart ist und die Verbindung mit der Hausflur herstellt.

In manchen Häusern liegt zwischen Flur und Pferdestall ein Raum, der vorn ein Stübel und hinten eine Kammer enthält. Er scheint besonders in einstöckigen Häusern vorzukommen als Ersatz der oberen Räume der zweistöckigen. Stübel und Kammer werden auch durch einen schmalen Gang getrennt, der in den Pferdestall führt [1]).

In dem Hause des Stellers (Stellenbesitzers) oder Gürtners, der kein Pferd hält, fehlt natürlich auch der Pferdestall und der Kuhstall grenzt unmittelbar an die Hausflur.

Aus dem Hausflur geht eine hölzerne schmalstufige Treppe mit Geländer in den Oberstock, in einstöckigen Häusern auf den Dachboden.

Der obere Gadem lässt sich in drei Abschnitte zerlegen.

Ueber den Wohnräumen liegt zunächst der der Hausflur entsprechende sogenannte Boden (im Stadthause der Saal genannt), aus dem eine Thür in das Oberstübel (Aeberstübl) führt, das über der Stube des unteren Geschosses liegt und sich in neuer Zeit zu einer „guten Stube" entwickelt hat, während es früher eine unheizbare Schlafkammer war, die zugleich die Laden und Truhen für Wäsche und Frauenkleider enthielt.

Aus diesem Oberstübel geht eine Thür in einen ofenlosen Nebenraum, worin der Bauer mit Weib und Kindern schläft. Die Fenster dieser Kammer sowie alle anderen Fenster des Oberstocks (ausgenommen das modernisierte Oberstübel) sind im alten Bauernhause nur mit engen Holzgittern ohne Glas geschlossen. Die Fensterläden, die wenigstens an der Schlafkammer nicht fehlen, geben bei Nacht und im Winter den nötigsten Schutz gegen Wetter und Kälte.

Den Raum über dem Pferdestalle nehmen nach der Vorder- und Hinterseite kleine Kammern ein, zwischen denen ein dunkler Gang vom „Boden" aus läuft. Sie dienen als Vorratsräume und Schlafkammern des Gesindes. Rechts liegt die Menscherkammer, wo die Mägde liegen, links die Kammer der Knechte und Jungen.

Der Zwischengang endet am Heuboden, der über dem Kuhstall liegt und vom Hofe aus auf einer Leiter zugänglich ist, die zu dem Heukaffer führt, d. i. der äussern Heubodenthür.

---

[1]) Vgl. den Grundriss bei Meitzen, Boden und landwirtschaftliche Verhältnisse II, 139.

Wo eine Laube (Bühne, Sims) das Haus schmückt, tritt man
von der Bodenflur auf dieselbe durch eine Thür hinaus.

Aus dem Oberstock führt eine schmale Stiege auf den Oberboden
(Aeberboden), der teils als Getreidesöller [1]), teils als Heuboden dient.
Zuweilen findet sich hier auch eine Rumpelkammer und sehr oft der
Taubenschlag, der Taubensöller. Die Ausfluglöcher liegen entweder im
Giebel oder sind kafferartig aus dem Stroh- oder Schindeldache heraus-
gebaut.

Als Kennzeichen der fränkischen Hausanlage haben wir im Anfang dieses Abschnitts die Trennung von Haus und Scheune gegeben.
Das Kennzeichen bewährt sich auch in Schlesien bei allen Bauerhäusern
und bei den „Stellen", zu denen ein irgend ausgiebiges Ackerland gehört. Nur in ganz kleinen Wirtschaften liegt die Scheune unter demselben Dache mit Wohnräumen und Stall (Kuhstall). Es folgen sich
Haus, Stall, Scheune. Auch diese Anlage begegnet ausser in Schlesien
im fränkischen Hausgebiet.

In jeder grösseren Wirtschaft aber, also im Bauergut wie in der
Stelle, steht die Scheune zum Hause im Winkel, von demselben durch
einen schmalen Raum getrennt.

Aus Haus und Scheune besteht der kleine, gewöhnlich offene
Hof des Stellers oder des Stellbesitzers, wie er vornehmer sich nennt,
des Gärtners, wie die ältere Bezeichnung ist.

Der Bauerhof dagegen ist, wie früher schon gesagt, ein geschlossenes längliches Viereck, über dessen Ordnung wir das Nötige
bemerken.

Der Hofraum mit den einschliessenden Gebäuden heisst in Schlesien
Hofreite, mundartlich die Höverete. Das Wort begegnet alemannisch
und bayrisch, ist aber besonders in Hessen und Oberfranken gebräuchlich und gleichbedeutend mit Hofstatt [2]).

Der Zugang zur Hofreite geht entweder durch ein gemauertes
Doppelthor, rechts der breitere und höhere Bogen für Wagen, links
die schmälere und niedrigere Gangpforte, oder durch eine Durchfahrt,
die in dem nach der Dorfstrasse liegenden Schuppen angelegt ist und
gewöhnlich die Pforte für Fussgänger neben sich hat. Die Pforte ist
bei Tage immer unverriegelt; das grössere Thor wird nur zum jeden-
maligen Gebrauche geöffnet.

Auf der rechten oder linken Seite der Hofreite zieht sich das
vorhin beschriebene Haus mit den Querabschnitten von Wohnung,
Pferde- und Kuhstall entlang, den Giebel mit den Wohnräumen nach
der Dorfstrasse gerichtet.

Dem Hofthor gegenüber liegt die Scheune, die eine Durchfahrt,

---

[1]) Söller war früher die gewöhnliche Benennung des unter dem Haus-
dach liegenden Raumes. Bei Steinbach, Deutsches Wörterbuch (Breslau 1734) 2. 579
ist Keller, wie er schreibt, durch contignatio aedificii superior erklärt. Die schlesische Bedeutung von Söller weist auf die niederdeutsche Einwanderung.

[2]) Deutsch. Wörterb. IV, 2. 1697. Lexer, Mittelhochd. Wörterb. I. 1305.
Schmeller, Bayr. Wörterb. II². 172.

zuweilen deren zwei oder drei, nach dem Wege hat, der auf die Felder des Gutes führt, die sich in langen Streifen von der Hofreite aus bis zu der Grenze der Dorfflur hinziehen.

In der Scheune liegen zu beiden Seiten der aus Lehm geschlagenen Tenne die Bansen mit den aufgeschichteten Garben. In grösseren Gütern hat die Scheune zwei oder drei Tennen.

Auf der Hofseite, die gegen das Haus sieht, liegt in der Regel das Ausgedinge oder Auszughaus, worin der frühere Besitzer des Gutes, nachdem er es abgetreten oder verkauft hat, im Ausgedinge oder Auszuge sitzt. An diesem meist kleine Haus sind Ochsen- und Schafstall zuweilen unter einem Dache angebaut. Im oberen Stockwerk oder unter dem Dach befindet sich der Strohboden.

In anderen Höfen sind Schafstall und Schuppen unter demselben Dach und liegen der Scheune entgegengesetzt. Der Schuppen birgt die Wagen, Pflüge und Eggen. Neben ihm liegt oft eine Schirrkammer, worin die nötigen Stellmacher- (Wagner-)Arbeiten gemacht werden.

Einen grossen Teil der Hofreite nimmt der Misthaufen, die Düngergrube, ein. Sie liegt dem Pferde- und Kuhstall und damit auch dem Hause ganz nahe.

Der Brunnen, der früher allgemein ein Schwengelbrunnen war, jetzt aber häufig, besonders in den wohlhabenderen Gegenden, in eine Plumpe verwandelt ist, findet sich meist in der Nähe der Scheune; doch wird seine Lage natürlich durch den Wasserquell bestimmt.

Vor dem Stubengiebel des Hauses liegt in der Regel ein umzäuntes Blumengärtchen, das Ziergaertel, dessen Vorderzaun die Hofmauer an dieser Stelle ersetzt, welche im übrigen, wo nicht Gebäude an die Strasse stossen, die Hofreite samt dem Gras- und Obstgarten umschliesst, der mindestens auf einer Seite zwischen der Hofreite und dem Nebenhofe liegt.

Bei Gärtnerstellen genügt ein Stangenzaun statt der Mauer.

Auch der grösste Bauerhof des Dorfes, der Scholzenhof, die Scholtisei oder Schölzerei, ist nach jenem Grundriss angelegt, und ebenso der Dominialhof in den Dörfern, welche ein Rittergut haben. Es ist die weit überwiegende Menge.

Im sogenannten Dominium bildet in der Regel das (stets Schloss genannte) Herrenhaus die eine Seite des Geviertes. Die anderen sind durch das Gesindehaus, mit welchem Pferde- und Kuhstall meist unter einem Dache liegen, durch den Schafstall, die Scheunen und die Schuppen besetzt. Den Verhältnissen entspricht die bedeutendere Grösse der Gebäude; nach Bedürfnis ist die Zahl derselben auch doppelt oder dreifach.

Wer mit vergleichendem Auge diese Beschreibung des schlesischen Hofes und Bauerhauses gelesen hat, wird die Behauptung, dass die fränkische Haus- und Hofanlage bei uns herrsche, ohne Einwendung zugeben.

Durchwandern wir die Oberlausitz, Nordböhmen, Meissen, das Osterland, Thüringen und Hessen, die bayrischen Kreise Ober-, Mittel- und Unterfranken, das mittelrheinische Gebiet, so finden wir überall dieselbe Grundanlage und meist auch dieselben Einzelheiten.

Der geschlossene Hof, die Stellung des Wohnhauses mit der Langseite gegen den Hof, der Eingang zum Hause in der Langseite, die Verbindung der Stallung mit den Wohnräumen unter einem Dache, die Trennung von Haus und Scheune, die überwiegende Zweistöckigkeit, der Bohlen- und der Fachbau seien als bestimmende Merkmale bezeichnet.

Anm. Zur Vergleichung dienen die oben (S. 229 [73)] angeführten Ausführungen Landaus und Meitzens. Ueber den Hausbau im bayrischen Franken sehe man Bavaria III, 1, 187 ff., 2, 895 ff., IV, 1. 154 ff.: in der Rheinpfalz ebenda IV. 2. 195 ff. Ueber die Verhältnisse in Siebenbürgen J. Wolff. Unser Haus und Hof. Hermannstadt 1882.

------

4. Volkstümliches.

Aus der Lage Schlesiens am Ostrande des Reiches, zwischen Polen und Tschechien, abseits der grossen Weltstrassen und des deutschen Reisezuges, erklärt es sich, dass man Land und Volk im übrigen Deutschland wenig oder gar nicht kennt. Wir gelten kurzweg für Wasserpolacken; von unserm deutschen Volksleben weiss man nichts, und pragmatische Litterarhistoriker finden sehr scharfsinnig, dass gerade der Schlesier Martin Opitz die gelehrte Zeit unsrer Dichtung einleiten musste, weil er volkstümliches deutsches Leben und Dichten in seiner Heimat nicht kennen und lieben lernen konnte.

Alles das ist Unwissenheit. Wie sehr das deutsche Volkslied und die deutsche Volksweise noch vor wenig Jahrzehnten in Schlesien geblüht hat, weiss der Kundige längst aus einer der besten Sammlungen deutschen Volksgesanges, den Schlesischen Volksliedern mit Melodien. Aus dem Munde des Volks gesammelt von Hoffmann von Fallersleben und Ernst Richter (Leipzig 1842. SS. 362) [1].

Für uns ergibt sich aus diesem Liederreichtum der Schluss auf eine kräftig fortlebende deutsche Blutfülle in den Nachkommen der alten Einwanderer aus dem Westen. Denn diese selbst haben den musikalisch-poetischen Hausschatz bei ihrem Einzuge nicht mitbringen können, weil auch der älteste Teil desselben, wie er sich überblicken lässt, nicht bis in die Zeit der Einwanderung zurückreicht. Als sich aber im 15. und 16. Jahrhundert in den alten deutschen Gauen das Lied in üppigster Fülle entfaltete, da flog es auch in die östlichen Kolonistenländer und fand auf dem schlesischen Boden, als eine Gabe der alten Heimat, die offenste Aufnahme und Verbreitung.

Eigentümlich schlesische Lieder gibt es sehr wenige [2]. Fast alle sind deutsches Gemeingut und begegnen mit grösseren oder klei-

------

[1] Ergänzungen bei Ens, Das Oppaland oder der Troppauer Kreis. Wien 1836. III. 73—101. A. Peter, Volkstümliches aus Oesterreichisch-Schlesien. Troppau 1865. Bd. 1. Den Liederreichtum der polnischen Oberschlesier bezeugt die Sammlung J. Roger, Pieśni ludu polskiego w Górnym Szląsku z muzyką. Wrocław 1863. SS. 271.

[2] Th. Paur, Versuch einer Charakteristik des Volksliedes, insbesondere des schlesischen. Neisse 1844, S. 5.

neren Veränderungen in den andern Gebieten des grossen Vaterlandes [1].
Sie breiteten sich von dem Orte, da sie entstunden, durch wandernde
Sänger und durch die fliegenden Drucke über die Lande weit und breit,
und blieben im Gedächtnis der sich wandelnden Geschlechter, freilich
sich selbst dabei oft wandelnd.

Nur für den Zusammenhang der deutschen Schlesier mit dem
Mutterlande und seinem geistigen Leben zeugt also die Fülle der
schlesischen Volkslieder. Für die Herkunftsfrage der Einwanderer
können wir nichts daraus entnehmen.

Dagegen bieten sich Beweismittel in der Volkssage und in der
Volkssitte.

In dem Baurat der thüringisch-fränkischen Einwanderer sowie
vorher der niederdeutschen kamen die Geister der heidnischen Vorzeit
des Volkes mit, die trotz des Christenglaubens nicht aus der Phantasie
und dem Gedächtnis der Deutschen gewichen waren. In den Sudeten
und in dem Thale der Oder trieben sie das Wesen weiter, das sie an
der Saale, am Main, an der Lahn und am Rhein getrieben hatten, und
fanden hier ebensogut Wasser, Wald und Steine, Burghügel und
Kreuzwege, auf denen sie sich niederlassen konnten, als dort.

Die Gebräuche an den altheiligen Zeiten des Jahres, die durch
Wachstum, Blüte und Vergehen des Naturlebens gegeben sind, beging
der Ackermann und der Hirt im neuen Lande ebenso genau, als auf
der Flur und der Weide des Westens.

So hat denn in Schlesien derselbe Glaube an die elementaren
unteren Mächte des deutschen Heidentums fortgelebt wie in den andern
deutschen Landen, und er ist auch heute noch nicht ganz erloschen.

Von den oberen Gottheiten blieben nur verdunkelte Erinnerungen.
Doch lässt sich Wuotan und die grosse vielnamige Göttin noch einigermassen erkennen. Wuotan führt noch ein gespenstisches Dasein als
Nachtjäger, wie der Sturmgeist heisst, der in anderen Landschaften
Wode oder Wuot, auch wilder oder wütender Jäger benannt ist. Er
jagt zur Nachtzeit durch Wald und Luft an der Spitze einer Schar
von Hunden, Wölfen, Graumännlein und wandernden (unseligen) Geistern,
unter Jagdruf, Peitschenkuall und Rüdengebell. Der Name Nachtjäger
erinnert an das Nachtgejaid, wie die wilde Jagd im bajuvarischen Gebiete heisst.

Von dem Nachtjäger wird besonders im Gebirge erzählt, dass er
die Holz-, Busch- oder Moosweiblein jage und töte. Die Namen
dieser kleinen weiblichen Baumgeister begegnen auch sonst in Deutschland, sind aber namentlich in den mittleren fränkisch-thüringischen
Landschaften verbreitet. Am gewöhnlichsten hört man in Schlesien sie
Püschweiblen nennen.

An viele alte Burgberge und verfallene Schlösser ist auch in
Schlesien die weitverbreitete Sage von der weissen Jungfrau gebunden.

---

[1] Vgl. die Anmerkungen Hoffmanns zu vielen Liedern seiner Sammlung;
auch die liedvergleichenden Anmerkungen Alex. Reifferscheids zu seinen Westfälischen Volksliedern in Wort und Weise. Heilbronn 1877. Auch im allgemeinen
A. F. C. Vilmar, Handbüchlein für Freunde des deutschen Volksliedes. Marburg 1868, 2. Aufl.

welche der Erlösung harrt, die von manchem Burschen versucht, gewöhnlich aber vereitelt ward. Der Kern der Sage ist der uralte Mythos von der Befreiung der im Wolkenberge verschlossenen Sonnengöttin.

An Holle (Holda), wie in Franken und Thüringen die in Wolken und Wasser herrschende Göttin hiess, die auch an dem häuslichen Leben der Menschen teilnahm und darum das weibliche Geschäft des Spinnens behütete, hat sich eine entstellte Erinnerung in der Spillenholle (Spillahole) erhalten, wie im Eulengebirge und in der Grafschaft Glatz das gespenstische alte Weib heisst, das fleissige Spinner belohnt und faule straft. In andern schlesischen Gegenden heisst sie Spillendrulle, Spillenlutsche, Spillenliese, Spillenmarte. Ende des vorigen Jahrhunderts nannte man in Jauer und Liegnitz das weibliche Schreckgespenst für Kinder die Popelholle [1]. Als Wolkengöttin zeigt sich Holle noch in der in Langenau bei Katscher erhaltenen Redensart, die gebraucht wird, wenn es schneit: Frà Hulle schüttelt die Federn aus.

Riesensagen kennt Schlesien nicht.

Dagegen leben die Unterirdischen, die Zwerge unter verschiedenen Namen im Gebirge wie in der Ebene. Verbreitet ist die mitteldeutsche Namensform der Zwerge: Querge, Querxe, Querg- oder Quargmännlein. Sie hausen in Berg- und Felslöchern, den Querx- oder Quarglöchern oder -steinen.

Den ehrenden Namen der Herrlein trugen sie im Eulengebirge, wo der Herrleberg bei Langenbielau die Erinnerung an sie erhält.

Das Dunkle, Erdfarbene ihrer Erscheinung bezeichnet der Name Graumännlein, der im Gebirge wie im Flachlande verbreitet ist und auch in Obersachsen und Niederhessen vorkommt.

Der Begriff des Verhüllten, Vermummten tritt auch in ihrer Benennung Popel heraus. Die Popel hausen in Bergen und Steinen, in Erd- und Wasserlöchern. Popelberge liegen in den Kreisen Hirschberg, Schönau, Bolkenhain, Schweidnitz; ein Popelstein auf der hohen Eule und bei Gotschdorf (Kreis Hirschberg): in diesem ist ein Popelloch. Popellöcher werden mehrfach im Riesengebirge gezeigt; eine tiefe Stelle im obersten Iserlauf heisst die Popelteufe. Der gespenstische Hausgeist, mit dem die Kinder geschreckt werden, heisst der Popelmann. Die Popelholle erwähnten wir vorhin. Wichtig für die Herkunftsfrage ist nun, dass Popelberge und der Popelmann auch in Ostfranken vorkommen [2].

Im österreichischen Schlesien heissen die Zwerge auch Bergmännlein.

Ebendort sowie in den angrenzenden deutschen Strichen des preussischen Oberschlesiens nennt man sie auch Fènesleute, Fènsmannla oder -waiwla, Fènske Dinger. Gelehrt sein Wollende schreiben Fènixleute oder gar Venusleute, Venusmänner oder -weiber.

Diese Wesen hausen in den Fènssteinen oder Fènslöchern.

---

[1] „In Schlesien heisst der männliche Unhold der Popelmann, der weibliche die Popelhole." Flögel, Geschichte des Groteskkomischen, Liegnitz 1788. S. 24
[2] Panzer, Beitrag zur deutschen Mythologie 2. 107. 109.

Dieselben Benennungen begegnen auch in der Oberlausitz. Im Engadin kennt man die gleichartigen Fensleute; zu Marburg in Niederhessen zeigt man das Finisloch d. i. ein latinisirtes Fensloch. Die Venusberge bei Eisenach und bei Rottenburg in Niederbayern, der Fenibuck bei Ansbach enthalten dasselbe verdunkelte und daher hin und her gewandelte Wort, dessen Erklärung durch das thüringisch-fränkische Zeitwort fænern (phantasieren, schwärmen [1]), mittelhochdeutsches vienen, althochdeutsches feihnōn (betrügen) geboten wird. Die fenischen Dinger lassen sich übersetzen trügerische Wichte, wofür alle elbischen Geister galten. Angeknüpft hat sich dann der Name Venediger, der für diese Erd- und Berggeister und die mit ihnen vermischten italienischen Gold- und Edelsteingräber über Süd- und Norddeutschland verbreitet ist.

Ein trügerischer Berggeist des böhmischen und schlesischen Riesen- und Isergebirges ist der Rübezahl, der im übrigen Sudentenzuge östlich des Landeshuter Passes nicht erscheint. Eine Menge Spuk- und Landfahrergeschichten sind auf ihn übertragen worden.

Der elbische quälende Nachtgeist ist als Alp auch in Schlesien bekannt. Ein uraltes Spiel, bei dem die Elben oder Elbentrötsche gefangen wurden, hat sich in Schlesien unter dem entstellten Namen hiltpritschen gerade so erhalten, wie es in Hessen als hilpentritschen bis in unser Jahrhundert gespielt ward. In Schwaben kannte man es abjagen des Elpentrötsch [2]).

Von dem Alp erzählt man in Schlesien ebensoviel als von dem feurigen Drachen und dem schwarzen Huhne, die ihren Besitzern Geld und Getreide zutragen. Es sind Teufelstiere, die in die Gewalt der Hölle bringen. Christliche Mythologie spielt hier ebenso mit herein als bei den Feuermännern, die man in Schlesien auch Leuchter nennt und welche erlösungsfähige brennende Seelen sind.

Die Flüsse und Teiche sind vom Wassermann und von den Wasserlixen oder Wasserlissen [3]) bewohnt, von denen in Schlesien dasselbe erzählt wird, wie in anderen Ländern von diesen mythischen Wasserelben.

Unter den Gebräuchen, die im altgermanischen Kultus ihre Wurzeln haben, sind in Schlesien die Frühlingsgebräuche besonders treu bewahrt worden.

Die Sommerankündigung in festlichen von Liedern begleiteten Umzügen lebt in dem Sommersingen am Sonntag Lätare fort. Die geschmückten Tannenwipfel oder Tannenzweige, welche die Sommerkinder trugen, bezeugen die wiederkehrende grüne Zeit. Unter den viel entstellten Liedchen sind noch solche erhalten, die es verkündigen, wie die Singenden den lieben Sommer mit den mancherlei Blümlein und Zweiglein bringen.

---

[1]) Vgl. auch schlesisch fanzeln, Possen treiben. Oben S. 218 [86].
[2]) Meine Beiträge zu einem schles. Wörterb. 85 [b]. Vilmar, Kurhessisch. Idiotikon 108 f. Diefenbach in Kuhns Zeitschr 7. 392.
[3]) Lixe (assimiliert Lichse zu Lisse) für Nixe, mit Tausch von l und n, wie in lympha und nympha.

In der Grafschaft Glatz und im Oppalande erhielt sich auch der Kampf von Sommer und Winter als gesungenes Spiel.

Wenn in Schlesien in vielen Gegenden der Tod an die Stelle des Winters gesetzt wird und an Lätare eine Puppe, die den Tod vorstellt, in das Wasser oder über die Dorfgrenze geworfen wird, so macht sich der slavische Boden des Landes damit kenntlich. Die Marzana, der Tod, ist eine polnisch-mythologische Gestalt. Wenn nun in Meissen, Thüringen und Ostfranken ebenso der Tod statt des Winters in den Frühlingsgebräuchen auftrat, so ist auch hier der Einfluss slavischer alter Bewohner jener Landschaften der Grund. Von diesem Gebrauche erhielt der Sonntag Lätare auch den Namen Totensonntag. Das Todaustreiben war früher über das ganze schlesische Flachland verbreitet. Heute hat es sich noch in polnischen und den polnischen benachbarten Orten Oberschlesiens erhalten.

Ostfranken, Thüringen, Meissen, Oberlausitz, Schlesien, Mähren und Böhmen bilden in diesen Gebräuchen eine grosse Gruppe, wie in manchen anderen Beziehungen, die wir darlegten.

An Fastnacht zogen mancherorts die ledig gebliebenen Mägde die Knechte auf einem Pfluge durch das Dorf. Die Umführung des Pfluges ist das uralte Zeichen von dem Wiederbeginn der Feldbestellung, und die Anspannung der ledigen Mägde eine uralte Strafe für die überlange Ehelosigkeit. Der Gebrauch hat mit dem Dienste der mütterlichen Göttin der Fruchtbarkeit zusammengehangen. Er ist urdeutsch.

Am Ostermontag schlagen Kinder und Knechte die Langschläfer mit neunfach geflochtenen Weidenpeitschen, was schmagostern, schmigostern, schmackostern, schmeckostern [1] heisst. Der Brauch lässt sich durch Mähren, Böhmen, Lausitz, Voigtland bis Oberhessen verfolgen und ist eine weitverbreitete, zu verschiedenen Zeiten übliche Sitte, die im Glauben wurzelt, dass Gesundheit und frische Lebenskraft durch solches Schlagen zu heiligen Zeiten gegeben werde.

Aehnliche Bedeutung hat das Begiessen mit Wasser an Ostern, das auf das polnische Schlesien beschränkt ist.

Die Pfingstgebräuche sind jetzt bis auf das Schmücken der Häuser mit grünen Zweigen und das Bestreuen von Hausflur und Stuben mit Kalmus zusammengeschrumpft. An manchen Orten werden Maibäume aufgestellt. Früher lebte auch in Schlesien zu Pfingsten das Austreiben des letzten Wintergeistes, des Rauchfusses [2]), wie er hier hiess; und ein Wettreiten der jungen Burschen.

Sehr zäh werden die Johannisfeuer (Johannestagsfeuer, Johannistichfeiern) festgehalten, die am Vorabende des Tages Johannis des Täufers auf und an dem ganzen Sudetenzuge angezündet werden. Viele mitteldeutsche Landschaften und ebenso die süddeutschen kennen sie bekanntlich auch. Sie sind wieder ein Beweis, dass die fränkische Einwanderung die niederdeutsche überbot. Denn die im alten Nieder-

---

[1]) Ueber das Wort, das weder mit schmecken noch mit Ostern etwas zu thun hat, vgl. oben S. 220 [64].

[2]) Zu Rauchfuss, Rauchfücz entstellt.

sachsen besonders vorkommenden Osterfeuer erscheinen nur im Leob-schützer Kreise [1]).

Die Pfingstfeuer, deren Vorkommen in Schlesien ich nur aus J. G. Berndt (Versuch zu einem schlesischen Idiotikon. Stendal 1787) kenne, sind ganz erloschen.

Allen diesen Feuern, die auf Bergen und freien Plätzen ange-zündet werden, muss der fromme Glaube der Vorzeit segnende Wirkung auf Gedeihen und Wachsthum des Lebens in Menschen, Tieren und Pflanzen zu, und abwehrende Kraft gegen feindliche, das Leben schä-digende Mächte.

So konnte von der Höhe des Sommers getrost der Ernte entgegen gesehen werden, an deren Einbringung sich Bräuche anknüpften, in denen Spuren von Dankopfern für die Gottheit bis in die Gegenwart fortleben. Namentlich die an die letzte Garbe des Feldes (den alten Mann, die Weizenalte, die Weizenbraut) sich lehnende Feier ist noch nicht ganz erloschen.

Auch hier erscheint fester Zusammenhang der deutschen Schlesier mit den Vettern „im Reich" draussen. Wie vermindert und erschüttert auch das bäuerliche Leben und damit die alte Bauernsitte seit der Mitte des Jahrhunderts bei uns wie anderwärts ist, wir haben das vollste Recht zur Behauptung, dass in unserem Lande echtes deutsches Wesen durch viele Jahrhunderte auch in den Sitten und Bräuchen des Hirten und des Ackermanns gewaltet hat, in treuem Gedächtnis dessen, das die Vorfahren einst hierher getragen haben.

Beziehungen des deutschen Schlesiens zu dem von uns umschrie-benen ostdeutschen Ländergebiete, Beziehungen zu Main- und Rhein-franken, Hessen und Thüringen liegen auch hier dem kundigen Auge offen, so gut wie in den Sagen und dem Aberglauben, so gut wie im Bau von Haus und Hof, wie in den Namen der Orte und Leute, so gut wie endlich in der Mundart.

Ein guter Teil der deutschen Schlesier hat ein Recht darauf, die Franken und Thüringer als Vettern von alter Zeit zu begrüssen.

---

[1]) Vgl. oben S. 213 [57].

GEBIRGSBAU UND OBERFLÄCHENGESTALTUNG

DER

SÄCHSISCHEN SCHWEIZ.

VON

Dr ALFRED HETTNER.

_____

Mit einer Karte, einer Figurentafel und sechs Figuren im Text.

STUTTGART.

VERLAG VON J. ENGELHORN.

1887.

Inhalt.

Einleitung.

Die sächsische Schweiz verdankt die Anziehungskraft, welche sie jährlich auf Tausende von Reisenden ausübt, nicht etwa einer grossartigen Hochgebirgsnatur, denn ihr höchster Gipfel, der Schneeberg, erhebt sich nur 723 m über den Meeresspiegel, 600 m über den Fuss des Gebirges, eine Höhe, welche nur wenig mehr als das Vierfache der Höhe des Strassburger Münsters beträgt. Ebensowenig bezeichnet liebliche Anmut allein ihren Charakter. Freilich ist die Aussicht von der Bastei oder dem Brand heiter und anmutig: der schöne Elbstrom schlängelt sich zwischen mässig hohen Abhängen dahin, oben auf den Ebenheiten, wie der gut deutsche ortsübliche Ausdruck für Plateau lautet, und unten im Thale erblickt man zahlreiche Ansiedelungen und die Spuren reger menschlicher Arbeit, und nur im Hintergrunde häufen sich bewaldete Felswände und Gipfel. Aber östlich von Schandau erstrecken sich felsenreiche Waldreviere bis unmittelbar an die Elbe heran und nehmen auf beiden Seiten derselben grosse Flächenräume ein; abseits von der grossen Touristenstrasse begegnet man hier stundenlang nur einigen Holzhackern und Holz und Beeren sammelnden Weibern und Kindern. Die meisten Gründe sind von steilen, oft beinahe senkrechten Felswänden umrahmt und erhalten dadurch einen Charakter der Wildheit, der mit der Kleinheit der Verhältnisse in seltsamem Widerspruche steht. Sowohl die Wände der Thäler wie die höher gelegenen Tafelberge und Rücken sind reich an wunderbaren, oft barocken Felsbildungen, senkrechten Mauern und Pfeilern, Höhlen und Thoren. An sie denkt man zuerst bei einer Erwähnung der sächsischen Schweiz, sie erregen das grösste Interesse der meisten Besucher, die sich mit Vergnügen von ihrem Führer das Gesicht Napoleons, das Kamel, die Lokomotive zeigen lassen. Und doch gehören jene sanft anmutigen, oft auch langweiligen Strecken durchaus mit diesen wildromantischen Felsgegenden zusammen; doch ist gerade diese nahe Berührung der Kontraste tief in der Lagerung und Beschaffenheit des Gesteines, welches die sächsische Schweiz zusammensetzt, und in der ganzen geologischen Geschichte derselben begründet, so dass wenige Stellen auf der Erde in dem Grade eine landschaftliche Individualität bilden wie gerade die sächsische Schweiz.

Der Bau und das Relief der sächsischen Schweiz sind bisher nur einmal eingehender behandelt worden. In den Lehrbüchern der Geologie und physischen Geographie pflegen zwar ihre Felsen und Thäler gleichsam als Paradigmen für die Gesetze der Verwitterung und Erosion in Tafelländern kurz abgehandelt zu werden; aber man begnügt sich der Natur der Sache nach mit einer allgemeinen Auffassung dieser Erscheinungen, ohne den Mechanismus derselben im einzelnen zu untersuchen, ohne daher ein wirkliches Verständnis der sächsischen Schweiz zu erreichen, denn die Schwierigkeiten stellen sich bekanntlich häufig erst dann ein, wenn man die allgemeinen Anschauungen im einzelnen anzuwenden versucht. Auch in den Schriften über Thalbildung hat man den Einschnitt der Elbe in das Quadersandsteingebirge vielfach herangezogen, aber dabei die Tektonik desselben nicht immer gebührend berücksichtigt. Naumann und Cotta, welchen wir die vorzügliche ältere geologische Karte von Sachsen verdanken, und welche mit der Natur und Lagerung der Gesteine unseres Gebietes so vertraut waren wie kein anderer, welche dieselben so gut verstanden, als es die theoretischen Kenntnisse ihrer Zeit erlaubten, haben doch ihre Kenntnisse nicht zu einer eingehenden Erklärung der Oberflächengestalt verwertet, obwohl Cotta sonst gerade den Beziehungen zwischen Geologie und Geographie mit Vorliebe nachging. Auch Koristka und Krejči, der Topograph und der Geolog der böhmischen Landesdurchforschung, begnügen sich mit allgemeinen, zum Teil von veralteten Anschauungen ausgehenden, Erklärungen. H. B. Geinitz, welcher die Versteinerungen des Quadersandsteines zum Gegenstande des eingehendsten Studiums machte, hat die Fragen der Thalbildung u. dergl. nur gelegentlich gestreift. Einige Lokalgelehrte und Verfasser von Reisebüchern wandten zwar diesen Dingen und besonders den einzelnen merkwürdigen Felsformen ihr Interesse zu, aber waren meistens nicht mit den nötigen wissenschaftlichen Kenntnissen und der nötigen wissenschaftlichen Kritik ausgerüstet, um zu mehr als vagen Hypothesen zu gelangen.

Um so mehr muss das Verdienst August v. Gutbiers anerkannt werden, der in seinen Geognostischen Skizzen aus der sächsischen Schweiz (Leipzig 1858) eine zusammenfassende Darstellung von Bau und Oberflächengestalt derselben lieferte und den Erscheinungen der Verwitterung und Erosion zu einer Zeit eine eingehende Betrachtung widmete, in welcher erst wenige Geographen und Geologen darin einen Gegenstand ernstlichen Studiums erblickten. Und dies Verdienst wird man noch höher anschlagen, wenn man erfährt, dass Gutbier kein Gelehrter von Beruf, sondern ein Offizier war, dass er als Kommandant der Festung Königstein die Anregung zu seinen Untersuchungen empfing. Natürlich haften derselben manche Mängel an, die teils in dem damaligen Standpunkte der Geologie und physischen Geographie, teils auch darin begründet sind, dass dem Laien manche Resultate und Methoden der Forschung fremd waren. Gutbier ist noch ganz Anhänger der Kataklysmentheorie, er glaubt noch an die Hebung der Gebirge durch

Granit und Basalt, er konnte zur Erklärung der sächsischen Schweiz noch ein Diluvialmeer zu Hilfe nehmen, welches, wie wir heute wissen, gar nicht existiert hat. Viele wichtige Fragen sind auch noch nicht behandelt, weil man ihre Bedeutung noch nicht erkannt hatte. Es fehlt der vergleichende Ueberblick über verwandte Gebiete. So sehr wir also Gutbier für seine Skizzen Dank und Anerkennung schulden, so dürfen wir uns heute doch nicht mehr bei seinen Resultaten beruhigen, sondern müssen, auf die wissenschaftlichen Errungenschaften beinahe dreier Jahrzehnte gestützt, Bau und Relief der sächsischen Schweiz von neuem zum Gegenstande eingehenden Studiums machen.

Seit dem Beginne meiner Studien ist mir daher die geographische Erforschung des heimatlichen Gebirges als eine besonders lockende Aufgabe erschienen. Vielfache Exkursionen während der Ferienmonate waren diesem Zwecke gewidmet. Aber eine andersartige wissenschaftliche Arbeit und eine grössere Reise ins Ausland sowie die Bearbeitung von deren Resultaten unterbrachen diese Studien für mehrere Jahre vollkommen. Erst im August 1886 konnte ich dieselben wieder aufnehmen und während der folgenden Herbst- und Wintermonate zu einem vorläufigen Abschlusse führen. Freilich war der Rahmen der Arbeit inzwischen ein engerer geworden; statt einer vollständigen geographischen Landeskunde, welche auch Klima, Pflanzen- und Tierwelt und besonders den Menschen in seiner Abhängigkeit von der Natur und seiner Einwirkung auf die Natur in den Kreis der Betrachtung ziehen sollte, wird nur noch eine Darstellung von Gebirgsbau und Oberflächengestaltung gegeben, in welchen ja allerdings die Eigentümlichkeit der sächsischen Schweiz begründet ist, und deren Darstellung darum auch innerhalb einer alle geographischen Faktoren umfassenden Arbeit den weitaus wichtigsten Teil gebildet haben würde. Freilich bleibt auch in Bezug auf Gebirgsbau und Oberflächengestaltung noch manches Problem ungelöst, aber wennschon teilweise die unzureichenden Kräfte des Verfassers daran schuld sind, so sind wir doch von einer vollkommenen Erkenntnis der Ländernaturen überhaupt noch weit entfernt. Hoffentlich ist die Arbeit auch in dieser Form manchem eine willkommene Einführung in das Verständnis der sächsischen Schweiz und zugleich eine Anregung zu deren weiterer Erforschung.

I. Orographische und geologische Uebersicht.

Grenzen und Grösse der sächsischen Schweiz.

Die geographische Darstellung einer Landschaft hat immer mit dem Uebelstande zu kämpfen, dass sie, um den Leser zu orientieren, das Gebiet der Darstellung gegen die benachbarten Gebiete abgrenzen muss, und dass es doch, falls man sich nicht von äusseren Gründen leiten lässt und sich etwa an die politischen Grenzen hält, erst am Schlusse der Darstellung, nachdem man das Gebiet vollkommen kennen gelernt hat, möglich ist, die Berechtigung jener Grenzlegung zu erweisen. Wirklich scharfe Grenzen sind aber in der Natur überhaupt nur in seltenen Fällen gegeben, meist leitet ein breiter Streifen von einer Landschaft zur anderen über. Auch bei der sächsischen, oder genauer gesagt, der sächsisch-böhmischen Schweiz, der wir doch eine besonders ausgeprägte Individualität zuerkannt haben, machen wir diese Erfahrung. Die Definition der sächsischen Schweiz ist wesentlich schon mit ihrem anderen Namen „Elbsandsteingebirge" gegeben, d. h. sie ist das Gebiet zu beiden Seiten der Elbe, in welchem der Sandstein mit seinen horizontalen oder flach geneigten Bänken der Landschaft den Stempel aufdrückt. Aber da derselbe meist nicht plötzlich abschneidet, sondern allmählich verschwindet, verliert auch das Relief allmählich die dem Sandstein charakteristischen Züge. Die Sandsteinpartien südwestlich von Dresden, bei Dippoldiswalde, bei Tharandt und bei Meissen sind von verhältnismässig so kleinem Umfange und von so geringer Mächtigkeit, dass sie gegenüber den älteren, grossenteils archäischen, Gesteinen in den Hintergrund treten. Erst in die Linie Pirna-Berggiesshübel-Tyssa-Königswald, längs deren sich der Sandstein in einer auffallenden Stufe aus dem Elbthale oder aus dem krystallinischen Gebiete erhebt, kann man die Grenze des Elbsandsteingebirges gegen das Erzgebirge oder vielmehr gegen den eigentümlich ausgebildeten, passend als Dresdener Elbthalgebirge zu bezeichnenden, Nordostabhang desselben verlegen. Schärfer lässt sich die Grenze gegen die ebenfalls aus archäischen Gesteinen zusammengesetzte hügelige Platte der Lausitz ziehen, weil dieselbe an einer von Bonnewitz (nördlich von Pirna) über Dittersbach i. S., Rathewalde, Hohnstein, Altendorf, Hermsdorf, Sternberg, Neu-Daubitz und Kreibitz in ostsüdöstlicher Richtung verlaufenden Linie fast haarscharf gegen den Sandstein abschneidet. Weniger scharf ist die Grenze wieder im Süden zwischen Kreibitz, Tetschen-Bodenbach und Königswald, wo der Sandstein unter das, wesentlich aus Basalt und

Phonolith bestehende, böhmische oder Leitmeritzer Mittelgebirge hinabtaucht, um jenseits desselben wieder den grössten Teil des nordöstlichen Böhmens zusammenzusetzen und der sächsischen Schweiz ähnliche Landschaftsformen zu erzeugen.

Der in diesen Grenzen eingeschlossene Raum hat ungefähr die Gestalt eines rechtwinkligen Dreiecks, dessen Hypotenuse durch die nordöstliche Randlinie Bonnewitz-Kreibitz, und dessen Katheten durch die Linien Bonnewitz-Königswald und Königswald-Kreibitz bezeichnet werden. Die Hypotenuse ist ungefähr 41, die Katheten 29 und 32 km lang, der Flächeninhalt des ganzen Gebietes beträgt etwa 450 qkm oder 8 Quadratmeilen.

Orographischer und geologischer Gegensatz gegen die Nachbargebiete.

Die orographische Eigentümlichkeit dieses Gebietes ist eine so ausgeprägte, dass sie uns in der Natur oder auf einer guten topographischen Karte[1]) auf den ersten Blick entgegentritt. Das Lausitzer Bergland sowohl wie das Erzgebirge sind sanft gewellte Hochflächen, in welche die Thäler mehr oder weniger tief eingeschnitten sind, über welche sich nur unbedeutende Gipfel erheben. Das böhmische Mittelgebirge ist ein Haufwerk von hohen und niedrigen gerundeten Kuppen und Rücken, in deren Anordnung das Auge keine Regel bemerkt. In der sächsischen Schweiz dagegen waltet der Tafelcharakter vor; auf einer Reihe von Ebenheiten, in welche enge, steilwandige Thäler eingegraben sind, erheben sich Berge und Rücken mit mehr oder weniger horizontaler Oberfläche, aber schroffem, oft beinahe senkrechtem Absturz. Die Oberfläche dieser Berge und Rücken bildet im grossen und ganzen eine Ebene, welche auf dem rechten Elbufer horizontal oder nur schwach nach Nordwest geneigt ist, auf dem linken Elbufer dagegen etwas steiler nach Südwest ansteigt. Vom Lausitzer Hügellande und dem Erzgebirge unterscheidet sich die sächsische Schweiz also durch ihre Zerrissenheit und die Schroffheit der Formen, von dem böhmischen Mittelgebirge durch den tafelartigen Charakter.

Diese auffallenden topographischen Unterschiede sind in der Verschiedenheit von Bau und Entstehungsgeschichte begründet[2]). Dem

---

[1]) Ein eingehenderes Studium muss sich auf die Messtischblätter der sächsischen Generalstabskarte 1:25000 gründen, auf welchen die Höhenverhältnisse durch Isohypsen dargestellt sind. Gute Uebersichten geben die Generalstabskarte 1:100000, der Topographische Atlas von Sachsen von Oberreit und v. Odeleben, Topographische Karte der Umgegend von Hohnstein und Schandau. Weniger gut ist die österreichische Generalstabskarte 1:75000. Eine Höhenschichtenkarte 1:200000 von Kořistka im Archiv der naturwissenschaftlichen Landesdurchforschung von Böhmen, I. Bd., I. Abtlg. Daselbst S. 66 ff. auch eine ausführliche orographische Beschreibung des südöstlichen Teils und einzelne orometrische Berechnungen.

[2]) Eine gute zusammenfassende Darstellung haben die deutschen Gebirge neuerdings durch Penck in: Unser Wissen von der Erde, II. Bd., Leipzig und Prag 1880, erhalten. Ich habe dieses Werk erst eingesehen, als meine Darstellung im wesentlichen niedergeschrieben war, und habe dasselbe nur noch in Einzelheiten benutzt, während die oft grosse Uebereinstimmung der Auffassung zufällig und darum um so erfreulicher ist.

tafelartigen Oberflächencharakter der sächsischen Schweiz entspricht
eine horizontale oder ganz sanft geneigte Lage der sie zusammen-
setzenden Schichten; wir können jetzt, am Eingange der Untersuchung,
noch nicht beurteilen, ob auch Verwerfungen einen Anteil an der
Gestaltung des Reliefs nehmen, aber im wesentlichen sind es die Faktoren der Erosion, welche den ehemaligen Zusammenhang zerrissen
haben. Wir müssen die sächsische Schweiz demnach als ein erodiertes
Tafelland oder ein Erosionsgebirge bezeichnen [1]). Auch das Erzgebirge
und das Lausitzer Bergland waren vor dem Einschneiden der heutigen
Thäler sanft gewellte Hochflächen; aber dieser Gestalt der Oberfläche
lag nicht, wie in der sächsischen Schweiz, ein horizontaler Schichtenbau
zu Grunde, die Schichten sind vielmehr grossenteils steil geneigt und
bilden Falten, welche früher hoch aufragten, aber heute durch irgend
eine äussere Kraft, sei es die Brandungswelle des Meeres (Abrasion [2]),
seien es lediglich die atmosphärischen Agentien, glatt gehobelt worden
sind. Erzgebirge und Lausitzer Bergland sind danach Rumpfgebirge.
Das böhmische Mittelgebirge endlich bezeichnet wieder einen anderen
Gebirgstypus, da es ein vulkanisches Ausbruchsgebirge ist.

Der Bau des Erzgebirges, allerdings mit Ausnahme des uns gerade
besonders interessierenden Nordostflügels, ist in dem letzten Jahrzehnt
durch die sächsische geologische Landesanstalt unter der Leitung von
Herrn Oberbergrat Prof. Hermann Credner auf das eingehendste untersucht worden und hat sich dabei als äusserst kompliziert herausgestellt.
Nur im allgemeinen kann man dasselbe als eine von SW nach NE [3])
streichende Falte bezeichnen, welcher im Norden die kleineren Falten
des Granulitgebirges und des nordsächsischen Hügellandes vorgelagert
sind. An der Faltung nehmen ausser den archäischen Gesteinen auch
die paläozoischen Formationen bis zum Kulm herab teil, während die
produktive Kohlenformation und das Rotliegende horizontal oder sanft
geneigt in den beiden Becken zwischen den Falten abgelagert wurden
und nur noch durch Verwerfungen gestört sind [4]).

Nach Nordosten hin biegt die Streichrichtung der Schichten allmählich aus einer nordöstlichen in eine südöstliche um [5]), so dass wir
zwischen Meissen und Nossen einerseits, Pirna und Gottleuba anderseits
alle Formationsgrenzen, zwischen Gneiss und Thonschiefer-Grauwacke,
zwischen diesen und Syenit oder Granit oder zwischen Rotliegendem und

---

[1]) Diese Benennung der Gebirge ist dem „Führer für Forschungsreisende"
meines hochverehrten Lehrers Ferd. Frhrn. v. Richthofen entnommen, welches die
reichste Belehrung über alle Probleme der Gebirgskunde enthält. Ich werde auf
dieses vorzügliche Buch auch bezüglich der Untersuchungen anderer Forscher verweisen, wenn dieselben an schwer zugänglichem Orte veröffentlicht oder bereits
ein Gemeingut der Wissenschaft geworden sind.

[2]) v. Richthofen, Führer S. 359 ff.

[3]) Ich habe Ost stets durch die in der Meteorologie eingeführte internationale Abkürzung E bezeichnet.

[4]) Vgl. Herm. Credner, Das erzgebirg. Faltensystem. Ein Vortrag. Dresden 1883.

[5]) Naumann, Erläuterungen zur geol. Karte von Sachsen, Heft 5, 8. 11 ff.
Mietzsch, Das Schieferterrain des nordöstlichen Erzgebirges. Dissert.
Leipzig 1871, und Zeitschr. f. d. ges. Naturw. 1871, S. 1 ff.
Mietzsch, Das erzgebirgische Schiefergebiet in der Gegend von Tharandt
und Wilsdruff. N. Jahrb. f. Min. von 1872, S. 562 ff.

einer der genannten Formationen im ganzen von NW nach SE verlaufen
sehen. Das Rotliegende (ob die Kohlenformation in dieser Gegend
überhaupt vorkommt, ist nach den Untersuchungen von Sterzel zweifelhaft geworden) ist auch hier nicht mit gefaltet, aber stark verworfen.
Ein kleines Vorkommen der Dyasformation findet sich bei Weissig
nördlich von Pillnitz; auch unter Dresden wurde, ungefähr im Niveau
des Meeresspiegels, Rotliegendes erbohrt, aber die Hauptmasse ist zu
beiden Seiten des Plauenschen Grundes in einem von NW nach SE
gestreckten Becken oder vielmehr einem durch einen Porphyrrücken
getrennten Doppelbecken zwischen Gneiss, Phyllit und Syenit eingeschlossen [1]). Es unterliegt kaum einem Zweifel, dass diese Becken-
natur wenigstens zum Teil durch Verwerfungen bedingt ist, deren Bildung noch vor die Kreidezeit fällt.

Dieser ganze Nordostabhang des Erzgebirges mit seinen von NW
nach SE streichenden Schichten oder, wie wir ihn erst bezeichneten,
das Dresdener Elbthalgebirge kann geologisch eigentlich schon zur
Lausitz und damit zu den Sudeten gerechnet werden, da diesen ja im
Gegensatze zum Erzgebirge die nordwestliche Streichrichtung eigentümlich ist. Die räumliche Trennung, welche zwischen ihm und der
Lausitz besteht, hat, wie wir sehen werden, nichts mit der paläozoischen Faltung zu thun, sondern ist die Folge späterer Ereignisse. Unter
dem Quartär und Sandstein des Elbthales streichen die archäischen
und paläozoischen Faltenzüge fort, um an einzelnen Stellen, namentlich
bei Koswig und bei Niedergrund, auch zu Tage zu treten. Aber dies
linkselbische Elbthalgebirge sowohl wie die eigentliche Lausitz sind
doch noch nicht genügend studiert, als dass sie genauer dargestellt
werden könnten. Die von Cotta bearbeitete geologische Karte der
Lausitz zeigt in der Nähe der Elbe nur Granit und Syenit, aber ein
Teil dieses Granites ist so deutlich geschichtet, dass er, wenn er auch
im Handstücke richtungslos struiert erscheint, besser als Gneiss bezeichnet wird.

Zwischen Erzgebirge und Lausitz, oder, genauer gesagt, zwischen
die sudetisch streichenden Falten des linken Elbgehänges und das
eigentliche Lausitzer Bergland eingeschaltet oder teilweise denselben
aufgelagert, finden sich nun im Elbthale die mehr oder weniger horizontalen Schichten der Kreideformation, welche die sächsische Schweiz
fast ausschliesslich zusammensetzen und nordwestlich davon wenigstens
noch in mehr oder weniger bedeutenden Lappen auftreten.

Die Auffassung dieser Kreidebildungen und ihrer Lagerungsverhältnisse ist von so grosser Wichtigkeit für die Beurteilung von Bau
und Relief der sächsischen Schweiz, dass wir uns die Mühe nicht
verdriessen lassen dürfen, uns bei der stratigraphischen Geologie ausführliche Belehrung darüber zu erholen.

---

[1]) H. B. Geinitz, Geognostische Darstellung der Steinkohlenformation in
Sachsen. Leipzig 1856. S. 52 ff.

II. Gliederung und Lagerung der sächsischen Kreidebildungen.

Quadersandstein und Pläner.

Die Schreibkreide, welche der Kreideformation oder, wie wir nach den Beschlüssen des geologischen Kongresses jetzt eigentlich sagen müssten, dem Kreidesysteme den Namen gegeben hat, fehlt im Gebiete der sächsischen Schweiz vollständig. Die unbedingt vorherrschenden Gesteine sind hier der Quadersandstein und der Pläner, weshalb manche Autoren auch schon vorgeschlagen haben, den Namen Quadersandstein- oder Plänerformation an die Stelle des Namens Kreideformation zu setzen, ein Vorschlag, der mit Recht zurückgewiesen worden ist, weil der Quadersandstein und der Pläner ebensogut wie die Schreibkreide nur lokale Vorkommnisse sind. Der Quadersandstein ist ein Quarzsandstein mit geringem thonigem oder eisenschüssigem Bindemittel, das seinen Namen von der eigentümlichen quaderförmigen Absonderung erhalten hat; er liefert das vorzügliche Baumaterial, welchem die Bauten Dresdens einen Teil ihrer Schönheit verdanken, und welcher elbabwärts auch nach Berlin und anderen Städten gebracht wird. Der Pläner ist meist durch eine plattenförmige Schichtung oder Absonderung ausgezeichnet [1]) und tritt entweder als ziemlich reiner Kalkstein (bei Strehlen und Weinböhla) oder als Mergel auf oder geht auch in einen kalkigen, mergeligen oder thonigen Sandstein (Plänersandstein) über.

Gliederungsversuche.

Anfangs glaubte man, den Quadersandstein überhaupt als das untere, den Pläner als das obere Glied der sächsischen Kreideablagerungen ansprechen zu dürfen. Aber im Jahre 1838 zeigte Naumann [2]), dass die Plänerdecke „am östlichen Gehänge des Gottleubathales unter den dortigen Quadersandstein einkriecht, und dass die meisten Sandsteinmassen der sächsischen Schweiz nicht unter, sondern über den Pläner gelagert sind", und er sprach zugleich die Vermutung aus, dass der Pläner dem Gault, der darunterliegende Sandstein der unteren, der darüberliegende Sandstein der oberen Abteilung der Kreideformation anderer Länder, namentlich Englands, entsprächen. Römer und Geinitz erhoben aus paläontologischen Gründen gegen diese Auffassung Einsprache und parallelisierten den Pläner vielmehr mit dem englischen Chalk marl. Es darf heute als eine feststehende Thatsache gelten, dass die beiden unteren Abteilungen der Kreidezeit, nämlich Neocom und Gault, in Sachsen ebenso wie in Schlesien, Böhmen und dem ausseralpinen Bayern, überhaupt fehlen, dass Quader und Pläner den Abteilungen des Cenoman, Turon und Senon angehören. Auch im einzelnen ist die Gliederung und Parallelisierung der sächsisch-böhmi-

---

[1]) Der Name Pläner kommt jedoch nach den Untersuchungen von O. Richter (Sitzungsber. d. Isis 1882, S. 131) nicht von planus, sondern von dem Dorfe Plauen her.
[2]) Erläuterungen, 5. Heft, S. 357. Vgl. Cotta, ebendaselbst.

schen Kreideablagerungen durch die eingehenden Untersuchungen von
Rominger, Reuss, Geinitz, Gümbel, Hochstetter, Jokély, Krejči, Frič,
Schlönbach u. a. wesentlich gefördert worden, obgleich sie noch nicht
als abgeschlossen betrachtet werden kann [1]).

Als unterstes Glied der sächsisch-böhmischen Kreidebildungen
werden von allen Autoren die pflanzenführenden Schichten betrachtet,
welche an einzelnen Stellen dem unteren Quadersandstein eingelagert
sind (Schichten von Niederschöna Geinitz, Peručer Schichten Krejči
und Frič).

Darauf folgt oder damit gleichzeitig beginnt der eigentliche
untere Quadersandstein, dem die untere Abteilung des Pläners teils
auflagert, teils äquivalent ist: Unterer Quader und unterer Pläner
(Geinitz), Unterplänersandstein und Unterplänermergel (Gümbel), Korycaner Schichten (Krejči und Frič), erste Zone oder Zone der Trigonia
sulcataria und des Catopygus carinatus (Schlönbach).

Bei Dresden liegt auf dem unteren Pläner, nur durch eine Thon-
schicht getrennt, der mittlere Pläner von Geinitz, der, wie Gümbel
nachwies, nach Pirna hin in den Cottaer Bildhauersandstein (mittlerer
Quader von Geinitz) übergeht. Gümbel selbst bezeichnet diese Stufe
als Mittelplänersandstein, die böhmische Landesdurchforschung als
Weissenberger Schichten, Schlönbach als zweite Zone (des Inoceramus
labiatus).

Auf diesem Bildhauersandstein lagert an mehreren Stellen südlich
von Pirna, am deutlichsten zwischen Neundorf und Krietzschwitz, ein
glaukonitischer Sandstein, darauf eine dünne Plänerschicht und schliesslich ein Mergel. Es sind die Schichten, welche Naumann 1838
entdeckt und als Plänereinlagerung bezeichnet hatte. Er hatte sie
bereits bis an den Schneeberg verfolgt; besonders durch die Nach-
forschungen von Geinitz ist sie noch an mehreren Punkten aufgefunden worden, so dass sie als ein besonders wichtiger Horizont
erscheint. Gümbel bezeichnete die drei Bildungen als Mittelpläner-
grünsandstein, Mittelplänermergel und Oberplänermergel, Geinitz als
Cottaer Grünsandstein, oberen Pläner und oberen Quadermergel; beide
hielten die Plänerschicht für gleichalterig mit den Plänerkalken von
Strehlen und Weinböhla. Den Sandstein über diesen Schichten bezeichneten Gümbel und Geinitz als oberen Plänersandstein bezw. oberen
Quadersandstein und sahen ihn als das oberste Glied der sächsischen,

---

[1]) Die wichtigste Litteratur ist gegenwärtig folgende:
Gümbel, Beiträge zur Kenntnis der Procän- oder Kreideformation im nord-
westlichen Böhmen. Abhandl. d. bayr. Akad. d. Wissensch. 1868 (X. Bd.).
Geinitz, Das Elbthalgebirge in Sachsen. 4 Bde. Kassel 1871.
Krejči, Studien im Gebiete der böhmischen Kreideformation. Archiv der
Naturwissenschftl. Landesforschung von Böhmen. I. Bd., II. Abtlg., S. 1 ff.
Frič, Paläontologische Untersuchungen der einzelnen Schichten der böhmi-
schen Kreideformation; 1. die Peruŭer und Korycaner Schichten; 2. die Weissen-
berger und Malnitzer Schichten; 3. die Iserschichten. Ibid. I. Bd., II. Abtlg., S. 181 ff.
Schlönbach, Die Brachiopoden der böhmischen Kreide. Jahrb. d. Geol.
Reichsanstalt 1868, S. 139 ff.
Hochstetter, Durchschnitt durch den Nordrand der böhmischen Kreide-
ablagerungen bei Wartenberg unweit Turnau. Ibid. S. 247 ff.

böhmischen und bayrischen Kreidebildungen an. Etwas später untersuchte jedoch Geinitz thonige Mergelschiefer in einem Eisenbahneinschnitte bei Zatzschke nördlich von Pirna und stellte dieselben nun mit den benachbarten Copitzer Grünsandsteinschichten, die er und Gümbel bisher für eine Fortsetzung des Cottaer Grünsandsteines gehalten hatten und mit der Wehlener Thoneinlagerung als Baculitenmergel über den oberen Quader; nur wenige Sandsteinbänke sollten noch über diesen Mergeln auftreten.

Die böhmischen Landesgeologen haben die Plänereinlagerung als Malnitzer Schichten bezeichnet. Darauf folgt, unter dem Namen Iserschichten, der Sandstein des Schneebergs, Königsteins, Winterbergs u. s. w., auf diesen die Teplitzer Schichten, zu welchen, im Gegensatze zu Gümbel und Geinitz, der Plänerkalk von Strehlen und Weinböhla gezählt werden, dann die Priesener oder Baculitenmergel und schliesslich die Chlomecker Schichten oder der eigentliche obere Quader, der in der sächsischen Schweiz gar nicht vertreten sein soll. Die beiden letzten Glieder entsprechen der fünften und sechsten Zone Schlönbachs, in seiner vierten Zone fasst er dagegen die Iser- und Teplitzer Schichten, d. h. den oberen Quader und den Plänerkalk der Geinitzschen Gliederung, zusammen, die er geneigt ist, für gleichalterige, einander vertretende Bildungen zu halten. Seine dritte Zone umfasst die drei Glieder der Plänereinlagerung, ist also mit den Malnitzer Schichten identisch.

Einige der Streitfragen, z. B. die Frage, ob der Quadersandstein anderer Gegenden jünger ist als der obere Quader Sachsens, und ob dieser dem Turon oder Senon angehört, sind zwar für die historische Geologie wichtig, aber für die Auffassung des Gebirgsbaues von geringer Bedeutung. Dagegen ist es hierfür wünschenswert, die relative Stellung der innerhalb der sächsischen Schweiz auftretenden Bildungen zu kennen, z. B. zu wissen, ob der Plänerkalk von Strehlen und Weinböhla über oder unter dem oberen Quader liegt oder denselben vertritt, ob der Copitzer Grünsandstein mit dem Cottaer Grünsandstein gleichalterig ist oder einem höheren Niveau angehört, ob die Mergel von Zatzschke und Wehlen wirklich über dem Sandsteine des Königsteins und Winterbergs liegen.

Freilich ist es sehr schwer, diese Fragen zu entscheiden. Im Quadersandstein sind die Versteinerungen vielfach sehr spärlich und dabei oft so schlecht erhalten, dass sich verwandte Arten nicht unterscheiden lassen. Und wenn man auch den Quader eines Ortes mit dem Quader eines anderen Ortes oder den Pläner eines Ortes mit dem Pläner eines anderen Ortes vergleichen kann, so kommen doch die Verschiedenheiten des Pläners vom Quader viel mehr auf Rechnung des Faciesunterschiedes, d. h. der verschiedenen Bedingungen der Ablagerung, als des geringen Zeitunterschiedes zwischen ihrer Bildung. In Bezug auf die Gesteinsbeschaffenheit ist dieselbe Schicht, wie der mittlere Quader zeigt, grossen Schwankungen unterworfen, während verschiedene Schichten einander täuschend ähnlich sehen. Es ist daher sehr schwer, Verwerfungen und andere Unregelmässigkeiten der Lagerung zu erkennen. Zu einer allgemeinen Ueber-

sicht der Lagerungsverhältnisse bedienen wir uns am besten der Auflagerungsfläche des Quadersandsteins auf dem Grundgebirge und der
Plänereinlagerung, von denen beiden wir annehmen dürfen, dass sie
bei ihrer Bildung im ganzen horizontale oder sanft geneigte Ebenen
bildeten.

Die Auflagerungsfläche des Quadersandsteins auf dem Grundgebirge.

Bei der Goldenen Höhe südlich von Dresden lagert der Quadersandstein in 330 m Meereshöhe auf einem Porphyr auf. Ungefähr
die gleiche Meereshöhe hat die Auflagerung des Sandsteins auf dem
Grundgebirge an den Geresdorfer Wänden nordwestlich von Berggiesshübel und im Thale bei Bahra, also längs einer von NW zu W nach
SE zu E (in 125°), das ist parallel der Gneiss-Schiefergrenze, verlaufenden Linie. Dieselbe Richtung verbindet auch die Sandstein-
inseln des Sattelbergs und von Jungferndorf, bei welchen die Auflagerungsfläche ebenfalls gleiche Meereshöhe (660 m) besitzt. Wir
können daher diese Richtung als Streichrichtung der Auflagerungsfläche bezeichnen und den Fallwinkel derselben aus dem Abstande der
beiden Linien berechnen. Da dieser Abstand ungefähr 9300 m, der
Höhenunterschied 325 m beträgt, so ist das Gefälle 2°.

Auch zwischen Berggiesshübel und dem Sattelberge, wo die
Zerstückelung des Sandsteingebietes dessen Auflagerung besonders
häufig beobachten lässt, sieht man die Auflagerungsfläche im allgemeinen in der angegebenen Weise nach SW ansteigen. Aber doch
nur im allgemeinen, denn mehrere Kuppen älteren Gesteins, vor allem
das granitische Grosse Horn östlich von Gottleuba, ragen über diese
ideale Ebene empor und erheben sich sogar höher als die heutige
Oberfläche des benachbarten Sandsteins. Man könnte zunächst daran
denken, die Ursache dieser Erscheinungen in Verwerfungen zu suchen,
aber nicht nur die Sandsteinpartien nördlich und südlich, sondern auch
östlich und westlich des Grossen Horns, also rings um dasselbe herum,
treten in dem Niveau auf, in welchem wir sie auf Grund der beschriebenen allgemeinen Streich- und Fallverhältnisse zu erwarten haben;
nur unmittelbar am Grossen Horn selbst steigt die Auflagerungsfläche
höher an, ohne dass doch die Schichten eine starke Aufrichtung zeigten.
Diese Lagerungsverhältnisse stehen mit allem in Widerspruch, was
wir von Verwerfungen wissen, lassen sich aber leicht aus der ursprünglichen Ablagerung des Sandsteins erklären. Ramsay und Richthofen
(vgl. Führer S. 353 ff.) haben gezeigt, dass ein vordringendes Meer,
ausser in ganz geschützten Buchten, das Land glatt hobelt, abradiert,
ehe es sich darüber ausbreitet, dass also seine Sedimente auf eine
sanft ansteigende Ebene zu liegen kommen; sie haben aber auch schon
hervorgehoben, dass einzelne feste Massen als Felsriffe oder Inseln
aufragen werden. In der sächsischen Schweiz finden wir sowohl die
Ebenflächigkeit der Auflagerungsfläche im allgemeinen wie das Aufragen härterer Granit- und Porphyrstöcke und Quarzitrücken über
diese Fläche auf das glänzendste bestätigt. Diese Stöcke und Rücken
müssen während der Cenomanzeit Küsteninseln und Halbinseln gebildet

haben und wurden erst während des Turon vom ansteigenden Meere
bedeckt, von dessen Ablagerungen sie jedoch heute bereits wieder
befreit sind. In dem Sandsteingebiete zwischen Freiberg und Tharandt
hat man, wie mir Herr Oberbergrat H. Credner mitteilt, an den Por-
phyren ein ähnliches Verhalten beobachtet. Auch das Auftreten von
Granit und Thonschiefer an der Elbe oberhalb Niedergrund scheint
hierher zu gehören, da der umgebende Quader von Krejci und Geinitz
als mittlerer erkannt worden ist.

Aber es ist fraglich, ob sich alle Unterbrechungen in der Gleichmässigkeit der Auflagerungsfläche auf diese Weise erklären lassen.
Wenn wir von der Goldenen Höhe, bei welcher wir unsere Betrachtung
begannen, nördlich nach Dresden hinabsteigen (vgl. Figurentafel), sehen
wir die untere Grenze der Kreideformation ebenfalls sich senken. Während sie an der Goldenen Höhe in 330 m lag, liegt sie im Boderitz-
grunde in 200 m, bei Altkoschütz in 210 m, am Hohen Stein in
190 m über, am Antonsplatz in Dresden aber 38 m unter dem Meeresspiegel. Schon zwischen der Goldenen Höhe und den nächstgelegenen
Punkten finden wir das Gefälle etwas steiler als bisher, nämlich 2½°;
zwischen Altkoschütz und dem Antonsplatze hat sich dasselbe auf 3½°
vermehrt. Naumann erwähnt, dass die Quader- und Plänerschichten südlich von Dresden mitunter unter 15° geneigt sind; ob ausserdem Verwerfungen zu jenem Verhältnis mitwirken, ist noch nicht sichergestellt.

Auch wenn wir von der Goldenen Höhe aus südwärts wandern,
stossen wir auf Unregelmässigkeiten. Der Sandstein der Goldenen
Höhe bricht in einer nicht hohen, aber ziemlich steilen Wand ab; beim
Anstieg nach Possendorf und beim Aufstieg in der Richtung nach
Dippoldiswalda bewegen wir uns auf Rotliegenden, das in den Herms-
dorfer Höhen bis zu 450 m ansteigt. Wenn sich der Quadersandstein
bis hierher fortsetzte, so würde er, unter der Annahme des gewöhnlichen Neigungswinkels von 2°, bei 470 m auf dem Rotliegenden auflagern müssen, in welcher Höhe die Auflagerung der in der Streichrichtung gelegenen Sandsteinpartie zwischen Neuhof und Peterswalde
thatsächlich stattfindet. Statt dessen ist hier der Quadersandstein in
einer viel geringeren Meereshöhe an den Südrand des genannten
Rückens angelehnt, seine Oberfläche liegt in 360 m, und sein Boden
wird im Oelsengrund bei 310 m noch nicht erreicht. Diese tiefe Lage
kann ihren Grund nur in einer Verwerfung mit einer Sprunghöhe
von 150—200 m haben. Dieselbe verläuft von NW nach SE, denn
sie lässt sich von Wendisch-Carsdorf aus einerseits bis Weissig bei
Tharandt, wo ihr Betrag jedoch etwas geringer geworden ist, andrerseits über den Wilisch hinaus verfolgen. Ob sie auch hierhin auskeilt, oder ob eine zweite, mehr oder weniger senkrecht darauf stehende
Verwerfung den Uebergang zum normal gelagerten Quader vermittelt,
ist noch nicht sicher festgestellt und wird sich auch, da der Quader
hier fast ganz denudiert ist, nur durch Studien im Grundgebirge feststellen lassen. Von der Verwerfungslinie aus hebt sich die Auflagerungsfläche des Quadersandsteins in der Richtung nach Dippoldiswalda und Freiberg von neuem, jedoch, wie es scheint, nicht mit
derselben Regelmässigkeit wie weiter östlich.

Noch auffallender ist eine Verwerfung zwischen Cossebaude und
Meissen, bei deren Beschreibung ich mich allerdings ganz auf die
Beobachtungen von Naumann (Erläuterungen 5. Heft S. 343 ff.) stützen
muss, weil gute Aufschlüsse gegenwärtig fehlen. Die Sandstein- und
Plänerdecke, welche wir südlich und südöstlich von Dresden antrafen,
zieht sich am linken Ufer der Weisseritz immer mehr zusammen und
bildet von Cossebaude an nur noch eine, wesentlich aus unterem Pläner
bestehende, Terrasse am Fusse der höheren Syenit-Granitplatte. Die
Schichten liegen in dieser Plänerterrasse horizontal, nur unmittelbar
an der Grenze sind sie auf das auffälligste aufgerichtet oder gar
überkippt. Die Streichrichtung dieser aufgerichteten Schichten ist
ebenso wie die der Grenze selbst NW-SE.

Unterer und mittlerer Quader und Pläner.

Die sächsischen Kreideablagerungen beginnen, wenn wir von
den pflanzenführenden Schichten und anderen lokalen Bildungen absehen, grossenteils mit dem unteren Quader, stellenweise mit dem
unteren Pläner, der jenem äquivalent zu sein scheint, an ganz vereinzelten Punkten, infolge Klippenbildung, mit höheren Horizonten.
Aller Quader südlich von Dresden, zwischen Dippoldiswalda, Tharandt
und Freiberg, bei Berggiesshübel, am Sattelberge, im unteren Teil der
Tyssaer Wände ist durch Geinitz und die Prager Geologen auch
auf paläontologischem Wege als unterer erwiesen worden. Auf den
unteren Quader oder auch direkt auf das Grundgebirge folgt teils
der untere und mittlere Pläner, teils, in der eigentlichen sächsischen
Schweiz, der mittlere Quader. Obwohl derselbe erst seit kurzem
vom unteren und oberen Quader abgetrennt wird, ist er doch ausser
bei Rottwernsdorf auch im oberen Teile der Tyssaer Wände bis
zum Dorfe Schneeberg und von da abwärts bis zur Schweizermühle,
an der Elbe von Niedergrund bis Königstein und östlich bis Dittersbach erkannt worden. Die Mächtigkeit des unteren und mittleren
Quaders bezw. der sie vertretenden Plänerbildungen ist schwer zu
beurteilen, weil die obere und untere Grenzfläche an wenigen Stellen
übereinander vorkommen; dazu kommt, dass die Mächtigkeit bei rein
sandiger Entwicklung wahrscheinlich grösser ist als wo der Pläner
überwiegt; im Mittel werden wir sie etwa auf 100 m veranschlagen
können.

Der obere Pläner und die Plänereinlagerung.

Ueber dem mittleren Quader folgt mit einer Grünsandsteinschicht
und einer Mergelschicht verbunden in lokal sehr wechselnder Ausbildung die Plänereinlagerung [1]). Von Pirna aus, wo sie an der Kohl-
mühle in 125 m Höhe auftritt, zieht sie sich am rechten Gehänge des

---

[1]) Vgl. ausser den Schriften von Geinitz, Krejči und Frič auch v. Gutbier, Geogn. Skizzen S. 21 u. 88 ff. Einzelne Angaben verdanke ich Herrn Sektions-
geologen Dr. Beck.

Gottleubathales aufwärts und erreicht zwischen Rottwernsdorf und Weinberg 200—210′ m, zwischen Neundorf und Krietzschwitz 210 bis 220 m, zwischen Langhennersdorf und Kirchberg 310 m, an der Chaussee bei Hermsdorf 370 m Meereshöhe. Auf der gegenüberliegenden Thalseite findet sie sich am Abhange des Cottaer Spitzbergs. Von Hermsdorf können wir sie zur Schweizermühle verfolgen, wo die auf ihr entspringenden Quellen zur Begründung einer Kaltwasserheilanstalt Veranlassung gegeben haben. Von hier nach Norden wurde sie in der Schlucht zwischen Königsbronn und Leupoldishain bei 250 m, am Ausgange des Thürmsdorfer Grundes bei 140 m, vielleicht im Brunnen der Festung Königstein bei 180 m angetroffen. Südlich von der Schweizermühle sehen wir die Quellen des Hohen Schneebergs auf ihr entspringen (zwischen 510 und 560 m). In dem Waldreviere zwischen dem Schneeberg und der Elbe ist noch wenig nach ihr gesucht worden. Dagegen wurde sie auf dem rechten Elbufer gegenüber Mittelgrund (über 400 m), auf der Höhe des Plateaus bei Rosendorf (über 300 m) und an der Basis der Sandsteinwände von Dittersbach i. B. (etwa 260 m) gefunden. Unterhalb Herrnskretschen tritt die Plänerschicht auf dem rechten Elbufer nur noch an wenigen Stellen zu Tage. Am Lachsfang im Polenzthale (dicht oberhalb Porschendorf) steht sie bei 130 m an, im Thale zwischen Mockethal und Nieder-Posta wird sie durch eine Quelle ungefähr in derselben Höhe verraten, in der gleichen Höhe tritt sie auch am nördlichen Ende von Copitz auf, und auch im Wesenitzthale wurde sie von Geinitz konstatiert. Die Copitzer Schicht hat dieser Forscher allerdings neuerlich nach Untersuchung des Zatzschker Mergels von der Plänereinlagerung abgetrennt und in einen höheren Horizont verwiesen (vgl S. 258 [14]), aber da der Zusammenhang mit den Zatzschker Mergeln gar kein so inniger ist, wohl aber der Copitzer Pläner als unmittelbare Fortsetzung des Pläners von Pirna und Cotta erscheint, müssen wir in diesem Punkte der älteren Ansicht von Gümbel und Geinitz den Vorzug geben.

Wenn wir diejenigen Aufschlüsse der Plänereinlagerung, welche gleiche Meereshöhe besitzen, mit einander verbinden, so finden wir, dass die Verbindungslinien in der sächsischen Schweiz im allgemeinen von WNW nach ESE, d. i. der Elbrichtung zwischen Pirna und Schmilka parallel, verlaufen. Westlich von Pirna scheint sich diese Streichrichtung mit dem Elblaufe etwas mehr nach NW zu wenden, da wir sonst an der Goldenen Höhe statt des unteren Quaders schon den oberen Pläner finden müssten, östlich der Linie Herrnskretschen-Tetschen biegt dagegen die Streichrichtung mehr nach Osten um. Der Einfallswinkel ist in der Nähe der Elbe 1° 20′, weiter davon entfernt 2° 20′, im Mittel 1° 45′.

Von Gümbel und Geinitz ist auch der Plänerkalk von Strehlen und Weinböhla dieser Plänereinlagerung zugezählt worden, während ihn die böhmischen Geologen zu den Teplitzer Schichten rechnen und damit über den oberen Quader der sächsischen Schweiz stellen. Bei Strehlen ist der Pläner ganz von Quartär umgeben und nahe einer Stelle, an welcher wir den unteren Quader und Pläner auffallend tief liegen fanden (vgl. S. 260 [16]); aber er liegt in so geringem Abstande vom mittleren Pläner und so auffallend in der Fortsetzung der Plänereinlagerung, dass die stratigraphischen Verhältnisse zu Gunsten der Geinitz-Gümbel'schen Ansicht zu sprechen scheinen. Das Gleiche gilt auch von dem Weinböhlaer Vorkommen, das sich von dem Strehlener nicht trennen lässt und gleichfalls ziemlich dicht auf den unteren Pläner folgt.

Der obere Quader und die Mergelschicht.

Unterhalb Pirna fehlen alle jüngeren Bildungen, bei Pirna lagert über dem Pläner ungefähr 50 m mächtiger Quadersandstein, am Schneeberg, der sich zu 723 m erhebt, während wir die Plänerschicht daselbst zwischen 510 und 560 m fanden, ist der obere Quadersandstein 160 m mächtig; der Lilienstein ist 411 m hoch und der Pläner steht an seinem Fusse bei 140 m an, so dass wir für den oberen Quader 270 m erhalten; und am Grossen Winterberg müssen wir demselben wenigstens 300 m geben, denn der Quader steht hier bis 500 m an, während sich die Plänerschicht keinenfalls höher als 200 m erhebt. Es ist also ein bedeutender Irrtum, wenn Krejci (a. a. O. S. 124) dem über der Plänerschicht liegenden Quadersandstein, welchen er ganz zu den Iserschichten rechnet, nur eine Mächtigkeit von 300′ oder 100 m zuschreibt.

Ausser Quadersandstein tritt jedoch in der sächsischen Schweiz über dem Pläner auch eine Mergelschicht auf. Dieselbe wurde von Geinitz zuerst in einem Eisenbahneinschnitte bei Zatzschke nördlich von Pirna (etwa in 170 m Höhe) näher studiert, den Baculitenmergeln parallelisirt und über den oberen Quader gestellt. Dieser Mergel scheint aber nicht unmittelbar auf dem Copitzer Grünsandstein, sondern ungefähr 50 m höher als derselbe zu liegen. Damit stimmt es gut überein, dass der für seine Fortsetzung gehaltene Mergel von Wehlen in 190 m Höhe liegt, während der Pläner hier ungefähr in 130 m Höhe zu liegen kommt. Auf der gegenüberliegenden Elbseite tritt ein Thon bei Naundorf in 240 m Höhe (mit verhältnismässig steilem, nach SW gerichteten Einfall) auf. Auch zwischen Königstein und Schneeberg ist der Sandstein in einiger Höhe über der Plänerschicht auffallend thonig, doch ist der Zusammenhang dieses thonigen Sandsteins mit dem Mergel von Zatzschke noch nicht erwiesen. Bei Wehlen wird der Mergel bereits von einigen Sandsteinbänken überlagert; nach SE erhebt sich der Sandstein in einer Reihe von Stufen immer höher, und diese Stufen müsste man als Verwerfungen betrachten, wenn der Mergel den oberen Quader überlagern soll. Aber dann müssten wir am Winterberge ungefähr in 450 m Höhe die Plänerschicht finden, was nicht der Fall ist, aller Sandstein darunter müsste mittlerer und unterer sein, während seine grobkörnige Beschaffenheit und sein lockeres Gefüge sowohl wie seine spärlichen Versteinerungen ihn entschieden als oberen charakterisieren. Die Verwerfung würde doch auch kaum an der Elbe Halt machen, sondern auf das linke Elbufer hinübergreifen und würde dort den östlich davon auftretenden Pläner in ein viel höheres Niveau als den westlich gelegenen gerückt haben, während

wir thatsächlich keinen derartigen Gegensätzen begegneten. Der Mergel
von Zatzschke und Wehlen kann danach nur als eine Einlagerung in
einem ziemlich tiefen Niveau des sächsischen oberen Quaders betrachtet
werden, eine Einlagerung, die nach Osten hin auskeilt oder versandet.
Er ist also entweder den Priesener Mergeln der Prager Geologen gar
nicht zu parallelisieren, oder diese liegen, wie Gümbel und Hochstetter
meinen, nicht über, sondern zwischen dem oberen Quader Sachsens,
der dann Iser- und Chlomecker Schichten zugleich repräsentierte.

Ebensowenig wie die Stufen zwischen Pirna und dem Winterberge haben die meisten anderen grossen Terrainstufen etwas mit Verwerfungen zu thun. Eine solche Stufe findet sich am Gottlenbathal,
dessen östlicher Rand den westlichen um 80 m überragt; wäre diese
Stufe durch eine Verwerfung bedingt, so müssten sämtliche Schichten
am östlichen Gehänge um 80 m höher als am westlichen auftreten;
thatsächlich aber liegen der mittlere Quader und der mittlere Pläner
auf beiden Seiten in gleicher Höhe, rechts folgt der obere Quader, der
links überhaupt fehlt. Die Wände des Winterbergs und Prebisch-
thors erheben sich hoch und schroff über die Rosendorfer Ebenheit;
diese wird von mittlerem Quader gebildet und ihm, nicht oberem
Quader, müssten wir auch in der Höhe jener Wände begegnen, wenn
dieselben durch Verwerfung entstanden wären. Auch weiter nordwestlich finden wir auf dem rechten Elbufer fast nur oberen Quader,
während eine Verwerfung längs der Elbe den mittleren Quader und
den Pläner in die Höhe gebracht haben müsste. Dieser findet sich
thatsächlich, wie wir sahen (S. 262 [18]), in geringer Höhe über dem
Elbspiegel und schliesst sich dem Pläner des linken Elbufers an. Noch
deutlicher beweisen die Tyssaer Wände ihre Unabhängigkeit von Verwerfungen, denn wenn man von ihrem Kamme, der aus mittlerem
Quader besteht, zu dem an ihrem Fusse gelegenen Dorfe Tyssa hinab-
steigt, so kommt man nicht von neuem auf mittleren Quader, sondern
durch unteren Quader, dessen Vorhandensein durch zahlreiche lose
Blöcke bekundet wird, auf Gneiss.

In dem Profil durch die sächsische Schweiz, welches Hochstetter
in der Allgemeinen Erdkunde gibt, erscheint die nach der Elbe hin
abnehmende Meereshöhe der Plänerschicht und der Auflagerungsfläche
des Quadersandsteins auf dem Grundgebirge durch zwei grosse, der
Elbe parallel verlaufende, Verwerfungen bedingt. Aber auch zur Annahme dieser Verwerfungen ist kein Anlass vorhanden, denn jene
Höhenabnahme wird vollständig durch die sanfte Schichtenneigung
erklärt, welche man südlich einer von Pirna nach Dittersbach i. B.
verlaufenden Linie an zahllosen Stellen bemerken kann [1]). Je mehr
wir uns von SW her der Elbe oder der Kamnitz nähern, um so
schwächer wird die Schichtenneigung; auf der Nordseite dieser Flüsse,
bezw. der Linie Pirna-Dittersbach ist sie dem Auge im allgemeinen
kaum mehr wahrnehmbar, die Schichten liegen horizontal, ja gegen
die Lausitzer Granitgrenze hin tritt teilweise sogar eine Neigung in
umgekehrtem Sinne ein.

---

[1]) Vgl. v. Gutbier, Geognostische Skizzen S. 19 ff.

III. Die Lausitzer Granitüberschiebung.

Die Lagerungsverhältnisse an der Grenze zwischen dem Quadersandstein und dem Lausitzer Granit, Gneiss und Syenit haben seit langem das Interesse der Geologen in hohem Grade erregt. Nachdem zuerst Weiss im Jahre 1827 die Aufmerksamkeit auf die merkwürdigen Aufschlüsse von Hohnstein und Weinböhla gelenkt hatte, haben zahllose Geologen diese und benachbarte Punkte besucht, ist eine ausserordentlich umfangreiche Litteratur über dieselben entstanden [1]). Statt dass nämlich der Quadersandstein den Granit, Gneiss und Syenit des Lausitzer Berglandes längs einer sanft geneigten Ebene bedeckte, sehen wir ihn vielmehr senkrecht gegen dieselben abstossen, steil an ihnen aufgerichtet oder sogar von ihnen überlagert, und an einzelnen Stellen steil geneigte Kalk- und Thonschichten dazwischen eingeschoben, welche sich durch ihre Versteinerungen unzweifelhaft als der Juraformation angehörig erweisen, aber nicht in der gewöhnlichen, sondern in umgekehrter Reihenfolge erscheinen.

Der nordwestlichste Punkt, an welchem die bezeichneten Störungserscheinungen auftreten, liegt östlich vom Dorfe Oberau, wo der Granit mit einer unter 30—35° geneigten Grenzfläche deutlich über dem Pläner lagert, dessen Schichten unter 20—30° gegen den Granit einfallen (Cotta a. a. O. S. 13). In den grossen Kalkbrüchen von Weinböhla ist an einer Stelle der Syenit in genau derselben Weise über dem Pläner gelagert (Cotta S. 14), einige hundert Meter davon entfernt aber sieht man (vgl. Figurentafel) den ungefähr unter 10° nach E einfallenden, von cretaceischem Thon und Mergel überlagerten Plänerkalk sich plötzlich steil nach der entgegengesetzten Seite aufrichten und durch die senkrechte Schichtenstellung hindurch sogar noch eine überkippte Lage annehmen; das Ganze wird von einer sanft westlich geneigten Fläche abgeschnitten, auf der diluvialer Sand mit ganz ungestörten Schichten lagert. Gleich dahinter sieht man auch hier den Syenit, der sich ungefähr 40 m über die Oberfläche des Pläners erhebt, um sich dann zu einer Platte auszubreiten.

Bis jenseits Pillnitz wird der Nordostrand des Elbthales durch den Abfall dieser Syenit-Granitplatte gebildet, welcher im ganzen von NW nach SE verläuft, aber mehrere auffällige Krümmungen zeigt. Denn auf ein von NNW nach SSE gerichtetes Stück folgt zwischen Wackerbarths Ruhe bei Naundorf und dem Heller bei Dresden eine

[1]) Für das heutige Studium sind am wichtigsten:

B. Cotta, Geognostische Wanderungen. 2. Heft. Dresden 1838.

O. Lenz, Ueber das Auftreten jurassischer Gebilde in Böhmen. Zeitschr. f. d. ges. Naturw. 1870 (auch als Leipziger Dissertation).

v. Dechen, Grosse Dislokationen. Sitzungsber. d. niederrhein. Gesellsch. f. Natur- und Heilkunde in Bonn. 1881. S. 14 ff.,

welche eine ausführliche Beschreibung sämtlicher Aufschlüsse enthalten, sowie mehrere paläontologische Arbeiten von G. Bruder in Sitzungsber. der Wiener Akad., LXXXIII (1881), LXXXV (1882) und XCIII (1886), und Denkschriften derselben 1885, II, S. 233 ff. In der letzten Arbeit auch ein vollständiges Verzeichnis der Litteratur. Vgl. die zusammenfassende Arbeit desselben Autors in Lotos Jahrb. f. Naturw. N. F. 7. Bd. Prag 1886, S. 1 ff.

östlich gerichtete Strecke, dann wird bis Pillnitz die Streichrichtung wieder SSE bis SE, während sie von Pillnitz bis Dittersbach i. S. erst östlich, dann sogar nordöstlich ist. Dieser Abfall ist thatsächlich viel steiler, als er infolge der ihm bis zu beträchtlicher Höhe vorgelagerten diluvialen Sandmassen an den meisten Stellen erscheint; der Pläner hat sich an ihm nur in wenigen undeutlichen Fetzen erhalten, die aber genügend sind, um ihn als eine Fortsetzung jener Störungslinie zu charakterisieren; am Heller sieht man den Pläner unter 70—80° am Syenit aufgerichtet (Cotta S. 15), südlich vom Porsberg findet sich in halber Höhe des Abhanges (in 200—250 m) eine schmale Zone von Sandsteinklippen, welche von W nach E streichen und unter 45—70° nach S einfallen.

Von Bonnewitz an werden diese gestörten Schichten nicht mehr von Quartärbildungen bedeckt, sondern erscheinen als Grenzwächter für die ausgedehnten horizontalen oder schwach geneigten Sandsteinmassen, welche von hier aufwärts beide Seiten des Elbthales einnehmen. Aber im ganzen lässt sich die Grenze nur mangelhaft beobachten. Zwischen Dittersbach i. S. und Eschdorf fand Naumann die Quadersandsteinbänke, ähnlich wie südlich vom Porsberge, unter 30° vom Granit abfallend und zugleich mit glatten Reibungsflächen versehen, die sich von hier der Grenze entlang bis jenseits Zittau verfolgen lassen, während sie mitten im Sandsteingebiete fast niemals gefunden wurden (Cotta S. 16). Von hier zieht sich die Grenze noch bis zum Wesenitzthale, welches sie südlich von der Dittersbacher Brücke erreicht, in nordöstlicher Richtung, wendet sich dann aber wieder nach Südost, um diese Richtung bis in die Gegend von Schandau beizubehalten. In der einspringenden Ecke von Dittersbach erhebt sich der Quadersandstein, der hier bis zu 330 m hoch liegt, ähnlich wie bei Zittau, beträchtlich über das angrenzende Granitterrain, aber schon bei Dobra lehnt sich der Sandstein wieder an den Granit an; die Grenze liegt hier bei 300 m, um sich jedoch am Hutberg westlich von Hohburkersdorf auf 380 m zu erheben. Freilich besitzt nur ein schmaler Sandsteinstreifen diese Höhe, während die eigentliche Platte 60 m tiefer liegt. Der Sandstein scheint hier sanft nach W einzufallen, umherliegende Bruchstücke eines lichtblauen Kalkes deuten vielleicht das Auftreten der Juraformation an. Nach Rathewalde hin wird die Oberfläche des krystallinischen Gesteins, das hier sicher Gneiss ist, allmählich niedriger und tritt direkt an die Sandsteinplatte heran. Beim Gasthof zum Hockstein wird ein nach S einfallendes Konglomerat (oder vielmehr Breccie) abgebaut, das aus eckigen Bruchstücken von thonigem Kalkstein und feinkörnigem Oolith besteht, reich an Pholaden ist und von Geinitz[1]) dem unteren Quader zugerechnet wird. Unmittelbar nördlich davon finden wir, in etwas grösserer Höhe, den Gneiss nach ESE, also parallel der Sandsteingrenze, streichend und unter 30° nach NE einfallend; gleich südlich davon tritt der obere Quader auf, der schon in geringer Entfernung regelmässig horizontal gelagert ist, unmittelbar an der Gneissgrenze aber, wie man

---

¹) H. B. Geinitz, Elbthalgebirge I, S. 63.

beim Abstieg zum Polenzthal bemerken kann und wie durch Schurfe
noch klarer gezeigt wurde (Cotta S. 17), teils unter einem Winkel von
10° dem Gneiss zugeneigt ist und von demselben überlagert wird,
teils auch, unter steilerem Winkel (40°), von demselben abfällt. Beim
Abstieg ins Thal weicht die Grenze (vgl. Cotta Tafel 1) nach NE
aus, um beim Anstieg auf der anderen Thalseite in die Verlängerung
der alten Streichrichtung zurückzukehren, ein Beweis, dass die Grenzfläche nach NE einfällt. Auf dieser anderen Thalseite liegt das
Städtchen Hohnstein und gleich hinter demselben die Kalkgrube, welche
den berühmtesten Punkt der ganzen Grenze bildet, aber heute lange
nicht mehr so gut wie früher aufgeschlossen ist. In dieser Grube
sind oder waren verschiedene Kalke, Mergel, Thone und Sandsteine
aufgeschlossen, die unter 37—47° unter den Granit (Gneiss) ein-
schiessen und sich durch ihre Versteinerungen deutlich als Glieder der
Juraformation erweisen, und zwar so, dass die zuoberst liegenden
Schichten einem älteren, die zuunterst liegenden Schichten einem
jüngeren Gliede derselben angehören, denn es folgen, wie Bruder
gezeigt hat, von oben nach unten Kelloway, Oxford, Corallien und
Kimmeridge. Auch bei Versuchsbauen zwischen Hohnstein und dem
tiefen Grunde fanden sich zwischen dem Sandstein und dem unter
20—25° darüber liegenden Granit mergelige und thonige Glieder eingeschaltet. Von da aber bis Saupsdorf ist die Juraformation bisher
nicht gefunden worden, obwohl die Grenze zwischen Quadersandstein
und Granit mehrfach von Thalläufen durchschnitten wird.

Von Hohnstein zieht sie zuerst in südöstlicher Richtung über den
tiefen Grund und das Sebnitzthal hinüber, um südlich von Altendorf
auch die Kirnitzsch zu kreuzen und am Gehänge der Hohen Liebe
hoch hinanzusteigen, sich dann aber nach Osten zu wenden, auf die
Nordseite der Kirnitzsch zurückzutreten und mit Ausnahme einer
kleinen Strecke oberhalb der Lichtenhainer Mühle auf derselben zu
verbleiben. Der unmittelbare Kontakt ist meist im Gebüsch der Gehänge verborgen, so dass die Lage der Grenzfläche erst bei genauer
kartographischer Aufnahme festgestellt werden wird. Am Kirnitzsch-
berge und am Eingange des nassen Grundes sieht man die Sandsteinbänke unter 15—20° nach E geneigt, und bei der Lichtenhainer
Mühle und bei Schandau scheinen sie sanft dem Granit zuzufallen.
Gutbier (S. 53) fand an diesen Grenzpunkten einzelne fast glasharte
Sandsteinblöcke mit ausgezeichneten Reibungsflächen, die oft an einer
Stelle glatt poliert, an einer anderen mit Frictionsstreifen versehen
sind, und zeichnet mit Eisenocker erfüllte Klüfte und Geoden im Sandstein, deren Entstehung er ebenfalls mit der Granitgrenze in Zusammenhang bringt.

Bei Saupsdorf ist die Grenze wieder durch Grubenbaue schön
aufgeschlossen (Cotta S. 34 f.). Die Grenze fällt mit 30°, im Stollen
ungefähr mit 60° unter den Granit ein; zwischen diesem und dem
Sandstein, der im nahen Kirnitzschthale völlig horizontal liegt, liegt
eine nach beiden Seiten zu sich bald auskeilende Masse von Mergel
und gelbem Kalkstein, welche zwar noch keine Versteinerungen geliefert hat, aber der Analogie nach als Jura gedeutet werden muss.

In einem alten Kalkbruche östlich von Hinterhermsdorf fand Lenz
(a. a. O. S. 4) in der That auch einige Juraversteinerungen auf. In
Bezug auf die Lagerungsverhältnisse sind aber die Ergebnisse einiger
Versuchsbaue viel lehrreicher, welche man im Jahre 1834 in dieser
Gegend vornahm, um auf fiskalischem Grunde Kalkstein zu finden
(Cotta S. 36 ff.). In unmittelbarer Nachbarschaft fand man hier die
Grenze ziemlich verschiedenartig ausgebildet; teils stand sie senkrecht,
teils war sie nach N., also vom Sandstein ab, geneigt, und zwar ver-
minderte sich diese Neigung bis auf 10°, so dass der Granit weit
über den Sandstein hinübergeschoben war.   Dieser stiess teils mit
horizontalen Bänken gegen den Granit ab, teils war er bis zu 20°
gegen den überliegenden Granit geneigt, jedoch war die Neigung
immer weniger steil als die Grenzfläche.   Dieser parallel fand sich
meist eine dünne Lage von Sand, Thon, Mergel oder Kalk zwischen
Granit und Sandstein eingeschaltet.   Eine Aufrichtung der Sandsteinschichten am Granit wurde hier nirgends bemerkt, dagegen ruhte an
einer Stelle, am Benediktstein, horizontal geschichteter Sandstein ohne
fremdartige Zwischenlagerung auf dem Granit auf.

Wenige Kilometer östlich vom Benediktstein liegt, oder lag vielmehr, schon auf böhmischem Gebiete, der Kalkbruch von Sternberg,
der ebenso wie die folgenden Aufschlüsse von dem späteren Afrikareisen-
den Lenz beschrieben worden ist. Die Grenze geht hier aus ihrer östlichen Richtung eben wieder in eine südsüdöstliche Richtung über, die
sie etwa bis Kreibitz beibehält. Der Kalkstein mit den zugehörigen
Thonen, die nach Bruder die Oxfordgruppe, d. h. die unterste Abteilung
des weissen Jura, repräsentieren, bilden eine linsenförmige Einlagerung
an der Grenze von Granit und Quadersandstein, die von NW nach SE
streicht und unter 30—35° nach NE, also dem Granit zu, einfällt.
Hier aufgefundene Belemniten zeigen ganz ähnliche Knickungen und
Verdrückungen, wie sie in Faltengebirgen beobachtet worden sind [1].
Bei Kbaa, am nordwestlichen Fusse des phonolithischen Maschken-
berges, sind die Lagerungsverhältnisse nicht mehr aufgeschlossen; die
Versteinerungen weisen jedoch darauf hin, dass hier ausser dem weissen
auch brauner Jura vertreten ist. Gerade im Gegensatze zu dieser
Stelle hat ein Bruch am Südfusse des Maschkenberges, östlich von
Neu-Daubitz, so gut wie keine Versteinerungen geliefert, lässt aber
die Lagerungsverhältnisse ziemlich deutlich erkennen [2]. Kalk und
Thon, die vermutlich der Juraformation angehören, sind auch hier
zwischen den Granit und den eigentlich horizontalen Quadersandstein
eingeschaltet und fallen, bei südsüdöstlicher Streichrichtung, nach dem
Granit hin ein, aber nicht unter gleichbleibendem Winkel, sondern
sich nach oben allmählich flacher legend; in diesem flacheren Teile
setzt ein etwa 20 m mächtiger senkrechter Gang von Basalt hindurch,
welcher nach dem Rande hin höchst auffallende Umwandlungserschei-
nungen zeigt.

---

[1] Bruder, in den Sitzungsber. d. Wien. Akad. 1881, 1. Abtlg., S. 51.
[2] Die Darstellung der Lagerungsverhältnisse, welche nicht ganz mit der
von Lenz gegebenen übereinstimmt, beruht auf Besuchen der Oertlichkeit am
6. September 1886 und am 20. Mai 1887.

Hier können wir die Betrachtung dieser Grenzlinie abschliessen, welche mit ähnlichen Störungserscheinungen am Nordfusse des Oyhin und am Südfusse des Jeschkengebirges entlang bis über Liebenau verfolgt worden ist.

Man hat diese merkwürdigen Lagerungsverhältnisse auf verschiedene Weise zu erklären versucht. „Weiss hielt dafür, Granit und Syenit seien als feste Gesteine zugleich mit den Hohnsteiner Kalksteinschichten durch plutonische Kräfte über die Glieder der Kreideformation hinweggeschoben worden." Kühn und Klipstein betrachteten ebenfalls den Granit für älter als den Quadersandstein, aber meinten, dass dieser nebst den Hohnsteiner Schichten, die sie für Pläner erklärten, unter überhängenden Klippen desselben abgelagert worden wäre. Naumann dagegen dachte sich ursprünglich den Granit und Syenit erst nach der Kreidezeit in heissflüssigem Zustande emporgequollen, und Leonhard bildete diese Ansicht dahin aus, dass der durchbrechende Granit vorhandene ältere Gesteine über den Quadersandstein geschoben habe [1]).

Am leichtesten lässt sich die Kühn-Klipsteinsche Theorie widerlegen, denn der Ueberhang des Granites und Syenites ist stellenweise so bedeutend, dass er unmöglich erst später durch untergelagerte Gesteine gestützt worden sein kann; dazu würde die überkippte Lage der Jurabildungen unerklärt bleiben. Aber auch für jüngere Eruptivbildungen können wir die den Quadersandstein überlagernden krystallinischen Gesteine nicht ansehen, denn nirgends zeigen sich Apophysen derselben im Sandstein, nirgends finden sich Sandsteinbruchstücke im Granit, wohl aber Granitbruchstücke in den Konglomernten der Jura- und Kreideformation; der Syenit von Weinböhla lässt sich nicht von dem Syenite des Plauenschen Grundes trennen, welcher vom Quader und Pläner auf weite Erstreckung überlagert wird; das Gestein von Hohnstein ist deutlich geschichtet und wird passender als Gneiss denn als Granit bezeichnet, und südöstlich von hier, am Jeschkengebirge, ist der Sandstein an unbezweifelt sedimentärem Thonschiefer aufgerichtet. Man ist deshalb zu der im wesentlichen schon von Weiss geäusserten Ansicht zurückgekehrt, dass der Granit und Gneiss der Lausitz älter als der Quadersandstein, und dass die jetzigen Lagerungsverhältnisse die Folge einer späteren Bodenbewegung seien. Dies Resultat entspricht ganz den Anschauungen, welche man heute überhaupt über die Entstehung der Gebirge gewonnen hat, da man die Ursache derselben, mit ganz wenigen Ausnahmen, nicht mehr in der Einwirkung eruptiver Gesteine, sondern in den allgemeinen physikalischen Verhältnissen unseres Planeten sieht.

Natürlich ist es von grosser Bedeutung zu wissen, welcher Art diese Bodenbewegung gewesen ist. Dass man es mit keiner eigentlichen Faltung zu thun hat, wie sie die Alpen, den Schweizer Jura und andere Gebirge erzeugte, ist leicht einzusehen, denn der Quadersandstein tritt mit beinahe horizontalen Bänken an die Dislokations-

---

[1]) Vgl. Cotta a. a. O. S. 4 ff. Naumann änderte später seine Auffassung und schloss sich der Weissschen Ansicht an. Vgl. Geognosie I, S. 931.

linie heran und tritt nicht zwischen den archäischen Gesteinen des
Lausitzer Berglandes von neuem auf, wie er es bei einer Faltung
müsste. Freilich haben auch in dieser Gegend, wie wir sahen, Faltungen stattgefunden, aber dieselben gehören viel älteren Erdperioden
an und waren beim Vordringen des Kreidemeeres längst abgeschlossen.
Die Dislokation, mit der wir uns beschäftigen, kann aber erst nach
der Ablagerung des Quadersandsteins stattgefunden haben, da dieser
eben gestört erscheint. Sie war dagegen beim Absatze des Sandes
von Weinhöhla und wahrscheinlich auch bei der Bildung des Basalt-
ganges von Neu-Daubitz vollendet, da derselbe die gestörten Schichten
senkrecht durchschneidet. Nun werden wir sehen, dass die Basalt-
durchbrüche grossenteils in oligocäner Zeit erfolgt sind, so dass die
Entstehung der Dislokation wahrscheinlich ebenfalls in oligocäne oder
auch schon in eocäne Zeit fällt. Für eine sicherere und genauere Zeit-
bestimmung liegen in unserem Gebiete keine Anhaltspunkte vor; vielleicht wird die Untersuchung der Gegend von Zittau dieselben einst
gewähren.

Unsere Dislokation trägt also wesentlich den Charakter einer Verwerfung, bei welcher zwei in sich unveränderte Erdschollen in verti-
kaler Richtung gegeneinander verschoben worden sind. Stellenweise
ist die Verwerfung längs einer senkrecht stehenden Verwerfungsfläche
ohne weitere Störung erfolgt; der nordöstliche, Lausitzer, Flügel erscheint gegenüber dem südwestlichen, Elbthalflügel, gehoben. Aber
ob dieses Resultat aus einer wirklichen Hebung desselben oder aus
einem Absinken des anderen Flügels oder aus einer gleichsinnigen,
aber ungleich grossen Bewegung beider hervorgegangen ist, lässt sich
zunächst nicht beurteilen. An anderen Stellen fanden wir die Sandsteinschichten am archäischen Gesteine aufgerichtet; die Schichten sind
also an der Verwerfung geschleppt worden, was gleichfalls sowohl
bei einer Hebung des einen wie bei einer Senkung des anderen
Flügels geschehen sein kann. Ob die Verwerfungsfläche, statt senkrecht zu stehen, mitunter vom Granit abfällt, ist nicht bekannt, dagegen sahen wir sie vielfach steil oder auch ganz flach dem Granit
zufallen, also den Sandstein schräg nach oben abschneiden; die Sandsteinschichten selbst erscheinen teils unverändert, teils beugen sie sich
unter die schräg liegende Dislokationsfläche und den darauf lagernden
Granit hinab. Diese Ueberschiebungen des Granits über den Sandstein lassen sich nur als eine wesentlich horizontale Bewegung des
ersteren auffassen, welche zu der im ganzen wichtigeren vertikalen Bewegung hinzutritt. Die einfachere Annahme ist daher, auch diese
vertikale Bewegung dem Granit zuzuschreiben, aber möglich ist es
auch, dass der Sandstein absank und nun erst der Granit sich über
denselben ausbreitete oder, nach dem Ausdrucke von Suess [1]), rückge-
faltet wurde; die Schichtenneigung der Randzone des Quadersandsteins
kann ebensogut Anlass wie Wirkung der Ueberschiebung sein. Auch
die komplizierteren Störungserscheinungen, welche wir bei Weinhöhla,
Hohnstein u. s. w. fanden, geben uns über die Art der Verwerfung keinen

---

[1]) Antlitz der Erde I, S. 181.

Aufschluss, denn sie bestehen lediglich in einer Vereinigung von Schleppung und Ueberschiebung. Bei Weinhöbla wurde nur eine oberflächliche Schicht des südwestlichen Flügels, der Plänerkalk, von dieser Aufrichtung und Ueberkippung betroffen, am Hockstein dagegen wurde das unterste Glied der Kreideablagerungen, ein kalkiges Konglomerat, bei Hohnstein, Saupsdorf, Hinterhermsdorf, Sternberg und am Maschkenberge wurden unter dem Quadersandstein liegende Fetzen der Juraformation heraufgezogen und zwischen Sandstein und Granit eingepresst.

Der Charakter der Dislokation lässt sich also vorläufig noch nicht mit Sicherheit bestimmen; es ist möglich, dass einfach der nordöstliche Flügel teils gerade, teils schräg nach aufwärts geschoben wurde, aber es ist auch möglich, dass die Bewegung in erster Linie in einem Absinken des südwestlichen Flügels bestand, über dessen Rand sich dann der nordöstliche Flügel ausbreiten konnte. Vielleicht werden sich bei der geologischen Kartenaufnahme, bei welcher man natürlich die Verhältnisse viel eingehender studieren wird, als wir es konnten, zwischen den westöstlich und den von NW nach SE gerichteten Strecken der Dislokation charakteristische Unterschiede herausstellen, welche auf die Entstehung derselben überhaupt ein helleres Licht werfen.

Der Quadersandstein muss einst auch die Lausitzer Platte oder wenigstens den nach der sächsischen Schweiz hin gelegenen Rand derselben bedeckt haben, denn es lässt sich kein Grund denken, warum die Verwerfung gerade mit der Bildungsgrenze des Sandsteins zusammenfallen sollte. Und zwar müssen die untersten Glieder des Sandsteins dem Granit zunächst aufgelegen haben, da sie ja gerade an der Verwerfung geschleppt worden sind. Nur an wenigen Punkten finden wir den Sandstein noch auf der Platte erhalten, nämlich am Benediktstein bei Hinterhermsdorf und in einer etwas grösseren Partie bei Weissig nördlich von Pillnitz. Hier wird er südlich von dem granitischen Trieben- und Porsberg, nördlich von den Amygdalophyrhügeln des Hut-, Linden- und Hermsberges überragt. Soweit die schlechten Aufschlüsse erkennen lassen, ist die Lagerung horizontal; die gefundenen Versteinerungen weisen den hiesigen Quader und Pläner der untersten Abteilung zu, wodurch sie einen auffallenden Gegensatz zu dem oberen Quadersandstein des am Fusse der Verwerfung gelegenen Lichtenthaler Grundes bilden.

Die Erwägung, dass Quadersandstein einst die Platte bedeckte, gibt uns auch einen Massstab zur Beurteilung der Grösse der Dislokation. Denn die Sohle des Quadersandsteins, die ungefähr 100 m unter der Plänerschicht liegt (vgl. S. 261 [17]), muss sich ursprünglich mindestens in der Höhe der Platte befunden haben. Bei Hinterhermsdorf können wir diese in 400 m, die Basis der Kreide in 100 m setzen, so dass die Verwerfung 300 m beträgt. Ungefähr denselben Wert erhalten wir bei Rathewalde und Hohnstein, da hier die Granitplatte 350 m hoch ist und die Sohle des Sandsteins ungefähr in 50 m liegen muss. Ebenso bei Pillnitz, wo dieso sich etwa im Meeresspiegel befindet und der Sandstein von Weissig in 280 m auflagert. Bei Dresden beträgt die Differenz zwischen dem Boden der Kreideablagerungen, der 40 m unter dem Meeresspiegel liegt (vgl.

S. 200 [16]) und der Höhe der Granitplatte (200 m), in welcher wir die
alte Auflagerungsfläche des Sandsteins zu sehen geneigt sind, nur noch
240 m, obgleich die Sohle des Sandsteins gerade bei Dresden ausnahmsweise tief liegt. Nach Meissen zu scheint sich dieselbe wieder
zu heben, da wir in 100—150 m Höhe horizontal gelagerten unteren
und mittleren Pläner finden und bei Koswig innerhalb der Elbaue
bereits Syenit auftritt. Da die Platte dagegen hierher etwas niedriger
geworden ist, würde die Dislokation kaum mehr als 100—150 m
betragen. Die Sprunghöhe der Verwerfung scheint also nach NW
hin abzunehmen, der nordwestliche Teil des Elbthales also verhältnismässig wenig abgesunken, bezw. der nordwestliche Teil der Lausitz
verhältnismässig wenig gehoben zu sein.

IV. Die erzgebirgische Bruchlinie und die Bildung der Basaltkegel.

Die erzgebirgische Flexur.

Der Südrand der sächsischen Schweiz ist nicht so scharf ausgeprägt
wie der Nordostrand, aber auch nicht so unbestimmt wie der West-
rand. Er ist nicht wie dieser auf Denudation, sondern wie jener auf
eine Dislokation zurückzuführen, aber die Dislokation ist nicht wie dort
eine scharfe Linie, sondern bildet einen oft mehrere Kilometer breiten
Streifen.

Die Sandsteinschichten, welche wir bisher, von der unmittelbaren
Grenze der Lausitzer und der Cossebauder Dislokation abgesehen, immer
in horizontaler oder ganz sanft nach N bis NE geneigter Lagerung
angetroffen haben, fallen in der Nähe von Telschen und längs einer
von hier nach WSW und ENE verlaufenden Linie ungefähr unter
einem Winkel von 20° nach Süden ein und werden bald von den
Basalten und Phonolithen des böhmischen Mittelgebirges überdeckt.
Wir haben es also mit einer Form der Dislokation zu thun, welche
man erst neuerdings besser gewürdigt und als Flexur oder auch als
monoklinale Falte bezeichnet hat[1]. Die Flexuren sind häufig mit
Brüchen vergesellschaftet und scheinen besonders nach der Tiefe in
diese überzugehen; auch ihrem Wesen nach sind sie am nächsten mit
den Brüchen verwandt, von denen sie sich eigentlich nur dadurch
unterscheiden, dass der Zusammenhang zwischen den beiden Flügeln
im ganzen gewahrt bleibt, so dass man sie auch als Brüche mit vollkommen geschleppten Flügeln auffassen kann. Damit soll jedoch nicht

---

[1] Suess, Das Antlitz der Erde I, S. 171.

gesagt sein, dass die Schichtenbeugung eine wirklich bruchlose sei, wie
es Heim u. a. für viele wahre Falten nachgewiesen haben; nur bei
genauer Untersuchung wird man unterscheiden können, in welchem
Umfange der Zusammenhang der Schichten durch die Dislokation oder
durch Erosion zerstört ist.

Auch die Flexur am Südrande der sächsischen Schweiz steht mit
einem Bruche in Verbindung und ist gewöhnlich einfach als Bruch
bezeichnet worden. Sie ist ein Teil des grossen Bruches, welcher den
ganzen Südrand des Erzgebirges begleitet und den mauerartigen Absturz desselben erzeugt, während dasselbe Gebirge nach Norden hin
ganz sanft abgedacht ist. Der westliche Teil dieses Absturzes scheint
durch einen eigentlichen, teilweise staffelförmig abgestuften, Bruch gebildet zu sein. Die Kreideschichten jedoch, welche von Ossegg an am
Gebirgsfusse auftreten, sind stets unter 20—40°, mitunter sogar unter
60° nach Süden geneigt und haben sich einst auch an den höheren
Teilen des Abhanges hinan bis auf den Kamm des Gebirges gezogen, wo gegenwärtig am Sattelberg das westlichste Vorkommen ist.
Da der untere Quader hier in 700 m Höhe liegt, am Gebirgsfusse
aber mindestens bis 150 m einfällt, erreicht die Niveauveränderung
hier einen Betrag von wenigstens 500—600 m; weiter westlich war
sie jedenfalls noch bedeutender, da der Kamm daselbst bis 1300 m
aufragt, während dieselben Gesteine am Fusse unter 200 m liegen.
An der Nollendorfer Wand und südlich des Schneeberges begegnet man
den geneigten Sandsteinschichten am Fusse sowohl wie in beträchtlicher Höhe. Auf beiden Seiten der Elbe etwas unterhalb Tetschen
kann man sehen, wie die horizontalen Schichten der hier 400 m hohen
Sandsteintafel sich erst langsam nach Süden neigen und dann, im
Pfaffenbübel und Quaderberg, steiler zur Peiperzer Schlucht und zur
Stadt Tetschen abstürzen. Aber südlich der Peiperzer Schlucht und
südlich der Stadt Tetschen zeigen die 280 m hohe Schäferwand und
der Tetschener Schlossberg ebenfalls nach Süden einfallende Sandstein-
bänke, die erst jenseits Bodenbach und des Polzenthales unter den
Basalt des Poppenberges und der Kollmener Scheibe einkriechen. Nach
Krejčí [1]), treten bei dem Dorfe Kalmwiese am oberen Ende der Peiperzer
Schlucht, bei Bodenbach und in Tetschen Baculitenmergel auf, weshalb
er längs der Peiperzer Schlucht eine Verwerfung mit gehobenem
Südflügel, also eine dem Schichteneinfall entgegenwirkende Verwerfung,
verlaufen lässt. Da wir jedoch sogenannte Baculitenmergel an anderen
Stellen von mächtigen Sandsteinmassen überlagert fanden (vgl. S. 263 f.
[19 f.]), wollen wir auch dieser Verwerfung gegenüber noch eine gewisse
Skepsis bewahren. Von Tetschen wurden die Mergel über Loosdorf,
Günthersdorf und Alt-Ohlisch bis gegen Böhmisch-Kamnitz verfolgt,
wo darüber noch Quadersandstein lagert. Diesen rechnen die Prager
Geologen den Chlomecker Schichten zu und stellen ihn in ein höheres
Niveau als die Iserschichten des Winterberges, aber da sich der unter
den Mergeln liegende Quader ziemlich direkt an den die Weissenberger
und die untersten Schichten des Isersandsteins repräsentierenden Sand-

---

[1]) Archiv d. böhmischen Landesdurchforschung I, 2. S. 75, 108 u. 128.

stein der Binsdorf-Rosendorfer Ebenheit anschliesst, gehört der Sandstein von Böhmisch-Kamnitz wohl mit dem Sandstein des Winterberges
zusammen, während die gleichen Schichten in dem Zwischenraume
grossenteils weggewaschen sind. Oestlich von Böhmisch-Kamnitz ist
die Flexur meist unter Basalt und Phonolith verborgen. Ungefähr
am Fusse der Lausche muss sie an die Lausitzer Dislokationslinie
stossen; ob sie an derselben abbricht, sich umbiegt oder ungestört
darüber hinaus fortsetzt und etwa die Ursache des tiefen Zittauer
Beckens bildet, ist noch nicht untersucht worden, obwohl die genaue
Untersuchung dieser Berührungsstelle nicht nur für die Mechanik der
Dislokationen, sondern auch für die Erkenntnis ihres relativen Alters
von grossem Interesse sein würde.

Auf den geneigten Kreideschichten lagern an vielen Stellen
Tertiärschichten und zwar nach dem Urteile der neueren Beobachter
in konkordanter Lagerung auf[1]). Die Tertiärschichten sind im unteren
Teile entweder Sandstein oder ein lockerer Sand mit harten quarzi-
tischen Bänken und Blöcken, im oberen Teile lichte oder bunte Thone
mit etwas Braunkohle; sie entsprechen also vollkommen der Knollen-
steinzone oder der untersten Abteilung des sächsischen Tertiärs, welche
Herm. Credner als unteres Oligocän gedeutet hat[2]). Sie sind jedenfalls Süsswasserbildungen und werden teils als See-, teils als Fluss-
absätze aufgefasst. Vom Leipziger Flachlande aus, wo sie in geringer
Höhe über dem Meeresspiegel erbohrt worden sind, steigen sie allmählich zum sächsischen Mittelgebirge und über das erzgebirgische
Becken hinweg zum Kamme des Erzgebirges an, wo sie sich jedoch
nur an wenigen Punkten, unter dem Schutze von Basalt- oder Phonolithdecken, erhalten haben. Vom Kamme des Erzgebirges senken sie
sich plötzlich in die Tiefe des nordböhmischen Beckens, um jedoch
auf dem Karlsbader Gebirge wieder in grösserer Höhe (etwa bei
700 m) aufzutreten. Hochstetter[3]) hat diese Lagerungsverhältnisse
wohl zuerst richtig gedeutet, indem er im Gegensatze zu Jokély u. a.
zeigte, dass die Bildung der erzgebirgischen Flexur und der Einbruch
des nordböhmischen Beckens erst nach dem Absatze dieser Tertiärschichten erfolgt sein könne, und dass das Karlsbader Gebirge ein stehen-
gebliebener Rest des im ganzen abgesunkenen Südflügels sei. Dass
der Einbruch bald nach der älteren Oligocänzeit erfolgt ist, geht aus
der Lagerung der jüngeren Bildungen hervor.

Auf den genannten Sanden und Thonen lagern fast überall
Basalt- und Phonolithdecken nebst den dazu gehörigen Tuffen auf,
selber wieder von basaltischen und phonolithischen Gängen und Stöcken
durchsetzt[4]). Und auf diese oder wenigstens auf die Hauptmasse
derselben, da einzelne Basalte und Phonolithe jünger zu sein scheinen,

---

[1]) Vgl. Laube, Geologische Exkursionen im Thermalgebiet des nordwestlichen Böhmen. Leipzig 1884. S. 39.
[2]) Credner. Das Oligocän des Leipziger Kreises. Zeitschr. d. deutsch. geol.
Gesellsch. XXX (1878), S. 615 ff.
[3]) Jahrb. d. geol. Reichsanstalt 1856. S. 185 f.
[4]) Vgl. z. H. Boricky im Archiv f. böhm. Landesdurchforschung, II. Bd.
I. Abtlg., 2. Teil. S. 212 ff., sowie Laube a. a. O. S. 20 ff.

folgen wieder gewöhnliche Sedimente, zu denen auch das Hauptbraun-
kohlenflötz gehört, und die für Oberoligocän oder Untermiocän gehalten werden [1]). Während die älteren Tertiärschichten durch ganz
Nordböhmen gleichmässig ausgebildet sind, in den verschiedensten Höhen
auftreten und oft eine steile Neigung zeigen, finden sich die jüngeren
in drei verschiedenen Becken und sind nicht mehr aufgerichtet, sondern nur noch schwach verworfen. Die Häufigkeit der Erdbeben
spricht dafür, dass die Bodenbewegungen auch heute noch nicht ganz
erloschen sind [2]), aber das Resultat dieser Bewegungen ist verschwindend
gering gegenüber dem grossen Einbruch der mittleren Oligocänzeit.
Die tiefe Lage der Quartärbildungen bei Dresden, aus welcher Penck
eine stärkere Fortdauer der Gebirgsbewegung gefolgert hat [3]), scheint
in ganz anderen Umständen, nämlich in der Existenz eines anderen
präglacialen Elblaufes unterhalb Dresden (zwischen Oberau und Grossenhain), begründet zu sein.
    Wenn aber die Gebirgsbildung im ganzen auf eine geologisch
kurze Periode, nämlich auf die mittlere Abteilung der Oligocänzeit,
beschränkt war, so braucht man darum noch nicht zur Kataklysmentheorie zurückzukehren und an momentane Ereignisse zu denken. Die
mittlere Oligocänzeit mag viele Jahrtausende repräsentieren, und die
Bodenbewegung würde für ein menschliches Auge, wenn Menschen
damals schon unseren Planeten bevölkert hätten, kaum wahrnehmbar
gewesen sein. Mit der Bodenbewegung ist heute auch die vulkanische
Thätigkeit erloschen, welche an dieselbe geknüpft war, und nur noch
eine Reihe von Thermen bezeugen, in einer für den Menschen wohl-
thätigeren Weise, das Vorhandensein von Spalten in diesem Gebiete.

Die Basaltkegel.

    Es liegt ausserhalb unserer Aufgabe, eine eingehende Schilderung
des böhmischen Mittelgebirges zu geben [4]); wir müssen nur auf einige
Punkte hinweisen, welche für das Verständnis der sächsischen Schweiz
von Bedeutung sind. Wir hörten schon, dass die jüngeren Tertiärbildungen in drei getrennten Becken abgelagert sind, welche das vulkanische Mittelgebirge vom Erzgebirge trennen. Noch vom Mücken-
türmchen oder der Nollendorfer Höhe blicken wir in ein solches
Becken, das Teplitz-Duxer Becken, hinab. Wenig östlich davon aber
sehen wir die jüngeren Tertiärschichten ganz verschwinden und der
Basalt und Phonolith sich nicht nur auf die geneigten Schichten des

[1]) Stur, Studien über die Altersverhältnisse der böhm. Braunkohle. Jahrb.
geol. R.-A. 1876, S. 137 ff.
[2]) H. Credner, Das Dippoldiswaldaer Erdbeben. Zeitschr. f. ges. Naturw.,
50. Bd. (1877), S. 275. Vgl. ibid. 57. Bd. (1884), S. 1 ff.
[3]) Länderkunde von Europa 1, S. 428.
[4]) Vgl. besonders Jokély, Das Leitmeritzer vulkanische Mittelgebirge.
Jahrb. geol. R.-A. 1858, S. 398.
    Bořický, Petr. Studien an den Basaltgest. u. Phonolithgest. Böhmens.
Archiv f. böhm. Landesdurchforschung, II. Bd., 1. Abtlg., 2. Teil, und III. Bd.,
2. Teil.
    Laube, Exkursionen im böhm. Thermalgebiet. Leipzig 1884.

Bruchrandes, sondern östlich vom Kamnitzthale auch auf die Sandstein-Insel selbst lagern. Das Mittelgebirge hängt östlich der Linie Aussig-Nollendorf unmittelbar mit der sächsischen Schweiz zusammen und bildet, topographisch betrachtet, ihren Kamm, da es überall die angrenzenden Teile derselben überragt. Das Quadersandsteingebirge ist heute bereits stark denudiert, aber auch das vulkanische Mittelgebirge muss bei seiner Bildung höher und zusammenhängender gewesen sein, so dass das Höhenverhältnis beider Gebirge sich nicht wesentlich verändert haben wird. Die Denudation des Mittelgebirges ist leider im einzelnen noch nicht studiert worden; ihr Studium würde auch für die sächsische Schweiz, namentlich für die Entstehung des Elbthales, von Wichtigkeit sein, aber ist viel zu umständlich, um beiläufig abgemacht werden zu können. Einzelne Basalte und Phonolithe mögen noch heute in der Form auftreten, in welcher sie ursprünglich gebildet wurden, die meisten scheinen aus einem lockeren Mantel von Tuffen herausgeschält worden zu sein, bei anderen, und zwar gerade bei vielen der Basalte, welche als nördliche Ausläufer des Mittelgebirges die sächsische Schweiz durchsetzen, müssen wir annehmen, dass sie als Intrusiv- oder Lagermassen innerhalb des Quadersandsteins oder Granits gebildet wurden und erst durch die Zerstörung der letzteren an die Oberfläche gekommen sind.

Man könnte denken, dass die Beantwortung dieser Frage für die Entstehungsgeschichte der sächsischen Schweiz ziemlich gleichgültig sei und uns allzu tief in das Gebiet der Geologie hineinführe, aber sie ist thatsächlich von hoher Bedeutung, denn die Beurteilung der Terrassenbildung, also des wichtigsten Charakterzuges im Relief der sächsischen Schweiz, hängt davon ab. Wären die Basalte der sächsischen Schweiz, wie man gewöhnlich annimmt, in der Oligocänzeit oberirdisch gebildet, so würden sie einen vorzüglichen Massstab für den Fortschritt der Denudation in der Oligocänzeit abgeben, die Auflagerungsfläche des Basaltes bezeichnete dann in jedem Falle die damalige Oberfläche. Aber bereits Cotta hat einigen Bedenken gegen die Berechtigung dieser Annahme Ausdruck verliehen [1]). Mehrere Basaltkuppen erheben sich in der Tiefe ziemlich enger Thäler: „waren dieselben bei ihrer Bildung schon vorhanden, so bleibt die unlösbare Frage, warum nicht das ganze Thal mit dem festen Basaltgesteine erfüllt, sondern nur eine einzelne Kuppe darin gebildet worden ist"; erst durch die Thalbildung scheine der Basalt aus der Sandsteindecke herausgewaschen worden zu sein. Ein anderes, von Cotta merkwürdigerweise übersehenes Beispiel, welches mich zu derselben Schlussfolgerung leitete, noch ehe ich Cottas Bemerkungen überhaupt kannte, bietet der Rosenberg dar. Dieser ausgezeichnet regelmässige Basaltkegel erhebt sich nordöstlich von Tetschen aus einer Sandsteinplatte, die an seinem Fusse 340 m hoch ist, bis zur Höhe von 620 m; die Basaltsäulen stehen auf dem Gipfel senkrecht und fallen auf dem Nordostabhange nach Nordost, also nach aussen, ein. Auf der Ost-

---

[1]) Cotta, Erläuterungen zur geogn. Karte von Sachsen. 4. Heft, S. 106 f.

weile wird der gleichmässig geneigte basaltische Abhang durch strebe-
pfeilerartige, deutlich horizontal geschichtete Quadersandsteinfelsen
unterbrochen, welche teils bis zum Fusse hinabreichen, teils aber nach
unten den Basalt wieder hervortreten lassen. Es unterliegt kaum einem
Zweifel, dass dieser Sandstein dem Basalt aufgelagert und der Rest
einer ursprünglich zusammenhängenden Sandsteindecke ist. Die von
einem engen Thale durchschnittene Phonolithmasse des Wüsten Schlosses
bei Böhmisch-Kamnitz ist zwischen horizontal geschichtetem Sandsteine
eingeschlossen, welcher den Phonolith beträchtlich überragt [1]. „An
einigen Punkten treten Basalt und Phonolith mitten im Gebiete anderer
Gesteine auf, ohne dass dadurch eine merkbare Erhöhung hervorgebracht wird" (Cotta S. 107). Der säulenförmige Basalt des Sattelberges bei Schönwalde tritt an zwei getrennten Stellen von verschiedener Höhe aus dem Quadersandstein hervor. Das Gleiche ist
am Grossen Zschirnstein der Fall, wo das eine Vorkommen am südwestlichen Fusse, das andere auf der Oberfläche der Tafel liegt, die
Horizontalität derselben aber in keiner Weise stört. Als man bei
dem im tiefen Thalgrunde des Grossen Zschand gelegenen Zeughause
einen Brunnen grub, stiess man, wie Stelzner mitteilt, in der Tiefe
auf Basalt [2]. Am Westabhange des Grossen Winterbergs reicht der
Basalt zwischen dem horizontal gelagerten Sandstein bis zu beträchtlicher Tiefe hinab. Der schmale Basaltrücken des Kleinen Winterbergs erscheint zwischen zwei parallel verlaufenden und nur wenig
niedrigeren Sandsteinrücken eingeschlossen und wird etwas tiefer auch
auf den Schmalseiten von Sandstein begrenzt. Die Nordseite des Hausberges wird durch Basalt gebildet, während die höhere Südseite aus
ungestörtem Quadersandstein besteht; ein Bruch und zahlreiche Schurfe
lassen hier erkennen, dass die Grenze der beiden Gesteine teils unter
einem Winkel von ungefähr 80° vom Basalte ab-, teils unter gleichem
Winkel dem Basalt zufällt [3].

Alle diese Thatsachen führen uns zu der Ueberzeugung, dass
der Basalt und Phonolith an sehr vielen Stellen ursprünglich nicht zu
Tage standen, sondern erst durch die Denudation des weicheren Sandsteins zu Tage gebracht worden sind. Man kann auf den Gedanken
kommen, dass diese Basalte und Phonolithe auch schon vor dem Sandstein gebildet und von dem Kreidemeere überflutet worden wären, dass
ihre Bildung also in die Kreidezeit oder noch ältere Zeit fiele. Aber
da solche nicht über die Oberfläche hervorragende Basaltstöcke sich,
z. B. am Pinzenberg bei Schandau, auch im Granit und Gneiss finden [4],
würde diese Annahme wohl zu der Konsequenz führen, dass ein Teil
der Basalte sogar älter als Granit und Gneiss sei, eine Konsequenz,
deren Unwahrscheinlichkeit uns auch der Prämisse gegenüber stutzig
macht. Es ist auch nicht wahrscheinlich, dass die Basalte in so naher
Nachbarschaft teils präcretaceischen, teils tertiären Ursprunges sein soll-

---

[1] Vgl. Cotta a. a. O. S. 93 u. Fig. 7.
[2] N. Jahrb. f. Min., 2. Beilageband S. 409.
[3] Die meisten dieser Punkte wurden in Gemeinschaft mit Herrn Dr. Alphons
Stübel besucht, dem ich vielfache Anregung schulde.
[4] Cotta, Erläuterungen 3. Heft. S. 77.

ten; für einen grossen Teil der böhmischen und sächsischen Basalte ist aber der tertiäre Ursprung sichergestellt, denn die Basalttuffe wechseln mit Braunkohlenflözen, und Basaltgänge setzen durch die tertiären Ablagerungen hindurch. Wo die Grenze des Basaltes aufgeschlossen ist, ist sie meistens steil gegen denselben geneigt (Cotta, 4. Heft S. 65 u. s. w.), in vielen Basalten finden sich gefrittete, angeschmolzene oder säulenförmig gestaltete Bruchstücke des Quadersandsteins (Cotta S. 107 f.). Solche vier- und fünfkantige Sandsteinsäulchen fand ich am Hausberge, ohne dass ich jedoch ihre ursprüngliche Lage genau feststellen konnte, besonders bekannt aber ist ihr Vorkommen am Basalte des Görisch [1]). Diese Basaltvorkommnisse sind danach postcretaceischer Entstehung, und doch müssen noch in ganz junger Zeit die Sandsteinmassen der Gipfel die Stellen ihres heutigen Auftretens bedeckt haben, so dass man ihnen entweder ganz jungen Ursprung zuschreiben oder sie unter der Sandsteindecke entstanden lassen sein muss. An einzelnen Punkten will Cotta (S. 89) auch Aufrichtungen des Quadersandsteins durch Basalt bemerkt haben, aber es bedarf wohl noch der näheren Untersuchung, ob dieselben nicht allgemeineren Ursachen zuzuschreiben sind.

Eine genauere Untersuchung, welche nicht in unserem Plane liegt, wird wahrscheinlich Apophysen des Basaltes im Sandstein und andere Zeichen seines jüngeren Ursprunges noch in grösserer Zahl nachweisen; aber auch heute schon dürfen wir als wahrscheinliches Resultat aussprechen, dass die Basalte dieser Gegend tertiären, grossenteils oligocänen Alters sind, dass aber ein Teil von ihnen nicht oberirdisch aufgeschüttet, sondern unterirdisch in die älteren Gesteine eingedrängt wurde. Auch die Basalt- und Trachytkegel des Siebengebirges und seiner Nachbarschaft waren, wie Dechen und Lasaulx [2]) gezeigt haben, ursprünglich im Thonschiefer und Tertiär verhüllt, und eine derartige unterirdische Entstehung ist auch für die Berge von Urach in Schwaben [3]) und andere wahrscheinlich gemacht worden. Noch grossartigere Laveneindringlinge hat Gilbert in den Trachytdomen der Henry Mountains unter dem Namen Lakkolithen beschrieben, welche aber abweichend von jenen einfachen Intrusivstöcken die überliegenden Schichten aufgetrieben haben [4]).

Für unsere weiteren Untersuchungen genügt es uns übrigens zu wissen, dass der Basalt ursprünglich unter der Sandsteindecke verborgen war und an vielen Stellen auch heute verborgen ist, dass also der heutige Sandsteinfuss der Basaltkegel keineswegs zur Oligocänzeit oder während der Tertiärzeit überhaupt schon entblösst gewesen sein muss. Das Auftreten der Basalte bietet uns also keinen Massstab für die Denudation, im Gegenteil wird uns die aus anderen Betrachtungen abgeleitete Geschichte der Denudation noch weitere Belege für die einstige Umhüllung der Basaltkegel bieten.

---

[1]) Eine Abbildung bei Gutbier, Geogn. Skizzen S. 39.
[2]) v. Lasaulx, Wie das Siebengebirge entstand? Pfaff-Frommelsche Sammlung von Vorträgen. Heidelberg 1884, S. 36 ff.
[3]) Vgl. Länderkunde von Europa I. Bd, S. 237.
[4]) Gilbert, Report on the Geology of the Henry Mountains. Washington 1880.

V. Der Bau der sächsischen Schweiz.

Die vorhergehenden Kapitel haben uns die Massen kennen gelehrt, aus welchen die sächsische Schweiz aufgebaut ist, sowie die Kräfte, welche die Lagerung dieser Massen bestimmten; dieses Kapitel soll das Bauwerk beschreiben, welches aus diesen Massen, durch diese Kräfte gefügt ist.

Der Bau der sächsischen Schweiz wird von zwei Dislokationsrichtungen beherrscht, welche sowohl bei den Faltungen der paläozoischen wie bei den Verwerfungen der tertiären Zeit zur Geltung kamen. Bis zur Mitte der Carbonzeit war ein den Alpen zu vergleichendes Faltengebirge gebildet worden, welches mit denselben auch in der Richtung eine auffallende Uebereinstimmung zeigt, denn dieselbe Umbiegung aus einer ostnordöstlichen in eine südöstliche Richtung, welche die Alpen nördlich vom Adriatischen Meere erfahren, vollzog jenes paläozoische Gebirge in der Gegend von Nossen und Meissen, so dass damals schon der westliche Flügel des Gebirges eine niederländisch-erzgebirgische, der östliche eine hercynisch-sudetische Streichrichtung besass. Während der folgenden Erdperioden scheinen die Bodenbewegungen gering gewesen zu sein; die zerstörenden Kräfte des Festlandes und des Meeres arbeiteten auf die Abtragung des Gebirges und die Ausgleichung der Höhenunterschiede hin. Erst in der Tertiärzeit, wahrscheinlich namentlich in der Oligocänzeit, wurden die Störungen wieder energischer. Dieselben beiden Richtungen, welchen die paläozoische Faltung folgte, waren auch für diese jüngeren Störungen massgebend.

Eine grosse Verwerfung, welche in einem Absinken des südwestlichen oder einer Hebung des nordöstlichen Flügels bestand und mit einer Ueberschiebung des ersteren durch den letzteren verbunden war, lässt sich von Oberau über Hohnstein und Zittau bis Liebenau in Böhmen und vielleicht noch weiter verfolgen. Eine gleichgerichtete Verwerfungslinie, aber von umgekehrtem Sinne, scheint am Nordostrand der Lausitzer Platte und ihrer südöstlichen Fortsetzung zu verlaufen. Bei Nieder-Biehla und Wehrau nördlich von Görlitz finden wir steil nach Nordost einfallende Quadersandsteineinschichten [1]; diese isolierten Sandsteinflecke scheinen eine Fortsetzung der Sandsteinpartien von Löhn und Löwenberg zu sein, welche ja gleichfalls im Verhältnis zum südlich vorgelagerten Riesengebirge abgesunken sind [2], so dass die Lausitzer Platte sowohl wie das Jeschken-, Iser- und Riesengebirge und wohl auch die Glatzer Gebirge Horste sind, welche zwischen dem schlesischen Hügellande und dem böhmischen Sandsteingebiet stehen geblieben bezw. gehoben sind.

Nur im ganzen kommt der Oberau-Zittauer Dislokation eine ost-

---

[1]) Cotta. Erläuterungen 3. Heft, S. 54.
[2]) Beyrich. Ueber die Lagerung der Kreideformation im schles. Gebirge. Abhandlungen d. Berl. Akad. 1854, S. 57 ff.

Kunth. Die Kreidemulde bei Löhn in Niederschlesien. Zeitschr. der deutsch. geol. Gesellsch. 1863, S. 743.

südöstliche Richtung zu; im einzelnen finden wir vielmehr einen regelmässigen Wechsel östlich und südöstlich bis südsüdöstlich verlaufender
Strecken. Dieser Wechsel ist in hohem Grade der Beachtung wert;
wir erkennen darin eine merkwürdige Analogie zu der Anordnung der
sudetisch-hercynischen Bergketten überhaupt, von denen jede einzelne
von SE nach NW streicht, jede nördlich folgende aber etwas nach W
verschoben ist, so dass eine westnordwestliche Gesamtrichtung und eine
allmähliche Annäherung an die gleicherweise staffelförmig angeordneten
Ketten des Böhmer- und Thüringerwaldes die Folge ist. In der sächsischen Schweiz bedeutet jede von E nach W gerichtete Strecke eine
Einengung des Quadersandsteingebietes, da die allgemeine Streichrichtung der Quadersandsteinschichten der Streichrichtung der älteren Gesteine und der Formationsgrenzen entsprechend ungefähr nordwestlich
ist. Von Cossebaude an wird diese Einengung beschleunigt, weil auf
der Nordostseite einer, gleichfalls in nordwestlicher Richtung, nach
Zscheila bei Meissen verlaufenden Linie Sandstein und Pläner abgesunken bezw. nicht mit gehoben worden sind. Beide Verwerfungslinien
scheinen in der Gegend von Oberau und Meissen auszukeilen, da nördlich davon ein zusammenhängender Gürtel krystallinischer Gesteine vorhanden ist.

Zwischen Meissen und Cossebaude bildet das Elbthal also tek-
tonisch einen Graben, d. h. eine Versenkung zwischen zwei steben-
gebliebenen oder gehobenen Schollen. Die tektonische Bedeutung der
Gegend südöstlich von Cossebaude ist noch nicht ganz klar; bis etwas
oberhalb Dresden scheint sich die von Meissen herkommende Verwerfung noch geltend zu machen, aber schon von Cossebaude an tritt
eine sanfte nordöstliche Schichtenneigung des Quadersandsteins und
Pläners hinzu, welche südöstlich von Dresden fast allein massgebend
ist und nur durch die Dippoldiswaldaer Verwerfung (vgl. S. 260 [16])
eine Unterbrechung erleidet. Wenn wir auf grössere Erstreckung steil
geneigte oder gar überkippte Schichten antreffen, so können wir mit
voller Bestimmtheit sagen, dass dieselben durch irgend eine Bewegung
nach ihrer Ablagerung in diese Lage gekommen sind; eine so schwache
Schichtenneigung dagegen wie die des sächsischen Quadersandsteins
kann an sich ebenso gut eine unmittelbare Folge der Ablagerung am
Meeresgrunde wie eine Folge späterer Störungen sein. Und doch wäre
es für die Auffassung des Gebirgsbaues von der grössten Bedeutung,
die Ursache der Schichtenneigung zu kennen. Hat doch eine Neigung
von 1° 45', wie sie der Plänerschicht im Mittel zukommt, in der Entfernung von 1 km denselben Effekt wie eine Verwerfung von 30 m!
Der Quadersandstein des Sattelberges, der 20 km von der Elbe entfernt ist, würde, im Falle die Schichtenneigung auf einer Bodenbewegung beruht, durch dieselbe um 600 m gegenüber der Elblinie
gehoben worden sein, während er im andern Falle seine Lage bewahrt
hätte. In diesem Falle wäre die Lausitzer Platte im Verhältnis zur
sächsischen Schweiz und zum Erzgebirge gehoben worden, in jenem
hätten Lausitz und Erzgebirge ihr Höhenverhältnis mehr oder weniger
bewahrt, während die sächsische Schweiz im Verhältnis zu ihnen ein-
gesunken wäre. Man könnte sie dann als eine einseitige Mulde be-

zeichnen, deren nordöstlicher Flügel durch eine Verwerfung ersetzt
wird, oder als einen Graben mit allmählich ansteigendem Südwest-
rande.   Gerade die Beziehungen der Schichtenneigung zu den Verwerfungen und der ganze Zusammenhang der Erscheinungen machen
es wahrscheinlicher, dass die Schichtenaufrichtung in der sächsischen
Schweiz wenigstens teilweise, soweit die Schichtenneigung die Verwerfung kompensiert, die Folge einer Bodenbewegung ist; auf ein bestimmtes
Urteil müssen wir indessen gegenwärtig noch verzichten.

Längs einer von Tyssa-Königswald über Tetschen etwa nach
Kreibitz verlaufenden Linie beugen sich die horizontalen oder sanft
nach Nordost geneigten Sandsteinschichten plötzlich nach Süden um
und tauchen unter das vulkanische Mittelgebirge hinab, in welchem
die Kreideformation nur in einzelnen Lappen auftritt.   Erst jenseits
der Egerlinie und einer als Fortsetzung derselben von Leitmeritz nach
Hayda und Zwickau i. B. verlaufenden Linie bildet sie wieder eine zusammenhängende Masse, die sich allmählich von 250 m bis über 500 m
erhebt.   Die Ursache dieses neuen Auftretens ist eine mit der erzgebirgischen Flexur parallele Dislokation von entgegengesetztem Sinne,
d. h. mit gehobenem Südflügel.   Die Dislokation fällt westlich der
Elbe ungefähr mit dem Egerthale zusammen und ist östlich der Elbe
bis Auscha verfolgt worden [1], wo sie auf eine von NW nach SE
streichende, durch die Drum-Habsteiner Senke auch topographisch
gekennzeichnete, Dislokation stossen soll, bei welcher der nordöstliche
Flügel abgesunken ist [2]. Die Grösse des Egerbruches scheint noch
nicht untersucht worden zu sein, so dass wir nicht wissen, ob er den
erzgebirgischen Bruch vollständig kompensiert, oder ob das Kreideterrain
südlich der Eger im Verhältnis zum Erzgebirge und zur sächsischen
Schweiz in ein tieferes Niveau gekommen ist.   Jedenfalls spielt das
Land zwischen Erzgebirge und Eger geotektonisch die Rolle eines
Grabens, welcher durch vulkanische Massen und durch Süsswasserbildungen der Tertiärzeit grossenteils ausgefüllt worden ist.

Nördlich von der erzgebirgischen Bruchlinie sind wir in unserem
Gebiete auf keine in gleicher Richtung verlaufende Verwerfungen ge-
stossen, und ebensowenig sind im Erzgebirge selbst derartige Verwerfungen aufgefunden worden; erst am Südrande des Granulitgebirges
tritt eine Verwerfung auf, welche der erzgebirgischen Bruchlinie parallel,
aber mit ihr gleichsinnig, wenn auch von geringerer Grösse ist [3], welche
also kein Absinken, sondern ein neues Aufsteigen bedeutet. Das Erzgebirge unterscheidet sich darin von dem Horste der Lausitzer Platte
oder auch von den Vogesen und dem Schwarzwalde, bei welchen auch
der äussere, nach Lothringen und Schwaben gerichtete, Abfall durch
eine Reihe kleiner Brüche bedingt ist. Die sanfte nördliche Abdachung
des Erzgebirges könnte eine Folge kontinentaler oder mariner Erosion
sein, wahrscheinlich aber beruht sie, ebenso wie die schwache, nord-

[1] Krejčí, Archiv f. böhmische Landesdurchforschung I. Bd., 2. Abtlg.,
S. 51, 55 ff., 64, 69. 80, 82, 107. 118 u. 130.
[2] Ibid. S. 121.
[3] H. Credner, Das sächsische Granulitgebirge.   Leipzig 1884.

östliche Schichtenneigung der sächsischen Schweiz, auf einer Bodenbewegung, indem derselbe Vorgang, welcher im Süden einen steilen
Abbruch erzeugte, im Norden eine sanfte Abdachung hervorrief. Das
Erzgebirge wäre danach als eine Keilscholle (Richthofen, Führer S. 655)
zu bezeichnen, deren Rand etwas stärker aufgewölbt ist.

Auch im Gebiete der sächsischen Schweiz ist diese Aufwölbung
noch zu erkennen. Die Streichrichtung der Schichten, die bei Dresden
eine südöstliche ist, biegt weiter südlich erst nach Ostsüdost und dann,
zwischen Tetschen und Herrnskretschen, nach Ost um (vgl. S. 262 [18]),
bewirkt also eine mehr nördliche Neigung des Bodens; in der Gegend
von Dresden kommen Verwerfungen dem zu Hilfe (vgl. S. 260 [16]).

Noch stärker als im Quadersandstein, der doch im Verhältnis
zum Erzgebirge wahrscheinlich abgesunken ist, macht sich diese nördliche Neigung in der Lausitz geltend, und zwar nicht bloss in der
Oberfläche, sondern auch im inneren Bau, denn die Sprunghöhe der
südlichen Lausitzer Bruchlinie scheint nach NW immer geringer zu
werden (vgl. S. 272 [28]).

Damit enthüllen sich sehr enge Beziehungen zwischen der erzgebirgischen Bruchlinie, der Granitüberschiebung und der Schichtenneigung des Quadersandsteins, die wir uns am besten versinnlichen,
wenn wir den Kamm des Erzgebirges und die in seiner Fortsetzung
liegende Partie der Lausitz als ruhend betrachten. Das ganze Gebiet
nördlich dieser Linie hat sich nach Norden geneigt, das Gebiet südlich davon ist steil nach Süden abgebrochen. Zugleich hat sich an der
Linie Oberau-Zittau eine Verwerfung gebildet, längs deren der südwestliche Flügel in die Tiefe gesunken ist; am Erzgebirge ist dieser Flügel
geschleppt, d. h. statt einer Verwerfung finden wir eine sanfte Schichtenneigung. Der Bau der sächsischen Schweiz ist also das Resultat einer
doppelten Bewegung, erstens einer nordnordwestlichen Schichtenneigung,
die nahe am erzgebirgischen Kamm am stärksten ist, zweitens einer
nordöstlichen Schichtenneigung, die nach dem Granitrande hin immer
schwächer wird und stellenweise sogar in die entgegengesetzte Neigung
umschlägt. Mit anderen Worten: die Sandsteinbänke der sächsischen
Schweiz haben eine Torsion erfahren, bei welcher an einigen Stellen,
nämlich bei Dippoldiswalda und Cossebaude, der Zusammenhang riss,
so dass sekundäre Verwerfungen eintraten. Wir können uns den Fall
vorstellen, dass die nordöstliche, also zur sudetischen Dislokation hin
gerichtete, Schichtenneigung und die Flexur am Südrande des Erzgebirges denselben Betrag der Absenkung repräsentieren; die erzgebirgische Flexur müsste dann nach ENE immer schwächer werden und
an der sudetischen Dislokation sich ganz verflachen. Thatsächlich
scheint das aber nicht der Fall zu sein, denn wenn auch die Stelle der
wirklichen Berührung noch nicht untersucht ist, so ist doch die
Flexur im Kamnitzthale noch so bedeutend, dass sie zwischen Kreibitz
und der Lausche zwar abbrechen, aber sich bis dahin nicht verflachen
kann. Die erzgebirgische Flexur ist also mit einer stärkeren Absenkung
als die Lausitzer Dislokation verbunden, ein Resultat, das mit unseren
direkten Schätzungen (vgl. S. 271 [27] und 273 [29]) vollkommen übereinstimmt.

Wenn bei diesen letzten Betrachtungen alle Dislokationen als Einbrüche oder Absenkungen aufgefasst wurden, so geschah das nur der Bequemlichkeit halber, weil es leider keine Ausdrucksweise gibt, die ohne allzugrosse Weitläufigkeit nur die relative und nicht auch die absolute Bewegung der Schollen, d. h. nur die Veränderung des gegenseitigen Höhenabstandes und nicht auch die Entfernung vom oder die Annäherung an den Erdmittelpunkt bezeichnete. Aber es ist fraglich, ob die Dislokationen der Oligocänzeit in unserem Gebiete thatsächlich Einbrüche oder nicht vielmehr Hebungen waren, welche allerdings, wie Penck andeutet, nur lokale Aufreibungen am Rande des im ganzen eingesunkenen böhmischen Kessels gewesen sein mögen. Wenn die Kämme stehen geblieben, die Mulden und Gräben abgesunken wären, so müsste der Spiegel des Kreidemeeres mindestens 750 m über dem heutigen Meeresspiegel gelegen haben. In der Eocänzeit sind keine grösseren Bodenbewegungen erfolgt, und doch hat sich der Meeresspiegel weit zurückgezogen; während der älteren Oligocänzeit, also noch vor dem Eintritt der Dislokationen, dringt das Meer wieder vor und erhebt sich etwas, aber nicht viel über seine heutige Höhe [1]). Diese Schwankungen des Meeresspiegels sind, wie Suess aus ihrer Verbreitung gefolgert hat, nicht durch Dislokationen, d. h. Bewegungen der festen Erdrinde bedingt, sondern selbständige Bewegungen, Transgressionen, des Meeres. Ungefähr gleichzeitig mit dem höchsten Stande des Meeres erfolgen die Dislokationen unseres Gebietes, aber statt dass das Meer die der Annahme nach eingebrochenen Gebiete überflutete, zieht es sich langsam wieder zurück. Ist es wahrscheinlich, dass irgend eine kosmische oder terrestrische Ursache den Meeresspiegel rechtzeitig um mindestens 750 m erniedrigt und dadurch das eingebrochene Land trocken erhalten habe? Ist es nicht einfacher und natürlicher, jene Dislokationen als Hebungen aufzufassen, in dem Erzgebirge eine gehobene Keilscholle, in den Sudeten gehobene Horste zu sehen, während der nordböhmische Graben seine alte Lage bewahrte oder etwas einsank und die sächsische Schweiz nur in mässigem Umfange an der Hebung teilnahm? Wir erinnern uns jetzt, dass sich auch die Granitüberschiebung einfacher als Hebung deuten liess (vgl. S. 28 f.) und dass die Flexuren einen Uebergang der Brüche zu den Falten vermitteln; man hat zwar gesagt (v. Richthofen, Führer S. 602), dass bei diesen Zusammenschub, bei jenen Ausdehnung das leitende Prinzip sei, aber dieser Satz bedarf doch auch noch des Beweises und ist bei einer Verbindung von Flexuren mit Keilschollen nicht recht einleuchtend. Es soll gern zugestanden werden, dass die angeführten Thatsachen noch nicht beweisend sind, aber wir werden doch zur Vorsicht bei der Beurteilung der Bewegungen gemahnt, welche für die Bodengestaltung Sachsens und des mittleren und nördlichen Deutschlands überhaupt massgebend waren.

Die Wirkungen dieser Bewegungen muss man sich entfernt denken, wenn man die ursprüngliche Verbreitung der Schichten kennen lernen

---

[1]) H. Credner, Das Oligocän des Leipziger Kreises. Zeitschr. d. deutsch. geol. Gesellsch. XXX, 1878, S. 615 ff.

und danach das Mass der Zerstörung beurteilen will, welche dieselben im Laufe der Zeit erlitten haben. Aber man muss dabei auch auf die Bedingungen Rücksicht nehmen, unter welchen die ursprüngliche Ablagerung der Schichten erfolgte.

Die sächsischen Kreidebildungen sind fast ausschliesslich marinen Ursprunges. Der Quadersandstein muss in der Nähe der Küste gebildet worden sein, da der grobe Quarzsand, welcher von den Flüssen oder auch direkt von der Brandungswelle geliefert wird, nicht weit ins Meer hinaus verschleppt werden kann; die weite und gleichmässige Ausbreitung des Sandsteins macht es wahrscheinlich, dass eine Meeresströmung bei seiner Ablagerung beteiligt war. Die Bildung des Pläners muss in etwas grösserer Entfernung von der Küste oder wenigstens von den Einflüssen der Küste erfolgt sein; ein feiner Sand, Schlamm und die Ausscheidungen der Organismen lieferten das Material zu seiner Bildung; im Plänerkalk schliesslich treten die mechanischen Gemengteile ganz zurück. Die Gegend von Dresden und Meissen scheint danach weiter von der Küste entfernt gewesen zu sein als die sächsische Schweiz und die Gegend von Dippoldiswalda und Tharandt-Freiberg, da dort die Pläner-, hier die Sandsteinfacies vorherrscht. Während der Turonzeit scheint die ganze Gegend von der Küste am weitesten entfernt gewesen zu sein, d. h. der Meeresspiegel am höchsten gelegen zu haben, denn der Quadersandstein wird in dieser Zeit durch die Plänereinlagerung, der unreine untere und mittlere Pläner von Dresden durch den Plänerkalk verdrängt.

Nun liegt es in der Natur der Sache, dass verschiedenartige Ablagerungen eines Zeitraums von verschiedener Mächtigkeit sind, aber die Abnahme der Mächtigkeit kann immer nur derart erfolgen, dass die Bänke dünner und dünner werden, oder dass einzelne Bänke auskeilen; steile Stufen dagegen, an welchen eine ganze Reihe von Bänken auf einmal abbricht, können, ausser bei Korallenbänken u. dgl., nur auf Verwerfung oder auf späterer Zerstörung beruhen. In der sächsischen Schweiz sind auch Verwerfungen in den meisten Fällen ausgeschlossen (vgl. S. 263 [19] f.), so dass sich die Schichten einst über die Stufen hinaus fortgesetzt haben müssen.

Es scheint mir nicht möglich, die ursprüngliche Höhe des Quadersteins auch nur an einzelnen Punkten mit voller Sicherheit festzustellen. In der Gegend der Winterberge bildet eine 450—460 m hohe Platte auf ziemliche Erstreckung die Oberfläche. Die Platten von Hinter-Hermsdorf (400—420 m), von Sternberg (desgl.) und westlich von Khaa (420—440 m) scheinen ursprünglich mit ihr eine zusammenhängende Ebene gebildet zu haben. Nach W scheint sich diese Ebene der Schichtenneigung entsprechend ähnlich wie die Lausitzer Granitplatte zu senken, da wir ihr die Platte östlich des Polenzthales (320—340 m) wohl zurechnen dürfen. Eine Platte von dieser Höhe zieht sich westlich des Polenzthales bis zu den Bärensteinen hin. An der Granitgrenze entlang erheben sich noch mehrere einzelne Höhen, zuletzt die Schöne Höhe und der Kohlberg zwischen Dittersbach i. S. und Wünschendorf, bis zu ihrem Niveau, aber der grössere Teil der Oberfläche bleibt trotz seiner plattenförmigen Gestalt im Mittel etwa um 150 m hinter ihr zurück, so dass hier eine weitgehende Abtragung stattgefunden haben muss. Aber auch über jener Platte tritt an mehreren Punkten Quadersandstein auf, so dass es sehr fraglich ist, ob sie die ursprüngliche Oberfläche bezeichnet oder nicht selber erst durch Denudation gebildet worden ist. Der Sandstein am Hutberg bei Rathewalde (vgl. S. 266 [22]) könnte allerdings dem gehobenen Lausitzer Flügel angehören, die höher gelegenen Sandsteinflecken des Gr. und Kl. Winterberges (bis 500 m) sind mit Basaltvorkommen verknüpft, so dass die Möglichkeit einer lokalen Hebung nicht völlig ausgeschlossen ist, aber auch abseits vom Granit und Basalt scheinen sich in der Gegend von Dittersbach i. B. und Neu-Daubitz mehrere Gipfel, die bis 490 m aufsteigen, über jene Platte zu erheben.

Sehen wir von diesen höheren Vorkommnissen gänzlich ab, so müssen doch jedenfalls alle leeren Räume bis zum Niveau jener Platte von Sandstein oder Pläner eingenommen gewesen sein. Ueber die Lage derselben nordwestlich von Wünschendorf fehlt uns leider fast jeder Anhalt, weil die Denudation bereits zu grosse Fortschritte gemacht hat. Am rechten Elbufer lässt sich eine Terrasse verfolgen, die sich von Pillnitz nach Dresden von 230 auf 200 m senkt; aber da der Sandstein bei Dittersbach i. S. noch 330 m erreicht, und kein Anzeichen einer Verwerfung an dieser Stelle vorhanden ist, ist es unwahrscheinlich, dass diese Terrasse mit jener Platte identisch ist. Bei Weinböhla finden wir den Plänerkalk noch in 160 m; darüber muss noch der ganze obere Quader bezw. ein kalkiges und dabei weniger mächtiges Aequivalent desselben aufgetürmt gewesen sein.

Auch im Gebiete der geneigten Schichten finden wir westlich von Pirna den oberen Quader nirgends mehr vertreten. Auch östlich von Pirna besitzt er nur an einigen der in der Nähe der Elbe gelegenen Tafelberge, am Lilienstein, Pfaffenstein, Gorisch, Papststein und Zschirnstein, dieselbe Mächtigkeit wie am rechten Elbufer unter der erwähnten Platte. Am hohen Schneeberg ist die Mächtigkeit schon um 100 m geringer (vgl. S. 263 [19]), und in der Umgebung desselben fehlt der obere Quader ganz. Es ist möglich, dass die geringere Mächtigkeit am Schneeberg auf einer Auskeilung nach der Küste hin beruht, aber rings herum hat, wie der schroffe Absturz des Schneeberges zeigt, eine grossartige Abtragung stattgefunden. Jenseits der Linie Tyssa-Berggiessbübel tritt auch der untere Quader nur noch in einzelnen Inseln auf, welche ehemals mit der Hauptmasse des Sandsteins zusammengehangen haben müssen. Je weiter wir in westlicher Richtung am Erzgebirge hinansteigen, um so grösser wird die Denudation des Sandsteins. Das westlichste Vorkommen auf dem Kamme ist unter dem Basalte des Sattelberges, am südlichen Fusse des Gebirges tritt die Kreideformation bis Ossegg auf. Es ist noch fraglich, ob sie weiter westlich gänzlich zerstört oder überhaupt nicht abgelagert worden ist.

Von der Lausitzer Platte dürfen wir dagegen annehmen, dass sie zum grössten Teile von Quader und Pläner bedeckt war. Als Cotta die Grenze der archäischen Gesteine der Lausitz gegen den Quadersandstein beschrieb und von neuem zeigte, dass diese Grenze keine Bildungs-, sondern eine Dislokationsgrenze sei, und als er die gestörten

Sandsteine nördlich von Görlitz damit in Verbindung brachte, konnte
er sich der Folgerung nicht entziehen, dass der Sandstein einst die
ganze Lausitzer Platte bedeckt haben müsse, wie er bei Weissig und
am Benediktstein noch heute auf derselben erhalten ist [1]. Aber später
hat man diese Thatsachen ganz vergessen und immer von einem länglichen Busen des Kreidemeeres gesprochen, den man sich bald im NW,
bald im SE mit dem offenen Meere in Verbindung stehend dachte.
Diese Auffassung muss über Bord geworfen werden. Es ist an sich
durchaus unwahrscheinlich, dass eine Verwerfung gerade mit einer vorhandenen Bildungsgrenze zusammenfällt, und der Sandstein ist an
dieser Verwerfung so mächtig, von Küstenbildungen findet sich so gar
keine Spur, dass er sich weit über dieselbe hinaus erstreckt haben
muss. Einzelne Berge und Rücken mögen, ähnlich wie das Grosse
Horn bei Berggiesshübel, inselartig über den unteren oder auch den
oberen Quader hervorgeragt haben, aber im ganzen bildeten diese eine
zusammenhängende Decke, die im Laufe der Tertiär- und Quartärzeit
wieder beseitigt worden ist.

Von der Lausitz aus erstreckte sich das Kreidemeer ohne wesentliche Unterbrechung bis Löwenberg und Lähn. Auch die Sandsteinpartien von Adersbach-Weckelsdorf, der Heuscheuer und von Habelschwerdt sind erst durch Dislokationen und Denudation isoliert worden;
ehemals hingen sie mit der böhmischen und wohl auch mit der niederschlesischen Kreide, und zwar nicht durch enge Kanäle, sondern in
breiter Masse zusammen. Ob Kreideablagerungen einst auch das Riesengebirge bedeckten, oder ob dasselbe schon als Insel aus dem Kreidemeere hervorragte, muss noch dahingestellt bleiben. Dagegen ist es
zweifellos, dass die Unterbrechung der sächsisch-böhmischen Quadersandsteinmasse durch das vulkanische Mittelgebirge keine ursprüngliche
ist. Auch die isolierte Quadersandstein-Plänerpartie von Regensburg
muss mit dem sächsisch-böhmischen Quader in Verbindung gestanden
haben, da sie mit demselben völlig übereinstimmt [2]; wahrscheinlich
bestand dieser Zusammenhang nicht am Südrande des böhmischen
Massivs, sondern über den Böhmerwald hinweg, welcher ähnlich wie
das Riesengebirge ein Horst jüngerer Entstehung ist. Es ist nicht
unmöglich, dass diese Kreideschichten, welche konkordant auf der
Juraformation auflagern, einst von Regensburg aus über Schwarzwald
und Vogesen bis zum Pariser Becken hinüberreichten. Andrerseits
scheinen einzelne Kreidevorkommnisse in Thüringen, Hessen und auf
dem rheinischen Schiefergebirge [3] eine Brücke zu den Kreidebildungen
des nordwestlichen Deutschlands zu schlagen. An mehreren Stellen
tauchen Kreideschichten aus den norddeutschen Quartärbildungen auf
oder sind unter denselben erbohrt worden. Kurz es scheint, als ob in
der zweiten Hälfte der Kreidezeit ein ziemlich offenes Meer einen
grossen Teil von Deutschland bedeckt habe. Das Festland scheint
südlich von der heutigen Donau den Raum eingenommen zu haben,

---

[1] Cotta. Geognostische Wanderungen 2. Heft. S. 51 f.
[2] Vgl. über dieselbe Gümbel, Geogn. Beschreibung des Königreichs Bayern
II. Bd., S. 697 ff.
[3] Penck, Länderkunde von Europa I, S. 313.

der später teilweise von den Alpen überschoben worden ist, das Meer scheint von Norden her vorgedrungen zu sein und sich nach Norden zurückgezogen zu haben.

Noch vor kurzem erschien den Geologen die Annahme einer derartigen Zerstörung als eine Ungeheuerlichkeit; darin liegt auch der Grund, warum jene Aeusserung Cottas so wenig beachtet worden ist. Heute haben die Beobachter in den verschiedensten Weltgegenden und in den verschiedenst gebauten Gebirgen, in den Alpen ebensowohl wie in den Tafelländern des Colorado, den ausserordentlichen Betrag der Denudation kennen gelehrt, so dass wir darum nicht mehr vor wohl-begründeten Schlussfolgerungen zurückschrecken. Haben wir doch auch in den wenigen an der Granit-Sandsteingrenze erhaltenen Lappen der Juraformation ein vortreffliches Beispiel der tief eingreifenden Wirk-samkeit der Denudation unmittelbar vor Augen. Diese Vorkommnisse, welche grossenteils dem Weissen Jura, also der obersten Abteilung des Jurasystems, angehören und sämtlich Tiefseebildungen sind, müssen Teile einer ausgedehnten Ablagerung gewesen sein, und doch waren bereits zur Cenomanzeit nur noch unbedeutende Lappen vorhanden, denn die Juraformation ist bisher nirgends unter dem normal gelagerten Quadersandstein gefunden worden [1]). Dieser blieb in der sächsischen Schweiz nur darum erhalten, weil er in der tiefen Einsenkung zwischen Lausitz und Erzgebirge vor der Zerstörung geschützt war, oder wenig-stens etwas besser als auf der Höhe geschützt war, denn grosse Massen sind auch hier bereits zerstört worden.

VI. Die quaderförmige Absonderung.

Der Sandstein der sächsischen Schweiz wird von zahlreichen Klüften durchsetzt, durch welche die barocken Felsbildungen der-selben in erster Linie bedingt sind. Die heutige Form dieser Klüfte ist ein Resultat der Verwitterung, aber in der Anlage sind sie von vorn herein im Gestein vorhanden, denn auch in Steinbrüchen, in welchen jene ihre Wirksamkeit noch kaum beginnen konnte, treten sie entweder als schmale Risse oder doch wenigstens als Flächen ver-minderter Kohäsion auf, längs deren sich das Gestein am leichtesten trennt. Da Verwerfungen mit ihnen nicht verbunden sind, gehören sie in die Klasse von Erscheinungen, für welche Daubrée [2]) den Namen Diaklasen vorschlägt. Der sächsische Steinbrecher bezeichnet sie als Lose oder Verlosungen, eine Bezeichnung, die etymologisch wohl mit dem wissenschaftlichen Ausdrucke Ablösung zusammenhängt, und deren

---

[1]) Neumayr, Die geographische Verbreitung der Juraformation. Denk-schriften der Wiener Akademie 50. Bd., 1885, S. 63 ff. Vgl. die oben S. 265 [21] angeführten Arbeiten von Bruder.

[2]) Daubrée, Experimentalgeologie, deutsch von Gurlt.

auch wir uns bedienen wollen, wenn es gilt, den Gegensatz zu den
Klüften, d. h. den durch Verwitterung erweiterten Losen, hervorzuheben.

Diese Lose besitzen eine höchst regelmässige Anordnung. Sie
stehen im allgemeinen senkrecht auf den Schichtungsflächen und
schneiden einander in ganz oder nahezu rechten Winkeln, so dass die
quaderförmige Absonderung entsteht, welche dem Gesteine den Namen
gegeben hat. Die Blöcke, welche auf diese Weise gebildet werden,
sind jedoch durchaus nicht immer würfelförmig, sondern ebenso oft,
je nachdem die Mächtigkeit der Bänke grösser oder geringer ist als
der Abstand der Lose, pfeiler- oder plattenförmig. Nicht selten brechen
die Lose an den Schichtenfugen ab und finden in geringer Entfernung
ihre Fortsetzung, ohne ihre Richtung zu ändern. Mitunter sind sie
unter einem schiefen Winkel gegen die Schichtungsebene geneigt; gewöhnlich finden sich dann mehrere schräge Lose neben einander, deren
Streichrichtungen unter sich und mit denen der benachbarten Lose
parallel sind. Der Grosse Bärenstein bietet ein ausgezeichnetes Beispiel solcher schrägen Zerklüftung. Es kommt sogar vor, dass eine
senkrechte Kluft nach oben in einer schrägen Kluft fortsetzt oder sich
in zwei schräge Klüfte teilt. Auch im Grundrisse finden sich ähnliche
Unregelmässigkeiten; nur im allgemeinen ist die Streichrichtung der
Klüfte eine geradlinige: häufig ist sie sanft gekrümmt, so dass dieselbe Kluft in geringer Entfernung Richtungsunterschiede von 30°
aufweisen kann; mitunter teilt sich eine Kluft auch in zwei Klüfte,
die von der ursprünglichen Streichrichtung aus nach zwei Seiten
divergieren.

Auch auf engem Raume finden sich sehr verschiedene Kluftrichtungen neben einander ausgebildet, von denen aber die meisten
nur durch kurze und unregelmässige Klüfte vertreten sind, während
die grossen, im ganzen geradlinigen Klüfte innerhalb eines kleinen
Bezirkes meist auffallend unter einander übereinstimmen und sich in
zwei ganz oder nahezu senkrecht zu einander stehende, also gepaarte,
Systeme ordnen lassen, wobei die Abweichung von der mittleren Richtung selten mehr als 10—15° nach jeder Seite hin beträgt. Gutbier
hat dieses Verhältnis zuerst mittels Messtisch und Kette am Gorisch-
steine festgestellt, wo er die eine Absonderung aus NW nach SE, die
andere aus NE nach SW streichend fand, und spricht die Vermutung aus, dass auch in entfernter von einander gelegenen Gegenden die grösste Differenz 30° nicht übersteigen dürfte[1]). Die zahlreichen Beobachtungen der Kluftrichtungen, welche ich mittels eines
guten Kompasses angestellt habe, haben jedoch nicht ganz zu dem
gleichen Resultate geführt[2]). Fast jede Kluftrichtung tritt in irgend
einem Teile der sächsischen Schweiz in grösserer Anzahl auf, wenn
auch in der Anordnung derselben eine gewisse Regelmässigkeit bemerkbar ist. Auf dem rechten Elbufer herrscht zwischen Pirna und
Schandau die Richtung WNW-ESE (genauer N 120° E), also die Richtung des Elblaufes, und die darauf senkrechte Richtung NNE-SSW

---

[1]) Geognostische Skizzen S. 31 u. Anm.
[2]) Vgl. die Darstellung der Kluftrichtungen auf der Uebersichtskarte.

vor. Bei Schandau sieht man jedoch die Richtungen W-E und N-S an deren Stelle treten, und schon bald schwenken dieselben in die Richtungen WSW-ENE und NNW-SSE um, um jedoch in der Gegend von Hinterhermsdorf wieder in die reine Ost- und Nordrichtung zurückzukehren. Die Klüfte laufen also der Granitüberschiebung im ganzen parallel. Die WSW-ENE und die darauf senkrechte NNW-SSE-Richtung kommen auch in der Gegend von Dittersbach i. B., zwischen Kamnitz und Elbe und westlich der Elbe bis zum Schneeberg, also in einer der gleichlaufenden erzgebirgischen Flexur benachbarten Zone zur Geltung. Schon in der Gegend von Niedergrund und Eiland findet jedoch wieder eine Umbiegung in die sudetischen WNW-ESE- und NNE-SSW-Richtungen statt. Im Gebiete der Flexur stehen die Klüfte im allgemeinen senkrecht auf den Schichtenfugen, bilden also, da diese ungefähr unter 20° gegen den Horizont geneigt sind, mit der Senkrechten einen Winkel von dem gleichen Betrage.

Die Versuche, die Klüfte und die quaderförmige Absonderung aus der Krystallisationskraft oder aus magnetischen und elektrischen Kräften zu erklären, sind so kühn, entbehren so sehr jedes thatsächlichen Anhaltes, dass man nicht nötig hat, bei ihnen zu verweilen. Die Mehrzahl der Geologen sieht oder sah wenigstens bis vor kurzem die Ursache derselben in einer Zusammenziehung des Gesteins infolge der Austrocknung. Auch Gutbier huldigt dieser Ansicht, er meint, das ursprüngliche Bestreben, bei der Kontraktion Kugelform anzunehmen, sei durch das Anhängen an die Schichtungsebenen vereitelt worden, und so sei der Quader, der geognostische Würfel, das Produkt dieser nur durch Adhäsion beschränkten Kontraktion gewesen. Als Beleg dafür führt er einige sphäroidische Absonderungen aus dem Quadersandsteingebiete an (a. a. O. S. 27 ff.). Aber gerade die Seltenheit solcher kugeliger Formen sollte uns der ganzen Erklärung gegenüber bedenklich machen. Jedenfalls würde doch das Produkt einer solchen Zusammenziehung im allgemeinen wirklich würfelförmig sein müssen, während man in Wahrheit ebenso oft plattenförmigen oder pfeilerförmigen Gebilden begegnet. Endlich müssten die Klüfte ganz unregelmässig angeordnet sein oder, falls die Austrocknung, in einer schwer vorzustellenden Weise, in der ganzen Quadersandsteinmasse gleichzeitig und zusammenhängend vor sich ging, in konzentrischen Ringen liegen, während die Anordnung der Klüfte, welche wir thatsächlich bestehen sahen, mit ihrer Beziehung auf die Dislokationslinien, sich nicht durch die Austrocknung des Gesteins erklären lässt, sondern auf die Prozesse der Gebirgsbildung hinweist.

Wir kommen damit also zu demselben Resultate, welches Daubrée in seinen „Synthetischen Studien zur Experimentalgeologie" durch die scharfsinnige Zusammenstellung eigener und fremder Beobachtungen und sinnreicher Experimente gewonnen hat. Die wichtigste Thatsache nach seiner Beweisführung ist die gleichbleibende Richtung der Klüfte über grosse Flächen, sowie die Anordnung derselben in zwei aufeinander rechtwinklige Kluftsysteme, von denen, bei geneigten Schichten, das eine der Streichungslinie, das andere der Falllinie entspricht. Er hebt hervor, dass die Klüfte in verschiedenen Gesteinen dieselbe Richtung bewahren,

dass dieselben in Konglomeraten mitunter die Gerölle durchschneiden,
dass Versteinerungen in der Nähe der Klüfte verzogen und verkrümmt
sind, also lauter Thatsachen, welche gegen die Austrocknungstheorie
und für eine Zerreissung sprechen. Auch künstlich konnten derartige
regelmässige Klüfte durch Kontraktion nicht nachgeahmt werden, dagegen
gelang es, durch Zerreissung einer Glasplatte bei Torsion, durch Pressung
eines Prismas aus Formwachs unter einer hydraulischen Presse, sowie
endlich durch horizontalen Druck auf ein längliches Prisma Spalten-
systeme zu erzeugen, welche den in der Natur vorkommenden nach-
gebildet erscheinen. In dem dritten Falle trat aber die Spaltenbildung
erst nach vorausgegangener Faltung ein, so dass wir davon für die
Erklärung der sächsischen Schweiz keinen Gebrauch machen können.
Hierfür scheint der erste Fall die meiste Analogie zu bieten, da wir ja
in dem Bau der sächsischen Schweiz thatsächlich eine Torsion erkannten
(vgl. S. 282 [38]).

Weder die Hebung bezw. Senkung des Quadersandsteins in der
sudetischen Richtung, noch die Aufwölbung am Kamme der erzgebirgischen Flexur konnten bei der spröden Natur des Gesteins bruchlos
erfolgen; so dass sich hierbei Systeme von Sprüngen gebildet haben
mögen, welche den Störungslinien teils parallel gerichtet sind, teils
senkrecht auf denselben stehen. Daraus erklärt es sich, dass im nordwestlichen Teile die WNW- und NNE-Richtung, am südöstlichen Rande
dagegen die WSW- und NNW-Richtungen vorherrschen. Dagegen ist
es schwer, die Beziehungen zu erklären, welche die letzteren Richtungen
zugleich zu der betreffenden Strecke des Lausitzer Granitrandes zeigen.
Möglicherweise sind die Krümmungen desselben auf eine Einwirkung der
erzgebirgischen Richtung zurückzuführen. Eine Lösung aller Schwierigkeiten und eine volle mechanische Erklärung ist erst nach einer ganz
genauen Aufnahme zu erwarten, welche am besten im Zusammenhange
mit der geologischen Kartenaufnahme vorgenommen würde.

VII. Verwitterung und Abtragung.

Die geognostische Zusammensetzung der sächsischen Schweiz ist,
wie wir gesehen haben, eine höchst einförmige. In fast ununter-
brochener Folge liegen Sandsteinbänke übereinander, die sich nur
durch die verschiedene Mächtigkeit, die verschiedene Grösse der Quarzkörner und den verschiedenen Reichtum an thonigem oder eisenschüssigem, seltener kalkigem Bindemittel unterscheiden. Es ist ein
Quarzsandstein, der im Durchschnitt zu 96—98 Proz. aus Quarzsand,
zu 2—4 Proz. aus Eisenoxyd oder Thon besteht, so dass die einzelnen
Sandkörner fast ohne Bindemittel miteinander verwachsen sind[1]). Auf

---

[1]) Fallou, Grund und Boden des Königreiches Sachsen S. 116 ff.

dem linken Elbufer findet sich eine im Mittel etwa 6 m mächtige
Einlagerung von kalkigem oder mergeligem Plänersandstein, welche
von der Elbe allmählich bis über 500 m Meereshöhe ansteigt. In
einem etwas höheren Niveau wird der Sandstein stark thonig und geht
bei Naundorf, Wehlen und Zatzschke in reinen Thon oder Mergel
über. Ausserdem helfen nur einige Basaltknappen, die ursprünglich
grossenteils im Quadersandstein eingeschlossen waren, sowie Diluvial-
kiese und -lehme die Einförmigkeit unterbrechen. Der Sandstein liegt
auf dem rechten Elbufer im ganzen ziemlich horizontal, auf dem linken
in schwach geneigten Bänken; regelmässig angeordnete, senkrechte
Klüfte haben den Zusammenhang der Bänke gelöst.

Das Regenwasser, welches auf diese Sandsteinflächen auftrifft,
sickert durch die Klüfte und auch in dem porösen Gestein selbst rasch
in den Boden ein. Nur nach starken Regengüssen und zur Zeit der
Schneeschmelze rinnt ein grösserer Teil des Wassers oberflächlich ab,
weil dann die Menge des auf einmal zugeführten Wassers zu gross
ist, als dass der Boden dasselbe ganz fassen könnte. Wo die Sandsteintafeln durch Gründe unterbrochen werden, tritt ein Teil des ein-
gesickerten Wassers, wie man besonders im Winter an den Eiszapfen
bemerken kann, auf den Schichtenfugen zu Tage und tränkt die
Pflanzen, denen die Sonnenstrahlen nur wenig Feuchtigkeit entziehen.
In diesen Gründen finden wir daher die Fichte und üppige Farnkräuter,
während auf den trockenen Sandsteintafeln selbst nur die bescheidene
Kiefer fortkommt. Eigentliche Quellen finden sich in der sächsischen
Schweiz nur da, wo die krystallinische Grundlage zu Tage tritt, oder
wo die Plänereinlagerung oder die thonige Zwischenschicht das Wasser
auffangen, oder wo Basalt oder Lehm den Quadersandstein bedecken. Auf
dem Basalt nehmen z. B. die Quellen um den Grossen Winterberg ihren Ursprung, der thonigen Zwischenschicht scheinen einige der Quellen zwischen
Rosenthal und Schöna zu entspringen, während andere einem diluvialen
Gehängelehm angehören, und das glaciale Diluvium scheint z. B. die
kleinen Quellen hinter der Bastei zu erzeugen. Bei weitem am wichtigsten sind aber die Quellen der Plänerschicht. Auf der Plänerschicht
treten alle die Quellen um den Schneeberg zu Tage, welche die Biela,
den Cunnersdorfer und den Krippenbach bilden; auf ihr entspringen
auch die Quellen der Schweizermühle und von Königsbrunn, welche zur
Begründung der dortigen Wasserheilanstalten Veranlassung gegeben
haben; auf ihr liegt die mächtige Wasserschicht, welche den tiefen
Brunnen der Festung Königstein speist, ihr verdanken vielleicht auch,
als Spaltquellen, die starken Quellen im Grunde der Langen Biela
oberhalb Herrnskretschen ihren Ursprung[1]). Wir haben früher gesehen,
dass die Plänerschicht nur auf dem linken Elbufer oder, genauer gesagt,
nur südwestlich der Elb-Kamnitzlinie zu Tage tritt, auf dem rechten
Ufer dagegen unter der heutigen Sohle der Thäler liegt. Daher sind
auch die an diese Schicht gebundenen Quellen im ganzen auf das
linke Ufer der Kamnitz-Elbe beschränkt. Das linke Ufer ist aber

---

[1]) Vgl. Gutbier a. a. O. S. 87 f. Schiffner, Beschreibung der sächsisch-
böhmischen Schweiz S. 21 ff.

vor dem rechten auch dadurch bevorzugt, dass die geneigte Schichtenstellung den oberflächlichen Abfluss des Wassers und die Vereinigung
der kleinen Wasseradern begünstigt. Es unterscheidet sich daher in
Bezug auf seine Bewässerung gar nicht so sehr von anderen Gegenden;
am rechten Ufer dagegen können wir stundenlang wandern, ohne
unseren Durst stillen zu können, und die Bäche verlieren hier häufig
mehr Wasser im Sande, als sie zugeführt erhalten.

Die geognostische Zusammensetzung eines Gebirges bedingt aber
neben der Wasserführung auch den Charakter der Verwitterung. Dieselbe wird in der sächsischen Schweiz ganz überwiegend ein mecha-
nischer Prozess sein, denn die Menge des Bindemittels ist im Quadersandstein so gering, dass seine Umänderungen ohne Bedeutung sind,
der Quarz aber ist nur unter ganz besonderen Verhältnissen einer
chemischen Umwandlung oder Lösung fähig, so dass auch diese gegenüber der mechanischen Wegführung desselben nicht in Betracht kommen
kann. Zwar pflegt der an sich weisse oder gelbe Sandstein eine graue
Kruste zu besitzen, aber dieselbe beruht nicht auf einer chemischen
Umwandlung, sondern auf der Eindrängung kleinster organischer Bestandteile zwischen die lockeren Sandkörnchen.

Es sind wesentlich drei Formen, in welchen sich die Verwitterung
äussert, in der Bildung von Sand, in der Zersprengung des Gesteins
und in der Ablösung ganzer Quaderblöcke. Die Sandbildung kann
eine Folge dieser Erscheinung sein, da die Felsblöcke häufig durch die
Gewalt des Sturzes zermalmt werden, im allgemeinen aber wird sie
die Verwitterung einleiten. Der Regen, der auf das Gestein trifft,
dessen Wasser von der Oberfläche nach aussen abfliesst oder in die
Klüfte hinabrinnt oder durch das ganze Gestein hindurchsickert, der
Bach, der über den Fels dahinrauscht, der Wind, der, mit Sand beladen,
die nackten Felswände peitscht, der Wechsel von Wärme und Kälte,
der die Quarzkörner und noch mehr das im Gesteine enthaltene Wasser
ausdehnt und zusammenzieht, der es zu Eis erstarrt und das Eis wieder
schmilzt, die Vegetation, besonders die Moosvegetation, „welche mit
ihren Würzelchen zwischen die Sandkörner eindringt und dann in
kleinen Polstern abfällt und jedesmal Sandkrusten mit loszieht" (Gutbier S. 100), sie alle sind thätig, um den Sandstein in Sand zu verwandeln.

Wo diese Sandbildung an einem Abhange vor sich geht, fallen
die losgelösten Sandkörner infolge ihrer Schwere zu Boden; falls sich
keine schützende Vegetationsdecke über den Sand breitet, nimmt der
Wind die feineren Sandkörner weg und häuft sie an anderen Stellen wieder
auf, aber nur das spülende und fliessende Wasser führt, gegenwärtig
wenigstens, grössere Sandmassen auf weitere Entfernung fort. Wo
daher das Wasser fehlt, bleibt der Sand liegen und bildet eine Decke,
welche das darunter liegende Gestein den Einflüssen der Verwitterung
entzieht. Nur wo durch einen Thaleinschnitt oder irgend eine andere
Ursache ein steiles Gefäll erzeugt wird, fliesst wenigstens ein Teil
des Wassers oberflächlich ab und nimmt den angehäuften Sand mit
fort. Während sich daher die Hochflächen im allgemeinen in einem
Ruhezustande befinden, entfaltet die Verwitterung ihre volle Kraft an

den senkrechten Felswänden, denen wir in der sächsischen Schweiz so
häufig begegnen, und deren Entstehung uns später beschäftigen wird.
Fast jeder einzelne Quader dieser Felswände zeigt sich von der
Verwitterung angenagt. Dass die Seitenflächen der Quadern dieser
Einwirkung unterliegen, bezeugen uns vorstehende horizontale Leisten.
welche ihre Erhaltung einer grösseren Widerstandsfähigkeit des Gesteines an dieser Stelle verdanken. Am stärksten hat die Verwitterung
an den Schichtenfugen und Ablösungsflächen wirken können, worauf
die allgemeine Abrundung der Felsblöcke beruht. Diese Abrundung
ist am oberen Rande der Felswand, welcher dem Wind und Wetter
am meisten ausgesetzt ist, am stärksten ausgeprägt, so dass das Profil
der Quaderblöcke hier fast das Ansehen von Kreisquadranten gewinnt.
Greift aber die Verwitterung nicht nur von einer Seite, sondern, wie
es bei einzelnen Felspfeilern der Fall ist, von allen Seiten an, so
schliesst auch die Oberfläche der Felsen halbkugelförmig ab. An anderen
Punkten findet sich an diesen nackten Felsoberflächen eine unregelmässige Abwechselung von Höckern und Leisten, Löchern und Furchen,
welche Gutbier (S. 58 ff.) passend mit den Karrenfeldern der Schweizer
Kalkalpen vergleicht, wenngleich sie an Grösse weit hinter denselben
zurückbleiben, da die Höhendifferenzen hier wohl kaum je mehr als
$\frac{1}{4}-\frac{1}{3}$ m betragen. Die Furchen pflegen von dem Gipfel des Blockes
nach allen Seiten abzufallen und weisen dadurch vielmehr auf eine
Thätigkeit des Wassers als des Windes hin; das Wasser hat hier
natürlich nicht chemisch, sondern mechanisch gewirkt, und wie im
Kalke eine ungleiche chemische Zusammensetzung dem Wasser den
Weg zu weisen scheint, so scheinen hier die kleinen Rücken und Gipfel
durch gröbere Quarzkörner bedingt zu sein. An einzelnen Stellen,
besonders an den Kanten der Tafelberge, findet man beckenförmige
Vertiefungen, welche vielfach für alte, künstlich ausgehöhlte, Opfer-
becken gehalten worden sind, welche ihre Entstehung aber wohl gleichfalls dem auftreffenden Regenwasser verdanken.

Auch in einer anderen Beziehung bringt die mechanische Auflockerung des Sandsteines eine ähnliche Wirkung wie die chemische
Lösung des Kalkes hervor. In vielen Fällen sind die Sandsteinflächen
dicht mit Löchern besetzt, zwischen denen ein unregelmässiges Netz-
werk aus feuchtem, leicht zerreiblichem Sandstein stehen geblieben ist[1]).
Diese Löcher scheinen sich nur an den Seitenflächen und Unterflächen
(bei Ueberhängen), nie aber an den Oberflächen zu finden. An den
Unterflächen haben sie eine kreisförmige Gestalt, an den Seitenflächen
die Gestalt eines Kreissegmentes, das etwas grösser als ein Halbkreis,
und dessen abschneidende Sehne horizontal ist und immer den unteren
Rand bildet. Besonders häufig und gut ausgebildet sind diese Löcher
an den Schichtenfugen, wo sie die Gestalt kleiner Höhlchen annehmen.
Sie sind dann kugelförmig nach innen gewölbt, der Boden ist eine
horizontale oder sanft nach aussen, selten nach innen geneigte Ebene,
die häufig mit Sand bedeckt ist. Im allgemeinen haben sie 10—15 cm
Oeffnungshöhe; es findet jedoch ein allmählicher Uebergang zu den

---

[1]) Vgl. die Abbildungen bei Gutbier, Geogn. Skizzen S. 93—98.

grösseren Höhlen statt, deren Höhe oft 5 m erreicht. Manche Bänke scheinen eine besondere Empfänglichkeit für diese Bildungen zu besitzen, denn man sieht hier eine Höhle unmittelbar neben der anderen, während sie darüber und darunter gänzlich fehlen.

Gutbier hält diese Löcher und Höhlen für eine Wirkung des Nebels, welcher sich besonders in den Felsendickichten fängt. Ein kieselig-thoniges Bindemittel, wie in den meisten feinkörnigen Sandsteinen vorhanden, widerstehe am besten der Zerstörung; walte aber der Thon vor, so nehme er begierig das Wasser auf, welches ihn mechanisch aufweiche und ausführe. Aber es ist schwer, sich vorzustellen, wie der Nebel Höhlen von 5 m und grösserer Höhe geschaffen haben soll, so dass auch Gutbier für diese grösseren Bildungen zum Teil die Hilfe des Meeres in Anspruch nimmt. Vielfach begegnet man ihnen an ganz frei gelegenen Stellen, z. B. an den Wänden der Kaiserkrone, wo Nebel nur ganz selten auftreten, und andererseits sieht man sie auch in Steinbrüchen angedeutet, wo der Nebel noch gar keinen Zutritt gewonnen hat. Wenn diese Bildungen also nicht wohl vom Nebel hervorgerufen sein können, so hat Gutbier doch darin sicherlich Recht, dass sie dem Wasser zugeschrieben werden müssen, welches sich innerhalb des Gesteines befindet; da ist aber das Schwitzwasser, das von oben in den Felsen einsickert und denselben ganz durchdringt, bis es von der Unterfläche der Bänke herabtropft oder sich in den Schichtenfugen sammelt, von weit grösserer Bedeutung als das Wasser, das von unten und der Seite her aus der Atmosphäre aufgenommen wird. Die Wirkung dieses Schwitzwassers ist eine rein mechanische, so dass wir keinen stalaktiten- und stalagmitenartigen Bildungen begegnen; wir vermögen jedoch nicht zu sagen, wie weit das Wasser selbst, und wie weit das Gefrieren desselben wirksam ist. Eine andere Schwierigkeit für die Erklärung liegt darin, dass sich im allgemeinen nicht zusammenhängende Eintiefungen, sondern eben diese Löcher und Höhlchen gebildet haben, welche durch schmalere oder breitere Zwischenräume getrennt sind. Bischof, der sich mit den gleichartigen Sandsteinbildungen von Adersbach und Weckelsdorf beschäftigt hat, sieht die Ursache in einer verschiedenen Härte und Widerstandsfähigkeit des Gesteines [1]), aber es ist unwahrscheinlich, dass in horizontaler Richtung eine so regelmässige Abwechselung harter und weicher Stellen stattfinde. Die Ursache liegt vielmehr in der Verteilung des Wassers, welches besonders an den Wurzeln der Gewächse in das Gestein dringt und in einzelnen, wenn auch vielen und kleinen Fäden das Gestein durchsickert. An manchen Stellen fehlen diese Unregelmässigkeiten; statt einer Reihe von Höhlen finden wir eine Art Ueberhang, dessen stark angegriffene Decke eine gleichmässig nach innen geneigte Ebene bildet.

Nachdem an einem Punkte der Anfang mit der Wegführung des Sandes gemacht und so ein Löchelchen gebildet war, musste die Vergrösserung desselben leichter vor sich gehen; auf horizontalen Flächen gleichmässig nach allen Seiten, während an vertikalen Flächen

---

[1]) Neues Jahrbuch für Mineralogie u. s. w. 1844.

das Sickerwasser nur von oben und von den Seiten her wirken konnte. Je mehr Wasser an einem Punkte zusammenfliesst, und je angreifbarer der Sandstein ist, um so stärker wird die Wirkung sein; daher kommt es, dass diese Höhlchen sich besonders an den Schichtenfugen finden, dass die grösseren Höhlen in einem Niveau zu liegen pflegen, wie man am Kuhstall oder am Quirl so schön beobachten kann. Jede solche Höhle kann sofort wieder der Ausgangspunkt für neue Angriffe werden; am hinteren Ende finden sich daher vielfach kleinere Höhlchen von gleicher Gestalt. Mitunter werden dieselben zu engen Gängen, deren Länge leicht 1 m erreicht; sie mögen etwas grösseren Wasserfäden entsprechen. Der Zwischenraum zwischen zwei Höhlchen wird von beiden Seiten angegriffen; an der schmalsten Stelle stehen dieselben daher vielfach durch kurze Gänge in Verbindung, die der Aussenwand parallel laufen, dazwischen bleiben dann sanduhrförmige Pfeiler oder kurze Wände stehen; wenn auch diese weggewaschen werden, so entstehen einfache Einbiegungen im unteren Teile der Bänke.

Die grösseren Höhlen der sächsischen Schweiz sind, soweit sie diesen Namen überhaupt mit Recht tragen, wesentlich dieselben Bildungen, wie die kleinen Höhlchen und Ueberhänge. Die Hieckelshöhle in den Hieckelsschlüchten, die etwa 8 m hoch, 14 m tief und 45 m breit ist (Gutbier S. 98), ist nichts als ein grosser Ueberhang; der Diebskeller im Quirl mit 35 m Tiefe und 17 m Breite [1] unterscheidet sich nur durch die Grösse von den kleineren Höhlchen. Es kommt, z. B. in den Tyssaer Wänden, vor, dass diese Höhlen eine ganze Felswand durchsetzen und dadurch zu Thoren werden. Der Kuhstall und das Prebischthor sind solche Thore, nur dass hier oberflächlich spülendes Wasser und die Wegführung ganzer Quadern mitwirken mochte, obgleich die Einleitung des Prozesses immer durch die Sandbildung geschah.

Andere Thore sind ganz anderer Entstehung; sie bilden mit vielen der zahlreichen Löcher und Keller und manchen sogenannten Höhlen zusammen eine Gruppe von Bildungen, die alle den Charakter von Durchgängen haben, sich aber auf drei verschiedene Typen zurückführen lassen. Entweder sind es einfache Klüfte, deren Wände nach oben zusammenneigen (z. B. die Dianenhöhle bei der Waltersdorfer Mühle) oder enge Schluchten, die oben durch herabgefallene Felsblöcke geschlossen sind (Uttewalder Felsenthor, Amselloch u. s. w.), oder, und zwar am häufigsten, entstehen sie dadurch, dass sich Felsblöcke geneigt und an eine Wand angelehnt haben (z. B. der Diebskeller am Bärenstein, Kuhstall am Pfaffenstein) [2].

Verhältnismässig weniger wichtig als die Sandbildung ist die Zersprengung des Gesteines durch die Verwitterung. Die Sprünge, welche von den auf ganz andere Kräfte zurückzuführenden Losen oder Klüften (vgl. S. 287 [43] ff.) wohl zu unterscheiden sind, laufen durchaus

---

[1] Schäfer und Friedemann, Neues Wanderbuch durch Sachsen I, S. 35.
[2] Ein Verzeichnis derartiger Bildungen, aber ohne Beschreibung, gibt Schiffner a. a. O. S. 7 und 8.

nicht immer von einer Schichtenfuge zur anderen, sondern gehen häufig nach oben, häufig nach unten blind aus. Sie haben oft eine senkrechte Richtung; ein interessantes Beispiel dafür findet sich am Diebskeller beim Bärenstein, wo man an einem grossen, schief an eine Wand gelehnten Felsblocke einige Sprünge senkrecht auf der Schichtfläche stehen, andere gegenwärtig eine senkrechte Stellung einnehmen sieht. Diese Sprünge können nur eine Wirkung der Vegetation oder des Frostes sein; manchmal mögen sich allerdings Baumwurzeln in den Fels gedrängt und ihn zerspaltet haben, im ganzen aber werden wir die Sprünge auf das Gefrieren zurückführen müssen. Der Gefrierprozess hat im allgemeinen bei porösen Gesteinen das Zerfallen in Sand, bei dichten Gesteinen die Entstehung von Sprüngen und eckigen Bruchstücken zur Folge. In unserem grobkörnigen, fast cämentlosen Sandsteine wird daher die Bildung von Sand an der Oberfläche die verbreitetere Wirkung sein, aber hier und da, wo sich etwa grössere Wasseradern finden, mag wohl auch einmal der ganze Stein auseinandergesprengt werden. Besonders häufig bilden sich derartige Sprünge parallel grösseren Klüften, an denen eine ganze Felswand gleichsam abblättert.

Eine dritte Art der Wirkung, welche aber mit der vorigen viel Aehnlichkeit hat, besteht in der Ablösung ganzer Quaderblöcke. „Füllt sich die Kluft mit Schnee, dringt später Wasser in sie und friert hierauf das Ganze, so werden die Felsen wie durch einen Keil auseinandergetrieben und teils ganze Felsmassen abgesprengt, teils an benachbarte angelehnt" (Bischof a. a. O.). Dasselbe Resultat tritt ein, wenn Bäume ihre Wurzeln in die Klüfte hinabsenken und beim Wachsen den Fels zur Seite drängen, wenn durch Sandbildung die Lose und Schichtenfugen immer mehr erweitert werden, so dass der Block endlich seinen Halt verliert und hinabfällt, oder wenn ein Bach oder eine Regenflut den letzten Widerstand überwindet und den Fels mit sich fortreisst. Noch mehr natürlich als die Sandbildung ist die Ablösung ganzer Quadern an die mehr oder weniger steilen Felswände gebunden, weil nur hier das Gefälle vorhanden ist, welches die Entfernung der gelockerten Blöcke ermöglicht. Im allgemeinen wird die Ablösung der Blöcke an der oberen Felskante beginnen und von hier gleichzeitig nach unten und hinten, jedoch mit grösserer Schnelligkeit nach unten fortschreiten, so dass meist ziemlich steile Abhänge entstehen. Auf Fig. 1 ist über der Linie DF der Fortschritt der Ablösung bei würfelförmigen Blöcken, d. h. bei gleichem Abstande der Lose und Schichtenfugen, bei völlig gleichartiger Beschaffenheit des Gesteines und Abwesenheit stärkerer Wasserwirkung schematisch dargestellt. Die lateinischen Buchstaben bezeichnen die horizontalen Bänke, die griechischen die vertikalen Reihen. Zuerst wird sich aα und bα ablösen, nun erst wird aβ bei hinreichender Abrundung seinen Halt verlieren können. Gleichzeitig mit aβ fällt aber auch cα u. s. f., wie die eingeschriebenen Zahlen andeuten. Man sieht, dass am Ende jedes Zeitraumes ein treppenförmiges Ansteigen stattfindet, wobei jede Stufe zwei Quadern hoch und eine breit ist, so dass der Neigungswinkel der Felswand 63½° be-

trägt (tang φ = 2). Die quaderförmige Absonderung ist es also, welcher
die sächsische Schweiz ihre steilen Felswände verdankt, durch die sie

Fig. 1

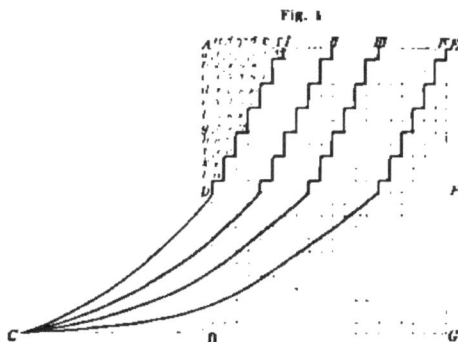

sich so wesentlich von den meisten anderen deutschen Mittelgebirgen,
z. B. dem in vieler Beziehung so verwandten rheinischen Schiefergebirge,
unterscheidet.

Natürlich erleidet dies Normalprofil in der Natur die mannig-
fachsten Abänderungen. Grössere Wassermenge, welche z. B. aus einer
Neigung der Oberfläche entspringen kann, verstärkt die in horizontaler
Richtung wirkenden Kräfte, bedingt also einen sanfteren Abfall der
Wand und damit eine Verdrängung der Felsen durch humusreicheren
Boden. Pfeilerförmige Gestalt der Quadern begünstigt die Abtragung
nach der Tiefe, plattenförmige die Abtragung nach hinten. Am wichtigsten aber ist ungleiche Beschaffenheit der übereinanderliegenden Gesteinsbänke; sind die unteren Bänke weicher, neigen sie besonders zur
Bildung von Höhlen und Ueberhängen, so werden sie eher zerstört als
die darüberliegenden. Mitunter, nämlich wenn die Kluft, an welcher
der Abbruch erfolgt, etwas nach hinten gerückt fortsetzt, behalten die
oberen Bänke ihre Lage und bilden Ueberhänge, meist aber verlieren
sie ihren Halt und stürzen herab oder senken sich auch nur, wenn sie
dem Boden nahe sind und die Ablösungsflächen weit auseinanderliegen,
sanft abwärts, ohne eine Bewegung in horizontaler Richtung zu erleiden
und ohne den alten Platz ganz zu verlassen. Die meisten der oft haus-
hohen Blöcke, welchen man überall begegnet, und die man häufig an
die Felswände lehnen sieht, sind auf diese Weise in ihre heutige Lage
gebracht worden. Verheerender sind die eigentlichen Bergstürze, bei
denen oft mehrere Hundert Kubikmeter zugleich abstürzen und grossenteils zertrümmern; die grosse Zahl glatter, senkrechter Felswände weist
auf die Häufigkeit solcher Bergstürze hin. Eine grössere Weichheit
der oberen Bänke oder auch nur einer der oberen Bänke hat umgekehrt
ein schnelleres Zurückweichen derselben und damit Terrassenbildung
zur Folge; viele der Felsterrassen, welche der Wanderer an den Schramm-

steinen, an den Felswänden beim Prebischthor, um Teichstein u. s. w.
so deutlich und auf so weite Erstreckung bemerkt, sind auf diese Ursache zurückzuführen, ohne dass die Corrosion des Windes dabei eine
bedeutende Rolle gespielt zu haben scheint. Besteht die ganze Wand
aus weichen, thonigen Schichten, wie vielfach am linken Elbufer der
Fall ist, so geht der Wandcharakter überhaupt verloren, und ein gleichmässig sanft geneigtes Gehänge tritt, ähnlich wie bei grösserem Zufluss
von spülendem Wasser, an seine Stelle.

Wenn die Ablösung der Blöcke nur durch die Schwere erfolgte,
so müsste sie an der ganzen Wand gleichmässig vor sich gehen, die
Wand würde vollkommen geschlossen und geradlinig zurückweichen.
Das abfliessende Wasser dagegen wird durch die kleinste Unregel-
mässigkeit abgelenkt und sammelt sich daher vielfach zu kleinen Wasserfäden an, welche in grösserem oder geringerem Abstande von der
Wand herabträufeln. An dieser Stelle wird daher ein Block eher als
rechts und links daneben fallen, und sobald einmal der Gegensatz gegeben ist, wird er sich immer mehr verstärken, weil der einmal gebildete Riss das spülende Wasser von allen Seiten an sich zieht, und
weil er die Angriffsfläche für die Auflockerung des Gesteines vermehrt.
Die kleinen Risse oder Schluchten, welche auf diese Weise entstehen, sind meist geradlinig, weil sie die Stelle einer oder mehrerer
Quaderreihen einnehmen, und pflegen in ziemlich gleichmässigen Abständen aufzutreten. Einen eigentümlichen Ausdruck erhalten die Felswände, wenn ihre Richtung die Kluftrichtungen schräg schneidet. Die
Südseite des Königsteins bildet hierfür ein typisches Beispiel, indem
sie sich als eine regelmässige Zickzacklinie darstellt, deren einzelne
Stücke einander in nahezu rechten Winkeln schneiden. Ganz in der
Nähe ist die regelmässige Wandbildung an der Nordseite des Quirl besonders schön zu beobachten [1]). Wenn lokal mehr als zwei Kluftsysteme
ausgebildet sind, so geht die Regelmässigkeit verloren, so finden sich
vielfach schiefwinkelige Blöcke, so gewinnen die Felswände ein rauhes
und unregelmässiges Ansehen.

Diese Risse greifen gewöhnlich nicht sehr tief in die Wand hinein,
denn sie verdanken ja ihre Fortpflanzung dem Regenwasser, dessen
Abfluss sie selbst erst hervorrufen, das ihnen also ebensogut oder beinahe ebensogut von den Seiten wie von hinten zuströmt. Von den
im allgemeinen auf der Wand senkrecht stehenden Hauptschluchten
zweigen sich daher unter rechtem Winkel wenig kürzere Seitenschluchten
ab, welche der Wand parallel gerichtet sind. Die Seitenschluchten
zweier benachbarten Hauptschluchten können sich zu einer Schlucht
vereinigen und so eine Gruppe von Felsquadern von der Wand ab-
trennen. Gewöhnlich sind diese Schluchtensysteme auf den Rand einer
Felswand beschränkt, aber unter günstigen Umständen, namentlich
wenn bei einem schmalen Rücken oder einem Tafelberge der Angriff
der Witterung von zwei oder mehr Seiten erfolgt und die Wand eine
grössere Höhe besitzt, können dieselben eine beträchtliche Ausdehnung
gewinnen. Der Pfaffenstein, die Felsen südlich der Schweizermühle,

---

[1]) Vgl. die Abbildungen bei Gutbier S. 33.

die Tyssaer Wände gehören zu den schönsten und bekanntesten Beispielen solcher wirrer Schluchtenkomplexe.

Aber die Quadergruppen zwischen benachbarten Schluchten werden allmählich immer mehr verkleinert. Auf den Felskanten und Felsrücken sind auf diese Weise einzelne Blöcke liegen geblieben, in welchen die Phantasie vielfach Aehnlichkeiten mit einem Lamm oder einer Lokomotive oder Stiefel und Stiefelknecht entdeckt hat. Auf diese Weise sind auch die einzelnen Felspfeiler wie der Prebiskegel, die Katzenkirche bei Dittersbach, die Herkulessäulen bei der Schweizermühle, die Barbarine am Pfaffenstein entstanden. Endlich werden auch sie der Verwitterung unterliegen, aber schon sind neue gleiche Gebilde hinter ihnen geschaffen worden.

Die Blöcke und der Sand, welche durch Schwere und Wasser aus der Felswand ausgebrochen sind, fallen auf die terrassenartigen Vorsprüngen und am Fusse derselben nieder und würden sich daselbst zu einem immer höher anwachsenden und schliesslich die ganze Felswand verhüllenden Schuttkegel anhäufen, wie es in der Sahara thatsächlich der Fall ist, wenn nicht das Wasser an ihrer Fortschaffung arbeitete. Fliesst unmittelbar am Fusse der Wand ein grösserer Bach oder ein Fluss vorüber, so entfernt derselbe allen durch die Verwitterung gelieferten Schutt; im allgemeinen bleibt aber diese Wegschaffung dem von der Oberfläche der Wand und aus den Schichtenfugen herabträufelnden Wasser überlassen, welches auf dem Schuttkegel herabrinnt und die leichteren Bestandteile wegspült oder auch in denselben einsickert und an der Oberfläche desselben langsam nach aussen dringt, hier ebenso wie auf den Schichtenfugen die feineren Partikeln mit sich nehmend. So häuft sich der Schutt nur bis zu einer bestimmten Höhe an, in welcher ein Gleichgewicht zwischen der Transportkraft und der Schuttbildung an dem noch frei aufragenden Teile der Wand erreicht ist. Bevor das jedoch geschehen ist, pflegt der obere Teil der Wand ein ganzes Stück zurückgewichen zu sein, so dass der Schutt auch den noch nicht zurückgewichenen unteren Teil der Felswand bedeckt. Der Fusskegel einer Felswand pflegt daher nur an der Oberfläche aus losen Blöcken und Sand, im inneren Teile dagegen aus festen Quadern zu bestehen. Strasseneinschnitte in solchen Fusskegeln zeigen grossenteils anstehendes Gestein, ja häufig sind sogar Steinbrüche in den Fusskegeln in Betrieb. Die Fusskegel sind zwar durch neue Zuführung und Wegführung von Schutt in beständiger Veränderung begriffen, aber dieselbe geht äusserst langsam vor sich; der leicht bewegliche Sand hat daher meist eine gleichmässige Böschung angenommen, Kiefernwald hat sich auf demselben angesiedelt und ihm eine gewisse Festigkeit verliehen, und nur die grossen, oft schon halb eingehüllten, Felsblöcke mitten im Walde belehren uns über die Natur dieser Abhänge. Nur wenn einmal eine ganze Wand in einem gewaltigen Bergsturze herabkommt, bietet sich dem Auge ein wirrer Trümmerhaufe dar, wie ihn der Wanderer im Hochgebirge an der Mündung jedes Wildbaches zu sehen Gelegenheit hat. Ein solcher Vergleich mahnt uns an die Kleinheit der sächsischen Schweiz und die Zahmheit ihrer Gebirgsnatur, wenn uns der Anblick der senkrechten Felswände dieselbe vielleicht für eine Weile hatte vergessen lassen.

Die Felswände haben nicht nur für die landschaftliche Physiognomie, sondern für den ganzen Organismus der sächsischen Schweiz eine so grosse Bedeutung, dass wir noch etwas länger bei ihnen verweilen und die Gesetze, welche für ihre Bildung massgebend sind, etwas näher betrachten müssen.

Die Gesetze der Erosion lehren uns, dass die Gestalt und Lage eines Wasserfadens, welcher gerade allen zugeführten Schutt wegschaffen kann, von der Menge und Beschaffenheit dieses Schuttes, von der Wassermenge und von der Lage der Mündung oder der Erosionsbasis abhängig ist. Je grösser die Wassermenge ist, desto kleiner braucht das Gefäll zu sein, um gleiche Wasserkraft zu erzeugen; je grösser die Schuttmenge ist, desto grösser muss dagegen die Wasserkraft oder, bei gleicher Wassermenge, das Gefäll sein, um ihn vollständig fortzuschaffen. Durch das Verhältnis von Wasser und Schutt ist die Gestalt des Wasserlaufes, die im allgemeinen eine nach aufwärts ansteigende Kurve sein wird[1]), bestimmt, aber die Lage derselben verändert sich mit der Lage ihrer Mündung oder Basis. Je höher diese über dem Meeresspiegel liegt, um so höher auch ein bestimmter Punkt der Kurve, je weiter die Mündung von der Wand entfernt ist, um so weiter aufwärts, also in einem um so höheren Punkte, schneidet die Wand die Kurve. Diese Gesetze finden aber auf die Gestaltung einer Felswand und ihres Fusskegels Anwendung, weil dessen Anwachsen, wie wir sahen, in dem Fortschaffen des Schuttes durch das Regenwasser seine Grenze findet. Die freie Felswand wird an jeder Stelle und zu jeder Zeit so hoch sein, dass der von ihr gelieferte Schutt durch das abfliessende Regenwasser bis zum nächsten Bach und von diesem weiter zum Fluss fortgeschafft werden kann.

Die gegebenen und mit Ort und Zeit wechselnden Grössen (Fig. 2)

Fig. 2.

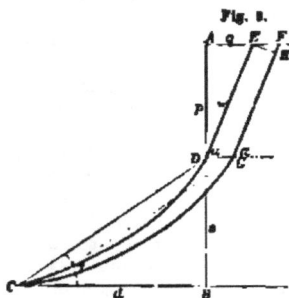

sind: die Wand AB, welche von der Erosionsbasis C einen Abstand BC = d und über derselben eine Höhe AB = h besitzt, die auf der Flächenein-

---

[1]) Vgl. irgend ein Lehrbuch der Geologie oder physischen Geographie, z. B. v. Richthofens Führer S. 133 ff., oder auch der Wasserbaulehre. Eine besonders eingehende Behandlung bei Gilbert, Report on the Geology of the Henry Mountains S. 93 ff. und Philippson, Ein Beitrag zur Erosionstheorie, Petern. Mitteil. 1886 S. 92 ff.

heit fallende Regenmenge R und die Stärke der Verwitterung V. Die
Wand AB = b gliedert sich infolge der Verwitterung bald in die freie,
unter einem nach der Beschaffenheit des Gesteines verschiedenen Winkel α
nach rückwärts ansteigende, Felswand DE = w, deren vertikale Komponente AD wir mit p, deren horizontale Komponente AE wir mit q
bezeichnen wollen, und einen Fusskegel DC, dessen Höhe DB = s, dessen
Basis BC = a und dessen Böschung eine Kurve mit dem mittleren
Neigungswinkel φ ist. Es gelten dafür die Bezeichnungen s = d tang φ,
p = w sin α, h = p + s = w sin α + d tang φ. Die Verwitterung erfolgt
nur an dem freien Teile der Wand w, der Betrag der Schuttbildung S
oder, anders ausgedrückt, der Abtragung in einem bestimmten Zeit-
raum T ist gleich der Grösse der Wand, multipliziert mit der mittleren Stärke der Verwitterung, also S = wV. Wir können hierbei V durch eine Senkrechte auf ED, nämlich durch EH darstellen, so
dass S = w . EH. Diese Masse wird, wenn Gleichgewicht zwischen
Schuttbildung und Transportkraft vorhanden ist, bis an das untere
Ende C des Fusskegels und von da aus durch andere Agentien weiter
transportiert. Das Volumen des Fusskegels bleibt also in diesem Falle
dasselbe, d. h. D wird bei der Abtragung in einer der Basis BC
parallelen Linie bis zum Schnittpunkt G der in H zu w gezogenen
Parallele rückwärts verlegt, so dass die Abtragung S im Zeitraume T
durch das Parallelogramm EFGD repräsentiert wird, und die Wand aus
der Form EDC in die Form FGC übergegangen ist.

Es fragt sich nun, unter welchen Bedingungen die Grösse der
freien Wand w und die Höhe des Fusskegels h oder, anders ausgedrückt,
unter welchen Bedingungen die Stärke der Abtragung und des Trans-
portes im Gleichgewichte bleiben, welchen Einfluss eine Veränderung
der Grössen d, b, a, V und R darauf ausübt.

Man könnte meinen, dass schon die Zurücklegung der Wand an
sich, d. h. die Vergrösserung von d, dieses Gleichgewicht stören müsste,
da doch die Böschungskurve mit wachsender Entfernung von ihrem
Fusse immer höher ansteigt. Aber die Zurücklegung der Wand und
die Einbeziehung rückliegender Teile in den Abfluss hat zugleich eine
Vermehrung der Wassermenge und damit eine Herabdrückung der
Kurve, eine Verkleinerung ihres mittleren Neigungswinkels φ, zur
Folge. Bald wird sich der eine, bald der andere Faktor stärker
geltend machen; im Mittel werden sie, wie uns die Erfahrung lehrt,
einander aufheben, d. h. der freie Teil der Wand und der Fusskegel
werden in verschiedenen Abständen vom Fuss das gleiche Höhenverhältnis bewahren. Der obere Teil des alten Fusskegels, mag derselbe aus Schutt oder aus anstehenden Quadern bestanden haben, wird
bei der Rückverlegung der Wand abgetragen. Je weiter diese Rückverlegung fortschreitet, um so tiefer greift die Abtragung in den Kern
des alten Fusskegels hinab, um so mehr legt sie die bei der ersten
Zerstörung der Wand stehen gebliebenen und von Schutt überdeckten
unteren Teile wieder bloss und trägt auch sie jetzt ab, so dass man
im unteren Teile längerer Fusskegel nicht, wie man zuerst erwarten
sollte, mächtige Schuttmassen, sondern einen, nur von einer dünnen Schutt-
lage bedeckten, sanft ansteigenden Boden anstehenden Gesteines findet.

Auch die Höhe h der Wand kann an verschiedenen Orten und zu verschiedenen Zeiten verschieden sein. Je höher die Wand ist, auf einer um so grösseren Fläche erfolgt der Angriff der Verwitterung, um so grösser ist also die Schuttbildung, um so steiler muss der Fusskegel ansteigen, um den Transport der grösseren Schuttmenge zu ermöglichen, um so höher erhebt er sich daher über die Erosionsbasis. Der Böschungswinkel des Fusskegels nimmt also mit der Höhe der Wand zu, die Höhe desselben bewahrt zur Höhe der Wand und damit auch zur Höhe des freien Wandteiles immer das gleiche Verhältnis. Die Abtragung $S = w$. EH ist also der Höhe der Wand proportional, der Grad des Rückschreitens EF ist von der Höhe unabhängig [1]). Eine solche Aenderung der Höhe kann an einer und derselben Wand im Laufe der Zeit eintreten, wenn die Platte, deren Hand die Wand bildet, nicht horizontal, sondern geneigt ist. Ist diese Neigung von der Wand aus rückwärts gerichtet, so wird der freie Wandteil allmählich immer niedriger und kann schliesslich ganz verschwinden, womit die Abtragung ein Ende hat; im umgekehrten Falle dagegen wird die Wand mit der Zeit immer höher, bietet also der Verwitterung eine immer grössere Angriffsfläche dar. Es handelt sich hier natürlich nur um den Fall, dass an der Oberfläche der Platte selbst keine oder nur eine ganz geringe Abtragung stattfindet; eine stärkere Neigung derselben ist in der sächsischen Schweiz kaum vorhanden und braucht darum auch nicht betrachtet zu werden. Ebensowenig kommt eine Neigung der Grundfläche zur Geltung, wie sie sich an Felswänden einstellen kann, die durch Verwerfung gebildet sind. Der Fusskegel bewahrt natürlich seine Lage gegen die Horizontale, wird also im Falle einer gegen die Wand gerichteten Neigung der Grundfläche besonders gross, im anderen Falle besonders klein werden, so dass in jenem Falle die Abtragung gehemmt, in diesem gefördert wird.

Wir haben die Felswand bisher als senkrecht betrachtet; sie kann aber auch eine grössere oder geringere Neigung besitzen oder in Terrassen ansteigen. Die Wirkung dieses Umstandes besteht nur darin, dass ein Teil des Schuttes schon auf den Terrassen oder sanfteren Gehängestrecken liegen bleibt, dass also der Fusskegel in mehrere Teile zerlegt wird; aber er ist uns zugleich ein Anzeichen für eine weichere Gesteinsbeschaffenheit und reichlichere Wasserzuführung, also für zwei der Abtragung günstige Umstände.

Je stärker aus irgend einem Grunde die Verwitterung ist, um so grösser ist auch die Schuttbildung, um so steiler muss der Neigungswinkel φ werden, damit die gleiche Wassermenge den Schutt noch bewältigen kann. Dadurch tritt aber eine Verkleinerung des freien Wandteiles w und damit eine Beschränkung der Schuttbildung ein, welche der stärkeren Verwitterung entgegenwirkt. Eine vermehrte Intensität der Verwitterung hat also auch vermehrte Schuttbildung im Gefolge, aber die Vermehrung erfolgt nicht in dem gleichen Verhältnis.

Umgekehrt wird bei einer Vermehrung des abfliessenden Regen-

---

[1]) Dutton hat diesen Satz in der Tertiary History of the Great Cañon District mehrfach, besonders S. 63, betont, aber auf den Beweis desselben verzichtet.

wassers die Böschung φ verkleinert, der freie Wandteil w und damit die Angriffsfläche der Verwitterung vergrössert, es tritt also eine Verminderung der Schuttbildung ein, welche die Verkleinerung des Fusskegels einschränkt.

Vergrösserung der Wassermenge und Verstärkung der Verwitterung werden in der sächsischen Schweiz im allgemeinen Hand in Hand gehen. Die grössere Empfänglichkeit des Gesteines für die Verwitterung besteht, wie wir sahen, wesentlich in einer grösseren Zugänglichkeit und Angreifbarkeit für das Wasser, womit aber ein reichlicheres Hervortreten desselben verbunden ist. Bei einer grösseren Neigung der Oberfläche strömt das Wasser reichlicher zu, aber bringt auch gleich eine Menge Schutt vom oberen Teile der Gehänge mit. Auch eine Schichtenneigung hat grössere Zufuhr von Wasser und Schutt im Gefolge. Steigen wir in grössere Meereshöhe auf, so nimmt, wenn auch unbedeutend, die Regenmenge und damit die Transportkraft zu, aber zugleich wird durch diese grössere Regenmenge und durch den häufigeren Frost die Verwitterung und damit die Schuttbildung vermehrt. Wird das Klima im Laufe der Zeit rauher, so tritt natürlich dieselbe Wirkung ein; wird es umgekehrt trockener, so nimmt die Verwitterung ab.

Es ist daher meist schwer, a priori zu bestimmen, ob die Vermehrung der Wassermenge oder der Schuttzuführung eine grössere Wirkung ausüben, ob also der Fusskegel im Verhältnis zur freien Wand grösser oder kleiner werden wird. Im allgemeinen unterliegt dies Verhältnis geringeren Schwankungen, als man zunächst denken sollte, und nur in extremen Fällen, wenn etwa ein tropisches Klima mit gänzlichem Mangel an Frösten oder andererseits ein regenloses Wüstenklima eintreten sollte, würde der Schuttkegel fast ganz verschwinden oder die Felswand ganz verhüllen. Aber ein gleiches Verhältnis von Fusskegel und freier Wand zeigt keineswegs eine gleiche Stärke der Schuttbildung und Abtragung an. Während Wassermenge und Stärke der Verwitterung in Bezug auf den Böschungswinkel und die Höhe des Fusskegels einander entgegenwirken, unterstützen sie einander in Bezug auf den Betrag der Schuttbildung. Sowohl eine grössere Stärke der Verwitterung wie eine grössere Menge des abfliessenden Wassers haben vermehrte Schuttbildung und Abtragung im Gefolge; erst recht tritt diese also ein, wenn bei geneigter Oberfläche, Schichtenneigung, weicherer Gesteinsbeschaffenheit, höherer Lage, rauherem Klima sowohl Verwitterung wie Wassermenge sich steigern. Wenn zwei in allen diesen Beziehungen verschiedene Wandstrecken an einander grenzen sollen, so würde nach einiger Zeit ihr Profil mehr oder weniger dasselbe geblieben, aber die eine viel weiter zurückgerückt sein als die andere.

Die Aenderungen in der Entfernung der Erosionsbasis, der Neigung der Platte, der Höhe und Gestalt der Wand, wie wir sie kennen gelernt haben, können sich unter einander und mit den Aenderungen der Verwitterung und Regenmenge in der verschiedensten Weise verbinden und danach einander entweder unterstützen oder einander entgegenwirken. Es ist nicht nötig, alle diese Kombinationen im einzelnen durchzuführen, nur den Einfluss der Schichtenneigung wollen wir etwas näher ins Auge fassen (vgl. Fig. 3) [1]).

Fig. 3.

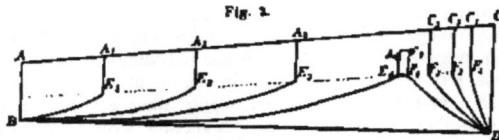

Die Sandsteinbänke der sächsischen Schweiz sind grossenteils schwach nach N oder NE geneigt, und mit der Neigung der Schichten ist meist eine gleiche Neigung der Oberfläche verbunden, auch wenn die ursprüngliche Oberfläche längst abgetragen ist. Auf jeder Seite einer solchen geneigten Platte können durch Verwerfungen oder Thalbildung Felswände gebildet werden, an welchen die Verwitterung ihren Angriff einsetzt; welche Höhe die ursprüngliche Felswand besitzt, hängt von den Bildungsursachen derselben ab und hat mit der Verwitterung nichts zu thun. Wir wollen annehmen, dass der Fusspunkt D der Wand auf der oberen Seite, d. h. der Seite der Schichtenköpfe, in derselben Meereshöhe liege wie der Fuss B der unteren Seite, dass also dort die Wand entsprechend höher sei. Wie erst betrachten wir die Neigung der Platte als so gering, dass sie von der Verwitterung nicht angegriffen werden kann. Es ist der Fall denkbar, dass die Höhe der Wand AB auf der unteren Seite gleich 0 ist; dann wird die Platte nur von D her angegriffen werden. Ist aber auf der unteren Seite eine Felswand vorhanden, so wird sie ebensogut zurückverlegt wie auf der oberen Seite und sogar in schnellerem Tempo als dort, weil Wassermenge und Schuttbildung auf der Seite des Schichteneinfalls viel reichlicher sind. Der geringeren Höhe der Wand entsprechend, ist das Mass der Abtragung auf der unteren Seite bei gleichem Rückschreiten ein geringeres, aber je weiter die Rückverlegung gediehen ist, um so kleiner wird der Unterschied, so dass das schnellere Rückschreiten den Einfluss der geringeren Wandhöhe ausgleichen und überwiegen kann. Manche Forscher, z. B. Ramsay, dem wir die erste eingehende Untersuchung solcher Steilwände, der sog. escarpements, verdanken [2]), haben diesen Umstand zu sehr vernachlässigt, haben sich von der Höhe der Wand auf der Seite der Schichtenköpfe zu sehr imponieren lassen. Der grössere Fortschritt der Abtragung auf dieser Seite ist vielfach nur scheinbar, weil die von unten her wirkende Abtragung mit ihrer grösseren Ausdehnung, aber geringeren Mächtigkeit weniger deutlich ist; wo er wirklich vorhanden, ist er meist, wie im Weald, durch grössere Weichheit des Materials bedingt. In der sächsischen Schweiz werden wir

---

[1]) Durch die Indices werden die Zeitmomente bezeichnet.
[2]) Ramsay, Physical Geology and Geography of Great Britain, 3d ed., London 1872, S. 108 ff. und 210.

die schnellere Abtragung überall auf Seiten der Schichtenneigung bemerken, weil Ungleichheiten des Materials fast ganz fehlen, und weil die Geringfügigkeit der Neigung den Höhenunterschied viel weniger als die Richtung des Wasserabflusses zur Geltung kommen lässt.

Aehnlich also der Brandungswelle greift die atmosphärische Erosion eine Felswand an. Wie jene bei steigendem Meeresspiegel die Klippen immer weiter landeinwärts drängt und an ihrem Fusse einen mit Blöcken und Geröll bestreuten felsigen Strand schafft, so schreitet auch unter dem Einflusse der Verwitterung und des spülenden Regenwassers eine Felswand immer weiter rückwärts, um schliesslich vielleicht ganz zu verschwinden und eine sanft geneigte, mit dünnem Schutt bestreute Gesteinsplatte zurückzulassen.

VIII. Ursprung und Anordnung der Gewässer.

Die Regenschluchten und die weiteren kesselartigen Lücken, die breiteren oder schmaleren Quadergruppen, welche zwischen ihnen stehen geblieben sind, und welche schliesslich zu Pfeilern und einzelnen Blöcken zusammenschrumpfen, stellen alle Oberflächenformen dar, welchen wir in der sächsischen Schweiz überhaupt begegnen. Die Thäler und Schluchten, Felskessel und Rücken sind nichts als Wiederholungen dieser Formen in grösserem Maassstabe und entstehen dann, wenn das Wasser nicht mehr in zahllosen kleinen Fäden, sondern zu grösseren Rinnsalen, Bächen und Flüssen vereinigt fliesst, wenn sein Angriff an einzelnen Stellen energischer ansetzen, grössere Breschen in die Felswand schlagen kann. Diese grösseren Formen sind aber nicht bloss wichtiger im Haushalte der Natur, sondern sind auch der Beobachtung leichter zugänglich, und verdienen aus beiden Gründen eine eingehendere Betrachtung.

Wer die sächsische Schweiz im Sommer durchwandert, ist allerdings nicht geneigt, dem fliessenden Wasser eine grosse Rolle bei der Gestaltung der Oberfläche zuzuschreiben, denn namentlich auf der rechten Seite der Elbe findet man nicht nur in steil ansteigenden Schluchten, sondern auch in langgestreckten und gewundenen Thälern, z. B. dem eine Meile langen Grossen Zschand, nicht einen Tropfen Wasser, welcher den Gedanken an eine thalbildende Wirkung desselben erweckte. Aber wenn man diese selben Schluchten und Thäler nach einem starken Regengusse oder zur Zeit der Schneeschmelze besucht, hat sich das Bild verändert, dann stürzen tosende Wassermassen herab, die ganze Weite des Thalbodens einnehmend und Trümmer jeder Art mit fortreissend [1]), dann glaubt man gern, dass das Wasser jene Schluchten

---

[1]) Vgl. Gutbier, Geognostische Skizzen S. 84 f.

bilden konnte, und wird die vermeintliche Wasserlosigkeit nicht mehr
als Argument für die Spaltennatur derselben anführen. Die sächsische
Schweiz unterscheidet sich also in Bezug auf die Periodizität der Entwässerung von den meisten deutschen Mittelgebirgen und erinnert darin
vielmehr an das Mittelmeergebiet oder an manche tropische Gegenden;
aber was dort eine Wirkung des Klimas ist, ist hier eine Folge der
Lagerung und Beschaffenheit des Gesteines, denn der poröse und von
zahlreichen Klüften durchzogene Sandstein lässt für gewöhnlich alles
Wasser einsickern, und nur bei stärker geneigter Oberfläche und bei
allzu grossem und plötzlichem Andrang fliesst ein grösserer Teil desselben oberflächlich ab. Auch auf den Schichtenfugen tritt im allgemeinen nur wenig Wasser zu Tage, und nur die Plänerschicht lässt
reichlichere Quellen hervortreten, worauf der grössere und regelmässigere
Wassergehalt der Büche des linken Elbufers beruht (vgl. S. 291 [47]).

Im allgemeinen, besonders auf dem rechten Elbufer, ist nur unmittelbar an den Rändern der Thäler und Schluchten die Bodenneigung
genügend, um den Wasserabfluss zu ermöglichen. Abseits der Thalränder finden sich auch heute noch weite Strecken, auf denen das
Wasser gar nicht oder wenigstens nur in ganz geringem Grade abfliesst,
auf denen es vielmehr in den Boden einsickert. Wieviel grösser müssen
aber diese ganz oder nahezu abflusreichen Gebiete gewesen sein, ehe
durch das Einschneiden der von aussen herbeikommenden Flüsse oder
auf andere Weise Vertiefungen und damit ein Gefälle geschaffen worden
war? Während in einem eigentlichen Gebirge das Wasser auch des
entlegensten Winkels infolge der durch den Gebirgsbau gegebenen
Bodenneigung von vornherein zum Abfluss gelangt, und die abfliessende
Wassermenge bei fortschreitender Erosion im ganzen konstant bleibt,
erzeugt in Tafelländern, sofern dieselben nicht von Verwerfungen durchzogen sind und dadurch zu Staffelgebirgen werden, erst die Erosion
selbst das zum Abflusse nötige Gefälle, nimmt also die abfliessende
Wassermenge beständig zu, bis das ganze Gebiet in den Bereich des
Abflusses gezogen ist. Für die grösseren Flüsse, welche schon mit
ansehnlicher Wassermenge in das Gebiet der sächsischen Schweiz eintreten, macht diese allmähliche Vermehrung des Wassergehaltes keinen
wesentlichen Unterschied, aber für die kleineren Rinnsale ist sie von
der grössten Bedeutung. Jede vom Regenwasser angelegte kleinste
Schlucht trägt in sich den Keim einer unendlichen Fortbildung, deren
Schranken nur in der Berührung mit benachbarten Regenschluchten liegen.
In manchen ursprünglich beinahe abflusslosen Gebieten fliessen heute
ganz ansehnliche Büche, welche sich nur bei genauer Untersuchung von
den ursprünglich angelegten Bächen unterscheiden lassen. Selbst Gründe,
welche heute ihren verhältnismässigen Wasserreichtum Quellen verdanken,
können ursprünglich als Regenschluchten entstanden sein.

Wir haben schon bei der Betrachtung der Verwitterung gesehen,
wie sich kleine Regenschluchten und kesselartige Erweiterungen derselben in den Felswänden bilden können. Sowohl von ihren hinteren
wie von ihren seitlichen Wänden fällt Regen und Sickerwasser in sie
hinab, sowohl nach hinten wie nach den Seiten schreitet daher die
Zerstörung fort. Aber wie kleine Unregelmässigkeiten den Anlass zur

Sammlung grösserer Wasserfäden und damit zur ersten Anlage von Regenschluchten geben, so machen sich auch bei der Fortbildung derselben kleine Unregelmässigkeiten geltend, so dass die Erweiterung nicht an allen Punkten gleichmässig geschieht, sondern von der Hauptschlucht sich Seitenschluchten abzweigen, von denen sich gleichfalls wieder Schluchten seitwärts erstrecken u. s. w.; die trennenden Quadern werden hierbei vielfach abgetragen, so dass unregelmässig ausgebildete Kessel entstehen.   Kleine Unregelmässigkeiten sind auch schuld, dass eine Stelle der Wand etwas mehr Wasser empfängt als die andere oder der Zerstörung etwas geringeren Widerstand leistet, so dass dieselbe an dieser Stelle schneller fortschreitet als rechts und links daneben, dass ein Schluchtsystem die benachbarten überholen und schliesslich ganz verdrängen kann.   Das Auftreten lauter kleiner Entwässerungs- und Schluchtsysteme neben einander weist immer darauf hin, dass die Entwässerung erst seit kurzem eingesetzt oder aus irgend einem Grunde geringe Fortschritte gemacht hat; eine weitere Entwickelung ist immer mit der Ausbildung grösserer Systeme verbunden.

Ist die ursprüngliche Oberfläche der Tafel ganz horizontal, war also ursprünglich gar kein Abfluss vorhanden, so geht die Ausbildung der Schluchtsysteme nach hinten und nach den Seiten ganz gleichmässig vor sich, so wird ihre Begrenzung die Form eines Halbkreises besitzen, solange keine Berührung und kein Kampf mit benachbarten Schluchtsystemen stattfindet.   Diese Berührung wird im allgemeinen zuerst auf beiden Seiten eintreten, und deshalb wird auch das System hier zuerst eine Einengung erleiden.   Aber diese Einengung durch Berührung ist immer mit einer Durchbrechung der trennenden Felswände verbunden; wo wir also länglich gestreckte Schluchtsysteme oder Kessel finden, deren Wände noch unversehrt sind, beruht die längliche Gestalt nicht auf einer solchen Konkurrenz, sondern auf einer Neigung der Oberfläche und der Anwesenheit eines ursprünglichen Abflusses. Je grösser die Neigung und der ursprüngliche Abfluss sind, um so länglicher wird auch das Entwässerungssystem gestreckt sein, so dass ein ganz allmählicher Uebergang zu der gewöhnlichen Anordnung der Wasseradern (vgl. Richthofen Führer S. 136 ff.) besteht.   Mit dieser länglichen Streckung ist natürlich eine Bevorzugung der mittelsten Ader in Bezug auf den Wasserreichtum verbunden; je weiter abwärts, um so mehr tritt sie den seitlich zufliessenden Gewässern als starker Buch entgegen.   Dazu kommt noch, dass weiter abwärts ein grosser Teil des Abflusses überhaupt nicht zum Bach, sondern direkt zum Rande der Tafel gerichtet ist, so dass das Bachsystem, von der Mündung aus gesehen, einem Baume gleicht, der zuerst nur einzelne kleine Zweige aussendet, dann sich aber in mehrere Aeste teilt, die sich gleichfalls wieder verzweigen.   Auch den in horizontaler Oberfläche entstandenen halbkreisförmigen Entwässerungssystemen kann sich nach unten ein Bach angliedern, wenn die Bildung der ersten Schlucht und damit die Einleitung der Entwässerung nicht an den Gehängen eines Thales, sondern an einer abseits von einem Flusse etwa durch Verwerfung entstandenen Wand erfolgte, oder wenn die Seitenarme aus irgend einem Grunde erloschen und nur der Mittelarm noch vorhanden ist.

Die Elbe und die grösseren Bäche des rechten Elbufers, welche im krystallinischen Nachbargebiete entspringen, zeigen in der sächsischen Schweiz nur die Stammstrecke, die kleineren Rinnsale dagegen und auf dem linken Elbufer auch einige grössere Bäche haben auch ihr, einer Baumkrone zu vergleichendes, Quellgebiet innerhalb der sächsischen Schweiz, und bei ihnen ist umgekehrt der Stamm teilweise nur schwach entwickelt. Länglich gestreckte Sammelbecken grösseren Umfanges, die nach abwärts in einen grösseren Bach übergehen, lassen sich besonders an der Biela, dem Cunnersdorfer Buch und dem Krippenbach oder auch am Grossen Zschand beobachten. Der westöstlich verlaufende Leupoldishainer Bach zeigt uns am besten den Gegensatz der langen, mit der Oberflächenneigung von Süden kommenden, und der kurzen, der Schichtenneigung entgegen von Norden kommenden, Arme. Die Entwässerungssysteme in Gebieten, deren Abfluss ursprünglich sehr gering war, lassen sich am besten in den Felsrevieren östlich von Schandau studieren; besonders schön ist das radiale Zusammenströmen der Wasseradern im Felsenkessel am oberen Ende des Kleinen Zschand zu erkennen, während dicht daneben die Lorenzlöcher viel länglicher gestreckt sind.

In horizontalen Tafeln, wo also keine ursprüngliche Entwässerungsrichtung von Einfluss ist, werden sich die Regenschluchten in der Richtung, in welcher sie den geringsten Widerstand finden, also im allgemeinen einer Kluftrichtung folgend, fortpflanzen. Die kleineren Schluchten haben bloss eine Quaderreihe verdrängt, grössere Schluchten sind an die Stelle mehrerer Quaderreihen getreten; nur dadurch wird die Geradlinigkeit derselben etwas gestört, dass bald hier, bald dort einmal ein einzelner Felsblock stehen geblieben ist. Die Nebenschluchten pflegen der anderen Kluftrichtung zu folgen und stehen daher meist mehr oder weniger senkrecht auf der Hauptschlucht, wie man am Pfaffenstein oder in grösserem Massstabe am Zscherregrund bei Wehlen und seinen Nebengründen beobachten kann. Nur wo eine sekundäre Kluftrichtung stark ausgebildet ist (vgl. S. 298 [44]), finden sich schiefe Winkel. In dieser Beziehung ist der Lattengrund östlich von Schandau charakteristisch, von dem sämtliche Seitenschluchten unter einem schiefen Winkel abgehen, und der sich an seinem oberen Ende in zwei derartig schief abgehende, aber untereinander rechtwinkelige, Schluchten teilt, während die Hauptschlucht sich in einer engen Kluft fortsetzt.

Ist dagegen ein ursprünglicher Abfluss vorhanden, so gelingen die Kluftrichtungen nicht zu so unbedingter Herrschaft, weil das auf der Oberfläche abfliessende Wasser der Neigung derselben folgt, die keineswegs immer mit einer Absonderungsrichtung zusammenfällt. Diese Bäche verhalten sich zu den Kluftrichtungen ähnlich, wie sich epigenetische Thäler, d. h. Thäler, die in überlagerndem Gestein angelegt worden sind, zu den Streichrichtungen des Grundgebirges verhalten (vgl. Richthofen Führer S. 173 f.). Sobald der Bach den Verwitterungssand durchschnitten hat, zerlegt er seinen schräg gegen die Kluftrichtungen gerichteten Lauf in zwei mit denselben zusammenfallende Komponenten, d. h. er folgt denselben in rechtwinkeligen Zickzacklinien und erreicht so auf Umwegen, aber doch bequemer, sein Ziel. Sobald er sein Bett

etwas eingetieft hat, beginnen die Verwitterung und Regenerosion ihre
Thätigkeit, erweitern das Thal und häufen Felsblöcke und Sand am
Boden desselben an. Der Bach schneidet in diesen Schutt von neuem
ein und setzt sanfte Windungen an Stelle der rechteckigen Krümmungen
oder ist nun wieder imstande, durch geradlinigen Lauf dieselben zu
vermeiden und so Thalwände zu erzeugen, welche der Südseite des
Königsteins (vgl. S. 126 [34]) gleichen. Auch hier wird die regelmässige Einfachheit gestört, wenn sich mehr als zwei Kluftsysteme dem
Bache zur Benutzung anbieten und ihn die rechtwinkeligen Krümmungen vermeiden lassen.

Vielfach sind die Windungen nicht erst beim Einschneiden durch
den Einfluss der Absonderungsrichtungen entstanden, sondern schon
beim Laufe auf den Sandsteinplatten vorhanden gewesen. Wo immer
ein Bach oder Fluss auf einer sanft geneigten Ebene fliesst, mag dieselbe nun die ursprüngliche Oberfläche des Gesteines darstellen oder
später durch irgend einen Vorgang der Abtragung entstanden sein,
wird er bei dem geringen Gefälle durch das kleinste Hindernis abgelenkt und zu Krümmungen veranlasst werden, die viel bedeutender
sein können als die durch die Absonderungsklüfte veranlassten Krümmungen. Beim Einschneiden bleiben diese Krümmungen erhalten, ja
werden meist noch verstärkt, weil die Flüsse auf der äusseren Seite
der Krümmungen einen Stoss ausüben und Material losreissen, während
sie auf der inneren Seite besonders langsam fliessen und Material ablagern. Zugleich mit dem Einschneiden in die Tiefe findet also ein
Einschneiden nach der äusseren Seite statt, wodurch ein schräges Hinabgleiten bedingt ist[1]). Der obere Teil der Felswand auf der konkaven
Thalseite stürzt natürlich nach, so dass hier eine senkrechte Wand
entsteht, während wir auf der inneren konvexen Seite einen allmählich
sich abdachenden Sporn finden, der mitunter von Flussgeröllen bedeckt
ist. Im Elbthal begegnen wir solchen mit der Zeit immer mehr ausgezogenen Krümmungen bei Königstein, Rathen und Zeichen, aber die
Sporne fallen ziemlich steil zur Elbe ab, ein Beweis, in wie hohem
Grade hier die Tiefenerosion über die seitliche Erosion überwog. Auch
in den meisten Seitenthälern können wir solche Thalsporne wahrnehmen,
z. B. in ausgezeichneter Weise im Kirnitzschthal bei Hinter-Daubitz;
auch tote Flussarme, welche infolge der immer gehenden Aus-
ziehung der Krümmungen und schliesslichen Wiedervereinigung der
Flussarme entstehen, kommen z. B. bei der Grundmühle im Kamnitzthale westlich von Dittersbach i. B. vor, aber im ganzen sind doch die
Krümmungen nicht so häufig und stark wie im Schiefergebirge.

Geradlinigkeit der Wasserläufe und Schluchten weist also im allgemeinen darauf hin, dass dieselben als Regenschluchten in ganz oder
nahezu abflusslosem Gebiete entstanden sind, während Krümmungen,
an denen auch die oberen Thalränder teilnehmen, die Präexistenz eines
Baches andeuten: kleinere ursprünglich vorhandene Rinnsale werden
eine Mittelstellung einnehmen. Unter Umständen können wir allerdings in Gebieten, welche ursprünglich keinen Abfluss hatten, heute

---

[1]) Vgl. z. B. Ramsay, Physical Geology etc. 3d ed. S. 243.

doch gewundene Thalläufe finden, wenn nämlich die Erosion durch
Ruheperioden unterbrochen war, in welchen das in geradliniger Schlucht
herabkommende Wasser nur nach der Seite arbeitete und infolge des
geringen Gefälles vielfach abgelenkt wurde, so dass es beim Beginn
einer neuen Erosionsperiode ein gewundener Bach geworden war.

Die allerkleinsten Schluchten, welche zugleich die allergeradesten
sind, entziehen sich leider der Messung auf der Karte, aber auch bei
Gründen von mehr als einem Kilometer Länge, wie dem Schiessgrund,
Zahnsgrund, Zscherregrund und Rietzschgrund, beträgt der Ueberschuss
der wirklichen Länge, wobei von den kleinen, nur an der Thalsohle
vorhandenen, Windungen abgesehen ist, über den geraden Abstand des
oberen und unteren Endes nur zwischen 2 und 5 °/o, beim Amselgrund
beträgt dieser Ueberschuss dagegen 17 ¹/₂ °/o, beim Uttewaldergrund
22 ¹/₂ °/o, bei der Polenz 28 °/o und bei den einzelnen zwischen Haupt-
krümmungen gelegenen Strecken der Kirnitzsch zwischen 9 und 39 ° o.
Beim Grossen und Kleinen Zschand schwankt der Ueberschuss nur zwischen 3 und 12 °/o, weil dieselben einen Uebergang von den Schluchten
zu den eigentlichen Thälern bilden, und bei der Biela begegnen wir
so auffälligen Gegensätzen wie 1 und 58 °/o, weil die einzelnen Lauf-
strecken ganz verschiedener Entstehung sind.

Der Ansicht, dass die Thäler Bildungen des fliessenden Wassers
seien, steht bekanntlich eine andere Ansicht gegenüber, welche lange
die herrschende war und auch heute noch von einigen Gelehrten vertreten wird, nämlich die Ansicht, dass die Thalspalten durch Vorgänge
des Erdinnern zusammen mit den Gebirgen selbst gebildet und von
dem Wasser nur benutzt und schwach abgeändert worden seien, oder
dass die Spalten wenigstens dem Wasser den Weg gewiesen hätten.
Kjerulf hat diese Theorie neuerdings wieder für Norwegen zur Erklärung des auffälligen Parallelismus der dortigen Thäler angewandt ¹).
Daubrée hat sie im Anschluss an seine schönen Untersuchungen über
die Entstehung der Ablösungsflächen (vgl. S. 289 [45] f.) für einige
Gegenden von Frankreich durchgeführt ²). Auch die sächsische Schweiz
ist ein von regelmässigen Kluftsystemen durchzogenes Tafelland, und diese
sollten danach hier denselben Einfluss gehabt haben. Aber thatsächlich
folgen nur die kleineren Schluchten den Ablösungsflächen, während dieselben auf die Richtung der grösseren Thäler nur einen sekundären
Einfluss ausüben. Weder die Thäler noch die Schluchten sind ursprünglich klaffende Lücken, beide sind erst nachträglich durch das fliessende
Wasser gebildet worden, aber je kleiner die Wassermenge und je
weniger dieselbe von vornherein vorhanden war, um so mehr fügte sie
sich in ihrem Laufe den durch die Absonderung angedeuteten Linien.
Wenn stellenweise auch die Gesamtrichtung der grösseren Thäler mit
den Kluftrichtungen übereinstimmt, wie der Elblauf zwischen Zeichen
und Pirna, das Kirnitzschthal zwischen Hinter-Daubitz und dem Schwarzen

¹) Kjerulf, Zeitschr. d. Ges. f. Erdkde. zu Berlin 1879, S. 124 ff. und
Geologie des südlichen und mittleren Norwegen S. 326 ff. See- und Thalbildung.
Mitteil. d. Vereins f. Erdkde. in Halle, 1881. Vgl. dagegen Helland, Ausland 1882 S. 140 ff.. S. 326 u. s. w.
²) Daubrée, Synthetische Studien zur Experimentalgeologie S. 200 ff.

Thor u. s. w., so darf man daraus, wie schon die zahlreichen Abweichungen im einzelnen beweisen, nicht auf eine Abhängigkeit des Thallaufes von den Kluftrichtungen, sondern auf eine gemeinsame Abhängigkeit beider von der Neigung der Schichten und der ursprünglichen Oberfläche schliessen.

Das Flusssystem der sächsischen Schweiz ist im allgemeinen durch die Dislokationen der Oligocänzeit bestimmt. Der Hauptfluss ist die Elbe, welche von ihrem Eintritt in die sächsische Schweiz bei Tetschen bis Herrnskretschen nach N, von da bis zu ihrem Austritt aus der sächsischen Schweiz bei Pirna und weiter bis Meissen nach WNW bis NW fliesst. Die übrigen Flüsse und Bäche der sächsischen Schweiz fliessen sämtlich der Elbe und zwar ziemlich geraden Weges zu, so dass die sächsische Schweiz ein hydrographisch centralisiertes Gebiet bildet. Nationalökonomisch kommt diese Centralisation bei der Kleinheit und schlechten Zugänglichkeit der meisten dieser Gewässer fast nur für die Flösserei zur Geltung, aber morphologisch ist sie von grosser Bedeutung, weil alle Bildungen, welche durch die Flussthätigkeit bedingt sind, einen einheitlichen Charakter tragen müssen.

Die linken Nebenflüsse stammen teils aus dem Quadersandsteingebiete, teils aus dem Erzgebirge, auf welchem der Sandstein einst ja viel weiter hinaufreichte. Der Kamm des Erzgebirges bildet eine ausgezeichnete Wasserscheide zwischen dem eingebrochenen Becken unmittelbar an seinem Südfusse auf der einen, dem nördlichen Flachlande auf der anderen Seite. Während die Flüsse dort in östlicher Richtung dem Kamme parallel verlaufen, fliessen sie hier quer auf denselben in nördlicher Richtung ab. Je weiter wir nach E vorschreiten, um so kleiner werden diese nördlichen Abflüsse, weil sich die Wasserscheide der Elbe immer mehr nähert. Auf der neuen sächsischen Generalstabskarte hat es zwar den Anschein, als ob die Wasserscheide hier nicht mehr mit dem Kamme zusammenfiele: der südlich zur Eulau fliessende Füllenbach scheint nämlich auf den Nordabhang des Schneeberges überzugreifen, aber es hat hier eine künstliche Ableitung des Wassers stattgefunden, durch welche man sich nicht täuschen lassen darf. Nur einige kleine Bäche fliessen der Elbe in östlicher Richtung zu; im übrigen bleibt die Scheide zwischen nördlicher und südlicher Abflussrichtung bis an den grossen Durchbruch der Elbe bestehen. Auch jenseits derselben gewinnt sie für kleinere Bäche wieder Bedeutung: nördlich einer von Binsdorf zum Rosenberg verlaufenden Linie fliessen die Gewässer nach NW, während südlich davon der Bach von Neu-Ohlisch der Flexur parallel nach E fliesst. Der Kamnitzfluss durchbricht die Flexur von neuem, und jenseits desselben sind zahlreiche Basalt- und Phonolithkegel dem Flexurkamme aufgesetzt, bis wir in der Nähe von Kreibitz die sudetische Dislokation erreichen. Die Kamnitz hat ihren Ursprung nördlich von Hayda auf der Höhenlinie des vulkanischen Mittelgebirges, welches sich hier vollständig auf das Quadersandsteingebirge darauflegt (vgl. S. 276 [32]), so dass wir uns nicht wundern dürfen, in ihm eine wichtigere Wasserscheide als in der hier stark verflachten Flexur zu erblicken. Aber auch diese Wasserscheide ist keine scharfe, denn ausser der Elbe durchbricht sie auch der vom

Jeschkengebirge her gespeiste Polzenbach, der bei Tetschen in die Elbe mündet.

Das Jeschkengebirge ist wieder eine ausgezeichnete Wasserscheide, denn die Scheide zwischen südwestlicher und nordöstlicher Abflussrichtung oder die Scheide zwischen Elbe und Oder, welche bis dahin auf dem Riesen- und Isergebirge lag, springt etwas östlich von Reichenberg auf das Jeschkengebirge über. Diese Wasserscheide zieht sich von hier in nordwestlicher Richtung über die Lausche und den Wolfsberg bis jenseits Bischofswerda fort. Bis zum Wolfsberg verläuft sie unmittelbar nördlich von der Verwerfungslinie, an welcher sich der Lausitzer Horst über das Elbsandsteingebirge erhoben hat, vom Wolfsberg an entfernt sie sich von derselben, da sie eine etwas nördlichere Richtung annimmt, während die Dislokation eine ihrer westlichen Ausbiegungen macht. Die Wasserscheide scheint die alte Kammlinie des Horstes zu bezeichnen, welche infolge der völligen Denudation des Quadersandsteins heute an sich nicht mehr zu erkennen ist. Die Flüsse nördlich der Wasserscheide gehören im östlichen Teile der Görlitzer Neisse, also der Oder, im westlichen der Spree und Schwarzen Elster, also der Elbe, an. Sie fliessen im allgemeinen nicht senkrecht zur Wasserscheide, d. h. nach NE, sondern gerade nach N ab, stimmen also in dieser Beziehung mit den Flüssen des Erzgebirges überein. Nur westlich einer von Pillnitz nach Elstra verlaufenden Linie fliessen die Flüsse in der Streichrichtung der Falten und Verwerfungen nach NW ab, wahrscheinlich weil sich der Horst hier verflacht (vgl. S. 272 [28] f.) und dadurch seine wasserscheidende Bedeutung verliert. Im ganzen sind die Thäler der Lausitz wahrscheinlich epigenetischer Natur, d. h. sie wurden in der ehemaligen Sandsteindecke angelegt und schnitten erst später in das krystallinische Grundgebirge ein, in welchem sie nur noch örtliche Abänderungen erlitten.

Die Flüsse südlich der Wasserscheide sind alle zur Elbe gerichtet, zeigen aber im einzelnen ziemlich bedeutende Unterschiede. Der Kreibitzfluss, welcher das Quadersandsteingebiet bei der gleichnamigen Stadt betritt, fliesst senkrecht zu der hier nordsüdlich gerichteten Granitgrenze, also in westlicher Richtung, zu der von S kommenden Kamnitz hin. Die Kirnitzsch besitzt dieselbe Richtung, fliesst aber, da ihr Eintritt mit einer Krümmung der Granitgrenze zusammenfällt, grossenteils unmittelbar an der Granitgrenze entlang und tritt sogar an zwei Stellen in den Granit über. Der schwache Einfall der Sandsteinbänke ist dort vom Granit ab, hier, wie die Richtung der kleineren Gewässer zeigt, gegen den Granit hin gerichtet, so dass wir das Kreibitzthal als ein Querthal, das Kirnitzschthal als ein Längsbruchthal aufzufassen haben [1]. Ist die Gesamtrichtung bei der Kirnitzsch eine westliche, so ist sie bei der Sebnitz eine südwestliche und bei der Polenz eine südliche; durch diese Verschiedenheit der Richtungen erklärt es sich, dass die drei Flüsse trotz der weiten Abstände ihrer Quellen doch nahezu an demselben Punkte in die Elbe münden. Das unterste, im Quadersandstein gelegene, Stück der Sebnitz bis zu ihrer Vereinigung mit der Polenz

---

[1] Vgl. v. Richthofen, Führer S. 641 ff.

und das daran anschliessende Stück der Polenz aufwärts bis Hohnstein,
laufen einer südöstlich gerichteten Strecke der Granitgrenze parallel, sind
also möglicherweise auch als Längsbruchthäler aufzufassen. Von Hohnstein an fehlen diese sekundären Längsthäler; der Amselbach und der
Uttewalderbach, welche beide ganz am Rande des Granites entspringen,
fliessen, jedenfalls einer schwachen südlichen Neigung der Sandsteinbänke entsprechend, direkt der Elbe zu. Auch die Wesenitz bildet
von Dittersbach i. S. bis Lohmen ein Querthal, fliesst von Lohmen bis
Liebethal dem Schichtenstreichen parallel und dann wieder senkrecht
auf dasselbe der Elbe zu.

Auch der Lauf der Elbe von Herrnskretschen bis Pirna und abwärts bis Meissen zeigt, wenn wir von den einzelnen Krümmungen
absehen, deutliche Beziehungen zu der Lagerung der Sandsteinschichten
und zur mittleren Richtung der Granitgrenze. Er bezeichnet die Linie,
an welcher der etwa unter $1\frac{1}{2}$—2° nach N oder NE gerichtete Einfall der Schichten in eine viel schwächere Neigung, horizontale Lage
oder sogar einen schwachen entgegengesetzt gerichteten Einfall übergeht. Der Elblauf entspricht also der Tiefenlinie der Mulde oder des
Grabens, welcher zwischen Lausitz und Erzgebirge oder Elbthalgebirge
eingesenkt ist (vgl. S. 280 [36] f.); erst in der Gegend von Meissen,
wo sich die Dislokationen auskeilen, verlässt der Fluss seine nordwestliche Richtung und biegt nach N um. Von Herrnskretschen aufwärts
spielt das Kamnitzthal wenigstens bis Hohenleipa dieselbe Rolle, während
das obere Elbthal und auch das obere Kamnitzthal zu den von S kommenden Nebenthälern gehören.

Die südlichen Nebenthäler der Elbe kommen im allgemeinen vom
Kamme des Erzgebirges herab und besitzen einen ziemlich rein nördlichen Lauf. Nur nach der Elbe hin, beim Eintritt in das sudetisch
streichende Elbthalgebirge, geht diese nördliche Richtung verloren; die
Triebisch, die Rote und die Wilde Weisseritz und die Müglitz sind in
ihrem oberen Teile erst nach N, dann nach NW gerichtet, um schliesslich in einem scharfen Knie nach NE umzubiegen; welchen Einfluss die
Dippoldiswaldaer Verwerfung dabei ausübt (vgl. S. 260 [16]), wird sich
erst bei einer speziellen Untersuchung erkennen lassen. Weiter südöstlich, im unzerstörten Sandsteingebiete, ist nichts mehr von jener
Umbiegung der Flüsse zu bemerken; die Gottleuba, Biela, der Cunnersdorfer und der Krippenbach sind im ganzen wieder nach N gerichtet.
Die wichtigsten Ausnahmen von dieser nördlichen Richtung bilden
die grosse Krümmung der Gottleuba unterhalb Berggiesshübel und
die nach WNW, also der Streichrichtung parallel gerichtete Thalstrecke des Cunnersdorfer Baches zwischen Cunnersdorf und der Mündung
in die Biela. Die Flussläufe scheinen hier in früheren geologischen Perioden
zum Teil andere gewesen zu sein (s. Kapitel X); doch liegen die Verhältnisse noch nicht genügend klar, um über die Ursachen derselben
zu spekulieren.

Unser Interesse konzentriert sich auf die Elbe, denn die Elbe ist
nicht nur in verkehrsgeographischem und kulturhistorischem, sondern
auch in morphologischem Sinne die Hauptlebensader der sächsischen
Schweiz. Vor ihrem Eintritte in dieselbe hat sie die Gewässer von

ganz Böhmen in sich aufgenommen, ist also bereits ein Fluss von ganz anständiger Grösse. Der namengebende Quellfluss ist vom Riesengebirge bis Pardubitz nach S geflossen, hat sich dann aber nach NW gewandt und diese Richtung bis Lobositz beibehalten. Kurz vorher, bei Melnik, hat er sich mit der ebenso bedeutenden, wenn nicht bedeutenderen Moldau vereinigt, welche, von der obersten Laufstrecke und den kleineren Krümmungen abgesehen, eine rein nördliche Richtung besitzt und diese nun, bei ihrer Vereinigung mit der Elbe, für eine kurze Zeit aufgeben muss. Aber schon bei Lobositz wendet sich der vereinigte Fluss wieder nach N und behält diese nördliche Richtung zunächst bis Aussig bei. Er durchbricht auf dieser Strecke in engem Felsenthale das vulkanische Mittelgebirge, während der Oberlauf der Elbe sowohl wie der Moldau in viel flacherem Lande gelegen war. Bei Aussig wendet er sich wieder eine kurze Strecke nach E, um dann von neuem nördliche Richtung einzuschlagen. Bis Tetschen-Bodenbach werden seine Ufer von Basalt- und Phonolithbergen begleitet, bei den genannten Orten tritt er in das Quadersandsteingebiet ein, in welchem er die besprochene Umbiegung nach NW vollzieht. Die Elbe fliesst hier in einem engen Felsenthale, erst bei Pirna tritt sie in den weiteren Dresdener Thalkessel ein. Von Meissen an bildet sie noch einmal ein Felsenthal, um erst oberhalb Riesa die norddeutsche Tiefebene zu erreichen.

Es ist natürlich, dass ein so auffälliger und für die Hydrographie Deutschlands so wichtiger Flussdurchbruch in so viel besuchter Gegend, wie der der Elbe durch das böhmische Mittelgebirge und die sächsische Schweiz, die Aufmerksamkeit der Geographen und Geologen früh auf sich gelenkt hat. Schon Friedrich Hoffmann [1]) hat denselben ausdrücklich betont, um die Unabhängigkeit der Wasserscheiden von den Gebirgsketten zu erweisen. Er nahm an, dass die Elbe in Böhmen einen See gebildet habe, bis sie an der niedrigsten Stelle des Erzgebirges einen Ausgang fand. Diese Auffassung blieb die herrschende; das in die horizontalen oder sanft geneigten, auf beiden Thalseiten einander vollkommen entsprechenden, Sandsteinbänke eingeschnittene Elbthal galt als von der Elbe selbst gebildet, die ehemals auf der Höhe der Platte geflossen und bei Pirna in einem Wasserfall herabgestürzt sei, und die diesen Wasserfall ähnlich wie der Niagara allmählich weiter rückwärts verlegt habe, bis sie den böhmischen See erreicht und abgezapft hätte. Gutbier [2]), Cotta [3]), Hermann Credner [4]) u. a. haben dieser Auffassung Ausdruck verliehen. Freilich dachte man sich häufig bloss den Einschnitt unterhalb der Ebenheit als ein Erosionsprodukt, während man über diesem Niveau das Vorhandensein eines Meeresarmes annahm, den man sich entweder noch aus der Kreidezeit stammend oder auch erst in der Diluvialzeit entstanden dachte.

[1]) Vorlesungen über physikalische Geographie 1837, S. 557 u. 587.
[2]) Geognostische Skizzen S. 74 ff.
[3]) Cotta, Der innere Bau der Gebirge 1852, S. 52. Geologische Bilder 4. Aufl., S. 76.
[4]) H. Credner, Das Leben in der toten Natur. Zeitschr. f. d. ges. Naturw. 37 (1871), S. 101 ff.

Peschel [1]) zog auch die Entstehung jenes Einschnittes durch Erosion in Zweifel. Er machte darauf aufmerksam, dass Spuren eines grossen böhmischen Süsswassersees, dessen Spiegel in 1200' hätte liegen müssen, nicht nachgewiesen worden wären, und schloss daraus, dass die „Spalte durch das Erzgebirge, welche die Elbe heutigen Tages benutzt, um nach den nordischen Tiefebenen hinauszuschlüpfen, bereits vorhanden war, ehe sie sich der Nordsee zuwenden konnte." Auch im Mittelgebirge müsste sie einen Spalt vorgefunden haben, der unter 600' absolute Erhebung herabreichte, denn sonst würde sie sicher in westlicher Richtung einen Umweg um dieses halbinselartige Gebirge herum gemacht haben, statt es an einer besonders hohen Stelle zu durchbrechen.

Den ersten Versuch, die Schwierigkeiten, an denen Peschel Anstoss nahm, zu umgehen, ohne sich der Spaltentheorie in die Arme zu werfen, hat Rudolf Credner unternommen [2]). Er weist darauf hin, dass die Bildung des Elbthales in die Tertiärzeit zurückreiche, in welcher das Erzgebirge, wie die Aufrichtung der Tertiärschichten am Südfusse beweise, noch wesentlich niedriger war. Ein böhmischer See brauchte damals also nur wenig anzuschwellen, um nach Norden überzufliessen; dass aber ein solcher See bestanden habe, gehe aus den Tertiärablagerungen hervor. Es ist fraglich, ob die älteren aufgerichteten Tertiärschichten wirklich Seeablagerungen sind; aus dem kurzen Referat, in welchem der Crednersche Vortrag nur vorliegt, lässt sich nicht ersehen, wie sich seiner Meinung nach die Verhältnisse nach der Hebung des Erzgebirges gestalteten, die gebotene Lösung ist also nicht genügend, aber sie ist insofern bedeutsam, als sie gegenüber der blossen Betrachtung der Gegenwart auf die Entstehungsgeschichte der Gebirge hinweist.

Einen anderen Lösungsversuch hatte Peschel selbst bereits angedeutet. „Will man sich," sagt er [3]), „an den Gedanken klammern, dass die hydrographischen Engpässe in quervortretenden Gebirgen durch die Gewässer, welche wir heute dort fliessen sehen, ausgetieft worden seien, so muss man sich zu der Annahme entschliessen, dass die Flüsse älter seien als die Gebirge, welche sie durchbrechen; findet nämlich das Aufsteigen des Gebirges so langsam statt, dass die Erosion des Flusses damit Schritt halten kann, so wird ein Strom sein altes Bett behaupten können, während an seinen beiden Ufern die Wände eines Landrückens oder eines Gebirges aufwachsen." Peschel weist diese Annahme als unwahrscheinlich von der Hand, aber wenige Jahre später sprach der hervorragende Erforscher des Coloradoflusses, Powell [4]), dieselbe Ansicht mit voller Bestimmtheit aus, und bald darauf und unabhängig von ihm wurden auch Medlicott in Indien und der Wiener Geologe Tietze zu derselben Meinung geführt. Tietze nimmt auch auf die Elbe ausdrücklichen Bezug [5]); dieselbe durchbreche nicht den alten

[1]) Neue Probleme. 2. Aufl., S. 157 f.
[2]) Zeitschr. f. d. ges. Naturw. Bd. 49 (1877), S. 105 ff.
[3]) Neue Probleme. 2. Aufl., S. 158; auch schon im Ausland 1866, Nr. 46.
[4]) Exploration of the Colorado River. Washington 1875, S. 152 f.
[5]) Jahrbuch der k. k. geol. Reichsanstalt 1878, S. 597.

krystallinischen Wall des Erzgebirges, sondern folge der ehemaligen, heute freilich ausgefüllten Terraindepression, durch welche die Verbindung des böhmischen Kreidemeeres mit den sächsischen und norddeutschen Kreidemeere vermittelt wurde, während ihre Quellen in altem Festlandsgebiete lügen; als die sächsische Schweiz gehoben wurde, habe das Einschneiden des Flusses mit der Hebung gleichen Schritt gehalten.

Eine ganz andere Lösung des Problems hat Löwl vorgeschlagen [1]. weil er das Durchnagen einer Falte oder einer Verwerfung während deren Bildung für unmöglich hält. Seiner Meinung nach besass die sächsische Schweiz ursprünglich ein selbständiges, im S abgeschlossenes Flusssystem, in welchem die Kamnitz-Elbe der Hauptfluss war. Infolge des Schwindens und allmählichen Ablaufens der norddeutschen Tertiärwässer schnitt dieser die heutige tiefe Rinne ein und veranlasste auch den vom Südrande des Quadergebirges bei Tetschen herabrinnenden Bach, sich tiefer einzugraben und „eine Bresche in den Wall des nordböhmischen Tertiärbeckens zu legen". Das Seebecken, „welches über die Senke zwischen dem Lausitzer- und Isergebirge hinweg mit der tertiären Wasserbedeckung Norddeutschlands in Verbindung stand, begann abzufliessen. Ein reissender Strom arbeitete an dem Durchstich der Sandsteinschwelle von Tetschen und an der Vollendung des heutigen Elbthals".

Tietze und Löwl haben sich über die theoretischen Grundlagen ihrer Erklärungsprinzipien, d. h. des Prinzips der gleichzeitigen und des Prinzips der rückwärts einschneidenden Erosion, ausführlich auseinandergesetzt, und auch andere Forscher haben in diesen Streit eingegriffen. In zusammenfassender Weise hat neuerdings Philippson diese und alle auf Wasserscheiden bezüglichen Fragen behandelt [2], so dass wir von einer neuen allgemeinen Erörterung des Problems absehen können. Sowohl die gleichzeitige wie die rückwärts einschneidende Erosion sind imstande, Flussdurchbrüche zu erzeugen; nur eine eingehende Prüfung der thatsächlichen Verhältnisse kann uns darüber belehren, ob die Entstehung des Elbdurchbruches auf eine dieser beiden oder auf irgend eine andere Ursache zurückzuführen ist.

Man wird leicht bemerken, dass bei diesen Theorien über die Entstehung des Elbthals die tektonischen Verhältnisse gewöhnlich nicht ganz richtig aufgefasst werden sind; man hat die älteren und neueren Dislokationen nicht genügend geschieden, hat die Altersbeziehungen zwischen den Dislokationen und den Tertiärablagerungen nicht scharf ins Auge gefasst, hat aus der heutigen Verbreitung der Kreidebildungen falsche Schlüsse auf die Gestalt des Kreidemeeres gezogen. Grosse Teile Sachsens und Böhmens scheinen von einem ziemlich offenen Kreidemeere bedeckt gewesen zu sein, aus dem nur einzelne Inseln hervorragten. Beim Rückzuge des Kreidemeeres blieb wahrscheinlich ein ausgedehntes Flachland zurück, dessen Flüsse dem rückziehenden

[1] Löwl, Ueber Thalbildung. Prag 1884, S. 50 ff.
[2] Studien über Wasserscheiden. Mitteil. des Vereins f. Erdkde. zu Leipzig 1885, bes. S. 279 f., S. 290 f., S. 298.

Meere nachflossen. Die Verteilung der Kreidebildungen, die nördliche
Richtung der erzgebirgischen und sächsisch-schlesischen Flüsse (während sich aus dem Gebirgsbau NNW bezw. NE-Richtung ergeben
würde), der gleiche Verlauf der altoligocänen Flussablagerungen machen
es wahrscheinlich, dass das Kreidemeer sich nach N zurückzog
und die Flüsse der älteren Tertiärzeit eine nördliche Richtung hatten.
Die Verteilung der Gewässer wurde vollkommen verändert durch die
Dislokationen, welche sich im Laufe der Tertiärzeit, wahrscheinlich
grossenteils in der Oligocänzeit, einstellten und die auf der einen Seite
die Sudeten, auf der zweiten den Böhmerwald, auf der dritten das Erzgebirge und das vulkanische Mittelgebirge schufen. Erst seit jener
Zeit ist Böhmen ein von Gebirgen eingeschlossener Kessel; damals erst
wurden Elbe, Iser u. s. w. nach SW abgelenkt. In Bezug auf den
Nordwestrand, d. h. das Erzgebirge, ist es fraglich, ob sich derselbe
über das zentrale Böhmen oder nur über das unmittelbar angrenzende
nordwestliche Böhmen erhob, denn an der Eger läuft dem erzgebirgischen
Bruche ein zweiter Bruch parallel, welcher denselben jedenfalls zum Teil
kompensiert (vgl. S. 281 [37]). Der Graben, welcher zwischen beiden
Brüchen entstand, wurde durch vulkanische Ausbruchsmassen ausgefüllt,
die sich im Osten höher als das eigentliche Randgebirge erheben und
daher die Wasserscheide bilden.

Durch dies vulkanische Mittelgebirge und den östlichen Teil der
erzgebirgischen Flexur hindurch finden heute die Gewässer von ganz
Böhmen ihren Abfluss. Die Hauptfrage ist, ob sich dieser Abfluss
sofort mit den Dislokationen einstellte bezw. aus älterer Zeit erhielt,
oder ob er ein Resultat späterer Ereignisse ist. Im ersteren Falle kann
der Abfluss durch eine klaffende Spalte gegeben gewesen sein, oder
aber der Fluss floss über seinem heutigen Bette und hat sich sein Thal
selbst gegraben. Um zu erklären, dass der Fluss seine Richtung bewahrte, können wir annehmen, dass der Egerbruch den erzgebirgischen
Bruch kompensiert oder gar übertrifft, oder dass sich der Fluss zu einem
See anstaute und an der niedrigsten Stelle überfloss, oder dass er Schotter
aufhäufte, oder auch dass seine Erosion an sich mit der Hebung und
vulkanischen Aufschüttung Schritt hielt. Ist der Durchbruch der Elbe
dagegen erst später eingetreten, so kann Böhmen entweder bis dahin
ein abflussreicher See gewesen sein oder, mit oder ohne Seebildung,
einen anderen Abfluss, etwa nach Zittau, besessen haben. Der neue
Abfluss kann sich durch rückschneidende Erosion des über Tetschen
herabkommenden Baches oder durch Verstopfung des alten Ausflusses
und dadurch bedingtes Anschwellen des Sees oder durch Flussverlegung
während einer Periode der Aufschüttung oder auch auf noch andere
Weise gebildet haben.

Wir werden uns begnügen müssen, in den folgenden Kapiteln
dem Studium der Erosionserscheinungen einzelne Andeutungen zur
Beantwortung dieser Fragen zu entnehmen, zu einer wirklichen Lösung
des Problems werden wir nicht gelangen, denn die wichtigsten Fragen,
ob der Betrag der Egerdislokation dem der erzgebirgischen gleichkommt
oder nicht, ob die geringere Höhe des inneren Böhmens auf Denudation
oder auf einer anderen Ursache beruht, ob die Thäler der Elbe und

des Polzen im böhmischen Mittelgebirge etwa durch Lücken der vulkanischen Aufschüttung vorgezeichnet sind, ob in Böhmen in jung-
tertiärer oder quartärer Zeit ein See bestanden hat, ob ein anderer Lauf
der Elbe vorhanden war, diese und andere Fragen können doch nur
durch eine eingehende Untersuchung an Ort und Stelle beantwortet
werden, welche uns allzuweit über die Grenzen unseres Untersuchungs-
gebietes hinausführen würde.

IX. Die Gründe.

　　Die Elbe und ihre Nebenflüsse fliessen längst nicht mehr auf der
ursprünglichen Sandsteintafel, auf welcher sie nach dem Rückzuge des
Kreidemeeres und vielleicht auch noch nach der Bildung der heutigen
Gebirge ihren Lauf nahmen. ihre engen und steilwandigen Thäler, die
man in der sächsischen Schweiz passend als Gründe bezeichnet, sind
vielmehr in weite Platten, die Ebenheiten, eingesenkt, über welche sich
dann erst die höheren Felswände und Steine erheben. Erwies sich uns
die Anordnung und der Grundriss der Wasserläufe zwar im grossen
und ganzen durch Schichtenneigung und Verwerfungen bedingt, aber
im einzelnen von Ablösungsflächen oder Spalten unabhängig, so lässt
sich auch der Aufriss, besonders das Längsprofil, derselben nur verstehen, wenn wir dieselben als Bildungen des fliessenden Wassers
auffassen.

　　Die Elbe fällt während ihres ganzen, 44½ km langen Laufes
durch die sächsische Schweiz nur 10,7 m, da ihr Pegel bei Tetschen
in 121,5 m, bei Pirna in 110,8 m Meereshöhe liegt; sie hat also ein
mittleres Gefäll von 1 : 4112 [1]). Der Anstieg der Platte, in welche sie
eingesenkt ist, ist nach S hin viel bedeutender, so dass ihre Gehänge nach aufwärts ganz beträchtlich höher werden. Die grösseren
Nebenflüsse, die Kamnitz, Kreibitz, Kirnitzsch, Sebnitz, Polenz, Wesenitz
und Gottleuba, haben schon ein viel steileres Gefälle, aber sie bilden
doch noch während ihres ganzen Laufes durch die sächsische Schweiz
ausgesprochene Thäler; wenn wir dagegen den kleineren Bächen aufwärts folgen, so gelangen wir nach einem steilen Anstiege entweder,
wie am Uttewalderbach, Amselbach, an den Thürmsdorfer Bächen, dem
Krippenbach, ja selbst der Biela, auf die horizontale oder sanft geneigte
Hochfläche, auf welcher der Bach träge dahinschleicht, oder, wie am
Kleinen Zschand, Heringsgrund und zahlreichen anderen Bächen des
rechten Elbufers, an senkrecht aufsteigende Felswände, von welchen
nur noch Regenwasser herabtropft.

---

[1]) Ueber Berg und Thal. Zeitschr. des Gebirgsvereins f. d. sächs. Schweiz,
I, S. 272, nach Angaben der Wasserbaudirektion.

Es besteht also ein ganz bestimmtes Verhältnis zwischen den Thälern oder Schluchten und den Bächen, welche sie beherbergen. Je grösser der Bach ist, um so steiler steigt der Thalboden an. Wären die Thäler Spalten, so wäre diese Beziehung rein zufällig, denn warum hätte nicht ebensogut die Polenz in die kleine Spalte des Amselgrundes, und der Amselbach in die grosse Spalte des Polenzthales fallen sollen? Einschnitte des fliessenden Wassers dagegen müssen, wenn ihre Erosion durch den gleichen Umstand, in diesem Falle die Bildung des Elbthales, erweckt worden ist, und die übrigen Bedingungen gleich sind, um so länger und tiefer sein, je grösser die Wassermenge ist, denn die Arbeitskraft des Wassers nimmt mit der Wassermenge zu.

Woher kommt es aber, dass der Anstieg nicht gleichmässig bis zur Quelle stattfindet, sondern dass auf eine Strecke steilen Gefälles vielfach ein träger Lauf auf der Hochfläche folgt? Man hat die Erscheinung seit langem durch die Analogie des Niagarafalles erklärt, welcher sich, wie uns besonders die schönen Untersuchungen von Lyell[1]) gelehrt haben, früher ungefähr 12 km weiter abwärts bei der Stadt Lewiston befand, im Laufe der Zeit bis zu seinem gegenwärtigen Orte zurückverlegt worden ist und auch jetzt noch jährlich um einen messbaren Betrag zurückschreitet. Auch die Elbe, so haben Gutbier, Cotta, II. Credner u. a. (vgl. S. 314 [70]) ausgeführt, stürzte einst bei Pirna in einem Wasserfalle von der dort gelegenen breiten Sandsteinstufe hinab und hat diesen Wasserfall allmählich rückwärts verlegt, bis die ganze sächsische Schweiz und das böhmische Mittelgebirge durchschnitten waren. Sobald der Einschnitt bis zur Mündung eines Nebenflusses fortgeschritten war, eröffnete dieser den gleichen Prozess. Die grösseren Flüsse haben denselben, ebenso wie die Elbe, bereits vollendet; bei den kleineren dagegen liegt der Oberlauf auch heute noch auf der Höhe der Tafel.

Diese Auffassung hat neuerdings durch Philippson[2]) eine scharfe theoretische Begründung erhalten. Ein Fluss kann nur dann erodieren, d. h. sein Bett tiefer legen, wenn er allen von oberhalb oder durch Verwitterung zugeführten Schutt fortzuschaffen vermag und noch Kraft übrig behält, um den Boden seines Bettes anzunagen. Je grösser die Wassermenge ist, ein um so kleineres Gefäll ist dazu nötig, aber wenn dieses unter einen gewissen Betrag herabsinkt, stellt auch der grösste Fluss die Thätigkeit des Einschneidens ein. Im Inneren von Tafelländern oder anderen Hochflächen ist dieser Fall thatsächlich vorhanden; statt einzuschneiden, müssen die Flüsse und Bäche hier sogar häufig einen Teil des mitgeführten Materials ablagern. Nur an den Rändern, besonders wenn dieselben durch steile Stufen gebildet werden, kann die Erosion einsetzen, und zwar mit besonderer Energie einsetzen, weil hier eine grosse Wassermenge und starkes Gefälle vereinigt wirken. Der Fluss schneidet daher verhältnismässig rasch bis zu der Tiefe ein, welche seiner Wassermenge entspricht; die Stufe und damit die Zone

---

[1]) Lyell, Principles of geology, 11th ed., S. 354 ff.
[2]) Philippson, Ein Beitrag zur Erosionstheorie, Peterm. Mitteil. 1886, S. 76.

energischer Erosion schreiten thalaufwärts vor (s. Fig. 4). Aber wie schon die Verwitterung bestrebt ist, senkrechte Felswände in steil geneigte zu verwandeln (vgl. S. 296 [52], so wird erst recht ein Bach oder Fluss im Laufe der Zeit Katarakte und Stromschnellen an Stelle des Wasserfalles setzen. Dieser wird sich bei der Rückwärtsverlegung nur in dem Ausnahmefalle erhalten, dass harte Gesteinsbänke über weichen lagern, wie es am Niagara der Fall ist[1]). So häufig die zur Hochfläche oder zu alten Thalböden hinaufführenden Zonen steilen Gefälles in der sächsischen Schweiz auch sind, so sind dieselben doch nur selten als Wasserfälle ausgebildet.

Etwas anders muss sich der Erosionsprozess bei Regenschluchten in abflusslosem Gebiete gestalten (s. Fig. 5). Das abfliessende Regen-

Fig. 4.   Fig. 5.

wasser ist zunächst nur ein unbedeutender Faden, der daher auch nur wenig einschneiden kann. Erst durch die Thätigkeit des Einschneidens selbst wird die Wassermenge vermehrt und damit die Möglichkeit tieferen Einschneidens gegeben. Die Ausbildung der Schlucht schreitet daher nach hinten und nach unten in einem konstanten Verhältnis fort, der Aufriss der Schlucht ist, wenn keine besonderen Unregelmässigkeiten eintreten, in jedem Momente durch die vorhandene Wassermenge bestimmt, d. h. er bildet eine nach oben ganz regelmässig ansteigende Kurve, eine mittlere Neigung um so kleiner ist, je grösser die gesammte Wassermenge. Ist die Basis der Schlucht bis zum Fusse der Wand hinabgelegt worden, so erfolgt die Fortbildung nur noch nach hinten und zwar langsamer als vorher, weil sich der Neigungswinkel der Kurve nur in dem gleichen Verhältnis weiter vermindern kann. Der Boden der Schlucht hat jetzt dieselbe Gestalt gewonnen, welche der Thalboden eines gewöhnlichen Baches von gleicher Wassermenge bei Vollendung des Einschneidens haben würde, aber der Weg, auf welchem dieses gleiche Ziel errreicht worden ist, ist bei beiden ein ganz verschiedener gewesen.

Mittelbar werden diese Regenschluchten auch für die Thäler wichtig, denn an jedem Thalrande wird ihre Bildung eingeleitet und dadurch die Wassermenge der Bäche beständig vermehrt. Philippson (a. a. O. S. 76 f.) hat die Meinung ausgesprochen, dass das Thalprofil, welches die Entwickelung jedes Tafellandbaches kennzeichnet, zur Dauerbildung werden könne, d. h. dass es Gebiete geben könne, welche von der Erosion überhaupt nicht erreicht werden, wenn nämlich die Wassermenge der Bäche zu gering sei, um den Transport fester Materialien

[1]) Vgl. Lyell a. a. O., Löwl, Studien über Thalbildung. Prag 1884. S. 52. Supan, Grundzüge der physischen Erdkunde S. 276.

von der Quelle bis zur Mündung zu ermöglichen. Dieser Fall wird aber
nur in regenlosen Klimaten eintreten können; unter gewöhnlichen Umständen birgt ein Tafelland in seinen inneren Teilen immer noch Wasser,
welches gegenwärtig einsickert, aber durch die Erosion zum Abfluss
gebracht werden kann, so dass jedes Einschneiden Vermehrung der
Wassermenge bewirkt und damit die Möglichkeit neuer Erosion enthält.
Der Erosionsprozess kann zuletzt ein sehr langsamer werden, aber er
kann nicht zum Stillstande kommen, bevor er nicht jeden Winkel in
sein Bereich gezogen hat.

Wir sind bisher von der Voraussetzung ausgegangen, dass der
Stufenrand der sächsischen Schweiz fertig vorhanden gewesen sei, als
die Erosion einsetzte. Aber es ist fraglich, ob diese Voraussetzung
richtig ist. Namhafte Forscher meinen, dass der Einschnitt des Hauptthales immer schon gleichzeitig mit der Emporhebung der Gebirge erfolgt
sei (vgl. S. 315 [71] f.), und auch abgesehen davon ist die Möglichkeit
vorhanden, dass der Stufenrand eines Tafellandes in Absätzen oder
ganz allmählich entsteht oder wenigstens entblösst wird. Dem Wesen
nach gestaltet sich der Erosionsvorgang dadurch nicht anders, aber an
die Stelle eines einheitlichen Aktes tritt eine Reihe kleinerer Akte oder
auch eine unendliche Wiederholung unendlich kleiner Akte derselben Art.

Es wäre möglich, dass gewisse Unregelmässigkeiten, welche wir
im Verlaufe der Thalkurven bemerken, hiermit in Zusammenhang stehen.
Ein gutes Hilfsmittel für das Studium derselben wird uns durch die
Höhenlinien der Messtischblätter der sächsischen Generalstabskarte
(1 : 25000) gewährt. Schon ein Blick auf die bald dichtere Aneinander-
drängung, bald weitere Entfernung der Höhenlinien genügt, uns von
dem Vorhandensein solcher Unregelmässigkeiten zu überzeugen, zu
einem genaueren Studium aber muss man die Entfernungen derselben
abmessen und daraus die Gefällszahlen berechnen.

In den kleineren Gründen führt uns meist unmittelbar von der
Elbe oder einem der grösseren Nebenthäler ein steiler Anstieg zum
flacheren Thalboden hinauf, der aber noch nicht auf der Hochfläche
liegt, sondern in dieselbe eingesenkt und mit ihr durch einen neuen
steilen Anstieg verbunden ist. Zwei kleine Schluchten am Grahlstein
südlich von Rathen haben auf die ersten 250 m einen Anstieg von 40 m,
nämlich von 110 auf 150 m, während man erst in einer weiteren Entfernung von 950 m die nächsten 30 m, nämlich zu 180 m emporsteigt.
Auf ein Gefäll von 1 : 6 folgt demnach ein Gefäll von 1 : 32. In dem
schon viel bedeutenderen Zahnsgrunde östlich von Schandau erheben wir
uns in den ersten 600 m um 55 m (von 115 auf 170 m. Gefälle 1:11),
in den darauf folgenden 470 m nur um 10 m (1 : 47) und den nächsten
440 m um 20 m (180—200 m, 1 : 22). Auch in dem nach E sich
anschliessenden Wenzelsgrunde dauert dieses verhältnismässig geringe
Gefälle fort. Der etwas vorher, bei 180 m, einmündende Schiessgrund dagegen führt uns in den ersten 170 m gleich um 30 m, nämlich
zu 210 m, aufwärts (Gefälle 1 : 6), während die nächsten 30 m Erhebung
(zu 240 m) auf einen Abstand von 500 m (1 : 19) erfolgen und dann
sich erst der Anstieg zur Hochfläche anschliesst. Desgleichen beginnen
viele Nebengründe des Kirnitzschthales mit einer Stufe. Der Münzbach

zeigt auf die ersten 120 m ein Gefälle von 1 : 4, auf die nächsten 180 m
dagegen nur von 1 : 18 und auf die darauf folgenden 1170 m 1 : 23.
Im Kleinen Zschand zeigen die ersten 80 m 1 : 4, die darauf folgenden
1120 m 1 : 56 u. s. w. Im Grossen Zschand ist die Stufe etwas weiter
zurückgeschoben und etwas weniger steil, aber doch auch deutlich vorhanden. Dagegen fehlt sie in dem bei Hinter-Dittersbach mündenden
Böhmergrund und den benachbarten Gründen vollständig; dort finden
wir in den ersten 2850 m ein Gefälle von 1 : 110, das nach aufwärts
ganz allmählich grösser wird. Dafür tritt aber zwischen der Mündung
des Grossen Zschand und der Mündung des Böhmergrundes im Kirnitzschthale selbst eine Stufe auf. Zwischen den Höhenlinien von 210 und
230 m ist das Gefälle daselbst plötzlich auf 1 : 70 gesteigert, während
es zwischen 190 und 210 m 1 : 197 und zwischen 230 und 250 m
1 : 245 beträgt. Auch abwärts von 190 m wechseln steilere und flachere
Stellen miteinander ab, da wir das Gefälle zwischen 190 und 170 m
gleich 1 : 92, zwischen 170 und 150 m gleich 1 : 158, zwischen 150
und 130 m gleich 1 : 249, zwischen 130 m und der bei 115 m gelegenen
Mündung in die Elbe gleich 1 : 156 finden.

Es sind verschiedene Ursachen denkbar, welche einen derartigen
Wechsel steilerer und flacherer Strecken des Thalbodens veranlasst haben
können [1]. Wir haben gesehen, dass trotz der scheinbaren Gleichartigkeit
manche Sandsteinbänke der Verwitterung geringeren Widerstand leisten
als andere, und so könnte auch das Einschneiden der Flüsse in ihrem Bereiche in schnellerem Tempo geschehen; manche geringere Gefällswechsel,
namentlich beim Uebergange der Thäler aus dem Granit und Gneiss in
den Sandstein sind auch wohl auf diese Ursache zurückzuführen. Die
Vermehrung der Wassermenge, auf welcher neben der Beschleunigung
durch die Schwere und der dadurch vermehrten Geschwindigkeit die
Zunahme der Wasserkraft nach abwärts beruht, geht nicht gleichmässig
vor sich, sondern erfolgt hauptsächlich an der Mündung der Nebenbäche, so dass der Flusslauf vielfach aus einer Reihe kleiner Kurven
zusammengesetzt erscheint, deren Bruchstellen mit den Mündungen zusammenfallen. Unter Umständen wird der Nebenbach jedoch auch mehr
Schutt herbeibringen, als der Fluss zu bewältigen vermag, und dadurch
eine Stauung bewirken. Auch durch Bergstürze erfolgen mitunter an
einer Stelle des Thales reichlichere Schuttanhäufungen, so dass der Fluss
aufgestaut wird und oberhalb des Schuttkegels ein geringeres, unterhalb
ein stärkeres Gefälle erhält. Diese Ursache scheint sich besonders leicht
am unteren Ende von Kesseln geltend zu machen, wo viele Schluchten
zusammenmünden. Im kleinen Dom (zwischen Schandau und Winterberg)
finden wir am Fusse senkrechter, amphitheaterförmiger Felswände einen
beinahe ebenen sandigen Boden; der Ausgang wird durch eine kleine
Schlucht gebildet, die von zahlreichen grossen Felsblöcken erfüllt ist.
Ein solcher sandiger Kesselboden darf natürlich nicht mit den felsigen
und häufig von kleinen Seen erfüllten Böden der alpinen Kare, der
norwegischen Botner und pyrenäischen Zirkusthäler verwechselt werden,
bei deren Bildung wahrscheinlich das Eis eine wichtige Rolle spielte.

[1] Vgl. v. Richthofen, Führer S. 199 ff.

Aber die grösseren, fast in keinem Thale fehlenden Stufen lassen sich weder durch Unterschiede in der Härte des Gesteins noch durch örtliche Schuttanhäufungen noch durch Unregelmässigkeiten der Wasservermehrung erklären. Ueber diese Stufen sind wir zuerst durch die schönen Untersuchungen Rütimeyers im Gebiete der Reuss und des Tessin [1]) aufgeklärt worden. Rütimeyer zeigte, dass die flachen Thalböden sich unterhalb der sie abschneidenden steilen Stufen als Gehängeterrassen in derselben langsam sich vermindernden Höhe fortsetzten, und dass die Terrassen der Nebenthäler genau auf die Terrassen der Hauptthäler treffen. Er schloss daraus mit Recht, dass die Flüsse längere Zeit in jenem Niveau geflossen seien, dass die Erosion dann aus irgend einem Grunde von neuem erwacht sei, aber die Arbeit des Rückschneidens an den meisten Stellen noch nicht vollendet habe, und dass auch nach dem Wiedereinschneiden die älteren Thalböden als Gehängeterrassen erhalten geblieben seien. Denn Thalböden, auf welchen der Fluss längere Zeit verharrte, sind stets verhältnismässig breit, nicht weil die seitliche Erosion während der Ruhepausen an sich stärker ist als während des Einschneidens, sondern weil sie ihre Kraft länger an derselben Stelle üben kann, und weil sich auch an den Mündungen der Nebenflüsse nur in diesem Falle flache Schuttkegel bilden können.

Die nähere Untersuchung der Thalterrassen der sächsischen Schweiz von diesem Gesichtspunkte aus muss einem späteren Kapitel überlassen bleiben. An dieser Stelle dagegen haben wir in den heutigen Thalböden der Elbe und ihrer Nebenflüsse die Anzeichen eines solchen Ruhezustandes zu verfolgen. Bei rückläufiger Erosion muss derselbe im unteren Teile der Thäler immer verhältnismässig rasch eintreten, ausser wenn etwa das Mündungsniveau des Flusses und die klimatischen Verhältnisse grösseren Veränderungen unterworfen sind. Die Thalsohle der Elbe zeigt sowohl an der inneren Seite der Krümmungen, bei Rathen, Königstein, Niedergrund und Raseln, wie an der Mündung mehrerer Nebenflüsse, der Kirnitzsch, des Lachsbaches, des Uttewalderbaches u. a. kleine Flachböden, wie sie sich während energischen Einschneidens kaum bilden können. Von den Nebenthälern zeigt die, allerdings kaum noch der sächsischen Schweiz angehörige, Gottleuba diese weite Thalsohle am besten entwickelt, aber auch die Polenz wird auf ihrem ganzen Laufe durch die sächsische Schweiz von ebenen Wiesenböden begleitet. Das Thal der Kamnitz verengt sich auffälligerweise schon bald oberhalb der Mündung zu einem engen Felsenschlunde, in welchem nicht einmal ein Weg hat geführt werden können, und erweitert sich erst bei der Mündung der Kreibitz, wo wir einen alten Thalboden erreichen. Im Kirnitzschthale hat die seitliche Erosion schon grössere Erfolge zu verzeichnen; oft hat sich der Fluss hart an die eine Thalseite gedrängt, den Fusskegel zerstört und durch Unterwaschung glatte senkrechte Felswände erzeugt. Am meisten entwickelt sind die Flachböden an den beiden Stellen, wo die Kirnitzsch im Granitgebiet fliesst, wahrscheinlich weil ihr Lauf hier gerade ziemlich gekrümmt ist. Weiter oberhalb treten wir in ein enges Felsenthal, das sich erst auf

---

[1]) Rütimeyer, Ueber Thal- und Seebildung, 2. Aufl. Basel 1874.

dem alten Thalboden bei Hinter-Dittersbach wieder für eine Strecke
von ungefähr 2 km erweitert. Dann folgt bei nordsüdlichem Laufe die
besonders enge und romantische Partie der oberen Schleuse, während
die ostwestlich gerichtete Laufstrecke oberhalb Hinter-Daubitz wieder
einen etwas weiteren Thalboden zeigt, ohne dass sich diese Thal-
erweiterung auch in den Gefällsverhältnissen widerspiegelte. Der
Thalboden der Biela verengt sich schon 1 km oberhalb Königstein und
bewahrt diese Enge für 6½ km, nämlich bis Brausenstein, wo wir
einen alten sanft geneigten Thalboden betreten. Thalaufwärts wird
derselbe immer breiter, bis wir den weiten, von steilen Felswänden
umgebenen Kessel von Eiland erreichen.

Wesentlicher noch für den landschaftlichen Eindruck der Thäler
als die grössere oder geringere Weite des Thalbodens ist die grössere
oder geringere Steilheit der Thalgehänge. Wenn die Erosion der Flüsse
oder Bäche allein wirksam wäre, so würden sämtliche Thäler und
Schluchten enge Schlünde mit senkrechten Wänden sein. In losen
Sanden und ähnlichen Massen hat das Einschneiden allerdings sofort
Gleitbewegungen im Gefolge, welche andauern, bis die Neigung des
Abhanges der natürlichen Böschung der Masse entspricht; aber der
Quadersandstein mit seiner quaderförmigen Absonderung ist sehr wohl
imstande, senkrechte Wände zu bilden. In dadurch, dass die Verwitterung den Zusammenhang der Sandkörner und der Quaderblöcke
lockert, und die Schwere oder das Regen- und Sickerwasser dieselben
zu Fall bringt, geht hier, wie in den meisten anderen festen Gesteinen,
der schlundartige Charakter der Thäler verloren, gehen die Gehänge
aus ihrer senkrechten Stellung in eine weniger steil geneigte Lage
über, kommen die oberen Thalränder nicht mehr senkrecht über, sondern
mehr oder weniger zur Seite der Thalaue zu liegen.

Wir sehen zunächst von den grösseren Lücken der Thalwände ab,
welche selbst kleine Thäler sind, und fassen den mehr gleichmässigen
Angriff der Thalwände durch die Verwitterung ins Auge. Die Verwitterung ist überall ebenso alt wie die Erosion, sowohl Verwitterung
wie Erosion arbeiten immer weiter, aber an verschiedenen Orten und
zu verschiedenen Zeiten mit sehr verschiedener Kraft, so dass das
Kräfteverhältnis ein überaus wechselndes ist.

Bei eigentlichen Thälern wird eine hohe Thalwand in einem sehr
kurzen Zeitraume gebildet (vgl. S. 319 [75] f.), in welchem die Verwitterung nur eine sehr unbedeutende Arbeit zu leisten vermag. Die Thäler
haben also alle wirklich einmal die Form eines mehr oder weniger
tiefen Schlundes besessen, der erst später durch die Verwitterung mehr
oder weniger erweitert worden ist. Grosse Strecken des Kamnitzthales
sowie das Kirnitzschthal oberhalb Hinter-Dittersbach stellen auch heute
noch ziemlich enge Schlünde dar. Bei den Regenschluchten dagegen erfolgt
der Einschnitt und damit die Bildung der Wände allmählich, die Erweiterung erfolgt also gleichzeitig mit der Vertiefung, der Erosionsschlund ist
also nie thatsächlich vorhanden, die Schluchten stellen vielmehr in jedem
Momente weitere Furchen dar. In dem Felsengebiete östlich von Schandau,
wo fast alle Vertiefungen Schluchtencharakter tragen, begegnen wir daher
keinen engen Schlünden, sondern breiteren, mehr kesselartigen Lücken.

Die Abtragung der senkrechten Thalwände durch die Verwitterung beginnt an der oberen Kante und schreitet sehr schnell nach unten, viel langsamer nach hinten fort, in einem, durch den Neigungswinkel α (vgl. Fig. 6) ausgedrückten Verhältnis, welches namentlich durch die

Fig. 6.

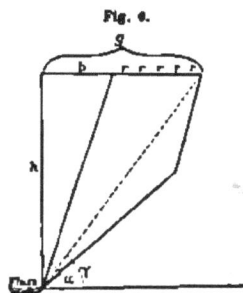

Gesteinsbeschaffenheit und den Wasserzufluss bedingt ist. Der Schutt fällt zunächst in den Fluss und wird durch denselben fortgeführt, bis der Angriff der Wand den Thalboden erreicht hat. Der horizontale Abstand b der oberen Kante von dem Fluss ist in diesem Momente durch die Höhe der Wand h und den natürlichen Neigungswinkel des Gesteins α bestimmt: b = h cotang α, d. h. er ist ceteris paribus um so grösser, je höher die Wand ist. Bei der weiteren Rücklegung der Wand kann natürlich kein horizontaler Zwischenraum zwischen ihr und dem Flusse bleiben, es bildet sich vielmehr der Fusskegel aus, auf welchem das spülende Wasser den im oberen Teile der Wand gebildeten Schutt hinabführt, und der um so flacher wird, je weiter die Wand zurückverlegt wird (vgl. S. 301 [57] f.). Wenn wir die Schnelligkeit der Rückverlegung durch die Grösse r messen, welche von der Höhe der Wand völlig unabhängig ist (vgl. S. 135 [58]), so ist der Abstand der Felskante vom Fluss oder die Breite des Gehänges g nach Ablauf der Zeit t (von der Herstellung des Gehänges AB an gerechnet)

$$g = b + t \cdot r = h \cdot cotang \; \alpha + t \cdot r.$$

Je grösser also t . r ist, d. h. je längere Zeit seit dem Beginne der Verwitterung verflossen ist, oder je rascher die Verwitterung fortschreitet, um so mehr verwischt sich der Einfluss der Höhe der Wand. Für die Neigung γ des Gehänges gilt

$$cotang \; \gamma = g : h = cotang \; \alpha + \frac{t \cdot r}{h}.$$

γ ist also um so grösser, je grösser h ist, aber der Einfluss von h wird gleichfalls mit der Zeit und mit der Stärke der Verwitterung geringer.

Die Verwitterung setzt im allgemeinen infolge der rückläufigen Erosion im unteren Teile der Thäler eher ein als im oberen, ihr Angriffspunkt schreitet bei grösseren Flüssen schneller aufwärts als bei kleineren; t wird also flussaufwärts immer kleiner. Wenn die Oberfläche horizontal ist, so geht die Verkleinerung von h damit Hand in Hand. Die Breite der Gehänge g wird in diesem Falle also aus doppeltem Grunde verkleinert, der Neigungswinkel wird grösser oder kleiner, je nachdem die Höhe der Wand h oder die Dauer der Verwitterung t in höherem Grade zunehmen. Unmittelbar nach dem Einschneiden wird im allgemeinen der Einfluss von h überwiegen, mit der Zeit wird sich t mehr und mehr geltend machen, d. h. die Gehänge werden zuerst verhältnismässig steil sein, mit der Zeit aber flacher werden.

Diese Sätze lassen sich nur schwer durch Beispiele aus der Natur zahlenmässig belegen, weil die Gesteinsbeschaffenheit und der Wasserzufluss störend einwirken, weil der oberste Teil der Gehänge oft ganz flach zurückweicht und daher nur die in wechselnder Höhe liegende Felskante eine Messung ihres Abstandes vom Flusse oder der Thalaxe erlaubt. Ungefähr wird man die nach aufwärts abnehmende Breite der Gehänge in der folgenden Tabelle über den Uttewaldergrund erkennen können; auch die gleichmässige Steilheit der Gehänge tritt hier zu Tage, mit Ausnahme des ersten Punktes, an welchem der obere Teil der Gehänge aus besonderen Gründen abgetragen ist.

	Meereshöhe des Thalbodens	Meereshöhe der Thalränder	Höhe der Gehänge h	Abstand der Thalränder d	Breite der Thalaxe	Breite jedes Thalgehänges g	h : d = 1 :	b : g = 1 :
oberhalb Wehlen	160 m	200 m	40 m	160 m	20 m	75 m	4.0	1.9
Mündung des Zscherregrundes	175	220	45	110	10	50	2.4	1.1
Felsenthor	187	220	30	70	10	30	2.1	0.9
nördl. Uttewalde	197	220	23	50	10	20	2.2	0.9

In den meisten Fällen ist aber die Platte, in welche das Thal eingesenkt ist, nicht horizontal, sondern in derselben Richtung wie das Thal selbst und zwar mitunter in stärkerem Grade als dieses geneigt. Die grössere Höhe der Thalwand im oberen Teile wird dann das spätere Einsetzen der Verwitterung ausgleichen und sogar übertreffen können, wie uns besonders deutlich die Elbe selbst lehrt, deren Vergleich mit dem Uttewaldergrunde zugleich den Einfluss der Grösse des Thales erkennen lässt.

	Meereshöhe des Thalbodens	Meereshöhe der Thalränder	Höhe der Gehänge h	Abstand der Thalränder d	Breite der Thalaxe	Breite jedes Thalgehänges g	h : d = 1 :	b : g = 1 :
oberhalb Pirna . . .	110 m	160 m	50 m	560 m	360 m	100 m	11.2	2.0
Zeichen	110	200	90	550	180	175	6.1	2.0
oberhalb Königstein .	114	220	106	760	340	210	7.1	2.0
. Pontelwitz .	115	240	125	630	310	160	5.0	1.3
Schmilka	115	240	125	620	280	170	5.0	1.4
oberh. Herrnskretschen	115	250	135	550	180	185	4.1	1.3
Niedergrund	115	300	185	880	320	280	4.7	1.5
unterhalb Czirte . .	115	350	235	940	260	340	4.0	1.4
Mittelgrund	115	390	275	1350	300	525	4.9	1.9

Fliesst der Fluss nicht senkrecht auf die Streichrichtung einer geneigten Platte, sondern derselben mehr oder weniger parallel, wie die Elbe unterhalb Herrnskretschen oder der Cunnersdorfer Bach unterhalb Cunnersdorf, so tritt eine Verschiedenheit nicht zwischen den aufwärts und abwärts gelegenen Strecken, sondern zwischen den beiden Thalseiten ein. Der geringe Höhenunterschied ist allerdings von keiner Bedeutung, aber durch die Neigung der Platte, namentlich wenn dieselbe mit einer Schichtenneigung verbunden ist, werden Wasserzufluss u. dgl. bedingt (vgl. S. 304) [60]. Es wird daher nicht nur die natürliche Neigung der Gehänge auf der gegen den Fluss hin geneigten Seite sanfter, d. h. ∠α kleiner oder b grösser sein als auf der Seite der Schichtenköpfe, sondern es wird auch die Abtragung r auf jener Seite viel rascher vor sich gehen; erst recht wird sich also die Breite des Gehänges g daselbst vergrössern, die Steilheit γ verringern. Auf der bezeichneten Strecke des Cunnersdorfer Thales ist die den Thalrand bezeichnende Isohypse von 300 m auf der Südseite anderthalbmal so weit von der Thalaue entfernt als auf der Nordseite.

Aber auch auf der Nordseite ist das Gehänge keineswegs besonders steil, da das Verhältnis h : g nur 1 : 4 beträgt (80 m : 320 m), während es bei der Kirnitzsch und Polenz bei gleicher Thaltiefe (d. h. gleicher Grösse von h) zwischen 1 : 1 und 1 : 1½ schwankt. Südöstlich der Linie Pirna-Dittersbach ist überhaupt nur hier und da eine Felswand an den Thalgehängen stehen geblieben, während meist der obere, sanfter geneigte, Teil des Abhanges mit dem Fusskegel verschmilzt, so dass ein gleichmässiges Gehänge entsteht, wie wir es in den meisten anderen Mittelgebirgen finden.

Dieser Unterschied gegenüber dem rechten Elbufer scheint grossenteils eine Wirkung der Gesteinsbeschaffenheit zu sein. Die Thäler des rechten Elbufers sind in den rein quarzigen oberen Quader, die des linken Ufers und der Binsdorfer Platte grossenteils in den mittleren Quader eingeschnitten, welcher viel weicher und thoniger ist als jener. Ueber dem mittleren Quader liegt die Plänerschicht und in einiger Höhe über dieser eine sehr thonreiche Schicht, welche beide auf dem rechten Ufer nur an wenigen Stellen auftreten. Das Wasser kann also auf dem linken Ufer nicht in dem Masse einsickern wie auf dem rechten, sondern spült gleichmässig über den Abhang hinab. Nur wo die Oberfläche, wie an den Nickelsdorfer Wänden und im oberen Bielathale, durch eine völlig ebene Platte gebildet wird, ist der Zutritt des spülenden Wassers erschwert und damit die Neigung zur Felsenbildung vorhanden. Die grotesken Felsbildungen des Bielathales oberhalb Brausenstein und besonders oberhalb der Schweizermühle sind übrigens namentlich auf die seitliche Erosion zurückzuführen und sind deshalb immer nur auf einer Thalseite, meistens der rechten, vorhanden.

Auf dem rechten Elbufer zeigen besonders das Thal der Lachsbach, d. h. der vereinigten Polenz und Sebnitz, und das Thälchen des Münzbaches sanftere Formen. Dort mag der diluviale Lehm daran schuld sein, welcher die Thalränder bedeckt, hier liefern die zahlreichen Höhlen der Kuhstallwände reichlicheres Wasser. Felswände, welche in der Nähe der Thalränder über die Platte aufragen, sind überhaupt von der grössten Bedeutung. Während sich im allgemeinen erst infolge der Thalbildung Regenrinnen bilden, waren hier schon vor dem Einschneiden der heutigen Thäler grössere Rinnsale gegeben, welche mit dem Einschneiden der Thäler in viel höherem Grade Schritt zu halten vermochten. An dem linken Ufer der Polenz und auch am rechten Elbufer zwischen Herrnskretschen und Schandau sind diese Schluchten der geringen Höhe oder dem geringen Abstande der Felswände entsprechend verhältnismässig unbedeutend, aber im oberen Teile des Grossen Zschand werden sie so viel ansehnlicher und drängen sich so dicht aneinander, dass sie den Grundcharakter desselben völlig aufheben. Reicht die höhere Wand bis unmittelbar an den Thalrand heran, wie es am unteren Amselgrunde der Fall ist, so greifen statt der Schluchten die Kessel selbst bis zum Thalboden hinab.

Die Gestaltung der Thalwände ist also in erster Linie durch die Verteilung der Wasserfäden bedingt, wie wir sie am Eingange des vorigen Kapitels kennen gelernt haben. Tief sind die Hauptthäler eingeschnitten, steilwandig sind ihre Gehänge; auch die Nebenthäler und grösseren Schluchten bewahren meist noch den gleichen Charakter, erst im Quellgebiete, wo der Bach selbst geringere Kraft hat, treffen wir teilweise weitere Kessel oder auch nur sanfte Mulden an. Wenn wir die Bäche und grösseren Rinnsale mit den Aesten und Zweigen eines Baumes, das gleichmässig über die Fläche spülende Wasser dagegen mit dem Blattwuchse vergleichen, so prangen die Bäume, welche die Flusssysteme der sächsischen Schweiz darstellen, nicht wie die krystallinischer Gebiete in vollem Laubschmucke, sondern erinnern uns vielmehr an die kahlen Bäume der Winterszeit. Während in Kettengebirgen die Erosion überall thätig ist, sind hier grosse Gebiete zwischen den Schluchten noch ganz unversehrt. Um so tiefer sind die Thäler und Schluchten selbst eingeschnitten, weil ihnen von den Seiten her so wenig Schutt zugeführt wird, und weil derselbe eine so bequeme Form besitzt. Denn während die krystallinischen Gesteine in grössere Bruchstücke zu zerfallen pflegen, liefert die Verwitterung in der sächsischen Schweiz hauptsächlich Sand. Je feiner aber das Material ist, um so leichter kann es fortgeschafft werden, ein um so geringeres Gefälle bedarf der Fluss zu seiner Bewältigung, um so tiefer kann er auch im oberen Teile einschneiden. Die Thäler zeigen daher beim Uebergang ins Granitgebiet meist ein steileres Gefälle, die kleineren Schluchten brechen am Granitrande scharf ab.

Mit Recht hat man die Gründe der sächsischen Schweiz mit den Cañons des Coloradogebietes verglichen. Freilich stehen sie sowohl an Grossartigkeit wie an Steilheit der Wände hinter denselben zurück, denn während der Inner Chasm des Colorado im Mittel etwa 1000 m tief, 1100—1300 m breit[1]) ist, das Verhältnis der Höhe zur Breite also 1 : 1¼—1⅓ beträgt, wird an der Elbe nur an einer Stelle (bei Czirte), wo die Tiefe des Thales 235 m, der Abstand der Thalwände 940 m ist, das Verhältnis 1 : 4 erreicht. Nur in einigen kleineren Gründen treffen wir Verhältniszahlen von 1 : 2 bis 1 : 1 an. Aber der

---

[1]) Dutton, Tertiary history of the Great Cañon district S. 87.

Unterschied bezieht sich nur auf das Mass, ein Blick auf die schönen
Abbildungen der Cañons genügt für den Kenner der sächsischen
Schweiz, um die Thäler dort und hier demselben Typus zuzuweisen.

Powell und Dutton haben den Cañoncharakter darauf zurückgeführt, dass wasserreiche Flüsse durch regenlose Tafellandschaften
flossen, dass sie selbst also tiefer einnagen können, während die Kraft
der Verwitterung an den Thalrändern sehr beschränkt ist [1]). Auch in
der sächsischen Schweiz mag die Regenarmut der jüngeren Diluvialzeit,
auf welche die Natur und Fauna des Löss hinweist, für die Steilwandigkeit der Thäler in Betracht kommen, aber wichtiger sind die
Beschaffenheit und Lagerung des Gesteines, welche wenigstens auf dem
rechten Elbufer keine stärkere Zerstörung der Thalwände gestatten.
Cañons oder Gründe können sich nur in Platten bilden, aber auch
Platten, welche durch Meeresabrasion oder atmosphärische Erosion auf
ursprünglich gefaltetem Gebiete geschaffen worden sind, sind demselben
nicht so günstig wie Schichtungstafeln, weil die Ungleichmässigkeit
des Gesteines stets Terrainwellen und damit reichlicheren Abfluss des
Regenwassers erzeugt. Lässt das Gestein das Wasser durchsickern, wie
der poröse Sandstein mit seiner quaderförmigen Absonderung, so können
gleichfalls eher Cañons entstehen als in minder durchlässigem Material.
Wir brauchen nicht weit zu wandern, um eine Bestätigung dieser
Sätze zu finden. Der Oberlauf der Kirnitzsch, Sebnitz, Polenz und
Wesenitz liegen in der Lausitzer Platte, die Gottleuba, Müglitz, Lock-
witzbach und Weisseritz sind in die Hochfläche des östlichen Erzgebirges
oder Elbthalgebirges eingeschnitten, und wieviel weniger erinnern uns
diese Thäler an Cañons als die Gründe der sächsischen Schweiz!

Aber noch ein Umstand muss hinzu kommen, um den Cañoncharakter zu ermöglichen. Das Einschneiden der Thäler darf durch
keine fremden Einwirkungen unterbrochen worden sein [2]). Man hat
mehrfach angenommen, dass das Elbthal und die übrigen Gründe der
sächsischen Schweiz bereits in der Tertiärzeit gebildet worden seien,
aber schon Cotta hat hervorgehoben [3]), dass in ihnen und auch in den
ähnlichen Gründen der benachbarten Platten bisher nie glaciale Geschiebe gefunden worden sind, während dieselben auf den Platten selbst
in Menge umherliegen. Negative Merkmale besitzen zwar keine volle
Beweiskraft; die Gletscherablagerungen oder die Schotterablagerungen
der Glacialzeit könnten später vom Fluss wieder ausgeräumt worden
sein, obgleich der Mangel jeder Spur höchst auffallend wäre. Aber
wäre je ein Gletscher in diese Gründe eingedrungen, so würde er den
engen cañonartigen Thalgrund in einen weiteren Trog ausgeschliffen
haben, wie wir es in sämtlichen alpinen Thälern und überall sehen,
wo die ehemalige Anwesenheit eines Gletschers sicher bezeugt ist.
Wären hier mächtige Geröllmassen aufgeschüttet worden, so hätte der
Fluss während der Aufschüttung sein Bett hin und her verlegt und

[1]) Dutton, Tertiary history S. 245 f.
[2]) Dutton a. a. O. Vgl. Le Conte, American Journal of Science 1886, S. 167.
Referat Petermann. Mitteil. 1887. Nr. 45.
[3]) Cotta, Erläuterungen zur geogn. Karte von Sachsen.

hätte ein bedeutendes Mass von seitlicher Erosion entfaltet. Der typische Erosionscharakter der Gründe ist höchst wahrscheinlich in ihrer jugendlichen, postglacialen Entstehung begründet.

X. Felswände, Steine und Ebenheiten.

Ganz andere Gebilde als diese Gründe hat die Erosion in grösserer Meereshöhe geschaffen, wo sie ihre Thätigkeit bereits seit längerer Zeit entfalten konnte. Bewahrten die Sandsteinmassen dort im ganzen noch ihren Zusammenhang, so haben sie hier viel bedeutendere Verluste erlitten und sind nur in verhältnismässig kleinen Resten erhalten oder stellenweise auch ganz verschwunden.

Wenn man irgend einen Vorgang der Zerstörung untersuchen will, so muss man ihn an den Stellen zuerst aufsuchen, wo die Zerstörung noch die geringsten Fortschritte gemacht hat, denn je weiter dieselbe fortschreitet, um so mehr pflegt sie ihre eigenen Spuren zu verwischen. In der sächsischen Schweiz stellt daher das Felsrevier zwischen Schandau oder, genauer gesagt, dem Zahnsgrunde bei Schandau und Dittersbach i. B. den geeignetsten Ausgangspunkt der Untersuchung dar.

Namentlich im westlichen Teile dieses Felsrevieres treten uns die Felskessel als die entschieden vorherrschende Oberflächenform entgegen. Wir treffen hier Muster aller Arten von Felskesseln an; ein Modell eines ausgezeichnet halbkreisförmigen Kessels, dessen Halbmesser ungefähr 200 m gross ist, befindet sich auf der Nordseite der Schrammsteine; der Heringsgrund nördlich von Schmilka nähert sich mehr der Form eines Kreises, von dessen Peripherie ungefähr $\frac{1}{6}$ abgeschnitten ist; der Kessel am oberen Ende des Kleinen Zschand ist 1200 m breit und ebenso tief; er besteht aus drei Armen, also Kesseln zweiter Ordnung, die sich jeder wieder verzweigt und zwar derart, dass man auf der Karte noch Kessel vierter, ja, wenn man will, fünfter Ordnung unterscheiden kann. Mehr länglich gestreckt sind z. B. die Lorenzlöcher und ihre Nachbarschluchten am oberen Ende des Nassen Grundes, nach oben endigen sie jedoch gleichfalls in einem oder mehreren Halbkreisen.

Ueber die Entstehung dieser Felskessel ist es nach den Ausführungen der vorhergehenden Kapitel kaum nötig, etwas hinzuzufügen. Für Bildungen des Meeres wird dieselben wohl niemand halten wollen, auch an eine Wirkung des Eises ist nicht zu denken, da jeder Anhalt fehlt, dass es in diesem Gebiete je Firn oder Gletscher gegeben habe, und da die für die Eiswirkung charakteristischen Felsbecken hier nicht vorhanden sind (vgl. S. 322 [78]). Die Felskessel verdanken ihre Entstehung vielmehr lediglich dem in zahllose kleine Fäden verteilten Wasser der Quellregion, je nach dessen Anordnung die mehr halb-

kreisförmige oder mehr längliche Form hervorging (vgl. S. 308 [64]).
Dass dem wirklich so ist, werden uns die innigen Beziehungen zwischen
den Felskesseln und den heutigen Bachläufen überzeugend beweisen.

Durch die Anordnung der Felskessel ist die Gestaltung der Felswände bedingt [1]). Wir haben bereits gesehen (S. 298 [54], wie sich die
kleinsten Felskessel immer mehr nähern, wie nur eine schmale Leiste
zwischen ihnen bleibt und wie schliesslich auch diese verschwindet, um
weiter hinten von neuem zu entstehen. Genau dieselbe Erscheinung
wiederholt sich bei den grösseren Kesseln, welche auch auf der Karte
wahrnehmbar sind.   Die zu einem Hauptkessel gehörigen kleineren
Kessel, benachbarte Hauptkessel und schliesslich auch die auf den entgegengesetzten Seiten eines Rückens angelegten Kessel dringen gegen
einander vor und verkleinern die zwischenliegende Felswand immer
mehr, bis sie sie schliesslich ganz zerstören.

Zwischen benachbarten Kesseln entstehen mehr oder weniger
langgestreckte, endlich ganz schmale, nach beiden Seiten und an der
schmalen Vorderfront steil abfallende Rücken, wie man sie von den
Schrammstein-Winterbergwänden sich in grosser Zahl nach N erstrecken sieht. Sie werden nicht an der Spitze, sondern in der Mitte
am stärksten angegriffen, daher sind sie hier am schmalsten und
niedrigsten; nur der hintere Teil des Rückens bewahrt die ursprüngliche Höhe, gegen die Mitte fällt er in einer steilen Stufe ab, aber
auf der Spitze der Felswand erheben sich aus der unteren Terrasse
häufig einzelnstehende Felspfeiler, welche der Verwitterung noch ge-
trotzt haben. Unter Umständen können sich solche einzelne Felspfeiler
noch lange erhalten, wenn der Kessel, welchem sie ihre Entstehung
verdanken, schon weit zurückgewichen ist. Wie wir in kleinem Massstabe
den Prebiskegel, die Katzenkirche bei Dittersbach u. s. w. auf diesen
Vorgang zurückführten, so verdanken ihm in grösserem Massstabe das
vordere und das hintere Raubschloss, der Rauschenstein, der Falken-
stein und zahlreiche andere ihre Entstehung.

Andersartige Formen erzeugt die Berührung der Hinterwände der
Kessel. In kleinstem Massstabe lässt sich dieser Vorgang am besten
an dem Kleinen Bärensteine beobachten, der allerdings in einem anderen
Teile der sächsischen Schweiz gelegen ist, in etwas grösserem zeigen
ihn die auf der Ostseite des Grossen Zschand gelegenen Thorwalder
Wände, und in wieder etwas grösserem die Schrammstein-Winterbergwände selbst. Die Annäherung zweier Kessel von entgegengesetzten
Seiten, mögen dieselben einander genau gegenüberliegen oder auch
etwas gegeneinander verschoben sein, verschmälert den Kamm immer
mehr. Sobald die Annäherung soweit gediehen ist, dass die Verbindungs-
linie der beiden Kessel ganz von der Erosion ergriffen ist, geht mit
der Verschmälerung eine Erniedrigung Hand in Hand. Die breiten
Stellen sind daher zugleich die hohen, die schmalen die niedrigen, wie
die Karte an den Schrammsteinwänden deutlich erkennen lässt. Geschieht der Angriff durch zahlreiche kleine Kessel, wie an den Thor-

---

[1]) Ganz entsprechende Verhältnisse schildert Dutton aus dem Coloradogebiet (Tertiary history bes. S. 258 ff.).

walder Wänden, so zeigt die Kammlinie ein ewiges auf und ab, welches dem Wanderer in der Mittagsglut manchen Stossseufzer entlockt. Im Vorrücken vergrössern sich einzelne Kessel und saugen die kleineren Kessel auf (vgl. S. 307 [63]); wenn wir daher die Kessel auf der Nordseite der Schrammstein-Winterbergwände viel grösser und besser entwickelt finden als auf der Südseite, so ist das ein Beweis, dass die Abtragung von der Kirnitzsch her viel grössere Fortschritte gemacht hat als von der Elbe her, dass also die Elbe früher nicht etwa in grösserer Entfernung floss und erst nachträglich an die Wände herangerückt ist.

Von der Kirnitzsch her führen uns eine Reihe kleiner Thälchen, der Nasse Grund, der Heidematzengrund, der Münzbachgrund und der Kleine Zschand, zu den Felsenkesseln hinauf, welche heute alle am Hauptrücken liegen, während in der Nähe der Kirnitzsch nur noch einzelne Steine vorhanden sind. Einst müssen dieselben mit jenen Wänden zusammengehangen haben; noch heute kann man diesen Zusammenhang im Geiste wiederherstellen und damit eine deutliche Vorstellung gewinnen, wie die Abtragung und die Entstehung des heutigen Reliefs durch die Anlage von Schluchten in dem ursprünglich beinahe abflusslosen Gebiete bewirkt worden ist. Das Gebiet jedes dieser Kessel zeigt die mehr oder weniger halbkreisförmige Gestalt, welche uns für eine derartige Entwässerung und Erosion charakteristisch erschien. Wo diese Gebiete einander am nächsten kommen und ihre Ausbildung dadurch gehemmt wird, ist auch die Abtragung am weitesten gediehen. Der ursprüngliche Kessel des Nassen Grundes lässt sich von der Hohen Liebe über die Senke des Königsplatzes, wo von W her der Wenzelsgrund angreift, zu den Schrammsteinen und von da auf dem heutigen Rücken entlang über den Carolafelsen zu den Affensteinen verfolgen. Der Kessel des Heidematzengrundes zieht sich von den Affensteinen zum Kleinen Winterberg und von da durch den Vorderen Wildsteiner Wald zum Heidematzenstein. Der Kessel des Münzbachgrundes ist viel kleiner, er zieht sich vom Heidematzenstein zum Hinteren Wildsteiner Wald und zum Kuhstall zurück. Die Erhaltung der grossen Felsgruppe des Kuhstalles und Hausberges ist durch die starke nördliche Ausbiegung der Kirnitzsch bedingt. Im Kleinen Zschand macht sich die südnördliche Richtung schon etwas stärker geltend; namentlich nach W ist die Ausdehnung seines Gebietes unbedeutend, die Abtragung weit fortgeschritten, weil von hier der Heidematzen- und Münzbachgrund entgegenwirkten. Die Felswände reichen vom Kleinen Winterberg bis zum Hinteren Raubschloss und schliessen den schönen, S. 308 [64] beschriebenen, Felskessel ein. Vom Hinteren Raubschloss führt uns die breite Senke der Knurre zu den Lorenzsteinen hinüber.

Von der zusammenhängenden, 4—500 m hohen, Sandsteintafel, welche ursprünglich diese Gegend einnahm (vgl. S. 284 [40]), sind also nur noch der mehr oder weniger breite Rücken der Schrammstein-Winterbergwände und einige isolierte Felsgruppen vorhanden; der Rest ist durch die Verwitterung und Erosion zerstört worden. Wo die Felskessel einander berührten, sind gewellte Platten von 250—270 m Meereshöhe entstanden, welche infolge ihrer ebenen Gestalt nur noch unbedeutende

Wässerchen entsenden, so dass der untere Teil jener alten Kessel-
schluchten fast einen Grundcharakter angenommen hat.

Der Grosse Zschand trug von vornherein mehr den Charakter
eines Thales, denn während sein Gebiet im Mittel nur 2 km breit ist,
besitzt es eine Länge von 7 km, und dabei begleiten ihn südlich von
Webers Schlüchten die hohen Felsen der 450 m hohen Platte in einem
Abstande von nur 150 m. Auch bei den grösseren Nebenschluchten
der Südseite herrschte die Längenerstreckung von Anfang an vor,
während wir auf der Nordseite nur unbedeutendere Kessel finden. Es
muss hier schon auf jener Platte ein stärker ausgesprochener Abfluss
in nördlicher Richtung bestanden haben, der vermutlich auf der etwas
grösseren Neigung der Schichten und der ursprünglichen Oberfläche,
möglicherweise auch auf der Existenz eines vorоligoccänen Thales beruht.
Im südlichen Teile hat die Erosion erst geringe Fortschritte gemacht,
nördlich vom Zeughause hat dagegen die Berührung mit dem Kleinen
Zschand auf der einen, die Nähe der Kirnitzsch auf der anderen Seite,
die Abtragung weiter fortschreiten lassen. Hier sind daher auch die
Nebenschluchten nicht mehr so zahlreich, welche dem oberen Teile
des Zschand einen so eigentümlich zerrissenen Charakter verleihen
(vgl. S. 328 [84]).

Oestlich vom Grossen Zschand werden die Schluchten und Thäler
wieder kleiner, weil die Kirnitzsch stark nach S ausgreift und sich dadurch dem Südrande der Wand nähert. Es ist nicht nötig, diese
Schluchten ebenso eingehend zu betrachten; zu einer solchen Betrachtung
würde uns auch die kartographische Grundlage fehlen, weil die österreichische Generalstabskarte für solche Zwecke nicht genügend, und
die Darstellung der österreichischen Grenzgebiete auch auf der sächsischen Karte mangelhaft ist.

Wir wenden uns zu der der Elbe zugekehrten Südseite der
Schrammstein-Winterbergwände. Wir haben bereits gesehen, dass diese
Südseite viel schmaler ist als die Nordseite und, nach der Form der
Kessel zu urteilen, auch immer viel schmaler gewesen ist, dass also die
Erosion von der Elbe her, trotz der tieferen Lage derselben, langsamere
Fortschritte als von der Kirnitzsch her gemacht hat. Die Ursache kann nur
in einer geringen nördlichen Neigung der Schichten und der ursprünglichen
Oberfläche liegen, welche zwar im allgemeinen nicht genügend war, um das
Wasser in grösseren Abflussrinnen zu sammeln, aber die Erosion in der
S. 304 [60] angegebenen Weise so nachdrücklich beeinflusste. Nur an
wenigen Stellen ist die heutige Wasserscheide etwas näher an die Kirnitzsch
herangerückt. Das nördliche Eingreifen des Zahnsgrundes ist wohl dadurch bedingt, dass die Kirnitzsch hier in den Granit eingeschnitten ist
und dass der Granit der Erosion verhältnismässig grossen Widerstand
leistet. Dem Heringsgrund kommt der gleiche Umstand zu statten,
denn er liegt gerade der grossen nördlichen Ausbiegung der Kirnitzsch
ins Granitgebiet bei der Lichtenhainer Mühle gegenüber. Dazu kommt,
dass die auf dem Basalt des Winterberges entspringenden Quellen sein
Einschneiden begünstigt haben. Der durch seine Basaltdecke geschützte
Grosse Winterberg selbst tritt beträchtlich über die Wand hinaus,
während unmittelbar östlich von ihm die Dürre Biele besonders tief in

dieselbe einschneidet. Die Felswand tritt von hier an etwas weiter von
der Elb-Kamnitzlinie zurück, um erst bei Dittersbach i. B. beinahe unter
einem rechten Winkel wieder vorzuspringen. Zugleich ist sie hier
mehrfach durch tiefe passartige Einschnitte unterbrochen; am oberen
Ende des Grossen Zschand liegt der Ziegenrücken in 345 m, während
die benachbarten Höhen sich bis zu 460 m erheben; am oberen Ende
des Müllergrundes ist der Rücken bis zu 350 m und an der Böhmer-
strasse bis zu 300 m eingetieft; man hat fast den Eindruck, als ob das
eigentliche Quellgebiet der nördlich gerichteten Gründe nachträglich
abgeschnitten worden wäre. Den Südrand bilden heute die kleinen
Längsthälchen der Langen Biele und des Soorgrundes; zur Glacialzeit
erstreckte sich dagegen möglicherweise eine zusammenhängende, das
Thal des Kreibitzflusses bildende Terrasse über Reinwiese bis Hohenleipa in die Gegend von Dittersbach. Zwischen Hohenleipa und Dittersbach greifen zwei grosse Kessel von S her in die Felswand ein; noch
etwas weiter kommt selbst der bedeutende Kreibitzfluss von Osten her,
ein Beweis, dass der Einfall des Sandsteins hier nicht mehr zur westöstlich verlaufenden Strecke der Granitgrenze hin, sondern von der
nordsüdlichen Strecke ab gerichtet ist.

Die nördliche Thalseite der Kirnitzsch ist natürlich ebenso wie
die nördliche Thalseite der Elbe verhältnismässig wenig angegriffen
worden. Freilich besteht dieselbe nur östlich von Saupsdorf überhaupt noch aus Sandstein, westlich dieses Dorfes drängt sich die
Kirnitzsch nahe an den Granit und greift an zwei Stellen sogar in
denselben über. Zwischen der unteren Sebnitz und der Polenz, welche
wie die Kirnitzsch der Granitgrenze parallel gerichtet sind, einerseits
und dem Granite andererseits tritt dagegen von neuem eine schmale,
aber wenig angegriffene Sandsteinzone auf, die im ganzen eine Platte
von 340 m Höhe bildet und sich nur unmittelbar am Granitrande höher
erhebt. Bei Hohnstein tritt dieselbe aufs rechte Ufer der Polenz
über, ist am Granitrande entlang bis jenseits Dittersbach i. S., zuletzt
allerdings nur noch in einzelnen Kuppen, erhalten und erstreckt sich
in südlicher Richtung mit unbedeutenden Unterbrechungen bis zur
Bastei (315 m) und über die Elbe hinüber bis zu den Bärensteinen
(328 und 338 m).

Mag man nun diese Platte als ursprüngliche Oberfläche oder als
ein Denudationsprodukt auffassen, jedenfalls hat sie zwischen Rathewalde und der Bastei nur eine geringe Zerstörung erfahren. Die
Ursache dafür liegt in dem Fehlen eines dem Kirnitzschthale entsprechenden Längsthales, das wieder in der beinahe vollständigen
Horizontalität des Bodens oder stellenweise sogar einer ganz schwachen
südlichen Neigung desselben seinen Grund hat. Die Gegend zwischen
Schandau und Dittersbach hat genugsam unseren theoretischen Schluss
bestätigt, dass die Abtragung nur in der Richtung der Schichtenneigung
grössere Fortschritte machen kann. Die beiden kleinen Bäche, welche
hier vom Granitrande nach S fliessen, der Amselbach und der Uttewalderbach, haben zwar ein ziemlich kompliziertes Abflusssystem geschaffen, aber die Erosion hat, bei der Kleinheit der Gewässer, besonders in jüngerer Zeit erst verhältnismässig geringe Fortschritte

gemacht. Auch die Elbe hat nur einen glatten Einschnitt geschaffen, da die Felswände ziemlich steil bis zur Höhe der Platte ansteigen.

Westlich vom Uttewaldergrunde ist diese Platte, von den Höhen unmittelbar am Granitrande abgesehen, nicht mehr vorhanden. Das Bachsystem des Uttewaldergrundes wird westlich von einer 240 m bis 250 m hohen Platte begrenzt, welche sich zu dem von Dorf Wehlen nach Mockethal herabziehenden Thale der Alten Poste und zu der zwischen Lohmen und Liebethal von E nach W verlaufenden Strecke des Wesenitzthales allmählich abdacht und beide in einer im Mittel 200 m hohen Thalterrasse erreicht. Bei der rechtwinkeligen Krümmung der Wesenitz oberhalb Lohmen tritt die 250 m hohe Platte unmittelbar an den Fluss heran und begleitet jenseits eines engen Durchbruchs-thales als ein schmaler, allmählich auf 235 m sich senkender, Rücken auch dessen nördliches Ufer. Nördlich dieses Rückens ist der Kessel von Porschendorf wieder zu der 200 m hohen Thalterrasse der Wesenitz abgedacht, während dieselbe nördlich von Elbersdorf ein enges Thal zwischen den der höheren Platte angehörigen Bergen bildet.

Die Terrasse der Wesenitz verliert ihren Einfluss westlich einer ungefähr von Bonnewitz über Liebethal und Zatzschke nach Vogel-gesang verlaufenden Terrainstufe, deren nördlicher Teil mit der Haupt-stufe des Sandsteingebirges gegen den Dresdner Thalkessel zusammen-fällt, während dem südlicheren Teile die niedrigere Sandsteinplatte von Copitz-Mockethal vorgelagert ist, die noch ein Stück gegen W vorspringt, aber dann ebenfalls rasch zur Ebene abfällt. In diese Copitzer Ebenheit finden wir eine flache Telle eingesenkt, die von der Mündung der Alten Poste in 150—160 m Höhe nach W zieht, während der heutige Abfluss dieses Thales nördlich von Mockethal nach S umbiegt und etwas oberhalb Pirna in die Elbe mündet. Der südlichste Teil dieser Ebenheit dacht sich gegen eine Linie ab, welche mit dem Elbthal zusammenfällt, bei Obervogelsang in 190—200 m, bei Pirna aber nur noch in 100 m Meereshöhe liegt.

Südlich legt sich an diese Linie eine andere Platte an, welche sich auf der rechten Seite des Gottleubathales bis zu den Nickelsdorfer Wänden hinaufzieht, und welche wir als die Struppener Ebenheit be-zeichnen wollen. Auf der Südwestseite des Gottleubathales befindet sich wieder eine andere Platte, die Cottaer Ebenheit, welche aber niedriger als jene ist und von ihr durch eine im Mittel 80 m hohe Stufe getrennt wird. Bei der Krümmung des Gottleubathales östlich vom Cottaer Spitzberge verlässt die Stufe die Ufer dieses Flusses und zieht sich auf der Ostseite des langgestreckten Langhennersdorf zunächst bis zu dessen oberem Ende hinauf.

Die Cottaer Ebenheit zeigt, wenn wir von dem basaltischen Cottaer Spitzberge absehen, ein ganz regelmässiges Ansteigen in südlicher, später südsüdwestlicher Richtung, bis wir, nördlich des Städtchens Berggieshübel, an einen Steilrand kommen, in dem der westliche Teil der hier ungefähr 350 m hohen Sandsteinplatte abbricht und die darunterliegenden krystallinischen Gesteine an die Oberfläche treten lässt. Der Sandstein ist weiter südlich nur noch in einzelnen Inseln vorhanden, deren letzte die des Sattelberges ist. Nur östlich des

Bahrnflusses, des diesem zufliessenden Raitzaer und des nach S gerichteten Tyssaer Baches ist die Sandsteinplatte noch ziemlich zusammenhängend erhalten, im südlichen Teile einen ausgezeichneten Steilrand bildend. Die Platte setzt sich über das obere Bielathal ungestört fort; längs einer von Langhennersdorf über Rosenthal zum Schneeberg verlaufenden Linie biegen die Isohypsen jedoch unter spitzem Winkel nach NW um, um erst nach einer Weile wieder in eine östliche Richtung zurückzukehren, d. h. sie treffen hier ebenso wie unterhalb Langhennersdorf auf eine von NW nach SE streichende Stufe, welche hier aber weniger scharf ausgeprägt ist und sich nach SE allmählich auskeilt. Die Basis dieser Stufe liegt am Schneeberg ungefähr in 550 m und senkt sich von da beständig, wenn auch, wie es scheint, mit abnehmender Geschwindigkeit in nordwestlicher Richtung, so dass sie westlich Brausenstein in 390 m, am unteren Ende von Langhennersdorf in 300 m, am Kohlberg bei Pirna in 165 m Meereshöhe liegt.

Auch auf der Struppener Ebenheit finden wir einen sehr regelmässigen, östlich bis ostsüdöstlich gerichteten Verlauf der Isohypsen. Westlich von Vogelgesang finden wir die 290 m-Linie, vom Himmelreich nach dem südlichen Ende von Struppen zieht die 250 m-Linie, von Neundorf nach Hütten zu die 300 m-Linie und unmittelbar nördlich des Leupoldishainer Grundes finden wir 320—350 m. Die Regelmässigkeit des zwischen Pirna, Königstein und Leupoldishain gelegenen Dreiecks wird nur durch unbedeutende Tellen am Struppener und den beiden Thürmsdorfer Bächen gestört. Südöstlich des unteren Bielathales und der Leupoldishainer Schlucht dagegen ist die Ebenheit nur noch in Bruchstücken vorhanden. Zunächst sind durch die Kesselbildungen an den Quellen des Leupoldishainer Baches die Breite Heide, die Nickelsdorfer Wände und der Kegelstein abgelöst, wenngleich die Passhöhen, welche dieselben von der Hauptplatte und voneinander trennen, noch nicht mehr als 20 m eingeschnitten sind, dann aber folgt der tiefe Einschnitt des Bielathales, welches hier 150 m unter dem Niveau der Platte liegt. Jenseits desselben finden wir die Tafelberge des Quirl, Lampertstein, Müllerstein und Katzstein, die ihren Höhenverhältnissen nach als Fortsetzungen oder als nachträglich isolierte Teile der Platte erscheinen. Weiter südlich treten keine Steine mit plattenförmiger Oberfläche mehr auf, aber das Terrain steigt nach dem Fusse des Schneebergs hin ganz allmählich an, fast in derselben Regelmässigkeit und demselben Verhältnis, wie wenn sich die Platte hierher fortsetzte. Der Schneeberg, welcher eine nach NE geneigte, ziemlich ausgedehnte Tafel bildet, erhebt sich noch ungefähr 175 m über diese Platte. Weniger umfangreich, aber viel zahlreicher sind die Tafelberge, welche in der Nähe der Elbe auftreten. Dieselben bilden eine förmliche Zone, welche mit dem Lilienstein und Königstein im NW beginnt, den Zschirnsteinen, der Kaiserkrone und dem Zirkelsteine im SE endigt. Viele, namentlich der Königstein (360 m), Lilienstein (411 m), Pfaffenstein (428 m), Gorisch (448 m) und der Grosse Zschirnstein (500—560 m), stellen noch nördlich geneigte Tafeln dar, welche als Teile der ursprünglichen Oberfläche oder einer älteren Denudationsplatte (vgl. S. 284 [40] f.) anzusehen sind; bei anderen, besonders beim Zirkelstein (385 m), der

Kaiserkrone (357 m) und dem Wolfsberge (345 m), ist die Zerstörung
viel weiter gediehen, finden wir verhältnismässig niedrige Kuppen mit
gerundeter, unregelmässiger Oberfläche, noch andere mögen ganz verschwunden oder nur noch in einer ganz schwachen Anschwellung des
Bodens vorhanden sein. Zwischen diesen Steinen finden sich vielfach
Verebnungen, welche ihrer Höhe nach als Fortsetzungen jener oben
besprochenen Struppener Ebenheit erscheinen und besonders im S direkt
mit derselben zusammenhängen. Dahin gehört zunächst ein Höhenrücken,
der östlich von Pfaffendorf mit 325 m beginnt und nördlich von Papst-
dorf mit 360 m endigt. Die Isohypsen biegen hier aus der östlichen
allmählich in eine südöstliche Richtung um. An der Elbe entlang ist
von Krippen bis jenseits Schöna eine Platte von 280 m Höhe zu bemerken, von welcher, wenn wir uns die Thäler ausgefüllt und die wenigen
Tafelberge entfernt denken, das Terrain ziemlich gleichmässig nach SW
ansteigt, da es zwischen Wolfsberg und dem Kleinen Zschirnstein 330 m,
östlich vom Grossen Zschirnstein 400 m, südlich desselben 430 m, also
noch nicht ganz dieselbe Höhe wie am Katzstein, hat. Die Scheibenkoppe
(495 m) bei Maxdorf stimmt mit den Höhen nördlich von Christianen-
burg und östlich von Rosenthal überein. Mit dieser selben südöstlichen
Streichrichtung tritt die Platte auch auf das rechte Elbufer über.
Höhen von 440 m treffen wir südöstlich von Rasseln, die 350 m-Linie
zieht von Elbleiten über Arnsdorf zum Südfusse des Rosenberges, Platten
von 300—310 m treffen wir zwischen Dürrkamnitz und Kamnitz und
teilweise auch nördlich der letzteren. Auch hier erheben sich eine
Reihe Gipfel über die Platte, aber es sind grossenteils nicht Tafelberge
aus Sandstein, sondern basaltische Kegel und Dome, welche teilweise in
beträchtlicher Höhe kleine Sandsteinsetzen tragen (vgl. S. 276 [32] f).

Die verschiedenen Platten, welche wir eben kennen gelernt haben,
haben seit ihrer Bildung eine sehr verschiedenartige Zerstörung erlitten.
Der geringe Umfang und die grosse Regelmässigkeit der Struppener
Ebenheit, verbunden mit der durch die Rathener Krümmung bedingten
grossen Entfernung von der Elbe, haben hier nur wenige kleine Bäche
mit geringer Erosionskraft zur Entfaltung kommen lassen. Aehnlich
unversehrt finden wir den oberen Teil der Cottaer Ebenheit, dessen
Abfluss, die obere Biela, merkwürdigerweise nicht im Gebiete der
Cottaer Ebenheit bleibt, sondern bei Brausenstein die Langhennersdorfer Stufe durchbricht und in die Struppener Ebenheit übertritt.
Oestlich der Biela ist diese viel mehr angegriffen worden; die Thäler
sind hier nicht grundartig, sondern besitzen breite flache Gehänge
(vgl. S. 327 [83]) und haben fast überall die Thätigkeit des spülenden
Wassers eingeleitet, so dass wir namentlich im oberen Teile statt der
breiten steilwandigen Platten grossenteils gewöhnliche verwaschene
Rücken und Kuppen treffen. Die Ursache dafür liegt teils in der
grösseren Meereshöhe, welche Regenmenge und Frostwirkung verstärkt,
teils in der weicheren und thonigeren Gesteinsbeschaffenheit, teils in
dem Auftreten der Plänerschicht an den Abhängen des Schneebergs,
welche eine ganze Anzahl von Bächen entsendet. Nahe der Elbe finden
wir die Zerstörung, wenigstens zwischen Krippen und Thürmsdorf,
ziemlich weit vorgeschritten, in der Nähe des Cunnersdorfer Baches ist

die Platte dagegen noch ziemlich gut erhalten, weil die Erosion auf der
Seite der Schichtenköpfe nur langsame Fortschritte macht. Südlich
dieses Längsthälchens führen uns eine Reihe Bäche zwischen erhaltenen
Teilen hindurch in ein Gebiet, in welchem die Platte, der Flächen-
wirkung im Quellbereiche entsprechend, fast ganz verwischt ist. Dieses
Gebiet reicht östlich bis an die Tetschener Elbe hinan. Es ist wohl
eine Wirkung der geringeren Meereshöhe und auch eine mittelbare
Wirkung der vielen Basaltberge, wenn die Platte auf dem rechten
Ufer derselben noch besser erhalten ist.

Wie aber sind die Platten oder Ebenheiten entstanden, an deren
Zerstörung Verwitterung und Erosion ihre Kräfte üben? Man könnte
sie für Teile der ursprünglichen Oberfläche halten, welche durch Verwerfungen in diese verschiedene Lage gebracht worden seien. Indessen
erheben sich der Schneeberg, der Königstein, Pfaffenstein, die Zschir-
steine u. s. w., einige Sandsteinkuppen gegenüber Stimmersdorf, der
Rosenberg mit seinem Sandsteinlappen beträchtlich über die benachbarten Ebenheiten, und man müsste geradezu für jeden dieser Gipfel
eine besondere Hebung erfinden, um die Ebenheiten als Bildungsober-
fläche ansprechen zu können.

Eher könnten dieselben beim Rückzug des Kreidemeeres durch
dessen zerstörende Thätigkeit entstanden sein. Wenn sich das Meer
in Absätzen zurückzieht, bezw. das Land in Absätzen hebt, wenn die
Pausen in der Rückzugs- bezw. Hebungsbewegung womöglich in
schwache gegenteilige Bewegungen umschlagen, so können sich an den
auftauchenden jungen Meeresabsätzen, ähnlich wie an steilen Felsküsten,
Strandterrassen ausbilden; z. B. hat Darwin die Terrassen des östlichen
Patagoniens als solche Strandterrassen aufgefasst. Dieselben werden
der Küste ungefähr parallel verlaufen, sie werden um so niedriger
liegen, je weiter wir uns von der Küste entfernen, und auch jede einzelne Terrasse wird eine sanfte Neigung nach dem Meere hin besitzen.
Dass bei den Ebenheiten der sächsischen Schweiz nicht umgekehrt eine
Neigung nach den höheren Stufen hin vorhanden ist, könnte man allen-
falls aus der sanften, in der Oligocänzeit erfolgten Schichtenaufrichtung
erklären, aber das alte Kreidemeer hat sich höchst wahrscheinlich nach
N zurückgezogen (vgl. S. 284 [40]), während die Stufen nach SW
abfallen. Auch ist es nicht recht einleuchtend, dass die Ablagerungen
des Kreidemeeres gleich beim Rückzuge desselben eine Steilküste gebildet haben und doch in verschwindend geringem Masse von den
Agentien des Festlandes angegriffen worden sein sollten.

Dieselben Schwierigkeiten stehen jedem Versuche entgegen, die
Ebenheiten durch eine jüngere Meeresbedeckung zu erklären, und sie
werden noch dadurch vermehrt, dass Anzeichen einer jüngeren Meeresbedeckung ganz fehlen. Die marinen Ablagerungen der Oligocänzeit,
in welcher der Meeresspiegel höher als in den übrigen Abteilungen des
Tertiärs gelegen zu haben scheint, reichen nur bis an den Fuss des
sächsischen Berglandes heran, die Tertiärbildungen des sächsischen
Berglandes selbst und des nördlichen Böhmens sind nicht im Meere,
sondern von Flüssen oder in Binnenseen abgelagert worden. Die Annahme eines bis in die sächsische Schweiz reichenden Diluvialmeeres,

durch welches z. B. Gutbier noch einen grossen Teil der Oberflächenformen derselben erklärte, ist durch die neueren Glacialforschungen als
ein Irrtum erwiesen worden.

Auch auf die Erosion des von Skandinavien herüberreichenden
Gletschers, welcher im Lehrgebäude der Geologie an die Stelle des
Diluvialmeeres getreten ist, kann die Entstehung der Ebenheiten nicht
zurückgeführt werden, denn abgesehen davon, dass dieselbe wahrscheinlich in frühere Zeit fällt, sind Gletscherablagerungen überhaupt nur
auf dem unteren Teile derselben gefunden worden; auch widerstrebt die
Bildung ebener Flächen durchaus dem Wesen des Gletschers.

Die Bildung der Ebenheiten und vielleicht auch der sie trennenden
Stufen scheint also durch die gewöhnlichen Kräfte des Festlandes erfolgt zu sein. Auch in anderen Gegenden hat man Stufen und Verebnungen, für deren Bildung man früher die Meeresthätigkeit in Anspruch genommen hatte, jetzt als Werk der kontinentalen Erosion
erkannt, ohne dass es jedoch, wie Tietze bemerkt, bereits ganz gelungen
wäre, den Mechanismus dieses Vorganges zu zergliedern. Ramsay [1]
und andere englische und französische Geologen haben die binnenländische Natur der escarpments des Londoner und Pariser Beckens
ausgesprochen, Neumayr hat seine Untersuchungen an die Stufen der
Insel Kos und die grösseren Stufen des schwäbisch-fränkischen Jura
angeknüpft [2]. Tietze wurde durch Steilränder in Galizien zur Erörterung
des Problems veranlasst [3], Zittel wies die Felswände der libyschen
Wüste als Erzeugnis eines regenreicheren Klimas nach [4], und Powell
und Dutton haben die grosse Denudation des Coloradodistriktes auf das
durch den Angriff der Verwitterung bedingte Zurückweichen der Klippen
zurückgeführt [5].

Schwere und Wind können bei dieser Abtragung nur eine verschwindend geringe Rolle spielen, die Fortschaffung des gelockerten
Materials fällt vielmehr fast ausschliesslich dem fliessenden Wasser
anheim. Man könnte geneigt sein, die Erklärung der Stufen und Ebenheiten in einem besonders von Gilbert [6] entwickelten Prinzip zu suchen.
Wenn der Lauf eines Flusses in einem System geneigter Schichten von
verschiedener Härte liegt, so wird derselbe in den weicheren Schichten
geringeren Widerstand finden als in den härteren und, statt in diese
senkrecht einzuschneiden, schräg an ihrer Oberfläche herabgleiten können.
Das Thalgehänge auf der Seite der Schichtenneigung würde in diesem
Falle eine ganz regelmässig ansteigende, durch keine höheren Erhebungen unterbrochene Platte darstellen müssen, eine Bedingung, die
jedoch in der sächsischen Schweiz kaum an einer Stelle erfüllt ist.
Wie wir unmittelbar an der Kirnitzsch zahlreiche isolierte Steine finden,
so tritt auch nahe an das Ufer der Elbe eine Zone von Tafelbergen
heran; auf der Binsdorfer Platte finden wir ausser einigen kleineren

---

[1] Ramsay, Physical Geology of Great Britain 3. ed. 1872, S. 108 ff., 210 ff.
[2] Erdgeschichte 1, S. 444 ff. und an anderen Orten.
[3] Jahrbuch der geol. Reichsanstalt 1882, S. 99 ff.
[4] Zittel, Geologie der libyschen Wüste.
[5] Dutton, Tertiary history etc. S. 62, 189 u. a.
[6] Gilbert, Henry Mountains S. 134.

Sandsteinkuppen unmittelbar an der Kamnitz den Rosenberg und
andere Basaltberge, auf der Cottaer Ebenheit ziemlich nahe an der
Gottleuba den ebenfalls basaltischen Cottaer Spitzberg aufgesetzt. Jenes
Hinabgleiten müsste sich auch beim Wiedererwachen der Erosion geltend
gemacht haben, während wir in der That die meisten Thäler, von den
Krümmungen abgesehen (vgl. S. 309 [65]), als mehr oder weniger
senkrechte Einschnitte finden. Der Härteunterschied der Bänke in der
sächsischen Schweiz ist also nicht genügend, um eine solche allmähliche
Lagenveränderung der Flüsse im Sinne der Schichtenneigung und damit
die Bildung von Platten und Stufen herbeizuführen.

Dieselbe war vielmehr ein Werk der kleineren, seitlich zufliessenden
Bäche und Rinnsale. Schon die Analogie des Felsenreviers zwischen
Schandau und Dittersbach weist uns darauf hin, da wir die Zerstörung
desselben ja ganz durch die Annäherung und Berührung der Felskessel
bedingt sahen (vgl. S. 381 [87] f.). Auch in der zunächst angrenzenden
Zone der Tafelberge können wir z. B. am Pfaffenstein und Gorisch den
Kessel noch erkennen, durch welchen die Auflösung der alten Felswand
in einzelne Steine geschah. Dass die Zerstörung hier so viel weiter
gediehen ist, ist eine Folge der stärkeren Neigung der ursprünglichen
Oberfläche und der Schichten; konnte die schwache Schichtenneigung
des rechten Elbufers der Abtragung der Schrammstein-Winterbergwände
nach der Kirnitzsch hin einen so bedeutenden Vorsprung vor der Abtragung auf der Elbseite gewähren, so musste die Abtragung auf der
Südseite der Elbe und wieder auf der Südseite des Cunnersdorfer Baches
bei der hier vorhandenen stärkeren Schichtenneigung erst recht bedeutend
sein. Daher kommt es, dass wir den Pfaffenstein, Gorisch u. s. w. viel
näher am Cunnersdorfer Bache als an der Elbe liegen sehen, und dass
der Schneeberg so nahe an den böhmischen Steilabfall gerückt ist.

Platten werden aus dieser Zerstörung der Felswände freilich nur
dann hervorgehen können, wenn der Fluss oder See, dem die Gewässer
der Gegend zufliessen, für längere Zeit mehr oder weniger dieselbe
Lage behält. Denn solange der Hauptfluss einschneidet, werden es
auch die Nebenflüsse thun; es werden tiefe Thäler eingeschnitten, ohne
dass die Verwitterung gleichen Schritt damit halten kann, kurz es wird
ein Landschaftsbild geschaffen, wie wir es heute in der sächsischen Schweiz
verwirklicht sehen. Erst wenn das Einschneiden der Flüsse aus irgend
einem Grunde zum Stillstand kommt, können sich die kleineren Gewässer
bis zur selben Tiefe einschneiden, kann sich die Zerstörung, die zuerst
nur in Linien geschah, auf immer grössere Flächen erstrecken.

Man hat das Ziel der Erosion in einer verhältnismässig stark
gekrümmten Kurve, der sogen. Erosionsterminante oder dem base level
of erosion, erblicken wollen, aber wir sahen (vgl. S. 186), dass diese
Kurve thatsächlich nur solange eine wirkliche Terminante ist, als die
Schuttzuführung durch die Verwitterung mehr oder weniger dieselbe
bleibt. Von einem gewissen Momente ab, der in den Tafelländern bald
nach der Einbeziehung des ganzen Gebietes in den Bereich des Abflusses
eintritt, wird jeder Fortschritt der Erosion die Angriffsfläche der Verwitterung verkleinern, die Schuttbildung also vermindern und damit die
Erosionsterminante verflachen, da ja eine gleiche Wassermenge bei ge-

ringerer Zuführung von Schutt ein geringeres Gefälle bedarf, um denselben fortzuschaffen. Mit der Erniedrigung der Felswände und Steine wird auch deren Fusskegel kleiner und kleiner. Aber die Abtragung schreitet weiter, bis sich schliesslich kein freier Felsblock mehr der Verwitterung darbietet, das Gefäll dem Wasser nicht mehr die Mitführung fester Bestandteile gestattet, ja das Wasser selbst wieder, ähnlich wie auf der ursprünglichen Oberfläche, grossenteils in den Boden einsickert. Nirgends braucht eine solche durch die kontinentale Erosion geschaffene Platte grössere Anhäufungen von lockerem Detritus zu zeigen, wie Richthofen (Führer S. 671) meint; das wird nur in trockenen Gegenden der Fall sein, in regenreicheren Ländern zerstört das von der Felswand abfliessende Wasser bei der Zurücklegung derselben selbst den vorher gebildeten Schuttkegel (vgl. S. 301 [57]) und führt den Schutt den Flüssen und Bächen zu, die ihn im Meere oder im Tieflande ablagern, so dass Felsplatten das Ergebnis einer lang andauernden Zerstörung bei unveränderter Erosionsbasis sind.

Allerdings ist der Verlauf der Isohypsen auf der Cottaer und Struppener Ebenheit auffallend geradlinig. Wenn in dem Gebiete zwischen Kirnitzsch und Elbe die Abtragung vor der Neueinleitung der Erosion vollendet worden wäre, so würden die Isohypsen vielleicht stärkere Ausbiegungen zeigen. Auf dem linken Elbufer mag die Anordnung der Wasserläufe infolge der grösseren Schichtenneigung eine regelmässigere gewesen sein, die vorhandenen Vertiefungen wurden durch Kies, Sand und Lehm ausgefüllt, die Ausbiegungen der Isohypsen, welche erhalten blieben, wiesen der jüngeren Erosion den Weg und sind darum schwer von deren Wirkungen zu unterscheiden.

Man hat zur Erklärung der Platten und Stufen besonders auf den Wechsel verschiedener Gesteinsgruppen, die der Zerstörung einen grösseren oder geringeren Widerstand entgegensetzen, und auf die Zunahme der Erosion mit der Meereshöhe hingewiesen, so dass jede Schicht gleichsam ein Normalniveau besitze, bis zu welchem sie aufragen könne. Sicher kommen diese Umstände für die Erklärung der Stufen im schwäbischen Jura und ähnlichen Gebirgen in hohem Grade in Betracht. Auch in der sächsischen Schweiz haben sie einen gewissen Einfluss; bei der Goldenen Höhe u. s. w. setzt nur der untere Quader den Steilabfall zusammen, während der Pläner erst weiter nach Dresden hin auflagert; an der Basis der Stufe, welche die Struppener von der Cottaer Ebenheit trennt, tritt meist die Plänereinlagerung zu Tage, und die Oberfläche der Cottaer Ebenheit wird von mittlerem Quader gebildet, aber im allgemeinen ist doch die sächsische Schweiz so einförmig zusammengesetzt, dass es sehr gewagt ist, Gesteinsverschiedenheiten einen weitreichenden Einfluss zuzuschreiben.

Aber auch wenn wir daran keinen Anstoss nehmen, müssen wir uns doch, wie Tietze besonders betont hat, über den Weg Rechenschaft geben, auf welchem das zerstörte Material fortgeschafft werden konnte. Es sind wesentlich zwei Fälle möglich: die Hauptentwässerung der fliesst bezw. floss am Rande der Stufe entlang, so dass die Nebenbäche über die Platte hinabrieseln, oder der Hauptfluss fliesst mehr oder weniger senkrecht zu der Streichrichtung der Schichten, die Nebenbäche also mehr oder weniger parallel derselben. Im ersteren Falle, dem wir bei den das rechte Ufer der Kamnitz, der Elbe, des Cunnersdorfer Baches, der Gottleuba begleitenden Stufen begegnen, genügt die Schichtenneigung und Wasseranordnung zur Erklärung der Stufenbildung. Gesteinsverschiedenheit hat einen massgebenden Einfluss nur im zweiten Falle geübt, für welchen die Langhennersdorfer Stufe mit dem Durchbruch der Königsteiner Biela ein Beispiel zu liefern scheint. Aber da die Tyssaer Ebenheit von der Stufe aus nicht in sanften Wellen, sondern vollkommen gleichmässig ansteigt, und da die Basis der Stufe sich von der Biela aus nicht nach beiden Seiten, sondern nur nach SE hebt, nach NW aber zur Gottleuba senkt, da wir nordwestlich von Brausenstein in 380—390 m Höhe noch heute sumpfiges Terrain finden, wird der Verdacht in hohem Grade erregt, dass einst auch diese Stufe von einem Flusse begleitet wurde, der vom Schneeberg zur Gottleuba floss, und dass die Biela erst später diese Stufe durchschnitt und die Tyssaer Ebenheit anzapfte.

Auch die Stufe, in welcher sich die Lohmen-Wehlener Ebenheit aus der Copitzer Ebenheit erhebt, die Stufe, welche diese von dem Dresdener Thalkessel trennt und noch mehrere andere Stufen finden wir weder mit Flussläufen der Gegenwart verknüpft, noch fallen an ihnen Gesteinsunterschiede in die Augen, noch sind Verwerfungen daselbst konstatiert worden, so dass wir ihrer Bildung vorläufig ratlos gegenüberstehen.

XI. Perioden der Erosion.

Die Zerstörung der sächsischen Schweiz begann mit dem Momente, in welchem dieselbe über den Spiegel des Kreidemeeres auftauchte, und hat seitdem ununterbrochen bis zur Gegenwart fortgedauert, wenn schon das Mass und möglicherweise auch die Art der Zerstörung in verschiedenen Zeiten verschieden war, und zeitweise eine Anhäufung fremden Materials über die Zerstörung überwog.

Leider sind nur geringe Anhaltspunkte für die Chronologie dieser Zerstörungsgeschichte vorhanden. Eocäne und pliocäne Gebilde fehlen, soviel man weiss, im ganzen mittleren Deutschland, oligocäne und miocäne Ablagerungen sind zwar südlich und nördlich der sächsischen Schweiz, im nördlichen Böhmen und im sächsischen Flachlande, nicht aber in der sächsischen Schweiz selbst vorhanden. Die Basalte, welche an vielen Stellen den Quadersandstein durchsetzen, sind zwar in der Tertiärzeit entstanden, aber sind zum grossen Teile unterirdisch gebildet und erst infolge späterer Denudation uns Tageslicht gekommen (vgl. S. 276 [12] ff)., so dass ihr Auftreten keinen Anhalt für die Geschichte der Denudation gewährt.

Besser ist das Diluvium in der sächsischen Schweiz vertreten [1]). Aber gerade die charakteristischste Bildung desselben, der Geschiebelehm, ist leider noch nicht daselbst gefunden worden, und auch der Löss, der im Dresdener Thalkessel reichlich vorhanden ist, fehlt im Sandsteingebiete. Ausser Schottern, Sanden und einem plastischen Lehm finden sich nur die eigentümlichen, meist in einer sandigen Deckschicht regellos verstreuten Kantengerölle, welche man zwar geglaubt hat, für Bildungen des Gletschers oder der Gletscherwässer ansprechen zu dürfen, für welche aber eine andere Bildungsweise, nämlich durch den Flugsandschliff des Windes, immer wahrscheinlicher wird. Ausser einigen undeutlichen Rundhöckern mit Riesentöpfen am sogen. Riesenfuss zwischen Mockethal und Dorf Wehlen und bei Naundorf beweist uns nur das Vorkommen skandinavischer, baltischer und überhaupt weiter nördlich anstehender Gerölle, unter denen der Feuerstein am auffälligsten ist, dass der grosse skandinavische Gletscher der Eiszeit sich bis in die sächsische Schweiz erstreckte. Den Rand dieses Gletschers scheint ungefähr eine Linie gebildet zu haben, welche von Hohnstein über Königstein und den Cottaer Spitzberg nach Tharandt verläuft, denn in den südöstlich von dieser Linie auftretenden Geröllablagerungen sind keine nordischen und nördlichen Gesteine gefunden worden. Auch im westlichen Teile der sächsischen Schweiz treten diese gegenüber den einheimischen, von den Flüssen gebrachten, Gesteinen zurück, unter denen bald Lausitzer Granit, bald Sandstein und Basalt, bald erzgebirgische Gesteine überwiegen. Indessen lassen sich diese Schotterbildungen nur teilweise in Zügen verfolgen, welche einstigen Thälern entsprechen, sie sind im ganzen ziemlich regellos über die Ebenheiten verteilt, wie es die Stauung der Flüsse durch den Gletscher und der überall erfolgende Abfluss des schmelzenden Wassers mit sich brachte. Sie sind an keine bestimmte Höhe gebunden, sondern ziehen sich von einer Ebenheit auf die andere hinüber und von der Copitzer Ebenheit sogar in den Dresdener Thalkessel hinab. In den eigentlichen cañonartigen Thälern treten Gerölle und Sande nur ganz vereinzelt auf (bei Wehlen in 180 bis 190 m, bei Pötzscha in 160 m Höhe). Es wäre voreilig, an diese vereinzelten Geröllablagerungen die Folgerung zu knüpfen, dass die Thäler schon zur Glacialzeit bestanden hätten, denn jene Gerölle und Sande können ebensogut in späterer Zeit aus dem auf den Ebenheiten vorhandenen Kiesmaterial zusammengeschwemmt worden sein, wie ja auch die unteren lössbedeckten Schotterterrassen des Muldethales, obwohl sie nordische Gerölle enthalten, nicht der Glacialzeit angehören. Waren die Thäler in der Glacialzeit schon gebildet, so mussten sie ganz mit Schottern und Sanden ausgefüllt werden, damit die Ablagerung von Geröllen an ihrem oberen Rande möglich wurde. Es ist aber höchst unwahrscheinlich, dass die Schotter und Sande in den meisten Thälern spurlos wieder entfernt sein sollten, und dass ihre Ablagerung ohne eine Erweiterung der Thäler, ohne eine Zerstörung der cañonartigen Natur derselben hätte geschehen können (vgl. S. 329 [85]). Die

---

[1]) Vgl. Gutbier, Geognostische Skizzen S. 67 ff., Fallou, Grund und Boden des Königreichs Sachsen. Dresden 1868.

Verbreitung der Diluvialgerölle weist also darauf hin, dass die eigentlichen
Thäler erst in postglacialer Zeit, also in einer Zeit gebildet wurden,
in welcher der Mensch bereits in Deutschland lebte.

Ein anderes Hilfsmittel für das Studium der Erosionsperioden
geben die Thalterrassen ab, welche wir im allgemeinen bereits kennen
lernten und nun eingehender betrachten wollen.

Der Boden der meisten Thäler erwies sich uns aus einem Wechsel
steiler, enger und flacher, breiterer Strecken zusammengesetzt, und so
wurde bereits die Vermutung ausgesprochen, dass diese Flachböden
sich einst bis an die Mündung fortsetzten und dort in einen alten Thalboden der Elbe mündeten, und dass ein neues Einschneiden der Elbe
auch ein Einschneiden der Nebenthäler zur Folge hatte.

Wir beginnen das nähere Studium dieser Thalprofile mit dem
Wehlen-Uttewaldergrunde. Derselbe steigt von der Mündung bis 150 m
Meereshöhe ziemlich steil an (40 m auf 740 m, d. i. 1 : 18½); darauf
wird der Thalboden allmählich flacher: zwischen 170 und 200 m ist
das Gefäll nur noch 1 : 65. Setzen wir das mittlere Gefäll dieses Thalbodens weiter abwärts gleich 1 : 70, so käme die Mündung in 130 m
zu liegen. Bei 220 m beginnt ein neuer, viel steilerer, Anstieg, der
bis 270 m andauert: da der Abstand dieser beiden Höhenlinien nur
480 m ist, ist das Gefäll 1 : 9½.

Auch das Kirnitzschthal zeigt jenen alten Thalboden ziemlich
deutlich. Oberhalb Hinter-Dittersbach, von 220 m Seehöhe an aufwärts, fanden wir daselbst einen flachen Thalboden, dessen Gefälle
1 : 250 ist (vgl. S. 322 [78]). Denken wir uns dieses Gefälle nach unten
fortgesetzt, so erhalten wir für das Auftreffen des Hinteren Thorwald-
weges 225 m, für die Mündung des Grossen Zschand 212 m, des Kleinen
Zschand 209 m, des Münzbaches 195 m, des Heidematzengrundes 190 m
und für die Mündung in die Elbe 158 m Meereshöhe. Wenden wir
dieselbe Methode der Berechnung auf die Nebengründe an, so ergeben
sich für ihre Mündungen in die Kirnitzsch folgende Höhen: Hinterer
Thorwaldweg 240 m, Grosser Zschand 220 m, Kleiner Zschand 210 m,
Münzbach 190 m, und Heidematzengrund 180 m, also Höhen, welche
mit den oben angegebenen nicht ganz, aber doch ziemlich gut übereinstimmen.

An der Kammitz finden wir ein sanftes Gefälle ungefähr von der
Mündung des Kreibitzflusses, also von derselben Stelle an, an welcher
ein weites Wiesenthal au die Stelle des engen, unpassierbaren Thal-
schlundes tritt. Ihr unterster rechter Nebenfluss, die Lange Biela, zeigt
dieselbe Terrasse von 180 m an aufwärts; dieselbe würde bei Fortsetzung
des gleichen Gefälles die Kamnitz ungefähr in 160 m und mit derselben
die Elbe in 158 m Seehöhe erreichen.

Auch im Thalboden der Biela ist eine deutliche Terrasse zu erkennen. Von der Mündung in die Elbe (114 m) bis zur 3¾ km entfernten Mündung des Cunnersdorfer Baches (159 m) zeigt die Biela ein
geringes, nach oben allmählich zunehmendes, Gefälle, das im Mittel
1 : 83 beträgt. Dann folgt aber zwischen 159 m und 210 m ein Gefäll
von 1 : 23½, zwischen 210 und 240 m von 1 : 34½, zwischen 240 und
310 m von 1 : 46½, zwischen 310 und 370 m von 1 : 68 und von hier

ab wieder eine allmähliche Zunahme des Gefälles, nämlich zwischen
370 und 405 m von 1 : 56, zwischen 400 und 430 m von 1 : 49 und
zwischen 430 und 460 von 1 : 39.

Wenn wir der zwischen 159 und 310 m gelegenen Thalstrecke
statt dieses heutigen mittleren Gefälles von 1 : 36 das Gefäll der oberhalb und unterhalb anstossenden Thalstrecken 1 : 70 geben, so erhalten
wir für die Mündung des Cunnersdorfer Baches 232 m statt 159 m,
für die Mündung des Leupoldishainer Baches 217 m und für die Mündung in die Elbe 187 m. Der Thalboden des Leupoldishainer Baches
oberhalb 244,5 m entspricht dieser Terrasse, denn er würde die Biela
zwischen 210 und 220 m erreichen. Auch der Boden des Pfaffendorfer
Thälchens, der 1 km von der Elbe entfernt 212 m hoch ist, scheint
dieser Terrasse anzugehören. An dem Cunnersdorfer Bache entspricht
ihr möglicherweise die Gehängeterrasse, welche wir bei Cunnersdorf
in 270—280 m, d. i. ungefähr 40 m unter der oberen Terrasse, angedeutet finden, während der flache Thalboden oberhalb der Mündung
des Lampertsbaches, falls er nicht durch lokale Ursachen bedingt ist,
einer tieferen, an der Biela nicht erkennbaren, Terrasse angehört.

Es ist nicht möglich, alle Thäler und Schluchten auf dieselbe
eingehende Weise zu betrachten, ich muss mich begnügen, die Höhen
zusammenzustellen, welche die Terrassen bei der Mündung in die Elbe
besitzen. Um aber dem Leser die Beurteilung dieser Angaben zu ermöglichen, teile ich die Werte ohne Ausgleichung so mit, wie sie sich
bei der Berechnung ergeben haben. Die grosse Mehrzahl der wesentlich im Aufriss der Thäler erhaltenen Terrassen kommt an der Elbe
in die gleiche Meereshöhe zu liegen, denn die berechneten Werte ergeben für die Mündung der Wesenitz 145—150 m, des Struppener
Baches 145—150 m, der Schlucht südöstlich von Pötzscha 140—150 m [1]),
des Uttewaldergrundes 150 m, des Tümpelgrundes bei der Bastei 150 m,
der Schlucht beim Grahlstein 150 m, des Thürmsdorfer Baches 165 m,
der Grossen Hierschke bei Königstein 150—160 m, der Prossener Schlucht
150 m, des Rietzschgrundes 150—160 m, der Kirnitzsch 158 m, des
Zahnsgrundes 157 m, der Kamnitz 158 m, der Dürrkamnitz 165—170 m
über dem Meeresspiegel. Wir werden die wahre Höhe dieser Terrasse
bei Pirna ungefähr 145—150 m, bei Herrnskretschen in 158 m setzen
können, so dass sie dem heutigen Thalboden in einem Abstande von
ungefähr 40 m parallel läuft. An einzelnen Stellen, z. B. bei Schandau
und Herrnskretschen, finden sich in derselben Höhe auch deutliche
Gehängeterrassen ausgebildet und geben uns eine Bestätigung dafür,
dass wir diese Terrasse als einen alten Thalboden der Elbe betrachten
dürfen.

Einzelne Längsterrassen kommen jedoch höher zu liegen. Wir
hörten bereits, dass die Terrasse der Königsteiner Biela die Elbe in
180—185 m Meereshöhe erreicht, und die gleiche Höhe kommt dem
Thalboden des Dorf-Wehlener Baches, der Schlucht südlich von Pötzscha,
der Naundorfer Schlucht, dem Zahnsgrunde und dem Müllergrunde von
Schöna bei ihrer Mündung in die Elbe zu. An der Dürrkamnitz finden

---

[1]) In der Höhe dieser Terrasse finden sich die S. 343 [99] erwähnten Gerölle.

wir eine Terrasse in 190—200 m, am Gelobtbach in 220 m und am
Lehmischbach in 250 m. Es ist möglich, dass auch diese Terrassen
wenigstens teilweise einen alten Thalboden bezeichnen.

Viel grössere Schwierigkeiten bereitet uns das Studium der
höheren Terrassen, welche an wenigen Stellen den Thalboden bilden,
sondern nur noch an den Gehängen zu erkennen sind. In dem horizontal geschichteten Sandsteine der sächsischen Schweiz kann die Verwitterung ähnliche Terrassen erzeugen, schmalere Flussterrassen werden
bald nach dem Einschneiden durch die Verwitterung zerstört oder verhüllt, der obere Teil der Gehänge ist häufig bis zu einer gewissen Höhe
hinab sanft abgedacht, so dass fälschlich der Schein tiefer gelegener Terrassen erweckt wird, vielfach haben Steinbrüche das Studium der ursprünglichen Natur unmöglich gemacht.

Bei Pirna und Copitz erscheint das Elbthal direkt in die Copitzer
und Struppener Ebenheiten eingesenkt, die hier eine Höhe von 160 m
besitzen und sich bis Ober-Vogelgesang ganz allmählich auf 200 m
heben. An dieser Stelle bildet die Ebenheit des rechten Ufers eine steile,
40—50 m hohe Stufe, und auch die Ebenheit des linken Ufers steigt,
wenn auch mehr gleichmässig, zu dieser Höhe von 240—250 m an.
An den Gehängen scheint in 200—210 m eine Terrasse ausgebildet zu
sein. Bei Wehlen und Naundorf tritt dieselbe in voller Deutlichkeit und
ziemlicher Breite hervor und lässt sich auch am Uttewalderbache aufwärts verfolgen, wo sie an der Mündung des Zscherregrundes 220 m,
bei Uttewalde 230 m, an der Mündung des Schleifgrundes 240 m besitzt und hier mit dem obersten Thalboden des Längsprofiles verschmilzt.
Auch bei Rathen und Weissig tritt diese Terrasse in 210—220 m auf,
und vom Lilienstein über Waltersdorf bis an den Carolastein findet
sie sich in mehreren, von niedrigen Sandsteinrücken unterbrochenen
Zweigen, welche von glacialem Schotter bedeckt werden. Die Elbe
scheint also damals nördlich vom Lilienstein vorbeigeflossen, die damalige
Mündung der Biela also ein ganzes Stück unterhalb Königstein gelegen
zu haben, womit es übereinstimmt, dass die Gehängeterrasse an der
Biela etwas höher, nämlich in 230 m, liegt.

Wenn wir diese Terrasse an der Biela aufwärts verfolgen, so
finden wir sie südwestlich der Festung Königstein in 240—250 m, östlich von Nikolsdorf in 270—280 m, westlich des Pfaffensteins, ungefähr
an der Mündung des Cunnersdorfer Baches, in 280—290 m ausgebildet.
Zwischen Bernhardstein und Eichberg liegt sie in 290—300 m, bei
Hermsdorf in 320 m, bei Brausenstein in 340—350 m, und auf dieselbe
Höhe weist ein alter Thalboden des hier mündenden Rosenthaler Baches
hin. Am Cunnersdorfer Bach ist sie besonders am rechten Thalgehänge
mit einem ziemlich geringen Gefälle zu verfolgen, da sie bei der grossen
Wendung des Thales nach S erst in 310—320 m Höhe, also kaum
30 m höher als an der Vereinigung mit der Biela liegt. Von hier
steigt sie rascher an und tritt an der Vereinigung von Fuchsbach und
Taubenbach in 390 m, am Fuchsbach westlich von Hühnerberge in
420 m, nordöstlich des Schleusenhauses in 430 m auf. Diese Terrasse
der Biela, welche offenbar mit jener des Uttewaldergrundes zusammen-
gehört, ist uns besonders deshalb interessant, weil sie, namentlich bei

Nikolsdorf, ihre Einsenkung in die Struppener Ebenheit mit grosser
Deutlichkeit erkennen lässt.

Kehren wir zur Elbe zurück und folgen derselben weiter aufwärts,
so kommen wir zunächst an die Mündung der Lachsbach, d. h. der
vereinigten Polenz und Sebnitz. Hier ist in 210 m eine Terrasse zu
erkennen, welche an der Polenz weiter oberhalb ziemlich verschwindet,
an der Sebnitz dagegen nördlich von Altendorf in 240 m, bei Ulbersdorf in 260 m, bei Hofhainersdorf in 280—290 m aufzutreten scheint.
Bei Rathmannsdorf hebt sich dieselbe ziemlich scharf von der 30 m
höheren, also 240 m über dem Meeresspiegel gelegenen, Ebenheit ab,
welche mit Schotter und Lehm bedeckt ist.

Die Ebenheit von Rathmannsdorf gehört zweifellos mit der gleich
hohen und von dem gleichen Lehm bedeckten Ebenheit von Ostrau
zusammen, dagegen lässt sich die tieferliegende Terrasse der Kirnitzsch
hier nicht mit Sicherheit erkennen. Weiter aufwärts finden wir dieselbe jedoch an der Mündung des Nassen Grundes in 240 m, an der
Mündung des Kleinen Zschand in 270 m, nördlich vom Heulenberg in
280—290 m (hier scheint auch eine tiefere Terrasse in 260 m), auf
der Rapinzenwiese südlich von Saupsdorf in 310 m und am Schwarzen
Thor in 340 m ausgebildet, woraus wir für ihre Mündung auf eine
Höhe von 220 m schliessen können.

Auch an der Kamnitz fällt die entsprechende Terrasse erst ein
gutes Stück oberhalb ihrer Mündung in die Augen, da wir sie bei
Stimmersdorf in 260 m, nordwestlich von Kamnitzleiten in 275 m, bei
Hohenleipa in 290—295 m Meereshöhe finden. Dies Gefälle weist auf
eine Höhe von 230 m an der Elbe hin.

Es ist auffallend, dass diese Terrasse an den Gehängen der Elbe
oberhalb Wendischfähre nirgends mit einiger Deutlichkeit ausgesprochen
ist. Am rechten Ufer folgt auf die Platte von Ostrau mit einem stufenförmigen Absatz eine im Mittel 280 m hohe Platte, welche den Fuss
der Schrammstein-Winterbergwände begleitet. Am linken Ufer finden
wir die Ebenheit von Gorisch mit 230—240 m, die Ebenheit von
Kleinhennersdorf mit 250—260 m, die Ebenheit von Reinhardsdorf und
Schöna mit 270—280 m, also mit Höhenverhältnissen, welche im ganzen,
aber nicht genau, denen der gegenüberliegenden Thalseite entsprechen.
Zwar zeigen diese Ebenheiten nach der Elbe hin vor dem jähen Absturz zunächst meist eine sanfte Abdachung, aber der Rand derselben,
welcher stellenweise mit Diluvialgeröllen bestreut ist, liegt gegenüber
Prossen in 220—230 m, gegenüber Schandau in 230—240 m und bei
Schöna in 240—250 m Meereshöhe, also 10—20 m höher als wir die
Mündungsterrasse der Lachsbach, Kirnitzsch und Kamnitz durch Beobachtung oder Schätzung fanden. Oberhalb Herrnskretschen habe ich
keine Andeutung einer Gehängeterrasse unter einer Höhe gefunden, die
bei Elbleiten in 280 m, oberhalb Niedergrund in 320 m, westlich von
Binsdorf in 360 m und bei Rasseln in 400 m liegt.

Es ist schwer, sich über diese Verhältnisse Rechenschaft zu
geben. Anfangs glaubte ich, jene hochgelegenen und nach S rasch
ansteigenden Andeutungen von Terrassen als Fortsetzungen der oben
besprochenen, bei Wehlen in 210 m liegenden Terrasse deuten und

daraus die Folgerung ableiten zu dürfen, dass bei der Bildung jener Terrasse an Stelle der Elbe nur ein kleiner Bach geflossen sei. Ich halte es auch jetzt noch für möglich, dass diese Folgerung der Wahrheit entspricht, zumal ich bei einer allerdings nur flüchtigen Wanderung durch das böhmische Mittelgebirge keine 90—100 m über der heutigen Thalsohle gelegene Terrasse gefunden habe. Aber die mangelhafte Ausprägung der Terrasse zwischen Schandau und Herrnskretschen und auch unterhalb Wehlen lässt es auch als möglich erscheinen, dass die Terrasse zwischen Tetschen und Herrnskretschen vorhanden war, aber bei dem tieferen Eingraben der Elbe und der damit verbundenen Rücklegung der Seitenwände verloren gegangen ist. Der Entscheid über diese wichtige Frage wird am ehesten durch eine genauere Untersuchung des Mittelgebirges zu gewinnen sein.

Die wichtigste Frage ist, ob diese Terrasse sowohl wie die tiefere, in 150—160 m liegende, Terrasse und eventuell auch die Terrasse von 180 m als einfache Erosionsterrassen oder als Ausfüllungsterrassen anzusehen sind. Wir haben uns bereits für die erste Alternative entschieden (S. 329 [85] f.), weil wir uns nicht denken konnten, dass die Ausfüllungsmasse so vollständig hätte entfernt und der Erosionscharakter des Thales bei der Ausfüllung so gar nicht hätte verwischt werden sollen. Man sieht die Bäche in die obere Terrasse eingeschnitten, aber grossenteils noch auf der unteren Terrasse verharren, die demnach jünger als die obere ist und dennoch meist aus festem Gestein besteht. Die obere Terrasse scheint demnach nicht älter als glacial sein zu können, aber auch wirklich glacial zu sein, da sich in der Gegend von Pirna ausgedehnte glaciale Schotterterrassen an sie anschliessen. Die Bildung der unteren Terrasse fällt also wohl erst in die zweite Abteilung der Quartärzeit, welche man als die Lössperiode bezeichnen kann.

Der jugendliche Ursprung des cañonartigen Elbthales ist ein neuer Grund (vgl. S. 310 [66] und 319 [75]) gegen die Annahme, dass er auf Spaltenbildung zurückzuführen ist. Wenigstens würde diese in quartärer Zeit gebildete Spalte nicht die Schwierigkeiten beseitigen, für welche sie Peschel zu Hilfe rief (vgl. S. 315 [71]). Es ergibt sich aber auch, dass die Bildung des heutigen Elbthales nicht gleichzeitig mit der Bildung der erzgebirgischen Bruchlinie erfolgt ist, da diese ja in oligocäner Zeit im grossen und ganzen vollendet war. Ebensowenig aber kann sie, wie Löwl will, mit dem Rückzuge des Tertiärmeeres in Verbindung stehen.

Warum die Erosionsthätigkeit der Elbe in der Quartärzeit von neuem energisch einsetzt, warum sie zwei grössere Unterbrechungen erlitt, muss noch dahingestellt bleiben. Die Untersuchung muss zunächst über weitere Gebiete ausgedehnt werden, um zu lehren, ob die Erscheinung in allgemeinen oder lokalen Ursachen ihren Grund hat. Die Bildung der oberen Terrasse scheint mit den Schotteranhäufungen der Glacialzeit im Zusammenhang zu stehen, die Bildung der unteren Terrasse war möglicherweise durch die Existenz eines Sees im Dresdener Thalkessel bedingt.

Die Ebenheiten sind jedenfalls älterer Entstehung als die beiden besprochenen Thalterrassen. Da die untere Terrasse bei Pirna fast in derselben Höhe wie die Copitzer und Struppener Ebenheit liegt, könnte man allerdings versucht sein, sie für zusammengehörige Bildungen zu halten. Aber man könnte sich schon schwer erklären, warum die Erosion in der gleichen Zeit hier eine so grosse, in der inneren sächsischen Schweiz dagegen eine so kleine Wirkung hätte ausüben sollen; entscheidend gegen diese Zusammenfassung aber ist die Thatsache, dass die obere Terrasse, welche doch sicher älter als die untere ist, selber erst später als die Ebenheiten gebildet wurde. Denn wir fanden sie an vielen Stellen, mit besonderer Deutlichkeit aber bei Wehlen, Rathmannsdorf und Nikolsdorf, in die Ebenheiten eingesenkt, und können andererseits in der Gegend von Pirna beobachten, dass Schottermassen, welche sich an jene Felsterrasse anschliessen, in grosser Mächtigkeit auf den Ebenheiten aufruhen. Diese waren in der Glacialzeit jedenfalls so gut wie fertig gebildet, da sie in so grosser Ausdehnung von glacialen Kiesen bedeckt sind, ja ihre Bildung scheint schon beträchtliche Zeit vorher vollendet gewesen zu sein, da eine Periode des Einschneidens sie von der eigentlichen Glacialterrasse trennt, und da die Ausbildung dieser Ebenheiten unendlich lange Zeiträume erfordert haben muss. Für eine nähere Bestimmung ihrer Bildungszeit aber habe ich keine Anhaltspunkte gefunden: ich kann nicht einmal angeben, ob dieselbe vor oder nach den grossen Dislokationen der Oligocänzeit erfolgte.

Bereits am Schlusse des vorigen Kapitels wurde betont, dass sich nicht alle Stufen aus den Verhältnissen erklären lassen, welche wir gegenwärtig übersehen können. Auch das Verhältnis der Ebenheiten zu den Thalterrassen bereitet Schwierigkeiten; denn wie war es möglich, dass die Elbe oberhalb Ober-Vogelgesang 90—100 m und dann 40—50 m über ihrem heutigen Spiegel floss, statt sich bis zum Niveau der Copitzer Ebenheit oder vielmehr noch tiefer bis zum heutigen Elbspiegel einzugraben?

Ich weiss keine befriedigende Antwort auf diese Frage zu geben. Sollten die Copitzer und die Struppener Ebenheit doch erst in der Glacialzeit entstanden sein? Sollten das Elbthal und seine Nebenthäler ihrer ganzen Form und manchen anderen Umständen zum Trotz doch bereits in der Tertiärzeit eingenagt und jene Thalterrasse bei einer Ausfüllung der Thäler geschaffen sein? Oder sind Verwerfungen vorhanden, die der Beobachtung bisher entgangen sind, und haben sich dieselben erst in der Glacialzeit gebildet? Oder kommen irgend welche andere Umstände in Betracht, auf welche die Forschung noch nicht genügend aufmerksam geworden ist?

Es scheint mir heute noch kaum möglich zu sein, den Bau und das Relief einer Landschaft vollständig zu erklären. Gerade je tiefer man in die Einzelheiten eindringt, um so mehr stellen sich Schwierigkeiten heraus. Man kann wohl durch kühne Hypothesen alle Schwierigkeiten heben, aber man läuft dann Gefahr, dass das prächtige Gebäude beim ersten Anstoss zusammenstürzt. Mir scheint es förderlicher zu sein, wenn man die Lücken der eigenen Untersuchung offen eingesteht und dadurch die Forschung anderer auf die Ergänzung und Berichtigung der gewonnenen Resultate hinlenkt.

XII. Die Individualität der sächsischen Schweiz.

Wie der Wanderer, der eine Landschaft auf viel gewundenen Wegen durchzogen hat, womöglich einen hohen Gipfel besteigt, von dem er dieselbe mit einem Blicke überschauen kann, so empfindet man auch am Schlusse einer wissenschaftlichen Untersuchung das Bedürfnis nach einem solchen Rückblick, da während derselben das Auge oft durch die verwirrende Menge der Einzelheiten gefangen genommen worden ist und das eigentliche Ziel aus den Augen verloren hat. Dieses Ziel unserer Untersuchung war, die Individualität der sächsischen Schweiz zu erkennen, soweit dieselbe in dem Gebirgsbau und der Oberflächengestalt begründet ist, und wenn wir dieses Ziel auch nicht ganz erreicht haben, so haben wir uns ihm doch so weit genähert, als es die Kräfte des Verfassers und der Stand der Wissenschaft erlauben. Darum ist für uns jetzt der Augenblick gekommen, uns die Bildungsgeschichte der sächsischen Schweiz noch einmal im Zusammenhange zu vergegenwärtigen.

Das älteste Ereignis, das wir einigermassen deutlich zu erkennen vermögen, ist die Bildung eines grossen, den Alpen zu vergleichenden Faltengebirges, das den grössten Teil von Deutschland in östlicher bis nordöstlicher Richtung durchzog und gerade in unserer Gegend nach Südosten umbog. Diese Faltungsbewegungen dauerten bis in die Mitte der Carbonzeit an; die produktive Kohlenformation und das Rotliegende sind nicht mehr wie die archäischen und älteren paläozoischen Schichten gefaltet, sondern haben nur noch Verwerfungen erlitten. Trias und Jura haben uns nur wenige Spuren hinterlassen; wahrscheinlich war unser Gebiet während dieser Perioden grossenteils Festland und erlitt durch die Atmosphärilien eine weitgehende Zerstörung. Nur aus der oberen Abteilung der Jurazeit sind an vereinzelten Stellen Meeresablagerungen vorhanden, welche ursprünglich weit verbreitet gewesen sein müssen, aber schon am Beginne der Cenomanperiode grossenteils wieder zerstört waren. Die untere Abteilung der Kreidezeit war eine Festlandsperiode, erst im Cenoman drang, wie an so vielen Stellen der Erde, das Meer vor, erreichte während des Turon seinen höchsten Stand und zog sich im Senon wieder zurück. Umfang und Grenzen dieses Kreidemeeres sind uns leider nicht genügend bekannt, indessen reichte dasselbe jedenfalls viel weiter als seine heute noch erhaltenen Sedimente; es hat den Anschein, als ob das Festland dieser Zeit im S lag, das Meer von N kam und sich nach N zurückzog.

In der Eocänzeit scheint der Meeresspiegel sehr tief gelegen zu haben, während des Oligocän dagegen drang das Meer wieder von N her vor, aber nur bis an den Fuss des sächsischen Gebirges heran, das gerade in dieser Zeit starke, wesentlich als Hebungen aufzufassende, Dislokationen erlitt. Diese Dislokationen erfolgten genau in demselben Sinne wie die paläozoischen Faltungen, d. h. sie gehörten im westlichen Teile unseres Gebietes der erzgebirgisch-niederländischen, im östlichen der sudetisch-hercynischen Richtung an. Im Erzgebirge wurde eine Keilscholle geschaffen, welche sich nach N sanft abdacht, nach S, teils in Brüchen, teils in einer Flexur, schroff abfällt; in dem Lausitzer Bergland stieg ein Horst empor.

Die sächsische Schweiz mit dem Dresdener Thalkessel ist ein von NW nach SE gestrecktes Zwischenglied zwischen beiden, das an der Hebung des Erzgebirges nur noch geringen Anteil genommen hat, so dass seine Schichten geschleppt sind und einen nordöstlichen Einfall zeigen, das längs einer scharf ausgebildeten Verwerfungslinie hinter dem Lausitzer Bergland zurückblieb, ja teilweise von demselben überschoben wurde. Der Südrand wurde mit dem Erzgebirge zugleich aufgewölbt; basaltische und phonolithische Ergüsse bedeckten den Sandstein oder drangen von unten her in denselben ein, oft ohne das Tageslicht zu erblicken. Durch die Verbindung der erzgebirgischen und der sudetischen Bewegungsrichtung erfuhr die sächsische Schweiz eine Art Torsion, bei welcher der spröde Sandstein zerriss und sich ein ziemlich regelmässiges Netz von Losen oder Klüften bildete; dagegen ist es sehr fraglich, ob Verwerfungen im Inneren der sächsischen Schweiz vorhanden sind (vgl. Kap. 3—6). Schwache Bewegungen der Erde mögen bis zur Gegenwart fortdauern, im grossen und ganzen jedoch war der innere Bau der sächsischen Schweiz mit den grossen Dislokationen der Oligocänzeit gegeben. Die Bildungsgeschichte während der Miocän-, Pliocän- und Quartärzeit ist wesentlich eine Geschichte der Zerstörung des in jener Periode geschaffenen Felsengerüstes durch die Einwirkung von Wind und Wetter, Wasser und Eis. Diesen zerstörenden Einflüssen verdanken wir es, dass wir in der sächsischen Schweiz nicht einen unförmlichen Block, sondern eine bis in das einzelste gegliederte Landschaft vor uns sehen.

Vom Meere ist die sächsische Schweiz seit der Kreidezeit nicht wieder bedeckt worden; nur festländische Kräfte waren bei ihrer Modellierung thätig. Unter diesen stehen die Flüsse obenan, weil sie den Transport leisten und darum der Zerstörung den Weg weisen. Ueber die Verteilung der Wasserläufe in der Eocänzeit können wir uns nur undeutliche Vorstellungen machen; durch die Bewegungen der Oligocänzeit wurde im grossen und ganzen das heutige Flusssystem geschaffen, wenn auch einzelne Veränderungen in späterer Zeit stattgefunden haben. Die Streitfrage, ob die böhmische Elbe schon seit dem Rückzuge des Kreidemeeres die sächsische Schweiz durchfloss und diesen Lauf im Kampfe mit den Bodenbewegungen und vulkanischen Ausbrüchen der Oligocänzeit bewahrte, oder ob sie erst später den heutigen Abfluss aus Böhmen gewann, konnte von uns nicht mit Sicherheit entschieden werden.

Die Erosion ist in der sächsischen Schweiz, ihrem Tafellandcharakter entsprechend, durchaus rückläufig. Nur an dem Rande der Tafel ist das für Erosion nötige Gefälle gegeben, hier aber vereinigen sich starkes Gefälle und grössere Wassermenge, um den Fluss schnell bis zu der Tiefe einschneiden zu lassen, welche bei der Lage seiner Mündung überhaupt noch möglich ist. Allmählich schreitet die Erosion am Hauptfluss und an den einmündenden Nebenflüssen mit einer der Wassermenge derselben entsprechenden Schnelligkeit thalaufwärts. Aber nicht nur die Erosion muss von unten her eingeleitet werden, selbst ein reichlicherer Wasserabfluss kommt erst durch die Erosion selbst zustande. In den mehr oder weniger horizontalen Tafeln durchlässigen, von zahlreichen Klüften durchzogenen Sandsteins sickert der grösste Teil des Wassers in den Boden ein, und erst wenn die Sandsteinbänke von Thälern durchschnitten werden, rinnt das nahe dem Thalrande auftreffende Regenwasser zu ihm ab, tritt auf den Schichtenfugen Wasser zu Tage. Aber grössere Wassermengen spendet der Boden nur da, wo thonreichere Bänke den Sandstein unterbrechen, auf dem Vorhandensein der Plänerschicht und einer anderen Thoneinlagerung beruht es grossenteils, dass das linke Elbufer sich so wesentlich von dem eigentlich typischen rechten Ufer unterscheidet und sich mehr dem Charakter anderer Mittelgebirge nähert. Aber der geringen Wassermenge entsprechend ist auch die Menge des zugeführten Schuttes gering, und da derselbe wesentlich aus Sand besteht, kann er von den Bächen mit verhältnismässig geringem Kraftaufwande transportiert werden; auch dadurch wird das Einschneiden in die Tiefe im Gegensatz zur Verbreiterung der Thäler begünstigt.

Trotzdem macht die Erosion nur in sehr langen Zeiträumen merkliche Fortschritte. Nur die Elbe hat die jüngste Thalterrasse vollständig durchschnitten, in den Nebenthälern bildet dieselbe noch auf grössere oder geringere Strecken den Thalboden, einige kleinere Bäche verharren in ihrem oberen Teile sogar noch auf der Terrasse der Glacialzeit (S. 346 [102]). Noch nirgends hat, unter dem Niveau der Ebenheiten, die Verwitterung, wenn wir darunter die Thätigkeit der kleineren, über grosse Flächen gleichmässig verteilten Rinnsale begreifen, so grosse Fortschritte machen können, dass die Thalform verloren gegangen wäre; die meisten Thäler des rechten Elbufers erinnern uns mit ihrer Enge und Steilwandigkeit noch ganz an die Cañons Nordamerikas.

Es ist von grosser Wichtigkeit für die Gestaltung der sächsischen Schweiz, dass die riesengebirgische Elbe und die Moldau auf die eine oder andere Weise einen Durchlass durch das böhmische Mittelgebirge gefunden haben, denn sonst würde nicht nur der Spiegel der Kamnitz-Elbe nach vollendetem Einschneiden beträchtlich höher liegen, das Einschneiden würde auch viel langsamer vor sich gegangen sein, die untere Terrasse würde vielleicht noch heute von Herrnskretschen aufwärts den Thalboden bilden, und jedenfalls würde derselbe bei sämtlichen Nebenflüssen beinahe von der Mündung ab auf dieser Terrasse liegen. Die sächsische Schweiz wäre durch keinen grossen Strom aufgeschlossen, aber sie wäre auch weniger zerrissen.

Einen ganz anderen Charakter trug die sächsische Schweiz am Schlusse der Tertiärzeit. Unendlich lange Zeit hatte, wie es scheint, der Austritt der Elbe aus unserem Gebiete ungefähr die gleiche Höhe bewahrt. Die Thalwände oder auch durch Verwerfung gebildete Wände waren durch die Kesselbildungen der Regenwässer weit zurückgelegt worden, so dass nur noch an wenigen Stellen eigentliche Thäler vorhanden, vielfach die Wände ganz verschwunden waren und grossen Felsplatten, Ebenheiten, Platz gemacht hatten, die einen stufenförmigen Aufbau zeigen. Derselbe ist wesentlich durch die Anordnung der Ge-

wässer bedingt, von denen aus die Abtragung auf der Seite der Schichtenneigung viel grössere Fortschritte macht als auf der Seite der Schichtenköpfe; die Gesteinsbeschaffenheit dagegen scheint verhältnismässig geringen
Einfluss zu üben, vielleicht sind einzelne Stufen durch Verwerfungen bedingt.

Vielerlei Umstände wirken also zusammen, um der sächsischen
Schweiz eine besondere, von anderen Gebirgen verschiedene, Individualität
zu verleihen. Ihrem Bau nach ist sie ein Tafelland und unterscheidet
sich dadurch auf das schärfste von allen Gebirgen, welche durch Faltung
oder Verwerfungen oder durch vulkanische Ausbrüche eine Kammform
zeigen; jene ragen über die Umgebung hervor, die sächsische Schweiz
ist in dieselbe eingesenkt, so dass ihr die Gewässer von allen Seiten
zuströmen; jene zeigen meistens langgestreckte, einander parallele Ketten,
diese eine regellose Gruppierung von Felswänden und Tafelbergen; dort
finden wir in jedem Winkel eine energische Thätigkeit von Erosion und
Verwitterung, hier dringen dieselben nur ganz langsam nach innen vor.
Viel grösser schon ist die Aehnlichkeit der sächsischen Schweiz mit Rumpf-
gebirgen, wie dem Erzgebirge, der Lausitz, dem rheinischen Schiefergebirge; denn sie hat mit denselben die plattenförmige Oberfläche und
den rückläufigen Charakter der Erosion gemein. Aber die Platten sind
dort nie ebene Tafeln, sondern sind stets sanft gewellt, so dass der Abfluss des Wassers von vornherein im ganzen Gebiete vorhanden ist, zumal
diese Rumpfgebirge aus weniger durchlässigem krystallinischem Gesteine
zu bestehen pflegen; die schiefe Lage der Schichten und der Mangel
quaderförmiger Absonderung macht die Bildung steiler Felswände unmöglich; statt der engen Gründe und steilen Felswände finden wir
breitere Thäler und sanftere Rücken. Von vielen Tafeln, wie dem
schwäbischen Jura, ist die sächsische Schweiz durch ihre geognostische
Einförmigkeit unterschieden: dort bringt der Wechsel härterer und
weicherer Schichtensysteme durch den verschiedenen Widerstand, welchen
dieselben der Erosion entgegensetzen, Stufen hervor, hier sind die Stufen
wesentlich an die Flussläufe geknüpft (S. 341 [97]). Nur dem Sandstein mit seiner quaderförmigen Absonderung sind die Formen eigen,
welche uns so sehr an menschliche Bauwerke erinnern. Ebenso wichtig
wie der Einfluss der Gesteinsbeschaffenheit ist der Einfluss des Klimas;
in einer regenlosen Wüste wie der Sahara werden die Felswände vollkommen von den Schuttmassen eingehüllt; in den Tropen überwiegt
umgekehrt die Regenmenge und drückt die Schuttkegel herab (S. 303 [59]),
aber die üppige Vegetation mildert die Schärfe der Formen; dieser
mildernde Einfluss fehlt in heissen aber regenarmen Gegenden, wie dem
Coloradogebiet, wo daher die Heimat der typischen Cañons ist. Nur
andere Sandsteintafeln der gemässigten Zone können denselben physio-
gnomischen Charakter wie die sächsische Schweiz besitzen. Trotzdem
wird ihre Gestaltung eine ganz andere sein, weil die geographischen
Bedingungen von Punkt zu Punkt wechseln. Wie anders sähe die
sächsische Schweiz aus, wenn ihr die Elbe fehlte, wenn der skandinavische Gletscher diese Gegend nicht erreicht, wenn sie statt dessen
vielleicht ein Meer überflutet hätte, wenn keine lange Periode der
kontinentalen Flächenablagerung die Perioden des Einschneidens unterbrochen hätten!

Es liegt tief im Geiste des Menschen begründet, dass er jeden Gegenstand auf sich zu beziehen bestrebt ist. Eine naturwissenschaftliche Untersuchung gewinnt für ihn höhere Bedeutung, wenn sie auf die Stellung des Menschen in der Natur ein Streiflicht wirft. Auch das Studium der Erdoberfläche dient dem Studium der Menschheit, denn mit tausend Banden ist dieselbe an die Scholle geknüpft. Indem man die Natur einer Landschaft zergliedert, zergliedert man die Bedingungen, unter welchen der Mensch lebt und wirkt. Die wissenschaftliche Erkenntnis dieser Beziehungen, welche die letzte und höchste Aufgabe der Geographie bildet, erfordert ein ebenso eingehendes Studium wie die Natur an sich. Darauf müssen wir verzichten, wir müssen uns mit einigen Andeutungen begnügen, die sich aus dem Studium der Bodengestalt fast von selbst ergeben.

Die grössere Hälfte der sächsischen Schweiz ist mit Wald bedeckt, aus dem an vielen Stellen nackte Felsen hervorragen; in den engen Gründen findet sich die Fichte, auf einigen Basaltgipfeln kommen Laubholzwaldungen vor, im ganzen vermag der arme Sandboden nur die Kiefer zu ernähren. Am Ende des Mittelalters und in den ersten Jahrhunderten der neueren Zeit scheint dieser Wald durch den Menschen auf das erbärmlichste verwüstet worden zu sein, heute befindet er sich, dank der guten Forstverwaltung, in einem vortrefflichen Zustande; ohne Raubwirtschaft wird aus ihm ein reicher Ertrag gewonnen. Der Feldbau lohnt sich nur im unteren Teile der sächsischen Schweiz, wo nicht die Abtragung überwiegt, sondern das fortgeführte Material zusammengeschwemmt ist (vgl. S. 341 [97]), oder wo fremde Bodenarten, namentlich die Ablagerungen der Glacialzeit, die Oberfläche einnehmen; aber bei dem sandigen Charakter derselben bleibt der Ackerbau häufig noch dürftig genug. Durch dieses Ueberwiegen des Waldes kontrastiert die sächsische Schweiz auffallend gegen die Nachbargebiete, von denen nur der mit Diluvialsand bedeckte untere Teil der Lausitzer Platte ausgedehntere Waldungen trägt; auf grossen Strecken, namentlich zwischen Hohnstein und Kreibitz und zwischen Tyssa und Langhennersdorf, werden die Grenzen der sächsischen Schweiz durch einen schroffen Vegetationswechsel bezeichnet.

Den Bewohnern der sächsischen Schweiz stehen ausser Land- und Forstwirtschaft noch mehrere Nahrungsquellen zu Gebote. Das Gestein birgt zwar weder kostbare Erze noch die unentbehrliche Kohle; aber als Baustein und für Bildhauerarbeiten ist der Quadersandstein gesucht, wird er weit elbabwärts verfrachtet. Das nicht sehr bedeutende Gewerbe knüpft sich an die Bearbeitung des Holzes und Steines an, erst in den letzten Jahren hat der Niedergang des Steinbruchbetriebes zu Strohflechterei u. dgl. Anlass gegeben. Eine sehr wichtige Rolle aber in dem wirtschaftlichen Leben der sächsischen Schweiz spielt der starke Fremdenverkehr; fast in jedem Orte bestehen Sommerfrischen, Schandau, die Schweizermühle, Obergrund sind besuchte Badeorte. Hunderte, wenn nicht Tausende finden durch das Gasthofwesen, durch Vermieten von Sommerwohnungen, als Führer und Kutscher Unterhalt.

Der Verbreitung des Feldbaues entsprechend liegen die meisten Dörfer auf den Ebenheiten im unteren Teile der sächsischen Schweiz.

Das Felsen- und Waldrevier zwischen Schandau und Dittersbach und der grosse Wald zwischen Königstein und dem Schneeberg sind fast unbewohnt. In den Gründen findet man nur einzelne Mühlen und Gasthäuser. Nur im Elbthale liegen eine Reihe kleiner Städte und Dörfer; die Dörfer sind die Wohnstätten der Steinbrecher und Schiffer. die Städtchen und grösseren Dörfer, Niedergrund, Herrnskretschen, Schandau, Königstein, Wehlen dienen dem Fremdenverkehr und der Ausfuhr der Landesprodukte. Etwas grössere Handelsbedeutung haben nur Bodenbach-Tetschen am Eintritt und Pirna am Austritt der Elbe aus der sächsischen Schweiz.

Die Elbe ist eine Hauptverkehrsstrasse zwischen Oesterreich und Böhmen auf der einen, Sachsen und dem nördlichen Deutschland auf der anderen Seite. Auf ihrem Rücken schwimmen grosse Mengen von Holz als Flösse bis ans Meer, tragen zahlreiche Schiffe böhmische Braunkohlen, böhmisches Obst, Holz, Steine u. s. f. nach Dresden und weiter; an ihrer Seite vermittelt einer der wichtigsten Schienenstränge den Schnellverkehr zwischen Dresden und Oesterreich. Ohne den Durchbruch der Elbe wäre die eingesenkte, für den Durchgang scheinbar bestimmte, Lage des Elbsandsteingebirges wirtschaftlich verloren gewesen, denn die tiefen, vielverzweigten Gründe der sächsischen Schweiz setzen dem Verkehr die grössten Hindernisse entgegen. Alle Strassen führen von hinten, von den Ebenheiten her, zu den Städten hinab, die Hauptstrassen nach Böhmen umgingen bis vor kurzem die sächsische Schweiz an ihrem südwestlichen und nordöstlichen Rande. Denn auch das Elbthal hat erst durch die Entwickelung der modernen Verkehrsmittel seine volle Bedeutung gewonnen. Erst für den Bau einer Eisenbahn lohnte es sich, die Felssprengungen und Schutzbauten auszuführen, welche die Anlage eines Verkehrsweges im Elbthale erfordert.

Sicher hat die Natur der sächsischen Schweiz auch auf die geschichtliche Entwickelung und auf den Charakter und das geistige Leben der Bewohner Einfluss geübt; aber dieser Einfluss ist viel zu fein, seine Erkenntnis viel zu schwierig, als dass sie sich wie eine reife Frucht vom Wege aus pflücken liesse.

NEUERE
SLAVISCHE SIEDLUNGEN
AUF
SÜDDEUTSCHEM BODEN.

VON

Dr. H. J. BIDERMANN,
ord. Professor der Statistik und des Staatsrechts an der Universität Graz.

———————

STUTTGART.
VERLAG VON J. ENGELHORN.
1888.

Druck von Gebrüder Kröner in Stuttgart.

Inhalt.

Es ist wenig bekannt und noch weniger beachtet, dass seit dem Beginne des 16. Jahrhunderts, also in neuerer Zeit, das slavische Bevölkerungselement auf süddeutschem Boden durch Zuzüge von auswärts eine Verstärkung erfahren hat, deren Nachwirkungen sich noch gegenwärtig geltend machen.

Zwar sind die betreffenden Wohngebiete dermalen in staatsrechtlicher Beziehung kein deutscher Boden mehr. Sie sind jetzt teils Bestandteile des vom Deutschen Reiche ausgeschlossenen Staates Oesterreich, teils zwischen diesem Staate und Ungarn streitig. Aber zur Zeit, wo die fraglichen Siedlungen stattfanden, waren sie sämtlich deutscher Boden, und hierzu machen sie gewissermassen noch immer die an ihnen haftenden geschichtlichen Reminiszenzen. Selbst im Volksmunde leben sie als das fort. Die Steiermärker um Fürstenfeld z. B. nennen zur Stunde noch bestimmte Gebietsteile, welche vor etwa 50 Jahren bei Regelung der Grenze gegen Ungarn an diesen Staat abgetreten wurden, die „Deutschen Hotter" (wobei das Hauptwort der ungarischen Sprache entlehnt ist, in welcher es „határ" lautet und eine Feldmark bedeutet).

Die hier in Betracht kommenden Gebiete sind:

I. Istrien,

soweit es ein altösterreichisches Besitztum ist und demgemäss dem Deutschen Bunde bis zu dessen Auflösung (1866) einverleibt war. Welche Gemeinden des Landes als in diesem Verbande begriffen angesehen wurden, ergibt sich am deutlichsten aus der Zusammensetzung der Wahlbezirke für die im April 1848 vom Gouverneur des österreichisch-illyrischen Küstenlandes dort ausgeschriebenen Wahlen zum Frankfurter Parlamente. Zur Teilnahme hieran wurden aufgefordert alle Gemeinden der heutigen Gerichtsbezirke Voloska, Castelnuovo und Pisino (Mitterburg); dann vom Gerichtsbezirke Albona die jetzigen Gemeindeparzellen Schumberg, Berdo, Ceppich, Chersano, Cosliaco (Wachsenstein), Jessenovich, Malacrasca und Villanuova; vom heutigen Gerichtsbezirke Pinguente die Gemeindeparzellen Tibole, Dolenjavas, Gorenjavas, Lesiscine und Semic; endlich vom Gerichtsbezirke Capodistria die grosse,

seilber aufgeteilte Gemeinde Dolina, welche dem Triester Wahlbezirk
einbezogen ward [1]). Eigentlich wurden, mit geringer Ausnahme, die
betreffenden Pfarrsprengel der Zusammenstellung zu Grunde gelegt.
Weil aber der Umfang dieser sich noch schwerer definieren lässt, als
das einzelne Gemeindegebiet, so habe ich im Vorstehenden mich an die
Gemeinden und an die Parzellen solcher gehalten.

Ein Blick auf die Landkarte lehrt, dass es beinahe durchgehends
verkarstete Gebirgsgegenden sind, welche das altösterreichische Istrien
ausmachten. Darunter ist der Ucska-Gora (von den Italienern Monte
maggiore) benannte Gebirgsstock und der nordwestlich davon sich aus-
breitende „Tschitschen-Boden". Gerade diese beiden Punkte müssen
wir hier näher ins Auge fassen; denn ihnen wendete sich zu Anfang
des 16. Jahrhunderts und später noch die slavische Einwanderung
zu, welche ein Beträchtliches zur ethnographischen Ausgestaltung Istriens
beitrug. Dieselbe verdrängte hier sogar allem Anscheine nach keltisch-
romanische Voreinwohner und Spuren deutscher Einwirkung,
beziehungsweise die Träger der hierin sich äussernden Kultur.
Carlo De Franceschi hat dies mit seinem vorzüglichen Werke „L'Istria,
note storiche" (Parenzo 1879) sehr wahrscheinlich gemacht.

Nach ihm (s. den von der Grafschaft Mitterburg handelnden
40. Abschnitt S. 371 ff.) war im altösterreichischen Istrien der Adel
von alters her deutsch und prägte derselbe der ganzen Verwaltung
dieses Gebietes den Charakter der eigenen Nationalität auf [2]). In der
Hauptstadt Mitterburg lebten noch im Jahre 1579 die Edelleute Kaspar
Raab, Christoph Klee, Sigmund Moser, N. Kroffzover (?), Joh. Schaurer
(Scheyrer), Jakob Auer, N. Feglber und mehrere, deren italienisierter
Name immer noch den deutschen Ursprung verriet, wie z. B. die Ram-
pelli. Als Besitzer von Herrschaften im Bereiche der Grafschaft Mitterburg (Pisino) erscheinen um diese Zeit die Krottendorfer, die Ker-
schainer u. a., welche bei ihren Korrespondenzen sich ausschliesslich der
deutschen Sprache zu bedienen pflegten; in älterer Zeit aber ragten in
dieser Hinsicht die Herren von Walsee, von Eberstein, von Walderstein, von Seisenberg, von Stein (die den Turm zu Gherdosella als österreichisches Lehen innehatten), die Hohenegger, Rauber, Dürer (von der
Dürr) u. s. w. hervor, welchen es zugeschrieben werden muss, dass in

---

[1]) Slavische Eigennamen gebe ich in der Form, in welcher die betreffende
Quelle sie darbietet. Bei vorstehenden Namen habe ich mich, soweit sie nicht,
wie z. B. Schuinberg, deutsch oder italienisch klingen, an das von der k. k. statist.
Centralkommission in Wien herausgegebene Spezial-Ortsrepertorium vom Küsten-
land. Die neuesten Volkszählungsresultate entnehme ich, wenn nichts anderes ausdrücklich bemerkt ist, den für die fraglichen Länder bereits erschienenen Reper-
torien dieser Art.

[2]) Die Bezeichnung „Walpoto" für einen herrschaftlichen Gewaltboten erhielt sich im nördlichen Teile von Istrien bis ins 16. Jahrhundert. So wird in
einem Urbar der Herrschaft Castelnuovo am Karst vom Jahre 1574 eine im
Jahre 1405 gemachte Aussage des Jacob Sancho (Fink?) „fu Valpoto del ditto
Castello" erwähnt. Selbst in einem Zehntstatut für Zagorien (das kroatische Grenz-
gebiet an der Noilla) vom Jahre 1475 erscheinen noch „Walpothi seu officiales alio
nomine rykardi (Richter)". Im Castuaner Statute aus dem Anfange des 15. Jahrhunderts heisst (§ 1) Walpot derjenige, welcher den Viehzehnt für den Grundherrn
einzuheben hat.

jenen Gegenden nicht nur Burgen, sondern auch Dörfer in früherer
Zeit deutsche Namen trugen und zum Teile noch jetzt tragen. So
hiess Cosliaco Wachsenstein, Lupoglav Marnfels, Vragna die Goldsburg,
San Servolo Fünfenberg, Raspo Raspurg, das Dorf Male Loče (im Gerichtsbezirk Castelnuovo) Ladschach, das Dorf Sv. Ivanne (im Gerichtsbezirk Pisino) St. Johannesberg. Dermalen erinnern wohl nur mehr
St. Peter im Walde, Bern (Vermo), Schumberg, Kaiserfeld (Cachierga),
dessen Fraktion Valta (nach De Franceschi im Jahre 1365 urkundlich
„Wald"), der Weiler Camusberg (Kamusbreg) bei Mitterburg und dieses
selbst, endlich der Weiler Gaberg (Gaberk) in der Ortsgemeinde Castelnuovo an die Zeit, wo deutsche Dynasten und deren Pfleger gleicher
Abkunft im altösterreichischen Istrien die Ansiedlungen mit Namen
belegten, die ihnen von ihrer Muttersprache her geläufig waren. Von
den deutschen Adelsfamilien, die einst dort wohnten, sollen nur noch
die aus Schwaben stammenden Herren von Walderstein dort ansässig,
übrigens auch schon längst aus dem Besitze ihrer Erbgüter verdrängt
sein [1]. Im Bereiche der ehemaligen Herrschaft Marnfels sind die
Ortsbenennungen Oberdorf, Niederdorf, Fuchsdorf, Neusass und Schrof-
lach, welche im Urbarsteuerregister vom Jahre 1560 vorkommen, vollständig verschwunden.

Slavische Namen sind an ihre Stelle getreten. Und älter
noch als diese sind dort die slavischen Siedlungen, welche das
meiste zu dem Umschwunge beigetragen haben, der im nordöstlichen
Teile von Istrien während des 16. Jahrhunderts sich vollzog.

De Franceschi hebt (a. a. O. S. 402 bis 405) namentlich die
Tschitschen (Cicci) hervor, welche um das Jahr 1532 Gegenstand
vieler Anfechtungen waren, weil die alteinheimische Bevölkerung diese
Ankömmlinge nicht in ihrer Mitte dulden wollte, wogegen die landesfürstliche Kammer ihrer zur Bebauung der verödeten Landstriche in
der Grafschaft Mitterburg nicht entbehren konnte.

Der eben genannte Schriftsteller identifiziert diese Tschitschen
mit den Morlaken und meint, dass sie der Abstammung nach Serben
waren, welche aus Bosnien, der Herzegowina, Dalmatien und Albanien
nach Istrien und dem oberen Karstgebiete auf der Flucht vor den
Türken kamen. Er bemerkt (S. 405), dass gleichzeitig auch Kroaten als unstät dort herumirrend erwähnt werden, dass diese von den

----

[1] Unterm 14. März 1550 empfahl König Ferdinand I. dem Hauptmanne
Hans Lenkhowitsch ein Gesuch des Hans Franz von Walderstain zur Berücksichtigung, in welchem dieser um eine Kriegsbedienstung bittet, nachdem er und sein
Bruder im letzten venetianischen Kriege grossen Abbruch an ihren väterlichen ererbten Gütern erlitten hatten, noch fortwährend bedrängt seien und diese Güter
nicht ruhig besitzen können (Niederösterr. Gedenkbuch Bd. 64. Blatt 312 im
k. u. k. Reichsfinanzarchiv). Nach dem Kataster der landesfürstl. Lehen in Istrien
aber wurden noch im Jahre 1899 Kinder des Johann und des Peter conte Walter-
stein mit dem Kastell und Territorium von Razizze und mit Grundstücken zu Seg-
nach im Gerichtsbezirk Pinguente belehnt. Ursprünglich war Kaspar von Walderstein im Jahre 1494 durch Kaiser Max mit diesen Gütern, die später unter die
venetianische Herrschaft kamen, belehnt worden. Glaubwürdigem Vernehmen nach
leben noch dermalen Sprossen dieser Familie zu Razizze vom Ertrage der See-
fischerei.

Tschitschen durch ihre Tracht sich unterschieden, übrigens gleichfalls vor den Türken, die ihre Heimat besetzt hielten, in jene Gegenden sich geflüchtet hatten. Damit widerspricht er einerseits der Annahme, dass die Tschitschen eine Abart der Kroaten sind, andererseits aber auch der vielverbreiteten Meinung, dass ihr ursprünglicher Typus in den Rumänen, welche noch derzeit Istrien bewohnen, am reinsten sich erhalten hat. Und in der That sind die Tschitschen nicht mit den Istrianer Rumänen zu verwechseln, wenn schon ihr Name auf die letzteren übergegangen und zum Ausdruck eines Kollektivbegriffes geworden ist, der auch letztere in sich begreift.

Heutzutage rechnet man eben zu den Tschitschen alle Bewohner des Tschitschenbodens, die durch Tracht und Lebensweise, Sitten und Gebräuche, Bildung und Beschäftigung mit dem erwähnten Grundtypus übereinstimmen [1]. Ob dieser wirklich derjenige ist, den die in Nord-Istrien eingewanderten Tschitschen an sich trugen, als sie ins Land kamen, oder nicht vielmehr von älteren Insassen desselben herrührt, das hat noch niemand untersucht, geschweige denn irgend jemand ergründet. Was über den Zuzug der Tschitschen zu Anfang des 16. Jahrhunderts bekannt ist, berechtigt die gegenteilige Behauptung aufzustellen und sie für ein Gemisch von Slaven und Romanen zu erklären. Ich habe einiges hierauf Bezügliche bereits vor zehn Jahren in meiner Schrift „Die Romanen und ihre Verbreitung in Oesterreich" (S. 86) aus einer 1523 verfassten „Beschreibung des Gschloss Marenfels" mitgeteilt. Bei nochmaliger Durchsicht dieser Handschrift drängte sich mir die Ueberzeugung auf, dass unter den damals nach Istrien gekommenen Tschitschen das slavische Element überwog. Dies ergibt sich aus den altkroatischen Eigennamen, welche die Mehrzahl derselben trug, und aus dem Hinweise auf Altkroatien als auf deren frühere Heimat. Als zu Schumberg (dermalen Fraktion der Ortsgemeinde Albona) vor kurzem sesshaft gewordene Tschitschen werden in obiger Handschrift neben den „Landt-Pauern" (und von diesen deutlich unterschieden) genannt: Thomas Velickh, Fabian Frainitsch, Lexa Frainitsch, Marco des Litzal Aiden (Eidam), Vido Vettula, Iban Mortion, Jacob des Litzal Sun, Margaretha des Lorenzen Willib, Gregor Lutzolobitz. Simon Dobrasinitz und Jacob Tscherne. Dagegen erscheint unter den „Landt-Pauern", worunter man wohl die altansässige Bevölkerung zu verstehen hat, ein Peter (Delter?) Franckhobin und ein Ivan Pauca, welche beide Namen romanisch klingen. Zu Sveti Ivanac (Sankt Johannesberg), einer Fraktion der Ortsgemeinde Gimino im Gerichtsbezirke Pisino, wo im Jahre 1523 beinahe ausschliesslich Tschitschen sassen, führten die Familienhäupter folgende Namen: Stefan Walitsch (Supan, d. h. Ortsvorsteher), Matte Walitsch, André Flockhobitz, Matte Pribolobitz, Ivan Medanitsch, Gregor Wiclitsch,

---

[1] Wilhelm Urbas, Die Tschitschen und die Tschitscherei, ein Kulturbild aus Istrien in der „Zeitschrift des Deutschen und Oesterreichischen Alpenvereins", Jahrg. 1884, S. 1 ff. Vgl. die Aufsätze über den Tschitschenboden von Joh. Bile und Jakob Sajovec in der slovenischen Zeitschrift „Novice", Jahrgang 1856, S. 288 ff.

Simon Minischlitz, Gregor Wukhobitz, Thomas Korbabitz, Paul und
Lucas Zwillitz, Lucas Kerkarbuzitz, Perko Pusche-Janitz, Thomas
Penestickh, Thomas Millitz, Vid Padawinitsch, Michel Mamesilsch, Micla
und Radim Grubewitz, Jade Dulmanitz, Ivan Oltasitz, Marco Wisitz,
Stefan Peclibabilz, Die Endung bitz steht da statt witsch (vić) und
allgemein ist statt itz itsch (ić) zu lesen. Gleiches gilt von den Eigennamen der damals zu Ladschach, d. h. zu Male-Loče, einer Fraktion
der Ortsgemeinde Castelnuovo [1]), ansässig gewesenen Tschitschen: Barthol
Balatitz, Andrä Waletitsch. Imre Gorschitz und Milekhobitz, während
der dort vorgekommene Name Ivan Pilanebetz die slovenische Endung
wetz (vec) aufweist.

Diesen Eigennamen nach zu urteilen waren es also mit geringer
Ausnahme entweder Kroaten oder doch durch längeren Aufenthalt in Kroatien mit der dortigen Bevölkerung ver-
schmolzene Fremdlinge, welche unter dem rätselhaften Namen
Tschitschen in Istrien dem Mangel an heimischen Arbeitskräften
abhalfen, indem sie daselbst sich niederliessen.

Dass diese Einwanderer aus Niederbosnien oder vielmehr
aus Türkisch-Kroatien zugezogen sind, ergibt sich aus dem Ge-
sandtschaftsberichte, welchen Benedikt Kuripeschitz über eine im
August 1530 nach Konstantinopel unternommene Reise erstattet hat [2])
und in welchem es heisst, die Bewohner von Niederbosnien gehören
drei verschiedenen Nationen und Glaubensbekenntnissen an; sie seien
teils „alte Bosner", welche zum römischen Glauben sich bekennen,
teils „Surffen, die nennen sie (die Bosnier?) Walachen und wir nennen
sie Zygen oder Martholosen, die kommen von dem Ort Schmedrav
(Smederevo) und Griechisch-Weissenburg (Belgrad an der Donau) und
haben St. Pauls Glauben"; endlich „rechte Türken" (welche uns
hier nicht weiter interessieren). Auf dem 15. Blatte wird noch bemerkt, dass die wahrnehmbare Entvölkerung Bosniens ihren Grund unter
anderem darin habe, dass „die Surffen, Zilzen vnd Martholosen von
wegen der schatzung der zynss vnd beschwerung der Herrschafft vast
weg flyiehen".

Wenn, was kaum zu bezweifeln ist, die da zuerst erwähnten
Zygen identisch sind mit den nachher erwähnten Zilzen und wenn
diese Angaben überhaupt Glauben verdienen, so kann daraus gefolgert
werden, dass die Tschitschen aus Bulgarien, wo die Sekte der Pau-
lichianer am stärksten vertreten war, nach dem heutigen Serbien, von

---

[1]) Ich berichtige hiermit meine in der Schrift „Die Romanen" S. 86 ausgesprochene Deutung des Ortsnamens Ladschach auf Grund genauerer Nachprüfung
meines Materials. Die Abweichung in der Schreibweise einzelner Personennamen,
welche bei einem Vergleiche der oben mitgeteilten mit den in jener Druckschrift
enthaltenen sich herausstellt, rührt von der mittlerweile vollzogenen sorgfältigen
Revision der Handschrift her, welcher sie entlehnt sind.

[2]) Der Bericht wurde unter dem Titel „Itinerarium, Wegraiss kö. Mayt.
Potschafft gen Constantinopel" 1531 in Druck gelegt. Ein Exemplar dieser äusserst
seltenen Druckschrift verwahrt die Hofbibliothek in Wien. Auszüge daraus ver-
öffentlichte Prof. P. Matković im Agramer „Rad" (Organ der südslav. Akademie),
Bd. 56 (1881).

hier nach Bosnien und von hier nach Altkroatien ihre Schritte lenkten, um schliesslich am Karst als an der äussersten Grenze ihrer Verbreitung gegen Westen Halt zu machen[1]). Dass sie noch im Jahre 1527 Alt-kroatien nicht ganz geräumt hatten, erhellt aus einem Schreiben der niederösterreichischen Regierung in Wien d. d. 8. Februar 1527 an die Verordneten der Krainer Landschaft, wonach die Bane in Kroatien, in Erledigung einer von jenen vorgebrachten Bitte, damals den Auftrag erhielten, „ain anzall Tschitschen zu den geringen Pferden in Crabaten" aufzunehmen, und unterm 7. Januar 1528 wiesen die Stände des Herzog-tums Krain neuerdings auf die Notwendigkeit hin, „mit etlichen Tschit-schen oder anderen, die nach Modrusch oder Bründl gelegt werden können, ain gegenwer wider die Martalosen aufzurichten". Diesem Wunsche wurde entsprochen, bald darauf aber, unterm 6. und 9. Sep-tember 1530, sowohl den Tschitschen in Istrien und am Karst als den-jenigen, welche „ausser Lands gesessen", der Einkauf von Getreide zu Rudolfswörth und in der Möttling verboten, offenbar um den Schmuggel zu verhindern, welchen dieselben damit trieben[2]). Einige Jahre später geschieht ihrer in Verbindung mit den sogenannten Uskoken Erwäh-nung, welche im Südosten von Krain unterzukommen suchten. Da hier im Jahre 1538 kein Platz mehr für sie war, beantragten die Krainer Stände: „die Tschitschen möchten zu Starigrad (unterhalb Zengg an der Küste von Altkroatien) unterpracht werden." Aber noch im folgenden Jahre klagten Tschitschen und Uskoken über un-genügende Unterkunft und über die deshalb den Winter hindurch er-littenen Drangsale, worauf der königliche Kommissär Erasmus von Thurn unterm 1. Juni 1539 dem König Ferdinand das Gesuch der Tschitschen um Anweisung oder Grundstücke am Karst und in Istrien zur Ge-währung vorlegte[3]). Da trotzdem diesem Begehren nur mangelhaft entsprochen wurde, gelang es im Jahre 1540 einem türkischen Emissär, welcher an der venetianischen Grenze sein Unwesen trieb, viele Tschi-tschen zur Rückkehr in die Türkei zu bereden[4]), welche im nächsten Winter wirklich stattfand (De Franceschi a. a. O. S. 405). Immerhin blieb eine beträchtliche Zahl solcher am Karst zurück. Sonst hätte nicht ein ansehnliches Stück dieses Gebirges bleibend nach ihnen be-nannt werden können und wäre ihr Name längst aus der Geschichte von Istrien verschwunden.

Zur nämlichen Zeit, wo die Tschitschen über den Karst sich ausbreiteten, fassten auch viele Altkroaten hier festen Fuss.

---

[1]) Uebrigens waren die in Rede stehenden Tschitschen keineswegs die ersten, welche in Istrien festen Fuss fassten. Dies geht aus den urkundlichen Nachrichten hervor, welche Dr. Kandler in seiner „Raccolta delle leggi ordinanze etc. per Trieste" (Triest 1861) aus dem Archiv der Stadt Triest zusammengestellt hat. Siehe den Abschnitt „Lo Bimboscamento". De Franceschi erwähnt a. a. O. S. 404 nach Triester Kriminalakten vom Jahre 1500 einen Ciccio da Segna (aus Zengg) und einen Ciccio da S. Michele di Leme (im Gerichtsbezirk Parenzo).

[2]) Die Akten, welchen vorstehende Angaben entnommen sind, liegen im Krainer Landesarchiv.

[3]) Siehe die „Ungarischen Akten" im k. u. k. Reichsfinanzarchiv zu Wien.

[4]) Erkundigungsschreiben des Feldhauptmanns Hans Ungnad vom 29. Ok-tober 1540 im Krainer Landesarchiv.

Die oben angeführte „Beschreibung des Gschloss Marenfels" vom
Jahre 1523 enthält mehrere hierauf bezügliche Vermerke. Von der
Ortschaft Borutto (bei Bogliuno in Istrien) wird gemeldet, dass unter
den dortigen 5 Bauern einer „aus Krabatten" sei, welcher 1000 Frisch-
linge, d. h. zur Aufzucht bestimmte Lämmer mitbrachte und auch so viel
Zehnt davon entrichtete, als die übrigen 4 Bauern zusammen. Bei
der Ortschaft St. Johannesberg (Sv. Ivanac) heisst es vom Bauer
Jure Bray Milobilz: „ein Krabat so jetz der Turkhen halber heraus
zogen ist, hadt auch ein solchen Grundt am 13. Tag Juny 1523
empfangen." Bald darauf fanden auch im Waffengebrauche geübte
Männer von altkroatischer Abkunft im Bereiche der Herrschaft Marnfels eine neue Heimat. Ferdinand I. verpfändete unterm 10. Dezember 1527
dem Hauptmann von Zengg, Peter Krusitsch, um ihn an sich zu
fesseln, diese Herrschaft[1]), und letzterer verlieh dort seinen Kriegs-
gefährten Thomas Gwozdanovich, Georg Waryakitsch und Anton
Homitsch für (bei der Verteidigung von Clissa in Dalmatien?) treu
geleistete Dienste mehrere Ansässigkeiten, in deren Besitze belassen zu
werden dieselben im November 1537 den König Ferdinand baten[2]).
Drei Enkel jenes Gwozdanovich erneuerten diese Bitte im Jahre 1585[3]).
Auf dem Gebiete der Herrschaft Castelnuovo füllten damals Ankömmlinge aus Kroatien sogar ganze Dörfer.

Als im Winter von 1574 auf 1575 eine ambulante Kommission
im Auftrag des Erzherzogs Karl von Innerösterreich die landesfürstlichen Pfandgüter am Karst bereiste, stiessen derselben Zweifel darüber
auf, ob die Dörfer Gross- und Klein-Munach (Mune grande und
Mune piccolo) und Seyach (Zajevse) zum Schlosse Castelnuovo oder
zur Herrschaft Schwarzenegg gehören. Bei den Erhebungen hierüber[4])
stellte sich heraus, dass diese drei Dörfer zur Zeit, wo Graf Christoph Frangepan (Frankopan) Pfandinhaber des Schlosses Castelnuovo
gewesen war, nämlich in den Jahren 1510 bis 1525, durch ihn mit
„vertriebenen Unterthanen aus Crabathen" besetzt worden waren. Die
bejahrten Insassen derselben, welche von jener Kommission einver-
nommen wurden, sagten sämtlich aus: weder sie noch ihre Väter seien
daselbst geboren, sondern der genannte Graf habe sie dahin gebracht.
Die Wohnplätze und Grundstücke, welche sie durch letzteren zugewiesen
erhalten hatten, waren vordem im Besitz venetianischer Unterthanen
gewesen, die unter dem Hauptmann zu Raspo standen, jedoch nach
Zerstörung dieses Schlosses durch den Grafen Frangepan abgezogen
waren. Nach der von der Kommission veranstalteten Urbarialbeschrei-
bung fanden sich im Dezember 1574 vor: zu Mune grande 20 Bauern
und 5 Untersassen (vornehmlich Träger der Namen Vitzig, Androschig

[1]) Siehe das „Oesterr. Gedenkbuch" Bd. 29, Bl. 243, im k. u. k. Reichsfinanzarchiv zu Wien.

[2]) „Ungar. Akten" im k. u. k. Staatsarchiv zu Wien vom November 1537.

[3]) Erlass der innerösterr. Hofkammer an den Krainer Vizedom d. d. 2. Juli 1585
im Krainer Landesarchiv (Urbarialakten der Herrsch. Marnfels, M. XI).

[4]) Der Bericht, welcher hiervon handelt, ist vom 30. Dezember 1574 datiert
und erliegt unter Zahl 74 vom August 1575 im innerösterr. Hofkammerarchiv
zu Graz.

und Wurlonig), zu Mune piccolo 5 und zu Zajevše 12 Bauern (die zur
Mehrzahl Sankhonig hiessen, was wohl richtiger Sanjkowitsch gelautet
haben wird, so wie der Berne Stambulig, welcher im Verzeichnisse eingetragen ist, sicher Stambulitsch hiess). Ein viertes Dorf, das um
die nämliche Zeit Kroaten zu Bewohnern erhielt, war im Bereiche der
Herrschaft Castelnuovo laut einem damals verfassten Verzeichnisse ihrer
Bestandteile (im Krainer Landesarchiv, Camer. Lit. N. VIII) Dobil-
lane, von welchem gesagt ist, dass es früher Damian de Tarsia besass
und dass die unlängst mit Peter Wukalitsch aus Kroatien dahin übersiedelten Bauern auf mehrere Jahre abgabenfrei sind.

Eine dritte Gattung Slaven, welche im 16. Jahrhundert das nördliche Istrien bevölkern half, waren die Morlaken, d. h. aus Dalmatien
zugewanderte Flüchtlinge, welche diese ihre Bezeichnung von dort mit-
brachten und deren Voreltern wahrscheinlich in der gleichen Eigenschaft Dalmatien betreten hatten. De Franceschi erwähnt (a. a. O.
S. 403) ein Gesuch zweier Edelleute von Mitterburg, welches diese im
Jahre 1598 an die innerösterreichische Hofkammer zu dem Zwecke richten, dass ihnen Ländereien im Gebiete von Gimino, in deren Besitz 12 Familien aus Clissa in Dalmatien durch landesfürstliche Verleihung gelangt
waren, infolge des Aussterbens derselben überlassen werden. Mit diesen
Ansiedlern hat es nun nachstehende Bewandtnis [1]. Sie waren im
Jahre 1584 durch die Republik Venedig vertrieben und ihrer ererbten
Güter beraubt worden, weil sie an einem die Eroberung der Festung
Clissa bezweckenden Anschlage sich beteiligt hatten. Sie begaben sich
zunächst nach Fiume, wo sie Handelsgeschäfte zu betreiben sich an-
schickten und samt ihrem Gesinde seitens des Erzherzogs Karl eine
monatliche Unterstützung genossen. Anfänglich nur 5 Familien, d. h.
Hauskommunionen umfassend, wuchs diese Emigration im Frühjahre 1585
auf 8 Familienoberhäupter mit ihren Hausgenossen an, welchen sich
ein dalmatinischer Priester, Simon Urbanéo, beigesellte. Obschon sie
um Grundstücke baten, auf welchen sie Landwirtschaft treiben könnten,
gedachte doch die österreichische Regierung, sie vorerst der Grenzmiliz
einzuverleiben. Erst als eine andere Schar derartiger „Klisischer Pri-
wegen", d. h. aus der Umgebung von Clissa weggewiesener Ueberläufer
in der Nähe von Schwingkh (Gimino) Oedungen zum Wiederanbau eingeräumt erhielt, schlossen sich dieser Schar, an deren Spitze Mathias
Crajatsch stand, einzelne Angehörige jener vorbezeichneten Gesuch-
steller an. Dass das Vorgeben, diese Ansiedler seien im Jahre 1598
grösstenteils nicht mehr am Leben gewesen, wenig Glauben verdient,
erhellt aus einer Gnadengabe, welche Erzherzog Karl ihnen im Jahre 1589
zuwendet hat, und daraus, dass sie im Jahre 1585 sich um die Erweiterung des Territoriums, welches ihnen überlassen worden war, be-
warben. Sie wünschten damals zum Berge Arlnłz, der ihrem Vieh
als Weide diente, auch noch den sogenannten Marnfelser Berg zu
erhalten, was ihnen jedoch verweigert wurde. Indessen kann gerade

---

[1] Ich entnehme das hierher Einschlägige den Aktenstücken 6 vom April 1585
und 46 vom März 1589 im innerösterr. Hofkammerarchiv, dann den Urbarialakten
der Herrsch. Murnfels (M. XI) im Krainer Landesarchiv.

dieser abschlägige Bescheid sie veranlasst haben, sich neue Wohnsitze
im venetianischen Gebiete zu suchen.

Zu Anfang des 17. Jahrhunderts haben auch Zengger Uskoken,
ihrem Wesen nach vermutlich gleichfalls Morlaken, am Ulschkaberge
Grundstücke erworben, auf welchen sie sich niederliessen. Als Oberhaupt der Hauskommunion, welche diese Ansiedlung begründete, er-
scheint der Woiwode Michael Raditsch. insgemein Novakowitsch
genannt, und die betreffende Oertlichkeit ist im landesfürstlichen
Verleihungsbriefe als „Albn oder Viehweidt" bezeichnet. Sie hiess
Cobilli. Ihre Einantwortung an den „generoso Voivoda Miko Radich
da Segna" erfolgte am 15. November 1605 zu Bogliuno durch den
Hauptmann von Mitterburg (Pisino), Bernardin Barbo, welcher zum
Zeichen der Uebergabe dem Vorgenannten Erdreich, Wurzeln und
Blätter von den Grundstücken, die nebst einem Meierhof sein künftiges
Besitztum ausmachten, in die Hände drückte. Raditsch genoss, wie es
in der bezüglichen Konzessionsurkunde vom 3. April 1604 ausdrücklich
hervorgehoben ist, „vmb seines adelichen Herkhombens und seiner
mannlichen Khriegsdienst willen" volle Freiheit von allen Roboten
und sonstigen bäuerlichen Verrichtungen [1]). Auf derartige Kolonisten.
beziehungsweise deren Nachkommen, ist wohl eher als, wie De Franceschi S. 404 meint, auf Sprösslinge der unter Peter Krusitsch aus Clissa
dahin verpflanzten Uskoken die Aehnlichkeit in der Tracht mit den
Morlaken Dalmatiens zurückzuführen, welche zu Semić, Dolenjavas.
Gorenjavas und Lesiicine (sämtlich Fraktionen der heutigen Ortsgemeinde Rozzo im Gerichtsbezirk Pinguente, welche in früherer Zeit
Bestandteile der Gemeinde Bogliuno im Bezirk Bellai gewesen sind),
sich ansiedelten. Denn die Zengger Uskoken entstammen zumeist den
dalmatinischen Slaven, welche, um der Türkenherrschaft zu entgehen
oder durch die venetianische Republik dazu gezwungen, Seeräuber
wurden [2]). Uebrigens trägt auch ein Teil der Bevölkerung in der Umgegend von Voloska die kleine rote Kappe, deren das Landvolk um
Sebenico in Dalmatien und die Mehrzahl der hiesigen Morlaken überhaupt sich als einer charakteristischen Kopfbedeckung bedient. Diese
Kappe wird aus Sebenico bezogen. In den Liedern jener Landleute
klingen dalmatinische Reminiszenzen an, so namentlich in dem Liede
vom goldenen Apfel. welcher die Thore von Zara, Traù und Sebenico
sprengte [3]).

---

[1]) Die hier erwähnten Aktenstücke befinden sich unter den sogenannten
Miscellaneen des Grazer Statthaltereiarchivs.

[2]) Siehe den von Dr. Fr. Rački in den „Starine" der südslavischen Akademie, IX. Bd., S. 174 ff. veröffentlichten, um das Jahr 1620 von einem Kauf-
mann aus Ancona in italienischer Sprache verfassten Dialog über die kroatischen
Uskoken.

[3]) Vgl. Dr. Lagjnia's „Istarske pričice" (Istrianer Erzählungen) in der kroatischen Zeitschrift „Vienac" vom Jahre 1879 und 1880, sowie C. A. Combi's „Cenni
etnografici sull' Istria" im Triester Almanach „Porta orientale" für 1859. S. 107;
ferner Valvasor's Beschreibung (Ehre) des Herzogtums Krain, I. Teil, 2. Buch,
S. 285, und II. Teil, 6. Buch, S. 326, und C. De Franceschis Notizen in der Zeitschrift L'Istria von 1852. Nr. 50.

Ein Beweis für die Stärke der diesbezüglichen Einwanderung in Nordistrien, welche durchgehends erst in neuerer Zeit vor sich ging, ist die Hervorhebung der Morlaken als eines namhaften Bevölkerungsbestandteils der ehemaligen Diözese Pedena in einer zu Anfang des 18. Jahrhunderts verfassten Beschreibung dieses bischöflichen Sprengels [1]).

II. Görz-Gradiska.

Von der engen Verbindung mit dem Deutschen Reiche, in welcher man vor Zeiten diese Doppelgrafschaft oder vielmehr Görz mit der erst im Jahre 1647 zur Grafschaft erhobenen Hauptmannschaft Gradiska sich dachte, gibt das Diplom vom 16. Juli 1620 Zeugnis, womit Kaiser Ferdinand II. die Görzer Stände auf ihre Bitte „zu rechten, gebornen, natürlichen, alten Teutschen" und die Grafschaft Görz zu einem Lehen des Deutschen Reichs erklärte. Karl Frhr. von Czörnig teilt diese Urkunde in seinem Werke: „Das Land Görz und Gradiska", Wien 1873, S. 601, mit. Er führt dort aber auch zahllose, diese Verbindung und ihre Wirkungen erläuternde Thatsachen an, so dass es genügt, hier auf dieses mustergültige Werk zu verweisen. Eine natürliche Folge hiervon war, dass Görz-Gradiska auch nach seiner Vergrösserung durch venetianische Enklaven im alten Verbande blieb und erst mit der Auflösung des Deutschen Bundes ein Bestandteil des Gebietes zu sein aufhörte, das unter dessen Schutz gestellt war.

Dass die Einwanderung der Tschitschen ihre Vorposten sogar bis in die Nähe der Stadt Görz vorgeschoben hat, ergibt sich aus einem Görzer Urbar vom Jahre 1670, welches in der alten Registratur der k. k. Statthalterei zu Triest aufbewahrt wird. Danach gab es zu Fratta oder Vertoiba ein Grundstück, welches die Bezeichnung trug: „vndter der Tschitschen Ranckh gelegen".

Zahlreich sind die Belege für das, wenn schon nur vereinzelte Eindringen von Kroaten in diese Gegenden. Gericht und Maut zu Cromaun (Cormons) hatte Stephan Kalamanitsch, der in alten Aktenstücken mit dem Prädikate „Krabat" erscheint, seit dem Jahre 1521 inne. Unterm 13. Februar 1528 erging seitens der Wiener Hofkammer der Befehl, das Amt Marano, welches später zum Teile wieder venetianisch wurde, dem Thomas Gardonitsch einzuantworten [2]). Dabei ist nicht zu übersehen, dass Karl V. mit Diplom d. d. Brüssel 7. Juli 1521 dem Grafen Christoph Frangepan die Hauptmannschaften Marano und Gradiska zum Fruchtgenusse übergeben hatte [3]), womit kroatischem

---

[1] Ferd. Ughelli, Italia sacra. Tom. V (edit. secunda). Venetiis 1720, p. 470. Die auch von De Franceschi angezogene Stelle lautet der Hauptsache nach: „. . . Comitatus Pisini, quem variae incolunt gentes partim indigenarum partim advenarum, qui ex finitimis Croatiae locis . . . fugientes huc se receperunt . . . Sunt et quaedam villae, quas populi Morlachi appellant (appellati?) inhabitant et ipsi pariter finibus patriis a Turcis expulsi."

[2]) Oesterr. Gedenkbücher im k. u. k. Reichsfinanzarchiv zu Wien Bd. 25. Bl. 20 u. Bd. 27, Bl. 280.

[3]) Copeibuch „Von der k. Majestät", Jahrg. 1521 (im Innsbrucker Statthaltereiarchiv), Bl. 95. Den Grafen Johann Frangepan (von der Brändler Linie)

Einflusse auf diese Gegenden die Bahn gebrochen war. Ein Urbar der
Herrschaft Tybein (Duino) vom 17. Mai 1524 (im Krainer Landesarchiv) führt als zu Prosecco, das dermalen dem Triester Territorium
einverleibt ist, resshaft u. a. einen Lucas von Modrusch in Altkroatien
an. In einem Görzer Urbar aus dem Anfang des 16. Jahrhunderts
(ebenda) erscheint als Supan (zupan), d. h. Ortsvorsteher zu Doberdò
(Gerichtsbezirk Monfalcone) Gregor Krobat und zu St. Martin bei
Gradiska ein Valentin Krabath als Zeuge. Der Bericht über eine
„Bereitung" der Grafschaft Görz vom Jahre 1523 (ebenda) ist mit
einer Beilage versehen, aus welcher erhellt, dass zu Dornach im Amt
Haidenschaft eine öde Hube sich befand, welche um das Jahr 1485
ein Kroat namens Mathias erkauft und in einen Meierhof verwandelt
hatte. Noch lange nachher wurde demselben dieser Kulturfortschritt
als Verdienst angerechnet. Grundherr darüber war aber Heinrich
Ellacher, welchem Kaiser Max I. „ein altes ödes haydnisch gemeur"
samt allen dazu gehörigen öden Grundstücken ins erbliche Eigentum
übergeben hatte. Der hiernach „Haidenschafft" genannte Burgfrieden
begriff später auch jenen Meierhof in sich und seine Umtaufe in
Ajdovščina (italienisch: Aidussina) ist der beste Beweis, wie deutsche
Gründungen hier selbst in Ansehung ihrer Benennung der Entnationalisierung ausgesetzt sind.

Noch mehr gilt dies freilich von den ehemals deutschen Berg-
gemeinden im Gerichtsbezirk Tolmein, welche nicht bloss durch slavischen Gottesdienst und durch Einschulung in slovenische Orte, sondern auch durch Einsiedlung slovenischer Familien ihrer angestammten
Nationalität entfremdet wurden [1]. Aber es lässt sich der Beweis dafür
nicht aus Urkunden führen, die von Zuwanderungen Nachricht geben,
sondern es offenbart sich da die Expansivkraft des alteinheimischen
Slaventums.

III. Krain.

Die Angehörigkeit dieses Landes an das Deutsche Reich fand,
wie Valvasor im 10. Buche seiner historisch-topographischen Beschrei-

---

hatte schon Kaiser Max I. unterm 1. September 1490 zu seinem „Diener von Haus
aus" mit einem Wartgeld von 1000 fl. rheinisch im Jahre ernannt und am
24. August 1497 war Niclas Kellmanitsch (Kalamanitsch?) in seine Dienste getreten. Siehe das Copeibuch „Geschäft von Hof", Jahrg. 1496 u. 1497 ebenda,
Bl. 157 u. 353.

[1] Dazu gehört die Deutsch-Ruth genannte Gebirgsgegend, über deren Slavi-
sierung Hofrat Karl Frhr. von Czörnig junior in der „Zeitschrift des Deutschen
und Oesterreichischen Alpenvereins" Jahrg. 1875, Bd. VI, S. 247 ff. berichtet hat.
Vor Zeiten erstreckten sich diese deutschen Rodungen, zumeist das Werk von
Kolonisten aus dem tirolischen Pusterthale, viel weiter als die Gemarkung der
Ortschaft Deutsch-Ruth dermalen reicht. Der Görzer Kanonikus Stephan Kociančič
hat im „Arkiv za povjestnicu jugoslavensku", III. Bd., Agram 1854, S. 216 ff., den
Nachweis geliefert, dass die ganze heutige Ortsgemeinde Grahova, welche bei der
letzten Volkszählung 3514 Einwohner in 610 Häusern in sich begriff, mit Ausnahme des Dorfes Grahova (658 Einwohner in 54 Häusern) und der Gemeinde-
fraktion Kneza (801 Einwohner in 150 Häusern) einst Deutsche zu Bewohnern hatte.
Nach ihm (ebenda, S. 222) erhielten sich auch bei den Flitscher Bauern Anklänge
deutscher Art.

bung von Krain, III. Teil, S. 352, berichtet, noch durch die Bestätigung seiner Privilegien Ausdruck, welche Kaiser Rudolph II. ihm auf dem Regensburger Reichstag vom Jahr 1594 unter Mitfertigung des Kurfürsten von Mainz als des Erzkanzlers von Deutschland erteilte. Sie wirkte auch darin nach, dass die eingeborenen Krainer im Auslande durchaus für Deutsche, d. h. für Angehörige der deutschen Nation galten, weshalb ihnen, wenn sie auch Slaven waren und sich brüsteten, es zu sein, die Aufnahme in das illyrische Seminar zu Rom von den dortigen geistlichen Behörden verweigert wurde [1]).

Gerade aber die Slavisierung Krains hat in den letzten vier Jahrhunderten grosse Fortschritte gemacht, und sie träte noch auffälliger hervor, wenn nicht ein ansehnlicher Teil des Landes, welcher in der Zeit von 1530 bis 1600 Tausende von Serben und daneben auch viele Kroaten zu Bewohnern erhielt, dermalen noch ein davon getrenntes Gebiet bilden würde.

Das ist der sogenannte Sichelburger Distrikt, welcher, seit 1746 dem Militärgrenzverbande einbezogen, nach dessen Auflösung dem Banus von Kroatien zur provisorischen Verwaltung anvertraut wurde und dessen Rückeinverleibung an Krain dermalen Gegenstand von Verhandlungen ist, welche zwischen der österreichischen und ungarischen Regierung gepflogen werden. Rechtlich gehört er ohne Zweifel zu Krain, und da seine vorerwähnte Besiedelung zu einer Zeit erfolgte, wo er unter der Obhut der Krainer Landesbehörden stand, so ist hier der rechte Ort, davon zu reden.

Fälschlich hat man diese Ansiedler, insofern sie Serben waren und Uskoken genannt wurden, aus Clissa in Dalmatien und aus der Hafenstadt Zengg einwandern lassen. Sie kamen in Wirklichkeit teils aus dem Quellgebiete der Unna, teils vom Flusse Cetina, der allerdings Dalmatien durchfliesst, hatten jedoch mit den Clissaer und Zengger Uskoken nichts gemein als den Namen. Ihnen mussten manche Bauern kroatischer und altslovenischer Abkunft weichen, welche die Regierung geradezu vertreiben liess, um diese Ankömmlinge mit ihren Familien in Gorianzgebirge unterzubringen, wo sie durchaus angesiedelt sein wollten, und zwar als kompakte Masse zu wohnen wünschten. Letzterer Wunsch ging allerdings nicht vollkommen in Erfüllung. Denn es fehlte vom Anbeginn dieser (militärischen) Kolonisation nicht an Kroaten, welche zwischen ihnen zurückblieben oder von der Regierung absichtlich ihnen beigemengt wurden. Im Laufe der Zeit haben diese Uskoken das griechisch-orientalische Bekenntnis mit dem griechisch-katholischen oder wohl gar mit dem römisch-katholischen vertauscht und sind sie demzufolge aus Serben Kroaten geworden, sowohl der Lebensart und Sprache nach als in Bezug auf Gesinnung und geistiges Wesen über-

---

[1]) Siehe Valvasor a. a. O. 15. Buch, IV. Teil, S. 398; Arkiv za povjestn. jugoslav. (Archiv für südslav. Geschichte) S. 113 und Dr. Ivan Crnčić, Dvie razprave „Zwei Abhandlungen", wovon die erste das illyrische St. Hieronymuskollegium in Rom zum Gegenstand hat und, da der Verfasser selbst als Kanonikus demselben angehört, sehr wertvolle Nachrichten darüber enthält. Am 10. Dezember 1655 fällt die Rota Romana über Aufforderung des Papstes das Erkenntnis: die Krainer, Kärntner und Steiermärker seien keine Illyrier, d. h. keine Südslaven.

haupt [1]). Nur eine kleine, im Schematismus der griechisch-orientalischen Karlstädter Diözese vom Jahre 1880 mit 692 Seelen bezifferte Gruppe, deren Wohnsitze auch in die Provinz Krain hineinragen, bewahrte sich den angestammten Glauben und repräsentiert da noch heute das serbische Volkstum. Dass die Uskoken nicht allein den Sichelburger Distrikt, wozu die abseits davon gelegene Steuergemeinde Marindol gerechnet wird, sondern auch ausserhalb desselben mehrere Gegenden im Herzogtum Krain besetzten, hat schon Valvasor (im 12. Buche seines oben citierten Werkes, IV. Bd., S. 75) hervorgehoben. Alle diese Niederlassungen, nämlich solche bei Freyenthurn (Podbrezje), Tschernembl, Möttling, Weiniz u. s. w., standen, solange auf dem Schlosse Sichelburg ein besonderer Grenzhauptmann residierte, unter dessen militärischem Befehle. Als das Militär-Grenzterritorium unter Maria Theresia abgerundet wurde, verblieben diese bei Krain. So erklärt es sich, dass noch heutigen Tags hier im Dorfe Bojanci über 200, in der Ortsgemeinde Weiniz mehr als ein Dutzend griechisch-gläubige Einwohner angetroffen werden, welche gleich den 185 griechisch-unierten Katholiken, die im Jahre 1880 den Gerichtsbezirk Möttling bewohnten, Nachkommen jener serbischen Flüchtlinge aus Türkisch-Kroatien und aus Dalmatien sind. Nach dem Schematismus der griechisch-katholischen Kreutzer Diözese vom Jahre 1868, dem neuesten, dessen ich habhaft wurde, leben die Griechisch-Katholiken in Krain, welche damals kirchlicherseits zu 245 veranschlagt wurden, zu Hrast, Skemlouz, Jugorje, Malinje, Mackovec, Dole, Božićy-Vreh, Krasni-Vreh u. s. w. Es sind das zumeist Oertlichkeiten der politischen Gemeinde Suchor; bloss Krasni-Vreh (Kraschenberg) gehört zur politischen Gemeinde Radovica und Malinje zur politischen Gemeinde Semitsch. Das vorgenannte Dorf Bojanci aber gehört zur politischen oder Ortsgemeinde Adleschiz im Gerichtsbezirk Tschernembl, in welchem auch Weiniz (Vinica) liegt.

Manche Familien gleicher Abkunft sind im Laufe der Zeit in dem Gemische von Altkroaten und Slovenen aufgegangen, von welchem umgeben sie dort wohnen, und werden jetzt der römisch-katholischen Bevölkerung beigezählt. Bringt man dies mit in Anschlag, so überschätzt man die Zahl der Uskoken in Krain und im Sichelburger Distrikte nicht, indem man sie gegenwärtig mit 11500 beziffert. Vorzeiten waren sie noch zahlreicher. So sollen sie im Jahre 1746 auf dem Gebiete von Sichelburg allein 3899 Familien ausgemacht haben. Die Militärverfassung, unter welcher sie seither hier lebten, begünstigte Uebersiedlungen nach dem Innern des Grenzlandes.

---

[1]) Siehe des k. kroatischen Regierungssekretärs Radoslav Lopašić Schrift „Žumberak" (Sichelburg), Agram 1881, und meine Abhandlungen über die Entstehung und Ausbildung der Uskokenansiedlungen in Krain im I. und II. Hande des von Franz Schumi in Laibach herausgegebenen „Archiv für Heimatkunde"; ferner das „Memoriale über die Zugehörigkeit des ehemaligen Sichelburger Militärgrenzdistriktes und der Gemeinde Marienthal zu Krain", welches, eine Arbeit des gegenwärtigen Prager Universitätsprofessors Dr. August Fournier, als Beilage 27 zum stenographischen Berichte über die Sitzung des Krainer Landtags vom 1. Oktober 1881 gedruckt vorliegt.

Uebrigens soll nicht geleugnet werden und wurde bereits angedeutet, dass im Sichelburger Distrikte gleichzeitig mit den serbischen Uskoken [1]) auch Altkroaten heimisch wurden, und dass erstere bei ihrer Ankunft daselbst bereits Kroaten vorfanden, welchen zur Seite sie ihre neuen Wohnsitze bezogen [2]). Die bekannteste unter den kroatischen Adelsfamilien, welche in deren Mitte festen Fuss fasste, ist die der Čolnić (Tscholnitsch), welche zu Anfang des 16. Jahrhunderts ihr Stammgut Csolka (Tscholka) bei Bihać [3]) im Stiche gelassen hatte. Und eine zweite Adelsfamilie der nämlichen Herkunft, die der Kobasic (Kobasitsch), hatte seit dem Jahre 1526 das Schloss Sichelburg (Sicherberg) inne, nachdem sie den Burgstall Brekovica bei Bihać gegen die Türken behaupten zu können immer mehr verzweifelte. Ihr wurde der unterzubringenden Uskoken halber jener Wohnsitz allerdings wieder entzogen (sie verliess ihn im Jahre 1533); aber eine Menge anderer altkroatischer Edelleute sammelte sich in Krain, erwarb hier Güter und gönnte auf diesen den altkroatischen Bauern, welche um Aufnahme baten, eine Zufluchtsstätte. Ich nenne hier beispielsweise die Blagaj, Lenkowitsch, Fabianitsch, Gregoriantschitsch, Gussitsch, Gustisitsch (zu Obererkenstein), Mikulitsch, Merheritsch, Tadiolowitsch, Pleschkowitsch, Juritsch, Bohoritsch, Krisanitsch, Petschowitsch, Wukowatschki. Alle diese Familien und noch ein Dutzend solcher darüber erlangten das krainische Indigenat, d. h. sie wurden in die Ständematrikel des Landes aufgenommen [4]). Ein Graf Frangepan (Stephan) war unter Kaiser Friedrich IV. Landeshauptmann von Krain; unter Ferdinand I. bekleidete dieses Amt der aus dem kroatischen Küstenlande stammende Nikolaus Frhr. von Jurisitsch, und im Jahre 1593 ward es dem Georg Frhrn. von Lenkowitsch verliehen [5]), dessen Grossvater in Krain eingewandert zu sein scheint. Mindestens war um das Jahr 1527 ein Michael Lenkowitsch Pfleger

---

[1]) Siehe über diese des Karlstädter Erzpriesters Nicola Begović „Istorija srpske erkve" (Geschichte der serbischen Kirche). Neusatz 1877, S. 65.

[2]) Nach Lopašić ist der Fluss Kupčina die ethnographische Grenze. Die altgesessenen Kroaten bewohnen die Thalsohle zu beiden Seiten der Kulpa zwischen Kostanjevac und Ozterć, sowie den Ort Schumberg. Mit Uskoken vermischt, trifft man sie auch am linken Ufer der Kupčina gegen Kalovo und Mralopolje zu und im Nordwesten reichen sie längs dem Bache Sušice bis zur Ortschaft Sošice.

[3]) Als solches von Agramer Kanonikus J. A. Čolnić ausdrücklich bezeichnet in einem Briefe an Kerčelich vom 22. März 1749. Siehe M. Mesić, Korrespondencija Krčeličeva im VIII. Band der „Starine". Agram 1876, Nr. 64.

[4]) Von den hier bezogenen Eintragungen erfolgte keine später als im ersten Drittel des 18. Jahrhunderts, die grosse Mehrzahl ging schon im 16. Jahrhundert vor sich. Von einzelnen, aus Dalmatien versprengten Altkroaten ist bekannt, dass sie schon zu Anfang des 16. Jahrhunderts in Krain ihren Aufenthalt nahmen und Grundbesitz erwarben. Marco von Klias (Clissa) bei Spalato erscheint in einem Verzeichnisse der mit den Landessteuern Rückständigen vom Jahre 1513 „von des von Herneck (Wernek) und sein selb wegen". Am 26. April 1512 hatten die ständischen Ausschüsse von Steiermark, Kärnten und Krain mit ihm einen Vertrag wegen Organisierong des Kundschafterdienstes wider die Türken geschlossen.

[5]) Valvasor a. a. O., 9. Buch, im III. Teil, S. 41 u. 68. Niklas Jurisitsch, damals landesfürstl. Fürschneider, war kraft Verleihung des Erzherzogs Ferdinand, d. d. Innsbruck 3. April 1525, Nachfolger des Grafen Christoph Frangepan im Besitze der krainischen Herrschaften Adelsberg und Neuhaus am Karste (siehe österreichisches Gedenkbuch Bd. 21. Bl. 283).

des Grafen Christoph Frangepan zu Adelsberg, und der Vorgenannte
dürfte dessen Enkel sein. Kurz vorher versah diesen Posten Thomas
Nemanitsch [1]). Damals erreichte der kroatische Zuzug seinen Höhe-
punkt. Denn auch die Herrschaft Senosetsch am Karste befand sich
um diese Zeit im pfandweisen Besitze jenes Frangepan. Leonhard Krabat
war hier im Jahre 1521 sein Amtmann.

Das zu dieser Herrschaft zinspflichtige Dorf Potoče, Fraktion der
Ortsgemeinde Niederdorf im Gerichtsbezirk Senosetsch, beherbergte laut
dem betreffenden Urbar vom Jahre 1524 vier Jahre früher Tschitschen und wurde bald darauf von Kroaten wieder zu einigem Ertrage gebracht [2]). Doch hielt „ain Zutsch, genannt Lukatsch", mit
seiner Familie noch im Jahre 1524 im Dorfe Mislice, Fraktion der
Ortsgemeinde Naklo im Gerichtsbezirk Sessana, drei Huben besetzt,
welche früher „Miklaw Krabath" in seinem Besitz gehabt hatte.

Es unterliegt wohl keinem Zweifel, dass diese Einwanderer mitunter auch an Orten sich niederliessen, wo früher Deutsche
gehaust hatten. Zwei in die Augen fallende Beispiele mögen genügen. Das Senosetscher Urbar von 1524 nennt als Supan des Dorfes
Loze bei Wippach einen Martin Machoritsch (Mohoritsch?) und bemerkt
dazu: der frühere Ortsvorsteher sei „der Praytschuech" gewesen; als
Supan des Dorfes Laže bei Senosetsch ist Lukas Masselitz genannt
mit dem Beifügen: der frühere habe Gregor Wolslaher (Wollschläger)
geheissen. Noch jetzt trägt eine Fraktion der Ortsgemeinde St. Peter
am Karste die Bezeichnung Nemskavas (Deutschdorf), und weitere
„Deutschdörfer", aber nur noch dem Namen nach, giebt es im Gerichtsbezirk Reifnitz, Ortsgemeinde Niederdorf, im Gerichtsbezirk Nassenfuss,
Ortsgemeinde St. Ruprecht, im Gerichtsbezirk Laas, Ortsgemeinde Oblak,
und im Gerichtsbezirk Treffen, Ortsgemeinde Grosslack. Namentlich an
der südöstlichen Grenze des Landes ist das deutsche Bevölkerungselement
aus Anlass wiederholter Türkeneinfälle dem mit solchen Gefahren vertrau-
teren altkroatischen Elemente gewichen. Nichts ist in dieser Beziehung
so lehrreich wie ein Vergleich zwischen den älteren Urbaren der Herrschaften Pöllau, Möttling und Meichau mit den bezüglichen Ortsrepertorien
der Gegenwart. In vielen Dörfern dieser Jurisdiktionsbezirke, wo jetzt nur
oder fast ausschliesslich Slaven wohnen, wurden noch gegen das Ende
des 16. Jahrhunderts deutsche Haus- und Hubenbesitzer in grösserer
Anzahl vorgefunden. So z. B. in der Ortsgemeinde Altenmarkt,
Gerichtsbezirk Tschernembl, im Jahre 1576: 14 Träger deutscher
Namen, wie Spitznagl, Vonderlinden, Paldauf, Peer, Fleckh u. s. w.,
im Dorfe Altenmarkt selbst, zu welchem damals eine „in den teutschen
Auen" genannte Lokalität gehörte; bei der letzten Volkszählung dagegen gab es hier bloss 6 Deutsche neben 178 Slovenen. Das dermalen

---

[1]) Was hier an Einzelheiten über das Vorkommen der Kroaten in Krain
mitgeteilt wird, ist den Urbarbüchern entnommen, welche nach Bedarf auch im
Texte speziell bezogen sind und sämtlich im Krainer Landesarchiv aufbewahrt
werden.

[2]) Diese behaupteten sich auch daselbst. Im Jahre 1568 gab es hier folgende Unterthanen: Peter Zubritsch, Juran Crabbath, Laury Markhowitsch, Stiepan
Gardinowitsch, Gregor Crabbath und Peter Wogowitsch.

bloss von Slovenen bewohnte Dorf Paka dieser Ortsgemeinde hatte damals nur Deutsche (namens Spitznagl, Killian, Khindmal, Ostermann, Zimmermann, Christian Schmied) zu Bewohnern. Das im gleichen Verbande stehende Dorf Gerdenschlag (Prelesje), jetzt ausschliesslich slovenisch, war zur Hälfte von Deutschen bewohnt. Und es rührt wohl von dieser ausgebreiteteren deutschen Bevölkerung her, dass noch andere Fraktionen jener Ortsgemeinde bis zur Stunde unter deutschen Benennungen (Bretterdorf, Hirschdorf, Schmieddorf, Vornschloss) bekannt sind, obschon nur in einer derselben (zu Vornschloss) jetzt Deutsche (ihrer 18) angetroffen werden. In der Ortsgemeinde Radence, Gerichtsbezirk Tschernembl, war damals ein Drittel der Hubenbesitzer deutscher Abkunft, und speziell im Dorfe Ober-Radence bildeten diese (darunter 2 Schwegl und 1 Witthal) die Mehrheit. Heutzutage ist sie ganz slovenisch. Das Nämliche gilt von der Ortsgemeinde Schweinberg (ebendort), deren Fraktion Draga übrigens schon im Jahre 1576 drei Familien namens Khrabat in sich begriff.

Wenn die heutigen Bewohner der vorangeführten Ortschaften offiziell als Slovenen bezeichnet werden, so drückt dies den wahren Sachverhalt allerdings nur unvollkommen aus. Dieselben sind eigentlich Kroaten und werden auch von den gegen das Innere des Herzogtums Krain zu sesshaften Slovenen längst durch die Benennung „weisse Krainer" unterschieden [1]). Die am deutlichsten das altkroatische Gepräge tragenden Familiennamen kommen gerade in denjenigen Ortschaften vor, von welchen positiv bekannt ist, dass sie zu Anfang des 16. Jahrhunderts der Veröbung anheimfielen, wie z. B. im Möttlinger Gerichtsbezirk zu Mladitza, Ortsgemeinde Semitsch, zu Dobrawicz, Ortsgemeinde Podwemel, zu Blutsberg, Ortsgemeinde Kerschdorf. Die 9 „Gottschewischen" (Gotscheer) Huben „am Khang", deren noch im Meichauer Urbar von 1603 Erwähnung geschieht, sind vollends verschwunden [2]).

IV. Steiermark.

Die hiesigen Stände betrachteten sich von jeher als Grenzhüter des Deutschen Reiches und bekannten sich zu dieser Anschauung be-

---

[1]) Bei den im Jahre 1846 gepflogenen offiziellen Erhebungen, aus welchen Czörnigs Ethnographie der österreichischen Monarchie hervorging, wurden, wie aus Jos. Huins „Handbuch der Statistik des österreichischen Kaiserstaates", 1. Bd., Wien 1852, S. 219, zu ersehen ist, in Krain 17697 Kroaten gezählt, und zwar in den Katastralgemeinden Ossinelz, Kuschel, Piertsche, Fara, Vrch, Banjaloka und Suchor; ferner in den Ortschaften Dol, Vornschloss, Unterberg (Dolenja Podgora), Altenmarkt, Schöpfenlag (Sodevic), Tanaberg, Obrch, Weltsperg, Alt- und Neu-Linden, Schweinberg (Vrch), Damel, Utschukacze, Weinix, Preloka, Adleschia, Bojance, Hrast bei Weinix, Doblice, Radence und Butoraj; endlich, mit Deutschen gemischt, zu Tscheplach und Maierle.
[2]) Lopašič (a. a. O. S. 10) schätzt die Zahl der zwischen der Kulpa und dem Poljaner Gebirge wohnenden „weissen Krainer", d. h. Kroaten, im politischen Bezirk Tschernembl auf beiläufig 28000 und sagt von ihnen, dass sie sich in Sprache, Tracht und Gestalt des Körpers von den Bewohnern der Gegend um Ribnik und Bosilievo in Kroatien nicht unterscheiden.

sondern im Jahre 1607 durch die Besorgnis, dass die Türken nach Eroberung von Kanischa „den teutschen Poden leichtlich erreichen können“, sowie durch den Vorschlag, „auf teutschem Poden unterhalb Radkersburg“ neue Befestigungen anzulegen [1]); dann im Jahre 1620, wo sie der slavonischen Militärgrenze nur so lange, als sie „in einer ersamen Landschaft zu Steyr als in der Teutschen Disposition verbleibt“, sich noch anzunehmen erklärten [2]).

Aber sie thaten der Nationalität ihrer slavischen Unterthanen keinen Zwang an [3]) und sahen diese daher im 16. Jahrhundert durch Zuzügler vermehrt, welche sowohl aus Slavonien als aus der Gegend von Sluin sich nach Steiermark begaben.

Die aus Slavonien stammenden Serben, welche in Steiermark ansässig wurden, hatten von 1552 bis 1588 den Morgetić-Hof zu Wernsee an der Mur inne; ferner von 1556 bis ins 17. Jahrhundert den Aichhof ober Pettau und die Ortschaft Skok südwestlich von Marburg; um das Jahr 1572, aber nur vorübergehend, 7 Huben im Dorfe Rogeis; von der Mitte des 16. Jahrhunderts an durch beiläufig 30 Jahre mehrere Huben im Dorfe Scherschowitza bei St. Marein, östlich von Ponigl; endlich um das Jahr 1583 (gleichfalls nur zeitweilig) eine Hube zu Kötsch am Ostabhange des Bachberngebirges. Ausser diesen speziell bekannten und durch Urkunden beglaubigten Siedlungen müssen noch viele Niederlassungen der nämlichen Art auf steiermärkischem Boden stattgefunden haben. Denn noch gegenwärtig tragen im Gerichtsbezirk Pettau mehrere hundert Personen Familiennamen, welche, wie z. B. Smigoz, Shok, Sok, Loh, auf serbischen Ursprung oder mindestens auf eine verwandte Herkunft hinweisen. Auch in den Gerichtsbezirken Friedau und Rohitsch fehlt es nicht an solchen. Einzelne Träger derartiger Namen mögen geradezu Nachkommen der vorerwähnten Ansiedler sein. Aber auch der Typus der Bevölkerung in mehreren Ortschaften des Draufeldes, so namentlich zu Cirkovec (Zirkowitz), St. Lorenzen, Haidin, Gross-Okitsch, Gruschkaberg u. s. w., kennzeichnet dieselbe als eine serbo-kroatische [4]).

Zahlreicher noch als obige Familiennamen kommen in den genannten Gerichtsbezirken Anklänge kroatischer Einwanderung vor [5]),

---

[1]) Verordnetenrelation, erstattet im Januar 1607. Siehe steiermärkisches Landtagsprotokoll im Landesarchiv zu Graz, Bd. 1715, Bl. 469 ff.

[2]) Steiermärkisches Landtagsprotokoll ebenda, Bd. 1720, Bl. 158.

[3]) Im Gegenteil wendeten sie derselben ihr Augenmerk zu. Ein Ratschlag der steiermärkischen Landschaft vom 30. März 1538 (Landtagshandlungen Bd. 5 im steiermärkischen Landesarchiv Bl. 61) dringt auf die Bestellung eines Bannrichters und öffentlichen Anklägers, „so die windisch sprach khunen“, und erklärt es als unleidlich, dass beim Strafverfahren die Gerichtspersonen und Angeklagten sich wechselseitig nicht verstehen.

[4]) Ich habe, teils auf eigene archivalische Forschungen, teils auf Mitteilungen des Hrn. Gymnasialprofessors Fr. Hubad gestützt, diese Serbenansiedlungen zum Gegenstand ausführlicher Darstellung in den „Mitteilungen des historischen Vereins für Steiermark“, XXXI. Heft (1883) gemacht.

[5]) Belege hierfür habe ich gleichfalls in dem eben citierten Aufsatze beigebracht. Jörg Kollonitsch, genannt Krabath, hat schon im Jahre 1483 das Schloss Mahrenberg im Drauthale vom Kaiser Friedrich IV. zur pflegeweisen Ver-

wobei es allerdings fraglich bleibt, ob wir es da mit Altkroaten oder
mit Oberslavoniern zu thun haben, welche eigentlich pannonische Slovenen sind. Nur von einer bestimmten Gruppe der Bevölkerung im
Gerichtsbezirk Haun, nämlich von den Weilern Rakowitz, Ortsgemeinde Pischütz, und St. Lorenz, Ortsgemeinde Wisell, sowie von
der Ortsgemeinde Michalovetz wissen wir verlässlich, dass sie Altkroaten in sich fasst. Die Voreltern dieser hat um das Jahr 1570
der Priester Peter Szalković und ein Edelmann namens Dezić aus den
Dörfern Stoimerić und Radonja im nachmaligen Sluiner Grenzregiments-
gebiete herbeigeführt, wie gelegentlich einer im Jahre 1590 stattge-
fundenen Zeugenvernehmung konstatiert wurde[1].

Eine der neuesten Zeit angehörende Erscheinung sind die czechischen Kolonisten, welche, ungefähr 30 Familien stark, vor 40 Jahren
aus Böhmen in den Gerichtsbezirk Voitsberg eingewandert sind. Sie
kamen sämtlich aus der Gegend von Schüttenhofen im Böhmerwalde
und erwarben kleine Bauernwirtschaften zu Gross- und Kleinwölnis,
zu St. Martin am Wölnisberge und in der Gemeinde Hochtregist.
Dermalen sprechen diese Familien mit geringer Ausnahme deutsch.
Nur die schon erwachsen ins Land gekommenen Angehörigen derselben
sind noch der czechischen Sprache mächtig und bedienen sich ihrer
im Verkehr unter sich[2]. Auch im Köflacher Kohlenrevier leben Czechen,
und zwar in beträchtlicher Zahl; allein das sind so wenig als die hier
wohnhaften Slovenen und als die im Leobner Kohlenrevier lebenden
Slaven beiderlei Art echte Kolonisten, sondern bloss Grubenarbeiter,
welche, wenn sie schon zum Teil ihre eigene Hütte bewohnen und
ausserdem einige winzige Grundstücke daselbst ihr eigen nennen, doch
keine festen Niederlassungen begründet haben.

V. Niederösterreich.

Eine ähnliche Bewandtnis, wie mit den meisten Czechen der
Steiermark, hat es mit der Mehrheit der in Niederösterreich (dem
Lande unter der Enns) bei der letzten Volkszählung angetroffenen
Czechen[3]. Sie sind grösstenteils Handwerker, Fabriks- und Hütten-
arbeiter. Aber es gibt unter ihnen auch Bauern, und von vielen bei

waltung verliehen erhalten. Siehe Schmutz, Historisch-topographisches Lexikon
von Steiermark. II. 478.

[1] Die bezügliche Urkunde hat der kroatische Geschichtsforscher Radoslav
Lopašić, der mich mit deren wesentlichem Inhalte bekannt zu machen die Güte
hatte, eingesehen und echt befunden.

[2] Gütige Mitteilung des Hrn. k. k. Bezirkshauptmanns Dr. Karl König,
der mit diesen Kolonisten in öftere amtliche Berührung kam.

[3] Es wurden da, mit Einschluss der Slovaken und slavischen Mährer, ihrer
61 257 gezählt, ohne die Ausländer dieser Nationalität, und zwar in der Stadt
Wien 25 186 = 3.99 % der einheimischen Gesamtbevölkerung. Im politischen Bezirk
Mittelbach machten sie 7.77, im politischen Bezirk Weidhofen a. d. Thaya 6,15,
im politischen Bezirk Bruck a. d. Leitha 4.35, im politischen Bezirk Wiener-Neustadt
(Umgebung) 3.84, im politischen Bezirk Baden 3.64 Prozent.

den Ziegelwerken am Wienerberg, namentlich zu Inzersdorf, be-
schäftigten, samt ihren Familien hier weilenden Czechen kann gleich-
falls behauptet werden, dass sie daselbst sesshaft geworden sind.
Wechselt gleich die Zusammensetzung der bezüglichen Haushaltungen,
so ist es doch grossenteils schon die dritte Generation, welche den
Kern derselben bildet, und die unter 40 Jahre alten Leute in deren
Mitte sind mit geringer Ausnahme im Bereiche der genannten Ortsgemeinde geboren. Um sie schart sich allerdings eine flottierende
Menge, die jedoch den sesshaften Grundstock nicht an Zahl überwiegt.
Bei der Volkszählung am Schlusse des Jahres 1880 wurden zu Inzersdorf
2039 Czechen neben 5864 Deutschen gezählt. Czörnig gibt in seiner
Ethnographie der österreichischen Monarchie, welche im Jahre 1857
erschienen ist (I. Bd. S. 662) die Zahl der dortigen Czechen mit 1958
an. Danach hat seither nur eine schwache Zunahme stattgefunden.
Die herrschaftliche Kanzlei zu Inzersdorf sprach sich jedoch dahin
aus, dass in den Jahren 1860 bis 1870 die Anzahl der daselbst sich
aufhaltenden Czechen durchschnittlich 2200 betrug, und der gegen-
wärtige Pfarrer von Inzersdorf schätzt sie[1] dermalen auf mehr als
4000. Von diesen fühlen sich nur die am Wienerberge ansässigen
noch als Czechen, und hier allein halten sie an der böhmischen Muttersprache fest, wogegen die an der Triesterstrasse, am Steinhof, in den
sogenannten Weberhäusern, am Rudolfshügel u. s. w. zerstreut wohnenden der deutschen Sprache, wenn schon mit czechischer Betonung
der Worte, sich bedienen und weniger Gewicht darauf legen, dass man
sie als Czechen betrachtet. Die Schule, in welche sie alle ihre Kinder
zu senden haben, ist deutsch, und ebenso der Gottesdienst in der dortigen Pfarrkirche, mit Ausnahme der Festpredigten, welche zur Feier
des heiligen Johann von Nepomuk und des heiligen Wenzel an den
diesen Heiligen gewidmeten Tagen in Verbindung mit einer öffentlichen
Prozession gehalten werden. Den Grund zur massenhaften Ziegel-
erzeugung, bei welcher oder vermöge welcher diese Czechen ihren Unterhalt finden, hat vor ungefähr 50 Jahren ein Unternehmer namens Mies-
bach gelegt, dessen Sendboten insbesondere aus der Klattauer Gegend
Arbeiterfamilien herbeiholten. Derartige Zuzüge haben in neuerer Zeit
fast ganz aufgehört. Um so zäher beharren die Nachkommen der
früher Eingewanderten bei der angestammten Nationalität.

Ob diese bisher vereinzelt dastehende Erscheinung im Lande
unter der Enns nicht sich vervielfältigen wird, wenn die hiesige
Fabriksthätigkeit auch in anderen Gegenden die Zahl der Czechen zu
steigern fortfährt, das erörtere ich im Schlusswort. Bedeutsam sind
in dieser Hinsicht nachstehende Ergebnisse der letzten Volkszählung.
Es gab ihnen gemäss Ende 1880: zu Vösendorf im Gerichtsbezirk
Mödling 867 Czechen neben 1160 Deutschen, zu Hennersdorf im
Gerichtsbezirk Schwechat 273 Czechen neben 526 Deutschen, zu
Gramatneusiedl im Gerichtsbezirk Ebreichsdorf 582 Czechen neben

---

[1] In einem Antwortschreiben vom 9. Dezember 1886, welches er auf dies-
bezügliche Anfragen an den Verfasser der vorliegenden Abhandlung zu richten die
Gewogenheit hatte.

817 Deutschen. Wie stark unter den Handwerkern der Stadt Wien die Czechen vertreten sind, erhellt aus der Gesamtzahl von 3300 czechischen Zöglingen, welche im Schuljahre 1884/5 neben 3800 deutschen Schülern die Vorbereitungskurse der dortigen Fortbildungsschulen besuchten. Aber auch ausserhalb Wiens war damals das Verhältnis der beiden Nationalitäten an den genannten Schulen, was die Vorbereitungskurse betrifft, ungefähr das gleiche (6025 Czechen neben 6700 Deutschen).

Am rechten Donauufer überhaupt wurden innerhalb der Landesgrenzen — abgesehen von der Stadt Wien — im Jahre 1851 bloss 1958, im Jahre 1880 jedoch über 20000 (einheimische) Czechen als anwesend nachgewiesen. Diese Vermehrung ist vornehmlich auf Rechnung der in der Zwischenzeit stattgehabten Zuwanderung von Fabriksarbeitern zu setzen und nur zum kleineren Teile der Vergrösserung der Familien aus sich selbst zuzuschreiben. Als Bauern kommen Leute mit czechischer Umgangssprache in der Südhälfte des Landes fast gar nicht vor, obschon es gewiss ist, dass bis ins 9. Jahrhundert herauf die Gelände des Ybbsflusses „Sclavinia" hiessen, gegen die steiermärkische Grenze zu Ortsnamen, wie Gloggnitz, Gestritz, Edlitz, Ternitz die ehemalige Anwesenheit von Slaven bezeugen und es im Gerichtsbezirk Amstetten eine Rolle „Windischendorf" mit dem Kollmitzberg dabei gibt, im Gerichtsbezirk St. Pölten (bei Neulengbach) eine Ortschaft den Namen „Böheimkirchen" trägt u. s. w.

Dagegen weist das Land am linken Donauufer viele Czechen als sesshafte Landwirte auf. Im Gerichtsbezirk Feldsberg gab es laut der letzten Volkszählung 4551 Czechen, und zwar angeblich zu Unterthemenau 1536 (neben 132 Deutschen), zu Rabeusburg 1051 (neben 778 Deutschen), zu Oberthemenau 990 (neben 53 Deutschen), zu Bischofswart 828 (neben 36 Deutschen); im Gerichtsbezirk Zistersdorf 2096, und zwar im Dorfe Ringelsdorf 1000 (neben 210 Deutschen), im Markte Hohenau 680 (neben 2238 Deutschen), im Dorfe Waltersdorf 305 (neben 100 Deutschen); im Gerichtsbezirk Schrems 4429, und zwar in den Dörfern Beinhöfen (Nemecke) 590 (neben 23 Deutschen), Grundschachen 287 (neben 31 Deutschen), Rottenschachen 1628 (neben 171 Deutschen), Schwarzbach 619 (neben 32 Deutschen), Witschkoberg 394 (neben 15 Deutschen), Unterwielands 110 (neben 263 Deutschen) u. s. w.; im Gerichtsbezirk Weitra 283, und zwar in der Ortsgemeinde Thiergarten 191 (neben 133 Deutschen), wovon 162 (neben 56 Deutschen) auf das Dorf Tanebruck allein entfallen.

Freilich sind im Vorstehenden zu den Czechen auch die Slovaken und mährischen Slaven gerechnet [1]) und in jeder dieser beiden Gruppen sind Slaven enthalten, welche der Abstammung nach eigentlich als

---

[1]) Sowohl die Slovaken als die mährischen Slaven unterscheiden sich als Reste derjenigen Slaven, welche einst das grossmährische Reich bildeten, der Abkunft nach wesentlich von den Czechen, deren geistige Kultur allerdings im Laufe der Zeit assimilierend auf sie gewirkt hat.

Kroaten klassifiziert werden müssen [1]). Allein die in den Gerichtsbezirken Schrems und Weitra befindlichen sind ohne Zweifel wirkliche
Czechen im engeren, ethnographischen Sinne des Wortes. Sie sprechen
den sogenannten Budweiser Dialekt und hängen mit den jenseits der
Landesgrenze sesshaften Slaven gleicher Art zusammen, aus deren Mitte
wohl in neuerer Zeit sie sich ergänzt haben. Die Rodung des Heidenreich-
steiner Waldes und Errichtung von Glashütten in demselben gaben Anlass zu solchen Uebersiedlungen. Trotzdem ist das czechische Element
in dieser Gegend, die einst zu Böhmen gehört hat [2]) und wo dasselbe
demgemäss als ein bodenständiges sich darstellt, an manchen Orten
in der Abnahme begriffen.

In der 79 zerstreute Häuser umfassenden Ortschaft Brand (Lomy)
des Gerichtsbezirks Schrems, wo noch im Jahre 1851 neben 190 Deutschen 600 Czechen gezählt wurden, sind die letzteren seither beinahe
ganz verschwunden, und ebenso in dem nach Brand eingepfarrten Dorfe
Finsterau. Die Gemeinde Witschkoberg sprach sich am 30. November 1884 für Beibehaltung des deutschen Unterrichts an ihrer Schule
aus, kann daher als vom Czechentume abgefallen angesehen werden.
Auch 3 andere Gemeinden des sog. Waldviertels, welche noch wenige
Jahre zuvor um slavische Schulen gebeten hatten, sollen sich damals
im gleichen Sinne geäussert haben. Hinwieder hat der Ankauf einer
im Gerichtsbezirk Raabs gelegenen Herrschaft durch die Königgrätzer
Sparkasse zur Folge, dass daselbst, namentlich im Dorfe Grossau, czechische Feldarbeiter sich einfinden, welche hier sesshaft zu werden
bestrebt sind. Schon ist die Errichtung einer czechischen Volksschule
im genannten Dorfe durch den czechischen Schulverein in Aussicht
genommen.

Sehr ausgedehnt waren einst im Lande unter der Enns die kroatischen Ansiedlungen. Noch gegenwärtig gibt es hier zwei Ortsgemeinden, nämlich die Marktgemeinde Au an der Leitha und das
Dorf Loimersdorf im Gerichtsbezirk Marchegg, deren Einwohner ein-
gestandenermassen zur Mehrzahl (nach der Volkszählung vom Jahre 1880:
265 neben 170 Deutschen und 13 Czechen, beziehungsweise 633 neben
161 Deutschen) Kroaten sind. Und in anderen Gemeinden am linken
Donauufer, wo Loimersdorf liegt, haben noch vor 16 Jahren die Slaven
sich lieber als Kroaten denn als Czechoslaven einbekannt oder wurden
wenigstens deren Kinder von den Leitern der Volksschulen als Kroaten
angegeben. Die Konskription der Schulkinder im politischen Bezirk

---

[1]) So heisst es von den Bewohnern von Bischofswart in der „Topographie
von Niederösterreich", II, 175: sie seien „Slaven kroatischen Stammes, die neben
ihrer Muttersprache auch deutsch reden, aber ihre nationale Kleidung bewahrt
haben". Damit stimmen auch die dortigen Familiennamen überein, welche mit
geringer Ausnahme ein unverkennbares kroatisches Gepräge tragen, darunter der
Name Slunsky, ein Hinweis auf den Stammort Sluin. Der gleichen Erscheinung
begegnet man zu Oberthemenau, wogegen von den Familien Berkowitsch, Winko-
witsch, Schimkowitsch, Koporitsch u. a. in Hohenau an der March nachweisbar
ist, dass sie erst vor 50 Jahren aus der ungarischen Slovakei zugewandert sind.
[2]) Siehe Krones, Handbuch der Geschichte Oesterreichs, I. Bd. (Berlin 1876),
S. 375.

Mistelbach ergab für das Schuljahr 1870/71 neben 46 czechischen Kindern 920 kroatische [1]). Also darf mit Recht angenommen werden, dass die im genannten politischen Bezirke wohnenden Slaven überhaupt in Wirklichkeit bis auf eine verschwindend kleine Minderheit noch dermalen Kroaten sind. Dies gilt insbesondere von den Ortsgemeinden des Gerichtsbezirks Feldsberg: Unterthemenau, Oberthemenau (welcher Ort einst Nova ves chorwátska hiess) und Bischofswart (wo noch im Jahre 1851 Kroaten verzeichnet wurden); dann von den Ortsgemeinden des Gerichtsbezirks Zistersdorf: Markt Hohenau und Ringelsdorf. Auch in den Namen vieler Gemeinderepräsentanten lebt am linken Donauufer, d. h. im ehemaligen Viertl unter dem Munhartsberge, die Erinnerung an die kroatische Einwanderung fort. So funktionierten im Jahre 1885 [2]) zu Oberthemenau die Gemeinderäte Slunsky, d. h. aus Sluin, und Bartholschitz; zu Unterthemenau die Gemeinderäte Bartholschitz und Fabikowitsch; zu Engelhartsstetten der Bürgermeister Michalitsch, die Gemeinderäte Tamschitsch und Pabitsch; zu Breitensee der Bürgermeister Ankowitsch, der Gemeinderat Nakowitsch, der Ortsschulrat Wogowitsch; zu Bischofswart der Bürgermeister Slunsky, der Gemeinderat Wlaschitsch; zu Zwerndorf (im Gerichtsbezirk Marchegg) die Gemeinderäte Prossenitsch und Grammanitsch; zu Orth der Gemeinderat Nikowitsch u. s. w. Minder häufig, doch immerhin überzeugend genug tritt diese Erscheinung am rechten Donauufer, d. h. im ehemaligen Viertl unter dem Wienerwalde, auf, wo im Jahre 1885, ganz abgesehen vom Markte Hof an der Leitha, dessen Bürgermeister damals Prekunitsch und unter dessen Gemeinderäten Einer Messeritsch hiess, zu Sommerein, Landegg bei Pottendorf, Mannersdorf, Wiltleinsdorf, Ellend und Kroatisch-Haslau Träger kroatischer Namen Gemeindeämter bekleideten.

Czörnig erhob [3]) für das Jahr 1851 6460 im Lande unter der Enns wohnhafte Kroaten, und zwar:

I. am rechten Donauufer

zu Hof an der Leitha (908), zu Au (723), zu Mannersdorf am Leithaberg (584), zu Pischelsdorf im Gerichtsbezirk Bruck (160), zu Sommerein ebenda (72), zu Wildungsmauer im Gerichtsbezirk Hainburg (70) und zu Kroatisch-Haslau ebenda (60);

II. am linken Donauufer

zu Orth (481), zu Zwerndorf (435), zu Loimersdorf (428), zu Breitensee (341), zu Haringsee (319), zu Engelhartsstetten (300), zu Mannersdorf (283), zu Eckartsau (274), zu Kroatisch-Wagram (207), zu Pframa (131).

[1]) G. A. Schimmer, Statistik der öffentlichen und Privatvolkschulen. herausgegeben von der k. k. statistischen Centralkommission. Wien 1873, S. 6.
[2]) Laut dem „Niederösterreichischen Amtskalender" von diesem Jahre.
[3]) Ethnographie der österreichischen Monarchie, I. Bd., 1. Abtlg. Wien 1857. S. 662.

zu Andlersdorf (130), zu Bischofswart (113), zu Straudorf (97) und zu
Fuchsenbigl (14).

Czörnig fügt diesen Angaben noch bei: es gebe auch zu
Mannersdorf und Baumgarten an der March, zu Schönfeld, Unter-
siebenbrunn, Landegg, Drösing, Bernhardsthal und Regelsbrunn Kroaten;
doch sei deren Germanisierung bereits so weit vorgeschritten, dass ihre
Ausscheidung von den Deutschen der Zahl nach in ethnographischer
Hinsicht von keinem Belang wäre.

Nahezu gleichzeitig veranschlagte Dr. A. W. Šembera, der
spätere Lehrer der böhmischen Sprache und Litteratur an der Wiener
Universität, die Kroaten des Landes unter der Enns zu 6171 [1]). Seine
Zahlenangaben stimmen, was das linke Donauufer anbelangt, mit
denen Czörnigs, soweit solche überhaupt vorliegen, bis auf Eckartsau,
dessen kroatische Bevölkerung Šembera aus Versehen übergeht, vollkommen überein; nur bringt er für mehrere Orte, welche Czörnig nahezu
ganz germanisiert sein lässt, Ziffern bei, welche die Zahl der dortigen
Kroaten ausdrücken; so beziffert er diese zu Mannersdorf a. d. M. mit 182,
zu Baumgarten mit 15, zu Untersiebenbrunn mit 14, und in der Stadt
Marchegg wohnten damals nach ihm 28. In Ansehung des rechten
Donauufers weichen aber seine Angaben von denen Czörnigs zumeist
ab. Bei Pischelsdorf setzt er bloss 60 (statt 160), bei Hof 908
(statt 900), bei Au 800 (statt 723), bei Mannersdorf 500 (statt 584),
bei Wildungsmauer 50 (statt 70), und Sommerein lässt er gänzlich
unberücksichtigt. Andererseits weist er der Ortschaft Landegg bei
Pottendorf im Gerichtsbezirk Ebreichsdorf 120 Kroaten zu, welche
Czörnig nicht beziffert.

Wenige Jahre bevor Šembera seine Daten sammelte, schätzte der
ungarische Schriftsteller Georg Gyurikovics [2]) die niederösterreichischen
Kroaten auf 5000. Er nennt als deren Wohnorte am rechten Donauufer ausser Kroatisch-Haslau, Wildungsmauer, Au und Hof noch
Deutsch-Altenburg; am linken Donauufer ausser Loimersdorf,
Breitensee, Eckartsau, Kroatisch-Wagram und Pframa noch Groissen-
brunn, Lassee, Witzelsdorf, welche 8 Ortschaften im heutigen
Gerichtsbezirk Marchegg liegen, und Kopfstetten (im heutigen Gerichtsbezirk Grossenzersdorf).

Stellen sich demnach die Ziffern bei Czörnig gleich als zu hoch
und die der letzten Volkszählung als zu niedrig gegriffen dar, so ist
doch an der raschen Verminderung der niederösterreichischen Kroaten

[1]) Siehe dessen Aufsatz: O Slowanech w Dolnich Rakausich (Die Slaven in
Niederösterreich) in der Zeitschrift des böhmischen Museums (Časopis českeho
Musěum) vom Jahre 1844, S. 536 ff. (die Fortsetzung erschien im Jahrgang 1845).
Nach den für Czörnigs Ethnographie im Jahre 1846 gemachten Erhebungen (welche
Jos. Hain in seinem „Handbuch der Statistik des österreichischen Kaiserstaates",
I. Bd., Wien 1852, publiziert hat) gab es damals im Lande unter der Enns, von
Wien abgesehen, 6364 Kroaten; Czechen und Slovaken aber 11.513.

[2]) Illustratio critica situs et ambitus Sluvoniae et Croatiae, Pars III. Pestini 1847,
p. 113. Vgl. die „Oesterreichischen Blätter für Litteratur, Kunst etc.", Jahrg. 1847,
Nr. 5 und 6.

nicht zu zweifeln, und ihr Rückgang weist grosse Dimensionen
auf, wenn man die Geschichte ihrer Ansiedlungen im Lande unter der
Enns bis ins 16. Jahrhundert zurückverfolgt.

Die älteste Spur dieser Siedlungen datiert aus dem Jahre 1524.
Damals erteilte Erzherzog Ferdinand dem kroatischen Edelmann Michael
Butschitsch, der sich bereits in Wien aufhielt, die Erlaubnis, „mit
etllichen seinen Lewten heraus in Oesterreich zu ziehen und alda zu
wonen" [1]. Dieser war aller Wahrscheinlichkeit nach ein Emigrant
aus dem Unnagebiete, welcher einen Teil seiner Unterthanen nach
Oesterreich verpflanzte. Andere kroatische Edelleute traten damals in
Ferdinands Kriegsdienste, wie denn dieser Fürst überhaupt das Ableben
seines Schwagers auf dem ungarischen Throne keineswegs abwartete,
bevor er zu dem altkroatischen Adel in nähere Beziehungen trat, sondern diesem früher schon seine hilfreiche Hand bot und im Jahre 1524
Abgesandte desselben in der Wiener Hofburg empfing [2]. Dass bald
darauf die Auswanderung im Unnagebiete stark um sich griff, berichtete
unterm 20. April 1527 der Kommandant der dahin bestimmten österreichischen Truppen mit dem Beisatze: er wolle nach Bihać eilen, um die
bäuerliche Bevölkerung, die im Begriffe sei, „aus dem Land Crobaten zu
ziehen", dort zurückzuhalten [3]. Doch war dies eine vergebliche Mühe. Die
Wogen dieser Menschenflut lagerten im Lande unter der Enns und im
benachbarten Ungarn mehrorts Sedimente ab, welche zur Veranlassung
wurden, dass späterhin neue Scharen von altkroatischen Auswanderern
gerade dorthin zogen. Zu Doljani in der ehemaligen Karlstädter Militärgrenze (dermalen Bestandteil der politischen Gemeinde Skare des Likka-
Crbavaer Komitats) erhielt sich die Ueberlieferung, dass die ursprüngliche Bewohnerschaft des Orts im genannten Jahre 1527 türkischer
Streifzüge halber in die Gegend um Oedenburg sich begab [4]. Von
einem Teil der kroatischen Einwohner des Wieselburger Komitats (um
Karlsburg, Mannersdorf und Eisenstadt) steht fest, dass ihre Voreltern

---

[1] Tabula der Vitztumb- vnnd exempten Aemtter (Bd. 22 der sogenannten
niederösterreichischen Gedenkbücher) im k. und k. Reichsfinanzarchiv zu Wien,
Blatt 16. Einzelne Altkroaten brachten schon früher Edelsitze im Lande unter
der Enns an sich, so z. B. Andreas Kuzal de Lyka (Likka), welcher um das
Jahr 1481 den Ansitz Lappitz bei Wang im heutigen Gerichtsbezirk Scheibbs
erwarb und sich späterhin nach demselben nannte. Sein Vater war um das
Jahr 1470, nachdem ihm die Türken seine Erbgüter abgenommen hatten, nach
Oesterreich gekommen und machte sich um die Verteidigung der Burg Steyr an
der Enns wider die ungarischen Angriffe verdient. Siehe Wissgrill, Schauplatz
des niederösterreichischen Adels, V. Bd., S. 436.

[2] Siehe das vorcitierte Gedenkbuch, in welchem Blatt 122 die Verabfolgung
von Geschütz und Pulver an die Grafen Christoph und Wolfgang Frangepan,
Blatt 457 eine ähnliche Unterstützung des Grafen Zriny, Blatt 482 ein allgemein
lautendes Mandat zur Armierung der „bessern Heuser an den crobatischen Grenitzen",
Blatt 492 ein Befehl, dass die Soldrückstände an die „crobatischen Edelleut so
jetztverschinen Sumer (1525) in Ir f. Durchlaucht Dienst und Sold wider die Türkhen
gehalten worden", und Blatt 29 eine Anweisung zur Bezahlung der Zehrungskosten
für die „crobatisch Botschaft in Wien" (d. d. 24. September 1524) verzeichnet ist.

[3] Chmel, Habsburgisches Archiv, II. Heft, Urk. 41.

[4] F. J. Fras, Topographie der Karlstädter Militärgrenze, Agram 1835,
S. 257.

aus der Gegend von Podzwizd und Vranograč im heutigen Bosnien dorthin
übersiedelten und schon im Jahre 1583 sich dort befanden [1].

Dass schon im Jahre 1534 zwischen Blumau im Oedenburger und
Steinbach im Eisenburger Komitate, knapp an der steiermärkischen
Grenze, „ain Dörfl mit Chrabathen" sich befand, welches Peter Bathiany
„gestiftet" hatte, erhellt aus einer Beschwerdeschrift der steiermärki-
schen Landschaft [2]. Demgemäss ist es in hohem Grade wahrschein-
lich, dass um diese Zeit auch im Lande unter der Enns ganze
Ortschaften durch Kroaten begründet wurden, wenn schon zunächst die
Neigung zum Ausharren unter diesen Zuwanderern gering war. Letzteres ergibt sich aus einer im Jahre 1537 von der gräflichen Familie
Salm bei der Landesregierung in Wien geführten Klage, wonach
Kroaten, denen sie einige Jahre zuvor beim Schlosse Orth (am linken
Donauufer, der Pfarre Ellend gegenüber) Grundstücke angewiesen hatte,
anlässlich einer Ueberschwemmung fortgezogen waren und zurückzukehren
sich weigerten [3]. Dass gleichzeitig zu Wilfersdorf, südlich von Bruck
an der Leitha (also am rechten Donauufer) eine kroatische Kirchen-
gemeinde bestand, darf aus der Thatsache gefolgert werden, dass bereits unter dem Jahre 1542 ein Kroat dort Pfarrer war und dass nach
dessen damals (1542) erfolgtem Ableben der Kirchenpatron einen Priester
der Agramer Diözese für diesen Seelsorgerposten in Vorschlag brachte [4].
Den Edelhof daselbst, d. h. einen mit gewissen Freiheiten ausgestatteten adeligen Ansitz, hatte unterm 2. September 1541 „mit aller
Zugehör auf dem Ungrischen und Teutschen" Peter Lassitz verliehen
erhalten, welches rittermässige Lehen König Ferdinand I. zwei Jahre
später bestätigte [5]. Man darf hierin einen weiteren Beleg dafür erblicken, dass diese Gegend damals bereits von Kroaten bewohnt war,
in deren Mitte eben jener kroatische Edelmann zu leben wünschte.
Inzwischen war auch die Kolonie beim Schlosse Orth vom neuen zu
Stande gekommen. Peter Karlović versah im Jahre 1552 für dieselbe
das Predigtamt, offenbar im protestantischen Geiste, weshalb ihn der
katholische Ortspfarrer zu verdrängen suchte. Acht Jahre später finden

---

[1] Radoslav Lopašić, Občina Draganicka. Agram 1883, S. 2.
    [2] Instruktion derselben für ihre Gesandten zum König Ferdinand I. vom
Jahre 1534 im steiermärkischen Landesarchiv: Allegat der Handschrift 575. Vgl.
bezüglich der kroatischen Siedlungen um Schlaining und Rechnitz im Eisenburger
Komitate, deren Gründer aus der Gegend von Kopreinitz gekommen sein sollen,
Szegedia Rubricae II, 93.
    [3] Die Aufforderung der Regierungsbehörde, welche diese demzufolge unterm
21. September 1537 „Croatia colonis Comitis ad Salm ad Arcem Orth habitantibus"
zustellen liess, befindet sich unter den ungarischen Akten des Staatsarchivs in Wien.
    [4] Das betreffende Schriftstück erliegt im Archiv des fürsterzbischöf-
lichen Konsistoriums zu Wien, und zwar bei den Akten der Pfarre Wilfersdorf. Diesem Archiv sind auch alle nachstehenden geschichtlichen Angaben über
die Kroaten im Lande unter der Enns entnommen, bei welchen nicht ausdrücklich
auf eine andere Quelle hingewiesen ist. Erschlossen ward mir dasselbe durch
das Wohlwollen seines Vorstandes, des hochwürdigen Domkapitulars Franz Korn-
heisl. Der Wert der an sich reichen Ausbeute, welche es geliefert hat, wird durch
den Umstand, dass es für den vorliegenden Zweck früher nie benutzt worden, noch
gesteigert.
    [5] Akt 28 ex Juli 1572 im innerösterreichischen Hofkammerarchiv zu Graz.

wir am linken Donauufer ausserdem die Orte Bischofswart, Kopfstetten, Pframa, Wagram und Eckartsau mit Kroaten besiedelt [1]). Das
war die Wirkung der von 1553 bis 1557 stattgehabten Einfälle der
Türken in Slavonien und im Gebiete zwischen der Unna und Kulpa.
Noch weit mehr Südslaven wurden jedoch durch die Beutezüge des
Pascha Ferhat von Bosnien im Jahre 1575 und durch die das Jahr
zuvor zur Abwehr solchen Unheils verfügte Inundierung des Fluss-
gebietes der Lonya aufgescheucht. Bei den Kroaten im benachbarten
ungarischen Landesteile hat sich die Sage erhalten: ein Agramer Bischof
habe, als die Türken ihn nötigten, nach der Festung Ivanić zu fliehen,
den Auftrag erteilt, sowohl die Mündung des nahe bei dieser Festung
in die Save fliessenden Baches Činac zu schliessen, als auch die Flüsse
Čazma und Lonya zu verrammeln; durch Vollziehung dieses Befehls
allein seien die Bewohner von mehr als 20 Dörfern gezwungen worden,
ihre alte Heimat zu verlassen [2]). Und in der That ist ein solcher Befehl im Jahre 1574 ergangen [3]). Von den nach Eroberung der Festung
Kostajnicza durch die Türken (1556 bis 1559) erfolgten Auswanderungen
der Bewohner des Savegebiets spricht aber ausdrücklich der päpstliche
Nuntius Malaspina in einem Berichte vom Jahre 1580, indem er die
Zahl der zu jener Zeit nach Oesterreich und Ungarn übersiedelten
Kroaten, beziehungsweise die der damals dort vorfindlichen auf 40000
schätzt. Nach diesem Berichte [4]) waren dieselben mehr oder minder
alle der Gefahr, Protestanten zu werden, ausgesetzt, und es wird daher
vom genannten Nuntius als ein Glück gepriesen, dass im Jahre 1577
(er nennt fälschlich das darauf folgende Jahr) ganze Scharen jener
Einwanderer auf die Nachricht, dass der Erzherzog Karl einen Feldzug
wider die Türken plane, sich in Bewegung gesetzt hatten, um wieder
von der alten Heimat, deren Rückeroberung sie als unmittelbar bevor-
stehend betrachteten, Besitz zu ergreifen.

Mit dieser Repatriierung hat es übrigens eine andere Bewandtnis,
als welche der päpstliche Nuntius andeutet, indem er sie auf die reli-
giöse Verstimmung der kroatischen Ansiedler zurückführt oder wenigstens damit in Zusammenhang bringt. Sie war, vom Heimweh abgesehen, gewiss weit mehr die Folge politischer Anfeindungen und
Bedrückungen, als die Wirkung der angeblichen Intoleranz, womit die
österreichischen und ungarischen Herrschaftsbesitzer ihren aus Kroatien

---

[1]) Topographie von Niederösterreich, II. Bd., S. 175 und 452; Czörnig,
Ethnographie I, 1, S. 137. Im Jahre 1858 legten die Richter und die Geschworenen
von Kopfstetten vor ihrer geistlichen Obrigkeit Zeugnis ab für eine hundert-
jährige Tradition, nach welcher während dieser ganzen Zeit dort stets nur
Kroaten gewohnt hätten. In dem darüber erstatteten Berichte sind auch die Pfarrer
des Orts aufgezählt bis beiläufig zum Jahre 1570 zurück. Sie tragen sämtlich
kroatische Namen (Miknla, Barillich, Bojorich u. s. w.).

[2]) Fr. S. Kubač, Medju ugarskimi Hrvati (Unter den ungarischen Kroaten)
in der Agramer Zeitschrift „Vienac" vom Jahre 1878, S. 676.

[3]) Kercselich, Histor. Eccles. Zagrab., p. 206. Der Antrag dazu wurde
schon im Jahre 1563 gelegentlich einer Grenzbereitung gestellt.

[4]) A. Theiner, Vetera Monumenta Slavorum Meridionalium, Tom. II
Zagrab. 1875. p. 74 seqn.

herbeigekommenen Unterthanen den Zuspruch katholischer Priester ver-
sagten; denn es liegen Beweise dafür vor, dass solche Kroaten ihre
protestantischen Geistlichen gegen die kirchlichen Obrigkeiten, welche
ihnen dieselben entziehen wollten, in Schutz nahmen [1]). Ueberhaupt
war der Protestantismus unter den Auswanderern dieser Nationalität
damals sehr verbreitet und allem Anscheine nach sogar für viele ein
Beweggrund, der alten Heimat den Rücken zu kehren [2]).

Was ihnen im Lande unter der Enns das Heimischwerden er-
schwerte, das war der nationale Gegensatz, in welchem sie zu den
altgesessenen Einwohnern standen und der sich in dem Mass verschärfte,
als sie, durch Nachschübe verstärkt, sich ihrer physischen Macht bewusst wurden. Die Stände des Landes beschuldigten sie in einer Beschwerdeschrift vom Januar 1572 [3]), dass sie („die Krabaten") „schier
anfahen wollen, ober Ire benachbarte Leuth, sonderlich wo Sy denen etwo
in der Menig (Menge) vberlegen, (sich) zu schwingen und zu erheben".
Daran ist die Bitte geknüpft: der Kaiser möge den Befehl erlassen,
„dass weiter keine Krabaten ins Land aufgenommen werden, und dass
alle Obrigkeiten, unter welchen Kroaten schon sind, dieselben durch
Teutsche ersetzen und dort, wo teutsche Unterthanen neben In (ihnen)
sein (sind), die Kroaten weder zu Richtern noch anderen Aemtern nit
nemen oder gebrauchen". Der Kaiser erwiderte [4]): es sei wahr, dass
„der Krabaten im Lanndt vill. dasselb auch ein wehrhafft Volkh, auf
das guete Achtung zu geben ist"; allein durch Befolgung jenes Antrags
könnten die Kroaten leicht misstrauisch gemacht und veranlasst werden,
ihre neuen Wohnsitze erst recht zu behaupten. Bisher hätten sie weder
einen Aufruhr erregt, noch sich den Obrigkeiten gegenüber widerspenstig
benommen: es liege daher kein Grund vor, sie „ausser Landts zu
schaffen". Andererseits dürfe nicht übersehen werden, dass sie in
ihrer Heimat den Türken bis aufs äusserste Widerstand geleistet haben
und dass ihre dort zurückgebliebenen Angehörigen noch jetzt fortfahren,
Proben grosser Tapferkeit zu liefern. Ferner wäre es eine durch nichts
gerechtfertigte Härte. diese Ansiedler, die nun schon seit vielen Jahren den
Boden des Landes treulich bebauen, dadurch das Einkommen der Landschaft fördern und bei einer künftigen Feindesnot nicht wenig nützen
könnten, zum Fortziehen zu zwingen. Der Kaiser müsste sich dann
üble Nachreden gefallen lassen, durch welche obendrein die an den
Grenzen gegen die Türkei zu sitzenden Kroaten leicht entmutigt werden
würden. Deshalb wurde den Ständen im Namen des Kaisers bedeutet:

---

[1]) So wollten die Wilfersdorfer Kroaten im Jahre 1596 ihren als Ketzer
verrufenen Pfarrer Michael Stanšić, der früher zu Hof und zu Petronell Seelsorger
gewesen war, nicht abziehen lassen und beschuldigten vielmehr den katholischen
Gegenpfarrer verschiedener Untugenden.

[2]) In Oberungarn lebten zu Ende des 16. Jahrhunderts nicht weniger als
7 angesehene protestantische Familien, welche den Zunamen „Horváth" führten,
darunter die der Freiherrn Horváth-Stansić, deren Ahnherr Markus Stansić unterm 8. September 1550 vom König Ferdinand I. zum Ersatz für seine in Kroatien
durch die Türken ihm entrissenen Stammgüter Besitzungen in der Zips erhielt.

[3]) Handschrift 20 im niederösterreichischen Landesarchiv, Bl. 474.

[4]) Ebenda, Blatt 475, ist diese Antwort verzeichnet.

die ganze Angelegenheit sei strengstens geheimzuhalten und am nächsten
Landtage wolle er darüber verhandeln lassen, inzwischen aber den
einzelnen Herrschaftsbesitzern verschlossene Dekrete zufertigen, mit
welchen er ihnen aufträgt, so oft mit einem „crabatischen Hause" eine
Besitzveränderung sich ergibt, „einen Teutschen" darauf zu setzen,
auch als Richter, dann zu Raths- und Geschworenenämtern bloss „die
Teutschen" zu gebrauchen.

Dass diese Anordnungen trotz der eingeschärften Geheimhaltung
für die Kroaten des Landes unter der Enns kein Geheimnis blieben,
versteht sich wohl von selbst, da deren Vollzug den Bestand derartiger
Vorsichtsmassregeln verriet. Hieraus erklärt es sich auch, dass im
Jahre 1577 die oben erwähnte Rückströmung eintrat, und zwar auf
die Nachricht hin, dass mit der Pforte Friede geschlossen worden sei [1]).
Nun war es an den Ständen des Landes unter der Enns, auf Mittel
zu denken, wie dem Fortziehen eines Teils der wehrhaftesten Mann-
schaft, über die sie verfügten, entgegengewirkt werden konnte. So
misstrauisch sie sich früher gegen die Kroaten gezeigt hatten, so zuvor-
kommend behandelten sie dieselben nunmehr. In der Defensionsordnung
für Niederösterreich, welche im Jahre 1577 Gegenstand der zu Wien
abgehaltenen „Grenzhauptberatschlagung" war, heisst es (Art. 8): „Mit
den Crabatten, die in disem Laundt angesessen, wird von nötten sein,
ain abtailung zu machen, dass Sy vndter Ire sonndere Fendlein
abgetailt, Inen auch solche Haupt- und Bevelchs-Lewt geben (werden).
die mit Inen reden vnd Ir Art kennen; sollen auch bei Irer gewön-
lichen Wehren, als ain Haggen vnd Darda, gelassen werden, wiewol mit
der Zeit, wann man es für guet acht, vndter denselben auch Schützen
angericht können werden" [2]). Und zwei Jahre später erklärten die
Stände auf die ihnen vom Kaiser gemachte Landtagsproposition: die
einzelnen kroatischen Hausgenossen könne man unmöglich so besteuern
wie andere Inwohner der Bauernhäuser, da sie „nicht mit abgeteiltem
Hauswesen beisammen wohnen", sondern als Blutsverwandte „Dem, so
das guet besitzt vnd sein Mittaiden davon raicht, anstatt anderer Dienst-
poten die Arbait verrichten helffen" [3]).

Die in Rede stehenden Einwanderer hatten also auch die süd-
slavische Hauskommunion auf den Boden des Landes unter der Enns
verpflanzt und hielten mit aller Wärme ihres Stammgefühls daran fest.
Aber eine merkliche Beunruhigung veranlasste sie, um das Jahr 1579
innerhalb des Landes ihre Wohnsitze zu wechseln, was zu
ihrer Ausbreitung diente. So ist vom Dorfe Breitensee auf dem March-
felde bekannt, dass Graf Niclas von Salm es damals mit Kroaten be-
stiftet hat [4]). Im Jahre 1584 räumte solchen der Propst des Stifts

[1]) Ihrer gedenkt ein Bericht des Oberstlieutenants an der kroatischen Grenze.
d. d. Steinschmak, 18. März 1577, welchen Erzherzog Karl unterm 26. April 1577
den Verordneten der Krainer Landschaft mitteilte. (Krainer Landesarchiv.)
[2]) Akten der Grenzhauptberatschlagung zu Wien vom Jahre 1577 im Krainer
Landesarchiv, Fskl. 361² (Pergamentband).
[3]) Niederösterreichische Landtagsakten im Archiv des k. k. Ministeriums des
Innern zu Wien. Niederösterreich IV, H. 3, Akt 3 ex 1579.
[4]) Akten der Herrschaft Marchegg im k. n. k. Reichsfinanzarchiv zu Wien.

Klosterneuburg die öden Dorffluren von Thimenthal-Neusiedl bei Pira-
wart ein, in deren Genusse sie aber durch die deutschen Bauern von
Raggendorf dergestalt gestört wurden, dass sie wieder abzogen. Andere
Neugründungen dieser Art gediehen desto kräftiger, so dass sie einen
Ueberschuss abgaben, der weitere Kolonisationen bewirkte.

Sicher ist, dass in der ersten Hälfte des 17. Jahrhunderts Orte,
an deren Bevölkerung derzeit ausser einigen Familiennamen keine Spur
kroatischer Beimischung mehr wahrzunehmen ist, Kroaten zu Bewohnern
hatten, so z. B. Ellend im Gerichtsbezirk Hainburg [1]), Leopoldsdorf bei
Himberg im Gerichtsbezirk Schwechat [2]), Landegg bei Pottendorf im
Gerichtsbezirk Ebreichsdorf [3]) und Schönau an der Triesting im Gerichtsbezirk Baden [4]).

Zur Verminderung dieser kroatischen Siedlungen haben die
Seuchen in der zweiten Hälfte des 17. Jahrhunderts und die damals
von den Türken besonders im Viertel unter dem Wiener Walde, aber
auch längs der Marchlinie angerichteten Verheerungen ohne Zweifel
das meiste beigetragen [5]). Die Entnationalisierung der immerhin
noch beträchtlichen Ueberbleibsel vollzog sich hauptsächlich in der
Zeit von 1780 bis 1825, reicht jedoch an einzelnen Orten noch um
50 bis 60 Jahre weiter zurück; ja wenn man auch die Verwandlung
der Kroaten in Slovaken hier in Betracht zieht, so versetzt die
bezügliche Forschung in die Mitte des 17. Jahrhunderts, wo nämlich
das Bestreben erwachte, die Gemeinde Unterthemenau der Pfarre Lundel-
burg einzuverleiben, und der mit den Vorerhebungen betraute Dechant
unterm 27. Januar 1655 dem Wiener Konsistorium berichtete: „in
beiden Orthen werde die teutsche und schlavonische Sprach, doch vil
mehr die schlavonische geredt". Dass 130 Jahre später zu Unterthemenau die Slovakisierung durchgegriffen hatte, beweist ein Gesuch
des dortigen Pfarrers vom Jahre 1786 um Zuweisung eines der böhmischen (czechischen) Sprache kundigen Kaplans. Indessen war schon
die vorerwähnte Vereinigung im Jahre 1655 damit motiviert worden,
dass an Geistlichen, welche deutsch und böhmisch sprechen, grosser
Mangel sei [6]).

---

[1]) Auf das Dorf Ellend bezieht sich die Bemerkung eines Reisetagbuchs
vom Jahre 1585: „Blend, village basty depuys trois moys . . . habité de Crobaten chassez du Turc." Siehe die Monographie über Jacobus Bongarsius von
Dr. Hermann Hagen. Bern 1874, Beilage I.

[2]) Kirchliche Topographie des Erzherzogtums Oesterreich unter der Enns,
III. Bd., S. 279.

[3]) Bericht des Rabensburger Pfarrers Max Schimek vom 30. März 1796
unter den Konsistorialakten über die Pfarre Hof an der Leitha.

[4]) Kirchliche Topographie des Erzherzogtums Oesterreich unter der Enns.
V. Bd., S. 170.

[5]) Im Totenbuche der Pfarre Jedenspeugen steht folgende, die damaligen
Vorfälle beleuchtende Notiz: „Am 16. November 1683 wurde begraben Jury Windisch zu Pirnbach, alt 50 Jahre, ein frommer Kroat; ist am 18. August 1683
im Drösinger Wald (an der March) neben anderen 40 Mann von den Rebellen
niedergehauen und erst heute halb verwesen aufgefunden worden." (Topographie
von Niederösterreich, II. Bd., S. 354.)

[6]) Zu Anfang des 17. Jahrhunderts war der Priester Martin Slipković aus
Samobor in Kroatien Pfarrer zu Unterthemenau, woraus mit Bestimmtheit

Am frühesten scheint kirchlicherseits unter den Kroaten am rechten Donauufer die deutsche Sprache beim Gottesdienst eingeführt worden zu sein. Am 8. Januar 1710 klagte der Wilfersdorfer Pfarrer Georg Kauschitz dem fürsterzbischöflichen Konsistorium in Wien: er sei am letzten Christtag, als er auf Befehl des ihm vorgesetzten Dechants „zu Trost der vielen allda wohnenden Teutschen" eine deutsche Predigt hielt, von der Gemeindevorstehung gröblich insultiert worden, ungeachtet es in Wilfersdorf herkömmlich sei, dass jenes zu Ostern und Pfingsten geschieht. Das Konsistorium war nicht imstande, diesen Übereifrigen Pfarrer zu schützen, sondern musste ihn im Jahre 1714 anderswohin versetzen. Minder nachgiebig zeigte sich hierin der Wiener Erzbischof Graf Siegmund Kollonitsch (1716 bis 1751). Von ihm sagt der Ellender Pfarrer J. N. Kovács in einer Eingabe an das Konsistorium vom 18. November 1765: während seiner Diözesanverwaltung sei (bei den kroatischen Kirchengemeinden) „überhaupt Alles auf dem teutschen Fuss eingerichtet" und namentlich zu Ellend ein deutscher Schullehrer eingesetzt worden. Ja derselbe griff, wie ebenda berichtet wird, zu sehr drastischen Mitteln, um jenen Zweck desto rascher zu erreichen. Er verbrannte zu (Maria-) Ellend öffentlich ein in kroatischer Sprache abgefasstes Evangelienbuch und zerstörte eigenhändig den Privataltar, welchen Kroaten auf dem dortigen Friedhof aufgerichtet hatten, offenbar damit sie eine geweihte Stätte besitzen, wo sie kroatische Gebete zu verrichten fortfuhren. Der genannte Erzbischof duldete nämlich nicht, dass in der Kirche oder bei Prozessionen kroatische Lieder gesungen wurden, und stellte sogar das „kroatisch Beten" bei Leichenbegängnissen ab. Dass er Predigten in dieser Sprache gleichfalls verbot, versteht sich danach von selbst. Nach Markt Hof an der Leitha schickte die Kaiserin Maria Theresia im Jahre 1740 den deutschen Priester Reichart. Die hiesigen Kroaten widersetzten sich ihm und misshandelten ihn. Daraufhin beorderte sie eine Abteilung berittener Soldaten nach diesem Ort und liess sie den Anstifter der vorgefallenen Unruhen, namens Dwornikowitsch, festnehmen und bestrafen. Die deutschen Geistlichen, welche von da an ohne Ausnahme die Seelsorge im Markt Hof verrichteten, blieben weiterhin unbehelligt; sie waren freilich so klug, zunächst mit der kroatischen Gegenströmung sich dadurch abzufinden, dass sie zum Beichthören einen der kroatischen Sprache mächtigen Kaplan hielten, welcher auch zu den vier sogenannten heiligen Zeiten das Evangelium in dieser Sprache verlas. Die Christenlehre aber wurde deutsch abgehalten, und im Laufe der Zeit erfuhr der Gebrauch der kroatischen Sprache zu Markt Hof eine weitere Einschränkung, indem das Evan-

---

gefolgert werden darf, dass diese Gemeinde damals noch aus Kroaten bestand. Beda Dudik rechnet in seinem „Katalog der nationalen Hausindustrie und der Volkstrachten in Mähren", Brünn 1873, S. 18, die Bewohner von Ober- und Unterthemenau zu den Thayakroaten, sagt aber von ihnen, dass sie unter Slovaken leben und ihre Eigentümlichkeit schon grösstenteils eingebüsst haben. Vgl., was Oberthemenau betrifft, das oben S. 382 [26] bemerkte. Die Lundenburger sogenannten Kroaten erklärt er S. 24 für „reine Slovaken, die nur die kroatische Tracht annahmen". Vgl. die Anmerkung 1 zu obiger S. 381 [25].

gelium dann in ihr nur mehr am ersten Weihnachtstage beim Früh-
gottesdienst verkündigt ward. Dieser letztere Brauch hat sich auch in
anderen ehemals kroatischen Kirchengemeinden des Landes unter der
Enns verhältnismässig am längsten erhalten, besonders am rechten
Donauufer.

Zu Ellend, wo um das Jahr 1765 das Verbot, kroatisch zu
singen oder laut zu beten, erneuert werden musste und diese Ein-
schärfung unter den Kroaten eine grosse Aufregung hervorrief, suchte
das Konsistorium die Gemüter dadurch zu beschwichtigen, dass es an
einzelnen hohen Festtagen die Berufung von kroatisch sprechenden
Mönchen aus dem Kapuzinerkloster zu Bruck an der Leitha gestattete,
die sodann kroatischen Gottesdienst abhielten und im Beichtstuhle aus-
halfen. Mit Rücksicht auf dieses Auskunftsmittel wurden übrigens die
kroatischen Kapläne nach und nach beseitigt, was freilich zur Folge
hatte, dass sofort das Verlangen nach der Wiedereinsetzung kroatischer
Pfarrer auftauchte. In der Marktgemeinde Hof dauerte die dies-
bezügliche Agitation bis ins zweite Viertel des laufenden Jahrhunderts
und bekannten sich im Jahre 1790 von 164 Hausbesitzern 94 zur
kroatischen Nationalität, worunter aber höchstens 20 der deutschen
Sprache nicht vollkommen Kundige waren. Schliesslich errang auch
hier die deutsche Sprache die Alleinherrschaft, und heutzutage besteht
ein doppelsprachiger Gottesdienst am rechten Donauufer nur mehr in
der Marktgemeinde Au, die sich der gegenteiligen Anordnung durchaus
nicht fügen wollte, so oft sie auch daran erinnert worden war [1]).

Auch am linken Ufer der Donau stiess die Verdrängung des
kroatischen Gottesdienstes auf Schwierigkeiten. Die vornehmsten Stütz-
punkte des Widerstandes waren hier einerseits Haringsee und andererseits Engelhartstetten, beziehungsweise die Filiale Loimersdorf,
von welcher oben bereits gemeldet wurde, dass sie sich bis zur Gegenwart der Germanisierung erwehrt hat. Zu Haringsee schürte im
Jahre 1782 der Pfarrer Martin Prossenitsch die Unzufriedenheit mit dem
Verbote, das öffentliche Gebete und Gesänge bei Prozessionen in einer
andern Sprache als in der deutschen unterdrückte. Er selbst hielt
den Gottesdienst kroatisch, liess beim Hochamte durch den Schullehrer
kroatische Lieder anstimmen u. s. w. Angeblich zerfiel die Gemeinde
damals in 23 deutsche und 40 kroatische Hauswirtschaften. Die
„Deutsche Nation" stand unter einem eigenen Richter der „kroatischen" gegenüber, welche eben das numerische Uebergewicht zu
haben behauptete. Die Hofkanzlei in Wien mahnte mit Resolution vom
27. Dezember 1782 von der Verhetzung ab, welche diese unerquick-
lichen Zustände geschaffen hatte, richtete aber damit so wenig aus,
dass sie unterm 20. September 1784 sich zu dem Zugeständnisse gezwungen sah, es dürfe der Pfarrer von Haringsee an bestimmten Tagen,
der ihm obliegenden deutschen Predigt unbeschadet, auch in kroatischer Sprache von der Kanzel herab zu den Pfarrgenossen sprechen.
Als beigelegt konnten diese Konflikte erst im folgenden Jahre be-

---

[1]) Namentlich wurde im Jahre 1824 viel darüber verhandelt.

trachtet werden, wo der die Unruhe nährende Pfarrer von diesem
Posten entfernt wurde. Was Loimersdorf anbelangt, so blieb hier
der krontische Gottesdienst bis zum Jahre 1792 unangefochten. Als
die niederösterreichische Landesregierung damals (mit Erlass vom
17. März) das Verbot erliess, dass im Bereiche der Pfarre Engelhartstetten, wozu eben die Gemeinde Loimersdorf gehörte, künftig kroatischer Gottesdienst stattfinde, machte diese dagegen Vorstellungen,
indem sie versicherte, unter 900 Pfarrkindern seien kaum 50, welche
zur Not sich in der deutschen Sprache auszudrücken vermögen. Die
Gemeinde bat, kroatische Predigten noch so lange zu gestatten, bis der
Nachwuchs in der Dorfschule sich die deutsche Sprache genugsam
werde angeeignet haben. Der Bezirksdechant unterstützte dieses Gesuch und die Landesregierung gewährte von 3 zu 3 Jahren die Verlängerung eines Provisoriums, welches darin bestand, dass ein doppelsprachiger Pfarrer seine geistlichen Funktionen in beiden Sprachen
ausüben durfte. Hieran änderte auch ein Tumult nichts, welcher im
Jahre 1797 in der Kirche zu Engelhartstetten entstand, als die dahin
eingepfarrten Loimersdorfer Kroaten die anwesenden Deutschen am
Singen deutscher Kirchenlieder hinderten. — Dagegen waren die Be-
mühungen eines Kaplans der Pfarre Eckartsau, zu welcher die Gemeinden Pframa, Kopfstetten und Kroatisch-Wagram gehörten,
für die Kroaten dieser 3 Gemeinden einen besonderen, und zwar
kroatischen Pfarrer durchzusetzen, vergebens, obschon der Agitator
(Peter von Farketitsch, Sohn eines Ototschaner Grenzoffiziers) unterm
7. April 1783 sogar ein Majestätsgesuch zu diesem Ende einreichte
und nicht in Abrede zu stellen war, dass, wie die darauf hin einge-
leitete Untersuchung ergab, zu Kopfstetten seit mindestens 150 Jahren
Kroaten in grosser Zahl sich aufhielten, auch zu Pframa und Kroatisch-
Wagram ihrer viele vorhanden waren. Als man in weiterem Kreise
Umschau hielt, erwies sich die Ortschaft Breitstetten als zur Hälfte
kroatisch und als mindestens ebenso alt wie Kopfstetten. Ja es wurde
kundbar, dass zu Zwerndorf an der March bis vor kurzem sowohl
die Predigt als die Christenlehre kroatisch gewesen waren. Aber
weder die geistliche noch die weltliche Obrigkeit kümmerte sich um
derlei Argumente, was sicher das beste Mittel war, den natürlichen
Entwicklungsgang, dem die kroatische Nationalität in jenen Gegenden
von selbst zum Opfer fiel, vor Behinderungen zu bewahren.

Wenn die Gemeinden Au und Loimersdorf bis zum heutigen
Tage eine Ausnahme von dem Schicksale bilden, das die übrigen
kroatischen Siedlungen des Landes unter der Enns teils im letztver-
flossenen, teils im laufenden Jahrhunderte betroffen hat, so hat dies
in Umständen seine Ursache, deren ich hier noch zum Schlusse ausführlicher gedenke.

Vor allem erklärt es sich aus dem Rückhalte, welchen diese
beiden Gemeinden vermöge ihrer geographischen Lage, d. h. als knapp
an der ungarischen Grenze gelegen, an ihren jenseits dieser
Grenze wohnenden Nationsgenossen haben. Und diese sind
hier wahrlich zahlreich genug, um einen festen Rückhalt zu bilden.
Denn bei der letzten Volkszählung (1880) wurden im Pressburger

Komitate 2081, im Wieselburger 8404, im Oedenburger 27601 Serbo-Kroaten gezählt [1]). Davon lebten nahe an der Grenze: zu Theben-Ujfalu 1171, zu Hidegkút 173, zu Horvát-Gurab 545, zu Lajtafalu 287, zu Párndorff 1929, zu Ujfalu 917. Vor dritthalb Jahrhunderten schied diese dermalen ungarischen Ansiedlungen südlich von der Donau nicht einmal eine politische Grenze von den österreichischen, sondern es erstreckte sich damals das Erzherzogtum Oesterreich unter der Enns tief ins heutige Ungarn hinein [2]). Demzufolge entstanden zwischen beiden Gruppen Wechselbeziehungen, welche die politische Zusammengehörigkeit überdauerten.

Hierzu kommt, dass sowohl Au als Loimersdorf verhältnismässig junge Ansiedlungen sind. Ersterer Ort soll neuerdings nach dem Jahre 1684 mit Kroaten besetzt worden sein [3]); letzterer wird als eine Schöpfung der Herzogin M. A. Viktoria von Sachsen-Hildburghausen betrachtet, welche als Besitzerin der Herrschaft Schlosshof dieselbe vermutlich im Jahre 1730 hervorrief [4]).

Endlich ist beim Markt Au nicht zu übersehen, dass in ihm nach und nach das kroatische Element, welches früher über eine Kette von Ortschaften (Sommerein, Mannersdorf, Hof, Pischlsdorf, Götzendorf) am Saume des Leithagebirges verteilt war, gewissermassen sich konzentriert und verdichtet hat. Dieses Element wurde obendrein wiederholt durch Träger kroatischer Intelligenz, welche sich inmitten der kroatischen Bevölkerung niederliessen, gehoben und sein Selbstgefühl solchergestalt aufgefrischt. So erwarb im Jahre 1623 Philipp Lukowitsch, gewesener Hauptmann über 100 kroatische Pferde (Reiter), die früher Enziansche Realität im Markte Mannersdorf; 1642 war der Rittmeister Georg Radimilowitsch Besitzer des Thurnhofs im Markt Hof; ihm folgte 1650 der Oberst Joh. Gussenitsch in diesem Besitze [5]). Und an Leuten von reinster kroatischer Abstammung, denen die Bewahrung ihrer angeborenen Nationalität als eine besondere Ehrensache erscheinen musste, hat es unter diesen Leithakroaten auch sonst nicht gefehlt. Ein Verzeichnis derjenigen, welche im Jahre 1559 zu Mannersdorf Grundstücke urbar machten, enthält die Namen Halkowitsch, Stalitzawitsch, Subitsch, Pauganitsch, Gerdanitsch, Zajdschitsch, Barlakowitsch, Buganitsch. Als Weingärtenbesitzer erscheinen 1560 in der Gemeinde Au: Kerschnawitsch, Mekenitsch, Pisanitsch, Babitsch, Sunkawitsch, Czuczolitsch, Schimatowitsch, Dragowitsch, Koprisonitsch, Dribodella [6]).

---

[1]) A magyar korona országaiban az 1881 év elején végrehaitott Népszámlálás. II. Bd. (Budapest 1882), S. 218. 177. 245.
[2]) Siehe den Aufsatz des niederösterreichischen Landschaftssekretärs Joh. Philipp Weber, welcher diesen Gegenstand eingehend behandelt, in den „Beiträgen zur Landeskunde Oesterreichs unter der Enns", I. Bd., S. 169 ff.
[3]) Topographie von Niederösterreich. II. Bd., S. 104.
[4]) Georg Gyurikovics in den „Oesterreichischen Blättern für Litteratur. Kunst, Geschichte etc.", Jahrg. 1847. Nr. 5.
[5]) Akten der Herrschaft Mannersdorf im k. u. k. Reichsfinanzarchiv.
[6]) Urbar der Herrschaft Schurfeneck (Mannersdorf) vom Jahre 1565 im k. u. k. Reichsfinanzarchiv.

Zu welcher Zeit die Familie Dwornikowitsch, aus deren Mitte
die Führer der kroatischen Partei im Markt Hof sowohl im Jahre 1740
als 1790 hervorgingen, dahin eingewandert ist, vermag ich nicht zu
bestimmen; doch ist dies der Thatsache gegenüber, dass sie es war,
die in dieser Gegend für die Erhaltung der kroatischen Nationalität
nachdrücklichst eintrat, eine gleichgültige Sache. Jedenfalls hat gerade
sie viel beigetragen, dass, während sie durch ihren Ungestüm die Blicke
der Behörden von der Gemeinde Au ablenkte, das kroatische Wesen
in letzterer verschont blieb, ja an Lebensfähigkeit gewann und deshalb
auch sich behauptete.

Lange Fortdauer ist ihm übrigens auch hier kaum mehr be-
schieden. Denn ein Bericht über die kroatischen Einwohner von Au
aus neuester Zeit [1] lautet: „. . . sie halten noch auf ihre nationale
Kleidung und einzelne Bräuche, sprechen aber neben ihrer Muttersprache deutsch, sowie bei deutsch-kroatischen Ehen die Familie meist
die deutsche Sprache pflegt."

––––––––––

Ueberblickt man die im Vorstehenden mitgeteilten Ereignisse, so
offenbart sich

erstens: eine Wirkung der Türkenkriege, durch welche die Verbreitung der Deutschen in Oesterreich nicht nur eingeengt, sondern
auch zurückgeschraubt wurde;

zweitens: eine in den sozialen Verhältnissen der Gegenwart
begründete Ausbreitung der Czechen, welche mit dem Vorrücken der
Italiener in Südtirol Aehnlichkeit hat.

Jene Wirkung hat im Laufe der Jahrhunderte sich abgeschwächt:
aber in einzelnen Gegenden von Istrien, Görz-Gradiska und Krain ver-
nichtete sie Keime des Deutschtums auf immer und im Lande unter
der Enns besteht sie an drei Punkten (an der Leitha, March und
Thaya) in der Gestalt von Gemeinden fort, welche mit Rücksicht
auf den geschichtlichen Charakter des Landes und auf die nationale
Eigenart seiner vom Beginne der Markenbildung an hier heimischen
Bevölkerung als fremdartige bezeichnet werden müssen.

Das Ueberhandnehmen der Czechen in Gegenden, wo sie früher
nur sehr vereinzelt vorkamen, ist eine das Deutschtum noch mehr
bedrohende Erscheinung. Denn es wird hierdurch über das Land
unter der Enns und darüber hinaus ein Netz von nationalen Beziehungen
gespannt, das, je dichter es wird, auch den bereits verdeutschten Czechen
daselbst eine desto grössere Versuchung bereitet, aus ihrem Stillleben
hervorzutreten und eine nationale Sonderstellung anzustreben. Die
zum Gelingen solcher Bestrebungen erforderlichen Kräfte und die
Gabe, sie zu sammeln, sind bei den durch nationale Langlebigkeit

––––

[1] Topographie von Niederösterreich, II. Bd., S. 104.

sich auszeichnenden Czechen reichlich vorhanden. Gegenmassregeln,
wie sie die Vorzeit kannte und bei den kroatischen Einwanderern ohne
Bedenken in Anwendung brachte, sind durch den Geist des 19. Jahrhunderts nicht minder als durch Verfassungszustände, die als Erzeugnis
desselben Dauer beanspruchen, geradezu ausgeschlossen.

Es birgt also diese Erscheinung in sich ein gesellschaftliches
Problem, mit dessen Lösung zum spätesten die nächste Generation sich
zu beschäftigen haben wird.

Zu welchem Grade von Selbstgefühl das nationale Bewusstsein
einzelner Gruppen der ins Land unter der Enns eingewanderten Slaven
sich entwickelt hat und welche Folgen damit verknüpft sind, lehren
beispielsweise zwei Beschwerden, mit welchen das österreichische Reichsgericht sich beschäftigen musste. Am 2. März 1877 führten nämlich die Gemeinden Ober- und
Unter-Themenau und Bischofswart (s. o. S. 382 [26]) bei diesem
Gerichtshofe Klage über einen Erlass des Landesschulrates, womit der
Gebrauch der slavischen Sprache in ihren Schulen auf die Vermittlung
des Verständnisses des deutschen Unterrichts beschränkt und letzterer
den betreffenden Lehrern zur Pflicht gemacht wurde. Das Reichsgericht konnte nicht umhin, in diesem Erlasse eine Kränkung der den
Volksstämmen des österreichischen Staates durch den Artikel 19 des
Staatsgrundgesetzes über die allgemeinen Rechte der Staatsbürger (vom
21. Dezember 1867) gewährleisteten Gleichberechtigung zu erblicken
und den Unterrichtsbehörden zu bedeuten, dass der Unterricht an jenen
Schulen in slavischer Sprache zu erteilen sei [1]). Daraufhin vereinbarte
die oben erwähnte Behörde mit den drei klagbar gewordenen Gemeinden Lehreinrichtungen, welche die allmähliche Einführung des
deutschen Unterrichts bezweckten, zunächst aber dem Erkenntnisse des
Reichsgerichts Rechnung trugen. Dabei wurde die Unterweisung in
der Religion ausser Acht gelassen, und da trotzdem der Landesschulrat
begehrte, dass auch diese dort in deutscher Sprache erteilt werde,
wendeten sich die Gemeinden Unter-Themenau und Bischofswart
unterm 18. August 1882 neuerdings an das Reichsgericht, welches
nun abermals dem Klagebegehren derselben beipflichtete, auch der
berührten Uebereinkunft gegenüber von neuem betonte, dass in den
fraglichen Schulen die slavische Muttersprache der Kinder nicht bloss,
wie die Uebereinkunft besagte, aushilfsweise, sondern zunächst und
vorzugsweise anzuwenden sei [2]).

Der zweiten Beschwerde war freilich eine Agitation für Errichtung
einer czechischen Privatvolksschule in Wien vorausgegangen, bei
welcher Gelegenheit behauptet wurde, dass in der Reichshauptstadt
150 000 Czecho-Slaven leben, wovon kaum die Hälfte deutsch verstehe,
dass daselbst 25 czechische Vereine existieren, längsther auch Gottesdienst in czechischer Sprache gehalten werde, und dass ohne jene

---

[1]) Sammlung der Erkenntnisse des österreichischen Sprachrechts. Herausgegeben von Dr. Anton Hye, Freiherrn von Glunek, III. Teil (Wien 1878).
Erkenntnis Nr. 129 (vom 25. April 1877, Amtszahl 91).

[2]) Ebenda, VI. Teil (Wien 1883), Erkenntnis Nr. 269 (vom 12. Oktober 1882,
Amtszahl 209).

Vorsorge namentlich die in den Sommermonaten dort anwesenden
Slovaken aus Ungarn nicht minder als die Czechen aus Böhmen ver-
wildern müssten[1]).

Ich bin auf diese Verhältnisse oben absichtlich nicht näher ein-
gegangen, weil es sich da nur ganz ausnahmsweise um Siedlungen
handelt, vielmehr eine in steter Bewegung befindliche Menge von
Slaven den Gegenstand der nationalen Behütung bildet. Aber ich will
sie hier am Schlusse nicht unerwähnt lassen, weil sie das Bild der
Lage vervollständigen, welche zu schildern der Zweck der hier angestellten Betrachtungen ist.

In Istrien hat die Verstärkung der kroatischen Einwohnerschaft
die Gefahr einer Lostrennung uralter Bestandteile der einstigen Grafschaft Mitterburg und der im Norden angrenzenden Herrschaftsgebiete
heraufbeschworen. Eine Versammlung kroatischer Würdenträger (die
sogenannte Banalkonferenz) erhob mittels einer Petition vom 5. Dezember
1860 beim Kaiser Anspruch auf Castelnuovo, Voloska und Albona,
offenbar nicht aus rechtshistorischen Gründen, die sich ja dafür absolut nicht geltend machen lassen, sondern im Hinblick auf die Nationalität der Bevölkerung. Dieses Begehren hat zwar bis zur Stunde
seitens der Krone keine Erledigung gefunden; aber dass es, namentlich in jungkroatischen Kreisen, fortbesteht, unterliegt wohl keinem
Zweifel. Es ist allem Anscheine nach so alt wie die bezügliche Einwanderung, von welcher oben (S. 367 [11]) die Rede war. Denn
unterm 22. Oktober 1524 kam zwischen dem Erzherzog Ferdinand
als Beherrscher der österreichischen Länder und dem Grafen Nikolaus
Zriny ein Vertrag zu Stande, laut welchem der letztere die Grafschaft
Mitterburg samt der Stadt Kastua gegen Abtretung seiner Burgen
Gwosdansko und Lessnicza vom Erzherzog eingeräumt erhielt. Nur
der Einspruch des Königs von Ungarn wider diesen Tausch, dessen
politische Tragweite keiner Erläuterung bedarf, hat ihn vereitelt[2]).

Auch über Steiermark drohte bereits im 16. Jahrhundert aus
der nämlichen Ursache die gleiche Gefahr hereinzubrechen. Der kroatische Landtag vom Jahre 1584 reklamierte — angeblich auf ein
Heimfallsrecht gestützt, welches aber ein blosser Vorwand war, —
die steiermärkischen Güter Rann, Wisell, Kunsperg (Königsberg), Kozje
(Drachenburg), Pischäz u. s. w.[3]). Davon stand er zwar in der Folge-

---

[1]) Rede des Grafen Joh. Harrach in der Sitzung des österreichischen Ab-
geordnetenhauses vom 26. April 1880. Die Bestrebungen, dem czechischen Gottesdienste in Wien eine geregelte Abhaltung zu sichern und eine besondere Kirche
dafür zu erlangen, reichen allerdings bis zum Jahre 1811 zurück und haben seit
dem Jahre 1820 auch der Hauptsache nach den gewünschten Erfolg gehabt, wenn
schon die Erhebung des betreffenden Gotteshauses zur „böhmischen Pfarrkirche"
nicht gelungen ist. Siehe P. Carl Dilgskron, „Geschichte der Kirche unserer
lieben Frau am Gestade". Wien 1882, S. 154 u. 178. Ebenso ist die angestrebte
czechische Privatschule mittlerweile im 10. Stadtbezirke (Favoriten) zu Stande gekommen auf Grund einer Entscheidung des Unterrichtsministeriums vom 22. November 1892. Gründer dieser Schule, mit welcher ein Kindergarten in Verbindung
steht, ist der czechische Verein „Komensky".

[2]) Ungarische Registratur im k. k. Staatsarchiv zu Wien, Nr. 327 (alte
Signatur 645 bis 651).

[3]) Kercselich, Historia Ecclesiae Zagrabiensis (Agram), p. 272.

zeit ab, weil es ihm im 17. Jahrhundert ohnehin gelang, ein ansehnliches Stück Land (die Gemarkungen dreier Dörfer am linken Ufer des Sottlaflusses) von Steiermark zu Kroatien zu ziehen.

Dagegen ist der Sichelburger Distrikt (siehe oben S. 372 [16]) dem Herzogtum Krain, zu welchem er unter dem staatsrechtlichen Gesichtspunkte sicher gehört, durch kroatische Prätensionen nicht nur streitig gemacht, sondern thatsächlich entfremdet, und zwar, nachdem dessen Zugehörigkeit zu Kroatien nicht bewiesen werden konnte[1], auf Grund sogenannter Opportunitätsrücksichten, unter welchen der Hinweis auf die nationale Zusammengehörigkeit eine hervorragende Stelle einnimmt[2]. Mit Ausnahme der Exklave Marindol, auf welche die kroatische Landesregierung zu Gunsten Krains verzichtet zu haben scheint, ist der ganze, über 4 Quadratmeilen grosse und von mehr als 10000 Menschen bewohnte Distrikt durch deren Verordnung vom 30. Juni 1880 dem Agramer Komitate einverleibt und untersteht er dem kroatischen Bezirksamt Jaska.

Ob der österreichische Reichsrat, welcher im Jahre 1871 gegen eine solche Inkorporierung Verwahrung eingelegt hat und damit erzielte, dass das ungarische Gesetz vom 10. Februar 1872 über die Militärgrenze diese Angelegenheit in der Schwebe beliess — die soeben geschilderte Sachlage ungerügt lassen: ob auch der Krainer Landtag, welcher jenen Protest anregte, dazu schweigen wird, das muss die nächste Zukunft lehren.

Gewiss ist, dass, wenn der Sichelburger Distrikt für Krain, beziehungsweise für Oesterreich verloren geht, die Ursache dieses Verlustes in der arglosen Aufnahme der Uskoken liegt, welche der ursprünglichen Intention nach eine Grenzwehr sein sollten, jetzt aber das Gegenteil davon sind.

Und an diesem Beispiele bewährt sich von neuem die Bedeutung, welche ethnographischen Forschungen zukommt, mag ihr Gegenstand auf den ersten Blick auch noch so geringfügig oder veraltet erscheinen.

---

[1] Dies hat die ungarische Regierung mit Note vom 4. Juli 1881 ausdrücklich anerkannt.

[2] Sie sind in einer Note der ungarischen Regierung vom 7. August 1881 geltend gemacht. Diese und die in der vorstehenden Anmerkung verzeichnete sind den (gedruckten) Verhandlungen des Krainer Landtags vom Oktober 1881 eingeschaltet.

SIEDLUNGSARTEN

IN DEN

HOCHALPEN.

VON

Dr. Ferdinand Löwl,

Professor an der Universität Czernowitz.

STUTTGART.

VERLAG VON J. ENGELHORN.

1888.

Inhalt.

Vorwort.

Ich suchte die Wohnstätten im Hochgebirge nach orologischen Kennzeichen zu sondern und in einer Reihe von Thälern vergleichbare Werte für die unterschiedenen Siedelungsarten zu gewinnen. Die erste Aufgabe liess sich im Anschlusse an meine Arbeit über Thalbildung in aller Kürze erledigen; die zweite dagegen erheischte die Verknüpfung der an Ort und Stelle — in den Schieferalpen zwischen Reschen-Scheideck und Krimler Tauern — gesammelten Beobachtungen mit den Ergebnissen der jüngsten Volkszählung. Das „Spezial-Ortsrepertorium von Tirol und Vorarlberg", welches die Statistische Central-kommission im Jahre 1885 herausgab, soll „nicht nur die Gemeinden und Ortschaften nach der politischen und gerichtlichen Einteilung enthalten, sondern auch bei jeder Ortschaft alle zu derselben gehörigen Ortsbestandteile, also die Rotten, Weiler und Einzelhöfe anführen, und zwar erstens die Zahl der Häuser, zweitens die Zahl der Bewohner." . . . Wo diese Vorschrift befolgt wurde, war es nicht schwer, die Verteilung der Bewohner auf die verschiedenen Thalformen bis auf den Kopf genau herauszubringen. Ganz verlässig ist z. B. die Angabe, dass von den 1207 Bewohnern, welche das Kaunser Thal im Jahre 1880 aufwies,

8	oder	0.6 %	auf	Halden-Siedelungen,
107	„	8.9 „	„	Schuttkegel-Siedelungen,
238	„	19.8 „	„	Boden- „
39	„	3.2 „	„	Terrassen- „
304	„	25.2 „	„	Leisten- „
511	„	42.3 „	„	Hang- „

entfallen. In anderen Fällen aber heucheln die Prozentsätze durch ihre Dezimalstellen eine Genauigkeit, die ihnen leider nicht zukommt oder nach der Art ihrer Ermittelung zum mindesten nicht zugestanden zu werden braucht. Wenn von einer Ansiedelung, welche 50 Häuser mit 250 Inwohnern umfasst, 30 Häuser auf einem Schuttkegel, eine Rotte von 10 Häusern auf dem Gehänge und eine zweite Rotte von 10 Häusern auf dem Flachboden des Thales liegen, ohne im Ortsrepertorium gesondert angeführt zu werden [1]). so kann man, da eine eigene Volkszählung nicht ausführbar ist, das Verhältnis zwischen den drei Siedelungsarten nur dadurch sicherstellen, dass man die durchschnittliche Inwohnerzahl eines Hauses, in unserem Falle: 5, mit der Häuserzahl der Schuttkegel-, der Boden- und endlich der Hang-Siedelung multipliziert und die Produkte nach vorsichtig eingezogenen Erkundigungen berichtigt. Die Wohnhäuser müssen immer gezählt werden, da das Repertorium statt der wahren Häuserzahl nicht selten irrtümlich die Zahl der Wohnparteien angibt. Jene Thäler, für deren Siedelungsarten nur annähernd richtige Werte zu erhalten waren — grobe Fehler sind auch hier ausgeschlossen — wurden in den statistischen Ausweisen des Anhanges mit einem Sterne bezeichnet.

---

[1]) Wer sich von der ungleichmässigen Bearbeitung des Repertoriums überzeugen will, vergleiche die Angaben über das Oetzthal mit denen über das Schnalser Thal.

Drei Dinge setzt jede dauernde Niederlassung im Hochgebirge voraus: erstens einen gesicherten Ort für die Gründung der Heimstätte, zweitens Erwerbsquellen für den Ansiedler, drittens eine nie oder doch nur ausnahmsweise unterbrochene Zugänglichkeit. Wie die Zunahme der absoluten Höhe diese drei Bedingungen durch das Ineinandergreifen klimatischer und orologischer Faktoren allmählich einschränkt und endlich ganz aufhebt, zeigt am besten die rasche Abnahme der Bevölkerung in den oberen Becken und Thalästen. Das Oetzthal, dessen Siedelungsgürtel von 700 m Meereshöhe bis zur Isohypse von 2000 m, also bis in die Nähe der Baumgrenze emporsteigt, beherbergt mitsamt seinen Verzweigungen 5905 Bewohner. Da die Gesamtlänge der besiedelten Thalstrecken 75 km misst, entfallen auf 1 km 79 Bewohner. Dieser Mittelwert ermöglicht einen ziffermässigen Vergleich der Bevölkerungsdichte und der Bewohnbarkeit des Oetzthales mit der anderer Hochthäler[1]). Was wir aber hier zunächst ins Auge zu fassen haben, das sind die Veränderungen, welche jene Durchschnittzahl in den aufeinander folgenden Stockwerken des Oetzthales erleidet.

Thalabschnitt		Siedelungsgürtel	Länge	Bewohner	Bew. auf 1 km
Staffel von Oetz		700—1400 m	6.2 km	1882	304
„	„ Umhausen	930—1600 „	5.5 „	1366	248
„	„ Längenfeld	1100—1500 „	7.8 „	1301	167
„	„ Sölden	1300—1500 „	4.5 „	649	144
„	„ Zwieselstein	1500 „	1.1 „	67	61
Gurgler Thal		1700—1900 „	9 „	123	14
Venter	„	1500—2000 „	15 „	179	12

Wie aus dieser Uebersicht hervorgeht, nimmt die Dichte der Bevölkerung im Oetzthale nach oben hin stetig ab. In anderen Thälern, namentlich in solchen, die aus dem sanften Phyllitgebirge in das Herz eines Gneisskernes eindringen, erfolgt die Abnahme nicht allmählich, sondern sprungweise. Ein schlagendes Beispiel liefern die „Gründe", in welche sich das dicht bevölkerte Zillerthal bei Maierhofen, am Rande des Tauernmassivs, verzweigt.

---

¹) Vgl. Anhang I.

Zillerthal	520—1200 m	30 km	11940 Bew.	398 Bew. auf 1 km
Tuxer Grund	700—1500 „	18 „	1283 „	71 „
Dornauberg	700—1400 „	11 „	331 „	30 „
Stilluppgrund	unbewohnt			
Zillergrund	700—1300 „	9 „	371 „	41 „

Die Dichte der Bevölkerung hängt eben nicht allein von der absoluten Höhe, sondern auch von der erosiven Eigenart der Thalfurchen ab, und diese Abhängigkeit geht oft so weit, dass sich die Entwickelungsgeschichte eines Thales in der Art seiner Besiedelung widerspiegelt.

Das rinnende Wasser an und für sich vermag nur Klammen und, wenn es wie in regenarmen Tafellandschaften lange Zeiträume hindurch ungestört arbeitet, echte Cañons auszuhöhlen. Soll sich eine Klamm, ein Cañon zu einem bewohnbaren Thale entwickeln, so muss die Arbeit des Wasserlaufes ergänzt werden durch die Abschrägung der Seitenwände, also durch Verwitterung, Spaltenfrost und durch die spülenden Wirkungen des Regens. Das Ergebnis dieser kombinierten Angriffe der Atmosphäre ist zunächst die Anhäufung von Schutthalden am Fusse der Thalwände — ein nothdürftiger Ersatz für die flache Sohle entwickelter Thäler. Immerhin ermöglichen oder erleichtern solche Halden die Anlage von Verkehrswegen und überziehen sich, wenn sie Gesteinen entstammen. welche thonige Zersetzungsprodukte liefern, sehr bald mit Weideboden oder sogar mit einer Krume, die den Anbau von Getreide lohnt. Da aber in den Alpen selbst die wildesten Hochthäler nicht nur Halden, sondern auch kleine Flachböden, vereinzelte Schuttkegel und andere, einer Niederlassung günstige Stätten darbieten, sind die Halden-Siedelungen zumeist auf unentwickelte, klammartige Thalabschnitte und auf die Ränder schlecht drainierter Becken und Böden beschränkt. Dass sie von anderen Siedelungsarten an Bedeutung weit übertroffen werden. zeigt die folgende Uebersicht.

Auf Halden-Siedelungen entfallen:

von den 1507 Bewohnern des Antholzer Thales	71	oder	4 %
„ „ 9700 „ „ Tauferer „	442	„	5 „
und zwar von den 3002 Bew. des Stammthales [1])	107	„	6 „
„ „ 245 „ der Tauferer Schlucht	12	„	5 „
- „ 3406 „ des Ahrenthales	111	„	3 „
„ „ 383 „ „ Weissenbachthales	40	„	11 „
„ „ 1570 „ „ Mühlwaldthales	44	„	3 „
„ „ 695 „ „ Hainthales	12	„	2 „
„ „ 343 „ „ Mühlbachthales	25	„	7 „
von den 3310 Bewohnern des Stubaithales	118	„	3 „
und zwar von den 3040 Bew. des Stammthales [2])	49	„	1 „
„ „ 130 „ „ Oberberg	40	„	31 „
„ „ 149 „ „ Unterberg	28	„	19 „

---

[1]) Bis zum Schlosse Taufers; Schlucht: vom Schlusse bis Luttach.
[2]) Bis Mildern.

von den 5900 Bewohnern des Oetzthales 174 oder 3 %
und zwar von den 5980 Bew. des Stummthales[1] 141 . 3 .
    . . 123 . . Gurgler Thales 0
    . . 179 . . Venter . 7 . 4 .
    . . 106 . . Sulzthales 26 . 25 .
    . . 116 . . Ochsengarten 0
von den 4170 Bewohnern des Pitzthales 137 . 3 .
    1207 Bew. des Kaunser Thales 8 . 1 .
    1300 . . Schnalser . 154 . 12 .

In einem so niederschlagreichen Gebirge wie den Alpen können sich die Thalwände nicht lange als geschlossene Flächen erhalten. Das Regenwasser, welches über sie abläuft, spült Rillen aus, die sich nach unten hin vereinigen und so die Entstehung von Trichterthälchen anbahnen. Sobald aber ein Gehänge von solchen Tobeln durchfurcht wird, erfolgt die Abfuhr des Gebirgsschuttes beinahe nur noch durch die Klammen, welche aus den weiten Sammelbecken, den Karen, in das Hauptthal hinabziehen. Der schmale Saum von Sturzhalden, welcher den Fuss der Thalwände verhüllt, wird daher an der Mündung der Seitengräben von weit vorspringenden Schuttkegeln unterbrochen. Diese Tobeldeltas eignen sich in der Regel vortrefflich zur Besiedelung. Sie sind erstens viel sanfter gebüscht als die Sturzhalden, bestehen zweitens nicht wie diese aus ungemischtem, grobem Gehängschutte, sondern auch aus feinerem Gruse und selbst aus erdigen Massen und ermöglichen drittens durch den periklinen Abfall eine Berieselung ihrer ganzen Oberfläche mit dem durch die Klamm herabrinnenden Wasser. Zu diesen drei schon in der Bildungsart gegebenen Vorzügen gesellt sich noch eine klimatische Begünstigung von hohem Werte. Wie dem Thalbache, so ist der Rücken mächtiger, hoch ansteigender Schuttkegel auch den kalten Luftschichten entzogen, die sich im Herbste und Winter auf dem Boden schlecht ventilierter Thäler ansammeln. Hann machte uns in seiner grossen Arbeit über die Temperaturverhältnisse der österreichischen Alpenländer mit einem lehrreichen Beispiele bekannt: Die Wasserscheide des Pusterthales trägt einen der nördlichen Thalwand entstammenden Schuttkegel, auf dessen Rücken das Dorf Toblach und an dessen Rande, 77 m tiefer, der Weiler Gratsch liegt. Der Höhenunterschied von 77 m reicht hin, die bekannte Erscheinung der Temperaturumkehr hervorzurufen und das Januarmittel von Toblach um 2° C. über das von Gratsch zu erhöhen.

	Höhe	April	Juli	Oktober	Januar
Gratsch	1175 m	4.0°	14.4	4.6	—9.4
Toblach	1252 .	3.8°	13.5	5.0	—7.3[2]

Wie Toblach, so streben im Gebirge auch viele andere Dörfer,

[1] Bis Zwieselstein.
[2] Hann, Die Temperaturverhältnisse der österreich. Alpenländer, III. Teil, S. 61, 62, 97.

Weiler und Einschichten ohne Rücksicht auf die Erschwerung des
Verkehrs den Wurzeln der Schuttkegel zu, um der Strahlungskälte
des Thalgrundes zu entrinnen und gleichzeitig — wenn es sich um
die Nordseite des Thales handelt — besser und länger besonnte
Flächen aufzusuchen.

Der ökonomische Wert eines Schuttkegels hängt natürlich zunächst von der Gesteinsbeschaffenheit des Sammelgebietes ab. Unter
sonst gleichen Umständen steht er in verkehrtem Verhältnisse zur
Länge der schuttliefernden Erosionsfurche. Entwickelte Seitenthäler
besitzen kräftige Wasserläufe, welche die Seigerung der Geschiebe
besorgen, die feineren Sinkstoffe in den Hauptbach schwemmen und
vor ihrer Mündung nur den groben Schotter ablagern. Je unent-
wickelter, je kürzer und steiler ein Trichterthälchen ist, desto leichter
wird der im Kare aufgespeicherte Detritus durch heftige Regengüsse
als Schlammstrom oder Muhre durch die Klamm hinabgewälzt. Da das
Wasser im Schlamme gebunden ist und keine Seigerung bewirken
kann, bleiben am Ausgange des Grabens auch die feineren, erdigen
Stoffe liegen: die Tobel düngen ihre Schuttkegel. Für die mensch-
lichen Siedelungen wird dieses gewaltthätige Meliorationsverfahren sehr
oft verhängnisvoll, der Grund und Boden aber kann dabei nur gewinnen. Wie die Polder und Marschen des Nordseestrandes, so bieten
auch die Schutt- und Muhrkegel des Hochgebirges in der einen Hand
gesteigerten Ertrag, in der anderen gesteigerte Gefahr. Hier wie dort
hat der Mensch den Kampf aufgenommen und unverzagt bestanden.
So oft ihm Feld und Haus vermuhrt werden, so oft ergreift er wiederum
Besitz von dem verjüngten Grunde.

In allen Hochthälern, aus deren Gehängtobeln ansehnliche Muhrkegel hervorquellen, kann man beobachten, dass sich die Siedelungen
von den Halden zurückziehen und auf dem fruchtbaren Schwemmlande
der Erosionstrichter zusammendrängen. Manche Thalgründe haben
überhaupt fast keine anderen als Schuttkegel-Siedelungen aufzuweisen.
In dem obersten Seitenthale des Vinstgaues z. B., in dem bei Graun
in einer Seehöhe von 1500 m ausmündenden Langtauferer Thale,
dessen entwaldeter, von Tobeln zerfressener Nordhang den Thalboden
von Malag bis Pedross mit einer geschlossenen Reihe von Muhrkegeln
überschüttete, haben sich von den 404 Bewohnern nur 56 auf dem am
Ausgange erhaltenen Reste einer Terrasse und 10 auf dem schmalen
Boden selbst niedergelassen; die übrigen 338, also 84 % der Gesamtbevölkerung, wohnen auf Schuttkegeln.

Ein ebenso merkwürdiges Beispiel liefert das Thal, welches der
in die Rienz mündende Valser Bach in den Granitkern von Franzens-
feste und in den nördlich anstossenden Schieferstreifen einschnitt. Wer
aus dem Pusterthale in diesen wilden Seitengraben eindringt, stösst
im Ausgange desselben zunächst auf eine Halden-Siedelung — die drei
obersten Häuser von Mühlbach — die sodann eine enge, zwischen
schroffen Granitmauern herabziehende Schlucht zu durchschreiten, welche
für Niederlassungen keinen Raum bot. Nach einer halben Stunde
scharfen Anstiegs betritt man den schmalen Boden, auf welchem das
Valser „Heilbad" liegt. Dahinter thut sich allmählich eine freundliche

Thalweitung auf, deren Grund ganz und gar von Schuttkegeln eingenommen wird.   Der grösste unter diesen hat eine Stirnbreite von
3 km [1]).   Er wurzelt in einem Kare des Osthanges, genau an der Grenze
zwischen dem Granitkern und dessen nördlicher Schieferhülle. Die Gemeinde Vals, das einzige Dorf des Hochthales, fällt mit Ausnahme des im
Winter nur von 5 Personen bewohnten Bades ganz in den Bereich dieses
grossen Schuttkegels und seiner kleineren Nachbarn. Die Boden- und
Halden-Siedelungen zusammengenommen umfassen nur 6 %, die Schuttkegel-Siedelungen allein 94 % der Gesamtbevölkerung (308 Köpfe).

    Von derselben Vorliebe für Muhren zeigt sich die Besiedelung
des Antholzer Thales beherrscht. Auch dieser zwischen Welsberg und
Bruneck ins Pusterthal mündende Grund durchschneidet einen breiten
Streifen steil aufgerichteter schieferiger und massiger Silikatgesteine.
Die beiden Thalwände steigen jäh an und werden überall, wo sie in
die Streifen der weicheren Schiefer fallen, von tief eingerissenen Tobeln
durchfurcht. Schon an der Mündung, im Bereiche des Pusterthaler
Phyllitzuges, entwenden zwei einander gegenüber liegende Trichter
breite, sanft geböschte, wohl angebaute Schuttkegel. Hier wohnen in
den Dörfern Nieder-Rasen, Ober-Rasen und Neu-Rasen, deren Name
in die rätische Vorzeit Tirols zurückweist, auf beschränktem Raume
692 Menschen. Thaleinwärts folgt ein 5 km langes, durch die Schuttkegel von Rasen abgedämmtes Becken, welches gegenwärtig wohl mit
Geschieben ausgefüllt ist, aber seiner Versumpfung wegen noch nicht
besiedelt werden kann [2]). Das Antholzer Bad, das einzige Wohnhaus
auf diesem öden Schwemmboden, verdankt seine Gründung der Heil-
kraft des „Salomonbrunnens". Da das Becken in einem quer hindurch-
streichenden Gewölbe von hartem, granitoidem Gneisse liegt, wird es
nur von unwirtlichen Sturzhalden, die im ganzen nicht mehr als sieben
Bewohner aufzuweisen haben, umsäumt. Der vom Osthange herab-
rinnende Rauterbach und das namenlose, am Rammelstein entspringende
Bächlein sind die einzigen Zuflüsse, welche am obersten Ende des Beckens
kleine Schuttkegel ablagerten. Erst in der nordwärts auf den Gneiss-
sattel folgenden Mulde von Gneissphyllit und Glimmerschiefer lieferten
die Gehängtobel wiederum mächtige Schuttkegel, welche das Relief
der Thalsohle und die Verbreitung der Wohnstätten bestimmen. Von
Rasen her kommend nimmt man als Abschluss des durchwanderten
Beckens eine hohe Stufe wahr, deren von links nach rechts abfallender
First nichts anderes ist als die Profillinie jenes breiten, von der westlichen Thalwand herabsteigenden Muhrkegels, auf dessen Ertrag die
Mehrzahl der Bauern von Nieder- und Mitterthal angewiesen ist. Wie
hinter den Schuttkegeln von Rasen, so breitet sich auch hinter dem

---

[1]) Vgl. Blatt Sterzing-Franzensfeste der Spez.-Karte von Tirol.
[2]) Vgl. Blatt Bruneck der Spez.-Karte. — Es verdient Beachtung, dass
von Rasen bis zum Thalschlusse am Stallersattel nur deutsche Berg-, Flur- und
Ortsnamen herrschen. Der Abgang rätischer, romanischer, wendischer und selbst
deutscher Namen von altertümlichem Gepräge, wie sie in der Umgebung von
Bruneck so häufig zu finden sind (Stenb, Zur Namens- und Landeskunde der
deutschen Alpen, S. 29), rechtfertigt wohl die Vermutung, dass die Antholzer Seebecken erst in jüngster Zeit trocken gelegt wurden.

von Niederthal ein altes Staubecken aus, dessen Grund noch immer
so versumpft ist, dass die Siedelungen — Dorf Mitterthal mit zahl-
reichen Einzelhöfen — nur an wenigen Stellen aus dem schmalen
Saume der Sturzhalden heraustreten. Im Hintergrunde dieses zweiten
Antholzer Beckens hat der an der Südwand des Rieserfernerkammes
entspringende Klammlbach einen kleinen, der in den gegenüberliegenden
Hang eingeschnittene Rothwandgraben dagegen einen ungewöhnlich
grossen Schuttkegel vorgeschoben, an dessen thalauswärts gerichteten
Abfall sich noch zwei unbedeutende Muhren anlehnen. Alle diese
Deltas sind besiedelt. Der grosse Rothwandkegel ernährt das ganze,
von 195 Menschen bewohnte Dorf Oberthal. Hinter ihm, in einer
Höhe von 1644 m, liegt das letzte Staubecken, das des Antholzer
Sees, dessen Ausfüllung den Bach wohl noch lange beschäftigen wird.

Wie zutreffend das Urteil ist, das man sich auf einer flüchtigen
Wanderung durch Antholz über die Bedeutung der Schuttkegel für
die Thalbevölkerung bildet, ergibt sich wohl am besten aus der Thatsache, dass von den 1567 Antholzern

34	oder	2%	in	Hang-Siedelungen
71	„	4 „	„	Halden-Siedelungen
118	„	8 „	„	Becken-Siedelungen
1344	„	86 „	„	Schuttkegel-Siedelungen wohnen.

Aber auch dort, wo das Vorwalten der Schuttkegel-Siedelungen
nicht so augenfällig ist, wie in Langtaufers, Vals oder Antholz, kommt
den Muhren stets eine hohe ökonomische Bedeutung zu. So entfallen
auf diese Siedelungsart:

von den 9700 Bewohnern des Tauferer Thales	5018	oder	52%
und zwar von den 3062 Bew. des Stammthales	2210	„	72 „
„ „ 245 „ der Tauferer Schlucht	38	„	15 „
„ „ 3406 „ des Ahrenthales	1678	„	50 „
„ „ 363 „ „ Weissenbachthales	213	„	56 „
„ „ 1570 „ „ Mühlwaldthales	880	„	56 „
„ „ 695 „ „ Rainthales	0		
„ „ 343 „ „ Mühlbachthales	0		
von den 3316 Bewohnern des Stubaithales	1820	„	55 „
und zwar von den 3040 Bew. des Stammthales	1660	„	55 „
„ „ 130 „ „ Oberbergthales	80	„	61 „
„ „ 149 „ „ Unterbergthales	91	„	61 „
von den 5000 Bewohnern des Oetzthales	2292	„	39 „
und zwar von den 5380 Bew. des Stammthales	2237	„	42 „
„ „ 123 „ „ Gurgler Thales	0		
„ „ 179 „ „ Venter „	36	„	20 „
„ „ 106 „ „ Sulzthales	0		
„ „ 116 „ „ Ochsengartens	19	„	16 „
von den 4171 Bewohnern des Pitzthales	479	„	11 „
„ „ 1207 „ „ Kaunser Thales	107	„	9 „
„ „ 1300 „ „ Schnalser „	239	„	19 „

Durch das Hervorbrechen der Schuttkegel aus den Karen der Gehänge werden die dahinter liegenden Thalabschnitte, wie das Beispiel von Antholz lehrt, zuweilen in Seebecken verwandelt, deren Zuschüttung dem Hauptbache und den kleineren Rinnsalen der Seitenwände vorbehalten bleibt. Neben Muhren und Schuttkegeln können auch Bergstürze, die von den Thalhängen niederbrechen, einen stauenden Querwall, einen Seeriegel aufschütten. So setzt der Flachboden des oberen Pfitscher Thales bei Burgum mit einer jähen, gegen 500 m tiefen Stufe ab, welche sich bei genauerem Zusehen als der thalauswärts gerichtete Abfall einer durch umfassende Bergstürze der linken Thalwand aufgerichteten Sperre erweist. Der Pfitscher Bach hat das gegen 10 km lange Seebecken, welches durch diese Bergstürze abgedämmt worden war, bereits mit Geschieben ausgefüllt und auch schon den oberen Rand der gewaltigen Dammstufe angeschnitten. Er ist aber bisher noch nicht dazu gekommen, diesen Schnitt rückwärts zu verlängern, eine Rinne in dem Schwemmboden auszuspülen und so das versumpfte Becken zu entwässern. Die Dörfer, Weiler und Einschichten von Stein, Innerpfitsch, Ausserpfitsch, Burgum, Ried u. s. w. sind daher ebenso wie die Siedelungen der zwei grossen Antholzer Becken auf die Ränder, auf den schmalen Saum von Sturzhalden und kleinen Schuttkegeln beschränkt. Diese Erscheinung kehrte fast in allen Hochthälern wieder und erklärt das auffallende Missverhältnis zwischen dem so überaus häufigen Auftreten von Staubecken und der geringen Verbreitung der an diese Thalform gebundenen Siedelungsart.

Auf Becken-Siedelungen entfallen:

von den 1567 Bewohnern des Antholzer Thales 118 oder 8 %
„   „   9700   „   „ Tauferer   218   „   2 „
und zwar von den 3062 Bew. des Stammthales   0
     „   „   245   „   der Schlucht   7   „   3 „
     „   „ 3406   „   des Ahreuthales   167   „   5 „
     „   „   383   „   „ Weissenbachthal.   0
     „   „ 1570   „   „ Mühlwaldthales   0
     „   „   695   „   „ Rainthales   45   „   6 „
     „   „   343   „   „ Mühlbachthales   0
von den 3316 Bewohnern des Stubaithales   0   „   „
 „   „   5900   „   „ Oetzthales   1549   „ 26 „ [1]
und zwar von den 5380 Bew. des Stammthales   1412   „ 26 „
     „   „   123   „   „ Gurgler Thales   57   „ 46 „
     „   „   179   „   „ Venter   „   0
     „   „   106   „   „ Sulzthales   80   „ 75 „
     „   „   116   „   „ Ochsengartens   0
von den 4170 Bewohnern des Pitzthales   65   „   2 „
 „   „   1207   „   „ Kaunser Thales   0
 „   „   1300   „   „ Schnalser   „   30   „   2 „

Im Oetzthale, dessen merkwürdige Siedelungsverhältnisse später eine zusammenhängende Darstellung finden werden, ist der hohe

[1] Wenn man die Felsbecken ausser Rechnung lässt, sinkt der Prozentsatz auf 22.

Prozentsatz der Beckenbewohner lediglich dem Einflusse der schönen, erlragreichen Flachböden von Umhausen und Längenfeld-Huben zuzuschreiben. Von den 1366 Bewohnern der Umhausener Thalstaffel haben sich 255 oder 18,6 % und von den 1300 Bewohnern der schönen Längenfelder Au sogar 852 oder 65.5 % auf der ebenen Thalsohle niedergelassen. Beide Becken sind eben vortrefflich drainiert, da ihr Rinnsal teils durch das Einschneiden der Ache selbst, teils durch die unverdrossene und planmässige Arbeit der früher so oft von Ueberschwemmungen heimgesuchten Aurainer festgelegt wurde.

***

Die örtlichen Anhäufungen von Gehängschutt rufen nicht nur Seebecken und Dammstufen hervor, sondern können mittelbar auch in dem Felsgrunde des Thales die Ausbildung staffelförmiger Absätze einleiten. Jeder grosse Bergsturz entzieht die Thalstrecke, die er selbst bedeckt, und auch jene, die er in ein Seebecken verwandelt, auf lange Zeit der Erosion des Wasserlaufes, während er gleichzeitig durch die Steigerung des Gefälles die Vertiefung des folgenden Thalabschnittes beschleunigt. Im „Maurach", jener typischen Dammstufe, welche das Längenfelder vom Umhausener Becken scheidet, kann man sich hiervon durch den Augenschein überzeugen. Die Oetzthaler Ache hat nämlich hier nicht allein den äusseren Abfall des stauenden Bergsturzes durchsägt, sondern ihr Bett auch schon 15—20 m tief in den alten Thalgrund eingeschnitten. Eine solche Zerlegung des Rinnsals in Abschnitte gesteigerter und in Abschnitte gebrochener Erosion kann unter günstigen Bedingungen, z. B. durch das wiederholte Eintreten von Bergschlipfen und Bergstürzen an bestimmten, hierzu veranlagten Stellen der Gehänge, den Anstoss geben zur Ausbildung von Stufen, welche nach der Abräumung des oberflächlichen Schuttes als hohe, scharf ausgeprägte Felsstaffeln zu Tage treten. Auf diese Art dürfte sich der präglacinle Terrassenbau der meisten Hochbthüler erklären lassen. Die Wechsellagerung ungleich harter Schichtenreihen ist, wie man in den Alpen an zahllosen Stellen beobachten kann, mit den Abweichungen des Thalgrundes von der normalen Gefällskurve nur ausnahmsweise in ursächlichen Zusammenhang zu bringen. Sehr verbreitet sind dagegen die sogenannten Ausgangsstufen, welche an der Mündung aller Seitenthäler, deren Vertiefung mit der des Hauptthales nicht gleichen Schritt hält, zur Ausbildung gelangen müssen. Die Siedelungsart, welche der soeben beschriebenen Erosionsform entspricht, ist äusserst selten anzutreffen. In den unteren bewohnten Abschnitten der Thäler wird der Terrassenbau zumeist durch die Verteilung des Gehängschuttes und fast nie durch das Auftreten echter Stufen bedingt; stösst man aber in dieser Region doch einmal auf eine Felsstaffel, so ist ihre Plattform gewiss mit Halden und Schuttkegeln besetzt, welche sämtliche Niederlassungen an sich heranzogen. Reine Staffel-Siedelungen hat unter den 18 wiederholt angeführten Thälern nur das Rainthal bei Taufers, das Oetz-, Pitz- und das Schnalser Thal aufzuweisen.

Im Rainthale   entfallen 19 oder 3 % der Bewohner
„ Oetzthale   „   234 „ 4 „ „   „
„ Pitzthale   „   143 „ 3 „ „   „
„ Schnalser Thale „   53 „ 4 „ „   „
auf Staffel-Siedelungen.

Bleibt die Mündung eines Thales und mit ihr der Fusspunkt der Drainage lange Zeit hindurch unverändert in demselben Niveau, so kommt die Erosion allmählich zum Stillstande. Die Seitenwände nehmen jene Böschung an, welche der Festigkeit des Gesteins entspricht, und das Gefäll der Hauptrinne und der von ihr abhängigen Seitengräben wird so tief herabgedrückt, dass der Wasserlauf nicht mehr in den Grund einschneiden kann, sondern im Gegenteile seine Geschiebe fallen lassen und so den Thalboden durch Auftragung erweitern und erhöhen muss. Die Rinne entwickelt sich zu einem Graben mit ebener Sohle [1]. Dieser Phase der Thalbildung entsprechen die im Hochgebirge nicht eben häufig anzutreffenden Boden-Siedelungen, die den Becken-Siedelungen naturgemäss sehr nahe stehen. Sie sind deshalb seltener als die meisten anderen Siedelungsarten, weil die Verzweigungen der grossen Alpenthäler zumeist noch in voller Entwickelung begriffen sind und daher wohl zahlreiche Staubecken, aber nur ausnahmsweise wahre Thalböden besitzen. Dazu kommt noch der Uebelstand, dass solche Böden dem Hochwasser schutzlos preisgegeben sind und bei Ueberschwemmungen unter Geschiebemassen begraben werden, deren agronomischer Wert weit hinter dem der Muhren zurückbleibt.

Auf Boden-Siedelungen entfallen:

von den 1567 Bewohnern des Antholzer Thales   0
„ „ 9700   „   „ Tauferer   „   621 oder 7 %
und zwar von den 3062 Bew. des Stammthales   351 „ 12 „
„ „ 245 „ der Schlucht   0
„ „ 3406 „ des Ahrenthales   215 „ 6 „
„ „ 383 „ „ Weissenbachthales 25 „ 6 „
„ „ 1570 „ „ Mühlwaldthales   30 „ 2 „
„ „ 605 „ „ Rainthales   0
„ „ 343 „ „ Mühlbachthales   0
von den 3310 Bewohnern des Stubaithales   152 „ 5 „
und zwar von den 3040 Bew. des Stammthales   140 „ 5 „
„ „ 130 „ „ Oberberg   0
„ „ 149 „ „ Unterberg   12 „ 8 „
von den 5900 Bewohnern des Oetzthales   113 „ 2 „
und zwar von den 5380 Bew. des Stammthales   113 „ 4 „

---

[1] Wie Penck nachwies, kann die durch einen Klimawechsel hervorgebrachte Ueberbürdung des Wasserlaufes mit Geschieben zur Aufschüttung eines Flachbodens führen, bevor die Gefällsterminante erreicht ist.

von den 4171 Bewohnern des Pitzthales	288 oder	7 %
„ „ 1207 „ „ Kaunser Thales	238 „ 20 „
„ „ 1300 „ „ Schnalser „	83 „ 6 „

Wird die Erosion in einem Hochthale wieder erweckt — sei es
von unten her durch eine Tieferlegung der Drainierungsbasis, sei es
vom Gebirge aus durch eine dauernde Verminderung des vom Wasser
zu bewältigenden Schuttes — so zersägt der Bach den vorher auf-
geschütteten Flachboden der Länge nach in Terrassen, welche der
Besiedelung recht günstige Bedingungen entgegenbringen. Sie erleichtern als nahezu wagrechte Flächen sowohl den Feldbau als auch
die Anlage guter Verkehrswege und bieten im Gegensatze zu den
Thalböden vollkommene Sicherheit vor Hochwasser. Die Güte des
Bodens schwankt, wie die Eigenart der fluviatilen Aufschwemmung
nicht anders erwarten lässt, innerhalb weiter Grenzen. Striche vortrefflichen Weizengrundes stossen oft unmittelbar an öde Sandstrecken,
auf denen sich nur die genügsame Kiefer zu behaupten vermag.

Am dichtesten drängen sich die Ansiedelungen auf jenen Terrassen zusammen, welche von den grossen Einströmen der Diluvialzeit
aufgeschüttet oder wenigstens mit Grundmoränen überzogen wurden.
Der Blocklehm gleicht eben in seiner hohen Fruchtbarkeit durchaus
dem Material der Muhren. Er bildet ebenso wie dieses ein regelloses
Gemisch von Blöcken, Grus, Sand und feinstem Schlamm und liefert
daher einen überaus ertragreichen Boden. Die wenigen Hochthäler,
in denen sich ansehnliche Reste glacialer Terrassen erhielten, zeichnen
sich denn auch durch eine ungewöhnliche Dichte der Bevölkerung aus.
Im Stubaithale, welches neben dem Pitzthale die schönsten Terrassen
besitzt, kommen von der Vereinigung des Ober- und Unterberger
Thalastes bei Milders bis zum Ausgange bei Oberschönberg 220 Bewohner auf 1 km, also 124 mehr als dem Durchschnitte der Bevölkerungsdichte des Gebirges zwischen Reschen-Scheideck und Krimmler
Tauern entspricht[1]). Dabei wohnen von den 3037 Stubaiern

49 oder	1.6 %	in Halden-Siedelungen	
1660 „	54.7 „	„ Schuttkegel-Siedelungen	
140 „	4.6 „	„ Boden-	„
1080 „	35.6 „	„ Terrassen-	„
108 „	3.5 „	„ Hang-	„

Im untersten Abschnitte des Pitzthales, dessen Bevölkerungsdichte
jener von Stubai gleichkommt — 223 Bewohner auf 1 km —, erreichen
die Terrassen-Siedelungen sogar die absolute Majorität: 62 %. Ziehen
wir nun die übrigen Thäler zum Vergleiche heran.

Auf Terrassen-Siedelungen entfallen:

---

[1]) Im untersten Sillthale, zwischen Matrei und dem Berge Isel, kommen,
dank den breiten, mit Blocklehm überzogenen Terrassen von Patsch, Schönberg,
Mutters u. s. w. sogar 280 Bewohner auf 1 km.

von den 1507 Bewohnern des Antholzer Thales	0		
„ „ 9700 „ „ Tauferer „	0		
„ „ 3316 „ „ Stubaithales	1090	oder	33 %
und zwar von den 3040 Bew. des Stammthales	1080	„	36 „
„ „ 130 „ „ Oberberg	10	„	8 „
„ „ 149 „ „ Unterberg	0		
von den 5900 Bewohnern des Oetzthales	183	„	3 „
und zwar von den 5380 Bew. des Stammthales	183	„	3 „
von den 4171 Bewohnern des Pitzthales	1779	„	43 „
„ „ 1207 „ „ Kaunser Thales	39	„	3 „
„ „ 1300 „ „ Schnalser „	0		

Hat die Entwickelungsgeschichte eines erosiven Thales mehrere Perioden der Auftragung und der Vertiefung zu verzeichnen, so lässt das Profil der Seitenwände nicht selten einen staffelförmig gebrochenen Abfall erkennen. Die schmalen, wagrecht vorspringenden Leisten, welche an den Gehängen mitunter weithin fortstreichen, in der Regel aber bis auf unansehnliche, nur dem geübten Auge erkennbare Reste abgenagt und zerstört wurden, gehören, wie ihre übereinstimmende Höhenlage lehrt, alten Thalböden an, welche durch das periodische Wiedererwachen der Erosion entzweigeschnitten wurden. Die an solche Felsterrassen gebundenen Siedelungen kann man zum Unterschiede von den gewöhnlichen, weit häufigeren Niederlassungen auf Geschiebeterrassen als Leisten-Siedelungen bezeichnen. Sind die Leisten breit und, was in den Alpen gewöhnlich der Fall ist, mit Grundmoräne bedeckt, so eignen sie sich ebenso gut zur Besiedelung wie die früher betrachteten Geschiebeterrassen. Gewöhnlich bieten sie allerdings im Gegensatze zu den letzteren nur Einzelhöfen und kleineren Weilern Raum. Leisten-Siedelungen wie das grosse Dorf Kauns an der Mündung des nach ihm benannten Thales oder das Dorf Au bei Oetz oder Karthaus im Schnalser Thale trifft man im Gebirge äusserst selten an.

Da die Höhenlage der Thalbodenreste dem Alter derselben entspricht, gilt die Regel, dass sich die obersten Leisten, welche der Verwitterung und der Erosion am längsten ausgesetzt waren, in einem weit schlechteren Erhaltungszustande befinden als die unteren und jüngeren. Während jene nur eine lückenhafte Reihe kleiner Vorsprünge und Gesimse darstellen, bilden diese zuweilen noch einen zusammenhängenden Boden, in welchen der Thalbach bisher nur eine schmale Klamm einzuschneiden vermochte. Solche breite, geschlossene Felsterrassen besitzt z. B. das bei Mühlen, unterhalb Taufers, in das Tauferer Querthal auslaufende Mühlwaldthal, dessen Bach von der „Grünerbrücke" bis zum Ausgange eine tiefe, unzugängliche Schlucht durchbraust. Auf dieser ganzen, 2 km langen Strecke blieb die ursprüngliche Thalsohle beiderseits in einer breiten, zum Teile mit Gehängschutt überdeckten Leiste erhalten. Die linke Hälfte des alten entzweigeschnittenen Bodens trägt 8, die rechte 7 stattliche Bauernhöfe.

Auf Leisten-Siedelungen entfallen:

Im Mühlwaldthale	107	oder	7 %	der Bewohner.
„ Oetzthale	305	„	0 „	„ „
„ Kaunser Thale	304	„	25 „	„ „
„ Schnalser „	209	„	16 „	„ „

In den übrigen Thälern kommen keine unzweideutigen Leisten-Siedelungen vor — man müsste denn jedweden vereinzelten Vorsprung der Berghänge als den Ueberrest eines alten Thalbodens gelten lassen.

Die Heimstätten, welche aus dem Grunde der Hochthäler bald einzeln, bald in dichten Schwärmen an den Gehängen emporstreben und einen so überaus freundlichen Zug in das hehre Bild der Alpenwelt bringen, sind nicht auf die leistenförmigen Reste alter Thalsohlen beschränkt. Sie fassen auch auf gleichmässig abgeschrägten Hängen Fuss, wenn deren Böschung unter ein gewisses Mass, in der Regel unter den Winkel von 30° herabsinkt und wenn das anstehende Gestein entweder selbst eine ergiebige Bodenkrume liefert oder von den Gletschern der Vorzeit mit fruchtbarem Geschiebelehm bekleidet wurde.

Die weit zerstreuten Bergweiler und Berghöfe sind wohl durchweg jüngere Zweigniederlassungen der nächsten, oft aus rätischer oder doch romanischer Zeit stammenden Thaldörfer [1]. Erweisen sich ja sogar ihre Namen sehr häufig als einfache, durch die Anhängung von „Berg" gebildete Derivate der Ortsnamen des Thales. Zum Dorfe Silz im Oberinnthale gehört die Hang-Siedelung Silzerberg, zum Dorfe Oetz, welches sich auf einem kleinen Schuttkegel der untersten Staffel des Oetzthales zusammendrängt, die Hang-Siedelung Oetzerberg, zum Dorfe Kauns die Hang-Siedelung Kaunserberg u. s. w. Soweit die Alpen von Deutschen bewohnt werden, sind die Seitenwände der Hochthäler, wo es nur irgendwie angeht, mit solchen Kolonien besetzt. Den deutschen Bauern sagt eben diese Siedelungsart vor allen anderen zu. Auf den Berghängen wohnen sie nach altgermanischem Brauche discreti ac diversi, ut fons, ut campus, ut nemus placuit.

Unter sonst gleichen Umständen wird natürlich vorzugsweise die Sonnenseite aufgesucht [2]. In Thälern, welche annähernd in der Richtung der Breitenkreise verlaufen, kann man fast immer beobachten, dass der nördliche Hang mit Dörfern, Weilern und Einzelgehöften übersät ist, während der südliche, die Schattenseite, auch nicht eine einzige Niederlassung aufzuweisen hat. Gute Beispiele liefern die Verzweigungen des Tauferer Thales, der unterste, von SO. gegen NW. gerichtete Abschnitt des Oetzthales mitsamt dem Ochsengarten, der Ausgang des Kaunser Thales u. a.

[1] Vgl. die Schriften Steub's, insbesondere die treffliche Abhandlung über die Entwickelung der deutschen Alpendörfer.
[2] Ueber den Einfluss der Auslage auf die Besonnung und Bodenwärme vgl. Hann, Handbuch der Klimatologie. S. 148—150.

| | Hang-Siedelungen | |
	der Sonnen-,	der Schattenseite
Ahrenthal	650	250
Weissenbachthal	105	0
Mühlwaldthal	510	0
Rainthal	579	0
Mühlbachthal	318	0
Oelzer Staffel	291	0 [1]
Ochsengarten	82	0
Kauns	511	0

Doch die günstigeren Besonnungsverhältnisse sind nicht das einzige, was die Hang- und Leisten-Siedelungen vor den Wohnstätten der Thalgründe voraus haben. Von hoher Bedeutung ist auch die winterliche „Temperaturumkehr mit der Höhe", deren Grund nach der überzeugenden Beweisführung Hanns nicht in der erhöhten Insolation, sondern nur darin zu suchen ist, dass die über den Berghängen erkaltete Luft in die Tiefe der Thäler hinabfliesst und durch trockene, föhnartig niedersinkende Höhenluft ersetzt wird, die sich nach der mechanischen Wärmetheorie durch das Herabsteigen in Schichten gesteigerten Druckes rasch erwärmt [2]. Hann entnahm den in den Ostalpen angestellten Beobachtungen zahlreiche Beispiele der winterlichen Temperaturumkehr. Wir wollen nur jene herausgreifen, die sich auf das Tauferer Thal beziehen. Das 450 m über Taufers auf einem südwärts abfallenden Gelände ausgebreitete Dorf Ahornach hat wohl einen kühleren Sommer, aber trotz der grossen relativen Höhe einen milderen Winter als Taufers.

	Höhe	Januar	Juli	Jahresschwankung
Taufers	885 m	— 5.2 °	17.4	22.6
Ahornach	1330 „	— 4.8	14.8	19.6

Im Ahrenthale reiht sich auf der gegen SO. gerichteten Lehne, der Sonnenseite, von Brunnberg bis St. Peter im Kofel ein Berghof und ein Weiler an den anderen. Der Gürtel dieser Hang-Siedelungen liegt im Durchschnitte etwa 300 m über der Thalsohle und hat, wie ein Vergleich zwischen Steinhaus und St. Peter lehrt, trotzdem eine geringere Winterkälte als die Dörfer im Grunde.

	Höhe	Januar	Juli	Jahresschwankung
Steinhaus	1050 m	— 5.8 °	15.9	21.7
St. Peter	1360 „	— 4.6	14.7	19.3

Nach einer Mitteilung Dr. Duimers an Hann wird die verhältnismässig hohe Wärme von St. Peter auch durch die Vegetation insofern bestätigt, als das ganze Gelände von St. Jakob bis St. Peter „unglaubliche Weizenernten liefert, grössere Erträgnisse als man bei Taufers findet" [3].

---

[1] Rechnet man die Leisten-Siedelungen von Au und Pipurg hinzu, so stellt sich das Verhältnis zwischen den Bewohnern der Sonnenseite und denen der Schattenseite auf 513 : 79.
[2] Hann, Ueber die Temperaturverteilung in den Alpen im Dezember 1879 und die Erklärung derselben. Zeitschr. d. österr. Ges. f. Meteorologie, XV, 79. Handbuch der Klimatologie, 100. Temperaturverhältn. d. österr. Alpenländer, III, 67.
[3] Temperaturverh. d. österr. Alpen, III, 61.

Da die Sohle der Hochthäler von der Mündung weg gewöhnlich rasch ansteigt, durchschneidet sie sehr bald den Höhengürtel der Hang-Siedelungen, so dass diese auf den Ausgang oder wenigstens auf die untersten Abschnitte der Thalfurchen beschränkt bleiben. Die Seitenwände des Pitzthales sind von der obersten Niederlassung, dem Weiler Mittelberg (1730 m), bis zum Weiler Zaunhof (1265 m), also auf einer Strecke von beinahe 20 km, durchweg unbesiedelt. Von der 870 Köpfe zählenden Bevölkerung wohnen 16 % auf Halden, 47 auf Schuttkegeln, 7 in Becken und 30 auf dem schönen Flachboden von Piösmes und Weixenstall. Von Zaunhof bis zum Ausgange und in dem bei Wenns mündenden Pillerthälchen dagegen wohnen nicht weniger als 28 % der Bevölkerung auf den Hängen, die hier schon durch ihren sanften Abfall und auch durch ihren wohlerhaltenen Moränenüberzug zur Niederlassung einladen. Noch engere Grenzen sind den Hang-Siedelungen in dem benachbarten Kaunser Thale gezogen. Die Sohle dieses prachtvollen Hochthales stellt sich von der Zunge des Gepatschferners bis zum Mondarfer Schwemmboden als eine vollkommene Rundhöckerlandschaft dar. Auf die geglätteten, gestriemten, mit Moränenschutt überdeckten Felsbuckel, an denen der Gletscher noch vor drei und vier Jahrzehnten drechselte, folgt thalauswärts ein hoher, mit mächtigen Zirbelkiefern bestockter Rundhöckerwall, den bereits der diluviale Vorfahr des Gepatschferners abschliff und den gegenwärtig der Bach in tiefer Klamm durchbricht. Hier liegt, von schönem Arvenhaine umrahmt, im Angesichte der eisumpanzerten Weisseespitze und des zerschrundeten Gletschers, mit freiem Ausblicke auf die weit hinausziehende Furche des Kaunser Thales, das Alpenvereinshaus Gepatsch — der Vertreter einer Siedelungsart, die beinahe überall auf den Ursprung der Hochthäler beschränkt ist. Doch davon später [1]). Eine wahre Heimstätte, eine dauernde Niederlassung giebt es im Bereiche der Gepatscher Rundhöcker nicht. Auch das Mondarfer Becken ist nur eine Alm. Erst 10 km unterhalb des Ge-Gepatschhauses, in einer Höhe von 1500 m, beginnen die Ansiedelungen. Das erste Gehöft „Am See" wurde im Jahre 1862 durch einen Ausbruch des Watzebaches vermuhrt, und auch die drei folgenden Bauernhöfe von Riefe, Platt und Wolfkehr — alle auf den rauhen, mit Steinmuhren bedeckten Schuttkegeln der rechten Thalwand — werden durch jedes Unwetter arg bedroht [2]). 2 km unterhalb des Wolfkehrhofes beginnt die freundliche Thalweitung Feuchten, welche durch ihre niedrigen, breiten Geschiebeterrassen und ihre sanften Schuttkegel einen grossen Teil der Thalbevölkerung an sich zog. Vom Riefenhofe bis Grasse entfallen nur 4 Bewohner auf 1 km, in Feuchten dagegen 77, ob zwar die absolute Höhe des Thales hier noch immer 1200—1300 m beträgt. Beim Weiler Nufels, der auf dem letzten Schuttkegel liegt, geht der Feuchtener Boden in eine Klamm über.

---

[1]) Gepatsch, romanischer Flurname, nach Steub = campaccio.
[2]) Vgl. die anschauliche Schilderung eines Muhrbruches aus dem Madatschgraben (beim Wolfkehrhofe) in Koch's Abhandlung über Muhrbrüche in Tirol. Jahrb. d. Geol. R.-A., XXV. 127.

durch welche der Faggenbach mit starkem Gefäll westwärts zum Inn
hinabbraust. Doch die wohl erhaltene Gehängleiste, auf welcher das
Dorf Kauns thront (1100 m), beweist, dass der breite Thalgrund ursprünglich bis zur Mündung hinausreichte und erst durch das Wiedererwachen und das Rückschreiten der Erosion entzweigesägt wurde.
Welche Verteilung der Siedelungsarten dieser Vorgang zur Folge hatte,
ergibt sich aus der nachstehenden Uebersicht.

	Ober-Kauns	Unter-Kauns	Ganzes Thal
Länge in Kilometer	9	6	15
Siedelungsgürt.	1200—1500 m	1000—1700 m	1000—1700 m
Bewohnerzahl	398	809	1207
Bewohnerzahl a. 1 km	44	135	80
Halden-S.	8 Bew. od. 2 %	—	8 od. 0,6 %
Schuttkegel-S.	107 „ „ 26.8 „	—	107 „ 8.9 „
Boden-S.	238 „ „ 60 „	—	238 „ 19.8 „
Terrassen-S.	39 „ „ 9.7 „	—	39 „ 3.2 „
Leisten S.	—	304 od. 37.6 %	304 „ 25.2 „
Hang-S.	6 „ „ 1.5 „	505 „ 62.4 „	511 „ 42.3 „

Man sieht, dass die Hang-Siedelungen — die weithin zerstreuten Weiler
und Einzelgehöfte von Kaunserberg —, die auch hier ohne Ausnahme
der Sonnenseite angehören, auf den Ausgang des Thales beschränkt
sind. Dasselbe gilt von der Leisten-Siedelung Kauns.

Der Prozentsatz der Niederlassungen auf den Thalwänden schwankt
innerhalb weiter Grenzen. Es entfallen auf diese Siedelungsart:

von den 1367 Bewohnern des	Antholzer Thales	34	oder	2 %
„ „ 9700 „	„ Tauferer „	2880	„	30 „
und zwar von den 3062 Bew.	des Stammthales	290	„	10 „
„ „ 245 „	der Schlucht	188	„	77 „
„ „ 3406 „	des Ahrenthales	891	„	26 „
„ „ 383 „	„ Weissenbachthales	105	„	27 „
„ „ 1570 „	„ Mühlwaldthales	509	„	32 „
„ „ 695 „	„ Rainthales	579	„	83 „
„ „ 343 „	„ Mühlbachthales	318	„	93 „
von den 3040 Bewohnern des	Stubaithales	126	„	4 „
und zwar von den 3040 Bew.	des Stammthales	108	„	3 „
„ „ 130 „	„ Oberberg	—	„	— „
„ „ 149 „	„ Unterberg	18	„	12 „
von den 5900 Bewohnern des	Oetzthales	797	„	14 „
und zwar von den 5380 Bew.	des Stammthales	703	„	13 „
„ „ 123 „	„ Gurgler Thales	—	„	— „
„ „ 179 „	„ Venter „	12	„	7 „
„ „ 106 „	„ Sulzthales	—	„	— „
„ „ 116 „	„ Ochsengartens	82	„	71 „
von den 4171 Bewohnern des	Pilzthales	990	„	24 „
„ „ 1207 „	„ Kaunser Thales	511	„	42 „
„ „ 1300 „	„ Schnalser „	413	„	32 „

Die Betrachtung der Terrassen-, Leisten- und Hang-Siedelungen führte uns wiederholt den Einfluss vor Augen, den die grossen Gletscher der Vorzeit auf die Bewohnbarkeit der Alpenthäler ausübten. Die Hinterlassenschaft dieser mächtigen Eisströme ist es, der die glacialen Geschiebeterrassen und die sanfter geböschten Hänge so vieler Thäler ihre Fruchtbarkeit und ihre dichte Bevölkerung zu danken haben. Doch mit dem Auftragen der Grundmoränen war die ökonomische Wirksamkeit der alten Gletscher noch nicht erschöpft. Das strömende Eis förderte die Besiedelung der Hochthäler auch dadurch in erheblichem Masse, dass es seinen Untergrund, also sowohl den Thalboden als auch die Thalwände, nicht gleichmässig, nicht zu ebenen Flächen, sondern zu schildförmigen Höckern abschliff. Man ist übereingekommen, solche „Rundhöcker" als präglaciale Erhebungen aufzufassen, welche von den Gletschern nicht aus dem Wege geräumt, sondern nur poliert und abgerundet werden konnten. In manchen Fällen, insbesondere dort, wo sich wirklich eine geglättete Stoss- und eine rauhe Kehrseite unterscheiden lässt, mag diese Erklärung zutreffen. Doch wie müssten unsere Alpenthäler, wie müsste z. B. der wellige und höckerige Grund, der sich unterhalb der Zunge des Gepatsch- und des grossen Gurgler Ferners ausbreitet, vor der Vergletscherung ausgesehen haben, wenn alle die dicht gescharten Rundbuckel in der Thal nur die Ueberreste abgeschliffener Thalberge wären! ·

An den Seitenwänden, soweit sie einst vom Eise bearbeitet wurden, und auch in den unteren Abschnitten der Thäler trägt der Felsgrund, wo immer er aus der Hülle der jüngeren Geschiebe- und Schuttablagerungen emportaucht, dieselben bezeichnenden Formen zur Schau wie im Ursprunge der Thäler, wo er in den letzten Jahren durch den Rückzug der Gletscher unter unseren Augen blossgelegt wurde. Durch die Verwitterung und durch die Arbeit des rinnenden Wassers können wohl vereinzelte Vorsprünge und Fallkuppen der Gehänge, sowie vereinzelte Thalberge vorgezeichnet worden sein, niemals aber ganze Scharen dicht aneinander gedrängter Kuppen. Darum lässt sich auch die Mächtigkeit der diluvialen Eisströme von den Thalwänden so leicht ablesen. Bis zu einer bestimmten Höhe sind die Gehänge, insbesondere die steil herabziehenden Seitengrate und Kammrippen durchweg gebuckelt; darüber hinaus aber nimmt man weder Rundhöcker wahr noch orographische Vorbedingungen zur Herstellung solcher Formen durch eine künftige, höher reichende Vereisung. Es muss demnach in der Eigenart der Gletscherbewegung und der Gletschererosion liegen, dass der Felsgrund nicht flach abgehobelt, sondern zu breitscheiteligen Kuppen gedrechselt wird. Die Rundhöcker entsprechen Stellen gemässigter, ihre Zwischenräume Stellen gesteigerter Erosion. Die ungleiche Widerstandsfähigkeit des Gesteins, auf die man sich so gern beruft, ist wohl nur äusserst selten zur Erklärung heranzuziehen. Wer je einen alten Gletscherboden untersuchte, wird die Ueberzeugung gewonnen haben, dass hoch und hart, sowie tief und weich nicht zusammenfallen, dass die Rundhöcker auch aus Gesteinen von gleichbleibender Härte herausgemeisselt werden.

Becken, d. h. ausgedehntere und tiefere Zwischenräume zwischen

wenig abgenützten Stellen des Untergrundes, entstanden, wie schon
Ramsay erkannte, vorzugsweise auf Thalstaffeln, wo die Energie der
Gletscherwirkungen durch die Abnahme des Gefälles und durch die
Stauung der Eismassen beträchtlich erhöht wurde. Solche Felsbecken,
die in den Thalgründen allerdings weit seltener anzutreffen sind, als
in den hoch gelegenen Karen der Seitenwände, bieten nach ihrer Ausfüllung dem Ansiedler dieselben Vor- und Nachteile dar wie gewöhnliche Staubecken. Wir können daher von einer weiteren Einteilung
der „Becken-Siedelungen" nach morphologischen Kennzeichen absehen.
Beiläufig sei nur bemerkt, dass von den 5900 Oetzthalern

1309 oder 22 % in Staubecken
und   240   „ 4 „ „ Felsbecken wohnen [1]).

In weit höherem Masse als durch das Ausschürfen geräumiger
Becken förderten die diluvialen Gletscher die Bewohnbarkeit der Hochthäler durch die zahllosen, dicht gescharten Kuppen und Hügel, die
sie aus dem Felsgrunde herausmeisselten. Mancher steile Berghang
wäre der Besiedelung entzogen, wenn nicht die sanft gerundete Oberfläche seiner glacialen Vorsprünge und Höcker die Gründung kleiner
Bauernwirtschaften ermöglichte. Solche Niederlassungen auf den Rundhöckern der Thalwände [2]) stehen natürlich den Leisten-Siedelungen sehr
nahe. Sie unterscheiden sich von diesen nur durch die wechselnde
Höhenlage und die regellose Anordnung der wagrechten Felsvorsprünge.
Die Ackerkrume, welche die Rundhöcker bieten, ist nicht aus der Zersetzung des anstehenden Gesteins hervorgegangen, sondern erweist
sich bei genauerer Untersuchung entweder als Gehängedetritus oder
sehr häufig auch als ein Rest des ursprünglichen Moränenüberzuges.
Wo dieser hinweggespült wurde, tritt der glatt gescheuerte, frische
Fels zu Tage. Die Bauern suchen daher, wie man im Oetzthale an
vielen Stellen, namentlich im Söldener Becken, beobachten kann, das
fruchtbare Erdreich dadurch gegen die Regenspülung zu sichern, dass
sie auf den steil abfallenden Flanken der Rundhöcker niedrige Ring-
mauern aufführen. Zuweilen werden auch nackte Schliffflächen — der
Aelpler weiss ja jedes wagrechte Fleckchen zu schätzen — durch
mühsam herbeigeschaffte Dammerde nutzbar gemacht.
Die Thalgründe haben im Gegensatze zu den Berghängen nur
spärliche oder auch gar keine „Rundhöcker-Siedelungen" aufzuweisen, da ihr Felsgrund unter einer zusammenhängenden Decke von
Bachgeschieben und Gehängeschutt begraben liegt. Man muss daher
bis zu den obersten Staffeln, nicht selten sogar bis zum Ursprunge
der Thäler emporwandern, um auf Rundhöcker-Siedelungen der Sohle
zu stossen. In Thälern, deren Boden nur bis zu mässigen Höhen bewohnt wird, ist diese Siedelungsart — wir werden sie im Oetzthale

---

[1]) Vgl. den folgenden Abschnitt über das Oetzthal.
[2]) Sie müssen leider den gewöhnlichen Hang-Siedelungen zugezählt werden,
da sich ihre Sonderung von den Thalwegen aus nicht immer mit hinreichender
Genauigkeit durchführen lässt. Im Oetz- und Schnalser Thale dürften nach einer
ziemlich verlässigen Schätzung 90—95 % aller Hang-Siedelungen auf Rundhöckern
liegen.

näher kennen lernen — gewöhnlich gar nicht vertreten. Das zeigt
die folgende Uebersicht, in welcher die erste Zahlenreihe (H) die absolute Höhe der hintersten Ansiedelung des Thalgrundes, die zweite
(B) die Zahl der Rundhöckerbewohner und die dritte (b) denselben
Wert in Prozenten der Thalbevölkerung angibt.

	H	B	b
Antholzer Thal	1600 m	0	
Tauferer Stammthal	900 „	15	0.5 %
„ Schlucht	950 „	0	
Ahrenthal	1600 „	344	10 „
Weissenbachthal	1400 „	0	
Mühlwaldthal	1400 „	0	
Rainthal	1700 „	40	6
Mühlbachthal	1600 „	0	
Stubaithal	1500 „	0 [1])	
Oetzer Stammthal	1500 „	7	0.1 „
Gurgler Thal	1900 „	66	54 „
Venter Thal	2000 „	124	69 „
Sulzthal	1700 „	0	
Ochsengarten	1750 „	0	
Pitzthal	1730 „	290	7 [2]) „
Kaunser Thal	1500 „	0 [3])	
Schnalser Thal	2068 „	119	9 „

Um die relative Bedeutung der neun Siedelungsarten, die wir
in den Hochalpen unterscheiden lernten, zu erfassen, wollen wir zunächst die für 18 Thäler ermittelten Verhältniszahlen übersichtlich
zusammenstellen und sodann zwei dieser Thäler, die sich durch die
mannigfaltigste Besiedelung auszeichnen, nämlich das Oetz- und das
Schnalser Thal, Schritt vor Schritt durchwandern.

---

[1]) Im Unterberger Thalaste stehen einige Häuser des hintersten Weilers
(Ranalt) auf Rundhöckern; doch werden sie seit 3 Jahren nur noch im Sommer
bewohnt und dürfen daher nicht in Rechnung gezogen werden.
[2]) Die Rundhöcker-Siedelungen kommen hier ausnahmsweise nicht im Thal-
ursprunge vor, sondern in dem bei Wenns mündenden Pillerthälchen, welches ein
über den Sattel vom „Gachen Blick" herüberdringender Arm des alten Inngletschers
in eine vollendete Rundhöckerlandschaft verwandelte. Die bezeichnenden Boden-
formen kommen selbst in der Spezialkarte (vgl. Blatt Landeck) zum Ausdruck.
Im Hintergrunde des Pitzthales, zwischen Mandarfen und dem letzten Weiler Mittelberg, namentlich am Ausgange des Taschachthales, ragen wohl einige Rundhöcker aus dem Schuttboden auf; die Ansiedelungen blieben ihnen jedoch fern, da
sie in der Nähe, besonders auf dem Schuttkegel von Mandarfen, günstigere Bedingungen antrafen.
[3]) Die Rundhöckerlandschaft beginnt, wie wir oben sehen, erst beim Ge-
patschhause, also im Hintergrunde des Thales.

Thäler	Halden-Siedlungen	Schuttkegel-Siedlungen	Becken-Siedlungen	Stufel-Siedlungen	Boden-Siedlungen	Terrassen-Siedlungen	Luiden-Siedlungen	Hang-Siedlungen	Bandbecker-Siedlungen
	°/₀	°/₀	°/₀	°/₀	°/₀	°/₀	°/₀	°/₀	°/₀
Anthole	4	86	»					2	
Taufers	5	51.8	2	0.2	5		1	29	4
und zwar Stammthal .	6	72			12			9.5	0.5
Schlucht . . .	5	15	3					77	
Ahren	3	50	5		6			26	10
Weissenbach .	11	56			6			27	
Mühlwald . .	3	56			2		7	32	
Rain . . .	2		6	3				83	6
Mühlbach .	7							93	
Stubai	3	55			5	33		4	
und zwar Stammthal .	1	55			5	36		3	
Oberberg .	31	61				8			
Unterberg . .	19	61			»			12	
Oetz	3	39	26	4	2	3	6	14	8
und zwar Stammthal .	3	42	26	4	2	3.2	6.7	13	0.1
Gurgl . . .			46						54
Vent . . .	1	20						7	69
Solzthal . .	25		75						
Ochsengarten .		16		5	»			71	
Pitz	3	11	2	3	7	4.3		24	7
Kauns .	1	9			29	3	25	42	
Schnals .	12	19	2	4	6		16	32	9

Die Siedelungen des Oetz- und Schnalser Thales [1]).

An der Mündung der Oetzer Ache hat der Inn sein Thal nicht der Grenze zwischen Schiefer- und Kalkgebirge entlang eingeschnitten, sondern in das letztere selbst. Daher wird der Ausgang des Oetzthales durch einen etwa 1 km breiten Kalkriegel verquert, den die Ache vor dem Anzuge der diluvialen Gletscher wahrscheinlich in einer Klamm durchbrach. In der Eiszeit wurde der Kalkzug so tief unter glacialen Schottern begraben, dass gegenwärtig nur seine höchsten Klippen daraus emporragen. Das an dieser Stelle erhaltene Ueberbleibsel der thalauf- und thalabwärts zum grössten Teile zerstörten Innterrasse verstopft den Ausgang des Oetzthales, in welchem die entsprechenden Geschiebeterrassen nur 2 km einwärts reichen. Am

---

[1]) Vgl. die Blätter Oetzthal, Sölden, Glurns, Meran der Spezialkarte und die statistischen Belege des Anhanges.

linken Ufer tauchen sie unter der Stirn des äusseren Schuttkegels
von Sautens auf, am rechten aber lehnen sie sich bis zum Weiler Ebene
bastionartig an den Fuss der jäh ansteigenden Thalwand. 2 km
weiter, gegenüber Oetz, blieb in der unbewohnten Terrasse von
Brandach noch ein kleiner Rest der diluvialen Geschiebeablagerung
erhalten. Vor dieser obersten Terrasse steigt der Schuttkegel von
Sautens bis zum Rinnsal der Ache herab. Er zerlegt das unterste
Stockwerk des Oetzthales in zwei Wohnräume. Der äussere wird
durch die Terrassen-Siedelungen von Brunnau, Ambach und Ebene.
der innere durch die Boden-Siedelungen von Oetzermühl und Oetz
gekennzeichnet. Der mächtige Doppelschuttkegel, welcher den Boden
von Oetz abschliesst, ernährt in den Dörfern Sautens und Pirchet
600 Menschen, nicht weniger als 32 % der Bevölkerung der ganzen
Thalstaffel. Neben dem Schuttkegel von Sautens ist nur noch der,
welcher den grössten Teil des stattlichen Dorfes Oetz trägt, besiedelt.
Die thaleinwärts folgenden unwirtlichen Schuttkegel, welche aus den
steilen Schluchten des Acherkogels herabdrangen, werden zu oft von
verderblichen Steinmuhren heimgesucht, als dass sie sichere Wohnstätten bieten könnten. Erst hinter ihrem Rücken liegt in einem
kleinen, von Bergstürzen umrahmten Becken das Dörflein Habichen.
    Die Terrassen-, Becken- und Schuttkegel-Siedelungen des ge-
segneten Oetzer Thalgrundes, in welchem trotz der bedeutenden
Meereshöhe von 800 m neben Obstbäumen noch Mais und in geschützten Lagen sogar die Traube reift, beherbergen im ganzen 69 %,
der Bevölkerung. Der Rest wohnt auf den Hängen, und zwar der
grössten Teile — 513 : 79 — auf der gegen Mittag schauenden rechten
Thalwand. In der Höhe von 1000 m oder 200 m über der Sohle
blieben auf beiden Seiten breite Gehängeterrassen, die Ueberreste
eines alten Thalbodens, erhalten. Ihre allenthalben vom Gletscher bearbeitete höckerige Oberfläche bot den Leisten-Siedelungen von Au
und Pipurg Raum [1]. Die Hang-Siedelungen sind auf das rechte Gelände, die Sonnenseite, beschränkt. Sie umfassen die weitzerstreuten,
bis zur Schichtenlinde von 1400 m emporsteigenden Einzelgehöfte
von Oetzerberg, Schlatt und Stupfreich, die beinahe samt und sonders
auf glacialen Felsbuckeln stehen. Schon die Kirche und die vier
obersten Häuser von Oetz ragen auf einem glatt geschenerten Vorsprunge der Thalwand hoch über den kleinen Schuttkegel empor, der
die übrigen Häuser des Dorfes trägt.
    Steigt man von der Kirche gegen Oetzerberg oder auf dem
Kreuzwege gegen Au hinan, so lernt man eine wahre Rundhöckerlandschaft kennen und hat dabei auch Gelegenheit, zu beobachten,
dass der geglättete und geschrammte Felsgrund den agricolen Bedürf-
nissen der Ansiedler durch einen wohlerhaltenen Moränenüberzug Rechnung trägt.

---

[1] Au liegt auf der rechten Thalwand, östlich von der Mündung des Stuiber-
baches; Pipurg auf der linken, westlich von Oetz. — Ob der 850 m lange und
300 m breite Pipurger See ein glaciales Felsbecken füllt, lässt sich nicht sicherstellen. Er wird zwar in W., N. und O. von Rundhöckern überragt, im SO. aber
durch das Seemaurach, einen alten Bergsturz, abgeschlossen.

Oetzer Thalstaffel.

Länge 6.2 km, Siedelungsgürtel 700—1400 m, Bewohnerzahl 1882 oder 304
auf 1 km.

Schuttkegel-Siedelungen	889	Bewohner oder	47.3 %
Becken-	„	122	„ „ 6.5 „
Boden-	„	104	„ „ 5.5 „
Terrassen-	„	174	„ „ 9.3 „
Leisten-	„	301	„ „ 16.0 „
Hang	„	291	„ „ 15.4 „

Von Habichen führt der Weg durch das „Gsteig", eine 70 m hohe
Dammstufe, in raschem Anstiege in das zweite Stockwerk des Oetzthales. Das Gsteig ist ein durch einen Bergsturz des westlichen Gehänges aufgeschütteter Wall von Gneisstrümmern, welcher die Ache
zu einem See staute. Die Ausfüllung dieses Sees lieferte den schönen,
5.5 km langen Flachboden des Umhausener Beckens, dessen untere
Hälfte, von Tumpen bis Platzl, durch ihre ebene, nur von wenigen
Schuttkegeln eingeschnürte Sohle und durch ihre haldenfreien Wände
jetzt noch an den längst verschwundenen Seespiegel gemahnt. Wie
der Felsbord eines Gebirgssees stürzen die Thalhänge links und rechts
zum Flachboden ab. Tumpen. Bödele, Acherbach, Ried und Platzl
sind reine Becken-Siedelungen. Nur eine zu Tumpen gehörende Rotte
von 6 Häusern liegt auf den schmalen Halden der westlichen Thalwand. Unmittelbar hinter Platzl wird das Thal rasch erhöht durch
den aus der Farstrinne hervorgedrungenen Schuttkegel von Oesten,
dessen Bewohner seit vielen Jahren einen hartnäckigen, bewunderns-
werten Kampf mit den Muhrbrüchen jenes wilden Tobels führen.
Thaleinwärts folgen noch 3 grosse Schuttkegel, von denen der erste
einem Kare der östlichen Thalwand, der zweite dem Ausgange des
Stuibenthales und der dritte dem Maurach, dem Hintergrunde des
Umhausener Beckens, entquillt. Auf diesen 3 Schuttkegeln, deren
Ränder sich verschneiden, liegen die oft vermuhrten Dörfer Rosslach,
Sand, Umhausen und Noudorf. Der kleine Weiler Leiersbach, am
linken Ufer der Ache, ist die einzige Becken-Siedelung in diesem
Gebiete. Oberhalb des Thalgrundes haben sich von den 1366 Be-
wohnern des Umhausener Beckens nur 281 oder 20 % niedergelassen,
also 11 % weniger als im Bereiche der Oetzer Staffel. Der Weiler
Farst liegt auf einem Rundhöcker der östlichen Thalwand in einer
Höhe von 1500 m, das Dorf Niederthei (1600 m) auf der Ausgangsstufe des Stuibenthales und der Weiler Köfels (1400 m) südsüdwestlich
von Umhausen auf dem linken Hange.

Becken von Umhausen.

Länge 5.5 km, Siedelungsgürtel 930—1600 m, Bewohnerzahl 1366 oder 248
auf 1 km.

Halden-Siedelungen	25	Bewohner oder	1.8 %
Schuttkegel-Siedelungen	805	„	„ 59 „

Becken-Siedelungen	255	Bewohner oder	18.6	%
Staffel- ,,	228	,, ,,	16.7	,,
Hang- ,,	53	,, ,,	3.9	,,

Hinter Umhausen erhebt sich wiederum eine Thalsperre: das Maurach, ein durch gewaltige Bergstürze aufgeschütteter Trümmerwall, der den Querriegel des Gsteig bei Habichen weit hinter sich lässt. Hat man die von einsturzdrohenden Geröllmauern überragte Schlucht, welche die Ache in diesen Riesendamm und streckenweise auch in dessen Felsgrund einschnitt, durchschritten, so breitet sich die schöne Längenfelder Au vor einem aus. Man betritt, in einer Höhe von 100 m über Umhausen, das dritte Stockwerk des Thales. Wie bei Tumpen wird der Wanderer auch hier durch den breiten Flachboden und durch die unvermittelt emporsteigenden haldenlosen Wände an die lacustre Vergangenheit des Staubeckens erinnert. Mit Ausnahme der kleinen Haug-Siedelung Wiesle, die im O. des Maurach, an dem nach Niederthei führenden Steige zu suchen ist, sind die Dörfer und Weiler von Au bis Längenfeld insgesamt Becken-Siedelungen. Längenfeld selbst liegt auf dem flachen Schuttkegel, den der berüchtigte Fischbach aus dem Sulzthale hervorschob. In der oberen, schmäleren Hälfte der Längenfelder Au, wo den verheerenden Ueberschwemmungen der Ache erst durch die Anlage eines neuen Rinnsals Einhalt gethan werden konnte, kommen neben den Becken-Siedelungen von Astlen, Runhof, Huben und Platten auch einige Halden-Siedelungen vor: Gottsgut und Mühl. Die Weiler Burgstein und Brand endlich sind als Leisten-Siedelungen aufzufassen. Sie liegen, etwa 150—200 m über der Sohle, auf einem scharf vorspringenden Gesimse der rechten Thalwand, dessen höckerige Oberfläche die Spuren des alten Oetzgletschers erkennen lässt.

Becken von Längenfeld.
Länge 7.8 km, Siedelungsgürtel 1100—1500 m, Bewohnerzahl 1301 oder 167 auf 1 km.

Halden-Siedelungen	63	Bewohner oder	4.8	%
Schuttkegel-Siedelungen	322	,, ,,	24.7	,,
Becken- ,,	852	,, ,,	65.5	,,
Leisten- ,,	64	,, ,,	5	,,

Die Besiedelung der Längenfelder Au ist, wie aus diesen Zahlen hervorgeht, eine recht einförmige, dabei aber von scharf ausgeprägter Eigenart. Das Zurücktreten der Schuttkegel-Siedelungen und das auffallende Ueberhandnehmen der Becken-Siedelungen verdient jedenfalls Beachtung. Es entspricht durchaus der ungewöhnlichen Beschaffenheit des besprochenen Thalabschnittes.

Oberhalb Huben, bei dem Weiler Platten, beginnt die Schlucht „Im Brand" — eine 6 km lange Klamm, bei deren Durchwanderung man über nichts so sehr staunt, wie über die Anspruchslosigkeit und den Wagemut der Menschen, die sich in dieser grauenvollen Felsen-

wildnis einnisteten. Nur an einer Stelle, „Im Winkel", wo die Oetz
den Pollesbach aufnimmt, breitet sich ein kleiner Schwemmboden aus.
Er trug vor Jahren Felder und Wiesen, wurde jedoch von der Ache
zu wiederholtenmalen arg heimgesucht und endlich ganz unter grobem
Schotter begraben. Ein einziges Gehöft, Dotterschrofen, steht noch
auf dem öden Griesfelde. Die anderen, nämlich Platten, Winkel,
Brücken, Armlen und Aschbach, haben sich auf die Sturzhalden und
auf die steilen, haldenartigen Schuttkegel zurückgezogen. Hinter
Aschbach, wo auch die Halden verschwinden und das Bett der Ache
im Felsgrunde liegt, horsten die Leute von Brand, Granstein, Ness-
lach und Hochwald auf den glacialen Rundböckern der Thalwände.
Hätte das strömende Eis diese Berghänge nicht bearbeitet, nicht sanft
gerundete Buckel aus ihnen herausgedrechselt, sie wären wohl kaum
bewohnbar.

Brandschlucht.

Länge 6 km. Siedelungsgürtel 1200—1600 m, Bewohnerzahl 116 oder 19
auf 1 km.

Halden-Siedelungen	26 Bewohner oder	22.4 °/₀
Schuttkegel-Siedelungen	17	„	„ 14.7 „
Boden-	„	9	„	„ 7.8 „
Hang-	„	57	„	„ 49.1 „
Rundböcker-	„	7	„	„ 6 „

Eine volle Hälfte der Ansiedler bewohnt demnach die steilen Hänge,
die nur auf vereinzelten Felsvorsprüngen die Errichtung von Wohnstätten und die Anlage winziger Kartoffeläcker gestatten, im übrigen
aber nichts zu bieten haben, als schwer zugängliche Bergmähder und
einen Weidegang für Ziegen.

Wie eine enge Treppe führt uns die Brandschlucht in das vierte,
wieder um 100 m höher gelegene Stockwerk des Oetzthales, in das
Becken von Sölden. Den Abschluss dieses letzten grossen Schwemmbodens bildet nicht etwa eine Sperre von Gehängschutt gleich dem
Gsteig oder dem Maurach, sondern ein Felsriff, das die Ache von
Kaiser bis Aschbach in schmaler Klamm durchbricht. Am oberen
Eingange der Klamm, bei der Brücke unterhalb Kaiser, trifft man
noch glaciale Rundböcker, deren Scheitel sich nur einige Meter über
das Bachbett erhebt. Von hier bis Aschbach aber bleiben die Rundhöcker auf die Höhe des Felswalles beschränkt, während die Seitenwände der Klamm nur die Schnittflächen der Wassererosion und
unregelmässige Bruchflächen erkennen lassen. Da die Abrissränder
der letzteren bereits ziemlich weit zurückwichen, ist es leider nicht
mehr möglich, die ursprüngliche Höhe des Seeabflusses zu bestimmen.
Man muss sich mit dem Nachweise begnügen, dass die Sohle der
Klamm, welche die Ache nach dem Rückzuge des Gletschers in den
Querriegel einschnitt, jetzt noch höher liegt, als der unter einer Ge-
schiebedecke von unbekannter Mächtigkeit begrabene Felsgrund des
Söldener Thalbodens.

Wer dem strömenden Eise die Ausschürfung von Felswannen

zutraut, kann sich durch die Untersuchung des Rundhöckerwalles zwischen Kaiser und Aschbach von dem glacialen Ursprunge des Söldener Beckens überzeugen; wer die entgegengesetzte Ansicht vertritt, muss darauf verzichten, diese Thalform zu erklären. Dass die Brandschlucht und das Gebiet von Sölden bereits vor dem Eintritte der Vereisung in den Hauptzügen fertig waren, dass das letztere schon damals eine Thalweitung bildete, soll nicht in Abrede gestellt werden. Es handelt sich aber auch nur um die Entstehung des Flachbodens, dessen Abschluss weder durch einen Schuttkegel noch durch einen Bergsturz, sondern durch einen Felsriegel bewirkt wurde. Die örtliche Anlage zur Beckenbildung war insofern gegeben, als die Arbeitskraft des grossen Oetzthaler Ferners durch die Stauung beim Eintritte in die Söldener Thalstaffel und durch den Zufluss aus dem Windacher Thale beträchtlich gesteigert werden musste.

Sölden ist ein grossartiger Schauplatz der glacialen Erosion. Breitet der Nebel seinen Schleier über die waldigen Berghänge, so könnte man sich an manchen Stellen, wie am Ausgange des Windacher Thales oder der Kühtrainschlucht, in eine vom Inlandeise säuberlich abgeschabte, alles Oberflächenschuttes entkleidete Rundhöckerlandschaft des hohen Nordens versetzt wähnen. Ueber den fast wagrechten Gaislacher Querriegel, der das Becken im S. abschliesst, wälzten sich die vereinigten Eisströme des Gurgler und Venter Thales herüber. Ihre Spuren reichen an den Bergflanken bis zu einer Höhe von 2500 und 2600 m empor. Das anstehende Gestein tritt überall in Rundbuckeln zu Tage und ist obendrein an vielen Stellen, namentlich auf der Höhe des Riegels, mit ganz frisch erscheinenden Schrammen und Schliffen bedeckt. Wie Schnittwunden klaffen die Schluchten, welche der Windauer Bach und die Oetz nach dem Rückzuge des Gletschers in dem glatt gescheuerten, höckerigen Felsgrunde ausspülten. Der Gegensatz zwischen Wasser- und Gletscherwirkung tritt hier mit der grössten Schärfe hervor.

Becken von Sölden.

Länge 4.5 km, Siedelungsgürtel 1300—1500 m, Bewohnerzahl 649 oder 144 auf 1 km.

Halden-Siedelungen	27	Bewohner	oder	4.1	°/o
Schuttkegel-Siedelungen	204	„	„	31.4	„
Becken- „	116	„	„	18	„
Hang- „	302	„	„	46.5	„

In Oetz wohnen 31 °/o, in Umhausen 20.6 °/o, in Längenfeld 5 °/o, in Sölden — 46.5 °/o der Bevölkerung auf den Hängen. Dieser Rückfall befremdet auf den ersten Blick. Er bildet eine Ausnahme von der Regel, nach welcher die Leisten- und Hang-Siedelungen auf die untersten Abschnitte der Thäler beschränkt sind. Doch an Ort und Stelle löst sich der Widerspruch. Die Hang-Siedelungen des Söldener Beckens — Granbichl und Windau an der Mündung des Windacher Thales, Platten, Moos und Pitzen im Hintergrunde des Beckens, endlich Wald und die ganze Schar der Söldener Berghöfe — liegen samt und sonders auf Rundhöckern, die sich nur wenig, im Mittel etwa 30 m, über die Thalsohle erheben. Sie sind daher den hochgelegenen Hang-Siedelungen von Oetzerberg, Farst, Köfels nicht gleichwertig, sondern nähern sich mehr den Rundhöcker-Siedelungen, die wir in den obersten Verzweigungen des Oetzthales antreffen werden.

Die Becken-Siedelungen von Sölden — Heimbach, Reinstadl, Sandhof und Wohlfahrt — sind auf die obere Hälfte des Flachbodens beschränkt. In der unteren breiten sich über den Thalgrund drei Muhrkegel aus, welche fast alle Niederlassungen an sich zogen. Man findet da neben den Schuttkegel-Siedelungen Kaiser, Höfle, Schmiedhof, Rechenau, Lochlen und einem Teile von Heimbach nur zwei Halden-Siedelungen, nämlich den Weiler Gehörde und ein Haus von Lochlen.

Der Thalboden, die Schuttkegel und die Rundhöcker der Gehänge sind fast ausschliesslich dem Wiesenbaue gewidmet. Das ganze Becken macht den Eindruck einer Alm. Nur hier und da ist inmitten einer Wiese ein schmaler Streifen für den Anbau von Erdäpfeln oder von Gerste ausgespart. Wir haben eben Höhen erreicht, deren Klima den Feldbau unterdrückt und den Menschen ausschliesslich auf den Ertrag der Viehzucht und auf verschiedene Arten eines gefahr- und mühevollen Nebenerwerbs verweist. Wie sich die wirtschaftlichen Verhältnisse des Oetzthales mit zunehmender Höhe ändern, geht recht deutlich aus den folgenden Zahlenreihen hervor, welche nach den Angaben des Innsbrucker Handelskammerberichtes vom Jahre 1880 berechnet wurden.

Gemeinde	Ort und Sautens	Umhausen	Längenfeld	Sölden mit Vent und Gurgl
Bewohner	1797	1366	1485	1050
Jahresertrag „ an Mais (Liter auf den Kopf) . .	120	—	—	—
„ Weizen „ „ „ . .	37	33	—	—
„ Gerste „ „ „ . .	33	50	135	133
„ Kartoffeln „ „ „ . .	500	580	670	760
„ Heu und Grummet (Zent. a. d. K.) .	11	17	20	37
Rinder	1168	1504	1750	1995
Ziegen	212	441	887	813

Die Kühtrainschlucht, in welche man hinter dem Weiler Platten eintritt, bildet den Zugang zu dem nächst höheren bewohnten Thalbecken. Sie war bereits in der Eiszeit vorhanden, wurde jedoch, wie der Verlauf der unteren Rundhöckergrenze beweist, nach dem Rückzuge des Gletschers durch die Ache noch um 15—20 m vertieft[1].

----

[1] Die Angabe Pencks, dass die „Engen" des Oetzthales vor der Eiszeit noch nicht vorhanden waren, bedarf zur Verhütung von Missverständnissen einer schärferen Fassung. Sie ist, wie die Verbreitung der Schliffe in der Brand- und Kühtrainschlucht lehrt, nur auf die untersten, nachträglich von der Ache ausgekolkten Abschnitte der Engen zu beziehen. (Penck, Zur Vergletscherung der deutschen Alpen. Sonderabdruck aus Leopoldina, 1885, S. 5.)

Der Grund des thaleinwärts folgenden Schwemmbodens von Zwieselstein liegt daher unter dem Niveau der Schwelle, über die der Oetzthaler Ferner in das Söldener Becken eindrang, und muss nach dem
Rückzuge des Eisstromes auf lange Zeit unter Wasser gesetzt worden
sein [1]. Die Bäche von Gurgl und Vent füllten den See allmählich
aus und wurden sodann durch die Beseitigung der glacialen Schwelle
und durch die fortschreitende Vertiefung der Kühtrainschlucht befähigt, ihren eigenen Geschiebegrund anzuschneiden. So entstand jene
niedrige, mehrfach abgestufte Terrasse, auf welcher sich in einer Höhe
von nicht ganz 1500 m das Dorf Zwieselstein ausbreitet [2].

In der Zwieselsteiner Au vereinigen sich die beiden Quellbäche
der Oetzer Ache. Der westliche, welcher das Venter Hochthal erodierte,
ist dem östlichen an Wassermasse und daher auch an Arbeitskraft
so weit überlegen, dass das Gurgler Thal über einer 100 m hohen
Stufe ausmündet, deren Stirn vom Gletscher abgeschliffen und nachher
vom Bache entzwei gesägt wurde. Hat man diese Ausgangsstaffel
erklettert, so führt der Weg an der Mündung des Timblthales vorbei
über Hulden und haldenartige Schuttkegel zu einem etwa 60 m hohen
Felsriegel, auf dessen Rundhöckern die Häuser von Pillberg stehen.
Hinter dem Walle, in den der Bach eine enge, steile Klamm einschnitt, thut sich das glaciale Becken von Angern oder Untergurgl
auf. Dann folgen zwei ansehnliche Schuttkegel, die in der Mitte des
Thales zusammentrafen und das kleine Becken von Poschach ab-
dämmten. Hinter Poschach endlich beginnt die grossartige Rundhöckerlandschaft von Obergurgl. Alle die bezeichnenden Oberflächenformen,

---

[1] Wie in Antholz, so lässt sich auch im Oetzthale aus den Flur- und
Ortsnamen nachweisen, dass die Seen des Thalgrundes erst in historischer Zeit
zugeschüttet und in wohnliche Böden verwandelt wurden. — Vgl. Steub, Zur
rätischen Ethnologie, S. 141, 145; und: Zur Namens- und Landeskunde der deutschen Alpen, S. 21—27. — Eine alte Siedelstätte war nur das Gebiet von Oetz.
Hier stechen unter den urchaistischen Namen insbesondere drei hervor: Sautens,
Oetz und Habichen. Sautens soll nach Steub rätischen Ursprungs sein. Oetz
(im 12. Jahrhundert urkundlich Ez) ist wohl vom deutschen äz, Weide, abzuleiten.
Habichen endlich, dessen Etymon nach unserem Gewährsmanne auf einen Habicho
(Hadbert) als ἥρως ἐπώνυμος hinweist, wäre ein Ausläufer der altdeutschen Nieder-
lassungen im Oberinnthale (Kopfen, Haiminngen, Mieminngen, Flaurling u. s. w.). —
Von Habichen bis Zwieselstein kommen nur deutsche Ortsnamen descriptiver Natur,
wie Au, Ried, Längenfeld, Platten, Brucken u. a., vor, deren Träger erst in später
Zeit, wahrscheinlich nach dem 11. Jahrhunderte, entstanden. Der rätischen Ur-
bevölkerung Tirols und auch den Romanen, welche doch die benachbarten Thäler
von Kauns, Pitz, Sellrain und Stubai besiedelten, waren die Becken von Umhausen,
Längenfeld, Sölden und Zwieselstein verschlossen — gewiss nur aus dem Grunde,
weil sie damals noch Seen beherbergten. Erst hinter Zwieselstein, im Thalaste
von Vent, treten romanische Berg-, Flur- und Ortsnamen auf. Stablein = stavellino,
Stall: Rumol = rio malo; Rofen = roven, Rain; Virmiaun = val mezzana;
Vernagt = vul de nocte; Marzell = marzella, kleiner Schuttboden, u. s. w.
Diese von Steub entzifferten Namen dringen aus dem vormals ganz romanischen
Schnalser Thale herüber und beweisen, dass der Hintergrund des Oetzthales nicht
von unten her, sondern über das Hoch- und Niederjoch besiedelt wurde. Für diese
Annahme spricht übrigens auch der Umstand, dass die Gemeinde Vent bis zum
Beginne unseres Jahrhunderts gerichtlich und kirchlich zum Vinstgaue gehörte.

[2] Da die Terrasse das Bachbett nur um einige Meter überragt, kann man
die Niederlassung füglich noch zu den Becken-Siedelungen rechnen.

welche das rinnende Wasser im Vereine mit der Verwitterung hervorbringt, treten hier zurück. Die höckerigen Hänge gehen unmerklich
über in den höckerigen Grund, Berg und Thal tragen dieselben
Spuren der Gletscherarbeit. Die Wirkungen, welche das Wasser seit
der Ausaperung des Thales erzielte, sind so geringfügig, dass sie in
der vor uns ausgebreiteten Rundhöckerlandschaft gar nicht zur Geltung
kommen. Sie äussern sich eben nur in den tiefen Klammen, welche
die Abflüsse des Gaisberg-, Rothmoos- und Gurgler Ferners in den
alten Gletscherboden einnagten.

Gurgler Thal.

Länge 9 km. Siedelungsgürtel 1700—1900 m. Bewohnerzahl 123 oder 14
auf 1 km.

Becken-Siedelungen   57 Bewohner oder 46.3 %
Rundhöcker-Siedelungen 66   „   „   53.7 „

Wer von Gurgl über das Ramoljoch ins Nachbarthal hinüberwandert,
der erkennt schon während des Abstieges über die steilen Bergwiesen
von Vent, dass der Thalboden auch hier das eigenartige Gepräge eines
Gletscherbodens bewahrte. Die Gründer der Niederlassungen von
Vent und Rofen mussten ebenso wie die von Gurgl mit Rundhöckern
fürlieb nehmen, da Schuttkegel, Schwemmböden, Terrassen un dandere
günstige Siedelstätten fehlen. Das Schmelzwasser, welches den Fernern
des Rofener und des Niederthales entströmt, hat sich eben gleich den
Gurgler Bächen tief in den höckerigen Felsgrund eingefressen und
dadurch jeden Einfluss auf die Gestaltung der Thalsohle verloren.

Aus dem Rundhöckergebiete von Rofen und Vent eilt die Ache
mit starkem Gefäll in das Zwieselsteiner Becken hinab. Bis Hl. Kreuz
wird ihr Thal durch Sturzhalden und Steinmuhren eingeengt. Winterstall, eine kleine Schuttkegel-Siedelung, ist die einzige Wohnstätte in
dieser wilden, im Winter von Lawinen, im Sommer von Muhrbrüchen
bedrohten Gegend. Auf den Schuttkegel von Winterstall folgt eine
100 m tief abfallende Stufe, in welcher der vom Gletscher gescheuerte
Felsgrund des Thales nochmals zum Vorscheine kommt. Hier liegen
die Rundhöcker-Siedelungen Seiten, Hl. Kreuz, Puit, Reindl, Lehn,
Haselpuit und Neder. Freistabl, die einzige Halden-Siedelung, gehört
dem letzten Thalabschnitte an, der mit schwachem Gefäll in das Becken
von Zwieselstein ausläuft. Merkwürdigerweise besitzt das Venter Hochthal auch noch eine Hang-Siedelung. Nordöstlich von Freistabl, über
einer schroffen Felsmauer der Sonnenseite liegen die zwei Berghöfe
von Gaislach in einer Höhe von nahezu 2000 m.

Venter Thal.

Länge 15 km. Siedelungsgürtel 1500—2000 m. Bewohnerzahl 179 oder 12
auf 1 km.

Halden-Siedelungen   7 Bewohner oder   4 %
Schuttkegel-Siedelungen   36   „   „ 20 „
Hang-   „   12   „   „   7 „
Rundhöcker-   „   124   „   „ 69 „

Man sieht, dass die letzte Siedelungsart, welche im Oetzer Stammthale.
von Zwieselstein bis zur Mündung, gar nicht vertreten ist, in den
obersten Thalästen die absolute Majorität erlangt.

Von den Seitenthälern und Seitengräben des Oetzthales sind nur
zwei bewohnt: das Sulzthal und der Ochsengarten. Das erstere mündet
bei Längenfeld durch eine 3 km lange Kehle, in welcher nur die
dürftige Halden-Siedelung Unterleben Raum fand. Am oberen Ende
der Schlucht, 350 m über Längenfeld, liegt in einem kleinen Becken
das Dörflein Gries. Der letzte Weiler, Winnebach an der Mündung
des gleichnamigen Grabens, ist wiederum eine Halden-Siedelung.

Sulzthal.

Länge 5 km, Siedelungsgürtel 1400—1700 m, Bewohnerzahl 106 oder 21 auf 1 km.

Halden-Siedelungen 26 Bewohner oder 24.5 %
Becken-   „   80   „   „   75.5 „

Ochsengarten heisst der bewohnte Teil jenes wald- und alpen-
reichen Hochthales, welches der unterhalb Oetz in die Ache mündende
Stuibenbach erodierte. Da die Vertiefung dieses Nebenthales mit der
des Hauptthales nicht gleichen Schritt hielt, entstand am Ausgange
des ersteren eine 400 m hohe Stufe, in deren Absturz der Bach die
„Auer Klammen" einschnitt. 3 km thaleinwärts folgt ein 150 m hohes
Felsriff, hinter dem sich der aus einem glacialen Seebecken hervorgegangene Boden von Wald öffnet. Die Ansiedelungen liegen teils
auf einer niedrigen Geschiebeterrasse der Sonnenseite, teils auf den
von beiden Hängen herabziehenden Schuttkegeln. Nur das letzte,
³⁄₄ Stunden von der Kirche entfernte Haus steht auf einer etwa 150 m
hohen, mit Rundhöckern gekrönten Felsstaffel. Kühetai (1960 m) wird
seit 1886 nur noch im Sommer bewohnt und kommt daher nicht in
Betracht. Es ist eine Schuttkegel-Siedelung. Im ganzen entfallen
von den 116 Bewohnern des Ochsengartens nicht mehr als 34 auf
den Thalgrund, während 82 auf dem rechten Gelände, der Sonnenseite, in den Einzelhöfen Kössl, Unterhäuser, Obergut, Zwirch und
Marlstein wohnen.

Ochsengarten.

Länge 9 km, Siedelungsgürtel 1500—1750 m, Bewohnerzahl 116 oder 13 auf 1 km.

Schuttkegel-Siedelungen 19 Bewohner oder 16.4 %
Terrassen-   „   9   „   „   7.7 „
Hang-   „   82   „   „   70.7 „
Staffel-   „   6   „   „   5.2 „

Thalstrecke	Siedlungs-gürtel	Halden-Siedelungen	Schuttkegel-Siedelungen	Becken-Siedelungen	Staffel-Siedelungen	Boden-Siedelungen	Terrassen-Siedelungen	Leiten-Siedelungen	Hang-Siedelungen	Rundhöcker-Siedelungen
	m	%	%	%	%	%	%	%	%	
Oetz . . .	700—1400		47.3	6.5		5.5	9.3	16	15.4	
Umhausen . .	930—1690	1.8	59	18.6	16.7				5.9	
Langenfeld . . .	1100—1500	1.5	24.7	65.5			5			
Im Brand . . .	1200—1600	22.4	14.7			7			49.1	6
Sölden . . .	1300—1500	4.1	91.4						16.5	
Zwieselstein . . .	1460			100						
Gurgl . . .	1700—1900			46.3						53.7
Vent . . .	1500—2000	4	20					7		69
Gries . . .	1400—1700	24.5	75.5							
Ochsengarten . . .	1500—1750	16.4		5.2		7.7			70.7	
Oetzthal .	700—2000	3	39	26	4	2	3	6	14	3

Das Quellgebiet der Oetzer Ache stösst im Süden an das des Schnalser Thales. Die hohe, vergletscherte Gebirgsmauer, welche zwischen den beiden Erosionsgebieten stehen blieb, wurde nur an einer Stelle bis unter die Schichtenlinie von 3000 m gekerbt. Auf der Südseite dieser Scharte, des vielbegangenen Hochjoches, liegt der Ursprung des Schnalser Thales. Der hügelige, mit schönen Matten überzogene Almboden, der sich hier in der Höhe von 1900—2000 m ausbreitet, erinnert den aus dem Oetzthale herüber Kommenden auf den ersten Blick an die Rundhöckerlandschaft von Gurgl und Vent. Die weit zerstreuten Gehöfte von Kurzras, der obersten Schnalser Niederlassung, sind samt und sonders Rundhöcker-Siedelungen.

4 km unterhalb des Thalursprungs, bei dem äusseren Gerstgrashofe, wo sich der Bach gegen O. wendet, bricht die erste Staffel des Schnalser Thales mit einer gegen 100 m tiefen Stufe ab, deren glatt gescheuerte und mit Striemen überzogene Gneissbuckel zum Teile noch eine Decke von Moränenschutt tragen. Am Fusse dieser Stufe breitet sich das Spechtenhäuser Becken aus, welches durch den Schuttkegel von Vernagt abgedämmt wurde. Spechtenhaus und Ort, 5 armselige Hütten, sind die einzigen Wohnstätten auf diesem kahlen Griesfelde. Die übrigen Ansiedelungen liegen auf dem kleinen Schuttkegel von Leit und auf den Ausgangsstaffeln des Finail- und Leiterbachgrabens, so dass von den 106 Bewohnern des Beckens nur 30 auf Becken-Siedelungen, dagegen 36 auf Staffel- und 40 auf Schuttkegel-Siedelungen entfallen.

Der gewaltige Muhrkegel, welcher aus einem Graben der nördlichen Thalwand hervordrang und das Becken von Spechtenhaus abdämmte, trägt auf seinem breiten Rücken Vernagt, den ersten grösseren Weiler des Thales. Hierauf folgt das Dorf Unserfrau. Die Kirche und 3 Häuser stehen auf einem begrasten Rundhöcker, der sich an den südlichen Berghang anlehnt, die übrigen 5 Häuser aber auf dem Schuttboden des Baches. Bei dem Weiler Auer, der teils auf dem rasch abfallenden Boden von Unserfrau, teils auf dem Haldensaume des linken Ufers liegt, mündet im S. das Mastaunthälchen über einer 250 m hohen Stufe, von welcher die Staffel-Siedelung Mastaun herabschaut.

Von Unserfrau bis Pifrail, wo der Schnalser Bach in die Karthauser Schlucht eintritt, wälzten sich aus den kurzen Gräben und Tobeln des südlichen Geländes breite Muhrkegel in den Thalgrund herab, während der Fuss der nördlichen Berglehne nur von steinigen Halden bedeckt wurde. Die Ansiedelungen — der Bruckhof, die beiden Heindlhöfe und die Rotte Pifrail — bleiben daher auf das rechte Ufer beschränkt. Die Halden des linken Gehänges haben nur 14 Bewohner aufzuweisen. Dafür ist aber die Lehne selbst, dank ihrer günstigen südlichen Auslage, mit zahlreichen Berghöfen besetzt, welche durchweg an glaciale Rundhöcker gebunden sind. Der Schattenseite des Thales gehört nur eine Niederlassung an: der Bedaierhof, eine Staffel-Siedelung, die bei Pifrail, auf der Ausgangsstufe des Penander Thales liegt.

Unterhalb Pifrail hat der Schnalser Bach einen alten, in der Höhe von 1300—1200 m gelegenen Thalboden entzweigeschnitten, von dem nur drei scharf ausgeprägte Felsleisten erhalten blieben. Die erste trägt das aus der Karthause Allerengelsberg hervorgegangene Dorf Karthaus, die zweite St. Katharina und die dritte den grossen Saxalper Hof.

Die Klamm, welche 150—200 m tief in den Karthauser Boden einschneidet, ist so eng und unentwickelt, dass man von Pifrail bis zur Mündung des Schnalser Thales neben den drei genannten Leisten-Siedelungen fast nur Hang-Siedelungen antrifft. Das linke, gegen SW. abfallende Gelände, also die Sonnenseite, ist geradezu übersäet mit den zu St. Katharina und Natturns gehörenden Berghöfen. In der Tiefe der Schlucht fanden nur an zwei Stellen — unterhalb der Mündung des Pfossenthales und in der kleinen Thalweitung von Ratteis — einige Halden- und Schuttkegel-Siedelungen Raum.

Schnals zerfällt demnach in 3 scharf getrennte Abschnitte. Die oberste Staffel besitzt nur Rundhöcker-Siedelungen; in Mittelschnals, von Spechtenhaus bis Pifrail, treten neben Halden-, Schuttkegel-, Becken- und Boden-Siedelungen bereits einige Hang-Siedelungen auf; Unterschnals endlich wird durch das Vorherrschen der Hang- und Leisten-Siedelungen gekennzeichnet.

	Ob. Schnals	Mittl. Schnals	Unt. Schnals
Halden-Siedelungen	— $^0/_0$	11 $^0/_0$	8 $^0/_0$
Schuttkegel-Siedelungen	— ..	37 ..	8 ..
Becken- "	— ..	6 ..	— "
Boden- "	— ..	17 ..	— "
Leisten- "	— ..	— ..	30 ..
Staffel- "	— ..	11 ..	— ..
Hang- "	— "	13 ..	53 ..
Rundhöcker- "	100 "	5 "	1 "

Um ein richtiges Bild von den Siedelungsverhältnissen des ganzen Schnalser Thales zu erhalten, müssen wir auch die Verzweigungen desselben in Rechnung ziehen. Von diesen sind allerdings nur 2 be-

wohnt. In dem bei Pifrail mündenden Penauder Thale liegt auf einer
Halde des westlichen Hanges der Penauder Hof, und durch das
enge, wilde Pfossenthal zieht von dem am Ausgange, auf einer niedrigen Leiste gelegenen Tunimelhofe eine Reihe dürftiger Halden-
Siedelungen bis zur Höhe von 2068 m empor, wo sich der Eisbof —
der höchste Bauernhof Tirols — an einen kleinen Schuttkegel der
nördlichen Thalwand anlebnt.

Mit Einschluss des Pfossen- und des Penauder Hochthales besitzt
Schnals eine Bevölkerung von 1300 Köpfen. Hiervon entfallen

auf Halden-Siedelungen		154	oder	12 °$_0$
„ Schuttkegel-Siedelungen		239	„	10 „
„ Becken-	„	30	„	2 „
„ Boden-	„	83	„	6 „
„ Leisten-	„	209	„	16 „
„ Staffel-	„	53	„	4 „
„ Hang-	„	413	„	32 „
„ Rundhöcker-	„	119	„	9 „

Anhang.

I.

Die Bevölkerung der Hochthäler zwischen Reschen-Scheideck und Krimmler Tauern.

S.Z. = Siedelungszone, L. = Gesammtlänge der besiedelten Thalstrecken in km, B. = Bewohnerzahl, b. = Bewohnerzahl auf 1 km.

Thäler	S.Z.	L.	B.	b.
Pfundser Thal	1200—1500	3	179	60
Kaunser Thal	1000—1700	15	1 207	80
Pitzthal	800—1730	37	4 171	114
u. z. Ob. Pitzthal bis zur Mündung des Piller-thälchens	1000—1730	26	1 714	66
Unt. Pitzthal mit Piller	800—1400	11	2 457	223
Oetzthal	700—2000	75	5 905	79
u. z. Staffel von Oetz	700—1400	6.2	1 882	304
Becken von Umhausen . . .	930—1600	5.5	1 366	248
„ „ Längenfeld	1100—1500	7.8	1 301	167
Brandschlucht	1200—1600	6	118	19
Becken von Sölden	1300—1500	4.5	649	144
„ „ Zwieselstein	1500	1.1	67	61
Gurgler Thal	1700—1900	9	123	14
Venter Thal	1500—2000	15	179	12
Sulzthal	1400—1700	5	106	21
Ochsengarten	1500—1750	9	116	13
Sellrainthal	800—1650	25	1 500	60
Nördl. Wippthal	700—1700	100	12 363	124
u. z. Ob. Sillthal mit Oberberg . . .	1050—1500	20	1 423	71
Unt. Sillthal (Steinach-Iselberg) . .	700—1400	19	5 070	267
Valser Thal	1100—1600	6	387	65
Schmirner Thal	1100—1700	10	648	65
Navis	1000—1600	8	812	102
Gschnitzthal	1050—1300	12	707	59
Stubaithal	800—1600	26	3 316	128
Tuxer Thal	700—1500	18	1 283	71
Dornauberg	700—1400	11	331	30
Zillergrund	700—1300	9	371	41
Tauferer Thal	800—1800	74	9 704	131
u. z. Tauferer Querthal (Luttach-Mündung)	800—1800	17	3 307	195
Ahrenthal mit Prettau	950—1600	21	3 406	162
Weissenbachthal	1000—1400	5	388	77
Mühlwalder Thal	950—1800	14	1 570	112
Rainthal	900—1700	11	695	63
Mühlbach-Tesselberg	900—1600	6	343	57
Antholzer Thal	1000—1600	14	1 587	112
Wielenbachthal	1000—1600	4	245	61
Pfunderthal	760—1700	12	1 430	120
Valser Thal	720—1400	7	329	47
Pflitscher Thal	940—1500	18	1 416	78
Eisackthal	940—1500	24	3 536	147
u. z. Eisackthal allein	940—1500	15	3 003	200
Pflerschthal	1000—1400	9	533	59
Ridnaunthal	940—1600	30	3 013	100
u. z. Ridnaun allein	940—1600	13	2 351	181
Ratschings	1000—1500	11	400	36
Jaufenthal	960—1500	6	262	44
Die im Sterzinger Kessel zusammentreff. Thäler	940—1600	72	7 905	110
Ober-Passeier (bis St. Leonhard) . . .	650—1700	23.5	1 873	80
Schnalser Thal	800—2068	30	1 300	43
Matscher Thal	1100—1800	11	708	64

II.

Die Ansiedelungen im Antholzer Thale.

Ort	Siedelungsart	Bewohner
Niederrasen z. Th.	Schutikegel - Siedelung	360
Oberrasen	„ „	332
Niederthal	Becken- „	6
	Halden- „	7
	Hang- „	34
	Schuttkegel- „	299
Mitterthal	Becken- „	100
	Halden- „	64
	Schuttkegel- „	230
Oberthal	Becken- „	12
	Schuttkegel- „	123
		1567

Halden-Siedelungen	71	Bewohner oder	5.5 %
Schuttkegel-Siedelungen	1344	„ „	85.8 „
Becken- „	118	„ „	7.5 „
Hang- „	34	„ „	2.2 „

III.

Die Ansiedelungen im Tauferer Thale.

1. Im Stammthale.

Aufhofen	Schuttkegel - Siedelung		181
St. Georgen z. Th.	Boden-	„	150
St. Georgen „ „ und Giessbach	Schuttkegel-	„	315
Hof im Hirschbrunngraben	Hang-	„	5
	Schuttkegel-	„	370
Gais	Hang-	„	25
	Halden-	„	4
2 Höfe von Tesselberg	Hang-	„	10
Neuhaus z. Th.	Schuttkegel-	„	40
	Hang-	„	20
„ „ „	„	„	41
Lannebach	„	„	15
3 Häuser von Mühlbach	„	„	112
„ „	Halden-	„	12
Uttenheim	Schuttkegel-	„	321
Kreuzbichl	„	„	30
Walburgen z. Th.	„	„	29
			1679

Ort	Siedelungsart	Bewohner
	Uebertrag	1679
Walburgen z. Th.	Hang - Siedelung	9
	„ „	20
Kematen	Schuttkegel - Siedelung	22
	Boden- „	135
Mühlen z. Th.	Schuttkegel- „	454
Taufers	Boden- „	66
	Rundhöcker- „	15
Sand	Halden- „	28
	Schuttkegel- „	382
Winkl	„ „	26
Drittlsand z. Th.	Hang- „	25
	„ „	8
Moritzen	Schuttkegel- „	40
	Halden- „	153
		3062

Halden-Siedelungen	197	Bewohner oder	6.4 %	
Schuttkegel-Siedelungen	2209	„	„	72.1 „
Boden-	„	351	„	„	11.5 „
Hang-	„	290	„	„	9.5 „
Rundhöcker-	„	15	„	„	0.5 „

2. In der Tauferer Schlucht.

Ort	Siedelungsart	Bewohner
Drittlsand z. Th.	Hang-Siedelung	73
„ „ „	Schuttkegel - Siedelung	24
„ „ „	Becken- „	7
„ „ „	Halden- „	6
Michlreis	Hang- „	30
Poyen z. Th.	„ „	85
„ „ „	Halden- „	6
2 Häuser von Luttach	Schuttkegel- „	14
		245

Halden-Siedelungen	12	Bewohner oder	4.9 %
Schuttkegel-Siedelungen	38	„ „	15.5 „
Becken-	„	7	„ „	2.8 „
Hang-	„	188	„ „	76.8 „

3. In Ahren und Prettau[1]).

Ort	Siedelungsart	Bewohner
	Halden-Siedelung	6
Luttach	Schuttkegel - Siedelung	234
	Hang- „	48
		288

[1]) Vgl. den Schluss des Vorwortes.

Ort	Siedelungsart	Bewohner
	Uebertrag	288
	Boden - Siedelung	65
St. Johann mit St. Martin und	Becken- „	147
Mühleck	Halden- „	55
	Schuttkegel - Siedelung	362
Steinhaus	„ „	138
Brunnberg nördl. Thalwand		
Rothberg „ „		
Arzbach südl. „		
Gfallberg „ „	Hang-Siedelungen	525
Blossenberg nördl. „		
Maierhöfe „ „		
Holzberg „ „		
Klausberg südl. „		
	Boden-Siedelung	10
	Becken- „	20
	Halden- „	50
St. Jakob mit St. Peter	Schuttkegel - Siedelung	685
	Rundhöcker- „	35
	Hang- „	318
	Boden- „	140
Prettau	Schuttkegel- „	259
	Rundhöcker- „	309
		3406

Halden-Siedelungen	111	Bewohner oder	3.3 %	
Schuttkegel-Siedelungen	1678	„	„	49.3 „
Becken- „	167	„	„	4.9 „
Boden- „	215	„	„	6.3 „
Rundhöcker- „	344	„	„	10 „
Hang- „	891	„	„	26.2 „

4. Im Weissenbachthale.

Ort	Siedelungsart	Bewohner
Luttach z. Th.	Schuttkegel - Siedelung	15
Weissenbacher Berghöfe	Hang- „	105
	Boden- „	25
Weissenbach	Halden- „	40
	Schuttkegel- „	198
		383

Halden-Siedelungen	40	Bewohner oder	10.5 %	
Schuttkegel-Siedelungen	213	„	„	55.6 „
Boden- −	25	„	„	6.5 „
Hang- „	105	„	„	27.4 „

5. Im Mühlwaldthale*).

Ort	Siedelungsart	Bewohner
Mühlen z. Th.	Leisten - Siedelung	77
	Boden- „	10
	Halden- „	44
Mühlwald	Schuttkegel - Siedelung	600
	Leisten- „	30
	Hang- „	425
	Boden- „	20
Leppach	Schuttkegel- „	280
	Hang- „	84
		1570

Halden-Siedelungen		44	Bewohner oder		2.8 %	
Schuttkegel-Siedelungen		880	„	„	56	„
Boden-	„	30	„	„	2	„
Leisten-	„	107	„	„	6.8	„
Hang-	„	509	„	„	32.4	„

6. Im Rainthale.

Ort	Siedelungsart	Bewohner
Ahornach	Hang - Siedelung	389
Platten	Staffel- „	19
	Becken- „	45
Rain	Halden- „	12
	Hang- „	190
	Rundhöcker - Siedelung	40
		695

Halden-Siedelungen		12	Bewohner oder		2 %	
Becken-	„	45	„	„	6	„
Staffel-	„	19	„	„	3	„
Hang-	„	579	„	„	83	„
Rundhöcker-Siedelungen		40	„	„	6	„

7. Im Mühlbachthale.

Ort	Siedelungsart	Bewohner
Mühlbach z. Th.	Halden - Siedelung	25
	Hang- „	168
Tesselberg	„ „	150
		343

Halden-Siedelungen		25	Bewohner oder		7.3 %	
Hang-	„	318	„	„	92.7	„

Im ganzen Tauferer Thale kommen daher

442	Bewohner	oder	4.6%	auf	Halden-Siedelungen
5018	„	„	51.7 „	„	Schuttkegel-Siedelungen
218	„	„	2.2 „	„	Becken- „
621	„	„	6.4 „	„	Boden- „
107	„	„	1.1 „	„	Leisten- „
19	„	„	0.2 „	„	Staffel- „
2880	„	„	29.7 „	„	Hang- „
400	„	„	5.1 „	„	Rundhöcker- „

IV.

Die Ansiedelungen im Stubaithale.

1. Im Stammthale*.

Ort	Siedelungsart	Bewohner
Schönberg z. Th.	Terrassen-Siedelung	60
Gleins	Hang- „	42
Mieders	Terrassen- „	387
Zirkenhof	Hang- „	12
Telfes	{ Terrassen- „	120
	Schuttkegel- „	340
	Halden- „	8
Vulpmes z. Th.	Terrassen- „	300
„ „ „	Schuttkegel- „	650
Medraz	{ Boden- „	100
	Schuttkegel- „	50
	Halden- „	3
Neder	{ Terrassen- „	80
	Boden- „	37
	Schuttkegel- „	110
Obergasse	Terrassen- „	80
Rain	„ „	54
Lehner- u. Stackler-Rotte	Schuttkegel- „	65
	„ „	315
Neustift	Halden- „	14
	Hang- „	38
Milders z. Th.	{ Schuttkegel- „	130
	Boden- „	3
	Halden- „	24
	Hang- „	15
		3037

Halden-Siedelungen	49	Bewohner	oder	1.6%	
Schuttkegel-Siedelungen	1660	„	„	54.7 „	
Boden- „	140	„	„	4.6 „	
Terrassen- „	1080	„	„	35.6 „	
Hang- „	108	„	„	3.5 „	

2. Im Oberberger Thalaste.

Ort	Siedelungsart	Bewohner
Milders z. Th.	Terrassen - Siedelung	10
Oberberg	{ Halden- ,,	40
	Schuttkegel- ,,	80
		130

Halden-Siedelungen	40 Bewohner oder 30.8 %	
Schuttkegel-Siedelungen	80 ,, ,, 61.5 ,,	
Terrassen- ,,	10 ,, ,, 7.7 ,,	

3. Im Unterberger Thalaste.

Ort	Siedelungsart	Bewohner
Kressbach	{ Halden - Siedelung	25
	Hang- ,,	18
	Schuttkegel ,,	45
Gasteig	,, ,,	30
Volderau	,, ,,	16
Falbeson	Boden- ,,	12
Ranalt	Halden- ,,	3
		149

Halden-Siedelungen	28 Bewohner oder 19 %	
Schuttkegel-Siedelungen	91 ,, ,, 61 ,,	
Boden- ,,	12 ,, ,, 8 ,,	
Hang- ,,	18 ,, ,, 12 ,,	

Für ganz Stubai:

Halden-Siedelungen	118 Bewohner oder 3.5 %	
Schuttkegel-Siedelungen	1820 ,, ,, 54.9 ,,	
Boden- ,,	152 ,, ,, 4.6 ,,	
Terrassen- ,, *	1100 ,, ,, 33.2 ,,	
Hang- ,,	126 ,, ,, 3.8 ,,	

V.

Die Ansiedelungen im Oetzthale.

1. Im Stammthale.

Ort	Siedelungsart	Bewohner
Hammelstein	Terrassen - Siedelung	20
Brunnau-Ambach	,, ,,	84
Ebene	,, ,,	70
		174

Ort	Siedelungsart	Bewohner
	Uebertrag	174
Sautens	Schuttkegel-Siedelungen	540
Pirchet	" "	59
Oetzermühl	Boden- "	79
Oelz z. Th.	" "	25
" " "	Schuttkegel- "	290
" " "	Hang- "	14
Habichen	Becken- "	122
Oetzerberg	Hang- "	186
Schlatt	" "	37
Stupfreich	" "	29
Windeck	" "	25
Pipurg	Leisten- "	79
Au	" "	222
Tumpen mit den Weilern Bödele, Acherbach, Ried	Becken - Siedelung	225
Tumpen z. Th.	Halden- "	25
Farst	Hang- "	22
Platzl	Becken- "	21
Leiersbach	" "	9
Oesten und Umhausen mit Rosslach, Sand und Neudorf	Schuttkegel- "	805
Niederthey	Staffel- "	228
Köfels	Hang- "	31
Wiesle	" "	6
Ried mit Lehn und Winkl	Becken- "	307
Au	" "	73
Ehspan	" "	27
Dorf	" "	175
Unterlängenfeld	Schuttkegel- "	136
Oberlängenfeld	" "	186
Brand	Leisten- "	11
Burgstein	" "	47
Astlen z. Th.	Halden- "	14
Mühl	" "	16
Gottsgut	" "	33
Astlen z. Th.	Becken- "	30
Runhof	" "	41
Huben	" "	195
Platten z. Th.	" "	4
" " "	Halden- "	5
Winkel	Schuttkegel- "	17
Brucken	Rundhöcker- "	7
Armlen	Halden- "	11
Dotterschrofen	Boden- "	9
Aschbach	Halden- "	10
Brand	Hang- "	21
		4629

Ort	Siedelungsart	Bewohner
	Uebertrag	4629
Granstein mit Nesslach u. Hoch-wald	Hang - Siedelung	36
Kaiser	Schuttkegel - Siedelung	35
Höfle	„ „	5
Schmiedhof	„ „	36
Rechenau	„ „	20
Gehörde	Halden- „	7
Lochlen z. Th.	Schuttkegel- „	6
„ „ „	Halden- „	3
Heimbach	Schuttkegel- „	16
„ z. Th.	Becken- „	8
Reinstadl	„ „	25
Rettenbach	Schuttkegel- „	38
Sandhof	Becken - Siedelung	59
Wohlfart	Becken- „	24
Wald u. die Süldener Berghöfe	Hang- „	234
Pilzen	„ „	32
Platten	„ „	12
Moos	„ „	8
Windau z. Th.	Halden- „	17
	Schuttkegel - Siedelung	36
Mühle	„ „	12
Granbichl	Hang- „	16
Zwieselstein	Becken- „	67
		5391

Halden-Siedelungen	165	Bewohner	oder	3.1 %
Schuttkegel-Siedelungen	2180	„	„	40.5 „
Becken- „	1531	„	„	28.5 „
Staffel- „	228	„	„	4.2 „
Boden- „	9	„	„	0.2 „
Terrassen- „	174	„	„	3.2 „
Leisten- „	305	„	„	6.8 „
Hang- . „	729	„	„	13.5 „

2. Im Gurgler Thale.

Ort	Siedelungsart	Bewohner
Angern	Becken - Siedelung	42
Poschach	„ „	15
Pill	Rundhöcker - Siedelung	9
Pirchet	„ „	22
Gurgl	„ „	41
		123

Becken-Siedelungen	57	Bewohner	oder	46.3 %
Rundhöcker-Siedelungen	66	„	„	53.7 „

3. Im Venter Thale.

Ort	Siedelungsart	Bewohner
Gaislach	Hang - Siedelung	12
Neder	Rundhöcker - Siedelung	8
Freistabl	Halden- „	7
Haselpuit	Rundhöcker- „	7
Lehn	„ „	6
Reindl	„ „	6
Puit	„ „	8
Hl. Kreuz	„ „	2
Seiten	„ „	22
Winterstall	Schuttkegel- „	36
Vent	Rundhöcker- „	47
Rofen	„ „	18
		179

Halden-Siedelungen	7	Bewohner oder	4 %
Schuttkegel-Siedelungen	36	„ „	20 „
Hang- „	12	„ „	7 „
Rundhöcker- „	124	„ „	69 „

4. Im Sulzthale.

Unterlehen	Halden - Siedelung	14
Gries	Becken- „	80
Winnebach	Halden- „	12
		106

Halden-Siedelungen	26	Bewohner oder	24.5 %
Becken- „	80	„ „	75.5 „

5. Im Ochsengarten.

Palbach	Schuttkegel - Siedelung	3
	„ „	16
Wald	{ Terrassen- „	9
	{ Staffel- „	6
Kössl	Hang- „	9
Unterhäuser	„ „	32
Obergut	„ „	17
Zwirch	„ „	12
Marlstein	„ „	12
		116

Schuttkegel-Siedelungen	19	Bewohner oder	16.4 %
Terrassen „	9	„ „	7.7 „
Hang- „	82	„ „	70.7 „
Staffel- „	6	„ „	5.2 „

VI.

Die Ansiedelungen im Pitzthale.

1. Im unteren Pitzthale (mit Piller).

Ort	Siedelungsart	Bewohner
Arzl z. Th.	Terrassen-Siedelung	805
Arzl „ „	Hang- „	192
Wenns u. z. Th. Sonnenberg	Terrassen- „	721
Sonnenberg z. Th.	Hang- „	278
Sonenberg u. Piller	Rundhöcker- „	290
Greith	Staffel- „	143
Pitzenhof	Boden- „	28
		2457

Boden-Siedelungen	28	Bewohner oder		1 %	
Terrassen- „	1526	„	„	62 „	
Hang- „	470	„	„	19 „	
Staffel- „	143	„	„	6 „	
Rundhöcker- „	290	„	„	12 „	

2. Im oberen Pitzthale.

Ort	Siedelungsart	Bewohner
Jerzens	Schuttkegel-Siedelung	10
	Terrassen- „	253
	Hang- „	394
Lehen	„ „	120
Sehussleben	Schuttkegel- „	38
Wiesen	„ „	21
Hewald	Hang- „	6
Zaunhof	Halden- „	85
Hairlach u. Enzenstall	Schuttkegel- „	80
Boden	Becken- „	15
Unterrain u. Wiesle	Schuttkegel- „	49
Au u. Wald	Becken- „	50
Scheibrand	Schuttkegel- „	26
Schweighof, Engern, Bichl	„ „	63
Ronach, Eggenstall, Gachwandt	„ „	67
St. Leonhard	Halden- „	18
Biedern z. Th.	„ „	5
Biedern „ „	Boden- „	15
Froschputzen	„ „	15
Scheibe	„ „	36
Pißames	„ „	60
Stillebach	„ „	42
Weixenstall	„ „	24
Neurur	„ „	62
		1554

Ort	Siedelungsart	Bewohner
	Uebertrag	1554
Trenkwald	Schuttkegel - Siedelung	27
Köfels	Halden- „	29
Weisswald	Schuttkegel- „	7
Plangeross	„ „	40
Tieflehen-Mandarfen	„ „	51
Mittelberg	Boden- „	6
		1714

Halden - Siedelungen	137	Bewohner oder	8 %		
Schuttkegel - Siedelungen	479	„	„	28	„
Becken- „	65	„	„	4	„
Boden- „	260	„	„	15	„
Terrassen- „	253	„	„	15	„
Hang- „	520	„	„	30	„

Von den 4171 Bewohnern des ganzen Pitzthales kommen

137	oder	3 %	auf	Halden-Siedelungen	
479	„	11 „	„	Schuttkegel-Siedelungen	
65	„	2 „	„	Becken-	„
143	„	3 „	„	Staffel-	„
288	„	7 „	„	Boden-	„
1779	„	43 „	„	Terrassen-	„
990	„	24 „	„	Hang-	„
290	„	7 „	„	Rundhöcker-	„

VII.

Die Ansiedelungen im Kaunser Thale.

Kauns		Leisten - Siedelung	304
	Ausserberg z. Th.	Hang- „	120
Kaunserberg	Mitterberg	„ „	171
	Innerberg	„ „	202
Kaltenbrunn		„ „	12
Paschenhof		Schuttkegel - Siedelung	19
Nufels		„ „	23
Loch-Platz		Terrassen- „	39
Boden		Boden- „	17
Vergötschen		„ „	68
Unterhäuser		„ „	39
Mühlbuch		Schuttkegel- „	25
Feuchten		Boden- „	114
Grasse		Schuttkegel- „	25
Grasse z. Th.		Halden- „	4
Maierhof		„ „	4
Egg		Hang- „	6
Wolfkehr, Platt, Riefe		Schuttkegel- „	15
			1207

Halden-Siedelungen		8	Bewohner oder		0.6 %
Schuttkegel-Siedelungen		107	„	„	8.9 „
Boden-	„	238	„	„	19.8 „
Terrassen-	„	39	„	„	3.2 „
Leisten-	„	304	„	„	25.2 „
Hang-	„	511	„	„	42.3 „

VIII.

Die Ansiedelungen im Schnalser Thale.*

Ort	Siedelungsart		Bewohner
Kurzras	Rundhöcker - Siedelung		80
Spechtenhaus-Ort	Becken-	„	30
Finail, Raffein, Tisen	Staffel-	„	36
Leit	Schuttkegel-	„	40
Vernagt	„	„	82
U. L. Frau z. Th.	Rundhöcker-	„	23
U. L. Frau	Boden-	„	45
Mastaun	Staffel-	„	10
Auer z. Th.	Boden-	„	38
Auer „ „	Halden-	„	42
Gufigand	„	„	14
Bruckhof, Heindlhöfe	Schuttkegel-	„	36
Penauderhof	Halden-	„	7
Ofallhof, Weghof, Gurschl	Hang-	„	55
Bedaierhof	Staffel-	„	7
Forch	Hang-	„	8
Pifrail	Schuttkegel-	„	24
Gorfhof	Hang-	„	9
Karthaus	Leisten-	„	157
Sennhof	Hang-	„	5
Ausserbruck, Platt	Schuttkegel-	„	18
Platzdil, Nischl	„	„	24
Neu-Rattein	Rundhöcker-	„	8
Brunnhof	Hang-	„	14
St. Katharina	Leisten-	„	20
Saxalper Hof	„	„	14
Berghöfe von St. Katharina	Hang-	„	158
Walchhof	Halden-	„	50
Rattein	Schuttkegel-	„	12
Ladurns, Kugelstein	Hang-	„	24
Plattbäusl	Halden-	„	3
Natturnser Berghöfe	Hang-	„	140
			1241

Ort		Siedelungsart		Bewohner
			Uebertrag	1241
	Tummel	Leisten-	„	10
	Nassereith	Rundhöcker-	„	8
Pfossenthal	Theilplatt, Infangl,			
	Vorder- u. Mitterkaser	Halden-	„	38
	Eishof	Schuttkegel-	„	3
				1300

Halden-Siedelungen		154	Bewohner oder	12 %
Schuttkegel-Siedelungen		239	„	„	19 „
Becken-	„	30	„	„	2 „
Boden-	„	83	„	„	6 „
Leisten-	„	209	„	„	16 „
Stuffel-	„	53	„	„	4 „
Hang-	„	413	„	„	32 „
Rundhöcker-	„	119	„	„	9 „